홍마리오의
워드프레스
홈페이지 & 블로그
제작으로 수익창출

저자 직강 동영상 전체 실습 강의

카페24 웹호스팅 3개월

블로그, 포트폴리오, 회사 홈페이지
제작 실습과 구글애드센스,
SEO마케팅 실전 활용

워드프레스 홈페이지 & 블로그 제작으로 수익창출
블로그, 포트폴리오, 회사 홈페이지 제작 실습과 구글애드센스, SEO마케팅 실전 활용

초판 1쇄 발행 | 2024년 01월 10일

지은이 | 황홍식
펴낸이 | 김병성
펴낸곳 | 앤써북

출판사 등록번호 | 제 382-2012-0007 호
주소 | 경기도 파주시 탄현면 방촌로 548번지
전화 | 070-8877-4177
FAX | 031-942-9852
도서문의 | 앤써북 http://answerbook.co.kr

ISBN | 979-11-93059-15-9 13000

- 이 책의 일부 혹은 전체 내용을 무단 복사, 복제, 전재하는 것은 저작권법에 저촉됩니다.
- 본문 중에서 일부 인용한 모든 프로그램은 각 개발사(개발자)와 공급사에 의해 그 권리를 보호합니다.
- 앤써북은 독자 여러분의 의견에 항상 귀기울이고 있습니다.

Preface
머리말

최근 워드프레스 관련 책들과 유튜브들이 상당히 많습니다. 하지만 실제 여러분들이 운영하고자 하는 사이트와 유사한 실습 위주의 자료들은 드물 것입니다.

본 도서는 대한민국에서 가장 많은 워드프레스를 제작(550회), 워드프레스 강의(500회), 워드프레스 책(10권이상), 워드프레스 네이버카페(4만명) 경험을 가진 홍마리오가 이론 보다 실습 위주의 책입니다.

독자 여러분들이 본 도서의 실습만 잘 따라 한다면 블로그, 포트폴리오는 하루만에 개설이 가능하고 회사 홈페이지도 기존 자료(이미지, 컨텐츠)만 잘 정리되어 있다면 일주일내 사이트 개설이 가능합니다.

먼저 블로그 영역에서는 최근 핫이슈가 되고 있는 워드프레스 구글애드센스 광고, SEO 노하우 등을 담았으며, 포트폴리오는 탭 메뉴 방식의 무료테마를 활용해 아주 쉽게 제작할 수 있도록 구성했습니다.

가장 많이 사용하는 회사 홈페이지는 최근 전세계 워드프레스 빌더 중 가장 인기 많고 대중화된 엘리먼트(Elementor)빌더를 활용해서 제작했으므로 여러분들이 실습만 잘 따라 해도 항상 어렵다고 생각하고 있는 회사 홈페이지를 워드프레스로 쉽게 만들 수 있을 겁니다.
그리고 3가지 워드프레스 홈페이지 실습을 유튜브로 제작해서 실습 완성에 좀더 쉽게 다가갈 수 있도록 노력하였습니다.

아무쪼록 본 도서가 여러분들께 워드프레스를 이해하고 실제 제작에 성공해서 네이버, 구글 마케팅과 수익창출에 큰 도움이 되길 바랍니다.

홍마리오 황홍식

책 소스, 동영상 강의, Q&A 안내

❶ 유튜브 동영상 강의

이 책과 관련된 실습은 유튜브에서 총 17편의 동영상이 있습니다. '홍마리오 워드프레스'라고 검색하거나 아래 주소로 입력해서 활용하면 됩니다.

https://www.youtube.com/@hongmario

❷ 책 소스 다운 받기 및 궁금한 내용 문의하기

이 책과 관련된 실습 소스는 워드프레스 네이버 카페(https://cafe.naver.com/wphome) 의 [워드프레스 책]-[종합편 자료실]에서 다운 받을 수 있습니다.

책을 보면서 궁금한 내용은 [워드프레스 책]-[종합편 Q&A] 게시판을 통해서 문의하고 답변 받을 수 있습니다.

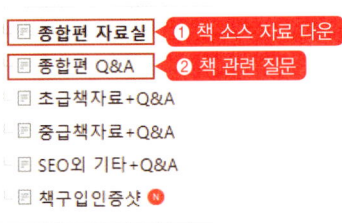

Contents 목차

1장 워드프레스 기초

1 워드프레스 개요 • 11
- 01 _ 워드프레스의 개요 • 11
- 02 _ 워드프레스의 종류 • 12
  - 02-1 설치형 워드프레스 공식사이트 • 12
  - 02-2 설치형 워드프레스 한국 공식사이트 • 14
- 03 _ 워드프레스의 장점 7가지 • 15
  - 03-1 구글 검색 최적화로 수익형 사이트 운영 가능 • 15
  - 03-2 모바일 반응형 홈페이지 • 16
  - 03-3 누구나 쉽게 홈페이지를 제작할 수 있다 • 18
  - 03-4 직접 홈페이지 유지보수가 가능하다 • 21
  - 03-5 전 세계 홈페이지의 약 40% 차지 • 24
  - 03-6 SNS 연동에 최적화 • 25
  - 03-7 홈페이지 최신 트렌드를 빠르게 반영 • 26
- 04 _ 워드프레스의 특징 • 28

2 워드프레스 기획 • 32
- 01 _ 웹사이트 기획의 기초 • 32
  - 01-1 워드프레스 사이트 기획을 위한 기초지식 • 33
  - 01-2 워드프레스 홈페이지 제작 프로세스 • 36
- 02 _ 사이트 기획하기 • 37
  - 02-1 홈페이지 만들기 전 반드시 체크 • 37
  - 02-2 웹사이트 벤치마킹 • 40
  - 02-3 사이트 메뉴 구조도 만들기 • 45
- 03 _ 컨텐츠 자료 준비하기 • 46
  - 03-1 스토리보드 작성 및 자료 정리 • 46
  - 03-2 이미지 자료 정리 • 48

3 워드프레스 제작 준비 • 60
- 01 _ 도메인 준비하기 • 60
  - 01-1 도메인 선정하기 • 61
  - 01-2 도메인 구입하기 • 61
- 02 _ 카페4 웹호스팅 등록하기 • 63
  - 02-1 카페24 무료 계정 만들기 • 63
  - 02-2 카페24 웹호스팅 등록 • 66

Contents
목차

03 _ 카페24에서 반드시 알아야 할 기능 • 71
    03-1 계정 초기화 • 71
    03-2 FTP/DB 비밀번호 변경하기 • 73
    03-3 사용현황 모니터링 • 75

2장 블로그 제작 실습

1 실습 전 필수 확인 사항 • 78
  01 _ 블로그 실습 자료 다운로드 • 78
  02 _ 구글 크롬으로 실습 • 81
  03 _ 홍마리오 유튜브 실습 동영상 활용 • 81
  04 _ 블로그 실습 기본정보 확인 • 82

2 워드프레스 블로그 만들기 실습 • 83
  01 _ 알림판 접속 및 기본정보 설정하기 • 83
    01-1 알림판 접속하기 • 83
    01-2 사이트 고유주소 변경 • 86
  02 _ 테마 설치하기 • 87
    02-1 cenote 테마 • 88
    02-2 테마 설치하기 • 89
  03 _ 플러그인 추가하기 • 93
    03-1 추가 플러그인 설치 • 93
    03-2 사용하지 않는 플러그인 삭제하기 • 100
  04 _ 메뉴 만들기 • 101
    04-1 실습 예제 사이트 메뉴 확인 • 101
    04-2 글 카테고리 만들기 • 102
    04-3 메뉴 생성 • 105
  05 _ 이미지 업로드 • 110
    05-1 블로그 실습 이미지 자료 다운로드 받기 • 110
    05-2 드래그 앤 드롭으로 이미지 파일 업로드 • 111
    05-3 이미지 파일 사이즈 확인 • 112
    05-4 이미지 파일 삭제 • 114

Contents 목차

06 _ 사용자 정의 설정하기 · 117
　　06-1 사용자 정의하기 메뉴 · 117
　　06-2 테마 옵션(Theme Options) 설정하기 · 118
　　06-3 사이트 아이덴티티 · 134
　　06-4 색상 · 139
　　06-5 헤더 이미지 · 139
　　06-6 배경 이미지 · 142
　　06-7 메뉴 · 142
　　06-8 위젯 · 143
　　06-9 홈페이지 설정 · 143
　　06-10 추가 CSS · 143

07 _ 위젯 설정하기 · 144
　　07-1 위젯 살펴보기 · 144
　　07-2 위젯 설정하기 · 146
　　07-3 푸터 설정하기 · 148

08 _ 글 작성 및 SEO 최적화 · 155
　　08-1 실습 예제 글 카테고리별로 작성 · 155
　　08-2 구글 SEO 최적화를 위한 블로그 글 작성 · 161

09 _ 기타 TIP · 179
　　09-1 사용하지 않는 파일 삭제 · 179
　　09-2 사용자 추가 · 181
　　09-3 댓글 관리 · 182
　　09-4 도메인 등록 · 183
　　09-5 백업하기 · 184

10 _ 구글 애드센스 등록 · 185
　　10-1 구글 서치 콘솔, 사이트맵 등록 · 186
　　10-2 구글 사이트 키트 설치 · 189
　　10-3 구글 애드센스 등록하기 · 195

Contents
목차

3장 포토 폴리오 제작 실습

1 실습 전 필수 확인 사항 • 205
　01 _ 실습 예제 사이트 및 데모 미리보기 • 205
　02 _ 포트폴리오 실습 자료 다운로드 • 207
　03 _ 알림판 접속 준비 • 209
　　03-1 카페24 무료 계정 등록 • 209
　　03-2 사이트 초기화 하기 • 209
　04 _ 홍마리오 유튜브 실습 동영상 활용 • 209
　05 _ 포트폴리오 실습 기본 정보 확인 • 210

2 워드프레스 포토폴리오 만들기 실습 • 211
　01 _ 알림판 접속 및 기본정보 설정하기 • 211
　　01-1 자신이 등록한 카페24 계정 접속 • 211
　　01-2 사이트 기본정보 입력 • 213
　02 _ 테마 설치하기 • 215
　　02-1 perfect portfolio 테마 • 215
　　02-2 테마 설치하기 • 216
　03 _ 플러그인 추가하기 • 223
　　03-1 클래식 편집기 플러그인 설치 • 223
　　03-2 클래식 위젯 플러그인 설치 • 224
　04 _ 메뉴 설정 • 226
　05 _ 이미지 업로드 • 230
　06 _ 사용자 정의 설정하기 • 232
　　06-1 Demo Documentation • 233
　　06-2 사이트 아이덴티티 • 234
　　06-3 Apperance Settings • 239
　　06-4 Layout Settings • 240
　　06-5 Front Page Settings • 241
　　06-6 General Settings • 252
　　06-7 위젯 • 256
　　06-8 기타 • 261
　07 _ 페이지 설정하기 • 263
　　07-1 About 페이지 • 264
　　07-2 Contact 페이지 • 270
　08 _ 포트폴리오 설정하기 • 275
　　08-1 포트폴리오 카테고리 생성 • 276
　　08-2 데모 포트폴리오 삭제 • 278
　　08-3 포트폴리오 등록 • 280

4장 회사 홈페이지 제작 실습

1 실습 전 필수 확인 사항 • 287
　01 _ 실습 예제 사이트 및 데모 미리보기 • 287
　02 _ 회사 홈페이지 실습 자료 다운로드 • 289
　03 _ 알림판 접속 준비 • 290
　　03-1 카페24 무료 계정 등록 • 290
　　03-2 사이트 초기화 하기 • 290
　04 _ 홍마리오 유튜브 실습 동영상 활용 • 290
　05 _ 회사 홈페이지 실습 기본 정보 확인 • 291

2 워드프레스 회사 홈페이지 만들기 실습 • 292
　01 _ 알림판 접속 및 기본정보 설정하기 • 292
　　01-1 알림판 접속 • 292
　　01-2 사이트 기본정보 입력 • 293
　　01-3 고유주소 변경 • 294
　02 _ 테마 설치하기 • 295
　03 _ 플러그인 설치하기 • 297
　　03-1 데모 임포트(Demo Import), 테마 필수 플러그인 설치 • 297
　　03-2 설치한 플러그인 확인 • 301
　　03-3 문의 양식7 플러그인 설치 • 302
　　03-4 Prime Slider 플러그인 설치 • 303
　　03-5 Duplicate page 플러그인 설치 • 305
　04 _ 이미지 업로드 • 306
　05 _ 메뉴 설정 • 308
　　05-1 페이지 만들기 • 308
　　05-2 Menu 설정 • 312
　06 _ 사용자 정의 설정하기 • 317
　　06-1 글로벌 설정 • 318
　　06-2 Header Builder • 325
　　06-3 사용자 정의하기 나머지 메뉴들 • 335
　07 _ 페이지, 푸터 설정하기 • 339
　　07-1 메인 페이지 • 339
　　07-2 푸터 설정하기 • 384
　　07-3 About 페이지 설정하기 • 387
　　07-4 Map 페이지 설정하기 • 397
　　07-5 Services 페이지 설정하기 • 414
　　07-6 Projects 페이지 설정하기 • 429
　　07-7 Contact 페이지 설정하기 • 437

1장

워드프레스 기초

1 실습 전 필수 확인 사항

01 _ 워드프레스의 개요

워드프레스는 2003년 매트뮬렌웨그(Matt Mullenweg)가 만들었고, 초기에는 블로그 형태를 제작하는 도구로 사용되었으며, 최근에는 다양한 테마를 활용해서 중대형 규모의 홈페이지를 제작할 수 있는 세계 최대의 CMS(Content Manage System) 프로그램입니다. 국내에서도 2012년 서울시 홈페이지가 워드프레스로 제작하면서부터 대중적으로 알려지기 시작했고, 국내 도입 초기에는 블로그, 포트폴리오, 간단한 회사 홈페이지 제작 수준이었지만, 이제는 대기업, 공공기관, 상장기업 등 다양한 홈페이지 제작도구로 사용되고 있습니다. 특히, 최근에는 워드프레스 기술이 향상되어서 테마자체 제작 기술로 다양한 기능을 구현하고 있습니다.

워드프레스가 전 세계적으로 대중화된 이유는 여러 가지가 있는데, 그 중 대표적인 특징은 다음과 같습니다. 기본적으로 텍스트와 이미지가 분리되어 분리된 텍스트가 구글 등의 검색엔진에 노출이 잘되고, 모바일 반응형 웹사이트로 모든 모바일 기기, 태블릿은 기본이고 다양한 브라우저에서 호환성이 뛰어납니다. 또한, 기본 기능만 알면 누구나 쉽게 홈페이지를 구축할 수 있다는 장점 때문에 짧은 역사에도 불구하고 전 세계 홈페이지의 약 43%를 차지하고 있습니다.

Historical trends in the usage statistics of content management systems

This report shows the historical trends in the usage of the top content management systems since December 2022.

	2022 1 Dec	2023 1 Jan	2023 1 Feb	2023 1 Mar	2023 1 Apr	2023 1 May	2023 1 Jun	2023 1 Jul	2023 1 Aug	2023 1 Sep	2023 1 Oct	2023 1 Nov	2023 1 Dec	2023 12 Dec
None	32.8%	32.3%	32.0%	31.9%	31.7%	31.7%	31.7%	31.7%	31.6%	31.6%	31.6%	31.5%	31.7%	31.7%
WordPress	43.0%	43.1%	43.2%	43.2%	43.2%	43.2%	43.1%	43.1%	43.1%	43.1%	43.1%	43.1%	42.8%	42.7%
Shopify	4.0%	3.8%	3.8%	3.8%	3.8%	3.8%	3.8%	3.9%	3.9%	4.0%	4.0%	4.1%	4.1%	4.1%
Wix	2.4%	2.4%	2.5%	2.5%	2.5%	2.5%	2.5%	2.5%	2.5%	2.5%	2.5%	2.6%	2.6%	2.6%
Squarespace	2.0%	2.0%	2.1%	2.1%	2.1%	2.1%	2.1%	2.1%	2.1%	2.1%	2.1%	2.1%	2.1%	2.1%
Joomla	1.7%	1.8%	1.8%	1.8%	1.8%	1.8%	1.8%	1.8%	1.8%	1.8%	1.8%	1.8%	1.8%	1.8%
Drupal	1.2%	1.2%	1.2%	1.2%	1.2%	1.2%	1.2%	1.2%	1.2%	1.1%	1.1%	1.1%	1.1%	1.1%
Adobe Systems	1.1%	1.1%	1.1%	1.1%	1.1%	1.1%	1.1%	1.1%	1.1%	1.1%	1.1%	1.1%	1.0%	1.0%
PrestaShop	0.6%	0.7%	0.7%	0.7%	0.7%	0.8%	0.8%	0.8%	0.8%	0.8%	0.8%	0.8%	0.8%	0.8%
Google Systems	0.8%	0.8%	0.8%	0.8%	0.8%	0.8%	0.8%	0.8%	0.8%	0.8%	0.7%	0.7%	0.7%	0.7%
Webflow	0.6%	0.6%	0.6%	0.6%	0.6%	0.6%	0.6%	0.6%	0.6%	0.6%	0.7%	0.7%	0.7%	0.7%
Bitrix	0.8%	0.8%	0.7%	0.7%	0.7%	0.7%	0.7%	0.7%	0.7%	0.7%	0.7%	0.7%	0.7%	0.7%
OpenCart	0.5%	0.5%	0.5%	0.5%	0.6%	0.6%	0.6%	0.6%	0.6%	0.6%	0.6%	0.5%	0.5%	0.5%

▲ 워드프레스 최신점유율 그래프 _ 출처 : https://w3techs.com/technologies/history_overview/content_management/all

위 표를 보면 워드프레스 점유율이 꾸준히 증가하고 있으며, 2022년 1월부터 42% 이상을 차지하고 있음을 보여주고 있습니다.

한편, 국내에서 상당히 광고를 많이 하고 있는 Wix(윅스)의 경우에는 전 세계 점유율이 2.6% 밖에 되지 않습니다. 이는 Wix 를 비롯 국내외 타 CMS 프로그램의 경우 무료로 사용 시 광고가 따라다니며, 유료 사용 시에도 쇼핑몰, 커스터마이징, 다양한 플러그인 적용 등에 제한이 있고, 특히, 웹호스팅 비용을 포함, 정기적으로 들어가는 비용 등의 단점을 가지고 있어서 최근에는 Wix 와 유사한 국내외 CMS 홈페이지 제작툴로 구축한 사이트를 워드프레스로 전환하는 경우가 많아지고 있습니다

02 _ 워드프레스의 종류

워드프레스는 2개의 공식사이트를 가지고 있습니다.

첫 번째는 가입형 서비스인 "Wordpress.com", 두 번째는 설치형 서비스인 "wordpress.org"가 있습니다.

- 가입형 워드프레스 : wordpress.com
- 설치형 워드프레스 : wordpress.org

여기서, 여러분들은 고민할 필요 없이 그냥 설치형 워드프레스 서비스를 선택하시면 됩니다.

그 이유는 가입형 서비스를 제공하는 wordpress.com은 단순한 블로그를 운영할 사람에게는 쉽다고 판단할 수도 있지만, 추가서비스나 호스팅 등이 모두 귀속되기 때문에 앞 페이지에서 설명한 Wix와 비슷한 정기·비정기적으로 결제를 해야만 하는 시스템이기 때문입니다.

워드프레스의 가장 큰 매력인 자신이 원하는 테마와 플러그인을 마음대로 사용할 수 없기 때문에 일반적으로 국내 워드프레스 유저들의 대부분은 가입형보다는 설치형을 사용해서 홈페이지를 개설하고 운영하고 있습니다.

02-1 설치형 워드프레스 공식사이트

이제 우리가 실제로 제작할 설치형 워드프레스에 대해 설명합니다.

우선, Wordpress.org에 접속해서 워드프레스 설치파일을 다운로드 받은 후 이를 웹 호스팅이나 서버에 설치하여 사용하는 방법입니다.

설치형 워드프레스의 가장 큰 장점은 확장성입니다. ThemeForest(테마포레스트)같은 테마 마켓에서 원하는 테마를 직접 골라서 설치할 수 있으며, 원하는 플러그인을 마음 대로 설치가 가능합니다. 다시 말해 자신의 홈페이지를 자신이 원하는 스타일의 홈페이지를 마음대로 선택 가능하고, 다양한 스타일로 커스터마이징이 가능합니다. 또한, 홈페이지의 모든 권한과 콘텐츠는 자신의 소유가 됩니다. 따라서 여러분이 워드프레스로 홈페이지 제작을 원하면 설치형 워드프레스를 사용해야 합니다.

설치형 워드프레스는 워드프레스 설치파일을 공식사이트에서 다운로드 받은 후 개인의 호스팅 공간에 올려야 하기 때문에 약간의 비용이 발생합니다. 하지만, 설치형 서비스는 여러분들이 홈페이지의 주인이 되고, 모든 콘텐츠가 여러분들 소유가 되는 것입니다. 다시 말해 부동산에 비유하자면 여러분들의 주소가 있는 집이 탄생하는 것입니다.

▲ 설치형 워드프레스 Wordpress.org 공식사이트

News, Showcase, Hosting, Extend, Learn, Community, About로 구성되어 있습니다.
주요 메뉴 중 가장 많이 이용하는 메뉴는 Extend 메뉴에 있는 테마, 플러그인에서 무료로 이용가능한 테마, 플러그인을 찾을 수 있습니다.

02-2 설치형 워드프레스 한국 공식사이트

워드프레스는 다국어 버전으로 각 나라마다 공식사이트를 따로 운영하고 있습니다.

한국은 korea의 약자인 ko를 따서 공식사이트 주소가 https://ko.wordpress.org 입니다.

국내 워드프레스 유저들은 대부분 한국어 버전을 사용하고 있으며, 본 책에서도 한국어 버전으로 워드프레스를 설명하고 있습니다.

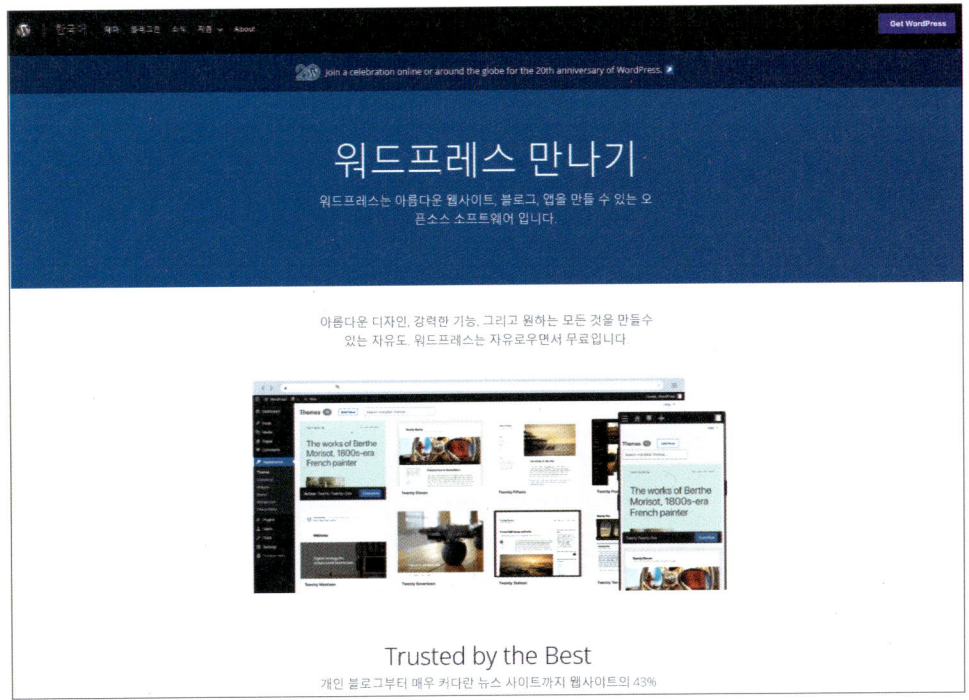

▲ ko.wordpress.org 사이트

앞의 화면을 보면 워드프레스 한국 공식 사이트(ko.wordpress.org)는 메뉴가 조금 다르게 제공됩니다. 테마, 플러그인, 소식, 지원, About 메뉴로 구성되어 있습니다.

한국어 사이트에서는 기존 영문 홈페이지를 번역한 수준이며, 국내 웹호스팅 업체 중 워드프레스 자동설치를 지원하지 않을 경우, 한국어 버전의 최신 설치파일을 다운받는 서비스를 주로 이용하고 있습니다.

03 _ 워드프레스의 장점 7가지

워드프레스는 많은 장점을 가지고 있는데 가장 대표적인 장점은 바로 모바일 최적화와 누구나 쉽게 홈페이지를 개설할 수 있고 관리가 쉽다는 장점이 있습니다.

기존의 홈페이지들의 대부분이 데스크탑 모니터 화면 크기에 초점을 맞추어 제작되었지만, 최근에는 노트북, 테블릿, 스마트폰까지 다양한 기기에 대해서도 모두 구동 가능한 홈페이지가 필요하게 되었습니다. 워드프레스는 반응형 홈페이지로 어떤 모바일기기로도 최적의 사이트를 접할 수 있습니다.

또한, 홈페이지 제작 이후 가장 신경쓰이는 부분이 유지보수 입니다. 홈페이지 제작한 업체가 갑자기 사라지거나, 개발자 부재로 수정 및 업데이트가 안되는 경우가 허다했습니다. 하지만, 워드프레스로 제작하면 여러분들이 직접 홈페이지를 관리할 수 있으므로 유지보수 비용 없이 직접 운영이 가능합니다.

워드프레스는 누구나 쉽고 빠르게 무료로 홈페이지를 제작할 수 있는 오픈소스 기반의 CMS(Content Manage System)의 일종입니다. CMS(Content Manage System)를 쉽게 설명하면 홈페이지를 만들 수 있는 프로그램으로 이해하면 됩니다. CMS는 워드프레스 외에도 다양한 프로그램들이 있습니다. 하지만 그 중에서 워드프레스가 세계적으로 가장 높은 점유율을 가질 수 있었던 이유에 대해 자세히 알아보도록 합니다.

03-1 구글 검색 최적화로 수익형 사이트 운영 가능

워드프레스는 구글 검색에 최적화되어 있는 플랫폼입니다. 또한 네이버 사이트 최적화에도 가장 적용하기 좋은 플랫폼을 가지고 있습니다. 그 이유는 워드프레스가 기본적으로 텍스트와 이미지가 분리되어서 반응형 홈페이지를 추구하고 있기 때문입니다.

또한, 구글 검색 최적화 즉, 구글 SEO를 위한 여러 가지 조건과 팩트를 만족시킬만한 조건들을 두루 갖추고 있습니다. 앞에서 워드프레스가 전 세계 점유율 40%이상 차지하는 것도 구글 SEO 최적화에 가장 적합한 플랫폼이기 때문입니다.

구글 SEO 최적화가 된 플랫폼이기 때문에 또한 구글 광고인 구글 애드센스 승인 받아서 수익형 블로그로 운영하기에 가장 최적화된 플랫폼입니다. 티스토리 블로그도 물론, 구글 애드센스도 가능하고 구글에 노출도 잘 되지만, 티스토리 자체가 본인 소유가 아니기 때문에 평생 영원히 자신의 뜻대로 100% 광고 노출이 어려운 만큼 장기적으로 블로그나 웹사이트를 운영해서 마케팅에 활용하려면 워드프레스가 최선이 아닌가 생각합니다.

03-2 모바일 반응형 홈페이지

워드프레스는 기본적으로 반응형 홈페이지입니다. 반응형 홈페이지란 어떠한 장치에서도 정상적으로 보이는 홈페이지를 말합니다. 반응형 홈페이지를 가장 쉽게 확인하는 방법은 웹사이트를 띄운상태에서 다음과 같이 실행하면 됩니다.

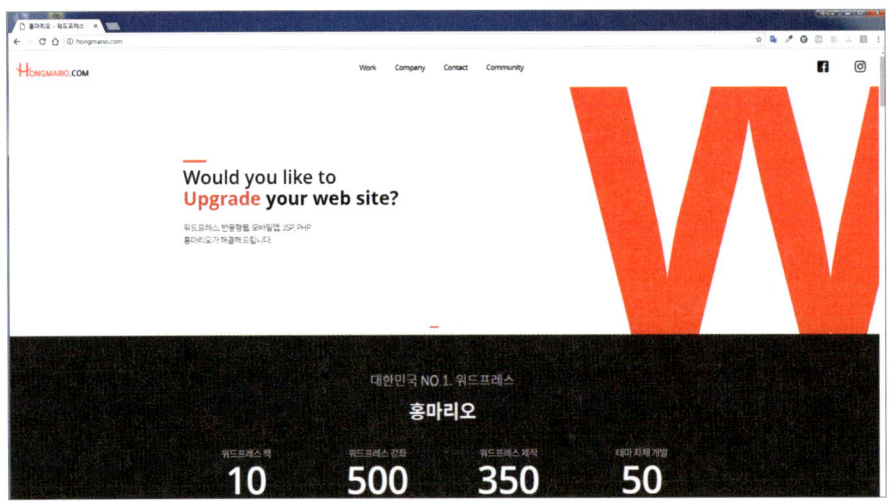

▲ 홍마리오 사이트(www.hongmario.com)를 접속 시 화면

위 처럼 워드프레스 반응형으로 된 웹사이트를 띄우고 마우스로 우측 끝에서 창을 왼쪽으로 줄이면 아래와 같이 보입니다.

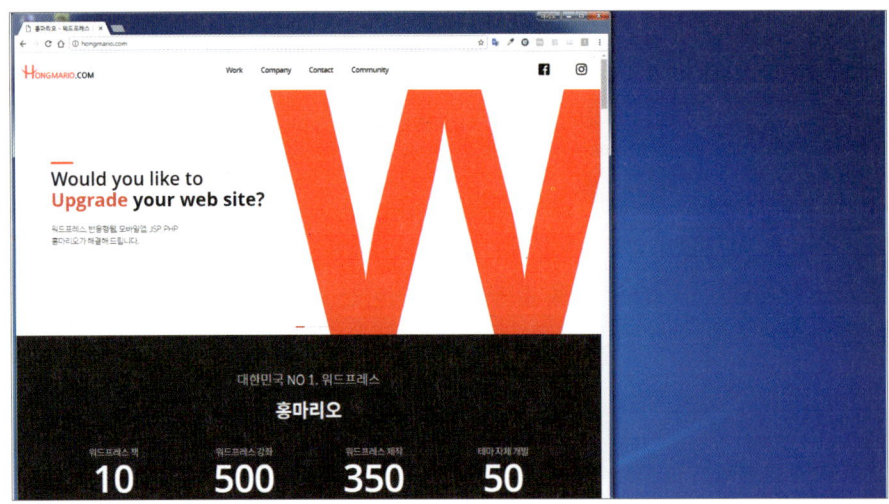

▲ 홍마리오 사이트 창을 왼쪽으로 조금 줄인 화면

위 화면은 태블릿 모니터 사이즈와 유사한 사이즈로 줄인 화면입니다.
그리고 위 화면에서 조금 더 왼쪽으로 창을 줄이면 아래와 같이 보입니다.

▲ 홍마리오 사이트를 창을 왼쪽으로 많이 줄인 화면

위 화면을 보면 대략 모바일 화면처럼 세로로 길게 노출된 웹사이트를 볼 수 있습니다. 이와 같이 완벽한 반응형 홈페이지를 확인하려면 사이트를 웹상에 띄운 다음에 창을 줄이면 확인이 가능합니다.

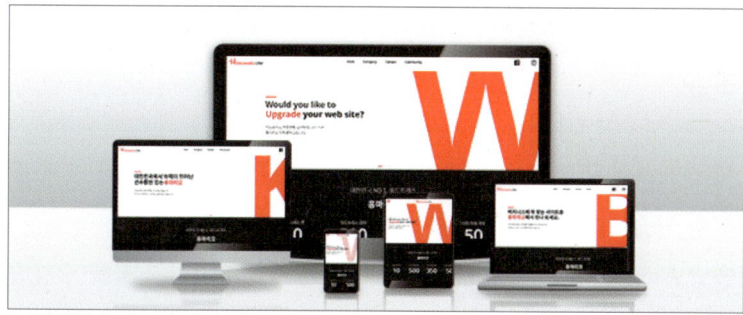
▲ 반응형 홈페이지 예시 : 홍마리오 사이트

최근 모바일 사용빈도가 점점 증가하여 워드프레스도 모바일에서 어떻게 화면이 보이는지가 중요하며, 모바일 환경에서 알림판 접속 및 이미지 등록, 글쓰기 등 주요 기능이 가능합니다.

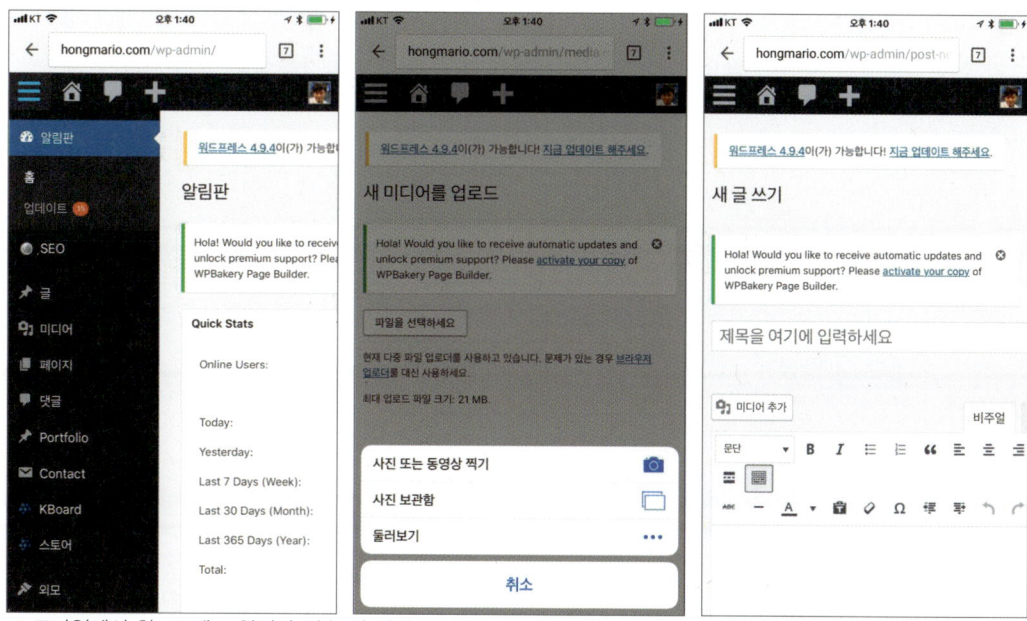
▲ 모바일에서 워드프레스 알림판 접속 시 화면

1장_워드프레스 기초 17

따라서 여러분들이 워드프레스 홈페이지를 구축하기 위해 테마 선정 시에는 반드시 모바일 환경에서 메인화면과 주요서비스 페이지를 확인해야 합니다.

03-3 누구나 쉽게 홈페이지를 제작할 수 있다

워드프레스 홈페이지 제작은 누구나 쉽게 제작이 가능합니다. 다만, 테마나 테마에서 제공하는 빌더(builder)에서 제공하는 기본적인 기능외의 기술을 적용하려면 상황에 따라 HTML, CSS 커스터마이징 기술이 필요할 수도 있습니다. 따라서 워드프레스로 홈페이지를 직접 제작해 보고 싶은 분들은 아래 요건이 충족되어야 가능합니다.

❶ 기본적으로 PC, 인터넷에 익숙한 사용자
❷ 포토샵에서 가로 세로 이미지 사이즈 조절이 가능한 자
❸ 홈페이지에 들어갈 메뉴 및 콘텐츠 정리
❹ 유사 사이트를 보고 벤치마킹 할 수 있는 능력
❺ 테마의 빌더 사용을 쉽게 적응 가능한 자
❻ 기본적으로 디자인 감각이 있으신 분

위 내용 중 ❷번 항목은 포털사이트에 검색하면 방법이 쉽게 나와 있기 때문에 홍마리오 네이버 카페 검색, 구글 검색, 유튜브 등으로 해결할 수 있습니다.
그리고 ❺번 항목의 테마의 빌더 사용법도 홍마리오의 유튜브를 보시거나 카페 오프라인 강좌를 수강해서 실습을 해보면 누구나 쉽게 가능합니다.

다만, 업체에서 제작하는 웹사이트는 대부분 CSS 커스터마이징을 많이 사용합니다. CSS 커스터마이징은 PHP 기본과 CSS 공부를 별도로 진행해야 하는데요. 이 부분도 워드프레스 홈페이지에 사용하는 CSS 소스가 한정적이라서 자신이 필요한 부분만 잘 응용하면 멋진 홈페이지를 구축할 수 있습니다.

◀ 빌더(Builder)란 ▶

워드프레스에서 홈페이지의 메인, 서브페이지의 레이아웃을 쉽게 구성하고 이미지와 텍스트를 다양하게 편집하기 위한 일종의 프로그램으로 초보자도 html 소스를 잘 몰라도 쉽게 홈페이지를 구성하고 이미지와 텍스트를 편집해서 홈페이지를 쉽게 제작 가능하게 만든 툴로 워드프레스에서는 유료 테마에서 주로 적용되고 있습니다.

빌더는 유료 테마 회사에서 직접 자신의 테마에만 사용가능한 빌더를 이용하는 경우(Avada테마, Enfold테마) 기도 하고 상용화된 유료 플러그인으로 유료 테마업체와 제휴해서 제공하는 경우가 있습니다.

❶ Elementor 빌더

Elementor 빌더는 워드프레스 빌더에서는 후발주자지만 상승세가 놀라울 정도입니다. 그동안 빌더 유료 플러그인 시장을 장악하고 있던 WPBakery의 Visual Composer가 기능은 많지만 무거워서 속도가 느리고 유료에만 적용이 가능했는데 Elementor는 무료 테마에서도 기본기능은 사용 가능하도록 하고 고급 기능은 유료로 전환해야만 사용가능한 정책이 주요했던 것 같습니다. 텍스트 입력 시 html 소스를 입력해야 하는 불편함은 있지만, 대부분의 기능들이 쉽게 구현되는 장점이 많은 빌더입니다. 본 책의 실습에서도 Elementor 빌더를 사용하기 때문에 4장 회사홈페이지 실습에서 여러분들은 경험이 가능합니다.

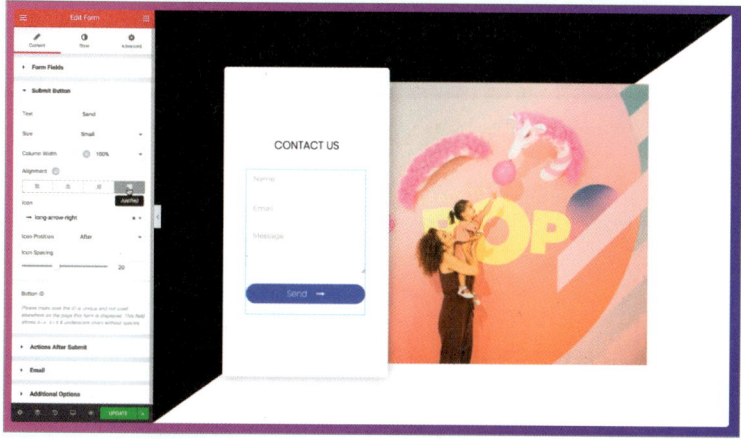

❷ WPBakery 빌더

인기 유료 테마인 The 7, BeTheme, Bridge, Jupiter, Total 등 한국에서 인기 많은 유료 테마들의 메인 빌더로 사용되었던 WPBakery Page Builder는 최근 Elementor의 등장으로 입지가 많이 좁아졌으며, 인기 유료 테마들도 Elementor와 WPBakery를 선택적으로 사용가능하게 함으로서 경쟁이 치열한 빌더 구조로 가고 있습니다. WPBakery Page Builder 빌더는 약간 무겁다는 단점은 있지만, 사용자가 사용하기에 가장 쉽고 기능이 많은 빌더입니다. 유료 플러그인 add-on을 추가로 설치하면 더욱 많은 애니메이션 효과를 구현할 수 있습니다.

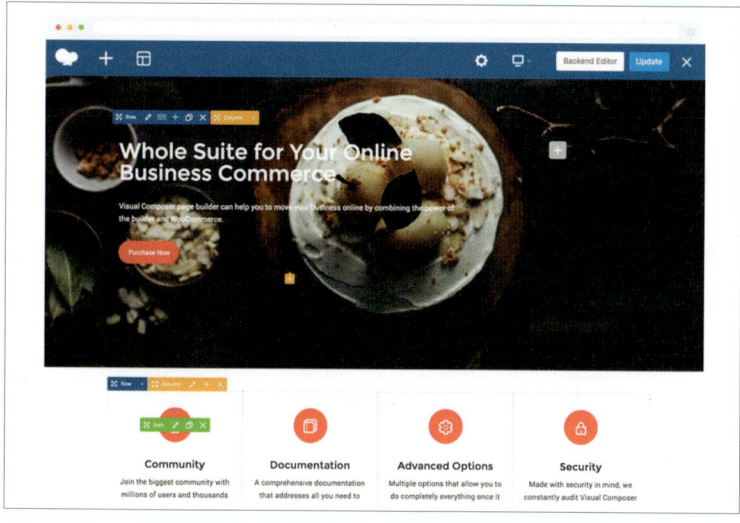

❸ Avada 테마 빌더

Avada 테마는 Avada에서 자체 개발한 Fusion builder를 사용하고 있습니다. Fusion builder의 특징은 다양한 기능을 가지고 있고 옵션도 상당히 많아서 초보자가 쉽게 홈페이지에 다양한 기능을 구현할 수 있습니다. 또한 계속 다양한 기능이 업데이트 되고 있으며, 글로벌 NO.1 테마답게 모든 것을 잘 구현해 놨습니다. 하지만, 기능이 많다 보니 학습하는데 시간이 걸리고 또한 다른 테마에 비해서 무거워서 속도가 느리다는 사용자 의견들이 있습니다.

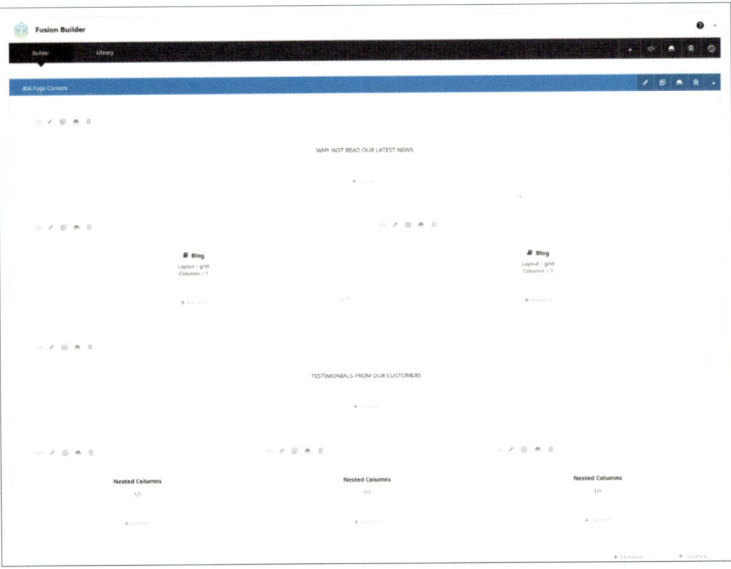

❹ Enfold 테마 빌더

Enfold 테마는 Avia Builder를 사용하고 있습니다. Avada의 Fusion 빌더에 비해서 기능은 적지만 꼭 필요한 기능이 잘 갖추어져 있고, Avada 테마보다 가볍다는 장점이 있습니다. 다시말해 Avada 테마가 좀 더 섬세하고 효과가 많은 기능을 원하는 홈페이지에 적합하다면, Enfold 테마의 avia builder는 쉽고 심플한 홈페이지 제작에 도움을 줄 수 있습니다.

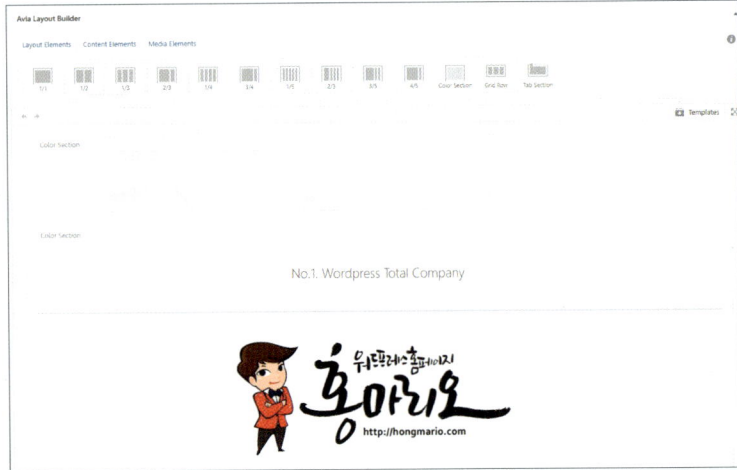

03-4 직접 홈페이지 유지보수가 가능하다

홈페이지 유지보수란 홈페이지 개발완료 후에 홈페이지를 유지하고 운영하기 위해 필요한 새로운 페이지 추가 및 수정, 메뉴 추가 및 수정, 이미지 변경, 텍스트 내용 변경, 팝업기능 추가 등이 있을 수 있습니다.

이러한 유지보수 작업들은 기존 워드프레스가 아닌 사이트들은 대부분 개발한 업체에 외주를 주어서 연간 일정한 비용을 지급해야 가능합니다. 이처럼 외주업체에 유지보수를 맡기면 일반적으로 급한 프로젝트를 우선적으로 진행하기 때문에 유지보수 요청작업이 지연되거나 담당 개발자 부재 또는 퇴사 등으로 피드백이 어려운 경우가 많습니다.

하지만, 워드프레스는 앞에서 설명한 빌더(Builder)를 이용해서 누구나 쉽게 텍스트, 이미지 등을 수정할 수 있기 때문에 본인 스스로 유지보수가 가능합니다. 가령, 페이지를 수정하려면 아래와 같이 수정하면 되기 때문에 유지보수 업무를 직접 진행이 가능합니다. 단, 유지보수를 하려면 기본적으로 빌더를 사용하는 테마를 사용해야만 가능합니다.

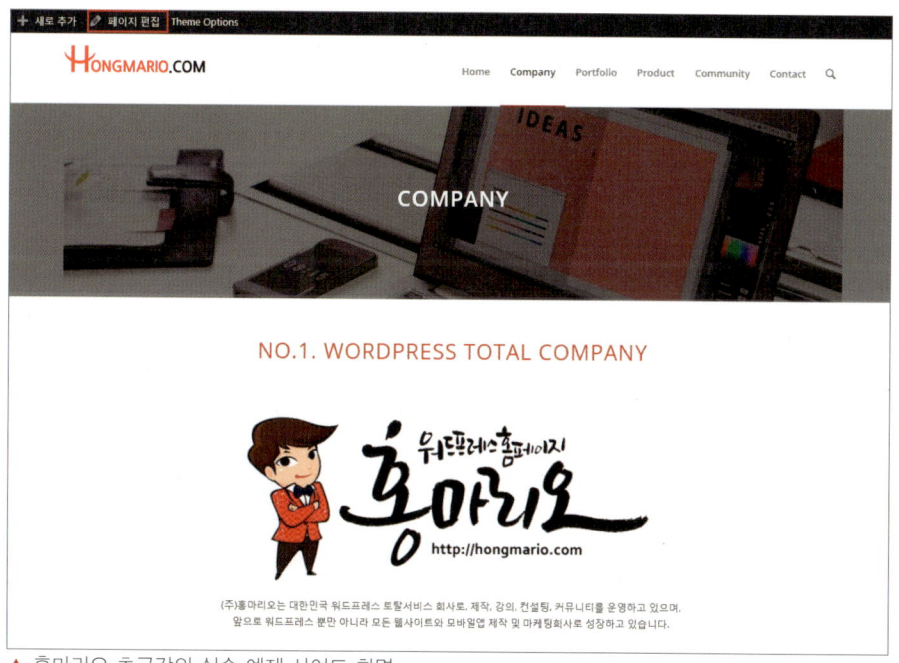

▲ 홍마리오 초급강의 실습 예제 사이트 화면

가령 위의 화면을 수정하고 싶다면 알림판 로그인 상태에서 왼쪽상단의 [페이지 편집]을 클릭하면 다음과 같은 화면이 보입니다.

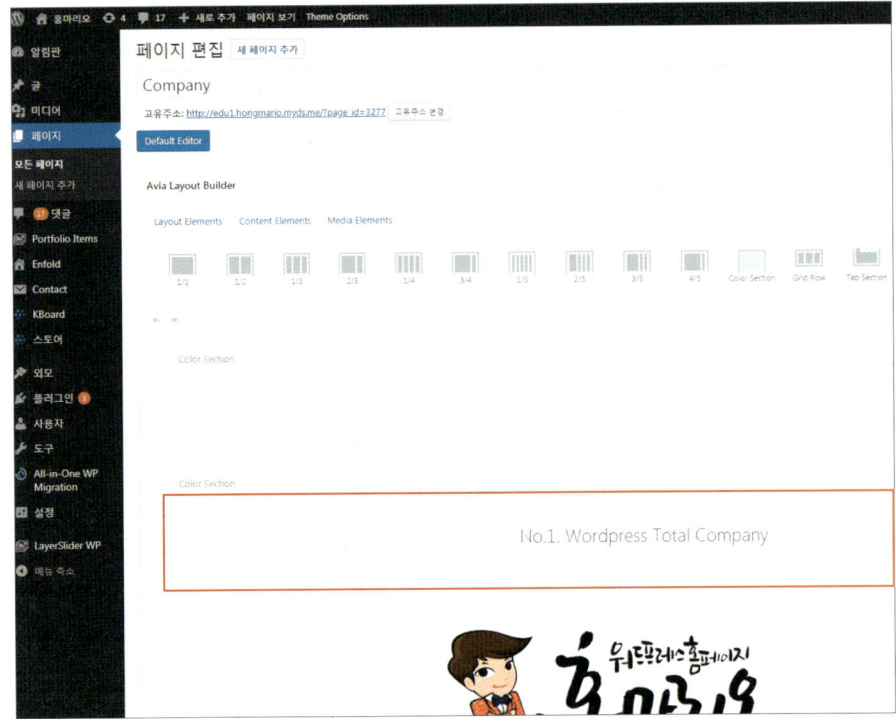

▲ 홍마리오 초급강의 사이트 페이지 편집 화면

이제 수정하고 싶은 영역을 선택해서 수정을 진행해 보겠습니다.

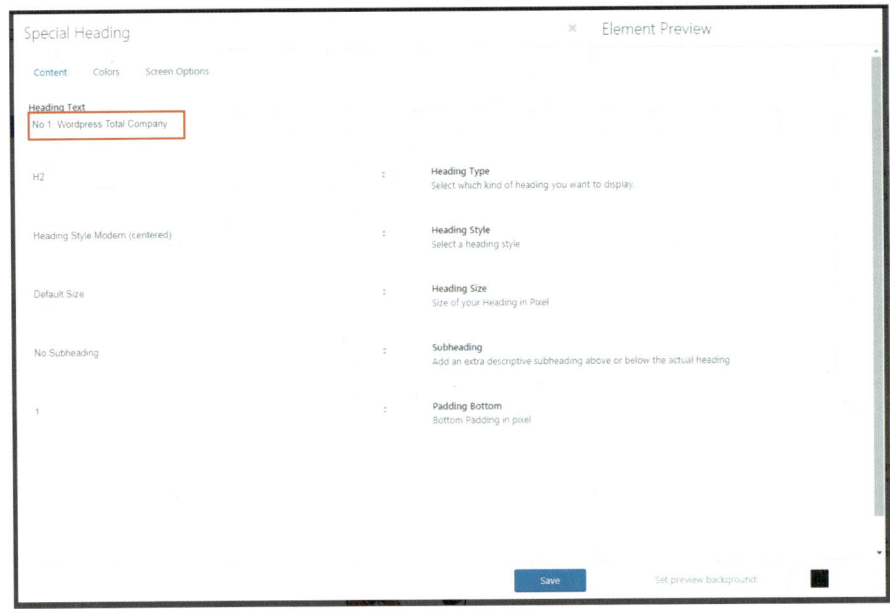

▲ 홍마리오 초급강의 실습 예제 사이트 페이지 편집 화면

위 내용 중 "1"을 "2"로 변경합니다.

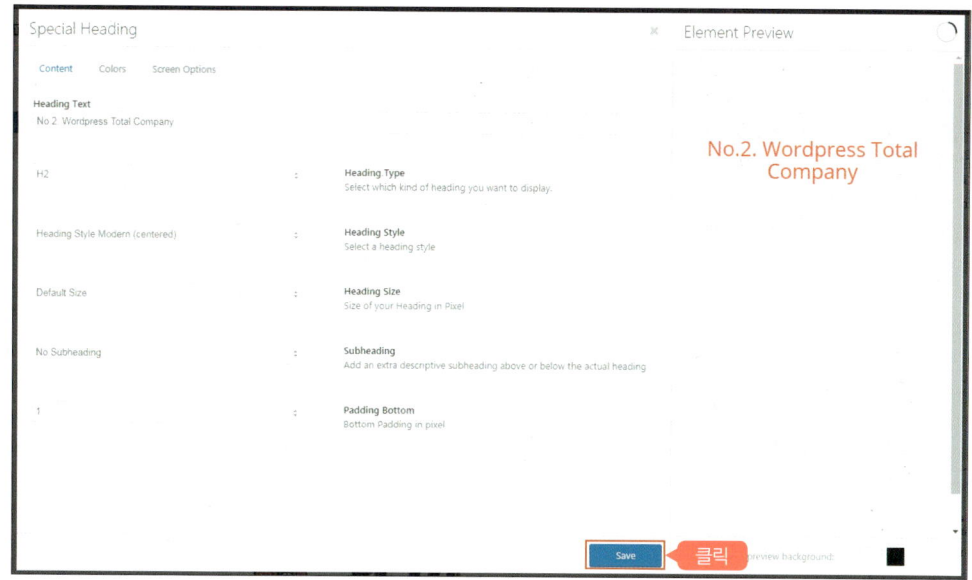

▲ 홍마리오 초급강의 실습 예제 사이트 페이지 편집 화면

내용을 변경하면 우측 미리보기 화면에서 수정된 화면이 보입니다. 그러면 아래에 있는 [save] 버튼을 클릭하면 됩니다. 그럼 아래와 같이 변경된 화면을 볼 수 있습니다.

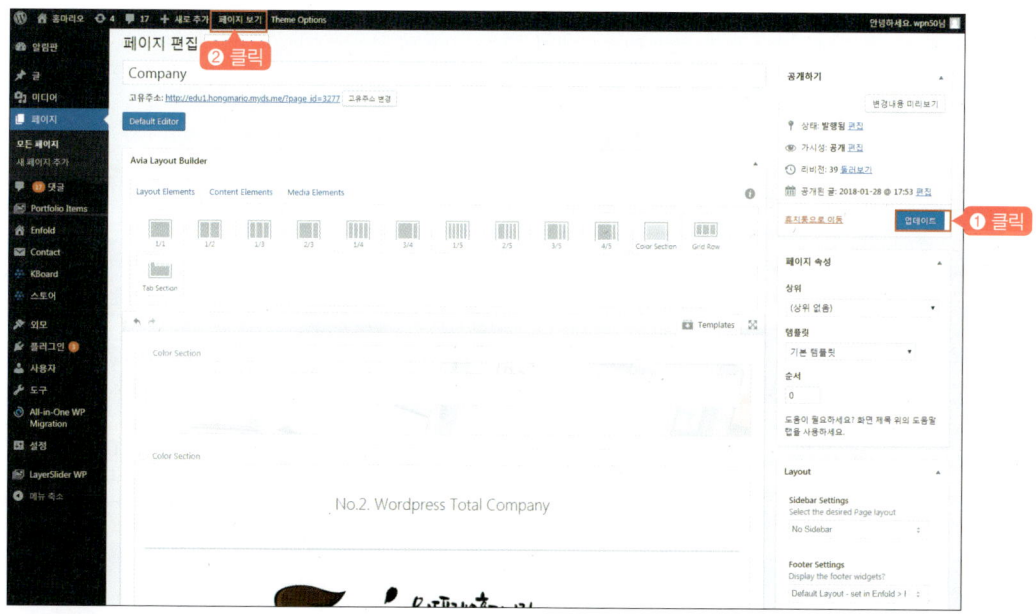

▲ 홍마리오 초급강의 실습 예제 사이트 페이지 편집 화면

그리고 마지막으로 우측의 있는 [업데이트] 버튼을 클릭해주면 모든 수정작업이 끝나게 됩니다. [업데이트] 버튼완료 후 위 화면 상단에 있는 [페이지 보기]를 클릭하면 수정된 페이지를 확인할 수 있습니다.

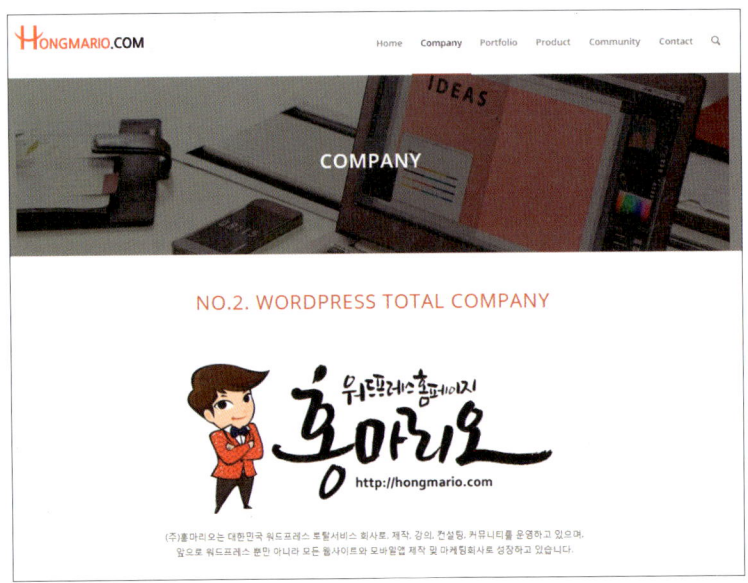

▲ 페이지 내용 수정 후 사이트 화면

03-5 전 세계 홈페이지의 약 40% 차지

워드프레스는 앞에서 설명했듯이 2023년 12월 현재 전 세계 웹사이트 점유율을 42% 이상인 명실상부 전 세계 최고의 홈페이지입니다. 한국보다 글로벌시장에서 더욱 유명한 워드프레스는 회사 홈페이지, 교육사이트, 병원홈페이지, 포트폴리오, 뉴스, 블로그 등 다양한 종류의 홈페이지에 널리 사용되고 있습니다.

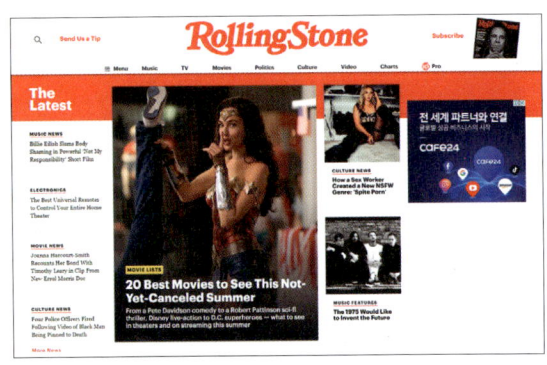

▲ 롤링스톤매거진 https://www.rollingstone.com

▲ 페이스북 뉴스룸 https://about.fb.com/news

▲ 앵그리버드 http://www.angrybirds.com

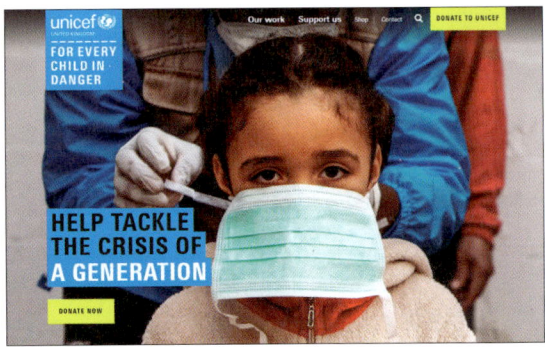

▲ 유니세프 https://www.unicef.org.uk

03-6 SNS 연동에 최적화

워드프레스는 SNS 연동에 최적화되어 있는 웹사이트입니다. 특히, 최근에는 전 세계적으로 유튜브, 인스타그램의 유행으로 인해 홈페이지에서 유튜브, 인스타그램을 잘 활용해서 표현하려는 시도가 많아지고 있습니다.

워드프레스는 시대적 흐름에 발맞추어서 다양한 SNS 관련 무료 플러그인과 유료 플러그인이 있어서 여러분들의 홈페이지에 쉽게 SNS 공유, SNS FEED 등을 적용할 수 있습니다.

▲ 홍마리오 홈페이지 SNS 공유 아이콘 삽입 사례

03-7 홈페이지 최신 트렌드를 빠르게 반영

워드프레스는 전 세계적으로 40%이상 점유하고 있는 글로벌 NO.1 홈페이지 솔루션으로 수많은 개발자들이 새로운 테마와 새로운 플러그인을 개발하고 있습니다.

유료 테마를 소개하고 판매하는 대표적인 사이트로 테마포레스트(http://themeforest.net) 사이트가있습니다. 여기서 인기 테마는 아래와 같이 다양한 인기 테마들이 있습니다.

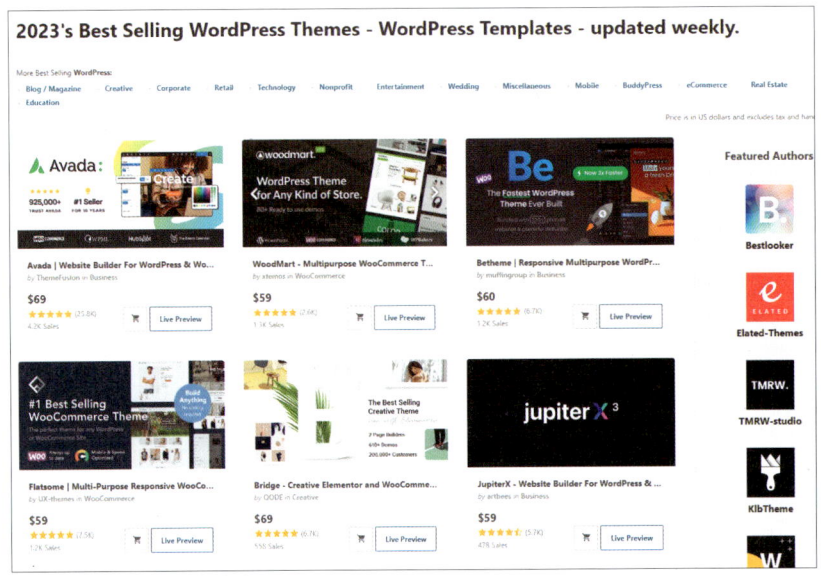

▲ themeforest의 인기 테마들

최근 인기 테마들의 흐름을 보면 몇 년 전만 해도 TOP 10 밖에 있던 woodmart 테마가 현재 2위로 올라와 있습니다. Woocommerce 쇼핑몰 테마 중 가장 인기가 많은 woodmart 테마는 최근 다양한 기능(기능, 속도, 디자인, 프레임 등)을 업데이트해서 고객들로부터 사랑을 받고 있습니다.

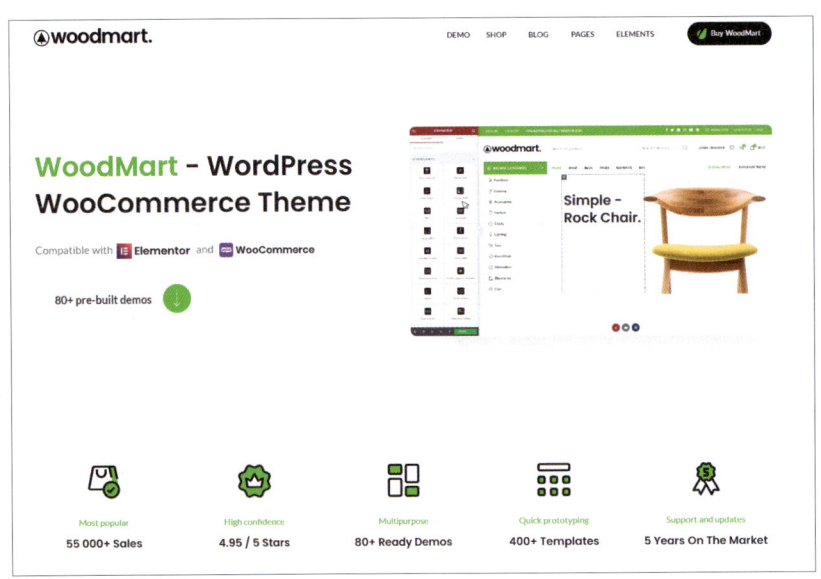

▲ Woodmart 테마의 데모사이트

위 테마 주소로 가면 테마에 대한 자세한 정보와 데모 사이트를 볼 수 있습니다.

여행, 호텔예약, 렌터카 사이트

Yellow 페이지 같은 온라인 디렉토리를 제작할 수 있는 ListingPro 테마도 최근 인기가 많은 테마입니다. 다양한 검색조건, 필터기능, 예약 기능, 폼기능, 평점 기능 등을 갖춘 ListingPro 테마는 현재 홍마리오에서도 ListingPro 테마를 활용해서 한국관광정보 사이트를 구축한 경험이 있습니다.

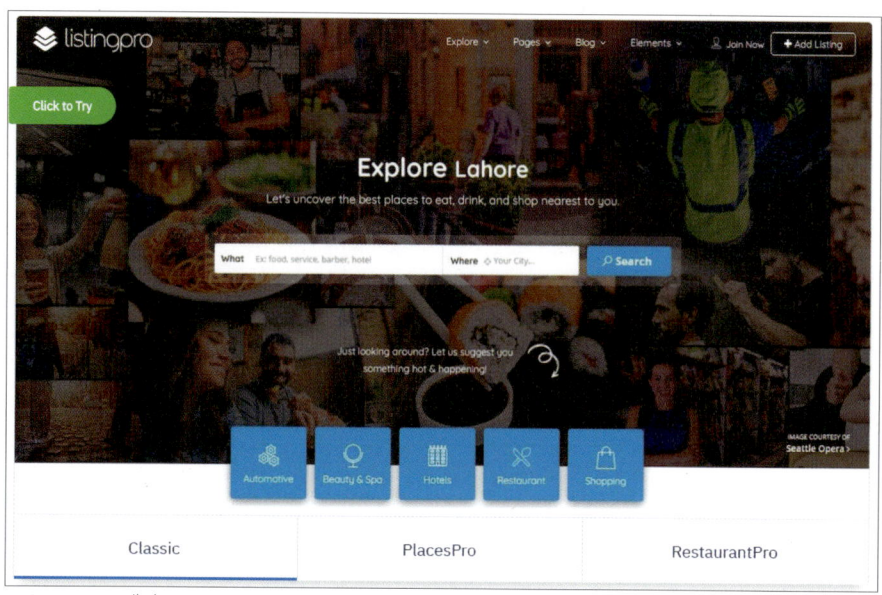

▲ ListingPro 테마

최신 Elementor 빌더의 기능을 활용해서 쇼핑몰에 다양한 기능을 갖춘 테마도 등장했습니다.
아마존과 연동 가능한 Affiliate 기능, 쿠폰, 디렉토리 검색, 상품 비교 등이 가능한 다양한 기능은 물론 다양한 효과까지 제공하는 가능한 강력한 Woocommerce 쇼핑몰 테마입니다.

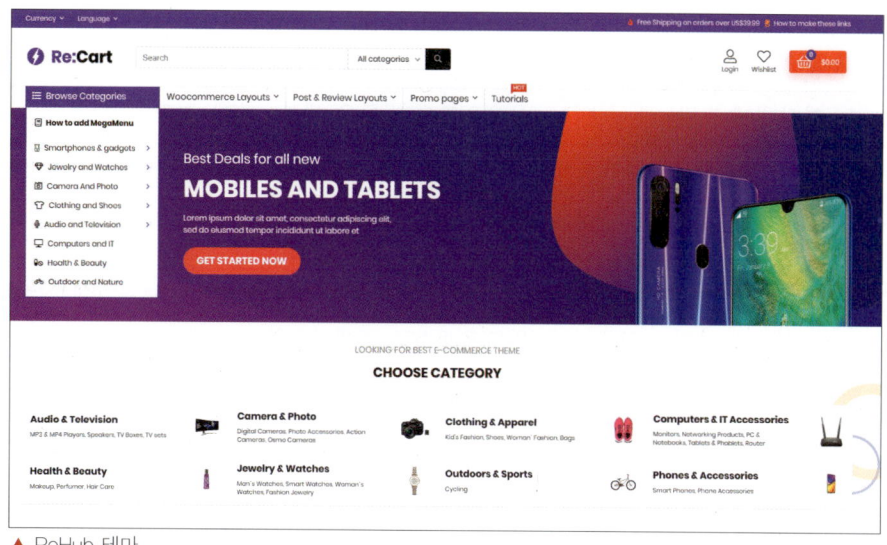

▲ ReHub 테마

04 _ 워드프레스의 특징

일반적인 홈페이지는 개발언어들(JSP, ASP, PHP 등)을 이용하여 제작합니다. 워드프레스는 개발언어들 중 PHP와 MySQL에 기반을 둔 CMS 입니다.

워드프레스와 홈페이지 개발을 위한 타 언어와 비교하면 아래와 같은 장단점을 가지고 있습니다.

구분	장점	단점
워드프레스	기본언어는 PHP, html 테마활용해서 개발 가능 기본 플랫폼이 다양(유료,무료 테마) 다양한 플러그인 적용가능 초보자도 쉽게 개발 가능 개발공수가 적게 든다.(시간,비용절약)	기능을 많이 요구하는 복잡한 개발은 가능하지만,상용화된 테마로는 제약이 많고, 테마자체 개발해야만 가능하다.
PHP	JAVA보다는 개발비가 적게 든다.	워드프레스 처럼 기본플랫폼이 없어 처음부터 개발해야 하고 직접 유지보수/업데이트가 어렵다.
JAV	타 언어에 비해 보안에 대해 다소 안정적이다.	개발공수가 많이 들어서 사이트 개발 기간 및 견적이 타 언어보다 비싸고, 직접 유지보수/업데이트가 어렵다.
ASP		ASP 윈도우서버를 이용해야 하기 때문에 유지관리비용이 많이 들고 직접 유지보수/업데이트가 어려워서 최근에는 거의 사용하지 않는다.

▲ 홈페이지 개발 언어 비교

위 표를 보면 알 수 있듯 워드프레스는 타 개발언어보다 구축하기가 쉽고 단점이 거의 없는 가장 가성비가 좋고 효과적인 개발 플랫폼입니다. 그래서 점점 많은 개발자들이 워드프레스로 전향하고 있습니다.

간혹, 뉴스기사에서 워드프레스가 보안에 취약하다는 기사가 나오는데 보안관련해서는 타 언어도 해커가 마음만 먹으면 어떤 웹사이트도 해킹이 가능한 것은 마찬가지구요. 주의할 점은 플러그인 사용 시 해킹에 취약한 플러그인은 설치를 자제하고 최신 버전의 php와 워드프레스 환경이면 크게 문제가 없습니다.

홈페이지를 구성하는 요소들은 여러 가지가 있지만 그 중 가장 중요한 것은 바로 콘텐츠(Contents)입니다. 워드프레스의 CMS는 인터넷에 그림, 글, 동영상, 응용프로그램 등을 생산, 편집, 저장, 배포할 수 있는 기능을 기본적으로 갖추고 있으며, 이러한 콘텐츠를 누구나 전문지식 없이도 워드프레스를 이용하면 쉽게 생성 및 수정하고 웹페이지를 통해 보여줄 수 있습니다.

또한 워드프레스는 '테마(theme)'와 '플러그인(plugin)' 등을 이용하여 CMS를 통해 쉽고 간단하게 홈페이지 및 블로그를 만들고 관리할 수 있게 도와줍니다. 워드프레스로 홈페이지를 만들려면 반드시 테마를 설치해서 진행해야 하고, 플러그인을 추가로 설치해서 홈페이지의 기능을 향상시킬 수 있습니다.

▲ 워드프레스 콘텐츠관리도구(CMS) 예제

콘텐츠관리시스템(CMS)에는 워드프레스(WordPress)뿐만 아니라 줌라(Joomla), 드루팔(Drupal), 마젠토(Magento), 스퀘어스페이스(Squarespace) 등 여러 가지가 있습니다.

앞에서도 언급했지만, 그 중에서 가장 인기 있는 CMS는 워드프레스 입니다.

월드 와이드 웹 기술조사(http://w3techs.com/)에 따르면 워드프레스의 CMS의 시장 점유율은 약63%이며, 모든 웹사이트 중 약 43%가 사용 하고 있으며, Elementor가 가장 빠르게 성장하고 있음을 보여주고 있습니다. (2023년 12월 기준)

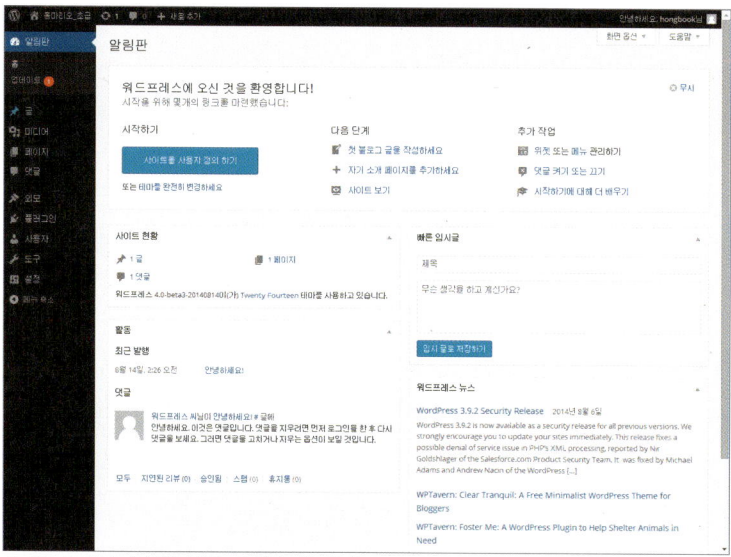

▲ 월드 와이드 웹 기술조사 통계자료 (2023년 12월 기준)

CMS 중 두 번째로 인기 있는 프로그램은 쇼피파이(Shpify)입니다. 쇼피파이(Shpify)는 불과 몇년전만 해도 5위에 머물렀는데요 깔끔하고 세련된 디자인과 다양한 쇼핑몰기능(e-commerce)으로 최근 많이 사랑받고 있습니다. 다만, Wix처럼 호스팅부터 모든 플러그인 기능 등을 쇼피파이 내에서 해결해야 하는 단점이 있습니다.

홍마리오에서도 쇼피파이를 이용해서 글로벌쇼핑몰을 개발한 경험이 있습니다.

워드프레스와 마찬가지로 기본 기능으로 개발하면 어렵지 않게 개발할 수 있지만 커스터마이징 하려면 상당한 고난이도가 필요하고 국내에서 개발한 사례가 거의 없어서 아직까지는 권장하기가 어려운 테마입니다.

반면, 국내 토종 CMS로는 아임웹, XE(Xpress Engine), 그누보드, 텍스트큐브, 킴스큐 등을 비롯 다양한 솔루션이 생기고 있지만, 국내용으로만 일부 사용되고 있어 현재는 글로벌 CMS에서는 집계 조차 되지 않습니다.

워드프레스는 수만개의 테마와 플러그인이 존재하며, 오픈소스로 인해 기업이나, 개인 구분 없이 무료로 사용할 수 있으며, 많은 사람들이 함께 사용하고, 함께 고치고 함으로써 전 세계 수많은 사용자가 함께 사용하고 있습니다. 전 세계의 수많은 개발자와 함께 오픈소스를 업그레이드함으로 워드프레스는 진화를 거듭하고 있습니다.

장점	단점
❶ 모바일, PC, 태블릿에 최적화! 반응형 홈페이지 워드프레스는 모든 디바이스에 최적화된 반응형 웹입니다. 모바일, PC, 다양한 디바이스에서도 최적의 사이즈로 콘텐츠를 보여줄 수 있으므로 모바일용 사이트를 따로 만들지 않아도 되는 장점이 있습니다.	**❶ 테마/플러그인에서 제공하는 기능 외는 개발이 어려움** 아주 복잡한 검색조건이 있는 개발 또는 기존 플러그인에 없는 추가개발 같은 부분은 PHP, HTML, CSS 지식 등 전문적이 지식이 필요합니다.
❷ 홈페이지 유지보수를 직접관리 홈페이지 운영 시 새로운 메뉴 추가로 인해 메뉴변경이 필요할 때 사용자가 쉽게 변경이 가능하고 추가도 가능합니다. 직접 홈페이지를 관리할 수 있기 때문에 신규로 추가기능이 필요하거나 새로운 레이아웃의 페이지가 없을 경우 유지보수 비용이 거의 들지 않습니다	**❷ 언어 장벽** 워드프레스 공식사이트를 비롯 대부분의 테마와 플러그인에 대한 웹사이트 및 안내문은 거의 영어로 되어 있습니다. 하지만 구글 번역 등의 서비스가 잘 되어 있어서 이용하는데 어려움이 없습니다
❸ 쉽고 빠르게 홈페이지 제작 가능 워드프레스는 설치, 테마 설치, 플러그인 연동으로 간편하게 홈페이지를 제작할 수 있습니다. 특히, 유료 테마의 demo를 먼저 선정하고 유사하게 개발하면 쉽게 홈페이지를 제작할 수 있습니다.	**❸ 한국형 게시판** 일반적으로 해외에서는 게시판을 사용하지 않고, 신청폼이나 포럼형태의 게시판을 주로 사용합니다. 하지만, 최근 KBoard 등의 기능이 많이 향상되어서 한국형 게시판을 사용하는데 전혀 문제가 없습니다.
❹ 저렴한 제작비용 워드프레스는 무료 테마와 무료 플러그인으로 인해 저렴하게 제작할 수 있습니	**❹ 한글폰트 지원** 워드프레스의 대부분의 테마가 영어로 되어 있다 보니 워드프레스 테마를 설치하여 한글을 입력했을 경우 기본 폰트로 보여지게 됩니다. 이는 최근 나눔고딕 같은 무료 폰트 등을 쉽게 적용할 수 있습니다.
❺ 수많은 테마 및 플러그인 존재 워드프레스 공식사이트(wordrpress.org)에는 수천 개의 무료 테마가 존재하고 테마포레스트(themeforest.net)에서는 수만 개의 유료 테마들이 존재합니다. 다양한 테마와 플러그인으로 원하는 스타일에 맞는 홈페이지 구축이 가능합니다	**❺ 100% 무료는 아니다.** 워드프레스도 홈페이지이기 때문에 기본적으로 웹호스팅, 도메인 등록비가 들어갑니다. 그리고 유료 테마, 유료 플러그인 등이 있어서 일정한 비용이 들어갑니다. 하지만, 유료 테마와 유료 플러그인은 1개 사이트에 한해서 영구적으로 사용이 가능합니다.
❻ 강력한 SNS 연동 서비스 페이스북 뿐만아니라 대표적인 SNS 서비스인 인스타그램, 유튜브, 트위터 등 홈페이지의 페이지 공유는 기본이고 실시간 스트리밍 형태로 보여주는 기능도 가능하고, 회원가입 또한 플러그인을 활용해서 SNS 로그인이 가능합니다.	**❻ 플러그인 문제** 플러그인을 많이 설치하게 되면 플러그인 끼리 충돌이 발생하는 경우가 있을 수 있으며, 플러그인으로 인해 해킹 당할 수도 있습니다. 이는 최신버전으로 업그레이드 하거나 해킹에 취약한 플러그인은 사용을 자제하는 것이 좋습니다.

❼ **강력한 모바일 연동기능**
기본적인 반응형 홈페이지라 어떤 모바일기기에서도 연동이 잘 되고 최근 유료 테마들은 옵션에서 모바일 화면을 제어할 수 있는 기능까지 생겨 모바일 최적화에 유리합니다.

❼ **사이트 속도**
한 페이지에 너무 많은 이미지를 사용하거나 플러그인을 많이 설치하면 사이트 속도가 느려질 수 있습니다. 그리고 무거운 테마를 사용하면 속도가 느려질 수 있으니 주의하셔야 합니다

❽ **검색엔진 최적화(SEO)**
워드프레스는 기본적으로 이미지와 텍스트를 분리시키는 형태로 구성되어 있어서 텍스트가 검색엔진 노출에 유리하고 SEO 관련 플러그인들이 다양하게 존재해서 SEO 활용에 유리합니다.

❾ **웹 접근성(Web Accessibility)**
워드프레스는 기본적으로 모든 항목에 웹접근성과 연관된 입력항목들이 있어서 개발 시 설정이 가능합니다.

워드프레스 테마자체 개발

워드프레스 홈페이지 제작은 거의 90%이상 상용화된 공개된 테마로 제작을 합니다.
하지만, 간혹 홈페이지의 개발이슈가 많거나, 기존 워드프레스의 테마나 플러그인에서 지원하지 않는 복잡한 기술을 요구하는 홈페이지, 또는 아주 개성 있는 디자인을 요구하는 경우에는 기존 상용화된 테마로 구축이 어렵습니다. 이럴 경우에는 테마자체 개발 방식으로 홈페이지를 만들어야 합니다.
그럼, 두 가지 방식에 대해서 항목별로 자세히 비교해 보겠습니다

구분	유료 테마 활용 개발	테마 자체 개발
방식	상용화된 워드프레스 테마를 활용해서 개발하는 방식으로 대부분의 워드프레스 홈페이지는 이런 방식으로 개발됩니다. 쉽게 말하면 정해진 템플릿을 자신이 원하는 스타일로 커스터마이징해서 개발하는 방식으로 워드프레스 홈페이지의 90~95%가 이런 방식으로 개발됩니다. (예) 래미안, 자이 같은 정형화된 아파트를 튜닝해서 구축하는 방식)	워드프레스가 아닌 PHP, JSP, ASP 같은 언어로 개발하는 사이트 개발방식과 유사합니다. 단, 워드프레스의 장점인 유지보수를 직접 가능토록 개발이 가능. 처음부터 정해진 템플릿이 아니라 새로운 레이아웃으로 새롭게 개발하는 방식입니다. (예) 건축가가 아름다운 전원주택을 설계부터 해서 한땀 한땀 구축하는 것과 유사)
장점	다양한 스타일 템플릿을 가진 수만 개의 테마 중 마음에 드는 테마 선택 가능합니다. 저렴한 비용과 빠른 시간 내 개발이 가능(기획, 디자이너가 필요 없거나 공수가 적음)합니다	개성 넘치는 크리에이트브한 디자인, 빠른속도, 안정성 상용 테마/플러그인에서 불가한 다양하고 고난도 기술의 기능 개발이 가능합니다. 디자인 시안과 동일하게 제작 가능합니다.
단점	일반적으로 1개의 테마가 가진 기능이 많기 때문에, 필요 없는 기능이 많아서 테마자체 개발에 비해 속도가 느리고, 보안/안정성이 테마 자체 개발보다 떨어집니다.디자인 시안과 동일하게 개발이 어렵습니다. (약 80~90%수준 퍼블리싱 가능)	워드프레스 상용테마 개발 방식보다 개발기간과 비용이 비쌉니다

테마제작 사이트는 기존의 테마를 그대로 사용하는 것이 아니라 각 회사의 고유의 기업문화, 아이덴티티(identity)에 맞춰 테마를 제작하여 사이트를 만드는 것입니다.
고객맞춤으로 만들어지기 때문에 기업 고유의 방향성과 기능을 전략적으로 표현할 수 있습니다.
그리고 테마자체 개발기술을 습득하려면 워드프레스와 php 등 많은 학습과 경험이 필요합니다

워드프레스 기획

01 _ 웹사이트 기획의 기초

워드프레스도 홈페이지의 일종이기 때문에 일반 홈페이지와 마찬가지로 사이트제작을 제대로 하기 위해서는 준비과정이 필요합니다. 여기서는 사이트 기획, 도메인 등록, 웹호스팅 등록, 워드프레스 설치 등이 있습니다.

이를 오프라인 집에 비유해서 설명하면 다음과 같습니다.

우리가 집을 지을 때도 순서가 있듯이, 홈페이지도 구축하려면 순서가 있습니다.

1 단계	처음으로 집을 설계하는 '사이트 기획'
2 단계	집의 주소에 해당하는 '도메인'
3 단계	집을 지을 땅에 해당되는 '웹호스팅'
4 단계	집을 어떤 스타일로 정할지 정하는 '테마 선정'
5 단계	기둥을 세우고 기초공사 단계에 해당하는 '워드프레스 설치' 입니다.

사이트 제작하기 전 반드시 준비해야 할 5단계 과정에 대해서 자세히 살펴보도록 합니다.

워드프레스는 홈페이지를 만들기가 쉽고 다양한 기능들을 가진 테마와 플러그인을 잘 활용하여 책을 통해서 워드프레스의 기능들을 하나씩 살펴보면 '나도 홈페이지를 쉽게 만들 수 있겠다.'라고 생각을 합니다.

그러나 막상 홈페이지를 만들려고 하면, 본인이 생각했던 것만큼 쉽지 않다는 것을 알게 됩니다. 또한, 다른 홈페이지들은 멋있는데 내 홈페이지는 어쩐지 많이 부족해 보이기도 합니다.

홈페이지가 잘 만들어 졌다고 생각되는 관점이 디자인이냐? 콘텐츠냐? 관점의 차이가 있겠지만, 이 두 가지 요소를 잘 구성하려면 우선, 홈페이지에 들어갈 기본적인 메뉴나 콘텐츠가 잘 정리되어 있어야 기본적으로 해당 콘텐츠에 맞는 이미지를 사용해서 디자인이 가능합니다.

이처럼 홈페이지를 실제 개발하기 전에 콘텐츠와 기획안을 정리하는 작업을 '웹기획(web planning)'이라고 합니다. 이번 장에서는 홈페이지에 대한 기획을 하기 전에 알고 있어야 할 워드프레스의 특징에 대해서 알아보도록 합니다.

01-1 워드프레스 사이트 기획을 위한 기초 지식

웹기획을 하기 전에 기본적으로 알고 있으면 기획을 하는데 도움이 되는 지식들을 소개하는 하려고 합니다. 홈페이지의 분류, 각 분류별 특징, 그리고 워드프레스로 홈페이지를 구축하는 단계에 중에서 기획 부분에 대해서 알아보도록 합니다.

잘 만든 사이트는 뭐가 달라도 다르다

워드프레스로 홈페이지를 만들다 보면 내 머리 속에 있는 사이트와 내가 만들고 있는 사이트의 품질에는 차이가 많이 납니다. 요리에 비유해보면, 어떤 음식을 만들지 생각하고 메뉴에 맞는 재료와 조리법을 선택해야 맛있는 음식이 나오게 되는 것처럼 홈페이지를 제작하기 전에 어떤 목적으로 만들고, 어떤 내용을 담을 지 기획을 해야 원하는 홈페이지가 탄생합니다.

▲ 홈페이지에서 웹기획이 주는 영향

위 그림에서도 자신의 상상속의 홈페이지는 아무 멋진 스포츠카가 연상되지만 실제로 자신이 만든 홈페이지는 오래된 구형 자동차보다 못한 수준이 될 수 있다는 것입니다.

아무리 워드프레스가 기능이 쉽고 잘 디자인된 테마와 다양한 기능의 플러그인이 많다고 하지만 홈페이지를 봤을 때 차이가 나는 이유는 얼마나 잘 기획을 한 후에 홈페이지를 만들었느냐, 기획을 하지 않은 상태에서 홈페이지를 바로 만들었는지에 따라서 차이가 많이 납니다.

이렇게 차이가 나는 이유를 보면, 전문 웹에이전시(홈페이지 제작 업체)를 통해서 홈페이지를 만들 때와 비교를 해보면 차이가 바로 알 수 있습니다. 전문 웹에이전시에게 홈페이지를 제작의뢰 할 때는 기획자들이 고객과의 미팅을 통해서 만들고자 하는 홈페이지의 기능과 특징들을 찾아서 구체화하는 작업을 하게 되며, 이 작업을 몇 번 반복하는 단계를 거쳐서 짜임새 있게 구성된 내용을 가지고 홈페이지 제작을 시작합니다.

워드프레스를 설치하고, 테마와 플러그인을 설치한 후 콘텐츠를 등록하더라도 홈페이지를 바로 만들 수는 있습니다. 하지만 자신이 별다른 구체화 단계를 거치지 않고(기획 없이) 머리 속에 있는 것을 바로 워드프레스로 만들었을 때, 단순하게 콘텐츠만을 등록한다고 해서 잘 만들어진 홈페이지라고 할 수 있을까요? 이런 홈페이지가 전문가들이 만든 홈페이지와 경쟁할 수 있을까요?

홈페이지를 방문하는 일반 사용자들은 홈페이지가 워드프레스로 만들었는지 아닌지가 중요하지 않습니다. 자신이 필요한 정보가 있는지, 보기에는 편한지, 속도가 빠른지가 중요합니다. 일반 사용자는 아주 냉정합니다.

이런 일반 사용자들에게 기존에 잘 만들어진 홈페이지와 경쟁을 하기 위해서는 잘 만들어진 홈페이지의 장점들과 나만의 특화된 차별 포인트를 어필할 수 있어야 합니다. 그렇지 못한다면 일반사용자는 대부분 만족하지 못하고 홈페이지를 떠나고 재방문을 하지 않습니다. 이런 것들을 홈페이지에 표현을 해야만 경쟁력을 확보할 수 있기 때문에, 홈페이지를 제작하기 전에 기획단계가 꼭 필요합니다.

홈페이지 종류별 특징

홈페이지를 만드는 목적과 운영을 하는 형태에 따라서 다양하지만 워드프레스로 주로 제작되는 홈페이지는 크게 소개/홍보, 미디어/웹진, 커머스 정도로 구분을 할 수 있습니다.

구분	특징설명	예시
소개홍보	소개 및 홍보를 목적으로 제작 콘텐츠를 업데이트하는 빈도가 낮음	기업/회사, 비즈니스, 제품소개, 포트폴리오
미디어/웹진	콘텐츠 업데이트 빈도가 높음 누구나 쉽게 콘텐츠를 등록할 수 있는 기능이 필요함 유사한 템플릿(형태)로 반복적으로 콘텐츠를 업데이트	1인 블로그, 신문, 잡지 등
커머스	영리를 목적으로 하는 홈페이지 결제시스템을 통해서 구매/예약을 할 수 있음 유사한 템플릿을 활용해서 제품을 반복적으로 등록	쇼핑몰, 결제 및 예약

▲ 홈페이지 종류별 특징

일반적으로 가장 많이 제작하는 형태 중 하나인 소개/홍보를 목적으로 만드는 홈페이지는 한 번 제작되면 특정 메뉴를 제외하고 내용의 업데이트가 자주 일어나지 않는 특징을 가지고 있고 페이지가 많지 않습니다.

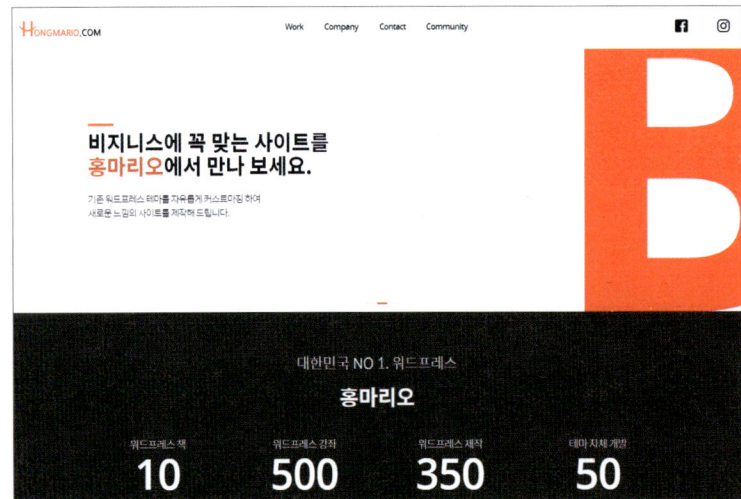

▲ 홍마리오 회사 홈페이지

미디어/웹진은 잦은 콘텐츠를 해야 하기 때문에 콘텐츠를 관리(등록, 수정, 발행)하기 편해야 합니다. 또한, 글의 구성에 텍스트, 이미지, 동영상이 모두 포함된 형태의 콘텐츠가 점점 많아지고 있기 때문에 이것들을 모두 관리하기 쉬워야 합니다.

> **" Tip & 지식**
>
> 동영상은 홈페이지 트래픽와 서버성능(속도, 용량)에 대한 부담을 주기 때문에 YouTube와 외부 사이트와 연동을 통해서 비용적으로 부담되는 부분을 많이 줄이는 방법이 가장 좋습니다. 또한 구글이나 YouTube에서 사용자들이 검색할 때도 노출이 될 수 있기 때문에 콘텐츠 노출측면에서도 연동을 하는 것이 가장 유리한 방법입니디.

커머스는 대표적인 것이 쇼핑몰/예약 홈페이지입니다. 워드프레스에 PG사와 연동해서 결제를 할 수 있는 플러그인 설치하고 홈페이지에서 바로 사용자가 구매할 수 있는 기능을 제공할 수 있습니다. 쇼핑몰의 특징은 같은 형태의 레이아웃 페이지가 제품별로 제작되어야 하며, 상품상세 페이지를 텍스트, 이미지로 구분해서 수정이 용이하고 모바일에서도 편하게 볼 수 있어야 합니다. 예약 및 결제기능을 갖고 있는 숙박, 공연 홈페이지의 경우도 객실, 공연 안내는 같은 레이아웃으로 콘텐츠가 발행이 되고 바로 예약이 되어야 사용자 구매전환율이 높아지기 때문에 결제 플러그인을 설치합니다.

▲ 포항바이오파크 쇼핑몰 홈페이지

> **Tip & 지식**
>
> 온라인 판매를 위해서는 결제 플러그인이 필요하며, 결제 플러그인에서 PG사와 결제연동이 되기 위해서는 계약 이후에 받을 수 있는 상점ID가 필요합니다. PG사 계약을 하기 위해서는 사업자등록증과 통신판매신고증이 필요합니다.
>
> 워드프레스에서 온라인 판매를 위한 순서
> ❶ 사업자등록 신고
> ❷ 통신판매업 신고
> ❸ PG사 계약
> ❹ 결제 플러그인 설치 후 관리자에서 상점ID 등 정보 입력 및 저장
> ❺ 판매/예약 페이지에 구매 버튼 노출

01-2 워드프레스로 제작 프로세스

홈페이지를 만들 때의 단계는 일반적으로 다음의 그림과 같습니다.

1단계: 분석(홈페이지의 요구사항을 파악하고, 홈페이지의 특징 및 차별점에 대한 전략 수립)
　　　　타 사이트 벤치마킹, 설문조사, 테마 및 demo 선정 등을 통해 분석
2단계: 설계(초기설계, 상세설계로 나눠짐, 사용자가 보는 화면과 홈페이지를 관리하는 화면을 작성, 웹기획에 해당하는 단계)
　　　　메뉴 구조도, 화면기획서(스토리보드) 등 작성
3단계: 구현(설계한 내용을 기반으로 디자인, 개발을 진행)
4단계: 테스트(개발한 내용에 대해서 설계한 내용을 기준으로 비교)
5단계: 안정화(테스트를 마치고 홈페이지를 런칭 및 초기 버그를 잡는 단계)

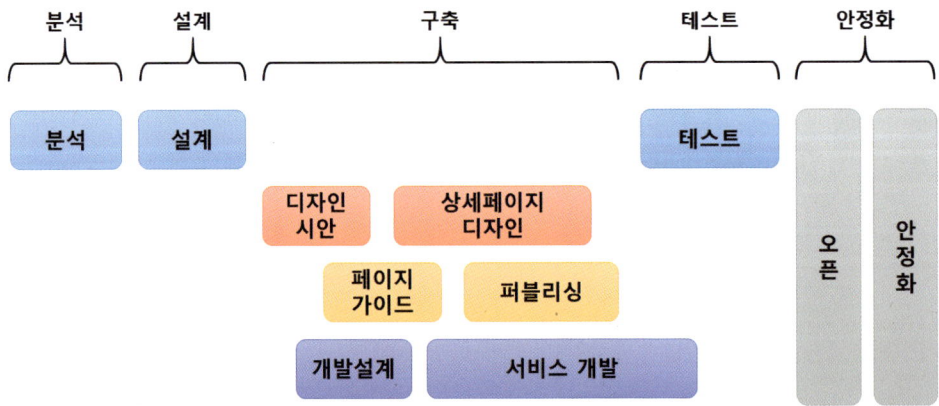

▲ 일반적인 홈페이지 구축 프로세스

일반적인 구축에서 웹기획은 위에서 1단계(분석), 2단계(설계)에 해당되는 단계를 말합니다.
3단계부터는 기획자가 아닌 디자이너, 퍼블리셔, 개발자들이 담당합니다.

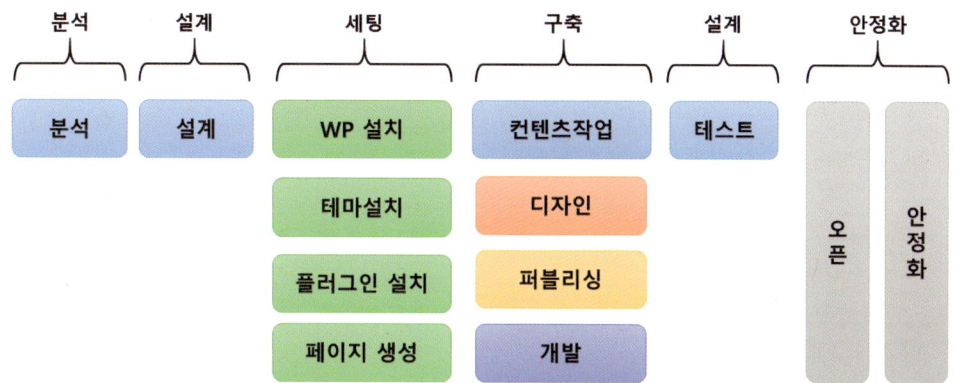
▲ 워드프레스로 홈페이지 구축 프로세스

워드프레스로 홈페이지를 만든 단계는 일반적인 방법의 단계와 조금 차이가 있는데, 특히 일반적인 구축 방법은 디자인 결과물을 퍼블리셔에게 전달해서 퍼블리싱 작업 완료 이후 개발자가 홈페이지 기능을 개발했다면, 워드프레스로 홈페이지 만들 때는 테마/플러그인을 선정한 이후에 본격적으로 구축단계를 들어갑니다.

테마/플러그인을 어떤 것을 선택하는지에 따라서 구축에 들어가는 비용에 차이가 많이 날 수 있습니다. 설계(기획)단계에서 얼마나 많은 고민을 하고 꼼꼼하게 정리를 했는지에 따라서 테마/플러그인을 선택하는데 있어서 용이할 수 있습니다.

02 _ 사이트 기획하기

우리가 일반적으로 집을 짓기 전에 어떤 집을 만들지를 구상하고 그것을 설계를 통해서 생각했던 집을 도면에 구체적으로 집을 지을 때 필요한 집의 외/내부의 크기, 구조, 재료 등 모든 것들을 집을 짓습니다. 홈페이지도 마찬가지로 집을 지을 때 비슷한 단계로 제작이 됩니다.

02-1 홈페이지 만들기 전 반드시 체크

홈페이지를 만들기 전에 반드시 여러분들이 체크해야 할 것이 있습니다.
앞에서 '홈페이지 종류별 특징'에서 본 것처럼 공부했던 것처럼 홈페이지 구축 목적에 따라서 디자인, 화면의 구조, 기능 등이 달라집니다. 상세한 작업을 하기 전에 큰 방향을 잡아보도록 합니다. 큰 방향을 잡기 위해서 다음 표와 같이 정리를 하면 됩니다.

홈페이지명	홍마리오 회사 홈페이지
목적	브랜드에 대한 소개 홍마리오 주요 서비스의 특징 및 장점 소개 홍마리오 회사의 주요 포트폴리오 소개 홍마리오 회사에 제작의뢰 방법 소개
느낌, 컨셉, 방향	기업형 / 브랜드 홍보형 최신 트렌드 느낌의 비주얼 강조 홍마리오의 RED 컬러 적절한 포인트 디자인
주요 내용 및 기능	정리하기 홍마리오의 장점 홍마리오의 포트폴리오 홍마리오의 블로그, SNS 홍마리오에 홈페이지 제작신청

▲ 홈페이지의 목적 및 컨셉 정리 예시

일반적으로 회사 홈페이지/제품홍보를 위한 홈페이지는 사이트명으로 회사명/제품명을 사용하면 됩니다. 홈페이지 명은 검색엔진에서 사이트를 수집해서 정보를 가지고 갈 때 중요한 정보 중 하나입니다. 확인하는 방법은 브라우저의 상단에 해당 정보를 노출되는 정보이며, 1) 간략하게 이름만 노출하는 방법 2) 광고문구/슬로건과 함께 이름을 노출하는 방법이 있습니다.

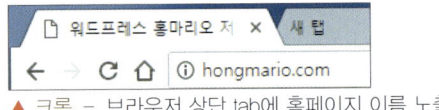

▲ 크롬 - 브라우저 상단 tab에 홈페이지 이름 노출

홈페이지 제작 목적

홈페이지의 목적에는 일반적으로 크게 분류했을 때 다음과 같은 것들이 있습니다.

- 회사 이미지 제고/브랜드 홍보(이벤트)를 위한 것인가? (기업 이미지 형, 이미지 비교, 이벤트 형, 참가후기 활용)
- 수익을 창출할 것인가? / 물건을 팔 것인가? (쇼핑몰형, 가격중심)
- 새로운 정보를 계속 업데이트해서 알릴 것인가? (블로그, 미디어)

우선 이전의 내용처럼 큰 방향을 정리해서 홈페이지를 만들어서 어떤 것을 하고 싶은지에 대해서 정리를 해야 합니다. 목적에 따라서 홈페이지는 완전히 달라집니다. 예를 들어서, '홍마반점'이라는 중국집에서 만든 '홍마만두' 라는 음식을 배달서비스를 해주는 쇼핑몰을 만든다고 했을 때 목적에 따라서 달라질 수 있습니다.

[목적]
- 방문자가 만두를 쉽게 사고 구매할 수 있도록 하는 홈페이지를 만들고 싶다.
- 홍마만두에 대한 다양한 이벤트, 할인행사 등에 대해서 알리고 싶다.
➡ 쇼핑몰을 제작하는 것이 적합

[목적]
- 방문자에게 홈페이지를 방문했을 때 우리 제품이 추구하는 내용을 알리고 싶다.
- 홍마만두 외에도 다양한 요리에 대해서도 알리고 싶다.
➡ 브랜드 홈페이지를 제작하는 것이 적합

> **Tip & 지식**
>
> **홈페이지의 목적 정하기**
>
> 자신이 구축하고자 하는 홈페이지의 큰 방향과 목적을 정하기 어려울 때는, 우선 홈페이지를 방문하는 사용자가 어떤 행동들을 홈페이지에서 하기를 바라는 정리를 해봅니다. 이렇게 정리한 내용 중에서 생각하고 있는 주요 홈페이지 방문자/고객층이 가장 중요하다고 생각되는 행동, 가장 많이 했으면 하는 행동에 대해서 순서를 정해서 나열하면서 정리하면 좀 더 쉽게 정리를 할 수 있습니다.
>
> 예 사용자 행동 정리: 물건 구매, 제품 소문내기, 제품에 대한 좋은 이미지 제고, 후기 남기기, 정보 수집/공유 등

홈페이지 컨셉 정하기

작은 명함을 하나 만들더라도 '이 명함을 받고 나, 우리 회사에 대해서 좋은 느낌을 받았으면 좋겠다.' '어떻게 기억해 줬으면 좋겠다.' 라는 것을 생각합니다. 제품을 홍보하는 홈페이지라 하더라도 제품에 따라서 차이가 많습니다. 예를 들어서, 유아용 용품이라도 일반 장난감/완구류 제품 홈페이지와 천연유기농 제품 홈페이지에서 전달되는 느낌은 많이 다릅니다. 일반적으로 장남감/완구류 홈페이지는 활기차고 생기있고 밝은 느낌을 준다면, 천연유기농 제품 홈페이지는 깨끗하고 건강한 느낌을 주는 방향으로 컨셉을 정합니다. 가령 홍마리오 회사는 RED컬러를 컨셉으로 잡고 있습니다. 로고, 명함, 홈페이지, 사무실 분위기, 심지어 저자는 의류, 패션소품들 모두 RED를 주로 이용합니다.

▲ 홍마리오 명함 사진   ▲ 홍마리오 사무실의 RED ITEMS

일반적으로 컨셉/디자인을 잡기 위해서 홈페이지를 방문했을 때 방문자가 연상되었으면 하는/우리가 전달하고자 하는 '키워드'를 정합니다. 유기농 콩 제품에서 연상되는 '키워드'는 보통 '건강', '자연', '깨끗', '신선'이 있습니다. 최근 스포츠 용품(나이키, 아디다스 등)은 역동적인 느낌과 도전, 열정의 느낌을 강하게 주는 감성적 키워드가 연상이 되는 것을 기반으로 해서 홈페이지에 제품사진 보다 감성적인 이미지와 문구를 통해서 제품을 통해서 사용자에게 갖게 하려고 하는 감성에 포커스를 맞추고 있습니다.

컨셉에 대한 방향을 잡기 위해서 홈페이지 서핑은 최대한 다양한 유형의 홈페이지들을 많이 보는 것이 좋으며, 경쟁사 홈페이지만 보는 것이 아니라 다양한 분야의 홈페이지들을 방문해서 분석을 해야 합니다. 이러한 것을 일반적으로 벤치마킹(Benchmarking)이라고 합니다.

주요 내용 및 기능 정리하기

경쟁사 홈페이지나 같은 업종/카테고리의 홈페이지를 많이 보다 보면 회사 홈페이지는 회사소개, 회사연혁, 사업부문, 제품소개, 고객 센터(문의하기) 등, 쇼핑몰은 제품목록, 인기상품, 할인전, 쿠폰모음, 결제 기능 등 홈페이지에는 공통적으로 들어가는 내용이 있다는 것을 알 수 있습니다. 다른 홈페이지를 보면서 내가 필요한 내용과 기능에 대해서 정리를 합니다. 이렇게 내용을 정리하다 보면 워드프레스로 홈페이지를 만드는 과정 중 테마와 플러그인을 선정하기 전에 홈페이지에서 방문자에게 전달하고자 하는 주요 내용과 제공하고자 하는 주요 기능을 정리를 해야 최적의 테마와 플러그인을 선택할 수 있습니다.

02-2 웹사이트 벤치마킹

벤치마킹을 하기 위해서는 우선적으로 나와 경쟁관계에 있는 홈페이지 중 잘 구축된 홈페이지, 최근에 구축된 동종업계의 트랜디한 홈페이지를 찾는 것이 중요합니다. 이런 홈페이지를 단순 검색을 통해서 찾기는 것은 상당히 어렵습니다. 홈페이지들의 사용자 방문수로 순위 사이트를 알려주는 사이트와 최신의 등록된 홈페이지 정보를 보여주는 사이트를 활용하면 쉽게 찾을 수 있습니다.

웹사이트 벤치마킹

웹사이트 벤치마킹은 네이버나 구글에서 웹사이트 검색을 통해서 쉽게 찾을 수 있습니다.
가령 네이버에서 '가평펜션'이라고 검색하면 맨 처음으로 '파워링크' 광고가 나옵니다. 파워링크 등록업체들은 대부분 홈페이지를 보유하고 있어 쉽게 여러분들이 원하는 벤치마킹 사이트를 찾아 볼 수 있습니다.

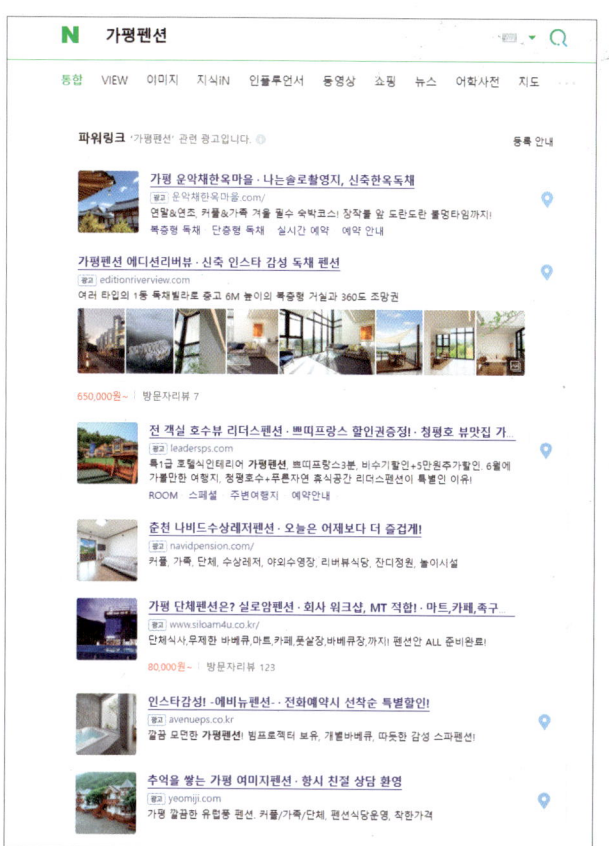

▲ 네이버 통합검색에서 '강릉펜션'으로 검색한 결과

워드프레스 유료 테마 마켓 사이트 – themeforest

워드프레스로 홈페이지를 만들려면 일반 웹사이트를 벤치마킹하는 것보다 워드프레스 제작된 웹사이트를 보는 것이 가장 좋은 방법입니다. 테마포레스트는 전 세계에서 가장 인기있는 유료 테마를 모아둔 Envato에서 운영하는 테마 마켓 사이트입니다.

테마포레스트 사이트에서 wordpress 메뉴를 선택한 다음 popular items를 선택하면 아래와 같은 화면이 보입니다. 여기서 인기 테마들의 demo 사이트를 보면 대략적인 웹사이트의 형태를 알 수 있습니다. Themeforest의 유료 테마에 대해서는 다음 장에서 자세히 다루기 때문에 여기서는 간략하게 소개만 하도록 합니다.

워드프레스 기획단계에서 대부분 유료 테마를 선택하기 때문에 반드시 거쳐야 하는 과정입니다.

웹사이트의 목적, 메뉴 구조도 작성, 벤치마킹이 마무리되었으면 신중하게 테마 선정을 해서 웹사이트 제작에 들어가게 됩니다.

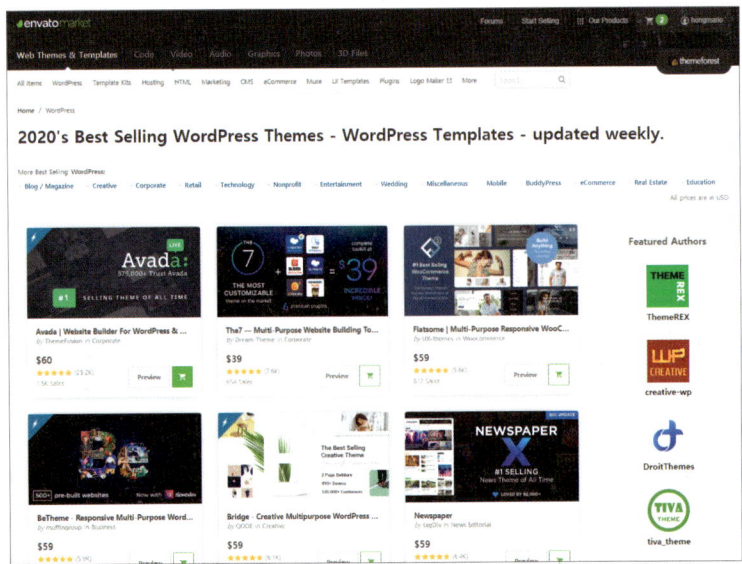

▲ themeforest의 워드프레스 인기 테마 리스트 화면

여기서도 테마 상세페이지에 들어가면 demo 페이지가 있습니다. 각 테마별 demo 샘플들을 확인해서 다양한 demo 중에서 여러분들이 마음에 드는 demo를 잘 선택하는 것도 매우 중요합니다.

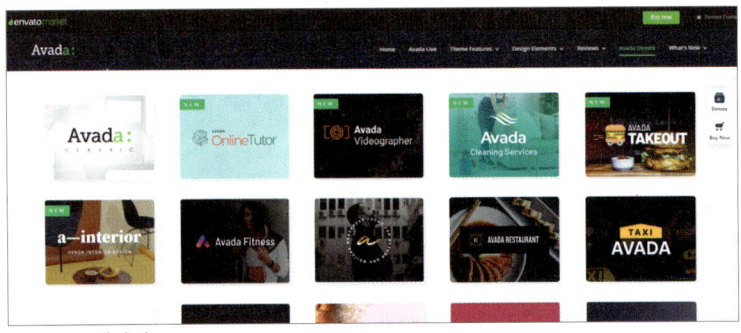

▲Avada 테마의 demo

위 그림은 테마포레스트에서 가장 인기가 많은 Avada 테마의 데모 페이지 입니다. 각 데모 사이트를 클릭해서 들어가면 메인 페이지, 서브페이지 구성을 볼 수 있으므로 여러분이 원하는 회사 홈페이지 외 다양한 분야의 홈페이지 샘플들을 확인 할 수 있습니다. 테마 선정과 함께 demo 선정도 기획단계에서 완료해주면 demo와 유사한 형태로 콘텐츠를 정리할 수 있기 때문에 미리 선정하는 것이 좋습니다. 또한, demo 사이트는 모바일 버전도 확인해서 모바일에서 사이트 확인 시 마음에 드는지 반드시 확인해야 합니다.

국내 워드프레스 제작 사이트 - 홍마리오 (http://www.hongmario/work)

워드프레스로 홈페이지를 구축하려면 가장 좋은 방법은 아무래도 국내 실정에 맞게 국내용으로 개발된 워드프레스 웹사이트를 보고 참고하는 방법입니다.

홍마리오 사이트에는 워드프레스로 만들어진 최근 사이트를 주기적으로 업데이트를 하고 있습니다. 다양한 카테고리와 디자인, 개인 블로그부터 기업홈페이지까지 다양한 사이트를 소개하고 있습니다.

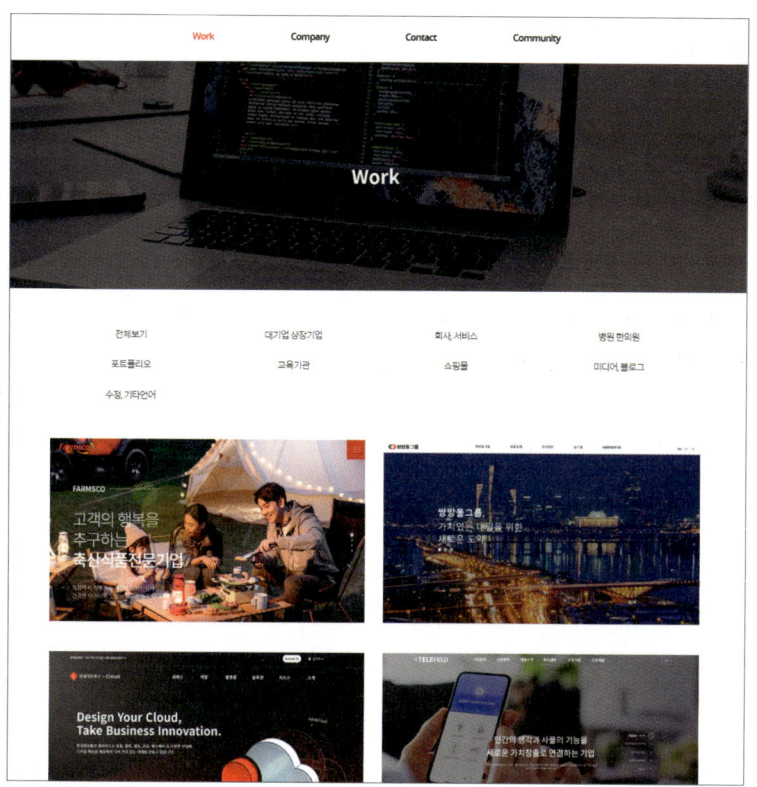

▲ 홍마리오 사이트의 work 페이지

경쟁사 홈페이지 분석

앞에서 살펴본 홈페이지 벤치마킹 사이트들을 참고하면서 해당 홈페이지의 특징과 주요 장점에 대해서 다음의 표와 같이 정리를 하면 좋습니다. 홈페이지의 이름, URL 그리고 각 특징/장점 기록해 놓으면 나중에 상세하게 기획할 때 많은 도움이 됩니다.

구분		홈페이지 주소	특징/주요내용/주요 기능 메모
같은 업종	홈페이지 01	www.homepage01.com	회사소개 정리가 잘 되어 있음
	홈페이지 02	www.homepage02.com	회사 연혁이 잘 정리 되어 있음
	홈페이지 03	www.homepage03.com	고객센터 문의하기 기능이 좋음
다른 업종	홈페이지 01	www.homepage06.com	…
	홈페이지 02	www.homepage07.com	…
	홈페이지 03	www.homepage08.com	…
트랜드	홈페이지 01	www.homepage11.com	…
	홈페이지 02	www.homepage12.com	…
	홈페이지 03	www.homepage13.com	…

▲ 벤치마킹 대상내용 정리

(TIP)

벤치마킹 시 홈페이지 주소는 참고한 페이지의 URL을 기록하는 것이 좋습니다.
참고한 페이지의 URL은 참고한 페이지를 브라우저에서 보고 있는 상태에서 브라우저 상단에 주소부분에 보면 알 수 있습니다.

경쟁사 홈페이지/유사한 목적의 홈페이지들은 비슷한 구조의 메뉴 구조를 갖고 있습니다. 일반적인 회사 홈페이지는 일반적으로 '회사소개(연혁, 인사말, 조직도 등), 주요사업, 상품소개, 고객센터, 뉴스' 메뉴들로 구성되어 있습니다.

벤치마킹 대상을 선정했다면 각 홈페이지를 방문하면서 다음과 같은 내용을 집중적으로 봐야 합니다.

1) 홈페이지의 메뉴 구조가 어떻게 구성되어 있는지
2) 메인화면/서브화면 구성이 어떻게 구성되어 있는지
3) 각 메뉴의 화면들은 어떻게 구성되어 있는지

페이지 화면 구성 벤치마킹 하기

홈페이지의 구조는 아주 다양합니다. 여러 홈페이지를 벤치마킹 하면서 본인이 가장 마음에 드는 레이아웃 구조를 가진 홈페이지를 선택한 다음 해당 레이아웃에 맞게 여러분들이 원하는 콘텐츠를 바꾸면 됩니다.

가령 최근에 지인이 운영하는 레스토랑 홈페이지를 하나 만들어줬는데 레스토랑 홈페이지라서 유료 테마 중 괜찮은 레스토랑 데모를 찾아보는 중에 Enfold 테마의 restaurant demo가 괜찮아 보여서 이를 활용해서 개발을 완료했습니다.

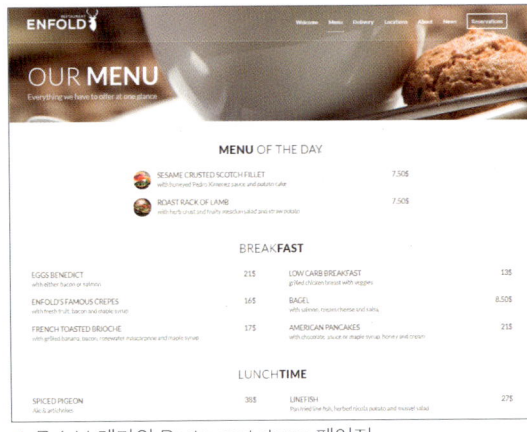 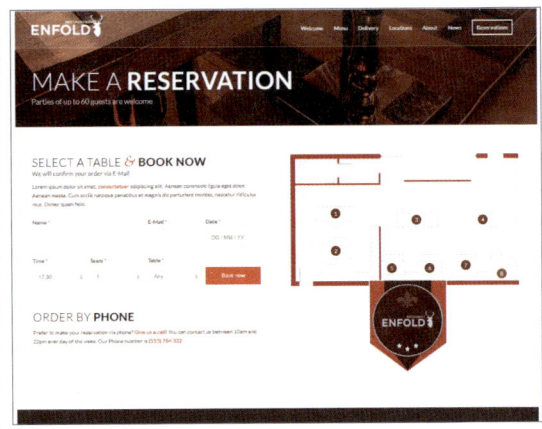

▲ Enfold 테마의 Restaurant demo 페이지

앞의 그림은 Enfold 테마 중 Restaurant 데모(https://kriesi.at/themes/enfold-restaurant/)에서 menu 페이지와 Reservation 페이지입니다.

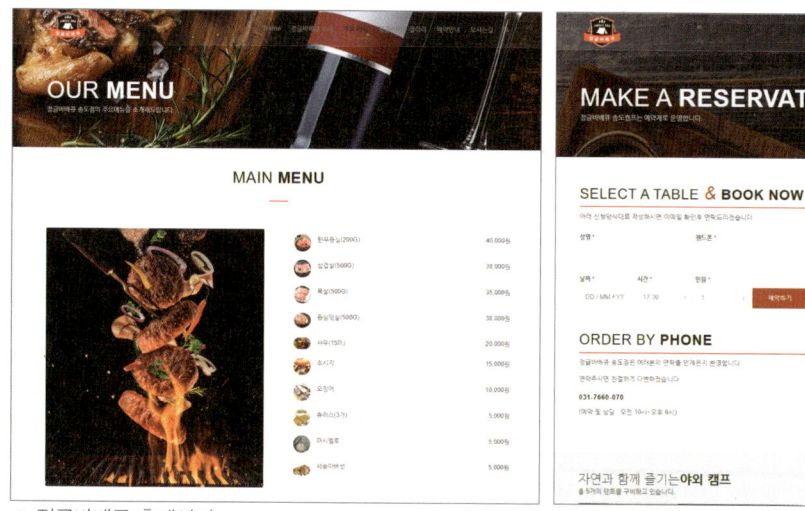

▲ 정글바베큐 홈페이지

위 그림은 정글바베큐 홈페이지(정글바베큐.com)에서 메뉴페이지와 예약 페이지입니다.
비교해보면 알겠지만, 기존 demo 페이지를 이미지와 텍스트 내용만 바꾸고, 레이아웃은 매우 흡사한 형태로 구성된 것을 확인할 수 있습니다.

02-3 사이트 메뉴 구조도 만들기

메뉴 구조도(information architecture)는 홈페이지 기획에서 가장 중요한 부분입니다. 여러분이 간단한 블로그나 포트폴리오 사이트를 제작하더라도 반드시 만들고 시작해야 하는 게 바로 '메뉴 구조도'입니다.

메뉴 구조도를 만들 때는 앞에서 언급한 사이트 벤치마킹을 통해서 유사 사이트의 메뉴들을 분석하고 자신이 구축할 홈페이지의 특성을 반영해서 작성하면 됩니다. 일반적으로 메뉴 구조도는 엑셀로 작성하게 되며, 다음과 같이 만들면 됩니다.

Work	Company	Contact	Community
	Company		Blog
	Business		Press
	Lecture		instagram
	Book		Naver café
			Youtube

◆ 홍마리오 홈페이지(Hongmario.com) 메뉴구조도

▲ 홍마리오 홈페이지 메뉴 구조도

위의 사이트 메뉴 구조도에서 첫 번째 메뉴인 Work, Company, Contact, Community 는 주 메뉴인데 전문용어로 1depth (원뎁스)라고 합니다. 그리고 Company 아래에 해당되는 두 번째 메뉴인 Company, Business, Lecture, Book 은 2 depth(투뎁스)라고 일반적으로 호칭합니다. 일반적으로 홈페이지는 사용자

편의성을 위해서 2 depth까지만 설정하게 되며, 3 depth까지 가거나 메뉴명이 길면 Mega menu 방식으로 2depth 메뉴를 가로로 펼치는 방식으로 개발을 진행합니다만, 홈페이지 이용자들이 메뉴를 쉽게 찾기가 힘들어 불편할 수 있으니 참고바랍니다.

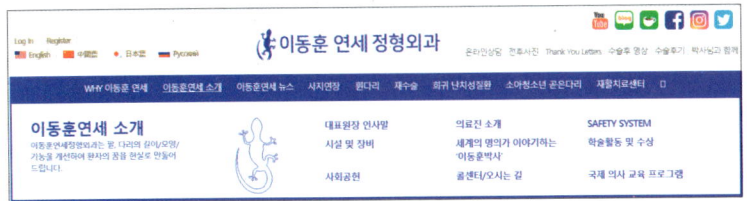

▲ 메뉴를 가로로 넓게 전개한 mega menu 방식

03 _ 콘텐츠 자료 준비하기

홈페이지에 들어갈 글 자료는 이미지와는 달리 대부분 워드파일이나 회사소개 관련 파워포인트 자료로 보관하고 있습니다. 이러한 자료들을 여러분들이 수정해서 정리하면 됩니다. 다만, 여러분이 테마와 테마의 데모 홈페이지를 정했다면, 텍스트 자료 정리는 더 수월하게 진행할 수 있을 겁니다.

03-1 스토리보드 작성 및 자료 정리

스토리보드는 주로 웹에이전시 같은 전문 홈페이지 제작 업체의 웹기획자가 사이트를 제작하기 전에 만드는 설계도 같은 것입니다.

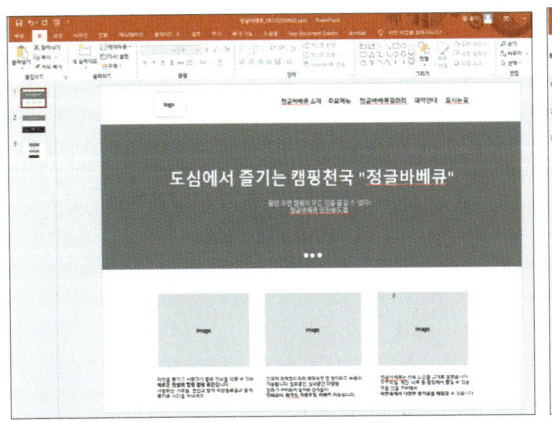 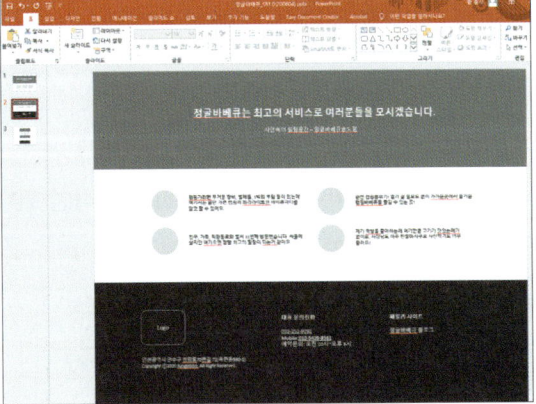

▲ 정글바베큐 홈페이지 메인 스토리보드

위 그림은 앞에서 보여드린 정글바베큐 홈페이지의 메인 스토리보드입니다. 파워포인트를 이용해서 실제 사이트와 비슷하게 로고위치, 메뉴명을 기록하고 메인 슬라이드에 들어갈 문구와 아래 3칼럼에 들어갈 이미지, 텍스트 그리고 메인 하단 구성까지 정리하였습니다.

스토리보드는 실제 사이트를 제작하기 전에 회사소개자료 등을 참고해서 실제 사이트에 들어갈 구성과 이미지 위치, 텍스트 내용을 미리 정리하는 화면설계서 같은 것입니다. 스토리보드를 작성해 놓으면 실제 사이트 제작 시 많은 도움이 될 수 있습니다.

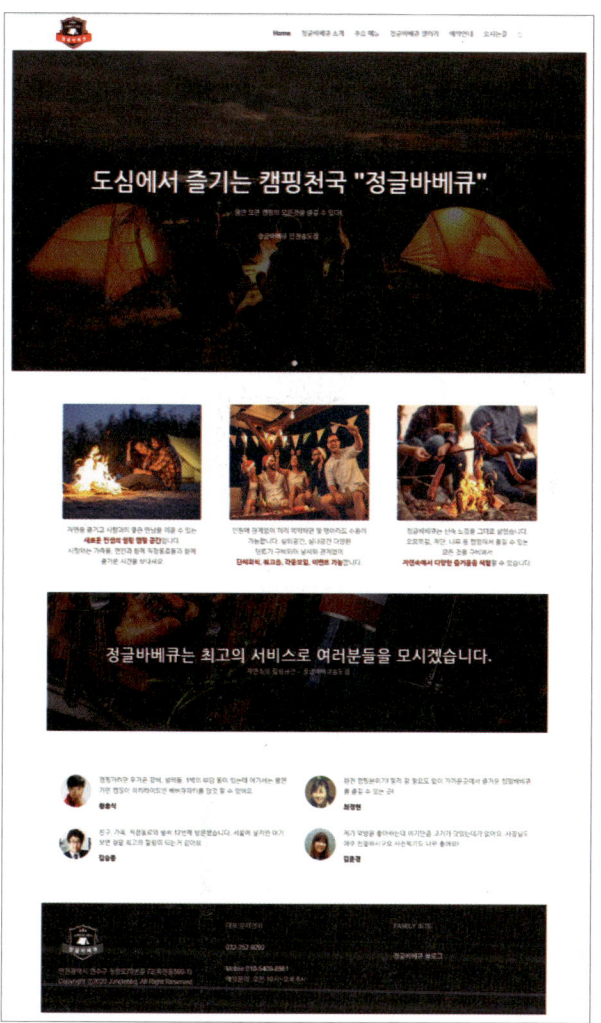

▲ 정글바베큐 홈페이지 메인

사이트 제작 시에는 홈페이지 관련 자료들은 폴더로 잘 정리해서 모아두면 사이트 제작 시 많은 도움이 됩니다. 또한, 콘텐츠 자료에 텍스트 내용과 콘텐츠에 들어갈 이미지 파일명을 적어 주면 제작 시 이미지 시간을 줄일 수 있으며, 구글에서는 이미지 파일명도 검색되기 때문에 홈페이지 관련 키워드로 잘 설정하면 많은 도움이 됩니다.

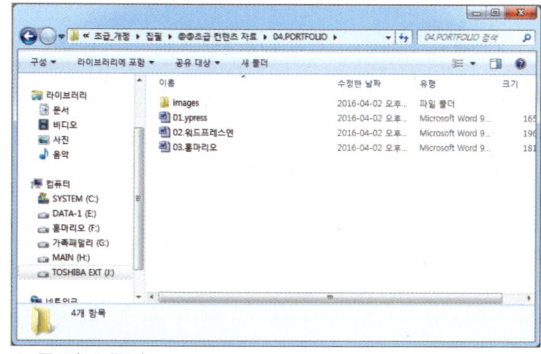

▲ 글 자료 폴더

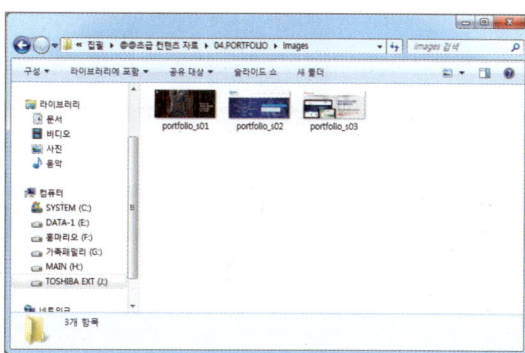

▲ 이미지 자료 폴더

03-2 이미지 자료 정리

홈페이지는 반드시 이미지가 들어가야 하고, 콘텐츠와 어울리는 이미지 자료를 준비해야 합니다. 이미지 자료는 적용할 페이지에 이미지를 선정하고 해당 페이지에 맞는 사이즈를 조절해서 적용해야 합니다.

참고로 4부에서 실습할 회사 홈페이지(https://hongmario03.mycafe24.com/)에 사용되는 이미지 사이즈는 아래와 같습니다.

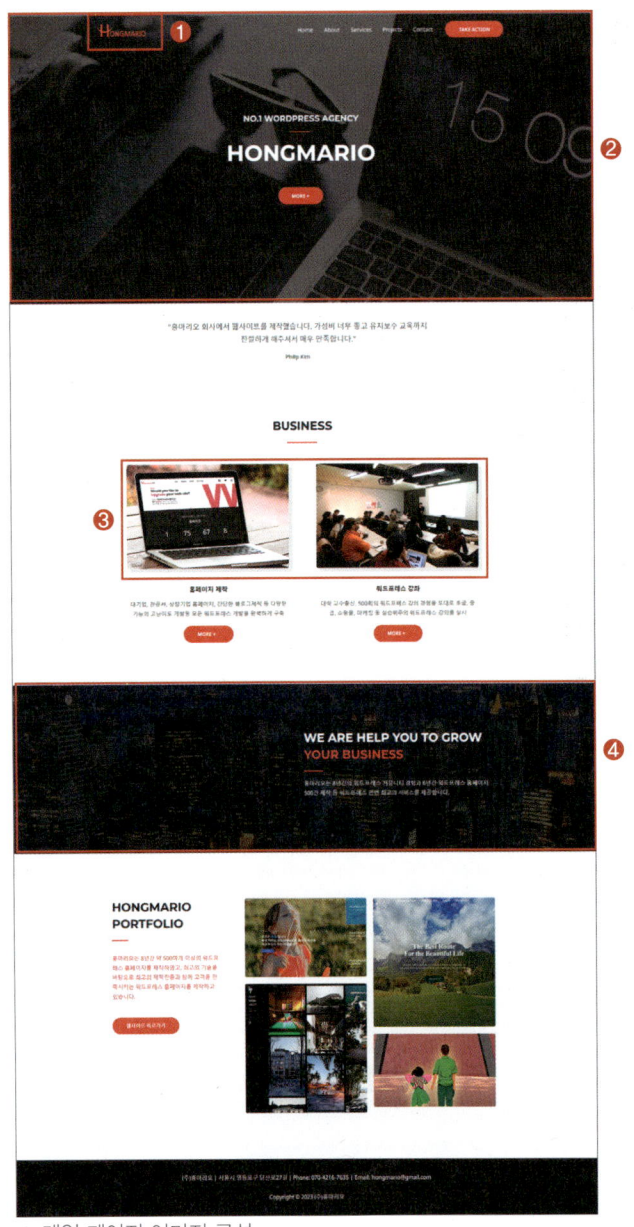

알림판 미디어 라이브리 실제 이미지 사이즈
❶ 로고이미지 : 가로 425px, 세로 167px
❷ 슬라이드이미지 : 가로 2560px이며, 세로 1707px
❸ 비즈니스 섬네일 이미지 : 가로 644px이며, 세로 402px
❹ 뉴욕배경 이미지 : 가로 1920px이며, 세로 800px

▲ 메인 페이지 이미지 구성

이미지 사이즈 확인 방법

이미지 사이즈를 알 수 있는 방법은 크롬 개발자도구를 이용한 방법이 가장 쉽게 이미지 사이즈를 알 수 있습니다. 먼저 구글 크롬에서 ' F12 ' 키를 누릅니다.

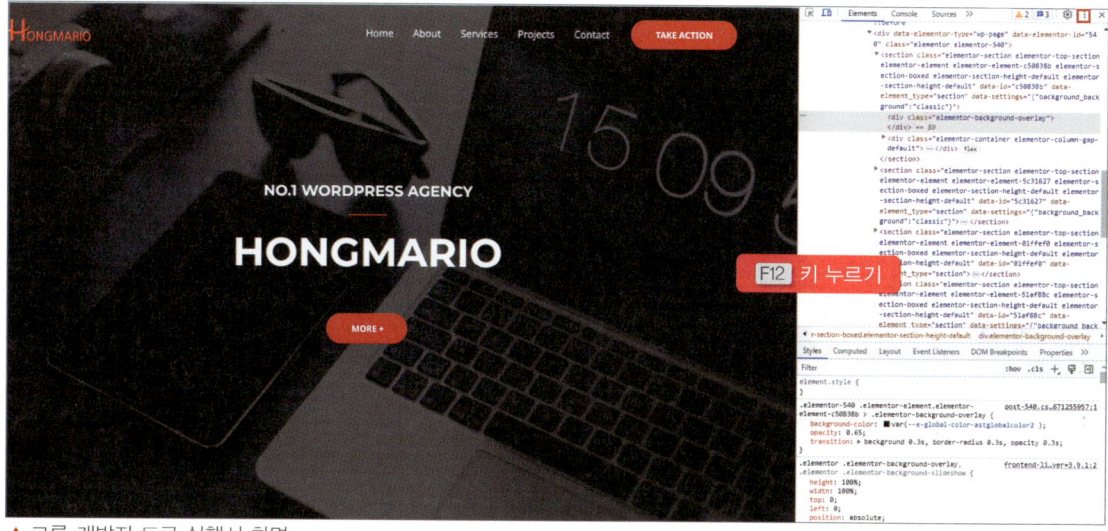

▲ 크롬 개발자 도구 실행시 화면

그러면 "크롬 개발자도구"가 우측이나 하단에 보입니다. 혹시 위 그림과 같이 크롬 개발자 도구가 보이지 않으면, 웹사이트 메인화면 빈 공간에 마우스 우측 클릭해서 [검사]를 클릭하면 위와 동일한 화면을 확인할 수 있습니다.

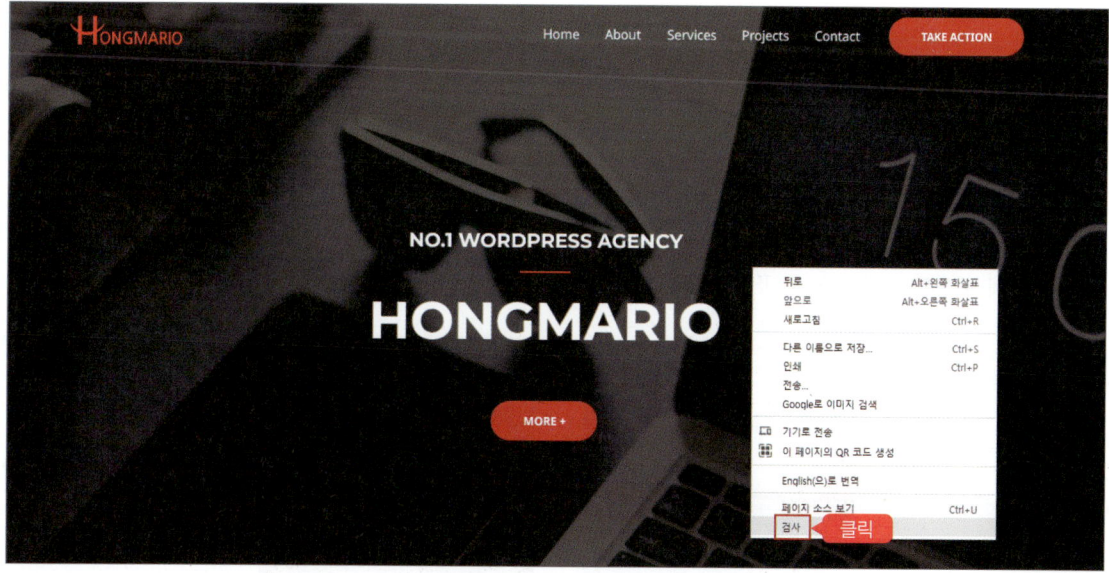

일반적으로 구글 크롬 개발자 도구(F12) 실행 시, 우측의 보이는 경우가 많습니다. 크롬 개발자도구 작업은 편의상 사이트 하단에 위치하는 것이 좋기 때문에 크롬 개발자도구 우측 상단의 ⋮ 아이콘을 클릭해서 아래방향으로 변경해줍니다.

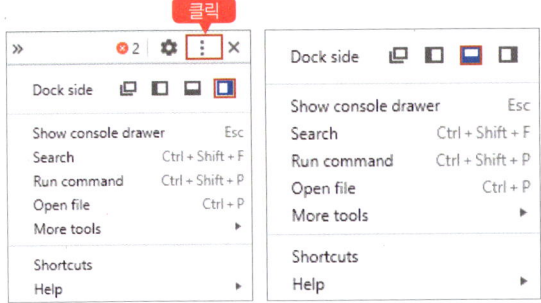

▲ Dock side 위치 변경

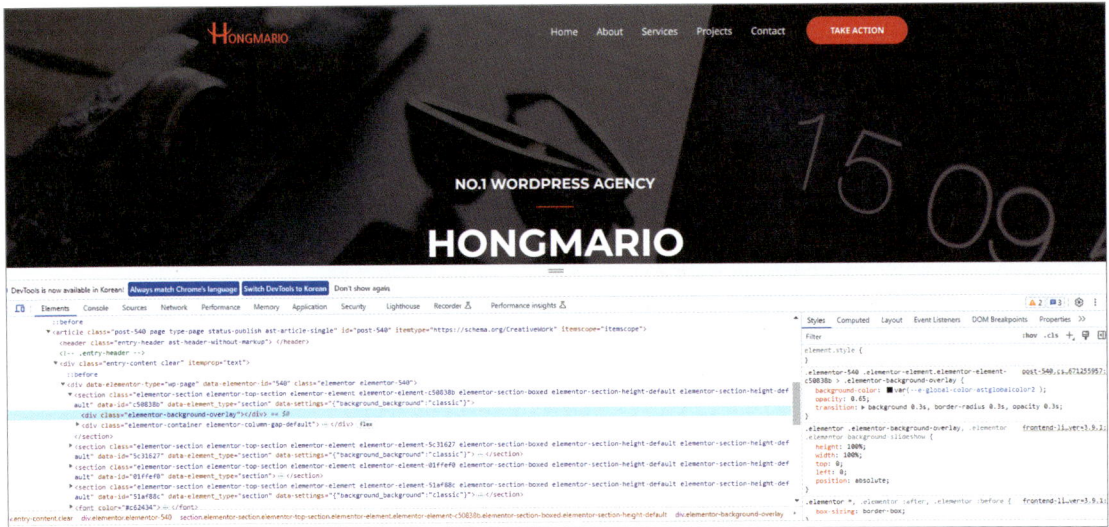

▲ Dock side 위치 변경 결과 화면

그러면 위 화면처럼 아래로 이동하게 됩니다. 그럼 이제 메인화면에서 슬라이드 이미지 크기를 확인합니다. 먼저 크롬 개발자 도구의 왼쪽 상단에 있는 를 마우스로 클릭합니다.

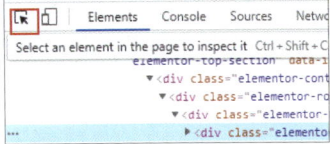

메인화면에서 중간쯤에 있는 BUSINESS 아래 노트북 이미지로 실습해 보겠습니다.

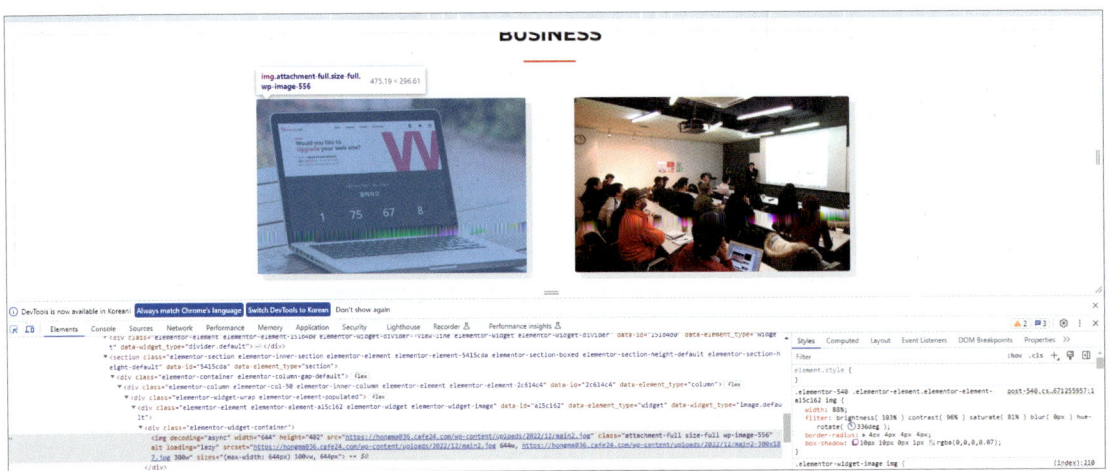

마우스로 잘 조절해서 이미지 테두리 위치로 잘 찍으면 위 화면처럼 마우스가 있는 부분에 파란색영역으로 표시가 됩니다. 그리고 파란색 화면 위에 보면 이미지 사이즈가 표시된 것을 확인할 수 있습니다. 혹시 잘 안되면 다시 구글 크롬 개발자도구에서 왼쪽 상단의 화살표 모양 아이콘을 클릭해서 다시 해보기 바랍니다.

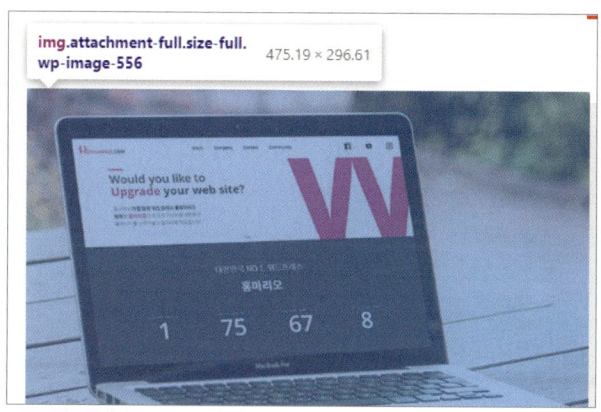

▲ 크롬 개발자 도구로 이미지 사이즈 확인 475.19 X 296.61 pixel

이미지 사이즈 확인은 알림판〉미디어〉라이브러리에서도 확인이 가능하지만, 접속이 불가능한 다른 사이트의 경우 위에서 설명한 방법으로 확인이 가능합니다. 다만, 모니터 해상도와 화면 사이즈에 따라 조금씩 차이가 있을 수 있으니 이점을 감안해서 이미지 사이즈 조절 작업을 하기 바랍니다.

저작권에 문제없는 무료 이미지 사이트 활용

웹에서 무료(free)라고 명시해서 제공되는 이미지 외 모든 이미지는 저작권 및 초상권이 있으며, 이미지를 무단 사용 시 저작권 침해로 손해배상을 해야 합니다.

단, 무료 이미지도 상업적으로 사용하면 저작권 침해로 인정됩니다. 이미지는 직접 제작하거나 이미지 판매업체에서 구매를 해서 사용바랍니다.

| 무료 이미지 제공 사이트 | https://pixabay.com
https://www.freepik.com |

실습 사이트 메인 이미지로 사용한 이미지를 '픽사베이' 사이트를 이용해서 다운받아 보도록 합니다.

우선 픽사베이 사이트(https://pixabay.com)에 접속합니다.

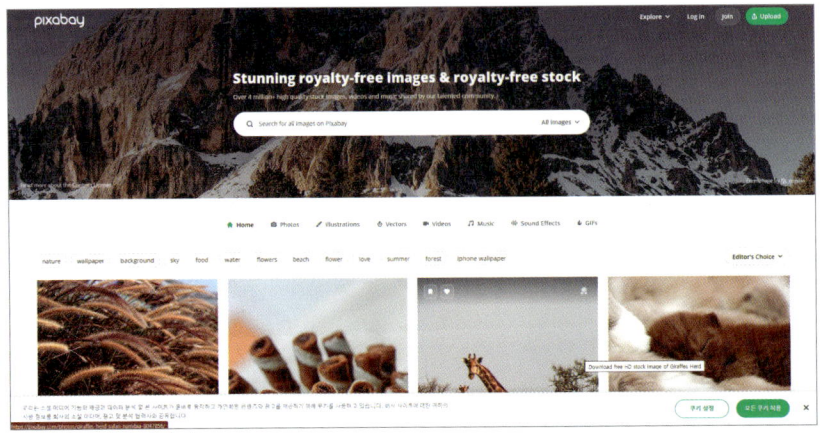

▲ 픽사베이 홈페이지

이제 원하는 키워드를 입력해서 검색을 합니다. 여기서는 영어로 'apple macbook ipad'를 검색해 보겠습니다.

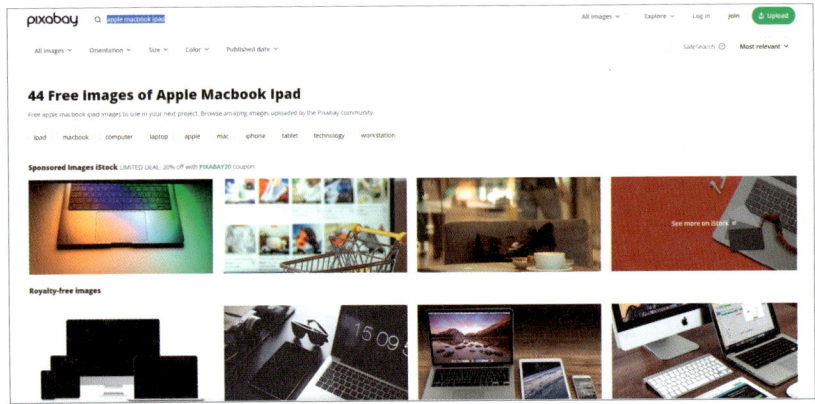

▲ pixabay 에서 apple macbook ipad 검색 결과 화면

일반적으로 메인 화면은 어두운 배경에 흰색 텍스트 카피글을 많이 사용하기 때문에 실제 예제 사이트에서 사용한 이미지를 선택합니다.

필자는 아래의 이미지를 골랐습니다. 참고로 해당 이미지의 URL은 다음과 같습니다.

https://pixabay.com/photos/apple-macbook-ipad-laptop-1867762/

▲ 픽사베이에서 선택한 이미지 화면

앞의 화면이 보이면 우측의 있는 [Download] 버튼을 클릭합니다.

그러면 아래와 같이 해상도와 파일 사이즈가 나타납니다. 메인에 사용되는 이미지라 1920 x 1280 사이즈를 선택해서 하단에 있는 [다운로드]를 클릭합니다.

Pixabay는 회원가입해서 로그인 상태에서 다운 가능하니 구글 로그인 등으로 가입 후 이용바랍니다. 다운 받은 파일은 자동으로 [내문서]-[다운로드]에서 확인이 가능합니다.

포토샵을 이용해서 이미지 사이즈 조절

워드프레스 홈페이지 작업 시 가장 많이 사용하는 방법입니다. 워드프레스는 테마를 이용해서 제작하기 때문에 앞에서 설명한 이미지 사이즈를 확인한 다음에 해당 사이즈에 맞게 여러분이 정한 이미지를 맞춰져야 합니다. 이미지 사이즈(가로, 세로)를 가장 많이 사용하는 방법은 포토샵을 이용하는 방법입니다.

먼저 포토샵을 실행을 합니다. 포토샵은 여러 버전이 있기 때문에 실제 화면은 조금씩 차이가 있을 수 있습니다. 하지만, 단축키 사용법은 모두 동일합니다.

1 포토샵을 실행해서 상단메뉴에서 [파일]-[열기] 메뉴를 선택하거나 다음 화면에서 왼쪽 하단에 보이는 [열기] 버튼을 클릭해서 작업할 이미지를 불러옵니다. 여기서는 회사 홈페이지 실습 사이트 중간영역에서 배경 이미지로 사용된 뉴욕배경 이미지를 열어 보겠습니다. (해당 이미지는 실습자료 파일에 있으니 참고 바랍니다)

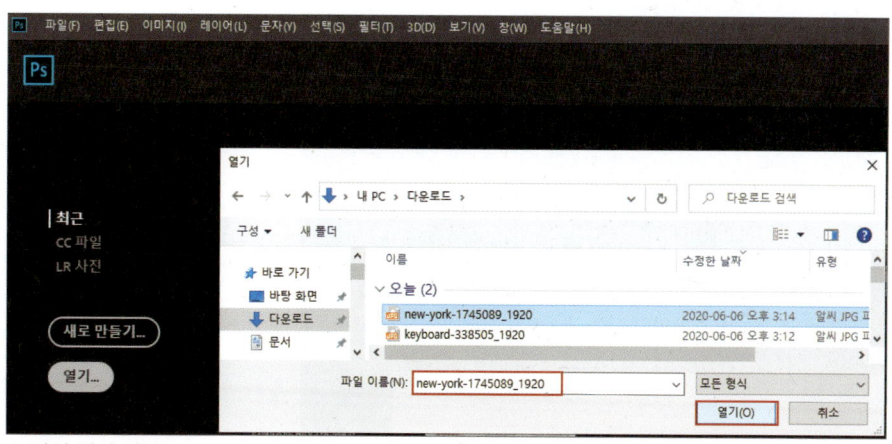

▲ 파일 열기 화면

2 이제는 새롭게 만들 이미지 사이즈를 정하기 위해 [파일]-[새로 만들기]를 클릭합니다.

3 위 화면이 보이고 우측 영역에 있는 폭, 픽셀, 높이를 원하는 수치(폭 : 1920, 단위 : 픽셀, 높이 :544)로 입력해서 우측 하단에 있는 [제작]을 클릭합니다.

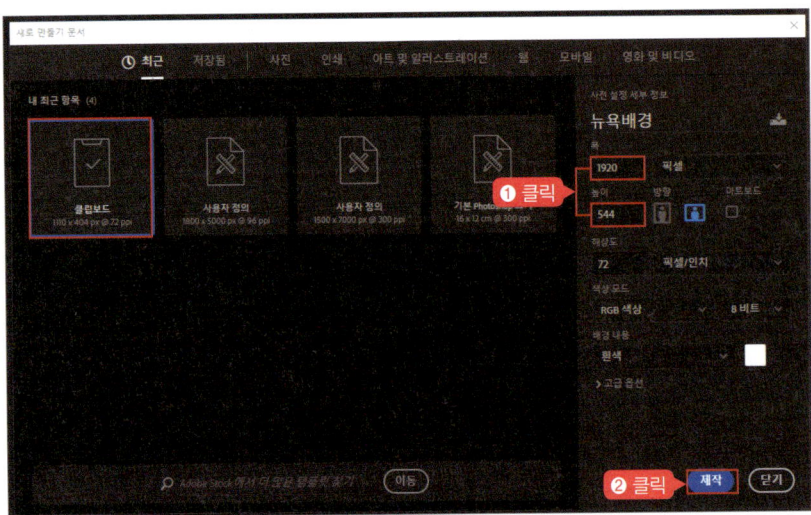

다음처럼 빈 화면이 사이즈에 맞게 생성됩니다.

4 이제 앞에서 [파일]-[열기]에서 불러온 '뉴욕배경' 파일 상단 탭에서 선택해서 이미지를 선택한 다음 키보드에서 Ctrl + A 를 눌러서 먼저 전체선택을 한 다음 Ctrl + C 를 해서 복사를 합니다.

▲ 불러온 파일 선택

5 복사한 상태에서 다시 새로 만든 파일(1920×544픽셀)로 이동해서 키보드의 Ctrl + V 를 눌러 붙여넣기를 합니다. 그러면 다음 화면처럼 이미지의 상단부분이 보이게 됩니다.

6 이제 다시 키보드로 가서 Ctrl + T 를 누르면 다음 화면처럼 방금 붙여넣기 한 뉴욕배경 이미지에 꼭지점이 표시된 테두리가 생긴 것을 확인할 수 있습니다. 여기서 다시 Ctrl + + 또는 Ctrl + - 키를 눌러서 선택한 테두리 화면 크기를 늘리고 줄일 수 있습니다.

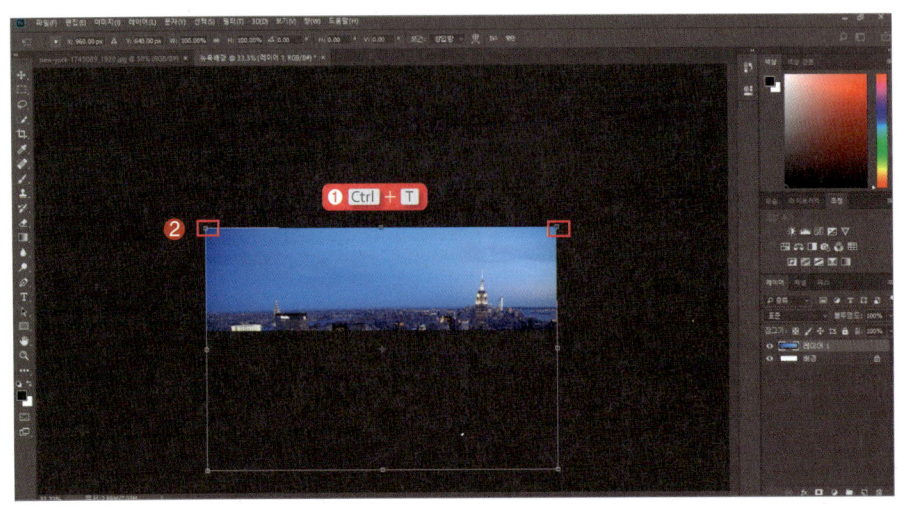

7 이제 원하는 이미지가 화면에 나오게 하기 위해 마우스로 조절하거나 키보드의 Shift 를 누른 상태에서 테두리의 모서리 끝을 조절해서 원하는 위치로 조정합니다.

8 조정이 끝나면 키보드의 Enter 를 눌러서 작업을 완료하고 상단의 [파일]-[다른이름으로저장] 메뉴를 클릭합니다.

56 워드프레스 홈페이지 & 블로그 제작으로 수익창출

9 일반적으로 웹에서 사용하는 이미지는 주로 jpg, png 파일 형식으로 저장하는데 여기서는 jpg 파일 형식으로 저장하도록 합니다.

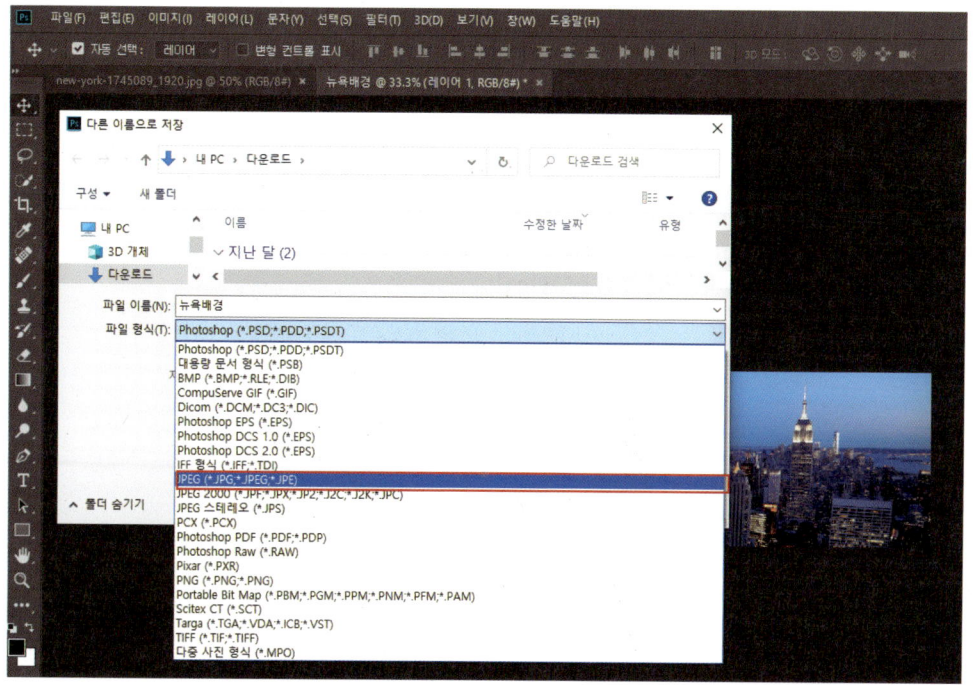

10 JPEG로 선택하면 품질값에 대한 옵션(수치 : 1~12)이 있는데요. 10이상은 용량이 커질 수 있으니 "8"로 지정 후 [확인] 버튼을 클릭해서 저장하면 됩니다.

▲ 저장 완료 화면

이미지 사이즈 변경은 홈페이지 제작 시, 자주 사용하는 방법이니 반드시 숙지하기 바랍니다.

이미지 사이즈 일괄 수정 – 알씨 프로그램

앞에서 공부한 포토샵은 하나의 이미지를 정확한 사이즈로 편집하는 방법이고 여러 개의 이미지를 가로 세로 동일한 비율로 한 번에 줄이려고 한다면 알씨 프로그램을 사용하면 편리합니다.
이는 주로 워드프레스의 글(블로그)나 게시글 작성 시 유리합니다.

알툴(www.altools.co.kr) 사이트에서 알씨(ALSee) 이미지 뷰어 프로그램을 다운로드 받은 후 설치합니다. 알씨 프로그램을 실행한 후 사이즈를 변경할 이미지를 찾습니다. 사이즈 변경할 이미지를 선택한 후 마우스 오른쪽 버튼을 클릭하고 '크기 변경하기' 메뉴를 클릭합니다.

▲ 알씨로 편집할 이미지 선택

'이미지 크기 변경' 창이 나타나면 '해상도로 조절하기' 선택한 후 테마에 사용될 콘텐츠 이미지 사이즈를 입력 (예: 블로그 이미지일 경우 가로 1200)하고 [확인] 버튼을 클릭하면 선택된 모든 이미지의 사이즈가 변경됩니다. 단 비율에 맞게 수치를 입력해야 이미지가 찌그러지지 않습니다. 이미지 사이즈가 다를 경우 특정축으로 조절하기를 사용 하는 것이 좋습니다.

마지막으로 저장옵션에서 저장할 폴더와 파일명을 정하면 됩니다.

그러면 다음 화면처럼 모든 이미지 파일명 앞에 'resize_'가 자동으로 붙게 되고 이미지를 클릭하면 다음 화면 하단에 보이는 것처럼 이미지에 대한 정보가 나옵니다. 이때 사이즈가 1200×900으로 변경된 것을 확인할 수 있습니다.

▲ 이미지 사이즈 편집

3 워드프레스 제작 준비

워드프레스도 홈페이지의 일종이기 때문에 일반 홈페이지와 마찬가지로 사이트제작을 위해 도메인과 호스팅이 필요합니다. 도메인을 집에 비유하자면 집주소와 같은 것이고 호스팅은 땅과 같은 것입니다. 도메인은 제작순서로 볼 때 호스팅 먼저 하고 사이트 제작은 완료한 시점에서 도메인을 선정해도 됩니다만 좋은 도메인은 선점을 먼저 하는 것이 주인이 되므로 자신의 회사명과 가장 잘 어울리는 도메인은 일찍 선정하는 것이 좋습니다.

그리고 호스팅은 홈페이지를 운영하기 위한 웹상의 공간인데 일반적인 PC로 보면 컴퓨터의 하드공간과 CPU와 비슷한 개념입니다. 다만, 홈페이지는 웹상의 공간에 있어야 하기 때문에 서버를 운영해야 하는데 서버운영에는 전문가가 필요하고 서버 비용 또한 상당하므로 일반적으로 대규모 회사나 DATA를 많이 보유하는 전문기관이 아닌 경우는 대부분 웹호스팅을 이용합니다.

간혹, 홈페이지 제작업체중에 자신들이 직접 호스팅하면서 나중에 사이트를 이전할 때 호스팅관련 정보를 제공하지 않는 악덕업체가 있는데요. 아주 잘못된 관행입니다. 따라서 호스팅 업체 선정도 중요하지만 호스팅관련 정보(호스팅업체 접속정보, FTP ID/PW, DB ID/PW)는 반드시 홈페이지의 주인이 기록하고 있어야 합니다.

개인적 경험을 토대로 도메인 등록 업체는 호스팅케이알을 웹호스팅 업체는 카페24를 추천드리며, 두 업체를 기준으로 설명하도록 합니다.

01 _ 도메인 준비하기

실제로 사이트를 구축하는데 있어서 워드프레스를 설치하기 전에 준비해야할 필수적인 요소인 도메인 관련해서 설명하도록 합니다.

1장에서 설명했듯이 워드프레스는 설치형과 가입형이 있으며, 국내 워드프레스 유저들의 대부분은 자신만의 고유주소를 가지고 있는 설치형을 이용하고 있습니다. 따라서 여러분이 워드프레스로 홈페이지를 제작할 계획이라면 반드시 자신만의 고유주소인 도메인을 가지고 있어야 합니다.

01-1 도메인 선정하기

도메인은 여러분의 홈페이지를 가장 먼저 보여주는 부분이기 때문에 심사숙고해서 결정해야 합니다. 한 번 정한 도메인은 차후 다른 도메인으로 변경은 가능하지만, 대부분 처음 정한 도메인이 사용하는 기간 동안 많이 홍보되었기 때문에 최초 도메인을 그대로 사용하는 경우가 많습니다. 따라서 쉽고 간결하고 기억하기 쉬운 도메인 선정은 홈페이지를 제작하기 위한 첫 관문이자 중요한 단계입니다.

도메인 선정 시 단어와 단어를 조합하거나 단어와 숫자를 조합하여 만들 수 있습니다. 단어는 간단하고 쉬운 단어일수록 좋습니다. 만약 단어가 길어질 경우는 약자를 사용하여 짧게 만드는 것이 좋습니다.

◀ 도메인 선정 시 주의사항 ▶

도메인 선정 시 국내 사이트의 경우 발음에 유의해서 선정하셔야 합니다. 가령 '고량주닷컴'이라는 사이트가 있다면 'ㄱ'자에 'k'와 'g'가 혼동되고, 'ㄹ' 자에서는 'L' 과 'R' 이 혼동될 것입니다.

〈사례-발음이 혼동되는 도메인〉
- 가리비 garibi, karibee, garibee
- 고량주 goryangju, koryangzoo, koryangjoo
- 피해야 하는 도메인
  "ㄱ": K, G 같이 혼동되는 단어
  "ㄹ": L, R 같이 혼동되는 단어
  "ㅜ": oo, u 같이 혼동되는 단어
  "ㅈ": J, Z 같이 혼동되는 단어

01-2 도메인 구입하기

도메인을 검색하고 등록하기 위해서는 도메인 등록업체에서 진행해야 합니다. 국내 도메인 및 호스팅을 지원하는 대표적인 업체는 카페24, 후이즈, 호스팅케이알 등이 있습니다. 각 업체마다 조금씩 서비스 차이는 있지만, .com, co.kr, kr, .net 등의 도메인은 모두 등록 가능합니다. 이 책에서는 도메인은 호스팅케이알로 도메인 등록방법을 안내하고, 웹호스팅 서비스는 카페24로 진행합니다.

순위	업체명	사이트 주소	금액
1	Cafe24	www.cafe24.com	22,000원
2	후이즈	www.whois.co.kr	28,600원
3	가비아	www.gabia.com	15,000원
4	호스팅케이알	www.hosting.kr	9,800원

▲ 국내 대표 도메인 등록 업체 가격비교표(※ 비용은 시기에 따라 변동 가능)

간혹 위 업체보다 더 저렴한 도메인 등록 업체가 있을 수도 있지만, 첫해는 저렴하게 판매하고 다음해부터 가격을 올리는 업체가 많으니 잘 확인하셔야 합니다. 또한, 혹시나 도메인 등록업체가 폐업할 경우 후속 대책으로 인한 피해를 볼 수 있기 때문에 도메인 등록은 상기 3개 업체와 같이 서비스 운영이 안정적인 업체를 선택하는 게 좋습니다.

호스팅케이알에서 도메인 검색하기

여기서는 비교적 가성비가 좋은 호스팅케이알에서 도메인 검색 절차를 진행하도록 합니다. 도메인 검색 절차는 카페24 등 다른 업체들도 거의 동일하기 때문에 큰 어려움 없이 진행할 수 있습니다.

1 호스팅케이알(https://www.hosting.kr)에 접속한 후 회원가입 및 로그인합니다. 호스팅케이알 사이트 메인화면의 도메인 검색창이 보입니다.

2 위 화면에서 자신이 원하는 도메인명으로 검색을 합니다. 여기서는 예시로 'hongmario2'라고 검색합니다.

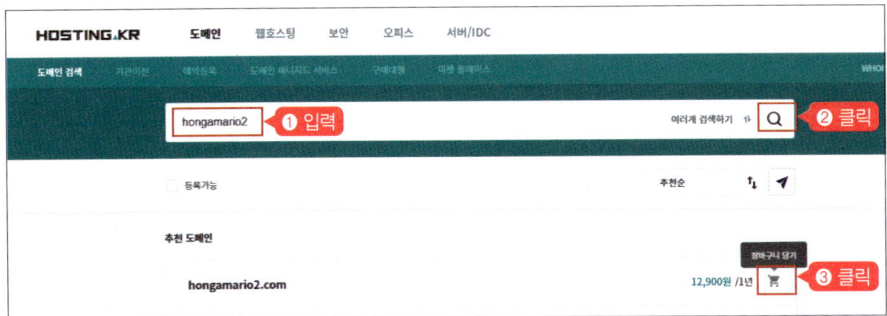

▲ 호스팅케이알 도메인 검색결과

3 이제 여기서 도메인 중에서도 가장 값어치가 높고 선호도가 높은 .com 도메인으로 등록을 합니다. 위 화면처럼 hongmario2.com 우측 가격표시 우측 끝에 [장바구니 담기] 아이콘을 클릭 합니다.

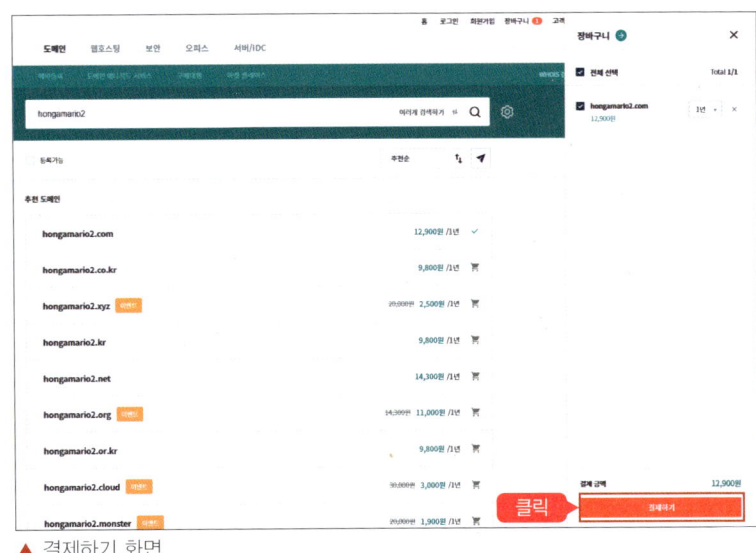

▲ 결제하기 화면

62 워드프레스 홈페이지 & 블로그 제작으로 수익창출

그러면 페이지 우측의 결제창이 뜹니다. 결제할 기간을 선택한 후 [결제하기]를 클릭해서 진행하면 됩니다. 비회원은 회원 가입해야 진행할 수 있습니다.

이제 웹호스팅 서비스를 신청합니다. 여기서는 카페24 웹호스팅 서비스로 진행하도록 합니다.

02 _ 카페24 웹호스팅 등록하기

이 책의 부록으로 제공되는 cafe24 무료 계정 등록과 3개월 웹호스팅 무료 서비스를 이용해서 웹호스팅을 등록할 수 있습니다. 사이트를 제작해서 오픈 후 실제로 운영하기 위해서는 지속적으로 사용할 수 있는 웹호스팅 등록절차를 거쳐야 합니다. 그럼 이제부터 단계별로 웹호스팅 등록 절차에 대해서 알아보겠습니다. 카페24 매니지드 빌드업 워드프레스 웹호스팅 3개월 무료 이용 방법은 이 책의 "450~453쪽" 부록을 참고합니다.

02-1 카페24 무료 계정 만들기

카페24 무료 계정 가입하기

카페24 웹호스팅 서비스를 이용하기 위해서는 카페24 계정이 필요합니다. 카페24 계정은 회원 가입을 통해 무료로 만들 수 있으며, 가입 방법에 대해서 알아보겠습니다.

1 카페24 회원가입 페이지에 접속합니다. 회원 가입한 ID로 카페24 웹호스팅 서비스는 물론 카페24에서 제공하는 모든 서비스를 이용할 수 있습니다. 카페24 회원가입 유형 선택 페이지에서 가입 유형을 선택합니다. 여기서는 [개인사업자]를 선택하겠습니다.

- https://user.cafe24.com/join/hosting/

2 약관동의 페이지가 나타납니다. [필수] 항목의 체크 박스를 선택한 후 [휴대폰인증] 버튼을 눌러 회원인증 절차를 거친 후 [다음 단계로>]로 버튼을 누릅니다. 일반회원을 선택한 경우 주민등록번호를 입력하면 됩니다.

3 회원정보 입력 페이지가 나타납니다. 상호명, 사업자등록번호, 아이디, 비밀번호, 이메일, 연락처 등을 기입한 후 [다음 단계로>] 버튼을 누릅니다. 일반회원을 선택한 경우 개인정보를 입력하면 됩니다. 특히 아이디와 비밀번호는 별도로 메모해 둡니다.

4 카페24 회원가입이 완료되었습니다.

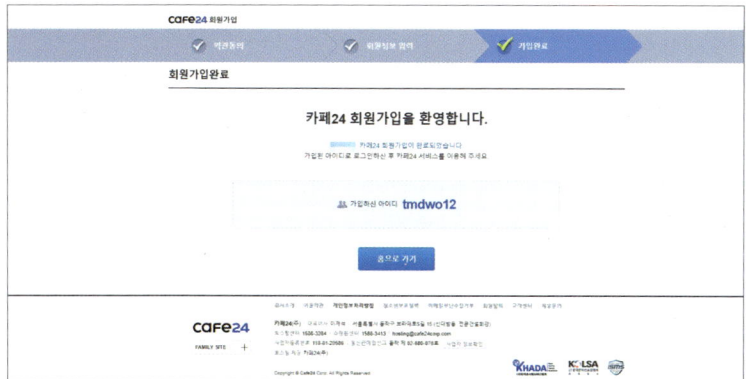

카페24에서 도메인 구입하기

1 카페24 호스팅(https://hosting.cafe24.com/) 페이지 상단 [도메인] 메뉴를 누릅니다.

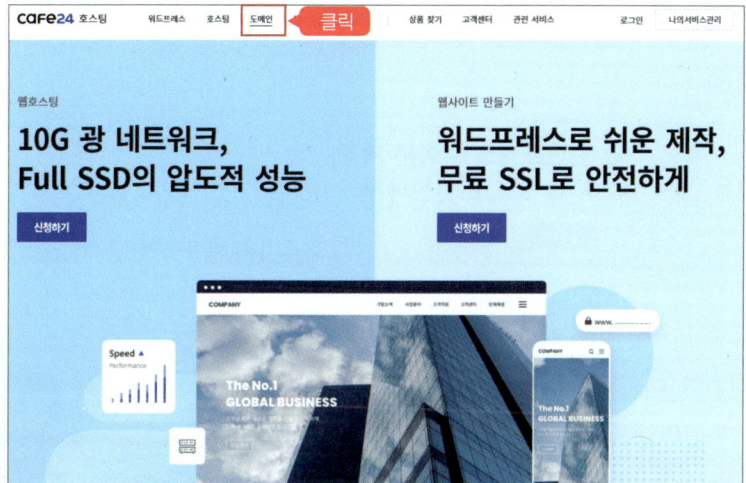

2 도메인 검색 창에서 원하는 도메인명을 검색한 후 원하는 도메인을 구입할 수 있습니다.

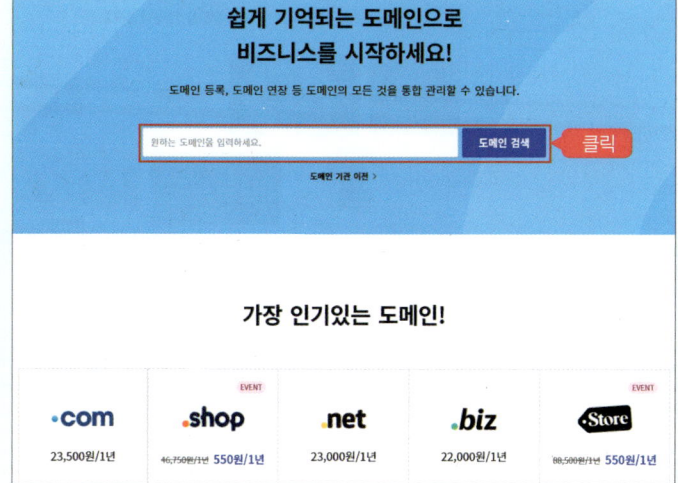

1장_워드프레스 기초 **65**

02-2 카페24에서 웹호스팅 등록

카페24는 국내 NO.1 웹호스팅 업체이고, 워드프레스 홈페이지와 호환성이 가장 좋은 웹호스팅 서비스입니다. 간혹 저렴하다는 이유로 해외 서비스를 이용하기도 하는데, 가성비는 좋을 수 있지만 사이트 해킹이나 백업 등 다양한 문제 발생 시 문의를 영어로 보내야 하고 답변이 늦거나 대응을 제대로 해주지 않는 경우가 많습니다. 또한 카페24 웹호스팅 서비스는 국내 타 서비스에 비해서 보안에 대해서 가장 안정적이고 관리자 서비스가 잘 구성되어 있습니다. 여기서는 카페24를 기준으로 설명하도록 합니다.

카페24에서 웹호스팅 상품 살펴보기

1 카페24 호스팅(https://hosting.cafe24.com)에 접속하고 회원 가입합니다. 여기서는 아이디 'hongmario01'로 등록해서 진행하도록 합니다. 회원가입은 대부분 알고 있는 절차이기 때문에 여기서는 생략하겠습니다.

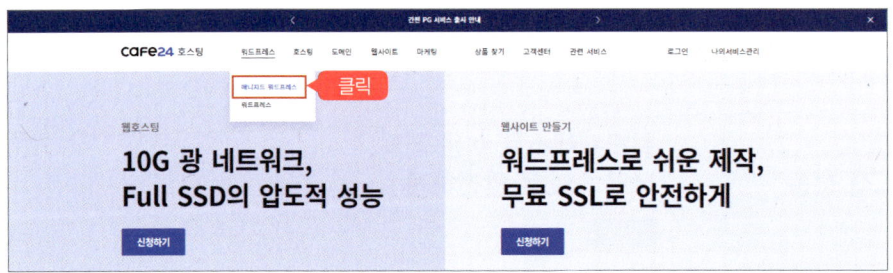

2 카페24의 다양한 웹호스팅 상품중에서 최근 가장 인기가 많으며, 워드프레스에 최적화 되어 있는 '매니지드 워드프레스' 상품을 선택해서 진행합니다. 카페24 호스팅 메인 페이지 (https://hosting.cafe24.com)에서 '워드프레스>매니지드 워드프레스' 메뉴를 클릭합니다.

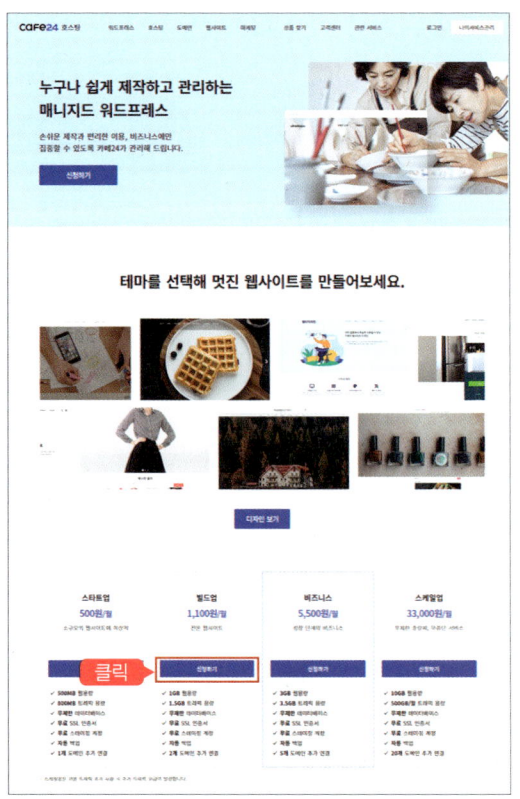

▲ cafe24 호스팅 페이지 메뉴

❸ 매니지드 워드프레스 소개 페이지가 보입니다. 첫 번째 섹션에는 신청 영역이고, 두 번째 섹션은 테마 디자인을 확인할 수 있습니다. 테마 디자인은 개인 또는 기업이 만든 워드프레스 사이트를 오픈해서 테마 레이아웃을 일반인이 구입 가능한 곳으로 쉽게 말해 앞에서 설명한 테마포레스트(themeforest)와 비슷한 오픈커머스라고 보면 됩니다. 그리고 3번째 섹션에는 매니지드 워드프레스 호스팅 상품의 종류를 나열했습니다. 이 부분은 아래에 자세히 설명합니다.

▲ 카페24 워드프레스 매니지드 호스팅 상품

위 상품들을 보면 비즈니스, 스케일업 등 오른쪽 서비스일수록 비용이 증가하고 스펙이 좋아집니다. 여러분들은 여기서 눈여겨 볼 것은 웹용량과 트래픽 용량입니다. 웹용량은 PC의 하드용량과 비슷한 개념으로 이미지나 파일이 많으면 사이트에 더 이상의 파일을 추가할 수 없기 때문에 일반적으로 아주 단순한 홈페이지에 이미지 파일이 거의 없는 경우만 스타트업을 선택하고 나머지는 대부분 빌드업 이상 스펙을 사용합니다. 위 상품 4가지를 1년 기준으로 비교해 보겠습니다.

구분	웹용량	트래픽용량	설치비	월사용료	설치비+1년사용료
스타트업	500M	800M	5,000원	500원	6,500원
빌드업	1G	1.5G	11,000원	1,100원	24,200원
비즈니스	3G	3.5G	11,000원	5,500원	77,000원
스케일업	10G	500G	11,000원	33,000원	407,000원

▲ 카페24 웹호스팅 주요 상품 비교

위 표는 1년 기준으로 각 사양별로 웹용량과 트래픽 용량을 비교했습니다. 중소기업에서 가장 많이 사용하는 스펙이 빌드업입니다. 만약에 빌드업으로 사용하다가 웹용량 또는 트래픽이 초과되면 상위 사양으로 업그레이드가 가능합니다. 실습에서는 빌드업으로 진행합니다.

◀ 하드용량과 트래픽 ▶

하드용량	웹사이트 구축 시 이미지와 사이트 운영을 위한 개발 소스의 용량이 필요하며, 컴퓨터의 하드용량 동일합니다.
트래픽	사용자가 사이트 접속 시 제공되는 일일 서비스 용량입니다. 예를 들면 웹사이트 첫 페이지 용량이 1M(이미지, 개발 소스)일 경우 100명이 방문한다면 100M 용량을 다운로드 받게 됩니다. 구매한 용량을 초과하게 되면 트래픽 초과로 사이트가 중지됩니다. 호스팅 비용 절감을 위해서는 이미지 제작 시 용량을 최적화해야 합니다.

요약하면 스타트업은 개인블로그나 전체 페이지가 10페이지 이하이고 방문자수가 적은 홈페이지일때 적당하고 이미지가 어느 정도 들어가는 10페이지 이상 회사 홈페이지라면 빌드업으로 사용하는 것을 추천드립니다. 특히, 테마 자체가 무거운 Avada 테마로 홈페이지를 구축하려면 최소 빌드업 이상은 설치해야 합니다.

그리고 트래픽이 많고 자료가 많은 홈페이지는 비즈니스 이상으로 권장합니다. 참고로 홍마리오 홈페이지(hongmario.com)는 비즈니스 급으로 카페24에서 웹호스팅을 받고 있습니다.

매니지드 워드프레스 상품 신청하기

홈페이지를 최초 제작 시 큰 비용을 들여서 작업하기에는 비용이 부담스러우며, 최소 비용에 어느 정도 용량이 제공되는 '빌드업' 상품을 이용하여 설치를 진행하도록 합니다. 필요 시 상품을 변경할 수 있으니 운영을 해보시고, 필요한 부분만큼 상품을 업그레이드하기 바랍니다.

카페24 웹호스팅 3개월 무료 이용과 설치비 무료 이용

'매니지드 워드프레스 빌드업' 워드프레스 웹호스팅 서비스 3개월과 설치비 무료 이용 방법은 부록을 참조합니다.

1 빌드업의 [신청하기] 버튼을 클릭하면 신규아이디 등록 및 회원정보 입력페이지로 이동됩니다.

▲ 웹호스팅 상품상세분류

2 일반형 상품을 등록하는 절차에 대해 설명하도록 합니다. 회원정보 비밀번호와 FTP, Telnet, DB 비밀번호를 입력하고 꼭 메모해 두시기 바랍니다. FTP Telnet DB 비밀번호는 워드프레스설치 및 FTP 세팅 시 필요한 정보입니다. '호스팅 서비스 이용약관에 동의합니다.' 및 '개인정보 수집 이용에 동의합니다.' 박스를 체크한 후 [다음] 버튼을 클릭하면 결제 페이지로 이동됩니다.

관리자 비밀번호

여기서 관리자 정보에 있는 FTP, Telnet, DB 비밀번호는 워드프레스 알림판 접속 시 비밀번호입니다. 비밀번호는 보안에서 있어서 아주 중요한 요소이기 때문에 반드시 특수문자 등을 사용해서 기록해 두어야 합니다. 혹시나 비밀번호를 분실할 경우 카페24에 다시 접속해서 FTP, DB 비밀번호를 모두 수정해야 합니다.

▲ 회원정보 입력페이지

3 신청서비스 페이지에서 서버 환경, 프로그램 자동설치, 도메인 결제정보를 설정한 후 [결제하기] 버튼을 클릭합니다. 여기서 서버 환경은 PHP와 mariadb에서 가장 최상위 버전(워드프레스 자동설치 제공)을 선택합니다.

만약, 카페24 웹호스팅 부록에서 제공되는 '매니지드 워드프레스 빌드업' 워드프레스 웹호스팅 서비스 3개월과 설치비 무료 이용 서비스를 이용하는 경우에는 부록을 참고해서 진행합니다.

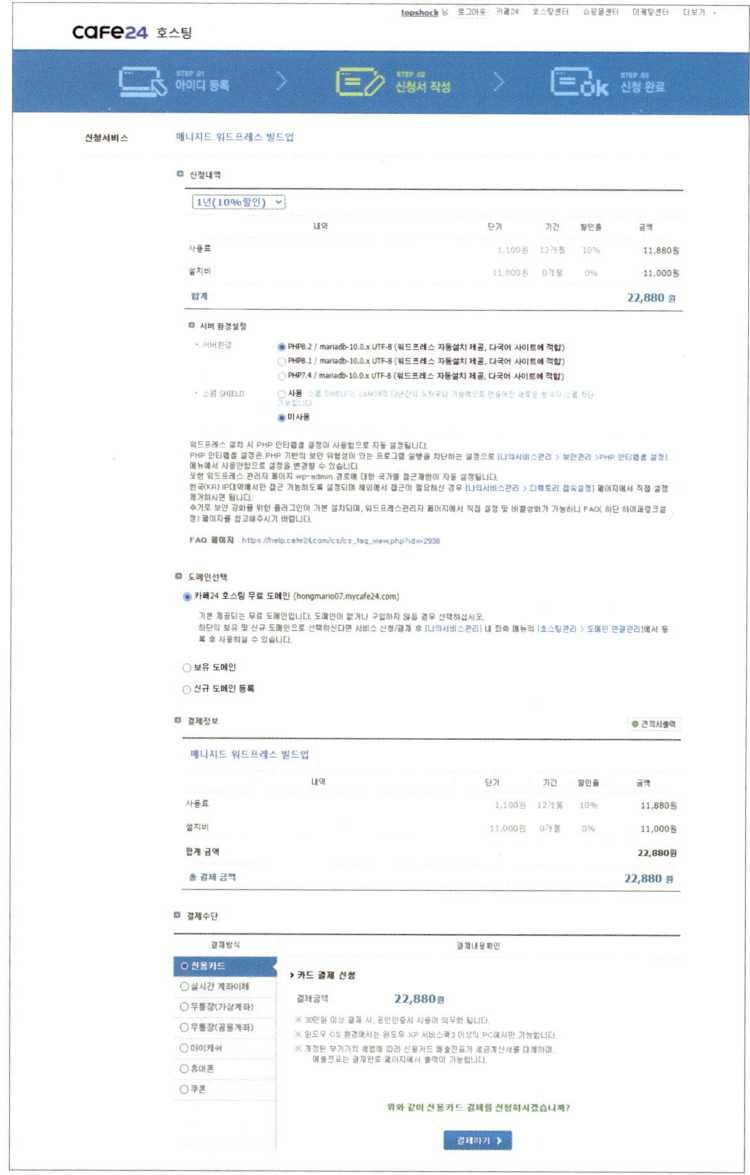

▲ 서버 환경설정

◀ cafe24 웹호스팅 3개월 무료 이용과 설치비 무료 이용 ▶

'매니지드 워드프레스 빌드업' 워드프레스 웹호스팅 서비스 3개월과 설치비 무료 이용 서비스를 이용하는 경우 결제수단에서 '쿠폰 – 워드프레스 쿠폰'을 선택 후 진행합니다. 자세한 사용 방법은 부록(450~453쪽)을 참고합니다.

4 매니지드 워드프레스는 두 번째 신청 단계에서는 대부분 기본 설정으로 놔두면 됩니다. 서버 환경에서 워드프레스는 최신 버전 PHP를 사용해야 하는데 카페24에서는 기본으로 항상 최신 버전을 기본 서버 환경으로 설정하고 있습니다. 매니지드 워드프레스 웹호스팅 서비스가 완료되었습니다. 관리자 아이디, 비밀번호를 잘 메모해두고, 관리자 URL을 클릭하면 워드프레스 어드민으로 바로 이동하게 됩니다.

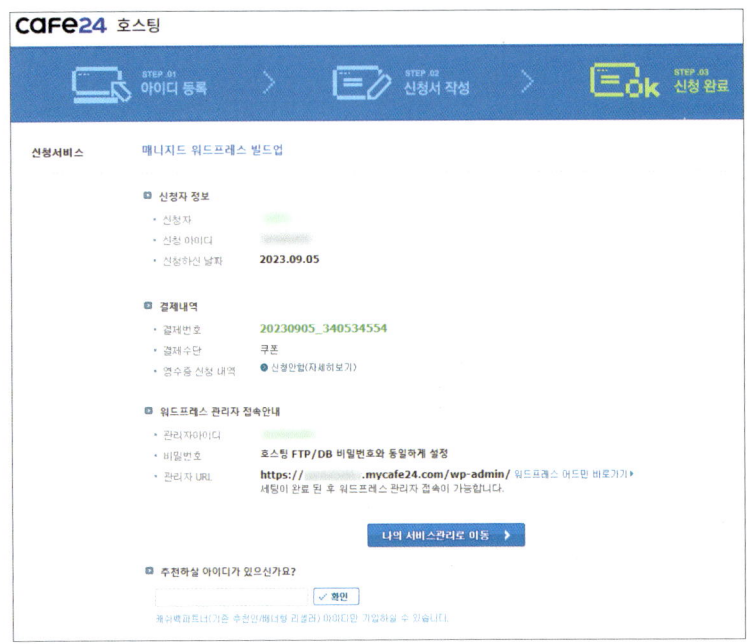

5 카페24 계정에서 사용되는 자신의 이메일 주소로 카페24 호스팅 셋팅이 완료되었다는 메일을 도착되면 신청한 호스팅 서비스 설치가 완료된 것입니다.

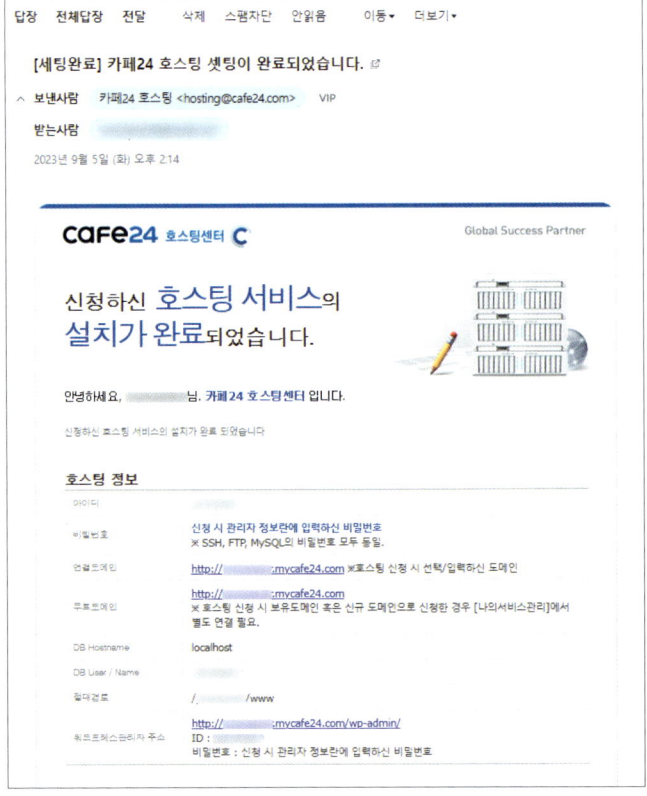

03 _ 카페24에서 반드시 알아야 할 기능

워드프레스 홈페이지를 제작하게 되면 카페24의 기능 중에서 꼭 필요한 기능이 몇 가지 있습니다. 제작 초기에 실수로 잘못해서 초기화가 필요하거나 FTP에 접속해야 하는데 비밀번호를 분실했을 때에는 카페24에서 자주 사용하는 기능은 반드시 알고 있어야 합니다.

03-1 계정 초기화

홈페이지 작업 초기에 테마 설치가 잘 안되거나 뭔가 작업에 문제가 발생되었을 때, 처음부터 새롭게 작업을 하려면 가장 좋은 방법은 구축중인 워드프레스 홈페이지를 초기화하는 방법입니다. 또한, 2장에서부터 실습하는 블로그, 포트폴리오, 회사 홈페이지를 모두 다 도전하려면 반드시 초기화 방법을 숙지하고 있어야 합니다. 카페24에서 초기화를 진행하려면 다음과 같이 진행하면 됩니다.

1 카페24 호스팅(https://hosting.cafe24.com/)에 접속해서 로그인합니다.

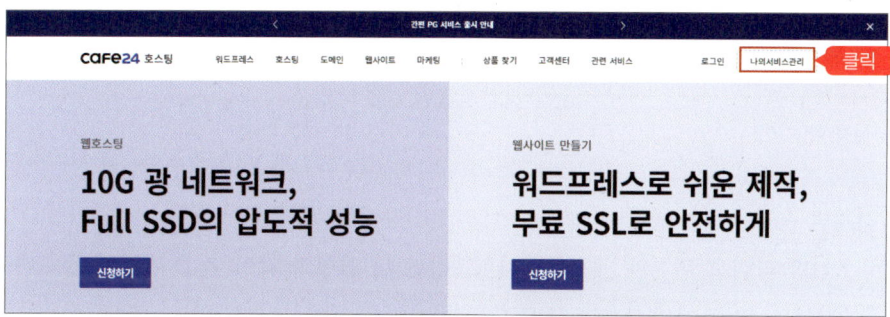

▲ 카페24 호스팅 메인화면

2 나의서비스관리에 접속되면 왼쪽 메뉴 중 [계정관리] 메뉴 2번째 [계정 초기화]라는 메뉴가 있습니다. [계정 초기화]를 클릭합니다.

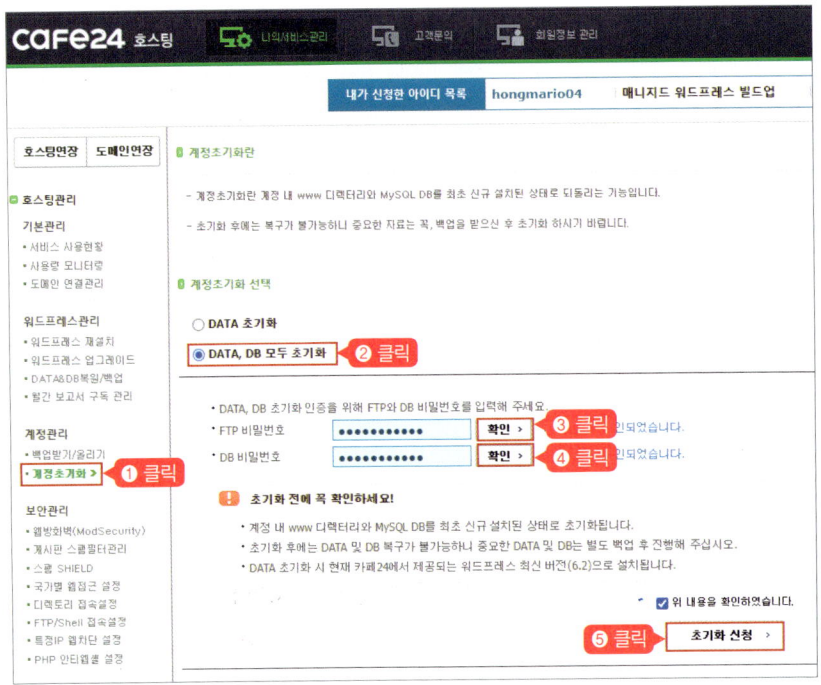

▲ 카페24에서 계정초기화 실행 화면

3 위 화면에서 보는 것처럼 순서대로 진행합니다.

먼저 DATA, DB 모두 초기화 라디오 버튼에 체크합니다. 그러면 위 화면과 같이 경고 팝업이 뜹니다. 일반적으로 웹사이트를 새롭게 시작하려면 DATA, DB 모두 초기화로 진행합니다. 다만, 카페24에서도 설명하였지만, 초기화하면 모든 DATA와 DB가 사라지기 때문에 반드시 중요한 DATA와 DB는 백업 후 진행해야 합니다. 다시 말해 홈페이지를 처음부터 새롭게 제작할 때만 사용해야 합니다.

4 아래에 보이는 FTP 비밀번호, DB 비밀번호 입력란이 생성됩니다. 여기서 카페24는 가입 시 비밀번호가 주로 DB 비밀번호가 되고, 호스팅 서비스 선택 시 정한 FTP, Telnet, DB 비밀번호가 FTP 비밀번호가 됩니다. 비밀번호가 확인되면, [확인]하면 "비밀번호가 확인되었습니다."라고 메시지가 우측의 나타납니다.

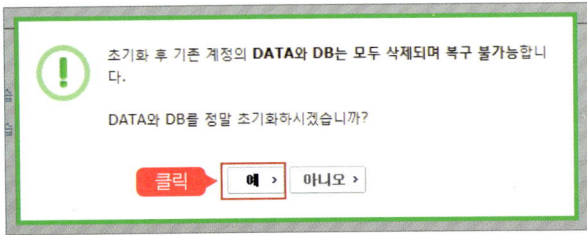

5 이제 마지막에 "위 내용을 확인하였습니다." 글 앞에 체크 박스에 체크하고, 아래에 있는 [초기화신청]을 클릭하면 아래와 같은 팝업이 나타납니다. [예]를 클릭하면 초기화신청 작업이 모두 끝나게 됩니다.

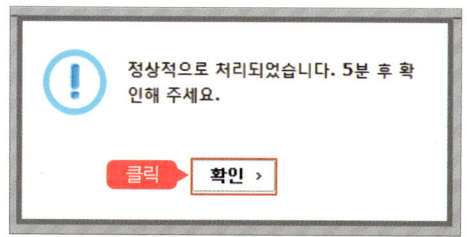

6 [초기화신청]을 완료하면 위와 같은 팝업이 보이고 초기화 작업은 일반적으로 약 3~5분 정도 소요되며, 약 5분 후에 자신의 웹사이트에 접속하면 아래와 같은 화면을 볼 수 있습니다.

▲ 카페24에서 초기화 완료 시 화면

(TIP)

카페24 매니지드워드프레스는 초기화만 진행되며 자동으로 최신버전의 워드프레스가 자동으로 설치가 되어서 따로 워드프레스를 설치 하지 않아도 됩니다. 다만 초기 화면은 워드프레스 버전에 따라서 조금 다르게 보일 수 있습니다.

03-2 FTP/DB 비밀번호 변경하기

앞의 과정에서 혹시, 자신의 FTP, DB 비밀번호를 분실했을 경우 카페24의 호스팅센터에서 변경이 가능합니다.

1 먼저 FTP 비밀번호를 변경합니다. 카페24 호스팅센터 화면 왼쪽 메뉴 하단에 보면 [서비스접속관리] 에서 [FTP 비밀번호 변경]이라는 메뉴가 있습니다. 해당 메뉴를 클릭하면 아래와 같은 화면이 보입니다.

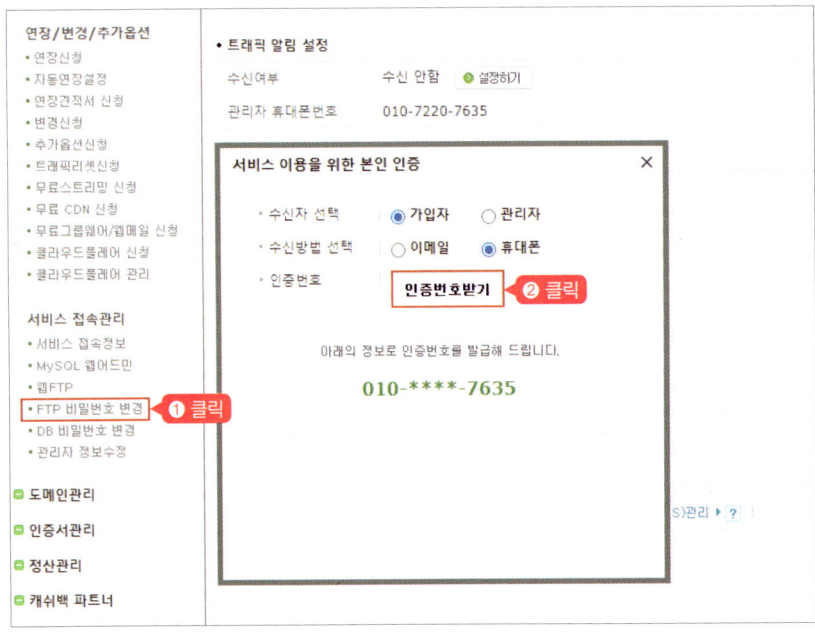

▲ 카페24 호스팅센터 'FTP 비밀번호 변경' 메뉴 클릭 시 화면

2 자신의 이메일 또는 휴대폰으로 [인증번호받기] 버튼을 클릭한 다음 새 비밀번호를 변경할 수 있습니다.

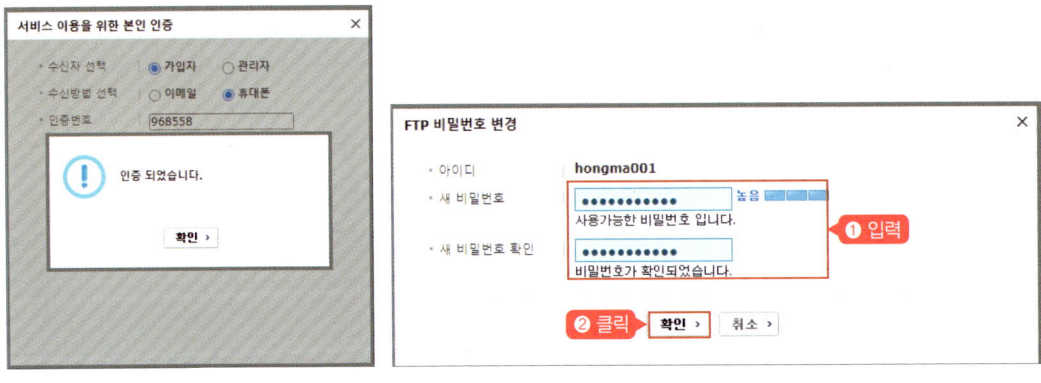

3 DB 비밀번호 변경과 마찬가지로 DB 비밀번호 변경 및 관리자 정보수정도 동일한 방법으로 변경 가능합니다.

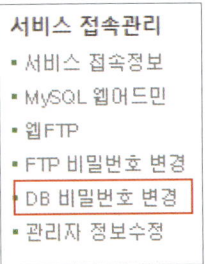

참고로 카페24에서는 초기화 상태에서 DB 비밀번호를 변경하면, 워드프레스 알림판 비밀번호도 자동으로 변경되므로 변경된 DB 비밀번호로 접속을 해야 합니다.

03-3 사용현황 모니터링

웹사이트를 제작하다 보면 간혹 이미지 업로드가 안 되거나 플러그인 설치가 안 될 때가 있습니다. 이럴 경우는 웹호스팅 하드용량이 꽉 차서 더 이상 파일 추가가 불가능 할 수 있습니다. 이럴 경우에는 카페24 호스팅센터에 접속해서 사용현황을 모니터링 해야 합니다.

1 카페24 호스팅센터에 접속해서 왼쪽 메뉴 중 [사용량 모니터링]을 클릭하면 아래 화면과 같이 확인할 수 있습니다.

위 화면은 방금 초기화된 계정의 사용량 모니터링이라서 현재 웹하드 용량과 웹트래픽 용량을 거의 사용하지 않는 것으로 나타나고 있습니다.

2장

블로그 제작 실습

워드프레스 블로그는 구축하기가 아주 쉽고 누구나 쉽게 글을 작성할 수 있으며, 구글에 최적화 되어 있어서 구글 애널틱스, 구글 애드센스 등을 활용하기 가장 적합한 블로그 플랫폼이라 할 수 있습니다.

최근 국내 1위 블로그인 티스토리를 운영하는 다음 카카오에서 자체 광고를 삽입한다고 해서 티스트로 블로거들이 워드프레스로 갈아타는 사례가 많이 늘어나고 있는데요. 그런 분들은 이 워드프레스 블로그가 아주 유용할 것입니다.

워드프레스는 호스팅, 도메인, 콘텐츠 모든 게 본인 소유입니다. 다시 말해 티스토리, 네이버블로그는 세입자 형태였지만 워드프레스 블로그는 완전 집주인이라는 얘기지요.
그럼, 구글 SEO 최적화에 적합한 워드프레스 블로그 제작 실습을 시작합니다.

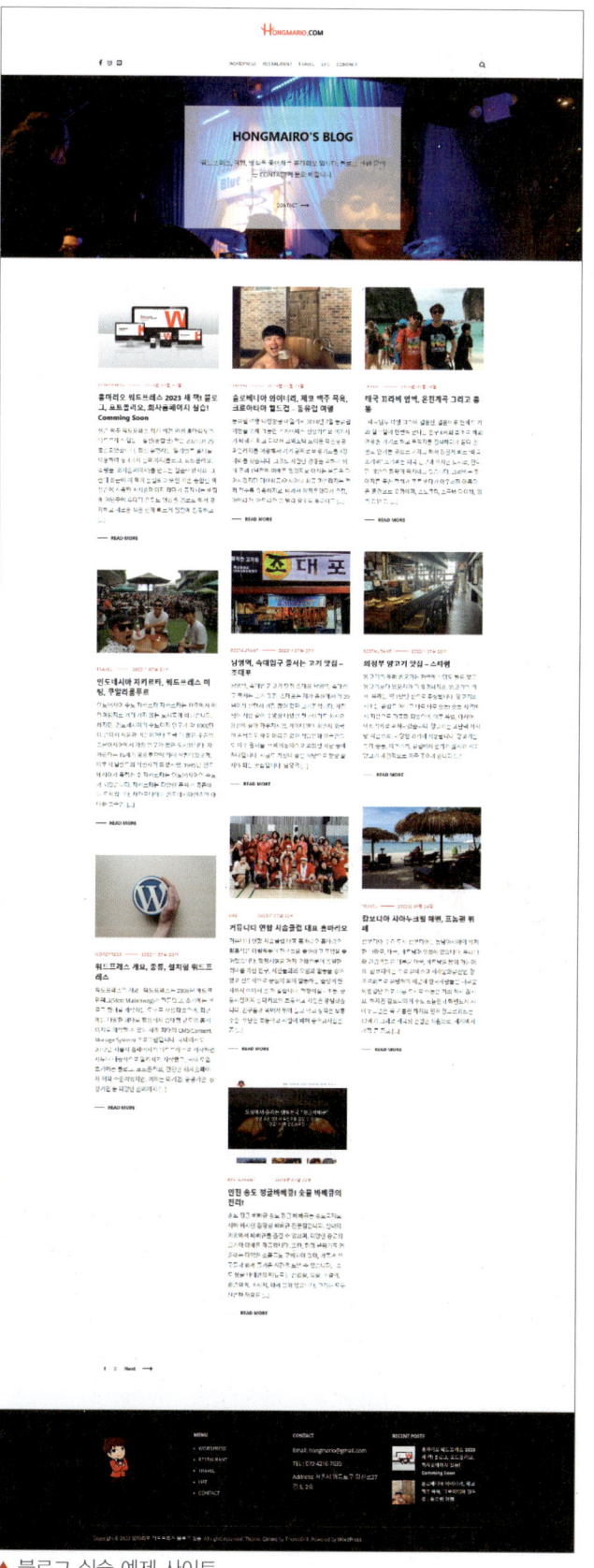

▲ 블로그 실습 예제 사이트

2장_블로그 제작 실습 77

 실습 전 필수 확인 사항

2장부터 실습은 이 책의 부록에 수록되어 있는 "카페24 매니지드 워드프레스 빌디업 3개월 무료 이용 및 설치비 무료 이용 쿠폰"을 이용해 카페24 계정을 등록해서 워드프레스 설치를 마쳐야 하고 실습 관련 자료를 다운받으면 실습 진행에 필요한 모든 준비 과정을 마치게 됩니다.

※ 카페24 무료 계정 등록 방법은 "63~70"쪽을 참고합니다.

01 _ 블로그 실습 자료 다운로드

카페 24 계정 등록이 끝났으면 실습에 사용할 이미지를 다운받기 위해 홍마리오 네이버 카페에 접속합니다.

▲ 홍마리오 워드프레스 네이버 카페

1️⃣ 홍마리오 네이버 카페(https://cafe.naver.com/wphome) 접속합니다.

2️⃣ 카페 우측 상단의 [로그인]을 클릭해서 로그인을 합니다. 혹시 카페에 가입하지 않았다면 카페 가입을 해야 실습 자료 다운이 가능합니다.

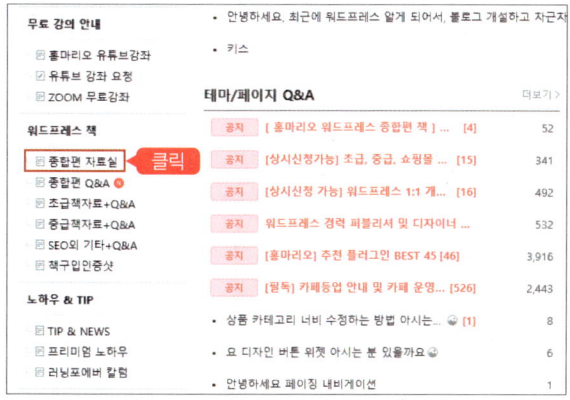

▲ '홍마리오 워드프레스' 네이버 카페 메뉴들

3️⃣ 카페 왼쪽 메뉴 중간쯤 보면 "워드프레스 책"이라는 제목이 보입니다. 그리고 그 아래 메뉴를 보면 '종합편 자료실'이라고 있습니다. [종합편 자료실]을 클릭합니다.

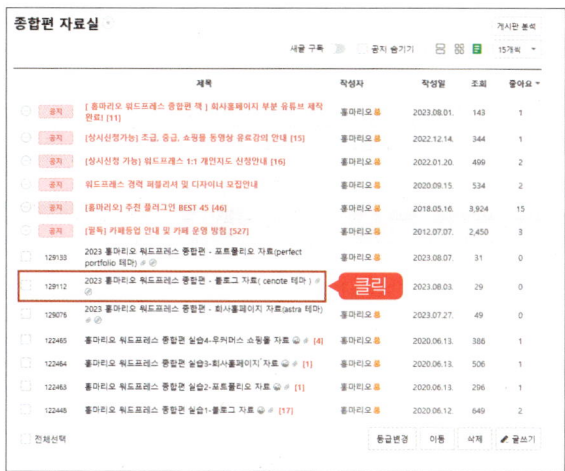

▲ '홍마리오 워드프레스' 네이버 카페 종합편 자료실 게시판

4 종합편 자료실 목록을 보면 제목에 '2023 홍마리오 워드프레스 종합편 – 블로그 자료(cenotea 테마)'라고 적힌 제목을 클릭해서 자료를 다운 받으면 됩니다.

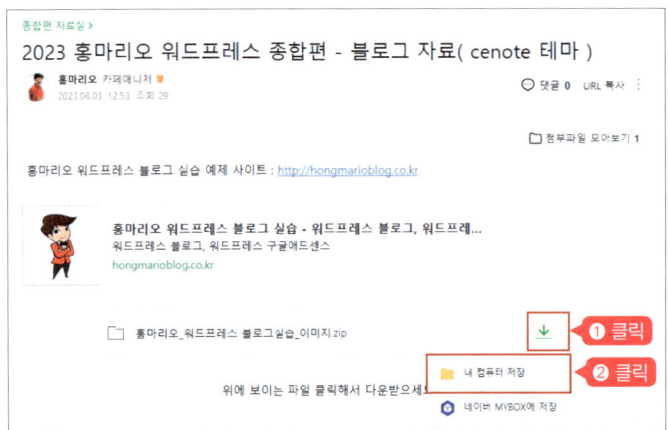

▲ 실습자료 첨부파일 다운받기

5 '홍마리오_워드프레스_블로그실습_이미지.ZIP' 파일 우측 화살표 아이콘을 클릭해서 아래에 나타난 [내 컴퓨터 저장]을 클릭하면 첨부파일을 다운 받을 수 있습니다.

6 다운로드 받은 ZIP 파일은 자동으로 [내문서]-[다운로드]에 저장이 됩니다. 압축을 풀어 보겠습니다.

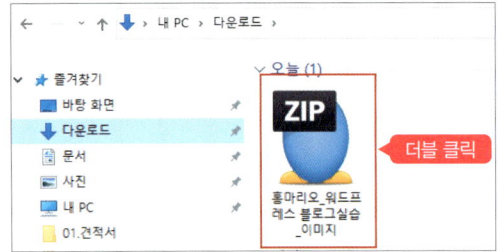

7 [내문서]-[다운로드]에서 "홍마리오종합편_회사홈_실습자료.ZIP'를 다운로드 받았습니다. 이제 압축을 풀면 실습을 위한 자료 준비가 모두 끝나게 됩니다.

02 _ 구글 크롬으로 실습

구글 크롬이 워드프레스에서는 최적화되어 있고 작업 속도나 여러 가지 편의 사항이 많아서 대부분의 개발업체나 개발자들은 구글 크롬에서 워드프레스 제작 작업을 합니다. 여기서 실습이 진행되는 화면도 모두 구글 크롬에서 진행되는 화면입니다. 구글 크롬 다운은 구글에 접속해서 검색창에 '구글 크롬 다운로드'라고 검색하면 안내가 잘 되어 있습니다.

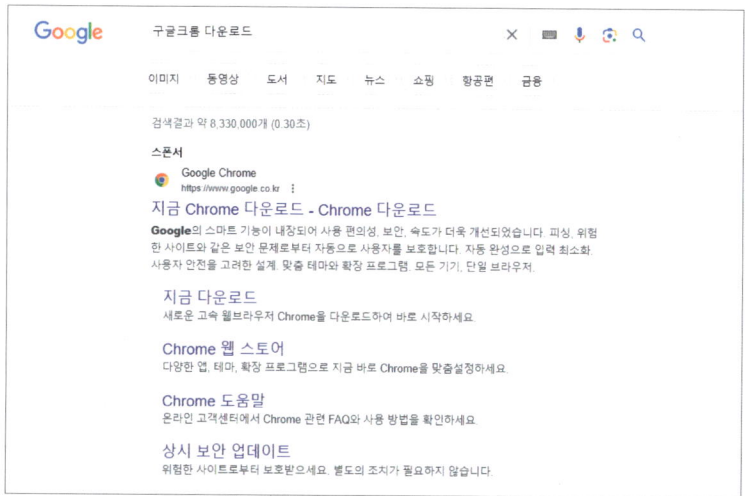

03 _ 홍마리오 유튜브 실습 동영상 활용

저자는 본 워드프레스 종합편 실습을 모두 유튜브에 등록했습니다. 여러분들은 책에 있는 내용과 유튜브 영상을 같이 보시면 훨씬 이해하는 데 도움이 될 것입니다.

홍마리오 유튜브 채널 : https://www.youtube.com/@hongmario

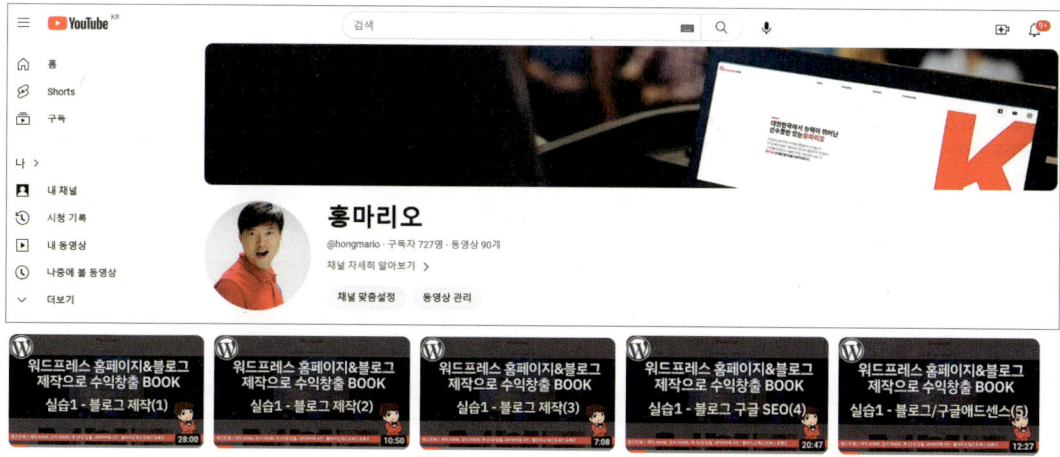

2장 블로그 실습 자료는 총 5개의 유튜브 영상이 있습니다. 본 책 내용과 함께 유튜브 영상을 참고하면 실습에 많은 도움이 될 것 입니다.

블로그 실습 01 - 테마, 플러그인, 미디어업로드, 메뉴	https://youtu.be/jMzCl0iPkXY
블로그 실습 02 - 사용자 정의하기	https://youtu.be/67dfyhhR9sY
블로그 실습 03 - 글작성	https://youtu.be/J6uuV-5hAyE
블로그 실습 04 - 구글 SEO 최적화	https://youtu.be/2r6CfP-B1Ho
블로그 실습 05 - 구글애드센스 등록	https://youtu.be/qIzNn2xFkzU

04 _ 블로그 실습 기본정보 확인

블로그 실습에 이용되는 테마는 'cenote'라는 무료 테마를 이용해서 사이트를 제작하였습니다.
Cenote 테마는 블로그 테마 중 가장 인기 있는 테마 중 하나입니다.
여러분이 실습할 블로그 실습 사이트 정보를 다음 표로 정리하였습니다.

사이트 제목	홍마리오 워드프레스 블로그 실습
사이트 주소	http://hongmarioblog.co.kr
사용한 테마	cenote 테마
사용한 플러그인	All in one SEO 플러그인 / 구글이 만든 사이트킷 플러그인 클래식 편집기 플러그인 / 클래식 위젯 플러그인
이미지 및 글 페이지 자료	홍마리오 네이버 카페 [워드프레스책] 종합편 게시판 다운로드

▲ 실습 사이트 정보

다음은 메뉴 구조도들 확인합니다. 앞에서도 언급했지만, 기획단계에서 메뉴 구조도, 테마 선정, 테마에서 데모 선정 등을 완료하고 사이트 제작에 들어가는 것이 좋습니다. 블로그 실습 사이트의 메뉴 구조도는 다음과 같습니다.

WORDPRESS	RESTAURANT	TRAVEL	LIFE
글	글	글	글

▲ 블로그 실습 사이트 메뉴

2 워드프레스 블로그 만들기 실습

실습 부분은 본 책에서 가장 중요한 분으로 여러분들은 반드시 단계별로 실습을 직접 해보셔야 합니다. 이 책의 실습에 사용되는 테마는 무료로 사용할 수 있는 무료 테마를 이용하기 때문에 별도의 제작비용이 발생하지 않습니다. 실습할 사이트는 책의 부록에서 제공하는 카페24의 무료 계정을 이용하여 하나하나 만들어가면 됩니다. 또한, 유튜브로 실습 과정을 확인할 수 있습니다.

01 _ 알림판 접속 및 기본정보 설정하기

웹호스팅 가입, 워드프레스 설치가 완료되었다면 본격적으로 워드프레스로 첫 번째 실습인 블로그 홈페이지를 만드는데 필요한 모든 준비가 완료되었습니다. 이제 알림판에 접속한 후 기본 설정을 진행합니다.

01-1 알림판 접속하기

알림판 접속하려면 반드시 카페24 무료계정 등록을 완료한 상태여야만 가능합니다.

따라서 아직 카페24 무료계정 등록을 하지 않는 분은 반드시 계정을 생성 완료 후 실습을 진행하기 바랍니다.

※ 카페24 매니지드 워드프레스 웹호스팅 3개월 무료 서비스와 설치비 무료 서비스를 이용해서 실습을 진행하는 경우에는 부록(458~460 쪽)을 참고합니다.

카페24 계정 접속

알림판에 접속하기 위해서 자신이 등록한 카페24 계정으로 주소창에 입력해서 사이트에 접속합니다.
여기 실습에서는 'https://hongmario04.mycafe24.com'으로 접속합니다.
여러분은 'https://본인아이디.mycafe24.com'으로 접속하면 됩니다. 가령 자신이 등록한 카페24 무료 계정이 'hongmario04'라고 가정하면 접속할 주소는 'https://hongmario04.mycafe24.com' 입니다. 주의하실 점은 'hongmario04' 앞에 www가 붙지 않습니다.

워드프레스 로그인

자신의 카페24계정(본인아이디.mycafe24.com)으로 접속하면 아래와 같은 화면이 보입니다.

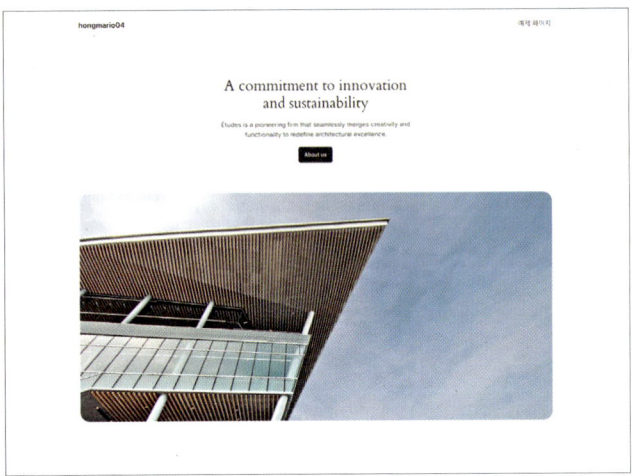

▲ 카페24 자신의 계정으로 접속 시 화면

상기 화면은 워드프레스 버전 업데이트에 따라서 변경될 수 있으니 참고 바랍니다.

이제, 본인 아이디 뒤에 '/wp-admin'으로 주소창(아이디.mycafe24.com/wp-admin)에 입력하면 로그인이 가능합니다. 아래 기억하기 박스를 체크하면 비밀번호를 기억해서 자동 로그인이 가능합니다.

◀ 알림판 접속 방법 ▶

관리자 페이지 '알림판' 접속은 '자신의 도메인/wp-admin'으로 접속하는 습관을 가지는 게 자주 접속 시 편리합니다.

▲ 알림판 들어가기 위한 로그인 창

로그인하면 다음과 같이 알림판이 보입니다.

이제 실습을 할 모든 준비가 끝났습니다. 혹시, 알림판이 안 보인다면 실습을 진행할 수 없으므로 앞의 내용을 다시 확인해서 완료 후 진행하기 바랍니다.

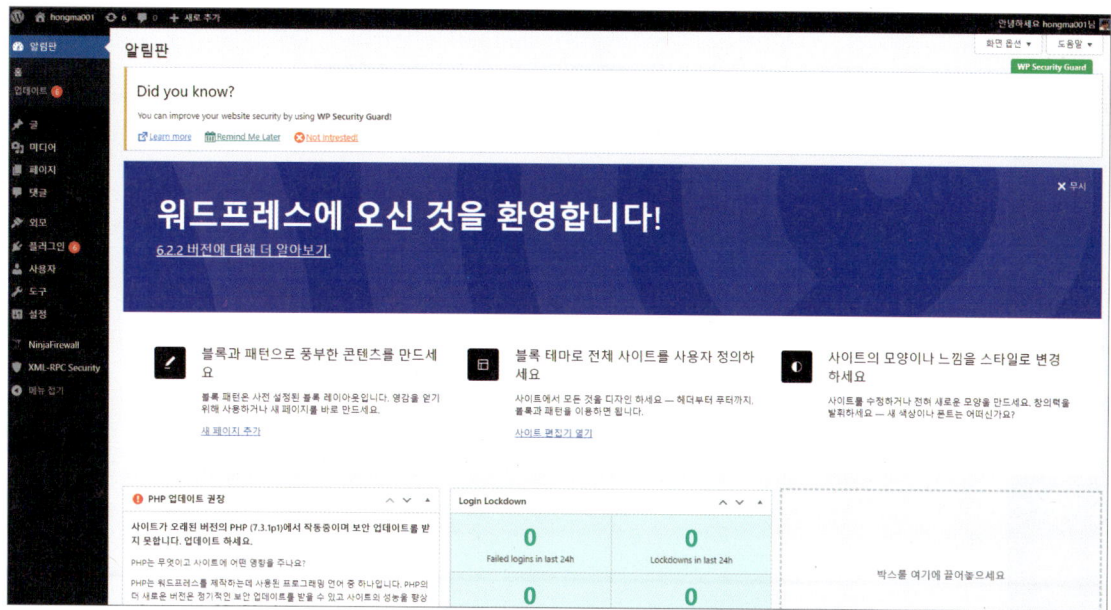

▲ 워드프레스 알림판 초기화면

사이트 기본정보 입력

이제 본격적으로 회사 홈페이지 만들기 실습에 들어가도록 합니다.

책 내용을 한 단계씩 따라하기 바랍니다. 먼저 사이트의 기본정보를 입력하기 위해 알림판에서 설정을 합니다.

1 알림판 메인화면에서 '설정 – 일반' 메뉴를 클릭합니다.

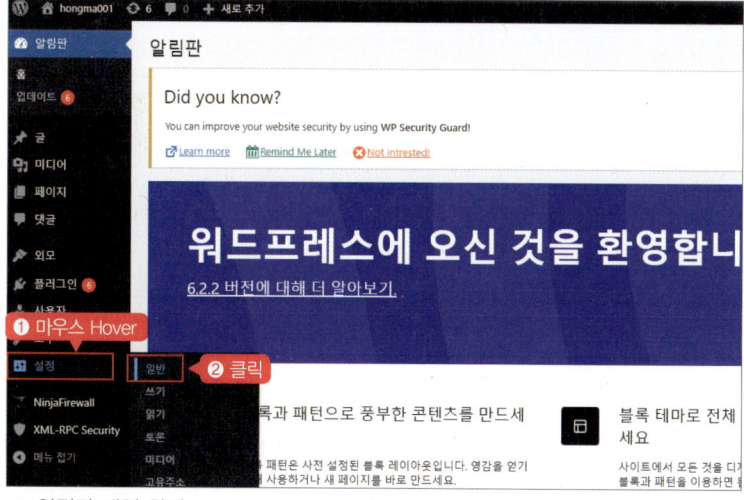

▲ 알림판 메인 화면

2장_블로그 제작 실습　85

❷ 일반 설정 페이지에서 각 항목을 작성한 후 [변경 사항 저장] 버튼을 클릭합니다.

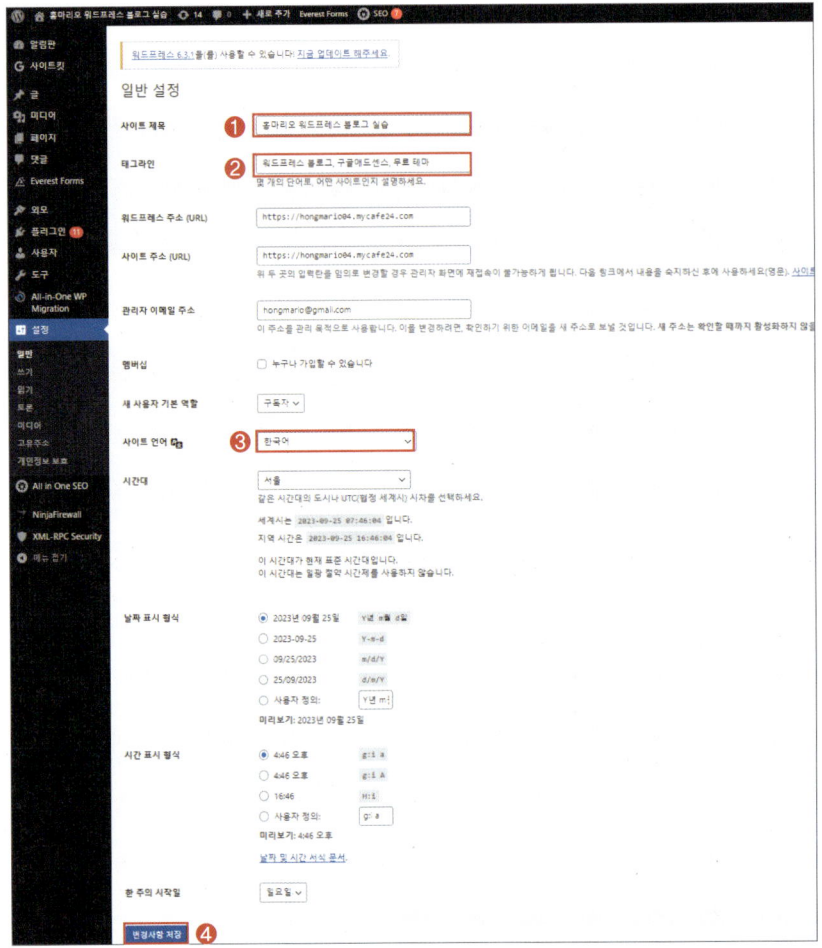

▲ 워드프레스 관리자 로그인 화면

❶ 사이트 제목 입력 : 일반 설정페이지의 사이트 제목을 적어 줍니다. 여기서는 '홍마리오 워드프레스 블로그 실습'이라고 입력했습니다. 여러분은 여러분의 홈페이지에 어울리는 제목으로 입력하면 됩니다.

❷ 태그라인 입력 : 태그라인은 사이트가 추구하는 내용. 즉, 아이덴티티나 주요 카피메시지, 주요 키워드 등을 적어주면 됩니다. 여기서는 '워드프레스 블로그, 구글애드센스, 무료 테마' 라고 입력합니다.

❸ 사이트 언어 : 다양한 언어를 제공합니다. 기본값인 한국어 그대로 놔둡니다. 만약 English를 선택하면 영어로 볼 수 있습니다.

❹ 변경사항 저장 : [변경 사항 저장] 버튼을 클릭하여 저장합니다.

01-2 사이트 고유주소 변경

다음은 사이트 고유주소를 변경합니다. 고유주소는 홈페이지의 모든 페이지, 글 등에서 기본으로 주어지는 주소(URL) 값을 변경할 수 있습니다. 현재 버전에서 고유주소는 '글 이름'으로 되어 있습니다. 하지만, 버전에 따라서 기본이 '일반'으로 설정이 될 수 있으니 만약 기본이 '일반 ' 으로 잡혀 있다면 아래 방법으로 변경하면 됩니다.

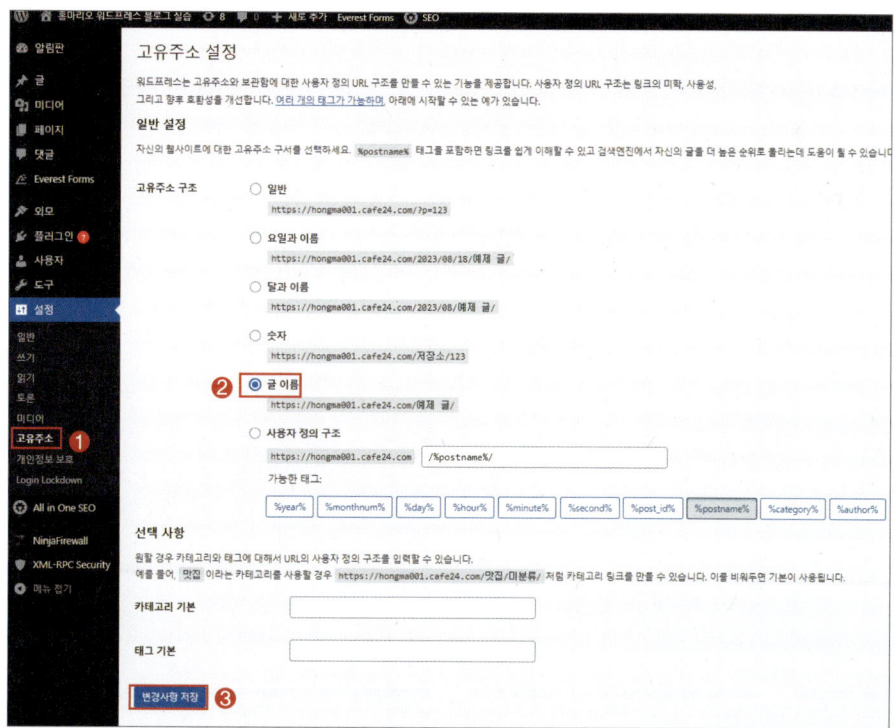

1 설정에서 일반항목 설정을 마쳤으면 이제 [설정>고유주소] 메뉴를 클릭합니다. 위 화면이 보이면 고유주소 구조에서 '일반' → '글 이름'으로 변경하고 아래 [변경사항 저장]을 클릭해서 저장합니다. 글 이름으로 변경하는 이유는 구글 검색이나 사용자 편의성을 위해서 지정합니다.

2 설정>일반 변경사항을 확인합니다.

설정이 완료되면 알림판 왼쪽 상단의 탭의 이름이 설정한 이름으로 변경됩니다.

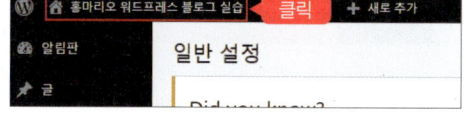

02 _ 테마 설치하기

현재 6.x.x 버전에서 워드프레스의 기본테마로 적용되어 있는 "Twenty Twenty-Four" 테마 대신에 "cenote" 테마를 설치해 보겠습니다. 참고로 워드프레스 기본테마는 버전에 따라서 변경될 수 있습니다. 테마 설치는 3가지 방법(검색으로 설치, 테마파일 업로드로 설치, FTP 프로그램으로 설치)이 있습니다. 그중에서 가장 쉬운 방법으로 진행합니다.

02-1 cenote 테마

블로그 실습에 사용하는 cenote 테마를 다운받거나 Demo(데모)사이트를 보려면 cenote 테마 페이지에 접속해야 합니다.

- 테마 다운로드 : https://wordpress.org/themes/cenote/
- 테마 데모 사이트들 : https://demo.themegrill.com/cenote-demos/
- 실습에 사용할 데모 : https://themegrilldemos.com/cenote-demos/#//preview/cenote-fashion

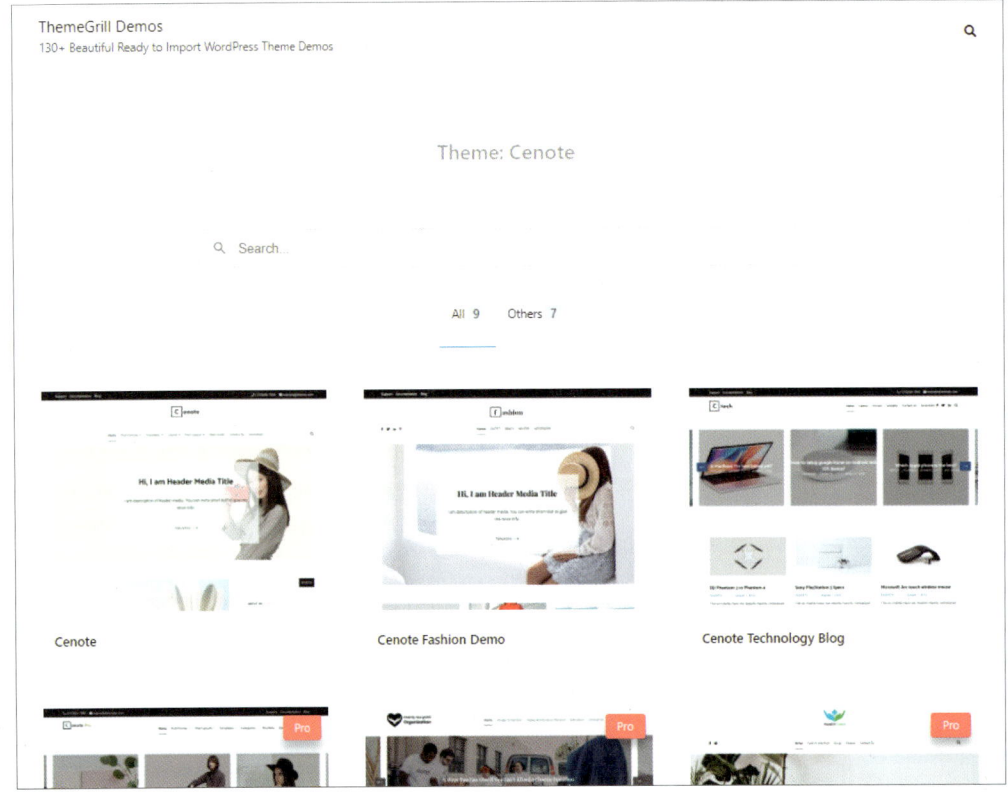

▲ cenote 테마의 데모 사이트들

cenote 테마의 주요 특징으로는 반응형 디자인으로써 모바일에 최적화된 블로그형 사이트이며, 여러 가지 레이아웃 옵션을 가지고 있으므로, 사용자에 요구에 맞게 선택할 수 있습니다. 위 화면에서 상단 3개는 무료 테마이고, 아래의 3개 데모들은 유료 테마입니다.

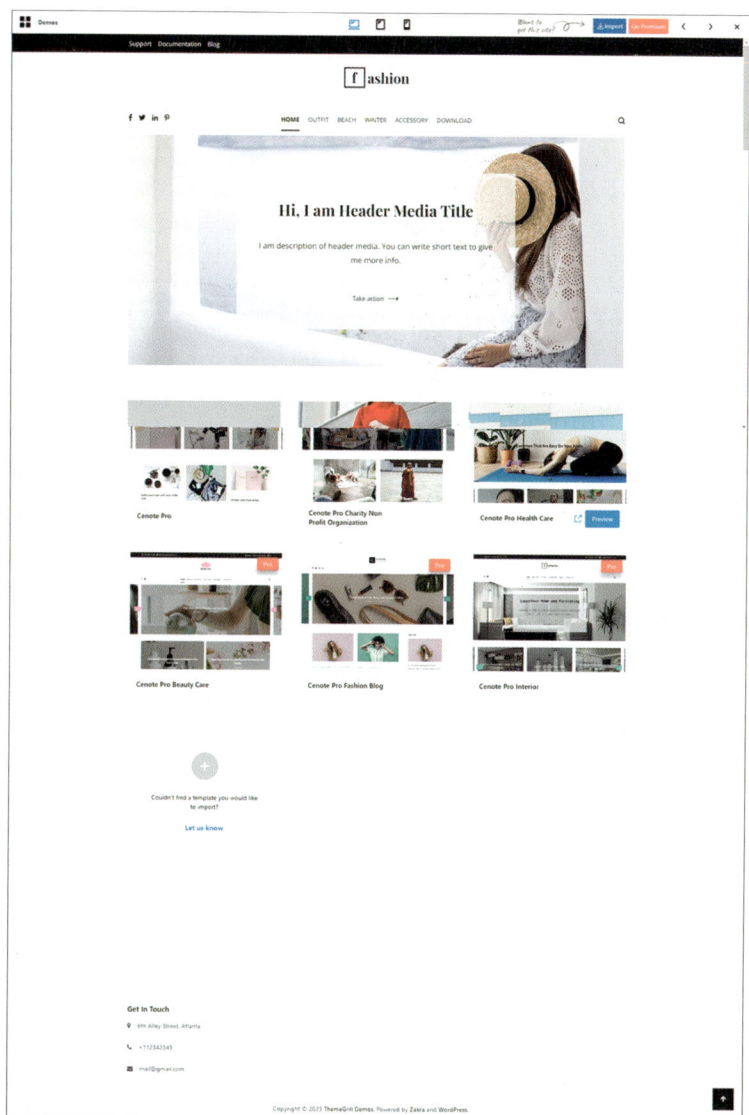

▲ 실습 cenote 테마 데모 사이트

본 실습에서는 왼쪽 상단 두 번째 데모인 cenote fashion demo를 이용해서 실습을 진행합니다.

02-2 테마 설치하기

테마 설치는 무료 테마인 경우 검색해서 설치하는 방법과 직접 업로드로 설치하는 방법 등 3가지 방식이 있습니다. 그 중에서 본 실습은 테마 검색을 통해서 진행합니다.

구분	무료 테마	유료 테마
테마 검색으로 설치	가능 (wordpress.org 테마)	불가능
테마 업로드로 설치	가능	가능
FTP로 설치	가능	가능

▲ 테마 설치 비교표

테마 설치

테마 검색을 통해서 테마 설치를 합니다.

1 알림판에서 테마를 설치하기 위해 '외모 – 테마' 메뉴를 선택합니다.

> **" 마우스 오버(hover)란**
> 마우스를 메뉴 등 특정 위치에 올려놓는 것을 의미합니다.

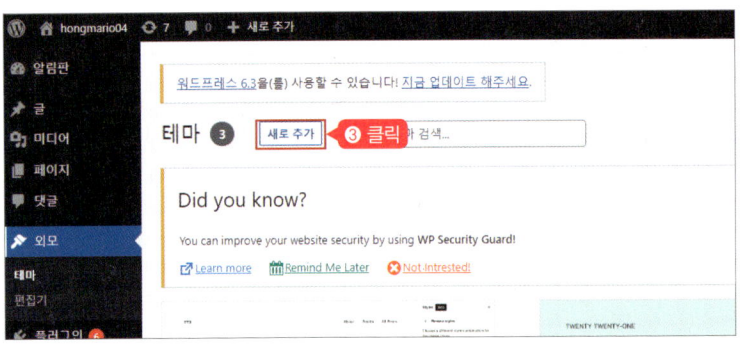

2 알림판 메인화면 상단의 [새로 추가]를 클릭합니다.

▲ 테마 선택화면

3 이제 아래 화면의 알림판 오른쪽 상단에 테마 검색창에 "cenote"를 입력하고 Enter 를 눌러 cenote 테마를 검색을 합니다. 검색결과 cenote 테마 1개의 섬네일 이미지가 보입니다.

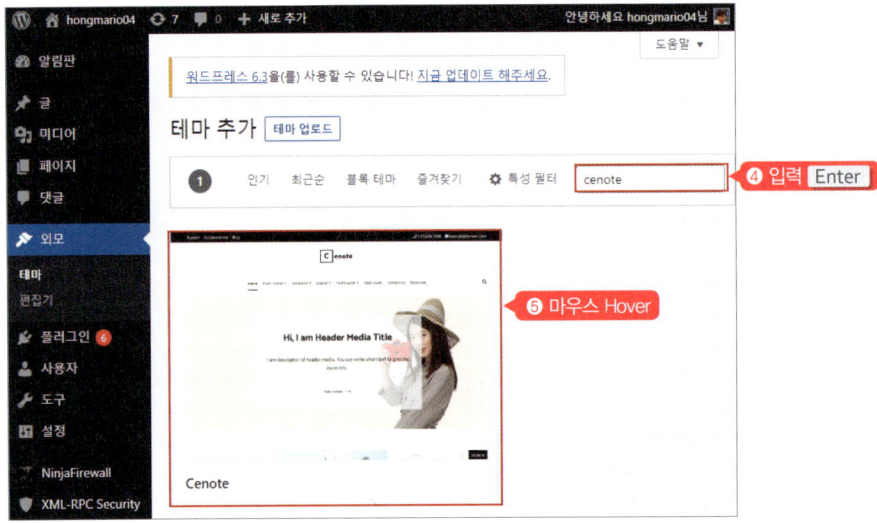

▲ cenote 테마 검색 화면

90 워드프레스 홈페이지 & 블로그 제작으로 수익창출

4 위 화면처럼 보이면 이제 섬네일 이미지에 위에 마우스를 갖다 대면 하단에 [설치] 버튼이 보입니다. [설치] 버튼을 클릭합니다.

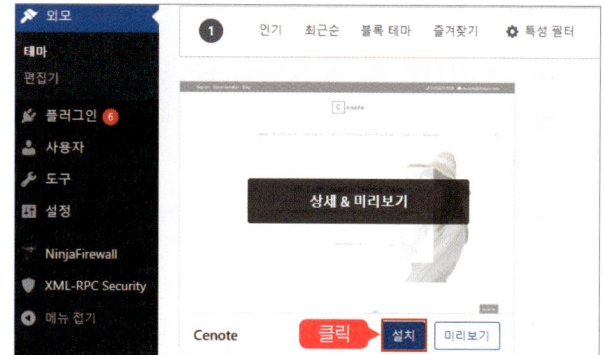

▲ cenote 테마 설치 화면

5 [설치중] 화면이 잠시 보이다가 아래와 같이 [활성화] 버튼이 보입니다. 이제 테마를 활성화시킵니다. [활성화] 버튼을 클릭하면 활성화가 완성됩니다.

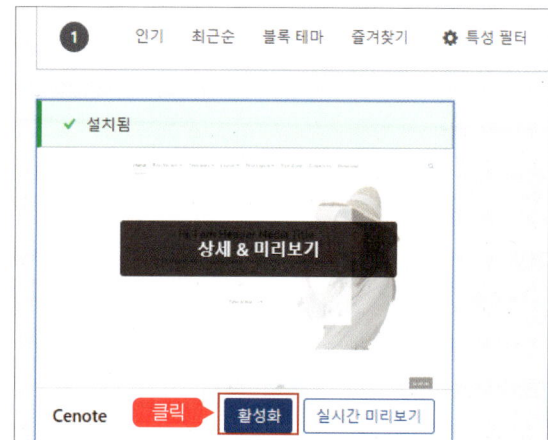

▲ cenote 테마 설치 화면

6 cenote 테마가 활성화되면 테마 섬네일 화면 위에 영어로 [Get started with Cenote] 파란색 버튼이 보이면 클릭합니다.

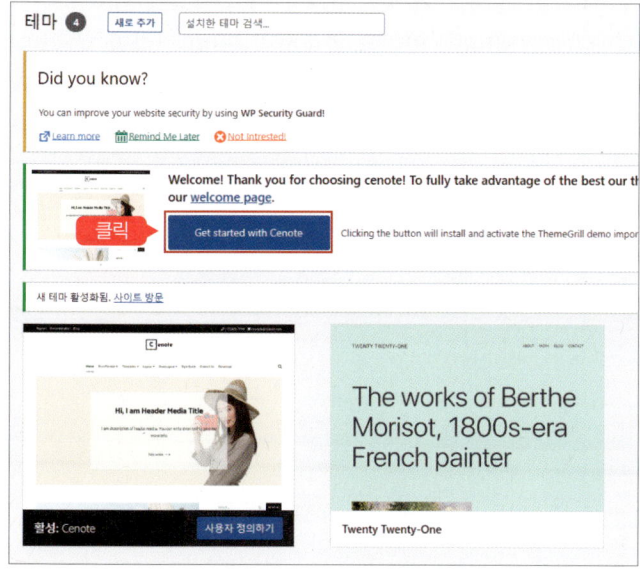

▲ cenote 테마 설치 화면

7 버튼을 클릭하면 아래 화면처럼 보입니다. 이때 'Cenote Fashion Demo' 섬네일 이미지에 마우스를 올리면 [Import]라는 파란색 버튼이 보입니다. [Import] 버튼을 클릭합니다.

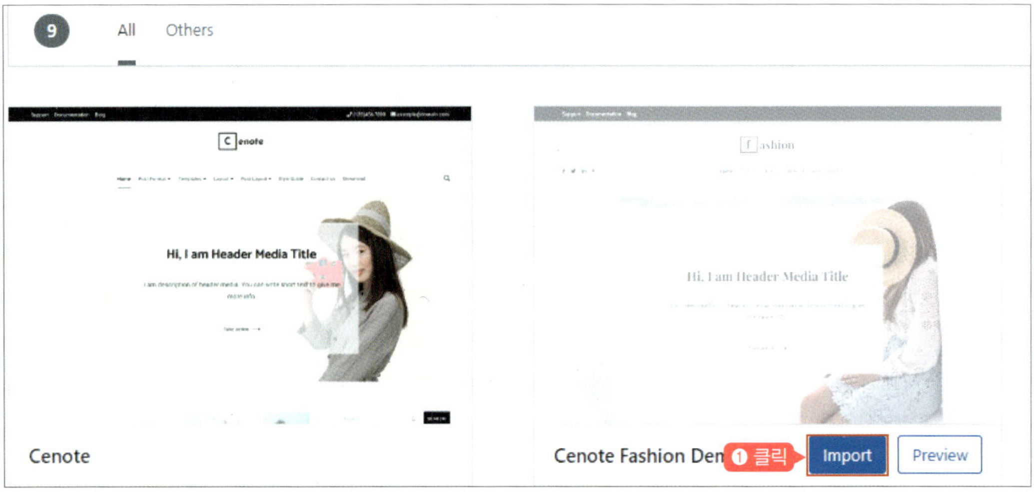

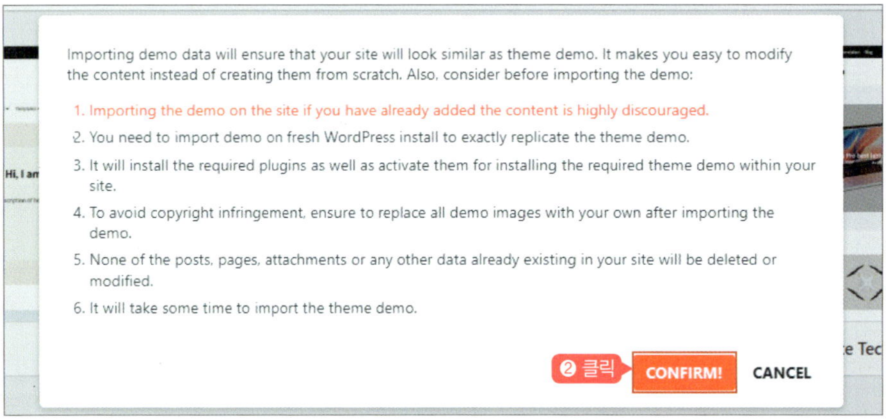

8 [Import] 버튼을 클릭하면 Import 시 주의사항들이 나옵니다. 데모 파일 가져올 때 주의사항인데요. 실습에서는 초기화 된 상태에서 진행하기 때문에 [CONFIRM!] 버튼을 클릭하면 됩니다. 다만, 클릭 이후에 [Importing] 진행중에는 다른 작업하면 안 됩니다.

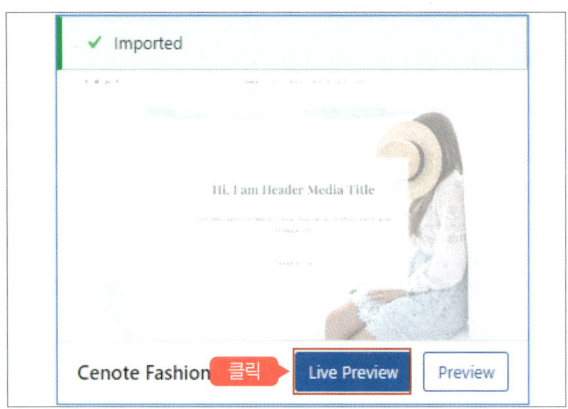

⑨ Import가 완료되면 위 화면처럼 보이구요 [Live Preview]를 클릭하면 데모 사이트 확인이 가능합니다.

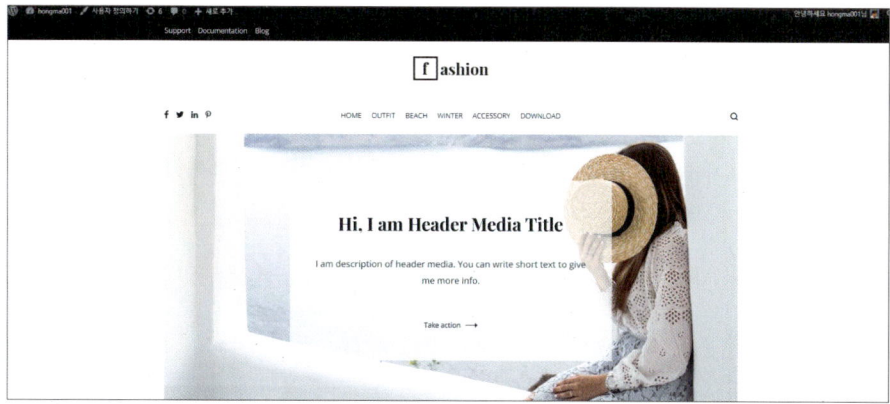

⑩ 위 화면에서 알림판으로 접속하려면 제목을 클릭하면 됩니다. 제목을 한 번 클릭하면 알림판으로 이동하고 다시 알림판에서 제목을 클릭하면 사이트 화면으로 이동합니다.

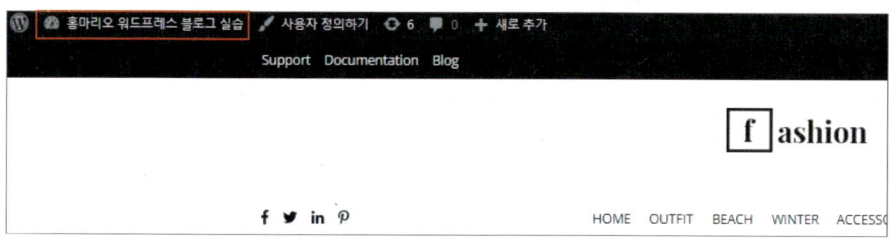

03 _ 플러그인 추가하기

테마 설치와 데모 import가 완료되었고 이제 실습에 필요한 플러그인을 설치합니다. 최근에 무료 테마들도 기능이 많이 업데이트 되어서 앞에서 진행한거 처럼 자동으로 import 진행하면서 플러그인까지 함께 자동 설치가 되어 많이 편리해졌습니다.

03-1 추가 플러그인 설치

현재 여러분이 실습하고 있는 사이트에서는 cenote 테마에서 제공하고 있는 플러그인 외 총 5개의 플러그인이 설치되어 있습니다. 각 플러그인에 대한 기능은 다음 표에서 요약했습니다. 테마 설치 후 테마의 데모(demo) 파일을 import(가져오기)가 가능합니다. 데모 임포터를 통해서 테마에 필요한 필수 플러그인을 설치하도록 합니다.

플러그인명	주요기능	설치방법
All in one SEO	구글 SEO 최적화를 위한 플러그인	인기 메뉴
클래식 위젯	이전 방식으로 위젯 이용	추천
클래식 편집기	이전 방식으로 편집기 이용	추천

▲ 블로그 만들기 실습에 사용될 플러그인

All in one SEO 플러그인 설치

지난 2021년도에 출간한 종합편 책에서는 현재 SEO 플러그인 중 가장 인기가 많은 Yoast seo 를 설치했는데요. 이번에는 All in one SEO로 진행합니다. 이유는 아무래도 SEO 최적화는 개성있는 글을 꾸준하게 작성하는 게 중요하지 SEO 플러그인이 제공하는 원칙에 맞게 작성하려면 너무나도 많은 시간을 소비해야 하고 또한 영어 등 외국어 기준이라 한국어의 특징이 완벽하게 따라가지 못하기 때문입니다.

개인적인 견해로는 Yoast SEO 보다 All in one SEO가 더욱 더 심플하고 사용하기 편리한 것 같습니다. 그럼, All in one SEO 플러그인을 설치해 보겠습니다.

1 All in one SEO 플러그인을 추가하기 위해 알림판에 접속합니다. 사이트 화면으로 보이는 분들은 사이트 제목을 클릭하세요. 알림판에서 '플러그인 – 플러그인 추가하기' 메뉴를 클릭합니다.

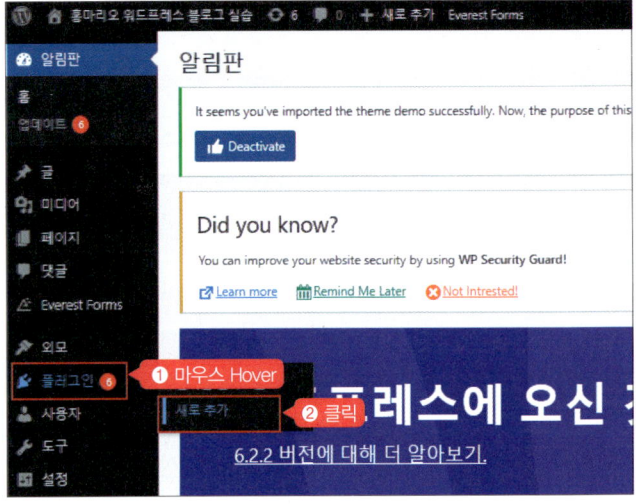

2 다음 화면이 보이면 바디 중간에 있는 메뉴들(추천, 인기, 추천됨, 즐겨찾기) 중에서 [인기] 메뉴를 클릭합니다.

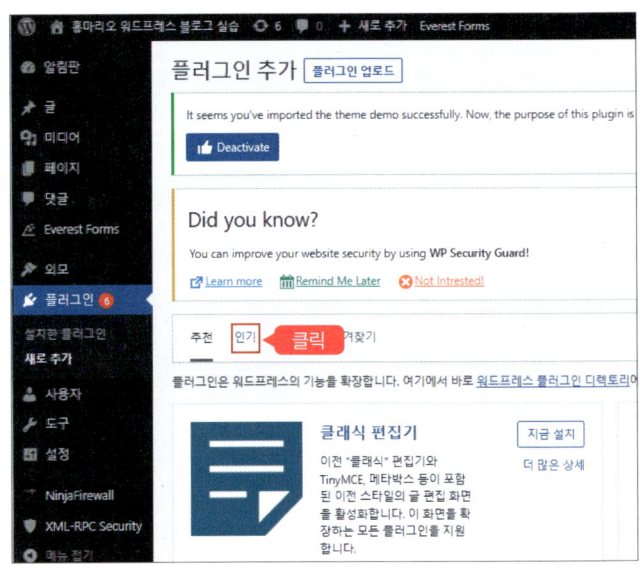

3 인기 플러그인의 첫 페이지에는 약 36개의 플러그인들이 있습니다. 가장 많이 다운받았고 평점이 높은 플러그인들인데요. 중간쯤 내려보면 All in one SEO 플러그인이 보입니다. 우측의 [지금 설치] 버튼을 클릭합니다.

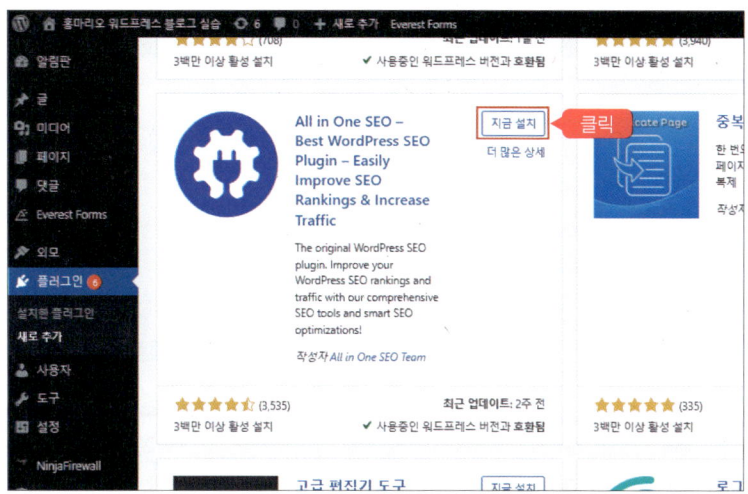

4 [지금 설치]를 클릭하면 아래 화면처럼 [활성화]로 바뀝니다. 그럼 [활성화] 버튼을 클릭하면 됩니다. 참고로 테마와 마찬가지로 플러그인도 [설치]-[활성화] 2단계로 완성됩니다.

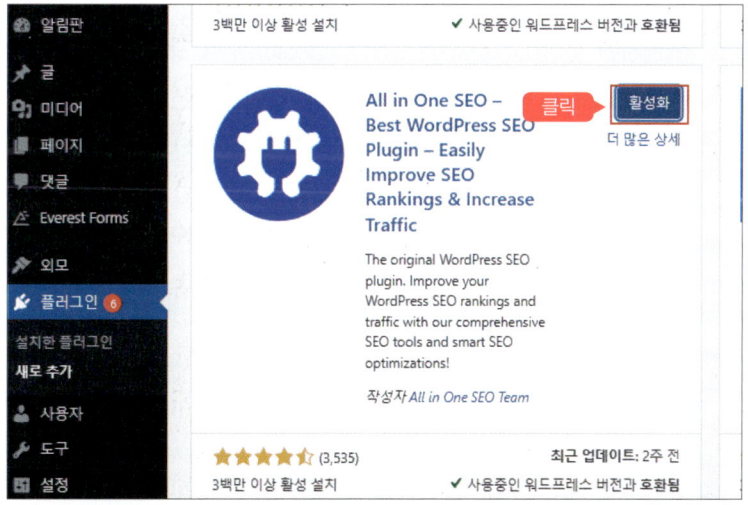

5 [활성화]를 완료하면 아래와 같이 AIOSEO 설치 마법사가 보입니다. 아래의 대시보드로 돌아가기를 클릭합니다. [시작합니다]를 클릭해서 진행해도 되지만, 대부분 PRO버전(유료버전)으로 유도하기 위한 내용들이 많아서 본 실습에서는 생략합니다.

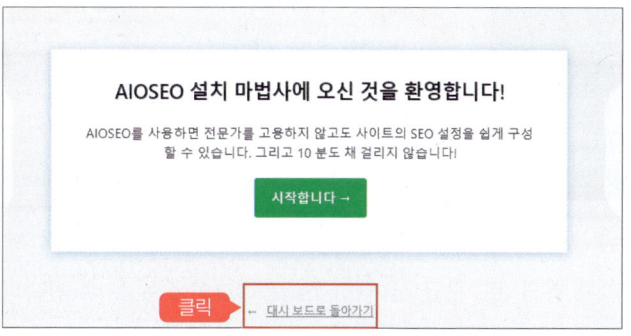

6 대시보드(알림판)로 돌아가기를 클릭해서 알림판으로 돌아오면 왼쪽 메뉴에 All in One SEO가 보입니다. 클릭해서 메뉴들을 클릭해보면 기본적인 설정은 자동으로 되어 있고 일부는 PRO버전을 이용해야만 가능하게 되어 있습니다. 하지만, 설치만으로 기본적인 SEO점수는 노출되니 SEO최적화에 도움이 됩니다.

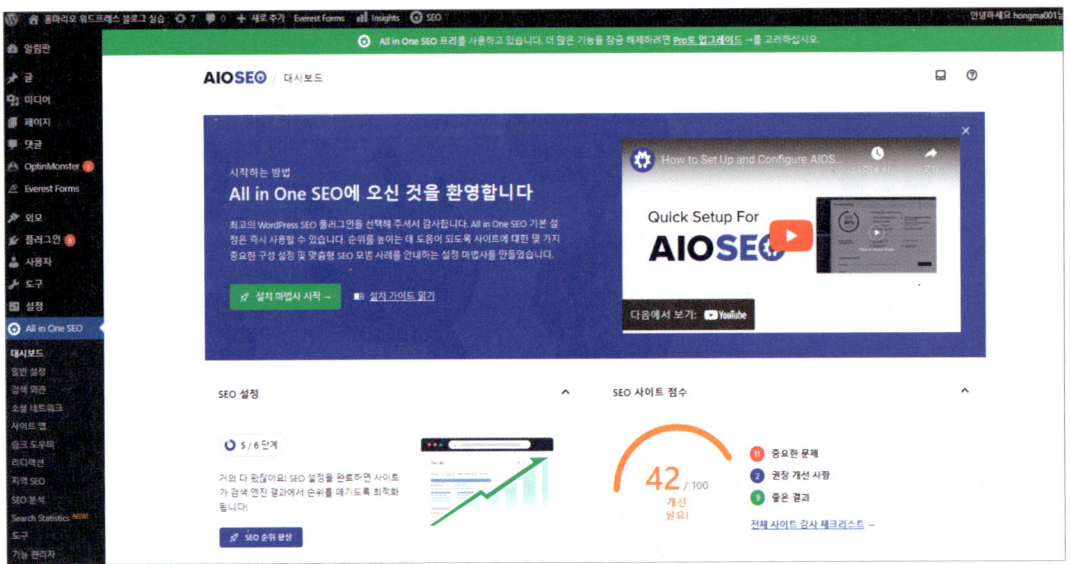

구글 사이트 키트

구글 사이트 키트는 구글 검색을 위한 구글 서치 콘솔(Google Search Console) 구글 광고를 위한 구글 애드센스(Google Adsense), 구글 애널틱스(Google Analytics) 등 구글의 주요 기능을 연동시켜주는 구글에서 만든 워드프레스 플러그인입니다.

1 알림판에서 [플러그인]-[새로 추가] 메뉴를 클릭합니다.
2 [인기] 메뉴를 클릭합니다. 앞에서 All in one SEO 플러그인과 마찬가지로 스크롤 내려서 중간쯤 가면 한글로 '구글 사이트 키트'가 보입니다. [지금 설치]를 클릭해서 설치를 진행해 줍니다.

위 그림 처럼 인기로 찾아도 되지만, 대부분의 무료 플러그인은 우측 키워드 검색에서 한글로 '구글사이트' 라고 검색해도 구글 사이트 키트 플러그인을 찾을 수 있습니다. 다음으로 [지금설치]를 클릭한 후 [활성화] 를 클릭합니다

클래식 편집기 플러그인 설치

워드프레스가 현재는 6.x.x 버전이지만 과거 5.x.x 버전으로 업데이트 되면서 4.x.x 버전에서 그동안 사용해왔던 클래식 편집기(Classic Editor)를 버리고 쿠텐베르크 편집기가 기본 편집기로 선택이 되었습니다.

하지만, 아직도 워드프레스 애호가들은 기존 '클래식 편집기'를 더 많이 사용하고, 특히 국내에서는 쿠텐베르크 편집기가 아주 생소한 레이아웃과 불편함으로 인해 거의 사용을 하지 않고 있습니다.

실제 사용해보면 첫 화면의 UI는 상당히 디자인이 깔끔하고 뭔가 있어 보이는데 불편한 점이 한두 가지가 아닙니다. 고전편집기에서 간단하게 [텍스트] 탭을 클릭하면 HTML 소스를 볼 수 있는데 구텐베르그는 찾기도 어렵습니다. 또한 고유주소 설정 문제, [공개] 버튼을 두 번 클릭해야 하는 점 등 단점이 많은 것 같습니다.
클래식 편집기는 추천, 인기에 모두 첫 화면에서 보이기 때문에 쉽게 설치가 가능합니다.

1 클래식 편집기 플러그인을 추가하기 위해 알림판에서 '플러그인 – 새로 추가' 메뉴를 클릭합니다.

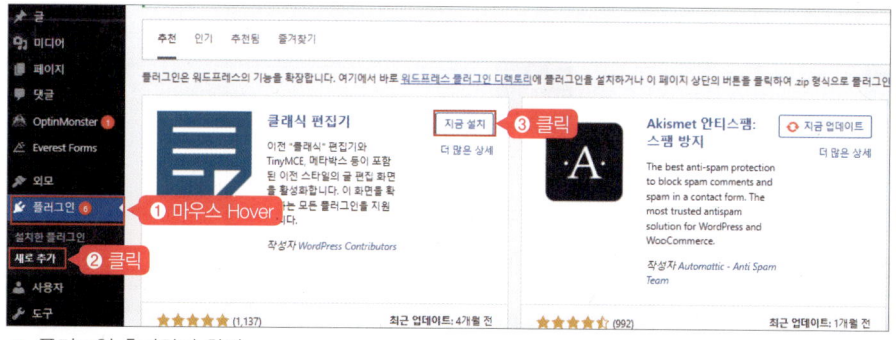

▲ 플러그인 추가하기 화면

2 클래식 편집기 플러그인은 플러그인 새로 추가 페이지에서 기본으로 보이는 추천 메뉴에서 첫 번째로 보입니다. [지금 설치] 버튼을 클릭합니다.
고전편집기 설치가 완료되면 [활성화] 버튼이 보입니다. 이제 [활성화] 버튼을 클릭해서 플러그인 설치를 완료합니다.

▲ 클래식 편집기 설치 완료 후 화면

클래식 위젯 플러그인 설치

앞의 클래식 편집기 플러그인과 마찬가지로 클래식 위젯 플러그인도 버전 변경으로 이전 사용자들의 불편함을 들어주기 위해 클래식 위젯을 많이 사용합니다. 본 실습에서도 클래식 위젯을 설치하도록 합니다.

클래식 위젯 플러그인의 추천 플러그인 화면은 수시로 변경되기 때문에 혹시 보이지 않으면 키워드 검색창에 '위젯'이라고 입력합니다. 키워드로 검색하면 해당 플러그인이 첫 화면에서 보이기 때문에 쉽게 찾아서 설치 가능합니다.

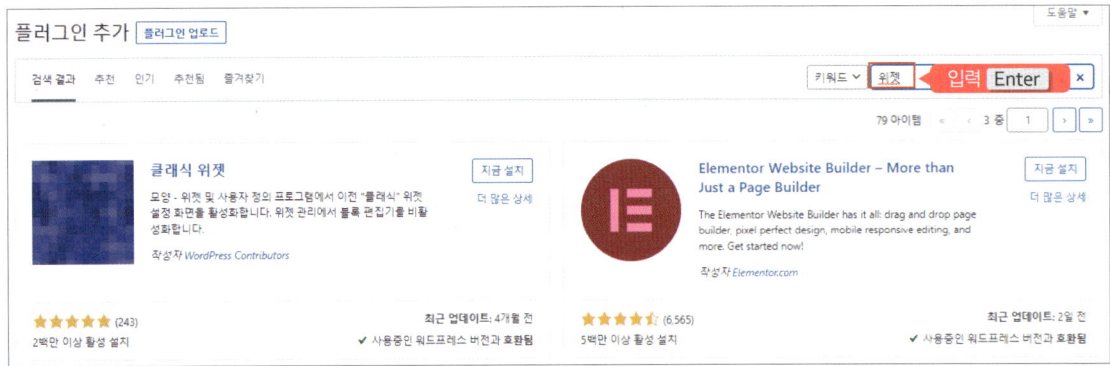

실습에서는 추천으로 진행합니다.

1 먼저 알림판에서 '플러그인 – 새로 추가' 메뉴를 클릭합니다.

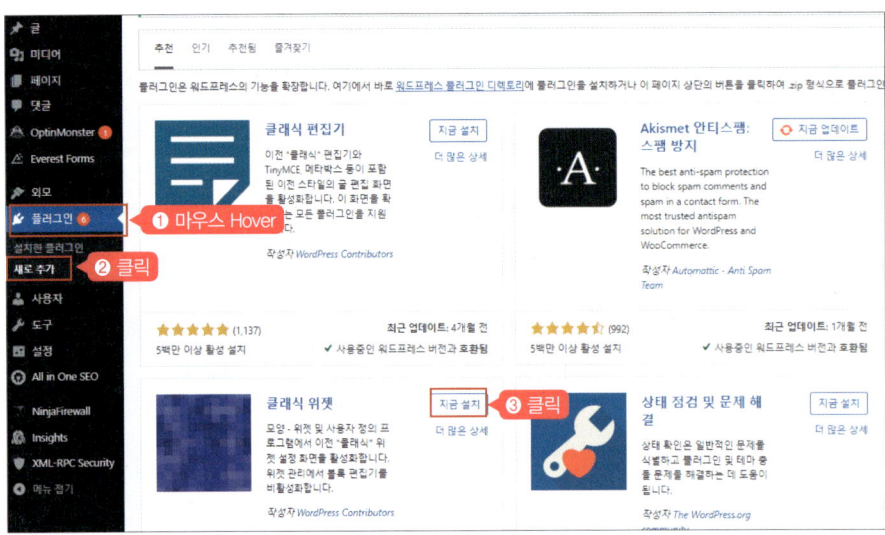

▲ 플러그인 추가하기 화면

2 클래식 위젯 플러그인은 플러그인 새로 추가 페이지에서 기본으로 보이는 추천 메뉴에서 4번째로 보입니다. [지금 설치] 버튼을 클릭합니다. (위치는 변경될 수 있으며, 안보일 수도 있습니다. 보이지 않으면 키워드 검색에서 진행하면 됩니다)

▲ 클래식 위젯 플러그인 편집기 설치 완료 후 화면

3 클래식 위젯 플러그인 설치가 완료되면 [활성화] 버튼이 보입니다. 이제 [활성화] 버튼을 클릭해서 플러그인을 활성화하면 됩니다.

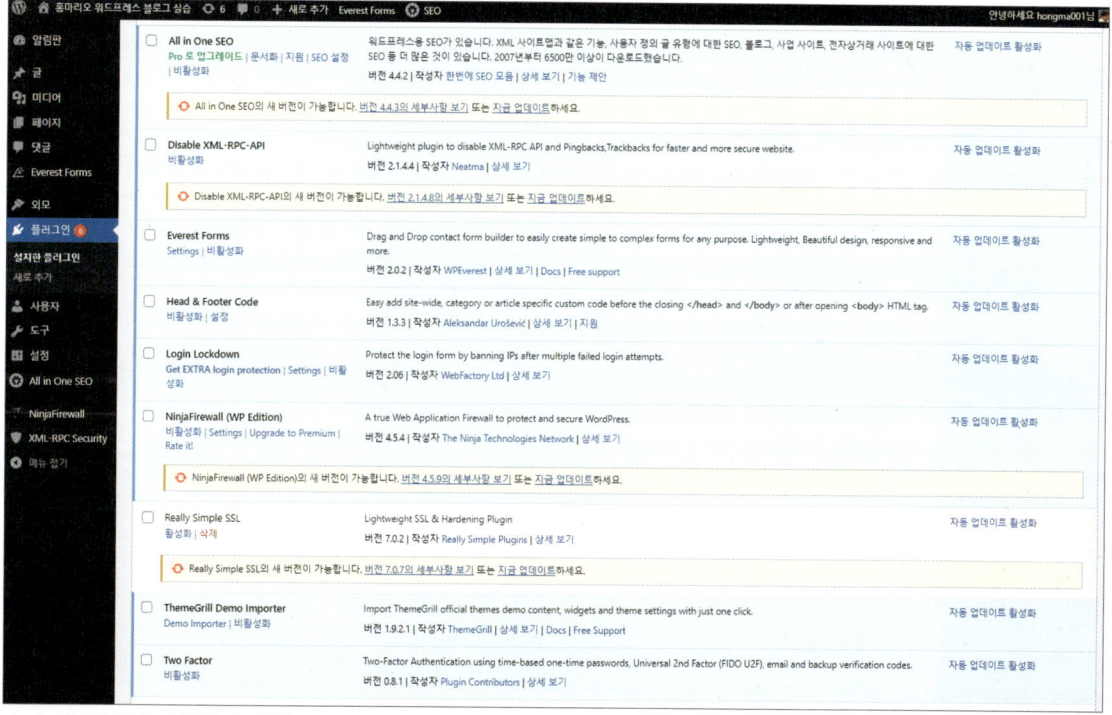

▲ 플러그인 활성화 완료 후 화면

4 위 화면을 보면 활성화된 플러그인은 플러그인 명이 진하게 표시되고 배경색이 연한 하늘색으로 표시되고, 비활성화 된 플러그인은 글자가 기본에 배경이 흰색으로 표시된 것을 확인할 수 있습니다.

03-2 사용하지 않는 플러그인 삭제하기

지금까지 여러 플러그인을 추가로 설치해 보았습니다. 플러그인은 많을수록 사이트의 용량을 차지하게 되어서 꼭 필요한 플러그인이 아닌 경우는 설치를 권장하지 않습니다. 특히, 유사한 기능의 플러그인을 2개 이상 설치할 경우 충돌이 발생할 수 있습니다.
플러그인 간 충돌이 발생할 경우 해당 플러그인을 비활성화시키거나 삭제해야 합니다.

워드프레스 플러그인에서 현재 기본적으로 설치되어 있는 플러그인들의 대부분은 보안관련 플러그인들이 많습니다. Login Lockdown, Two Factor, WPForce Logout 등입니다. 실습으로 설치한 플러그인 맨 아래에 비활성화 되어 있는 아키스밋 스팸방지, 안녕 달리 2개의 플러그인을 한 번에 삭제합니다.

1 플러그인-설치한 플러그인 화면에서 맨 아래로 가면 아키스밋 스팸방지, 안녕 달리 플러그인이 비활성화 되어 있습니다. 2개의 플러그인 제목 앞에 체크 박스에 체크를 합니다.

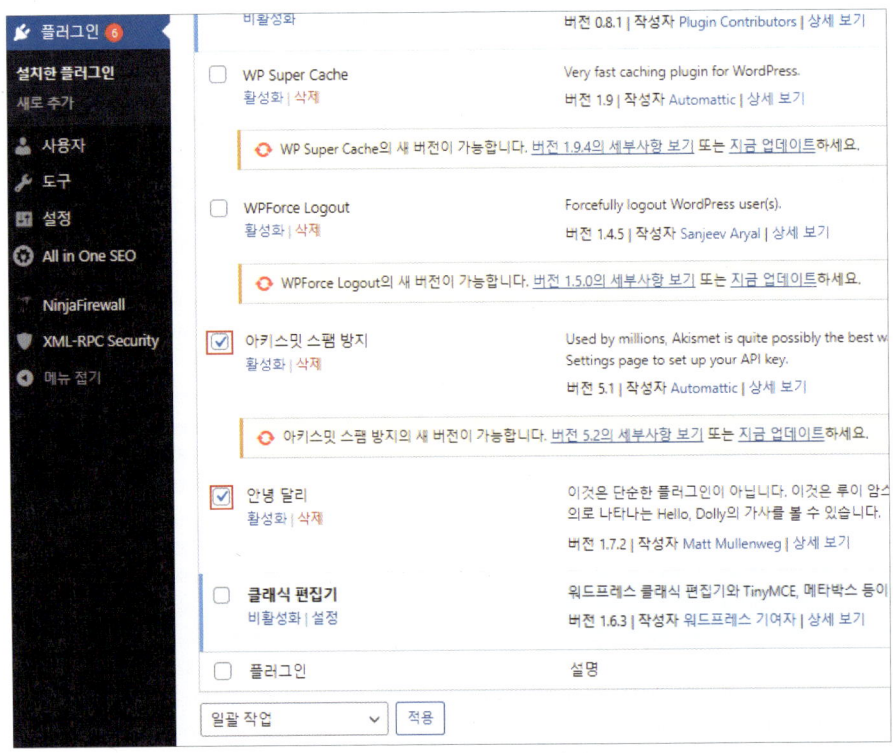

2 하단의 '일괄작업'이라는 선택 박스를 클릭하면 내용이 펼쳐집니다. 여기서 '삭제'를 선택하고 우측의 [적용] 버튼을 클릭합니다.

3 [적용] 버튼을 클릭하면 다음 화면처럼 팝업창이 나타납니다. [확인] 버튼을 클릭하면 됩니다.

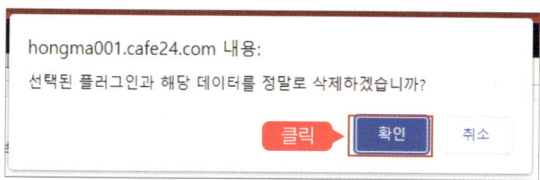

04 _ 메뉴 만들기

워드프레스에서 메뉴 만들기는 블로그, 포트폴리오, 회사 홈페이지 등 모두 동일한 방식으로 메뉴를 생성하고 저장할 수 있습니다. 메뉴는 알림판 [외모>메뉴]에서 편집해서 메뉴를 만듭니다.

04-1 실습 예제 사이트 메뉴 확인

우선 메뉴를 만들기 전에 실습 완성 사이트(http://hongmarioblog.co.kr)의 메뉴를 한 번 보겠습니다.

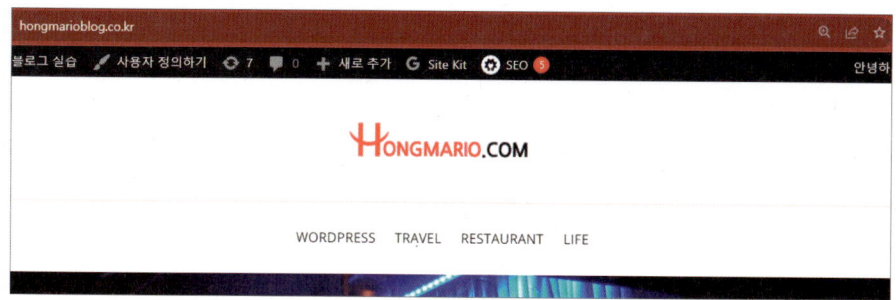

▲ 새 탭에서 실습 예제 완성 사이트 보기

참고로 실습을 진행하면서 실습 예제 사이트를 보면서 계속 진행하기 때문에 위 화면처럼 여러분의 컴퓨터 화면에 새 탭에 실습 예제 사이트를 열어놓고 작업하면 편리합니다.

실습 사이트의 메뉴는 간단합니다. 총 4개의 메뉴로 구성되어 있습니다.

❶ WORDPRESS   ❷ TRAVEL   ❸ RESTAURANT   ❹ LIFE

그럼, 이제 완성된 사이트의 알림판으로 가서 메뉴가 어떻게 저장되어 있는지 확인합니다.

우선 메인 메뉴를 확인합니다.

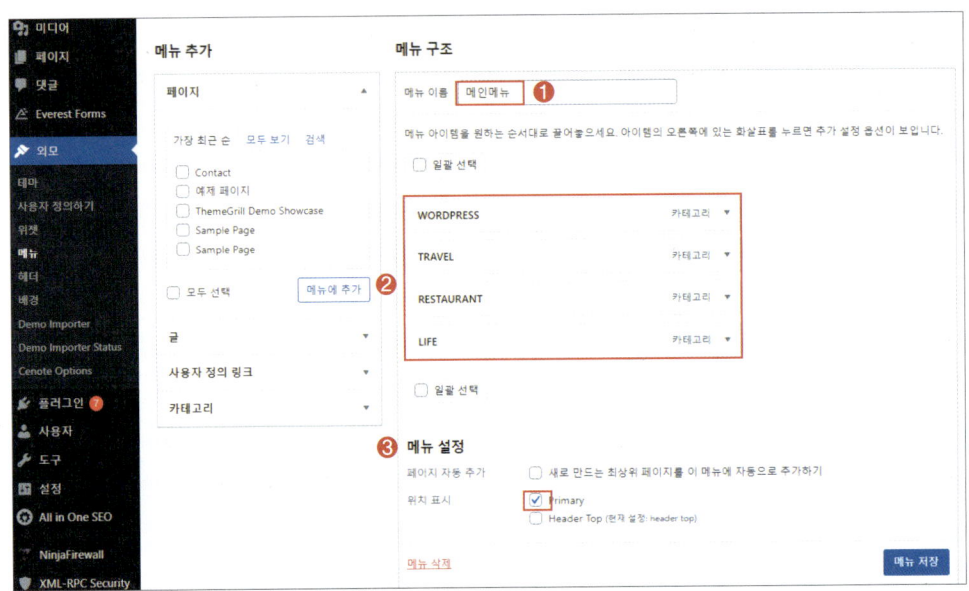

▲ 그림 메인 메뉴 구조

앞의 화면에서 '메인 메뉴'의 메뉴 구조도를 보면 다음과 같습니다.

❶ 메뉴 이름 : 메인 메뉴
❷ 메뉴 아이템 순서 : WORDPRESS, TRAVEL, RESTAURANT, LIFE
❸ 메뉴 설정 : Primary에 체크 박스

메뉴 확인을 모두 마쳤습니다. 이제 위 화면처럼 동일하게 실습을 진행해 보도록 합니다.

04-2 글 카테고리 만들기

현재 실습하고 있는 블로그 사이트는 대부분이 글(POST)로 구성되어 있기 때문에 실습에서 사용되는 메뉴들은 CONTACT를 제외하고는 계속 업데이트 되는 글 영역에 존재합니다. 따라서 글 관련해서도 카테고리를 만드는 게 좋습니다. 워드프레스 구글 SEO는 카테고리 분리, 태그 들을 좋아하는 속성을 가지고 있기 때문입니다. 메뉴는 글에서 카테고리에서 만들어 졌기 때문에 카테고리를 먼저 만들고 메뉴 작업을 진행해야 합니다.

데모 카테고리 삭제

1 알림판에서 글>카테고리를 클릭해서 카테고리 페이지를 엽니다.

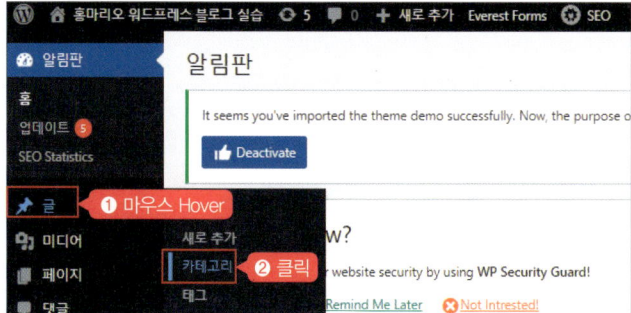

▲ 글>카테고리 메뉴 선택

2 왼쪽 영역은 새 카테고리 추가 영역이고 우측은 카테고리를 편집/삭제하는 곳입니다. 기존 카테고리는 패션 관련 카테고리이기 때문에 모두 삭제하고 진행합니다.

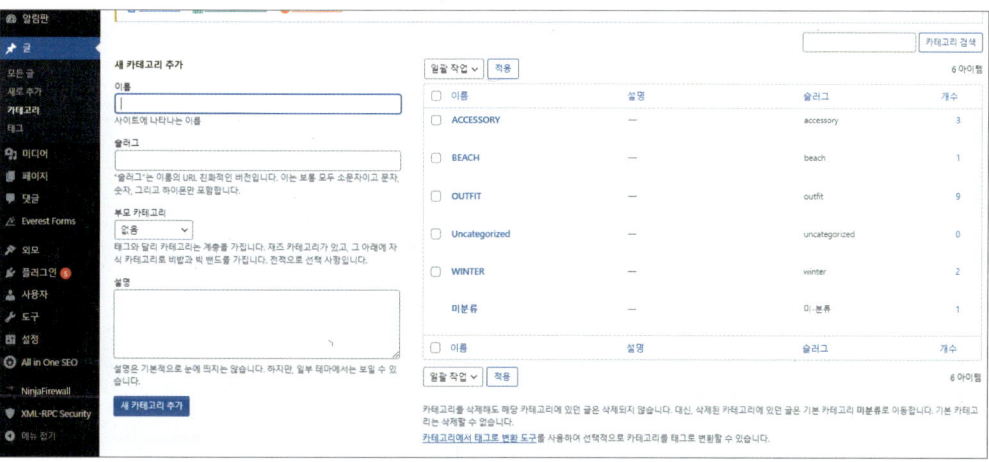

▲ 글 카테고리 페이지

3 앞에서 페이지에서 전체 삭제한 방법과 동일한 방법으로 진행하면 됩니다. 이름 앞에 있는 체크 박스를 체크하고, 일괄작업에서 '삭제' 선택, 그리고 마지막으로 [적용] 버튼을 클릭합니다.

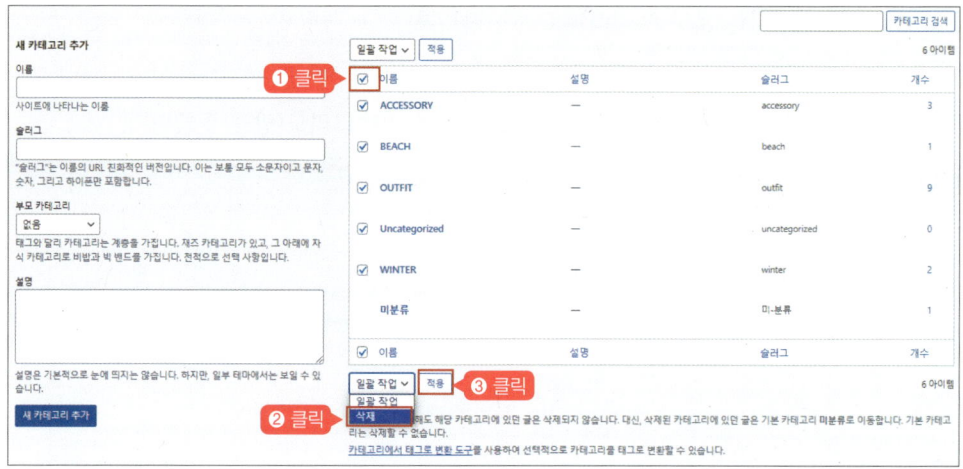

▲ 카테고리 리스트

4 기존 데모에서 가져온 카테고리가 모두 삭제되었습니다.

새 카테고리 만들기

이제 새로운 카테고리를 만들어 보겠습니다. 여러분들은 실습에 있는 예제 카테고리와 동일하게 할 필요는 없습니다. 한글 또는 영어로 여러분들이 원하는 카테고리로 만드셔도 됩니다.

▲ 새카테고리 추가 화면

1 새 카테고리 추가 아래의 이름의 입력폼에 'WORDPRESS'라고 입력합니다.

아래 슬러그는 비워둡니다. 슬러그는 비워두면 자동으로 이름과 동일하게 입력됩니다.

2 부모 카테고리 : 하위메뉴가 없기 때문에 부모 카테고리는 그냥 놔둡니다.

3 설명 : 해당 카테고리를 설명하는 문구로 생략해도 무방합니다.

4 [새 카테고리 추가] 버튼을 클릭해서 저장합니다.

5 1)~4)까지 동일한 방법으로 TRAVEL, RESTAURANT, LIFE 카테고리도 만들어 줍니다.

- 이름2 : TRAVEL
- 이름2 : RESTAURANT
- 이름3 : LIFE

6 모두 완성하면 위와 같은 화면을 확인할 수 있습니다.

혹시 실수로 오타나 내용을 잘못 적었으면 다시 우측 영역에서 마우스 포인트로 수정할 카테고리 제목에 마우스 포인트를 갖다 대면 아래에 [편집 | 빠른 편집 | 삭제 | 보기]를 이용해서 수정이 가능합니다.

04-3 메뉴 생성

앞에서 카테고리를 만들었으니 이제 알림판에서 외모〉메뉴를 클릭해서 메뉴를 생성합니다.

메인 메뉴 생성

기존 데모에서 가져온 메뉴들이 있지만, 실습에서는 직접 새로운 메인 메뉴를 생성해서 진행하도록 합니다.

1 알림판에서 외모-메뉴를 클릭하면 아래 화면이 보입니다. 메뉴편집 아래쪽 메뉴 구조 위쪽에 보면 '새 메뉴 만들기'라는 파란색 링크 텍스트를 클릭합니다.

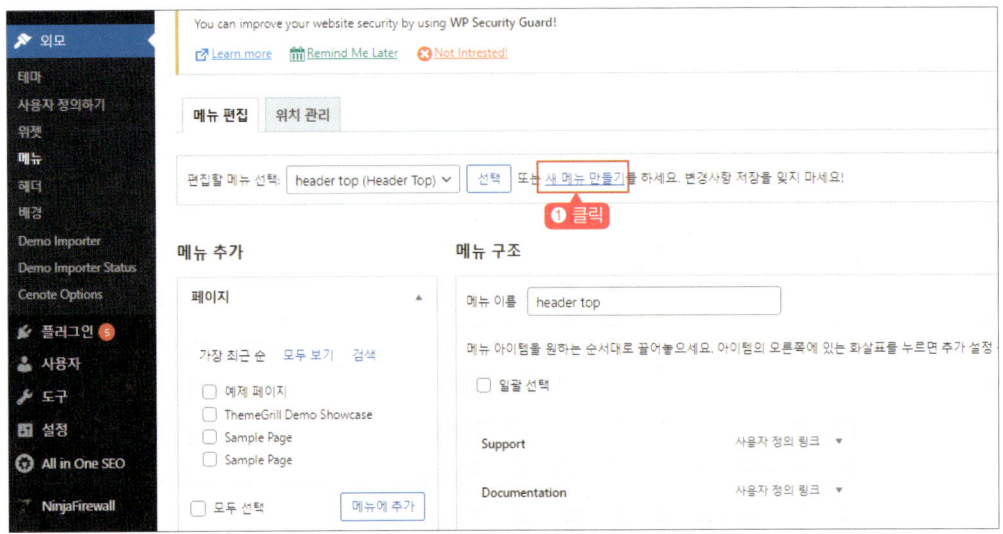
▲ 알림판 메뉴 화면

▲ 새로운 메뉴 생성 화면

2 위 화면과 같이 메뉴 구조에 메뉴 이름 입력하는 입력 폼이 생깁니다. 메뉴 이름에 "메인 메뉴"라고 입력 후 [메뉴 생성] 버튼을 클릭합니다.

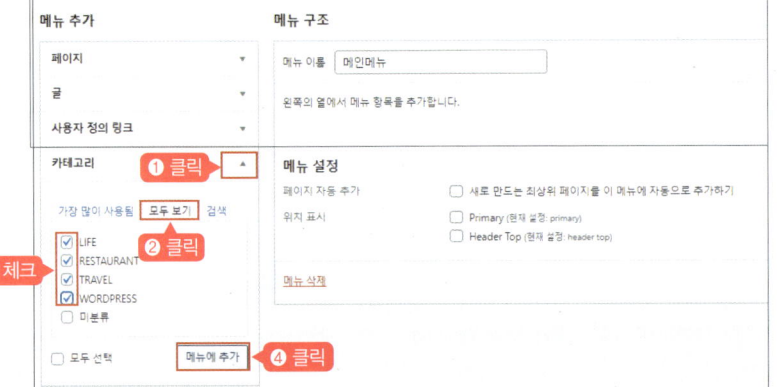

3 이제 앞에서 만든 글 카테고리를 추가해야 합니다. 먼저 왼쪽 '메뉴 추가' 영역에서 '카테고리'를 클릭하고, 탭 메뉴 중 [모두보기] 탭을 클릭합니다. 그러면 위 화면처럼 앞에서 작업한 카테고리 목록이 보입니다. 여기서 실습에서 카테고리 생성한 LIFE, RESTAURANT, TRAVEL, WORDPRSSS 제목 앞 체크 박스에 모두 체크하고 하단에 있는 [메뉴에 추가]를 클릭합니다.

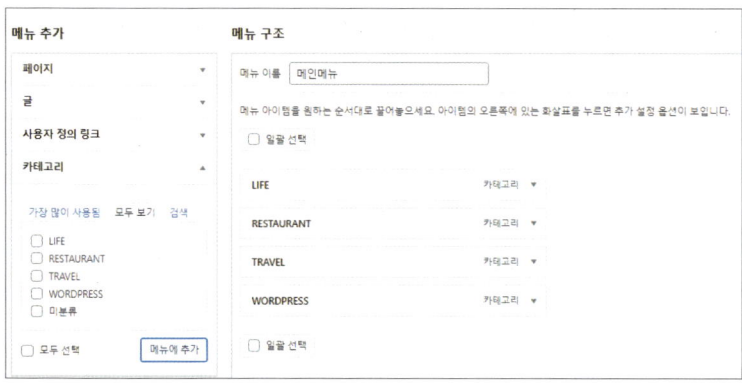

▲ 카테고리 이동 후 화면

4 메뉴에 추가하면 우측 메뉴 구조가 위 화면처럼 변경됩니다. 이제 순서를 조절해 보겠습니다. 일반적으로 메뉴는 사용자들이 가장 많이 방문할 것으로 예상되는 메뉴를 왼쪽에 배치합니다. 실습에서는 ❶ WORDPRESS ❷ TRAVEL ❸ RESTAURANT ❹ LIFE 순으로 진행합니다.

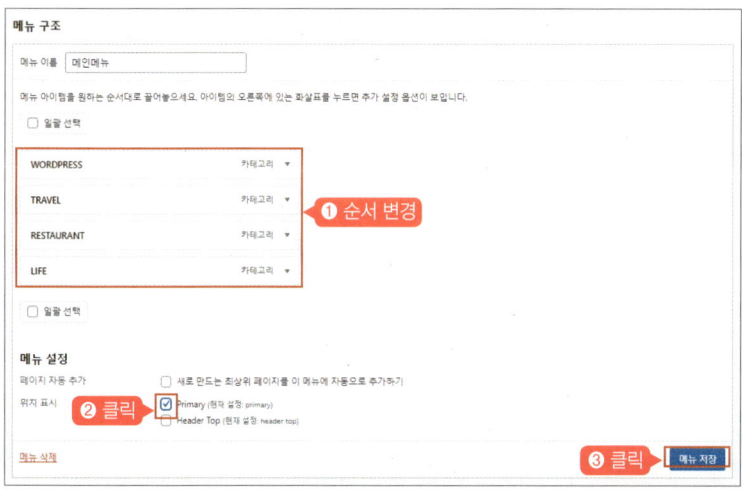

5 메뉴 순서 변경은 간단합니다. 마우스로 메뉴 박스 위로 가져간 후 원하는 위치로 옮기면 됩니다. 위 화면처럼 메뉴 이동이 완료되면 아래에 있는 메뉴 설정의 Primary 체크 박스에 체크해서 우측 하단에 [메뉴 저장] 버튼을 클릭해서 메인 메뉴를 완성합니다. 여기서 실수로 [메뉴 저장]을 클릭하지 않고 나가면 작업한 모든 것이 사라지기 때문에 주의해야 합니다.

왼쪽 탑 메뉴의 사이트 제목을 클릭해서 메뉴가 제대로 제작되었는지 확인합니다.

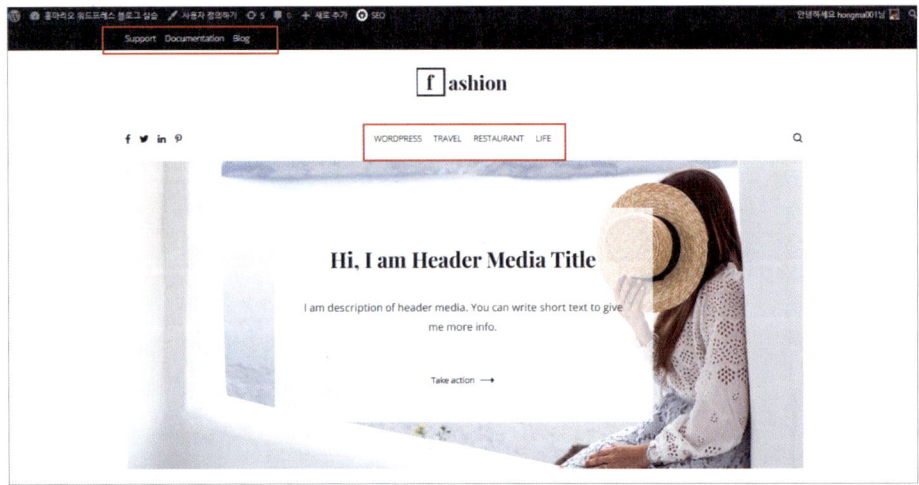

메인 메뉴는 변경된 것을 확인할 수 있습니다. 로고 왼쪽 상단에는 검정색 탑 메뉴가 존재합니다. 실습에서는 'Support', 'Documentation', 'Blog'를 사용하지 않기 때문에 탑 메뉴 삭제를 합니다.

탑 메뉴 삭제

사용하지 않는 메뉴는 삭제해도 되기 때문에 다시 알림판의 [외모>메뉴]로 이동을 해서 '메뉴 삭제'를 진행해 보겠습니다.

1 웹사이트 화면에서 메뉴로 바로 가려면 알림판의 [외모>메뉴]로 이동해도 되지만 위 화면처럼 제목에 마우스를 대고 [메뉴]를 클릭해도 바로 이동합니다.

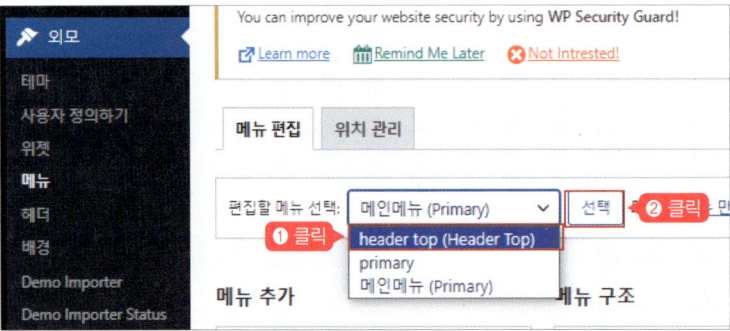

2 메뉴페이지로 이동했으면 왼쪽 메뉴편집 선택 박스 영역에서 편집할 메뉴를 선택에서 'header top'을 선택하고 [선택] 버튼을 클릭합니다.

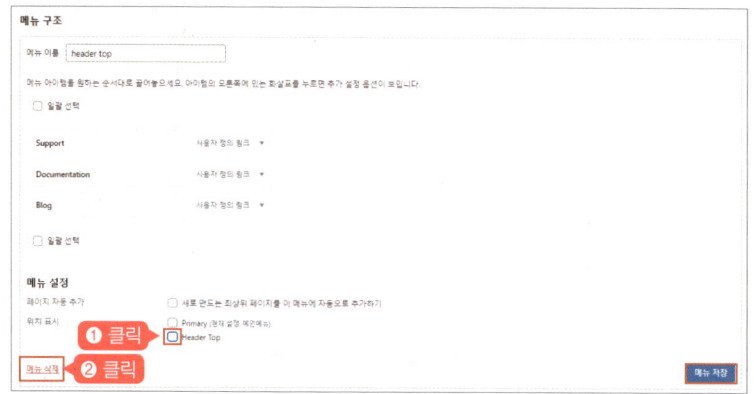

3 header top 메뉴가 보이면 하단의 메뉴 설정에서 'Head top' 앞에 체크박스에 체크를 해제하고 우측 하단의 [메뉴 저장]을 클릭하거나, 왼쪽 하단의 빨간색 텍스트 '메뉴 삭제'를 클릭하셔도 됩니다.

4 혹시, 탑 메뉴를 살리고 싶은 분들은 위 화면 처럼 원하는 메뉴(예: Support) 우측의 ▼ 펼치기 아이콘을 클릭하면 내용을 입력/수정이 가능합니다. 해당 URL, 메뉴이름을 수정하고 [메뉴 저장]을 클릭하면 됩니다.

5 또한, 일부분만 삭제를 원한다면 삭제할 메뉴를 펼치기 해서 펼쳐주면 왼쪽 하단에 '제거'를 클릭하고 하단의 [메뉴 저장] 버튼을 클릭하면 됩니다. 왼쪽상단 제목 클릭해서 메인 화면 접속하면 위 화면처럼 탑 메뉴가 삭제된 것을 확인할 수 있습니다.

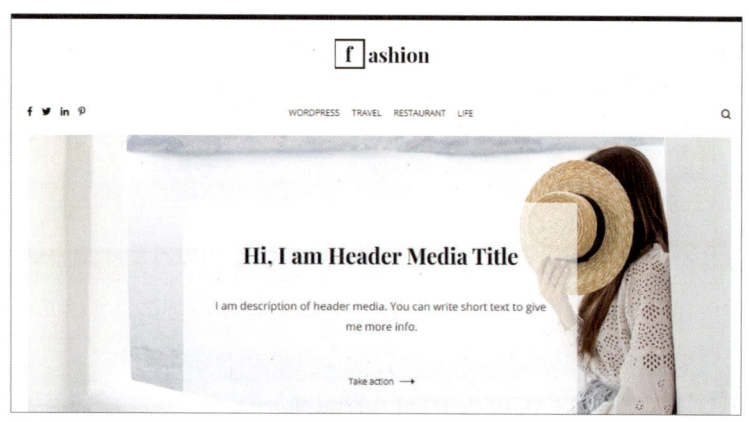

05 _ 이미지 업로드

워드프레스 알림판 메뉴에서 미디어는 주로 이미지를 등록하는 곳입니다. 일반적으로 글과 페이지의 이미지를 등록할 때는 제작하면서 이미지를 만들어서 등록할 수도 있지만, 작업의 효율성 측면에서는 먼저 기획을 진행해서 페이지마다 삽입되는 이미지들을 미리 만든 후 그 이미지들을 한 번에 미리 업로드하면 홈페이지 제작을 수월하게 진행할 수 있습니다.

이미지를 올리는 방법은 2가지가 있습니다.

방법 1. 파일을 드래그 앤 드롭을 이용한 업로드 방법
방법 2. 파일 탐색기를 통한 업로드 방법

두 가지 방법 중에 사용자는 편한 방법으로 이미지를 업로드하면 됩니다. 실습에서는 드래그 앤 드롭 방식으로 진행합니다.

05-1 블로그 실습 이미지 자료 다운로드 받기

블로그 실습 이미지 다운로드 받는 방법은 앞에서 설명했기 때문에 자세한 설명은 생략하고 요약해서 설명합니다.

1 홍마리오 네이버 카페(https://cafe.naver.com/wphome)에 접속
2 네이버에 로그인(카페 미가입 시 가입)
3 왼쪽 메뉴에서 [워드프레스 책]-[종합편 자료실] 클릭
4 게시물 리스트에서 "2023 홍마리오 워드프레스 종합편 - 블로그 자료(cenote 테마) 클릭
4 게시물 중간 다운로드 아이콘 클릭
5 [내문서]-[다운로드]에서 가서 해당 파일 압축 풀기

실습자료 압축을 풀면 위 화면과 같이 총 13개의 이미지들이 있습니다. 블로그 예제 사이트에는 이미지들이 많지만, 본 실습에서 콘텐츠는 예제 사이트(https://hongmarioblog.co.kr)의 본문 내용을 복사〉붙여넣기 해서 진행하고, 특성 이미지만 파일로 제공합니다.

참고로 워드프레스도 웹사이트이기 때문에 이미지는 반드시 저작권에 문제없는 이미지를 사용해야 합니다. 본 저서에 예제 사이트 3개(블로그, 포트폴리오, 회사 홈페이지)는 자체 이미지 또는 무료 이미지 사이트 픽사베이(https://pixabay.com)에서 다운로드 받은 이미지들입니다.

05-2 드래그 앤 드롭으로 이미지 파일 업로드

이제부터 앞에서 다운로드 받은 이미지 파일들을 알림판의 미디어 라이브러리에서 업로드 합니다.

1 이미지를 업로드 하기 위해 알림판에서 '미디어 – 새로 추가' 메뉴를 클릭합니다.

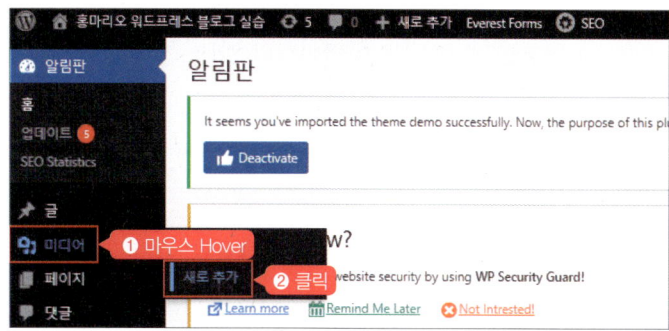

▲ 알림판 미디어 메뉴

2 새로 추가를 클릭하면 아래 화면과 같이 '새 미디어를 업로드' 영역에 점선으로 된 박스가 보입니다. 점선 안쪽으로 이미지를 드래그 앤 드롭 하면 자동으로 업로드가 됩니다. 앞에서 다운로드 받은 이미지 폴더를 열린 상태에서 미디어 새로 추가 화면 근처로 이동합니다.

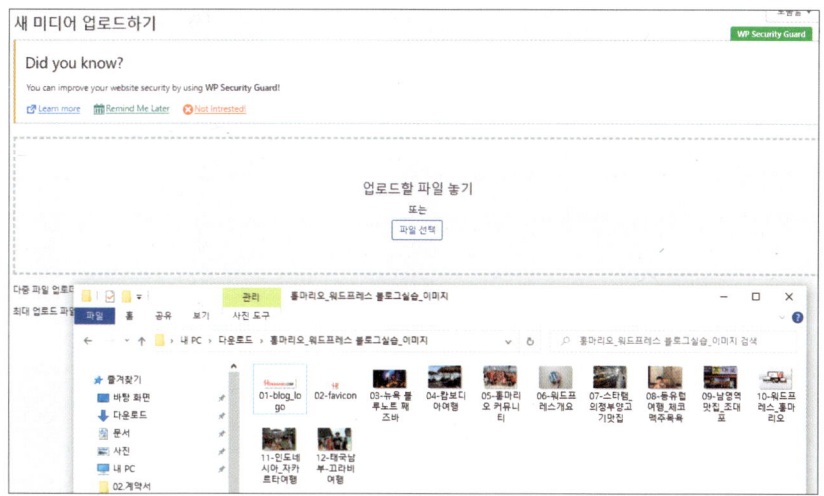

3 다운로드 받은 이미지 폴더내에서 파일을 모두 선택합니다. 폴더내 이미지 1개를 선택한 후 키보드의 Ctrl + A 를 누르거나 마우스로 전체선택해서 폴더 내 모든 이미지를 선택하고 모든 파일이 선택되었으면 마우스로 드래그 앤 드롭을 해서 위 점선안으로 이동시킵니다.

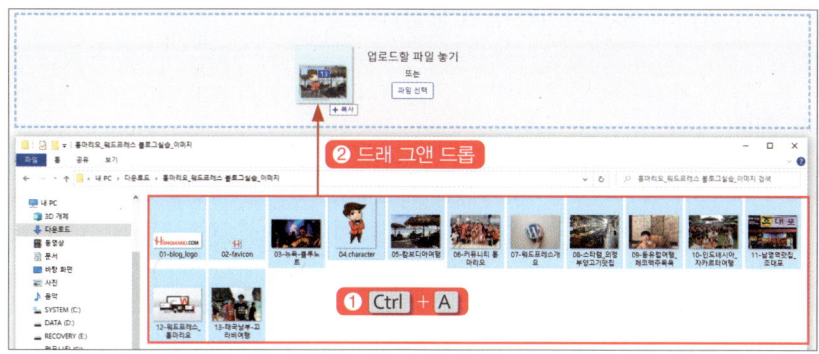

4 마우스 드래그 앤 드롭으로 이미지를 점선에 가져가면 위 화면처럼 11개의 이미지가 표시되면서 순차적으로 업로드가 됩니다. 선택된 전체 이미지를 알림판 점선으로 되어 있는 '이곳에 파일을 넣으세요'라고 되어 있는 박스 안으로 드래그하여 위치시킵니다. 박스 안으로 이미지를 끌어다 놓으면 점선이 파란색으로 바뀌는 걸 확인할 수 있습니다. 박스 안에서 파일을 놓습니다.

5 파일이 업로드가 완료될 때 까지 기다렸다가 모두 완료되면 알림판 '미디어-라이브러리' 메뉴를 클릭해서 미디어 라이브러리에 제대로 업로드 되었는지 확인합니다.

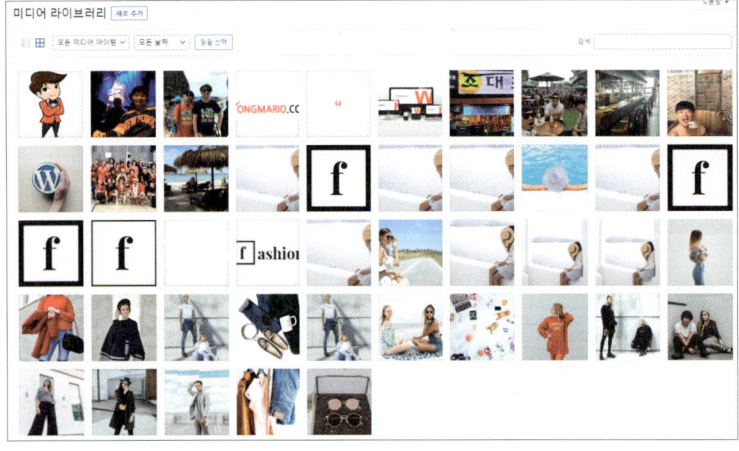

기존 데모에서 가져온 이미지와 방금 업로드한 이미지가 함께 보입니다.

05-3 이미지 파일 사이즈 확인

일반적으로 워드프레스 테마에서 데모 임포트(Demo Import)를 진행하면 데모 사이트에 있는 이미지도 함께 저장되는 경우가 많습니다. 실습하고 있는 cenote 테마도 기본적인 이미지들이 있습니다. 본 실습처럼 데모 사이트를 활용해서 사이트를 제작하면 쉽고 편리하기 때문에 초보자들이 많이 사용하는데요.

여기서 중요한 게, 데모 사이트의 주요 이미지들의 사이즈를 확인할 필요가 있습니다.
알림판 – 미디어 라이브러리 화면을 보면 방금 업로드한 이미지들과 기존 데모 임포트 시 가져온 이미지들이 섞여 있습니다.

1 알림판 '미디어-미디어 라이브러리'에서 데모에서 가져온 로고 파일을 클릭해 보겠습니다.
팝업창이 크게 뜨고 왼쪽에 이미지가 보이고 우측의 보면 속성들이 나오는데 파일크기 아래 보면 크기가 154 x 47 픽셀임을 확인할 수 있습니다.

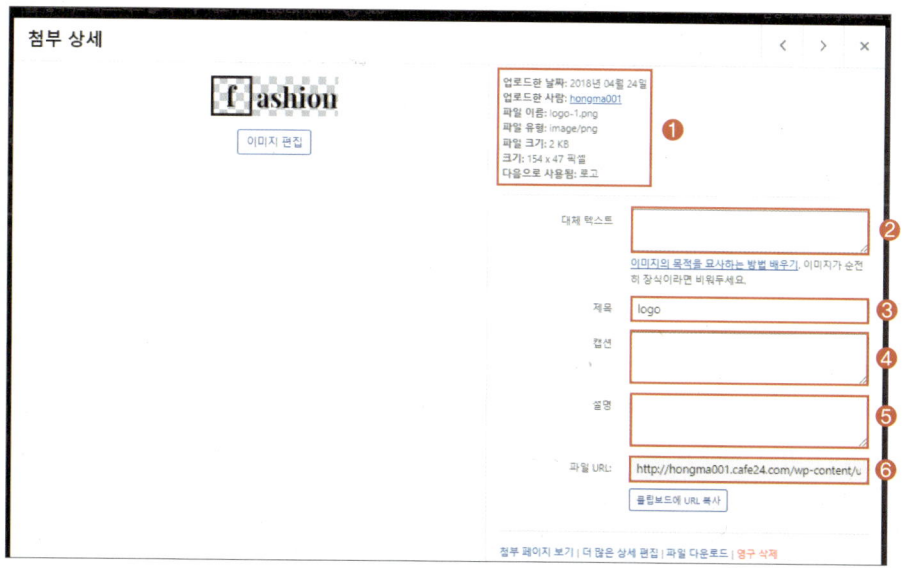

▲ 크기 154 x 47 픽셀 박스

❶ 첨부파일 상세 정보 : 첨부파일(이미지)의 등록일, 파일용량, 가로세로 픽셀사이즈, 이미지 편집, 영구적으로 삭제 등의 정보를 보여줍니다.
❷ 대체 텍스트 : 이미지의 목적으로 설명하는 곳입니다. 구글 SEO에서 alt 태그에 해당됩니다.
❸ 타이틀 : 이미지 파일의 제목이 자동으로 표시됩니다.
❹ 캡션 : 이미지에 마우스를 갖다 대면 나타나는 말풍선 내용을 입력하는 곳입니다.
❺ 설명 : 이미지에 대한 설명을 입력하는 곳입니다.
❻ 클립보드 URL 복사 : 이미지 파일의 링크 주소를 복사 할 수 있습니다.

3 바로 전 과정에서 확인한 로고 위 이미지를 클릭합니다.

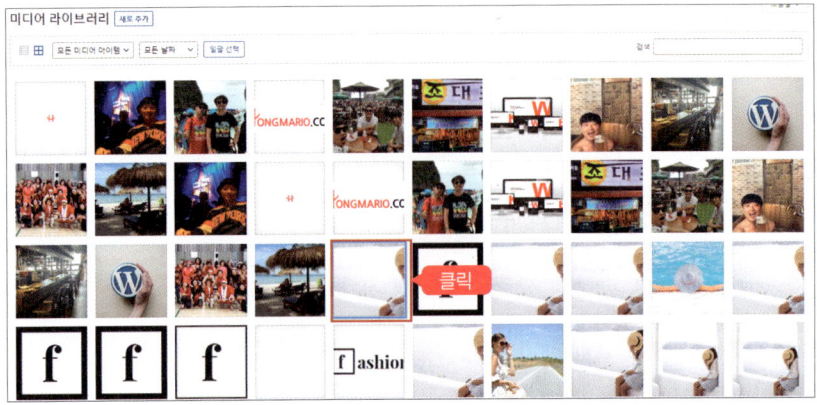

4 팝업창이 크게 뜨고 왼쪽에 이미지가 보이고 우측의 속성에서 파일 크기가 72KB, 가로 세로 사이즈가 1160 x 632 임을 확인할 수 있습니다. 하지만 사이트 사용자 정의하기에서는 1920 x 1080를 권장하고 있어 가로 세로 비율은 조금씩 차이가 있으니 유사한 사이즈로 진행하면 됩니다.

▲ 크기 1160 x 632 픽셀 박스

상기 이미지는 데모 사이트 로고 하단에 들어가는 이미지로 여러분들이 데모 사이트와 유사하게 제작하려면 이미지 사이즈를 동일하게 하거나 비율을 최대한 비슷하게 해서 이미지 업로드 하는 게 좋습니다. 또한, 이미지 크기가 1M이상이면 용량이 때문에 사이트 로딩 속도도 느리고 웹호스팅 용량도 빠르게 채워져 버리기 때문에 블로그 사이트처럼 포스팅을 많이 하는 사이트는 반드시 이미지 사이즈, 용량을 고려해서 진행하기를 권장합니다.

05-4 이미지 파일 삭제

앞에서 이미지 사이즈와 용량을 확인했습니다. 확인한 사이즈를 토대로 포토샵, 알씨 등의 이미지 편집기를 활용해서 원하는 이미지를 편집하면 됩니다. 필요 없는 파일들은 이미지 사이즈 확인하고 사이트 제작완료 후 필요도 없고, 사이트 웹호스팅 용량만 차지하고 있기 때문에 이미지들은 삭제하는 게 좋습니다.

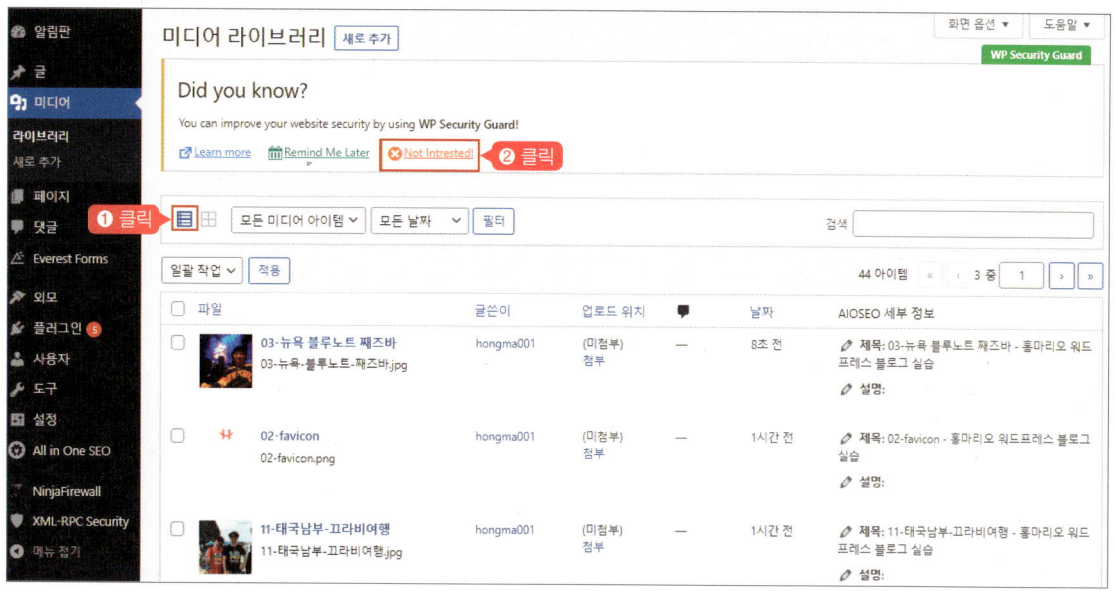

알림판 미디어-라이브러리에서 일괄작업 선택 박스 위에 아이콘이 2개 있습니다. 기본은 바둑판 모양이고 왼쪽에 리스트 아이콘을 클릭하면 위 화면처럼 보입니다. 왼쪽 리스트 아이콘을 클릭하면 위 화면처럼 리스트 형태로 정렬이 된 것을 확인 할 수 있습니다.

그리고 알림판 화면에서 계속 보이는 안내 문구는 삭제를 위해 'Did you know?'에서 'Not Interest'를 클릭해서 지웁니다.

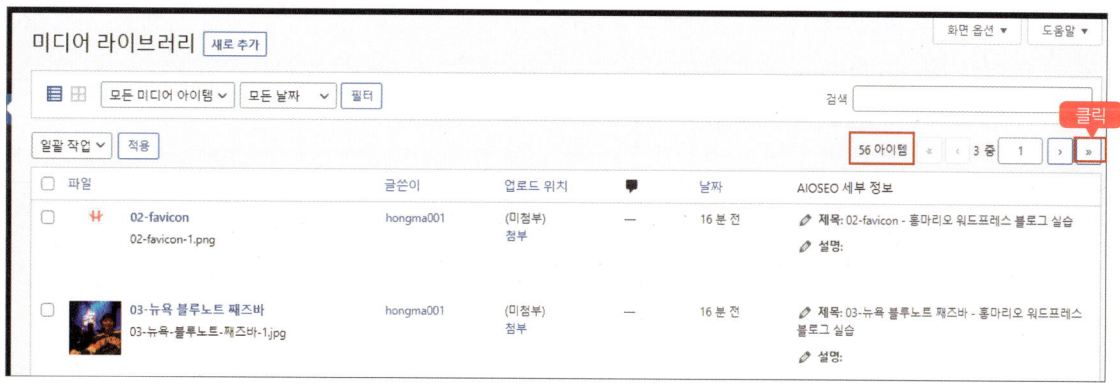

미디어 라이브러리가 리스트 형태로 정렬이 된 상태에서는 20개의 미디어 리스트를 보여줍니다. 현재 미디어 아이템이 총 56개라고 나와 있기 때문에 마지막 페이지로 이동하기 위해 우측 상단 검색창 아래에 마지막 페이지로 이동하는 '》' 아이콘을 클릭합니다.

마지막 페이지로 이동하면 위 화면 처럼 보입니다. 이제 왼쪽 상단의 [일괄작업] 선택 박스 아래 '파일' 앞 체크 박스에 체크하면 마지막 페이지 이미지들 20개가 동시에 선택이 됩니다.

전체 체크 된 것을 확인하고 왼쪽 상단에서 [일괄작업] 선택 박스를 클릭해서 '영구 삭제'를 선택하고 [적용] 버튼을 클릭합니다.

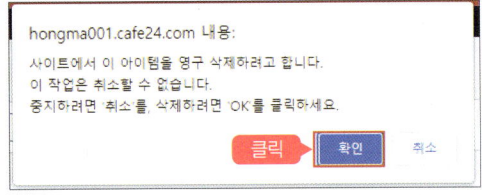

[적용] 버튼을 클릭하면 경고 팝업이 뜨고 [확인]을 클릭하면 이미지 파일들이 모두 삭제됩니다. 동일한 방법으로 다른 필요 없는 이미지 파일들을 삭제하면 됩니다.

06 _ 사용자 정의 설정하기

이제 cenote 사용자 정의 설정을 하도록 합니다. 일반적으로 유료 테마는 사용자 정의하기 대신 테마 옵션(Theme options) 메뉴를 따로 두고 무료 테마 보다 훨씬 더 다양한 기능을 설정할 수 있게 되어 있습니다.

Cenote 테마도 사용자 정의하기 내부 메뉴에 테마 옵션(Theme Options)를 가지고 있으며, 사용자 정의하기에서는 테마 옵션, 아이덴티티, 색상, 헤더이미지, 배경 이미지, 메뉴, 위젯 등을 설정할 수 있습니다.

06-1 사용자 정의하기 메뉴

사용자 정의하기는 테마마다 모두 화면이 다릅니다. 그 이유는 테마를 개발한 업체나 개발자들이 각자 개성 있는 스타일로 만들었기 때문입니다. 따라서 블로그 예제로 선택한 Cenote 테마와 여러분이 실제로 구축하고자 하는 테마의 사용자 정의하기 화면과 메뉴 등은 대부분 다른 형태를 띄고 있습니다.

1 알림판에서 '외모 > 사용자 정의하기' 메뉴를 선택합니다.

그러면 아래 화면처럼 사용자 정의하기 화면이 보입니다. 사용자 정의 화면 왼쪽에는 메뉴들이 보이고, 우측에는 현재 사이트 화면이 보입니다.

왼쪽의 사용자 정의하기 메뉴들 중 [Theme Options]를 제외하고는 일반적인 워드프레스 테마의 [사용자 정의하기] 메뉴에 있는 것과 동일하거나 유사합니다.

2 아래 우측 사이트 화면에서 보이는 (수정 아이콘)은 클릭하면 바로 수정 가능하도록 되어 있습니다. 여기 실습에서는 이해를 돕기 위해 🖉 [Theme Options] 메뉴 순서대로 수정하도록 합니다. 따라서 먼저 [Theme Options]를 클릭해서 들어가 보겠습니다.

▲ 사용자 정의하기 화면

06-2 테마 옵션(Theme Options) 설정하기

테마 옵션은 현재 웹사이트의 주요기능을 설정할 수 있는 곳으로 Cenote 테마는 무료 테마에도 테마 옵션에 많은 기능을 제공하고 있습니다. 각 메뉴마다 자세히 살펴보면서 하나씩 설정해 보도록 합니다.

Social 설정

테마 옵션 메뉴를 클릭하면 우측 화면은 그대로고 왼쪽 메뉴들은 아래 화면과 같이 변경됩니다. 먼저 첫 번째 메뉴인 Social 설정을 합니다.

▲ Cenote 테마의 테마 옵션 메뉴

그럼 순서대로 진행합니다. 먼저 Social 메뉴를 클릭합니다.

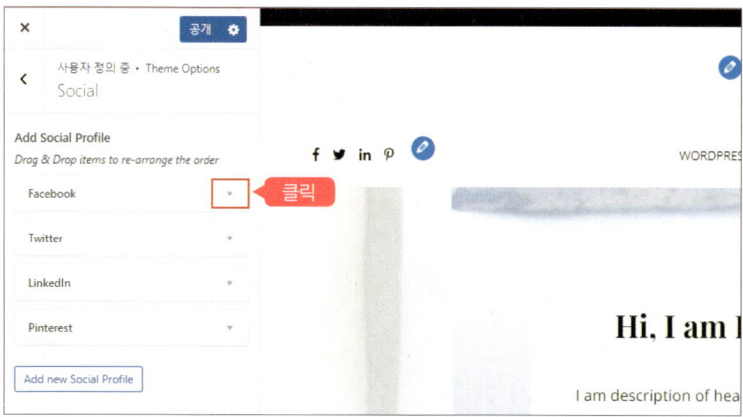
▲ 테마 옵션의 Social 메뉴

1 Social : 소셜미디어 설정을 할 수 있는 곳으로 기본적으로 Facebook, Twitter, LinkedIn, Pinterest 그리고 [Add new Social Profile]이 보입니다. 가장 위에 있는 Facebook 메뉴의 우측 펼치기 아이콘을 클릭해 보겠습니다.

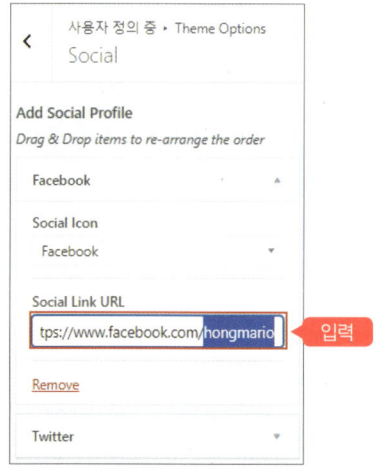
▲ 테마 옵션의 Social 메뉴 중 facebook 화면

2 위 화면에서 Social Link URL(소셜 링크 주소)를 입력하면 됩니다. 여러분들의 페이스북 페이지 또는 개인 페이스북 주소를 입력하면 됩니다. 페이스북 링크가 필요 없는 분들은 삭제하면 됩니다.

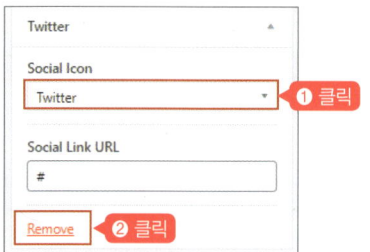

2장_블로그 제작 실습 119

3 필요없는 소셜 아이콘은 삭제합니다. 위 화면에서는 twitter 메뉴를 펼쳐서 아래에 있는 'Remove' 텍스트를 클릭해서 삭제합니다.

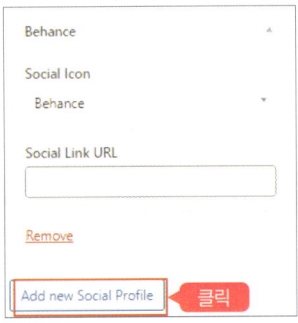

4 보이지 않는 소셜은 메뉴 맨 아래에 있는 [Add new Social Profile]을 클릭하면 됩니다. 유튜브, 인스타그램 주소를 입력합니다.

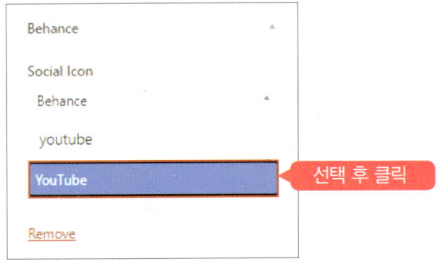

5 'Behance' 선택 박스에서 검색창에 'youtube' 입력하고 Enter 를 누릅니다.

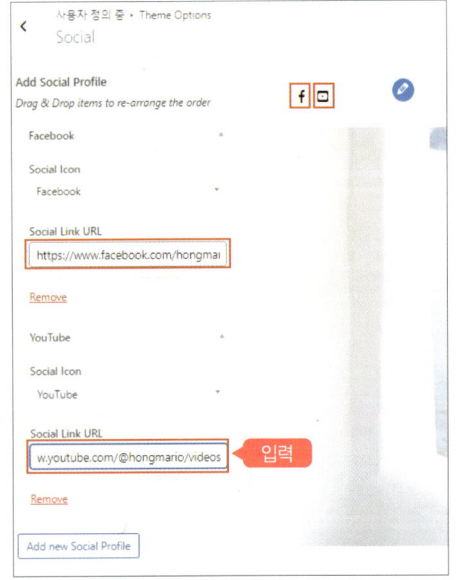

▲ URL 입력창, 우측 상단 페이스북, 유튜브 아이콘 박스

6 Social Link URL 입력창에 본인의 유튜브 주소를 입력합니다. 그러면 우측 사이트 화면에서 페이스북, 유튜브 아이콘을 확인할 수 있습니다.

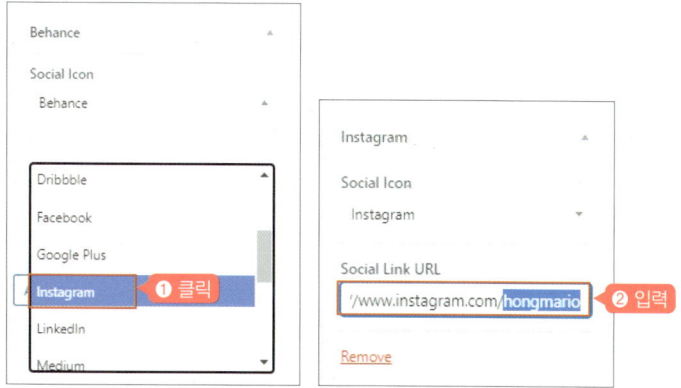

7 마지막으로 인스타그램은 검색이 아닌 선택 박스로 진행해 보겠습니다. 선택 박스가 알파벳 순서로 되어 있어 선택 박스 중간쯤에 위치한 'Instagram'를 선택하고 Social Link URL에 여러분의 Instagram(인스타그램) 주소를 입력하면 됩니다.

8 방금 만든 Social 설정에서 각각의 펼치기 아이콘을 닫고 마지막으로 왼쪽 메뉴 상단의 [공개]를 클릭하면 지금까지 설정한 소셜 설정 작업이 완료됩니다. 반드시 [공개]를 클릭해서 저장해야 합니다.

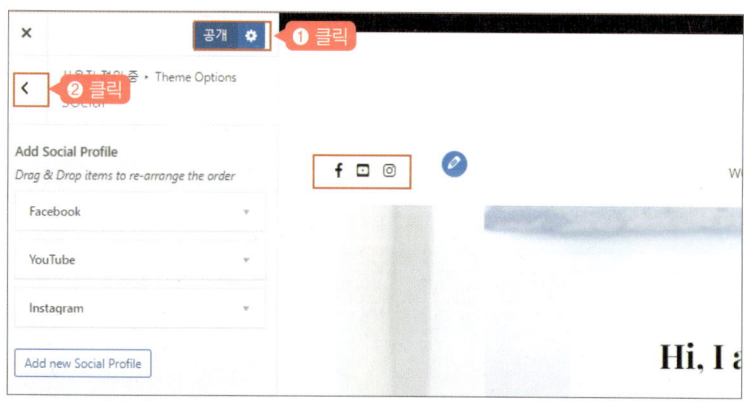

▲ Social 설정 완료 화면

9 [공개]를 클릭하면 [발행됨]으로 변경되고 최종적으로 완료된 것을 확인할 수 있습니다.

10 다음 작업을 하기 위해 Social 왼쪽 '〈'를 클릭합니다.

Header 설정

Header 설정은 현재 블로그 사이트의 로고 윗부분을 설정하는 곳입니다. 본 실습 예제에서는 'Enable Header Top Bar'만 비활성화시킵니다. 전부 기본설정을 그대로 사용합니다. 먼저 Theme Options 메뉴 중 방금 설정한 social 메뉴 아래 Header 메뉴를 클릭합니다.

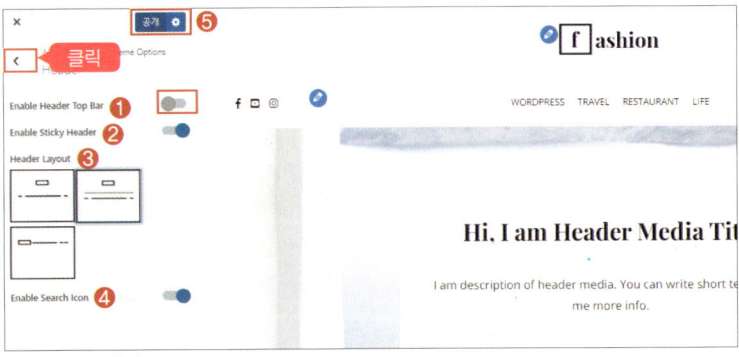

▲ Header 설정

❶ Enable Header Top Bar : Header Top Bar를 활성화시키는 기능입니다. 실습에서는 사용하지 않기 때문에 위 화면처럼 비활성화시킵니다.

❷ Enable Sticky Header : 헤더 영역 고정 여부

❸ Header Layout : 로고와 메뉴 위치 선택

❹ Enable Search Icon : 검색창을 활성화, 비활성화 선택

❺ 왼쪽 메뉴 상단에 [공개]를 클릭해서 저장하고 다음 작업을 하기 위해 Header 왼쪽 '〈'를 클릭합니다.

Color 설정

유료 테마들은 다양한 Color(색상) 설정이 있지만 Cenote 무료 테마는 주 메인 색상만 설정 가능합니다.

▲ Color 설정

1 앞에서와 마찬가지로 Theme Options 메뉴 중 방금 설정한 social 메뉴 아래 Color 메뉴를 클릭합니다. Cenote 테마의 Primary Color(메인 색상)은 주황색으로 설정되어 있습니다. 이를 변경합니다. [색상 선택]을 클릭합니다.

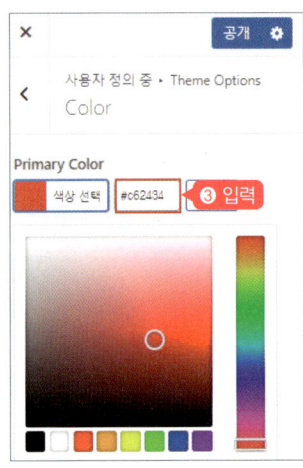

2 색상 선택 우측의 입력창에 색상 코드 값 '#c62434'을 입력합니다. 참고로 '#c62434 색상 코드'값은 홍마리오 로고의 색상 코드 값입니다.

색상 코드 값은 로고 디자인을 해서 포토샵, 크롬 웹스토어의 Colorzilla 등을 통해 확인이 가능합니다.

3 [공개] 버튼이 [발행됨]으로 변경되고, 다음 작업을 위해 Color 앞의 '〈' 아이콘을 클릭해서 Theme Options(테마 옵션) 화면으로 이동을 합니다.

Post Slider

Post Slider(포스트 슬라이드)는 메인화면의 메인 메뉴 아래 영역에 글(Post)의 특성 이미지(featured Image)들을 슬라이드로 보여주는 영역입니다. 마찬가지로 Theme Options 메뉴 중 하위메뉴 Post Slider 메뉴를 클릭합니다.

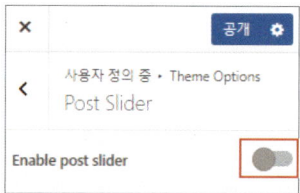

1 Enable post slider는 기본적으로 비활성화로 표시되어 있습니다. 아이콘을 활성화로 바꾸면 아래 화면과 같이 변경됩니다.

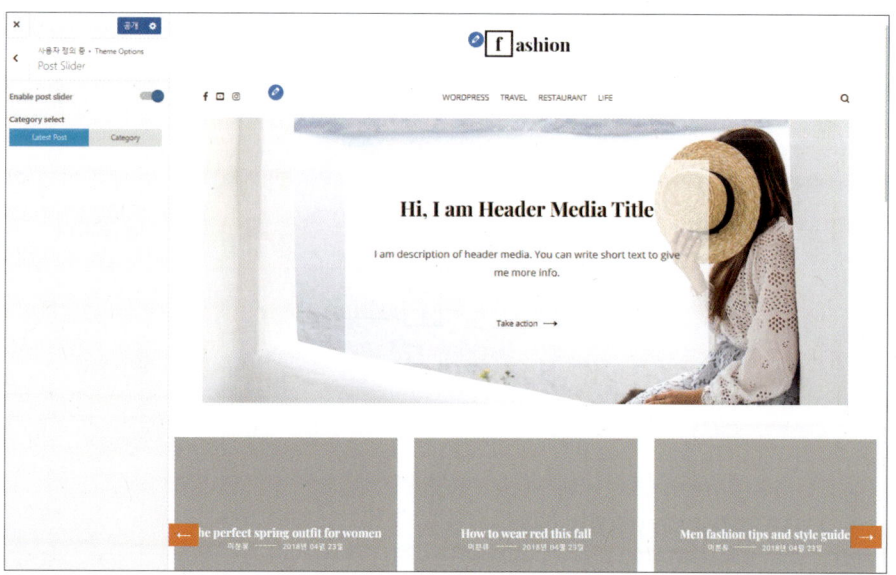

❷ Enable post slider(활성화) : Post Slider(포스트 슬라이드)를 활성화하면 위 화면 처럼 가장 최근에 등록한 글(Post) 순서대로 슬라이드 형태로 노출됩니다. Catergory를 선택해서 특정 카테고리만 노출되게 할 수도 있습니다. 본 실습에서는 비활성화로 진행하기 때문에 비활성화로 전환한 다음 [공개]해서 다음 작업을 하기 위해 Post Slider 왼쪽 '⟨'를 클릭합니다.

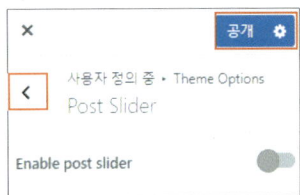

Breadcrumbs

Breadcrumbs(브레드크럼스)는 헨젤과 그레텔에서 빵가루로 이용해 집을 찾는 것으로부터 유래된 단어로 웹에서는 경로를 나타내는 단어입니다.

▲ Breadcrumbs 활성화시 화면

❶ Breadcrumbs(브레드크럼스)는 메인화면(Home)에서 확인이 불가하니 우측의 사이트 영역에서 로고 아래 'WORDPRESS' 메뉴를 클릭하면 'Home -〉WORDPRES'가 표시되는 것을 확인 할 수 있습니다.

▲ Breadcrumbs 활성화시 화면

❷ 만약에 비활성화하면 Breadcrumbs(활성화) : Breadcrumbs(브레드크럼스)를 활성화하면 위 화면에서 소셜아이콘 아래 영역에서 'Home → WORDPRESS'로 변경된 것을 확인할 수 있습니다.

❸ 여기 실습에서는 기본 설정인 Breadcrumbs 비활성화로 진행합니다.

❹ 다음 작업을 하기 위해 Breadcrumbs 왼쪽 '⟨'를 클릭합니다.

Layout

Theme Options 메뉴 중 하위메뉴 Layout 메뉴를 클릭합니다. Layout(레이아웃)은 홈페이지의 구조를 뜻하는 곳을 페이지의 바디영역을 Full(전체) 공간으로 다 사용할지 Side bar(사이드바)를 사용할지 등을 결정하는 곳입니다. 실습에서는 4개의 영역 모두 기본 그대로 사용합니다.

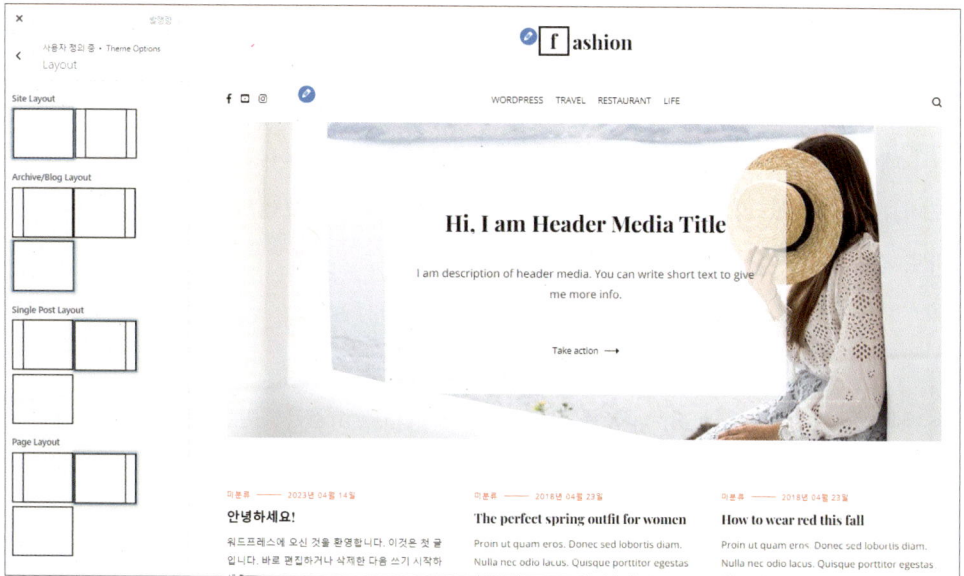

❶ Layout 메뉴를 클릭하면 4개의 Layout 설정을 확인할 수 있습니다.

❷ Site Layout : 현재 기본은 full(전체) 영역을 모두 사용하는 것으로 되어 있고 우측의 사이드바가 있는 레이아웃을 선택하면 Box(박스)형 레이아웃으로 변경되어 사이트의 Width(가로 넓이)가 줄어들게 됩니다.

❸ Archive/Blog Layout : 글(post)의 카테고리 메뉴(예: WORDPRESS)를 클릭했을 때 보이는 화면이 왼쪽 사이드바가 노출되는 것, 우측 사이드바가 노출되는 것, 사이드바가 없는 것 3가지 중에 선택할 수 있습니다. 여기서는 기본 설정인 우측 사이드바가 보이는 레이아웃으로 진행합니다.

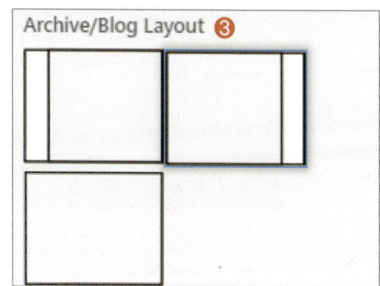

4 Single Post Layout : 작성한 글(Post)의 제목을 클릭했을 때 보이는 화면의 레이아웃을 말합니다. 마찬가지로 좌측 사이드바, 우측 사이드바, 사이드바가 없는 레이아웃 3가지가 있으며, 실습에서는 일괄성을 유지하는 것이 좋기 때문에 기본 설정인 우측 사이드바로 진행합니다.

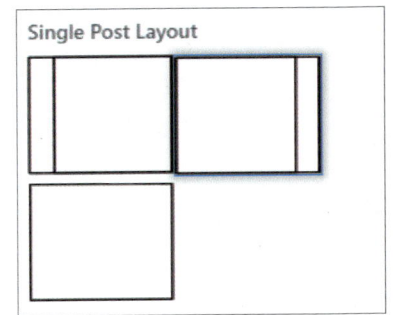

5 Page Layout : 페이지 메뉴(예: CONTACT)를 클릭 시 보이는 화면의 레이아웃을 말합니다. 마찬가지로 왼쪽 사이드바, 우측 사이드바, 사이드바가 없는 레이아웃 3가지가 있으며, 실습에서는 기본 설정인 우측 사이드바로 진행합니다.

Typography

Theme Options 메뉴 중 하위메뉴Layout 메뉴를 클릭합니다. Typography(타이포그래피)는 여기서는 글씨체를 가르키는 말로 Typography 메뉴를 클릭해서 글씨체를 설정할 수 있습니다.

▲ Typography(타이포그래피) 설정

1 Body – Font Family : Body영역의 글씨체(font)를 설정하는 곳입니다. 기본설정은 'Open sans'로 되어 있고 선택 박스를 클릭하면 다른 Font(폰트) 설정 가능합니다. 선택 박스에서 찾을수도 있고 검색을 통해서도 원하는 폰트 검색이 가능합니다.

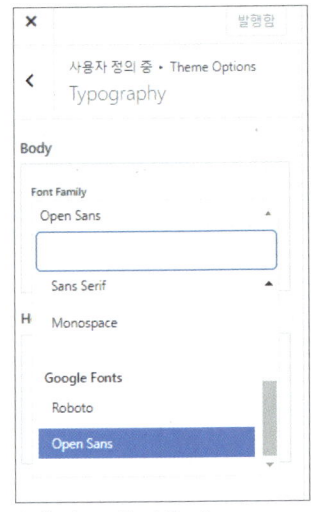

▲ Body – Font Family

2 Body - Variant : regular가 기본으로 설정되어 있습니다.

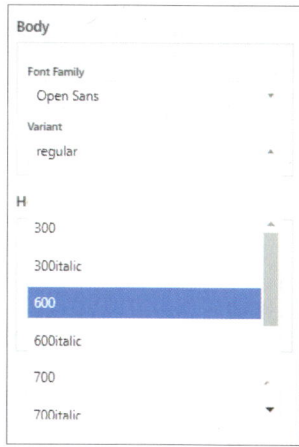

▲ Body - Variant 화면

3 폰트의 굵기나 기울임체 등을 조절 할 수 있는 700, 900, italic(이탤릭체) 등을 선택할 수 있습니다. 실습에서는 기본 regular(레귤러)로 진행합니다.

아래에 있는 Heading도 제목 부분에 적용되는 글씨체와 글씨 크기를 정하는 영역입니다.

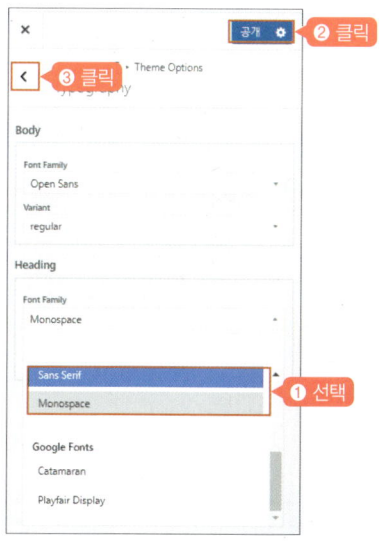

4 Heading 영역에서는 Font Family를 변경합니다. Font Family 선택 박스를 클릭해서 위 화면에서 보이는 'Sans Serif'를 선택하고 변경사항을 저장하기 위해서 [공개] 버튼을 클릭합니다.

Archive/Blog Style

Archive/Blog Style(아카이브/블로그스타일)은 현재 메인 화면에서 나타나는 블로그 글들의 스타일을 변경할 수 있는 곳입니다. 레이아웃 구조, 칼럼 개수, 블로그 글 노출 순서 등을 설정할 수 있습니다. 실습에서는 기본 그대로 사용합니다.

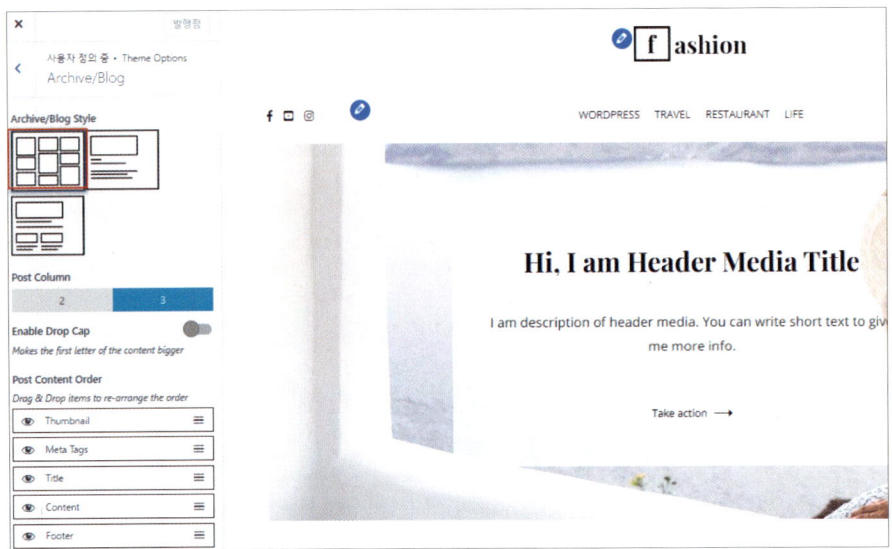

▲ Typography(타이)

〈 Archive/Blog Style 기본 스타일 〉

① Archive/Blog Style 첫 번째 스타일은 현재 홈페이지와 동일한 3칼럼 형태 레이아웃 입니다.

② Archive/Blog Style 두 번째 스타일을 클릭하면 아래의 화면과 같이 1칼럼 형태로 변경됩니다. 블로그 포스팅을 1개씩 넓게 보여주려면 두 번째 스타일을 선택해야 합니다.

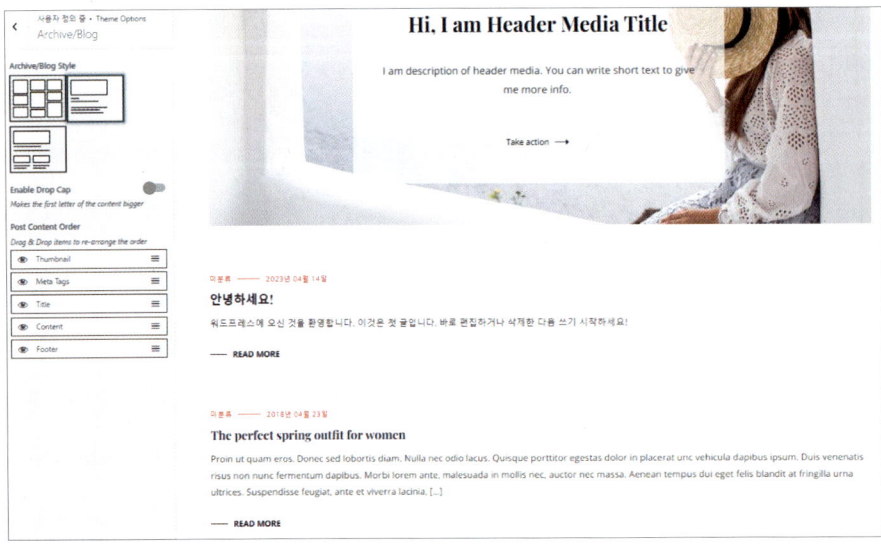

❸ Archive/Blog Style 세 번째 스타일은 가장 최근 포스팅만 1칼럼으로 보여주고 나머지는 3칼럼으로 보여주는데 추천하지 않는 레이아웃입니다.

❹ Post Column : 기본은 3 Column(칼럼)으로 되어 있고 2칼럼으로 변경이 가능합니다. 실습에서는 3칼럼으로 진행합니다. 만약 2칼럼으로 변경하려면 Post Column 아래의 [2] 버튼을 클릭하면 됩니다.

❺ Post Content Order : Post(글)의 콘텐츠 순서를 정하는 곳으로 마우스 드래그 드롭으로 자신이 원하는 순서로 아래 위로 이동이 가능합니다. 기본 설정이 가장 대중적인 형태이기 때문에 그대로 놔둡니다. 만약 노출을 원하지 않는 영역이 있으면 아래 화면에서 제목 앞에 눈 모양 아이콘을 한 번 클릭하면 비활성화 되어서 노출이 되지 않습니다.

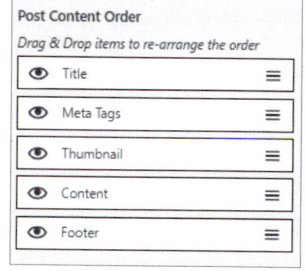

❻ 자신이 원하는 설정대로 설정을 모두 원래대로 다시 정하고 'Archive/Blog Style'만 첫 번째로 선택하고 왼쪽 메뉴 상단의 [공개]를 클릭해서 수정한 내용을 모두 저장합니다.

다음 작업을 하기 위해 Archive/Blog Style 왼쪽의 '〈' 아이콘을 클릭해서 Page로 이동합니다.

Page

Page(페이지)는 페이지의 콘텐츠 순서 변경하는 설정만 제공됩니다. 앞의 Post Content Order와 동일한 영역이라 설명은 생략합니다. 그리고 현재 실습에서는 페이지 영역은 없기 때문에 기본 설정 그대로 놔둡니다.

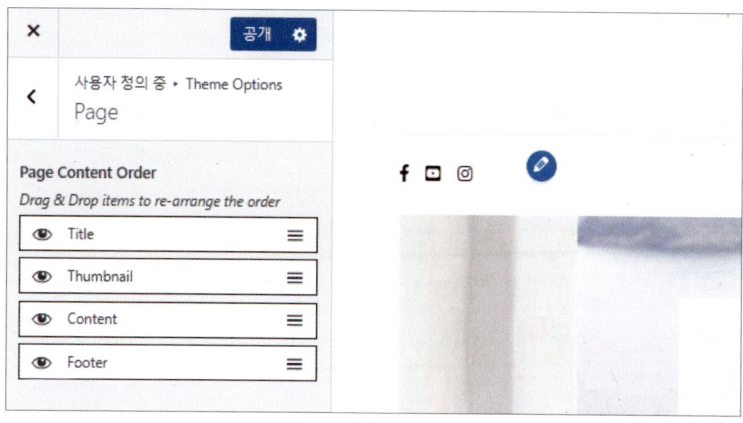

Single Post

Single Post(싱글 포스트)는 작성된 블로그 글 내용을 확인했을 때 나타나는 글 내용의 순서를 변경할 수 있는 곳입니다. 기본적인 배치는 ❶ Thumbnai(섬네일) ❷ Categories(카테고리) ❸ Title(제목) ❹ Meta Tags(메타 태크) ❺ Content(콘텐츠) ❻ Footer(Footer(푸터)) 순으로 되어 있습니다.

Single Post(싱글 포스트)를 확인하려면 블로그 글 내용을 확인해야 하므로 우측 화면의 글 제목 'The perfect spring outfit for women'을 클릭합니다.

1 Single Post Content Order(싱글 포스트 콘텐츠 순서) : 왼쪽에 순서대로 우측 화면에 정렬된 것을 확인할 수 있습니다. 다만 여기 Post(글)에는 Meta Tags(태그)가 없어서 우측 화면에는 없습니다. 앞에서 진행한 것과 동일한 방식으로 순서 변경 및 노출/비노출을 정할 수 있습니다. 실습에서는 기본 설정 그대로 사용합니다.

2 Enable Drop Cap(드롭 캡 활성화) : 본문 내용 첫 번째 알파벳을 크게 설정합니다. 아래 화면에서는 'P' 글자가 크게 잡혀 있는 것을 확인할 수 있습니다.

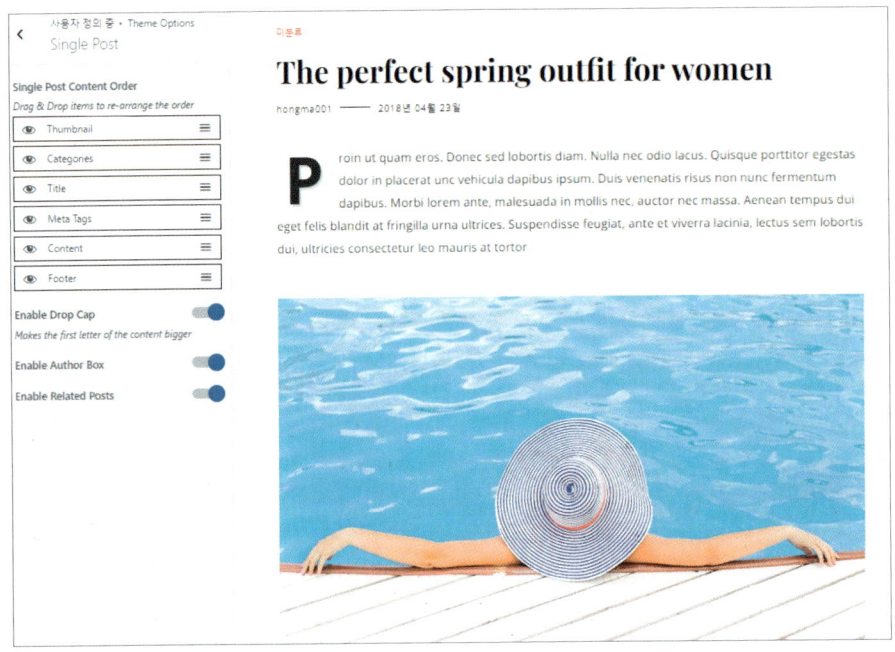

❸ Enable Author Box (작가 박스 활성화): 본문 글 아래에 표시되는 작가 박스를 표시할지 말지 설정하는 곳으로 기본 설정은 활성화 되어서 표시되는 것으로 되어 있습니다. 아래 화면처럼 우측 사이트 화면에서 스크롤 해서 쭉 내려 보면 위 화면처럼 확인이 가능합니다.

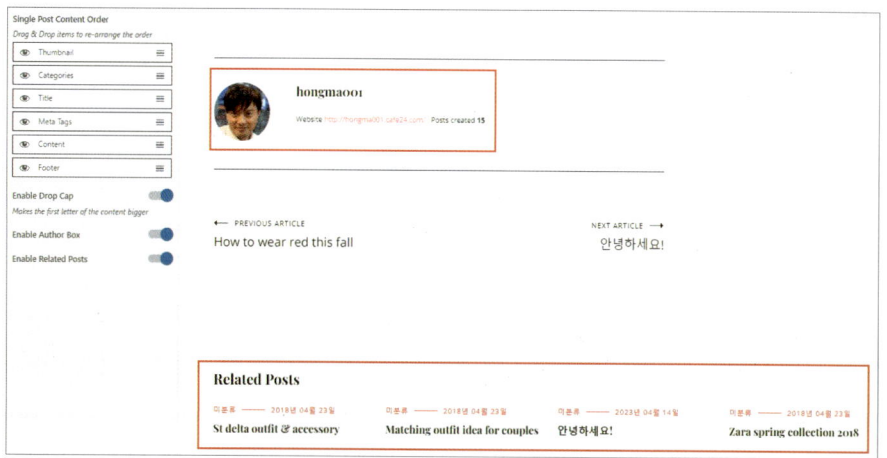

❹ Enable Related Posts(연관 글 활성화) : 위 화면의 맨 아래 보면 Related Posts(연관 글)들이 4개 보입니다. 다시 말해 본 내용과 유사한 내용을 본문 글 맨 아래에 자동으로 노출시켜 주는 기능입니다. 실습에서는 마찬가지로 기본 설정 그대로 사용합니다.

❺ 다음 작업을 하기 위해 Single Post 왼쪽의 '〈' 아이콘을 클릭해서 Post Ribbon 메뉴로 이동합니다.

Post Ribbon

Post Ribbon(포스트 리본)은 여러분들이 쇼핑몰에서 새로운 상품이 나왔을 때 [NEW]라고 표시해주는 리본 같은 것을 본 적이 있을 겁니다. 여기 워드프레스에서는 Post(글)을 배너나 버튼처럼 표시해주는 기능입니다.

Cenote 테마에서는 Post Ribbon(포스트 리본)을 활성화/비활성화시키는 기능을 테마 옵션에서 제공하며, 실습에서도 기본 비활성화 상태 그대로 사용합니다.

Footer

이제 Theme Options의 마지막 메뉴인 Footer(푸터)로 이동합니다. Footer는 홈페이지의 가장 아래에 위치해서 주로 회사주소, 전화번호, 관련 사이트 등을 표시하는 곳입니다.

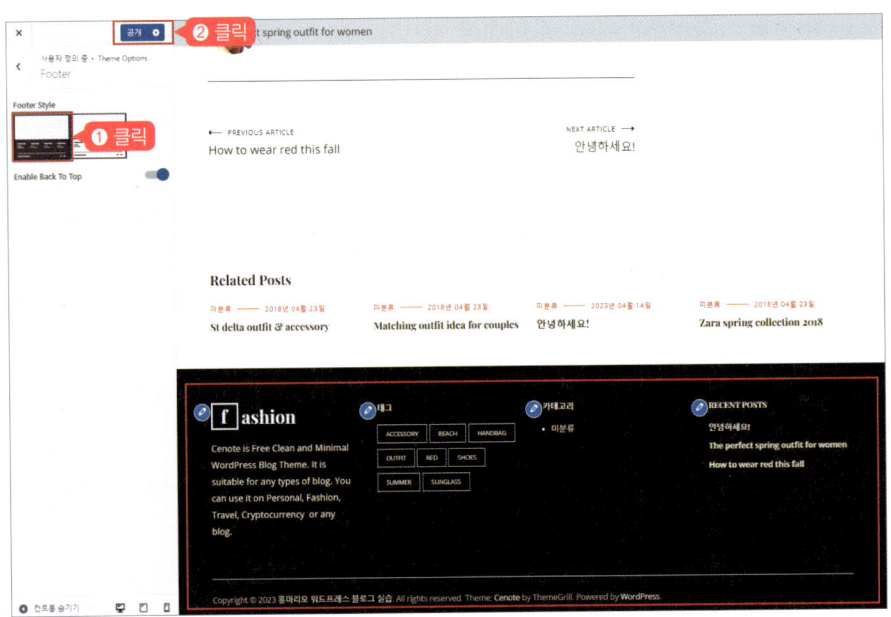

Footer Sytle(Footer(푸터) 스타일) : 기본 설정상태는 위 화면과 같이 우측 실제 사이트 화면 맨 아래로 가면 Footer(푸터)가 흰색 배경인 것을 확인할 수 있습니다. 실습 예제에서는 검정색 배경이기 때문에 검정색으로 변경하고, 상단의 [공개]를 클릭해서 변경사항을 저장해 줍니다.

반응형 모드

사용자 정의 설정 화면 우측 맨 아래에 보면 컨트롤 숨기기 우측 아이콘 3개 박스를 확인할 수 있습니다.

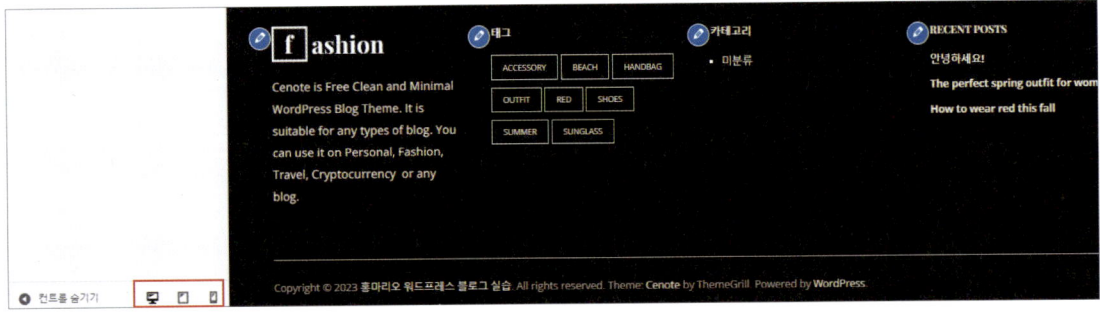

첫 번째 모니터 아이콘은 PC 화면, 두 번째 태블릿 아이콘은 태블릿 화면, 세 번째는 모바일 화면입니다. 모바일 아이콘을 클릭하면 아래 화면처럼 사용자 정의 화면이 모바일로 변경되는 것을 확인할 수 있습니다.

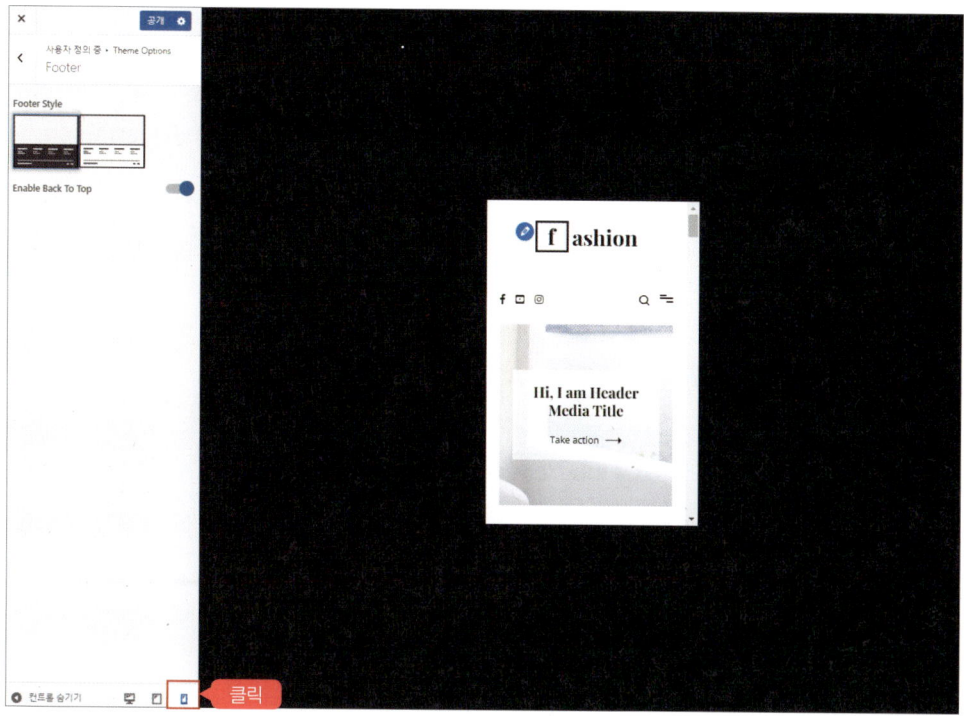

사용자 정의 메뉴는 사이트 개발 또는 수정 중에도 언제든지 편집이 가능하구요. 반드시 설정을 변경했으면 [공개]해서 저장하는 습관을 가지시길 바랍니다. 모든 설정을 마쳤으니 이제 [공개]를 한 번 더 클릭해서 확실한 저장합니다.

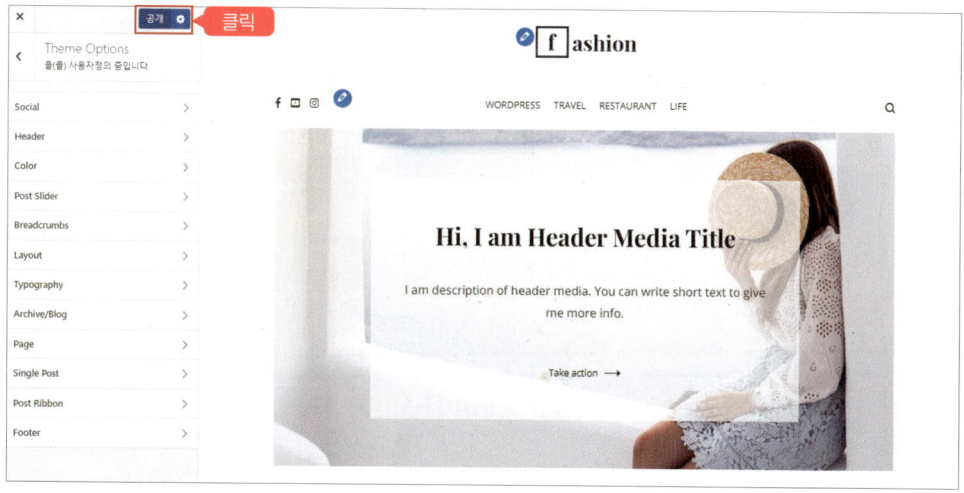

06-3 사이트 아이덴티티

각 테마마다 [사이트 아이덴티티] 메뉴는 조금씩 차이가 있습니다. 유료 테마는 일반적으로 테마 옵션 (Theme Options)에 로고 변경이 있는데 Cenote 테마는 [사이트 아이텐티티]에서 수정이 가능합니다. 앞의 사용자 정의하기 메뉴에서 테마 옵션 메뉴의 앞으로 가기 버튼 [〈 Theme Options] 을 클릭합니다.

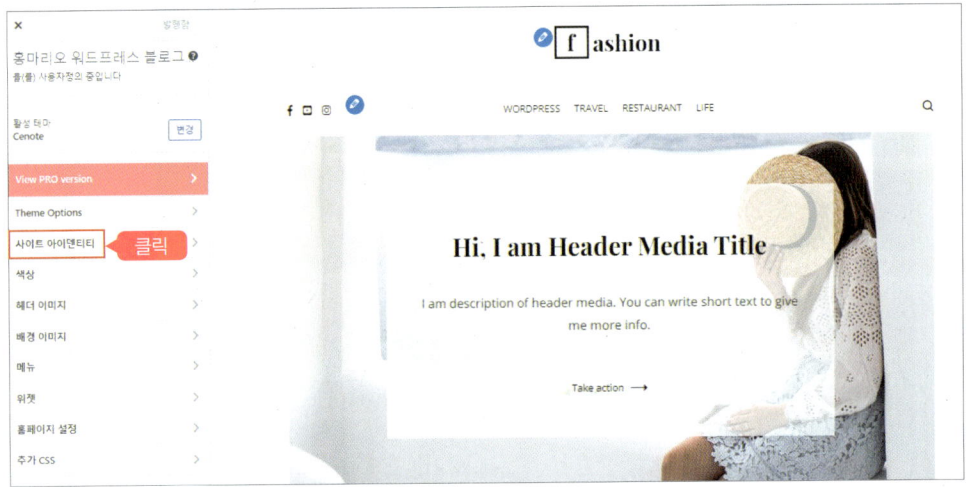

▲ 사이트 아이덴티티 메뉴

위 화면이 보이면 [사이트 아이덴티티] 메뉴를 클릭합니다.

로고 변경

사이트 아이덴티티를 클릭하면 먼저 로고를 변경할 수 있습니다. 앞에서 미디어 라이브러리에서 업로드한 로고 이미지를 이용해서 로고를 변경합니다.

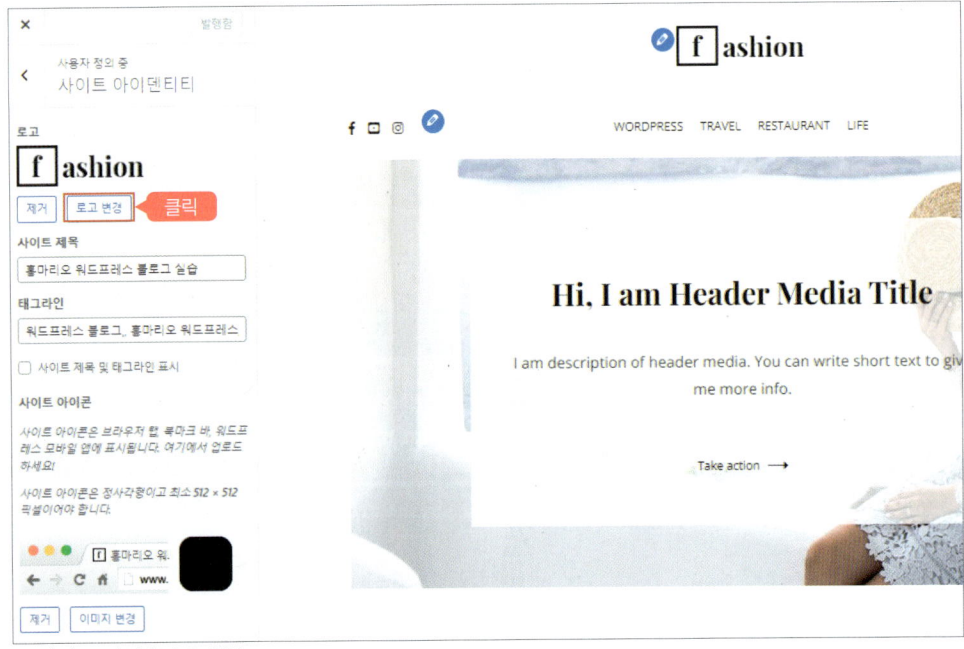

▲ 사이트 아이덴티티 화면

1 로고 : 현재 로고가 보이고 로고를 삭제하거나 변경할 수 있습니다. 실습에서는 로고를 변경합니다. 위 화면 왼쪽 상단의 [로고 변경]을 클릭합니다.

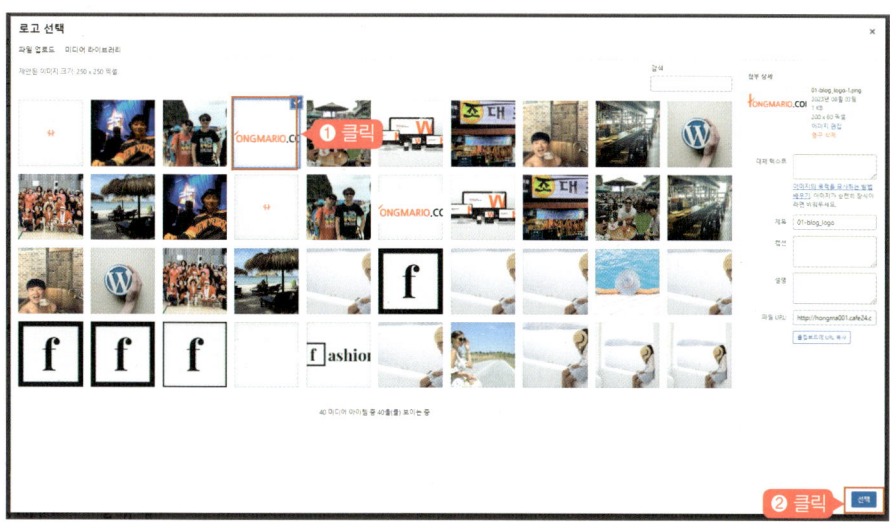

▲ 로고 선택 시 보이는 화면

2 로고 선택 시 보이는 화면에서 아래쪽에 위치한 '홍마리오 로고'를 마우스로 선택합니다. 그러면 우측 상단에 선택한 로고 이미지에 대한 상세정보가 보입니다.

3 로고 이미지를 선택한 다음 우측 하단의 [선택] 버튼을 클릭해서 로고 선택을 마칩니다.

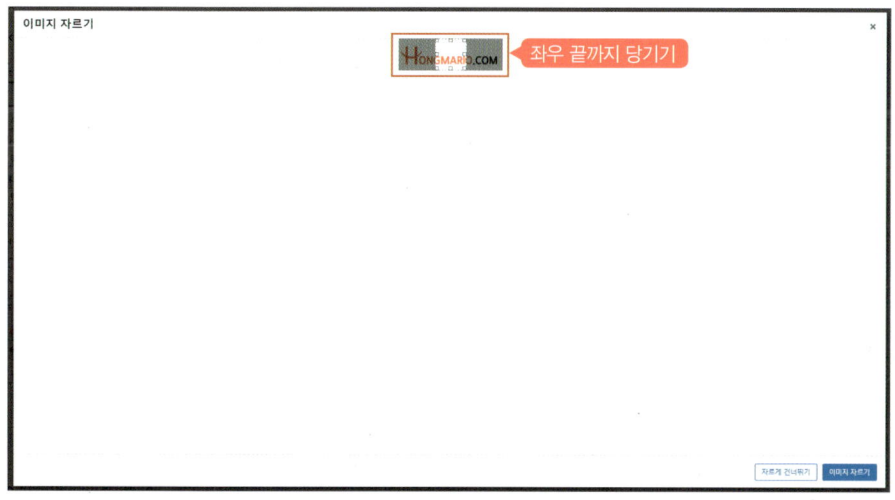

4 로고를 선택하면 자동으로 이미지 자르기 화면이 보입이다. 위 화면에서 보면 로고 중심에 자르기 툴이 모서리에 보입니다. 오른쪽으로 로고 이미지 끝까지 당기고 왼쪽도 마찬가지로 로고 파일 끝까지 당겨줍니다.

5 이미지 자르기가 위 화면처럼 되면 우측 하단에 있는 [이미지 자르기]를 클릭해서 이미지 자르기 작업을 완료합니다.

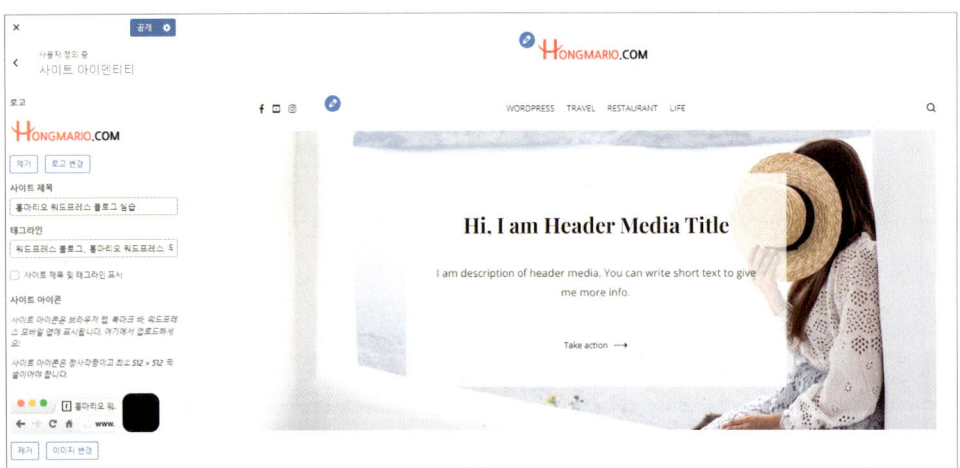

6 설정한 로고가 우측 사이트에서 보면 변경된 것을 확인할 수 있습니다. 그 외 하단의 '사이트 제목', '태그라인'과 아래 표시 체크 박스는 앞에서 설정을 했기 때문에 기본 그대로 놔둡니다.

사이트 아이콘

로고를 변경했으면 다음으로 아래에 있는 사이트 아이콘을 변경합니다. 사이트 아이콘은 다른 표현으로 파비콘(favicon)이라고도 하며, 일반적으로 가로세로 동일 비율인 16×16픽셀 사이즈의 투명 이미지인 png 파일 형식으로 저장합니다.

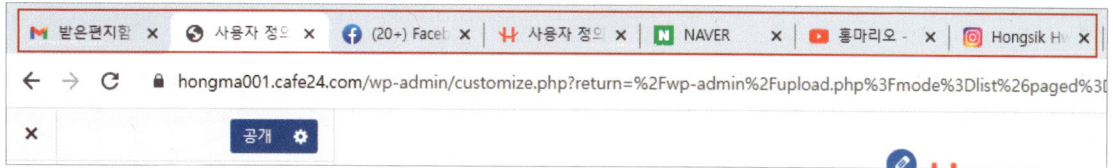

위 화면을 보면 왼쪽에서 두 번째 [사용자 정의하기] 현재 실습 사이트를 제외하고는 대부분 파비콘을 노출시키고 있습니다.

1 사이트 아이덴티티 왼쪽 메뉴 하단의 '사이트 아이콘' 영역에서 [이미지 변경] 버튼을 클릭합니다.

2 미디어 라이브러리 이미지들 중에 '02.favicon-1.png' 이미지를 선택하고 우측 하단에서 [선택] 버튼을 클릭합니다.

3 이미지 자르기 팝업이 보이면 우측 하단에 [자르게 건너뛰기] 버튼을 클릭합니다. 가로세로 비율이 동일한 이미지라 자르기 과정을 생략해도 됩니다.

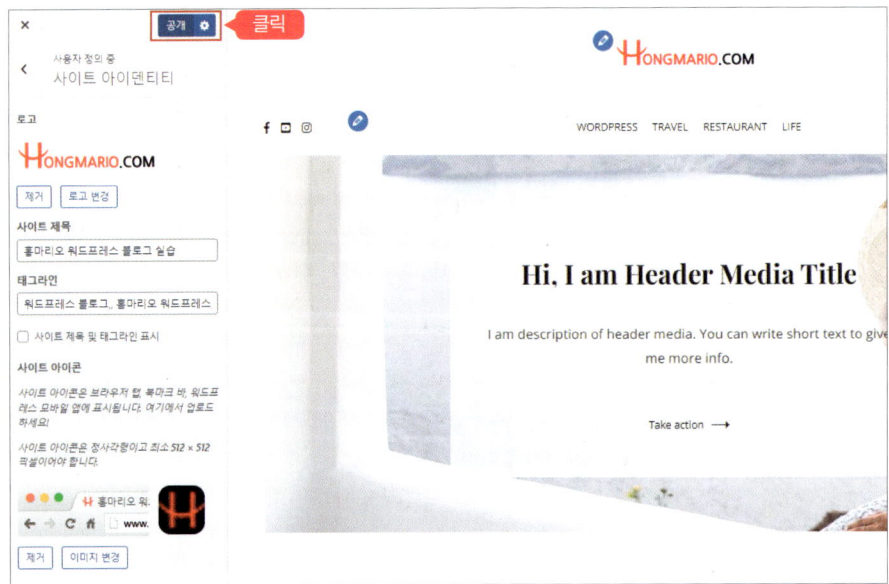

4 사이트 아이콘 이미지를 업로드 하면 위 화면처럼 로고와 사이트 아이콘 변경될 것을 확인할 수 있습니다. 마지막으로 왼쪽 상단의 [공개] 버튼을 클릭해서 마무리 합니다. 다시 이전 아이콘 클릭해서 이번에는 색상 메뉴로 이동합니다.

06-4 색상

마찬가지로 이전 아이콘 클릭해서 [색상] 메뉴로 이동합니다. 색상에서는 배경 색상을 변경하는 곳입니다. 배경 색상은 일반적으로 기본 흰색으로 사용하기 때문에 그대로 놔둡니다.

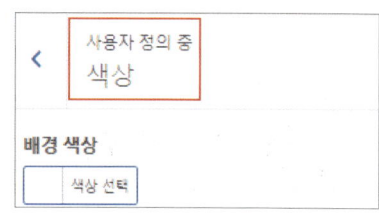

06-5 헤더 이미지

색상 아래 메뉴는 [헤더 이미지]입니다. 헤더 이미지는 일반 회사 홈페이지의 메인 슬라이드 영역을 말하는 곳으로 실습 예제에서는 메인 메뉴 아래에 들어갈 헤더 이미지를 선택하고 헤더 이미지 안에 들어갈 텍스트 내용을 입력하는 곳입니다. 메뉴 아래에 큰 이미지를 원하지 않으면 패스 해도 됩니다.

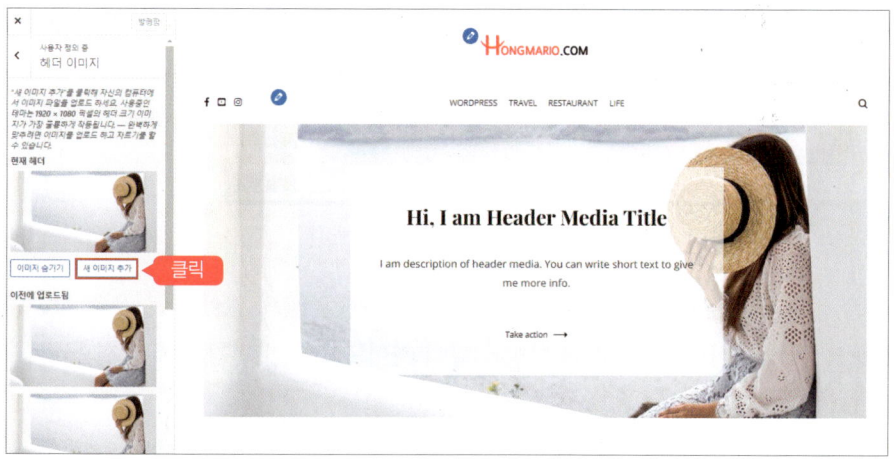

▲ 헤더 이미지 설정 화면

1 앞에서 [미디어 라이브러리]에 실습에 사용할 이미지들을 모두 업로드 했습니다. 그 중에서 메인 헤더에 사용될 이미지를 선택해 보겠습니다. 먼저 위 화면의 왼쪽 상단에 위치한 [새 이미지 추가] 버튼을 클릭합니다.

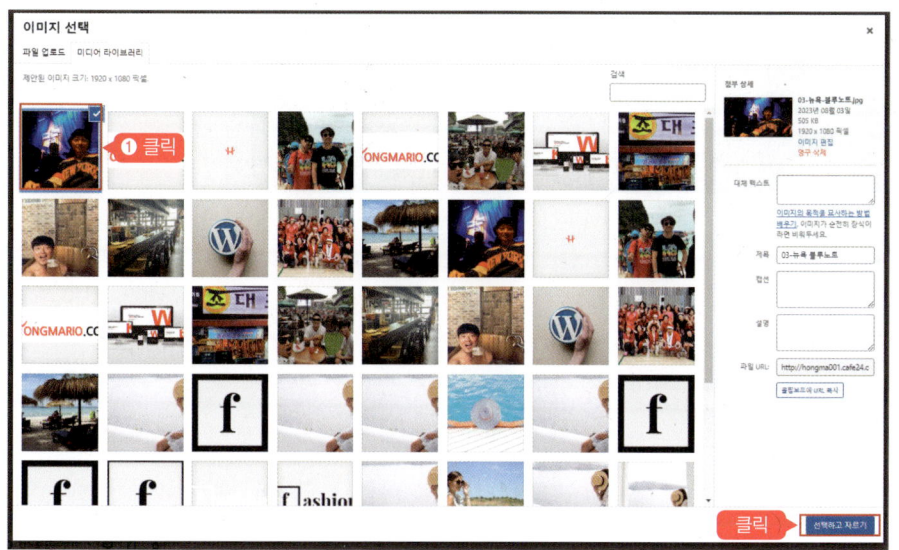

▲ 헤더 이미지 선택

❷ 미디어 라이브러리에 미리 업로드한 이미지 중 '03.뉴욕 블로노트' 이미지를 선택하고 우측 하단에 있는 [선택하고 자르기] 버튼을 클릭합니다. 여러분들은 사이트에서 권장하는 1920×1080과 유사한 사이즈의 다른 이미지로 진행해도 됩니다.

▲ 헤더이미지 자르기

❸ 상기 이미지는 1920×1080 픽셀 사이즈를 맞춘 이미지로 따로 수정할 필요 없이 바로 우측 하단의 [자르게 건너뛰기] 버튼을 클릭합니다. 그러면 아래 화면과 같이 사이트 화면이 변경된 것을 확인 할 수 있습니다.

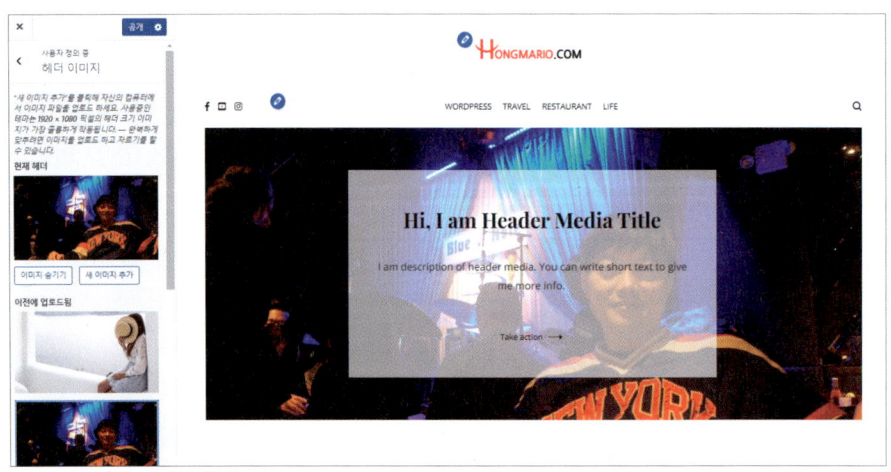
▲ 헤더이미지 이미지 변경

1 먼저 앞의 화면에서 기존 이미지를 삭제하기 위해 여자 모델 사진의 삭제 아이콘을 클릭해서 이전에 업로드됨 이미지 3개를 모두 삭제를 합니다. 만약에 헤더 이미지를 사용하지 않을 분들은 실습이미지를 업로드 하지 말고 이전 업로드된 이미지들 모두 삭제하면 됩니다.

2 Enable media info box(미디어 인포 박스 활성화)는 실습에서는 활성화 상태로 놔둡니다. 비활성화 시키면 아래 텍스트 입력 폼들이 사라지게 됩니다.

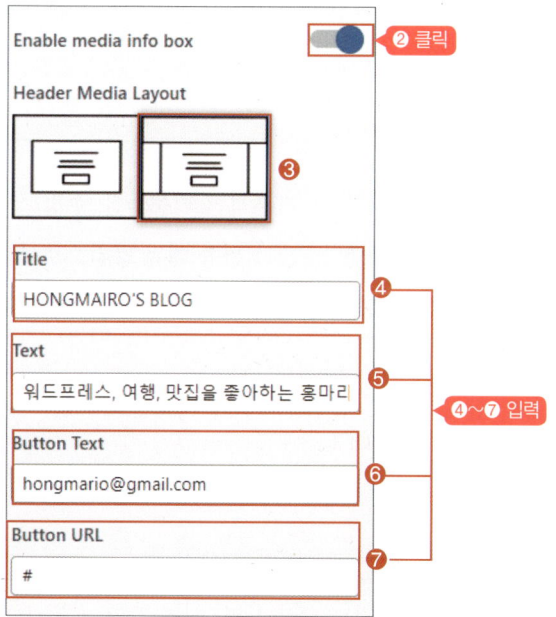

3 Header Media Layout(헤더 미디어 레이아웃)도 기본 상태로 놔둡니다.

4 Title(제목) : 'HONGMAIRO'S BLOG' 라고 입력합니다. 내용을 입력하면 우측 사이트 화면에서 글자가 진하게 표시됩니다. 여러분들은 다른 문구를 넣어도 됩니다.

5 Text(내용) : '워드프레스, 여행, 맛집을 좋아하는 홍마리오 입니다. 블로그 관련 문의는 이메일로 문의 바랍니다.' 마찬가지로 다른 문구를 넣어도 됩니다.

6 Button Text(버튼 내용) : 버튼에 표시될 내용을 입력합니다. 여기서는 본인 이메일 주소를 입력합니다. 생략해도 무방하고 전화번호나 다른 SNS를 입력해도 됩니다.

7 Button URL(버튼 링크 주소) : 이메일, 전화번호 처럼 링크가 필요없는 경우에는 기본 그대로 '#'으로 놔두면 되구요. Button Text에 입력한 내용이 연관된 링크 주소가 필요한 경우에는 링크 주소를 입력하면 됩니다.

8 위 단계가 모두 완료되면 왼쪽 상단에 [공개]를 클릭합니다.

06-6 배경 이미지

배경 이미지는 일반적으로 잘 사용하지 않는 항목입니다. 배경 이미지를 사이트 화면에 넣으면 아무래도 산만해 보이기 때문입니다. 실습 예제에서도 배경 이미지는 사용하지 않아서 여기서는 생략합니다.

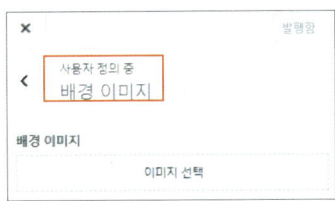

▲ 사용자 정의하기- 배경 이미지

06-7 메뉴

메뉴는 우리가 앞에서 설정한 [외모>메뉴]와 유사한 기능입니다. 여기서도 기본적인 기능들은 수정/삭제 등 편집이 가능하고 동일하게 적용됩니다. 하지만, 아무래도 편집하는 공간이 왼쪽 메뉴 공간으로 협소하고 메뉴 설정에 관해서 모든 것을 제어할 수 없으므로 [외모>메뉴]에서 정확하게 수정하는 것을 권장 드립니다

다만 사용자 정의하기 메뉴는 메뉴 수정에 따라서 우측의 실시간으로 사이트 화면과 비교할 수 있는 장점이 있습니다. 메뉴는 앞에서 자세히 설명했기 때문에 생략합니다.

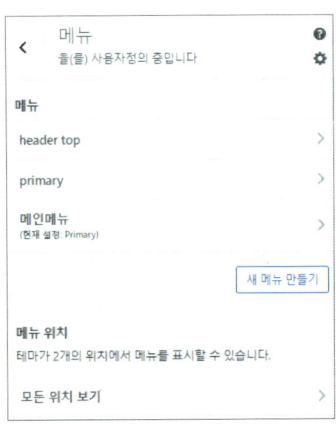

▲ 사용자 정의하기 – 메뉴

06-8 위젯

위젯도 앞의 '메뉴'와 동일하게 [외모 > 위젯]에서 주로 설정을 하는 메뉴입니다.

위젯은 주로 Sidebar(사이드바), Footer(푸터)를 설정하는 곳입니다. 위젯도 메뉴와 마찬가지로 설정 관련 내용은 다음 장 위젯에서 설명합니다.

06-9 홈페이지 설정

홈페이지 설정은 메인 페이지 BODY(바디)영역에 표시되는 콘텐츠를 최신 글로 보여줄 것인지 아니면 페이지로 보여줄 것인지 정하는 곳입니다. 일반적인 회사 홈페이지들은 메인 페이지를 페이지로 구성하기 때문에 '정적인 페이지'로 설정해야 하고, 지금 실습하는 블로그 홈페이지나 뉴스/매거진 등은 '최근 글'로 표시합니다.

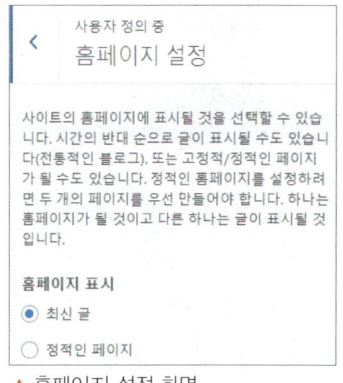

▲ 홈페이지 설정 화면

06-10 추가 CSS

추가 CSS는 화면에서 설명한 내용과 동일합니다. 사이트 모양이나 레이아웃을 변경하는 작업입니다. CSS는 초보자가 설정하기가 어려워서 본 실습에서는 생략합니다.

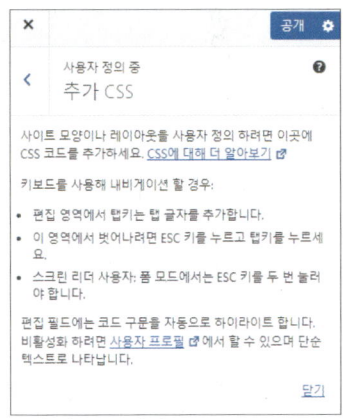

▲ 추가 CSS 화면

이제 사용자 정의하기가 모두 마쳤습니다. 사용자 정의하기 메뉴 왼쪽 상단의 닫기 아이콘을 클릭해서 다시 알림판으로 돌아옵니다.

07 _ 위젯 설정하기

위젯은 Sidebar(사이드바), Footer(푸터)를 설정하는 곳입니다. 사용자 정의하기에서도 기본 설정 가능하지만 세부적인 설정은 [외모 > 위젯]에서 설정해야 합니다.

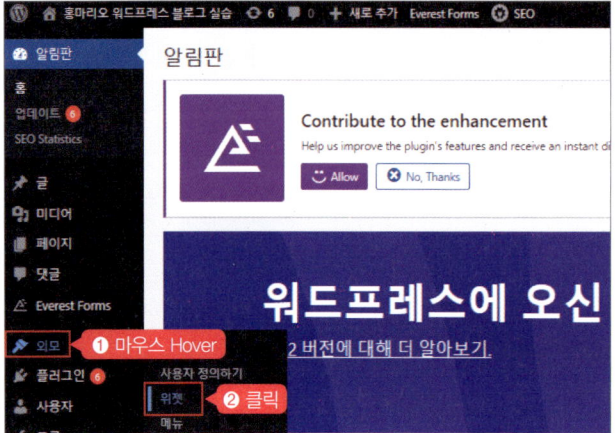

07-1 위젯 살펴보기

일반적으로 위젯은 사용할 수 있는 위젯 영역과 비활성화 위젯, 그리고 사이드바, 푸터로 구성됩니다. 알림판에서 외모 > 위젯을 클릭하면 아래 화면을 확인 할 수 있습니다. 아래 화면은 앞에서 설치를 진행한 '클래식 위젯 플러그인'을 설치해야만 보이는 화면입니다. 혹시 설치를 놓쳤으면 앞의 플러그인 설치 페이지에서 확인해서 진행 바랍니다.

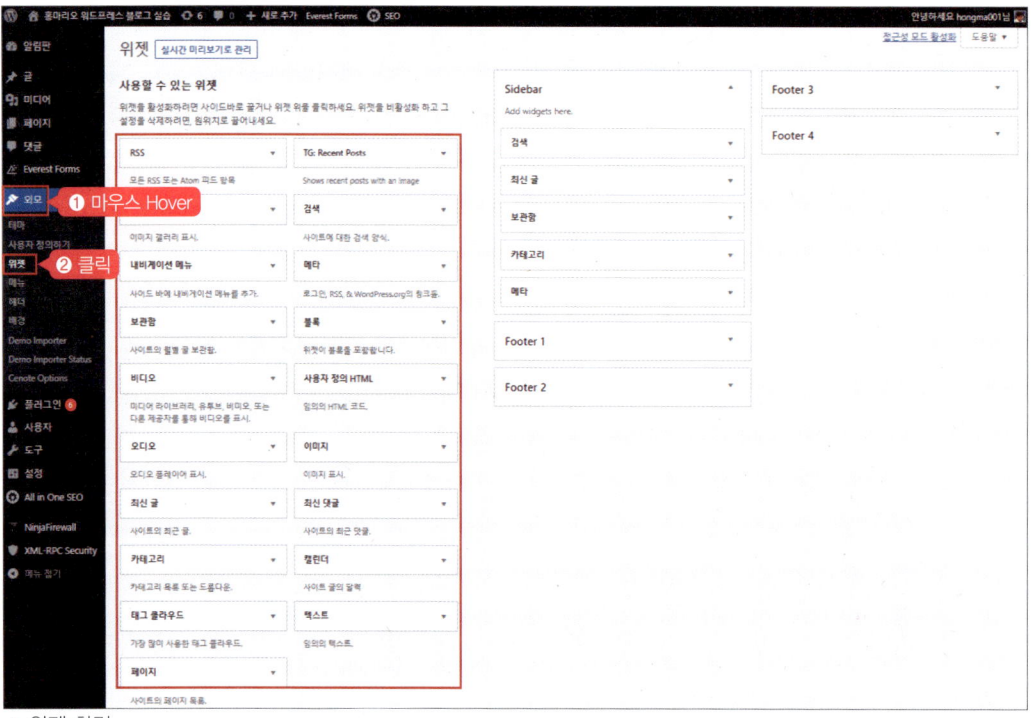

▲ 위젯 화면

위젯의 주요 기능에 대해서 설명하고 실습에 들어가도록 합니다.

1 **사용할 수 있는 위젯** : 마우스로 스크롤 내려보면 다양한 위젯들이 보입니다. 무료 테마들은 기본적인 위젯들을 보여주고 유료 테마들은 테마회사에서 직접 만든 위젯들이 추가로 보일 수 있습니다. 여기서 가장 많이 사용하는 위젯은 [텍스트] 위젯입니다. 이러한 위젯들은 마우스 드래그 앤 드롭을 통해 우측의 있는 Sidebar(사이드바) 또는 Footer(Footer(푸터)) 1~4에 추가할 수 있습니다.

2 **우측 Sidebar, Footer 1~4 영역** : 테마 옵션의 Sidebar(사이드바), Footer(Footer(푸터)) 에서 Footer(푸터)의 개수 등을 설정할 수 있으며, 현재 실습 사이트는 Demo Importer(데모 임포터)를 통해서 가져온 사이드바 1개와 Footer(푸터) 4개가 보입니다. 위젯 버튼 우측의 펼치기 아이콘을 클릭하면 해당 위젯의 설정 상태를 확인할 수 있습니다.

3 비활성화 위젯 : 일반적으로 사용하지 않는 위젯들을 삭제는 하지만 설정을 보존하는 역할을 합니다. 자주 사용하지 않은 기능입니다.

가령 위 화면에서 [Footer 4] 위젯의 설정인 'RECENT POST'은 마우스 드래그 앤 드롭을 통해서 비활성화 위젯 내 [비활성화 위젯 제거]로 이동하면 삭제되고 설정 내용은 보존됩니다.

07-2 위젯 설정하기

이제부터 Footer(푸터) 설정하기 실습에 들어가도록 합니다. 실습에서는 사이드바 일부와 푸터 영역 전체를 변경합니다.

사이드바

사이드바는 메인 보다 포스팅 상세 페이지를 확인할 때 우측의 노출됩니다. 실습에서는 '메타'만 삭제하고 나머지는 그대로 사용합니다. 먼저 현재 위젯에서 사이드바 영역을 확인합니다.

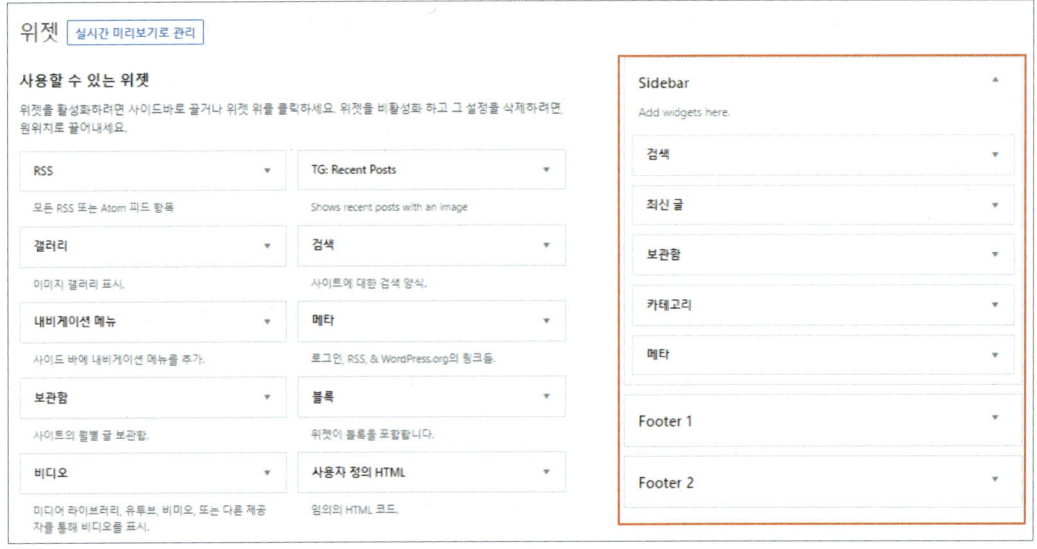

위 화면에서 사이드바를 보면 순서대로 ① 검색 ② 최신 글 ③ 보관함 ④ 카테고리 ⑤ 메타 순으로 되어 있습니다. 우선 현재 실습하고 있는 사이트 메인으로 가서 영어 제목 아무거나 클릭해봅니다.

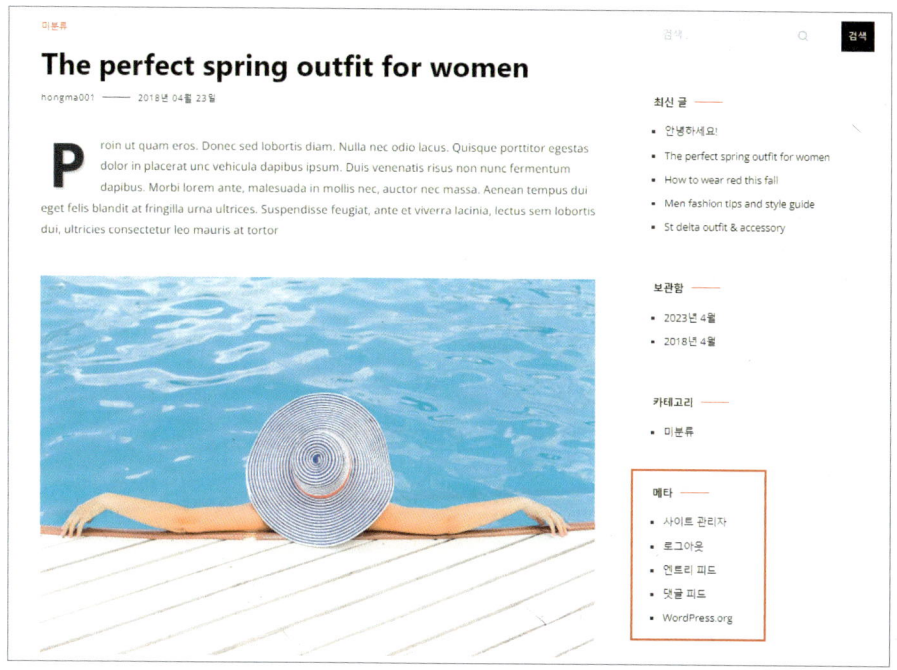

위 화면의 사이드바를 보면 사이드바가 순서대로 배열되어 있습니다. 여기서는 보관함과 메타는 거의 사용하지 않습니다. 특히 메타는 관리자 외에는 사용하지 않는 영역이기 때문에 삭제를 합니다.

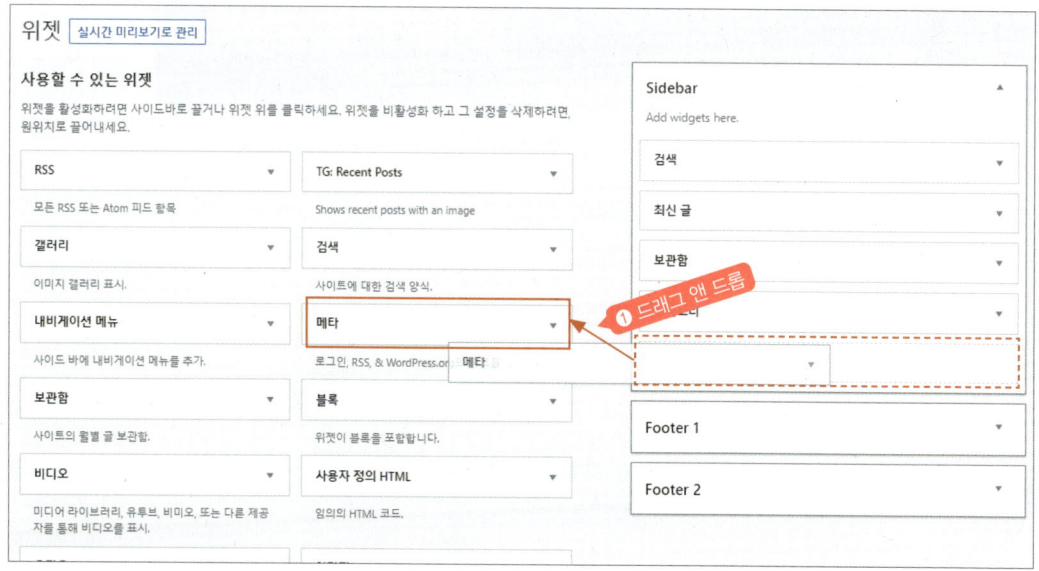

위 화면에서 보이는 [메타] 박스에 마우스를 대고 왼쪽으로 옮겨서 원래 사이드바 자리에서 벗어나면 자동으로 제외됩니다.

참고로 왼쪽의 사용할 수 있는 위젯 들 중에서 우측 사이드바로 옮겨갈 수도 있으니 참고 바랍니다.

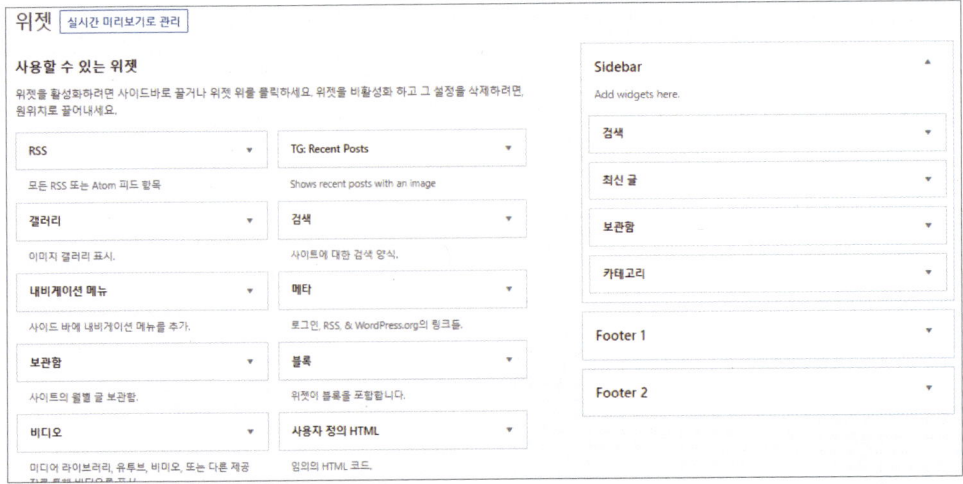

07-3 푸터 설정하기

Footer(푸터)는 웹사이트의 맨 아래에 위치하는 영역으로 위젯에서 설정 가능합니다.

먼저 실습 예제 사이트에서 완성된 Footer(푸터) 화면을 확인합니다.

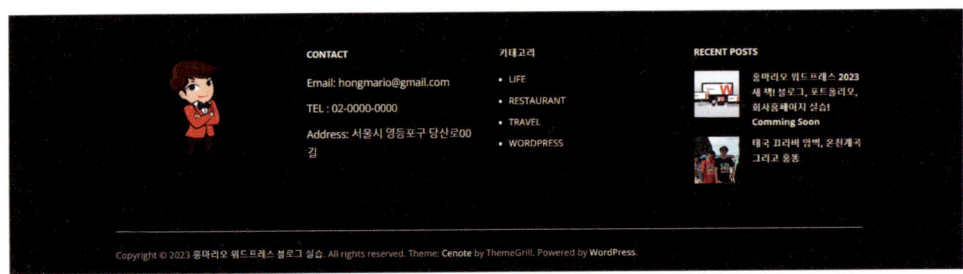

▲ 실습 예제 사이트 Footer 화면

위 화면을 보면 총 4개의 Footer(푸터)로 구성되어 있습니다. Footer(푸터)1에는 홍마리오 캐릭터 이미지가 삽입되어 있고, Footer(푸터)2에는 카테고리, Footer(푸터)3에는 CONTACT , Footer(푸터) 4에는 RECENT POST(최근 글)이 보입니다. 위 화면과 같이 설정해 보겠습니다.

푸터 1 설정하기

먼저 Footer 1 위젯의 우측 펼치기 아이콘을 클릭하고 텍스트도 마찬가지로 펼쳐주면 아래 왼쪽 화면과 같이 보입니다.

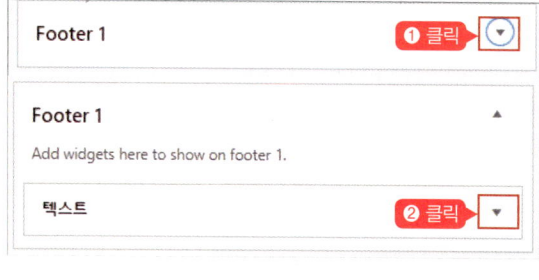
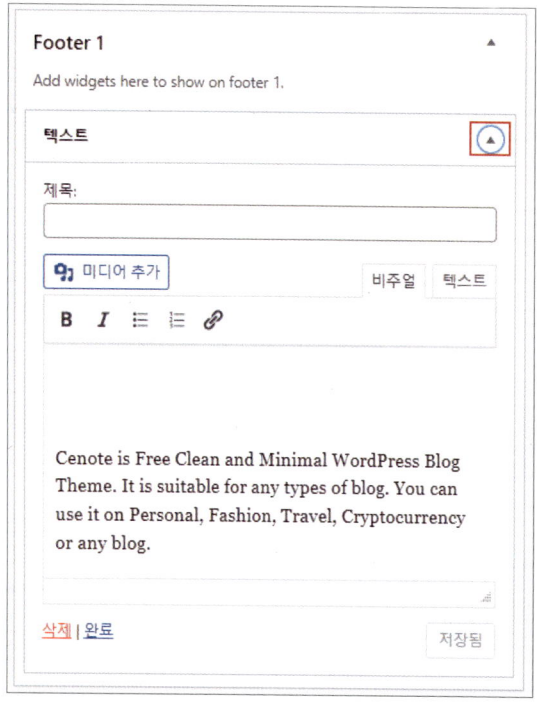

1 Footer1 위젯 우측 끝에 펼치기 아이콘이 있습니다. 펼치기 아이콘을 클릭하면 위 화면 왼쪽 두 번째 화면처럼 '텍스트' 위젯이 보입니다.

2 텍스트 위젯이 보이면 다시 펼치기 아이콘을 클릭하면 위 화면 우측처럼 텍스트 위젯의 내용들이 보입니다.

텍스트 제목은 비어있고, 본문에는 영문이 적혀 있는데요. 마우스로 모두 선택하고 키보드의 Delete 키를 눌러서 삭제시킵니다. 그리고 제목과 본문 사이에 있는 [미디어 추가] 버튼을 클릭합니다.

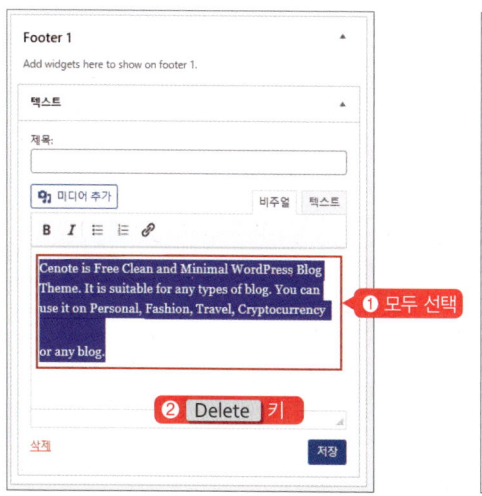
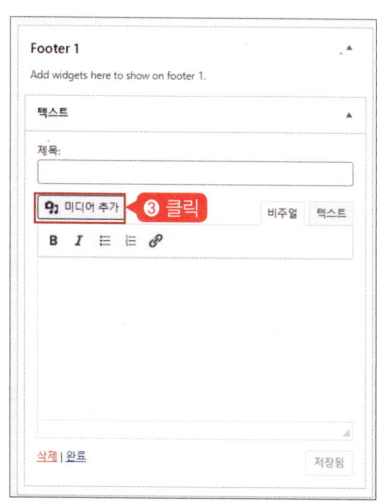

3 미디어 추가를 클릭하면 아래 화면이 보입니다. 이미지 중에서 홍마리오 캐릭터 이미지(04-character.png)를 선택하고 우측 하단의 [글에 삽입하기] 버튼을 클릭합니다.

4 이미지를 삽입하면 기본 설정은 정렬이 없는 상태로 됩니다. 마우스로 이미지를 클릭하면 아래 화면처럼 정렬을 선택할 수 있습니다. 여기서 '중앙 정렬'을 선택하고 우측 하단에 [저장] 버튼을 클릭하고 Footer1 설정을 마칩니다.

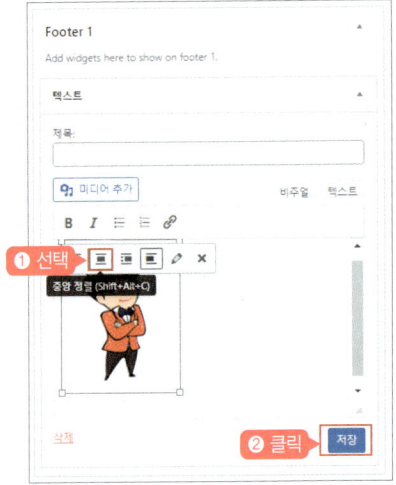

푸터 2 설정하기

푸터 2 위젯을 펼쳐보면 '태그 클라우드'로 설정되어 있습니다. 태그를 사용하기 위해 그냥 그대로 놔둬도 되지만 태그가 많아지면 아래로 수없이 길어져서 보기가 싫으니 태그는 삭제하고 대신 텍스트 위젯으로 contact 정보를 입력하도록 합니다.

1 태그 클라우드 위젯을 선택해서 앞에서 사이드바의 '메타' 위젯을 삭제한 것처럼 왼쪽으로 드래그 앤 드롭을 해서 버립니다. 왼쪽의 '사용할 수 있는 위젯'영역 하단에 '텍스트' 위젯을 마우스로 선택해서 Footer 2 영역안으로 드래그 앤 드롭으로 넣습니다.

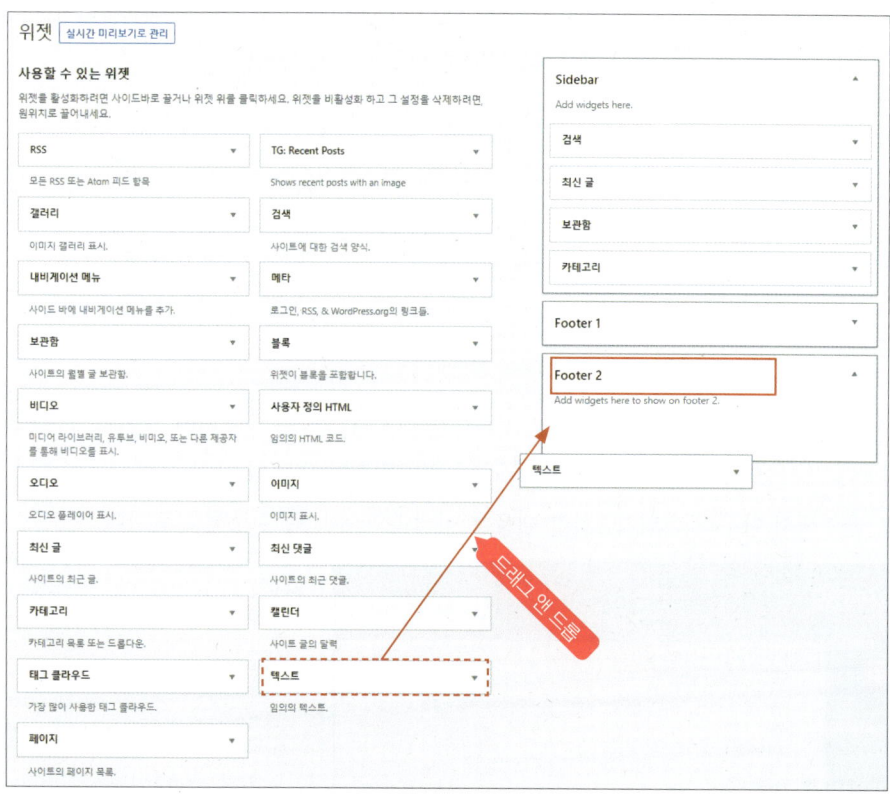

2 텍스트 위젯이 들어갔으면 우측의 펼치기 아이콘을 클릭해서 화면처럼 펼쳐줍니다.

3 제목에 'CONTACT'라고 입력하고 새 창에서 실습 예제 사이트(http://hongmarioblog.co.kr)에 접속합니다. 여기서 작업하던 창은 닫지 말고 위젯 화면은 그대로 놔두고 진행합니다.

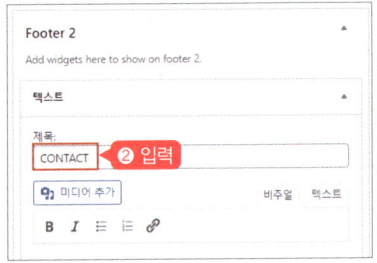

4 실습 예제 사이트의 푸터 영역으로 가서 CONTACT 아래 영역의 텍스트를 드래그해서 선택 후 우클릭 후 복사 메뉴를 선택해 복사한 후 앞에서 작업하던 Footer 2의 텍스트 영역의 본문 부분에 붙여넣기를 하고 [저장] 버튼을 클릭해서 마무리 합니다. 입력 내용은 여러분의 정보로 수정해도 됩니다.

푸터 3 설정하기

푸터 3 위젯을 펼쳐보면 '카테고리'로 설정되어 있습니다. 실습에서는 카테고리 그대로 사용하기 때문에 Footer 3은 그대로 놔둡니다.

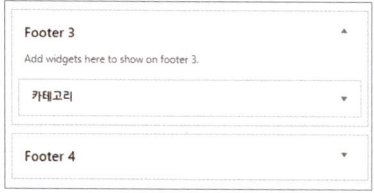

푸터 4 설정하기

푸터 4 위젯은 [TG: Recent Posts: RECENT POST]로 설정되어 있습니다. 실습 예제 사이트의 푸터 화면을 다시 확인합니다.

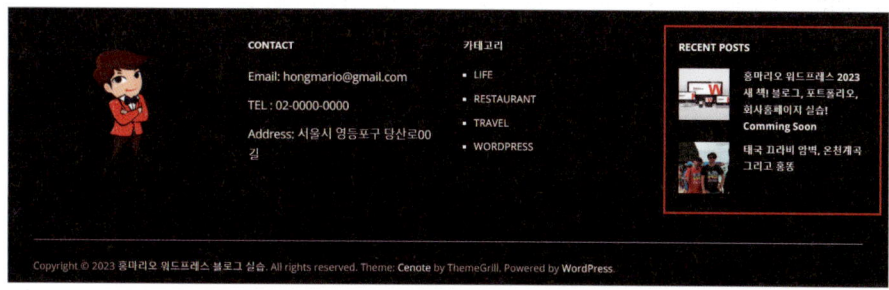

위 화면에서 Footer 4 영역의 최근 포스트는 2개로 설정되어 있습니다. 만약 3개면 아래로 밀리게 되어 왼쪽 Footer 1~3과 높낮이가 맞지 않기 때문에 2개만 설정합니다.

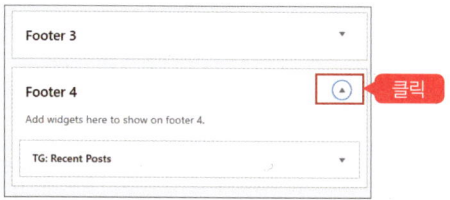

1 Footer 4의 'TG: Recent Posts: RECENT POST' 위젯의 우측 펼치기 아이콘을 클릭해서 펼쳐줍니다. 화면을 보면 'Number of posts to show'에 숫자 '3'이 기본으로 되어 있습니다.

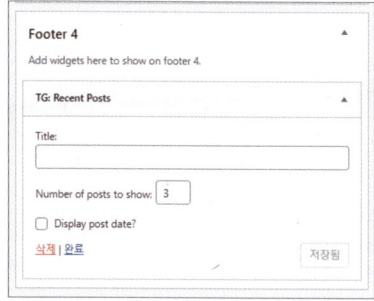

2 'Number of posts to show'에 숫자를 '2'로 바꾸고 [저장] 버튼을 클릭해서 마무리 합니다.

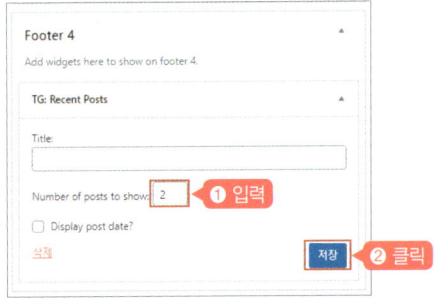

위젯 영역은 푸터 각각에서 저장을 했기 때문에 따로 저장하지 않고 나가도 됩니다. 알림판 왼쪽 상단의 홈페이지 제목을 클릭해서 메인의 푸터를 확인합니다.

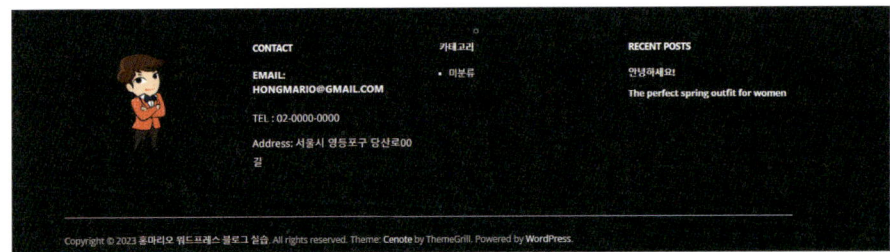

08 _ 글 작성 및 SEO 최적화

이제 블로그 실습의 마지막 단계인 글 영역을 실습합니다.
진행 순서는 다음과 같습니다.
❶ 제목 작성 ❷ 본문내용 작성(텍스트, 소제목, 동영상삽입, 링크, 이미지 삽입) ❸ 카테고리 체크 ❹ 태그 삽입
❺ 글 속성 ❻ Choose Layout ❼ 특성 이미지 ❽ 공개

실습에서는 실습 예제 사이트에서 카테고리별로 최소 1개 이상 작성하고 마지막에 구글 SEO 최적화를 위한 실습을 진행하도록 합니다.

08-1 실습 예제 글 카테고리별로 작성

먼저 알림판에서 기존 데모에서 가져온 글들을 모두 삭제하고 진행합니다.

1 사이트 화면에서 왼쪽 상단 제목을 클릭하거나 '본인계정.mycafe24.com/wp-admin'으로 접속해서 알림판으로 접속한 다음 '글'을 클릭합니다. 데모에서 가져온 글 목록 15개가 보입니다. 이제 '일괄 작업' 선택 박스 아래 '제목' 앞 체크 박스에 체크를 합니다.

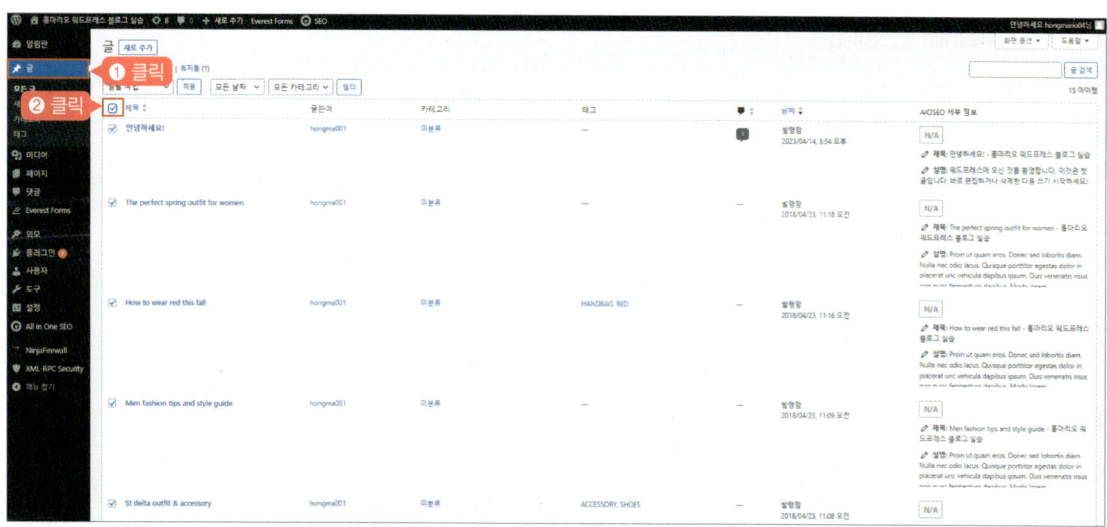

2 다음은 '일괄 작업' 선택 박스에서 '휴지통으로 이동'을 선택하고 우측의 '적용' 버튼을 클릭합니다.

❸ 글을 새로 추가하기 위해 알림판 메뉴(글>새로 추가) 또는 글 제목 우측 [새로 추가] 버튼을 클릭합니다. 현재까지 작업한 상태에서 새 창을 열어서 실습 예제 사이트(https://hongmarioblog.co.kr)로 이동합니다.

❹ 실습 예제 사이트 메뉴에서 'wordpress'를 클릭 합니다. 워드프레스 관련 글들이 보입니다. 위 화면 우측 세 번째 '워드프레스 개요, 종류, 설치형 워드프레스'를 클릭합니다.

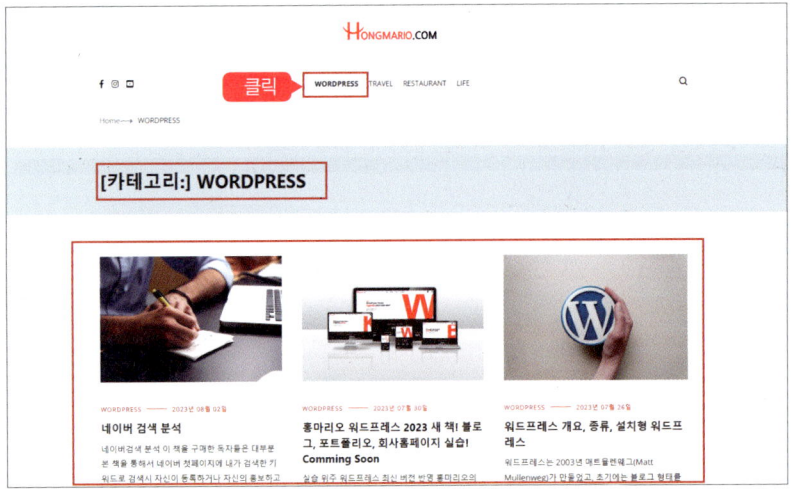

❺ 제목을 마우스로 드래그해서 '복사'를 클릭해서 작업하던 창으로 이동을 합니다.

6 새 글 추가 화면에서 제목 영역에 '워드프레스 개요, 종류, 설치형 워드프레스'를 붙여넣기 합니다.

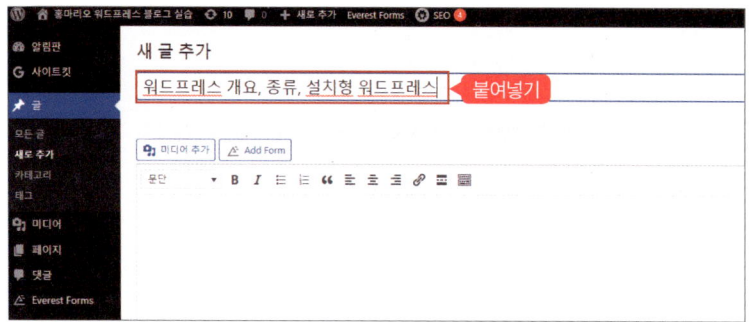

7 다시 새 창에 있는 실습 예제 사이트의 워드프레스 포스팅 화면으로 이동을 해서 이번에는 소제목(워드프레스의 개요)부터 본문 글 내용 일부를 복사합니다.

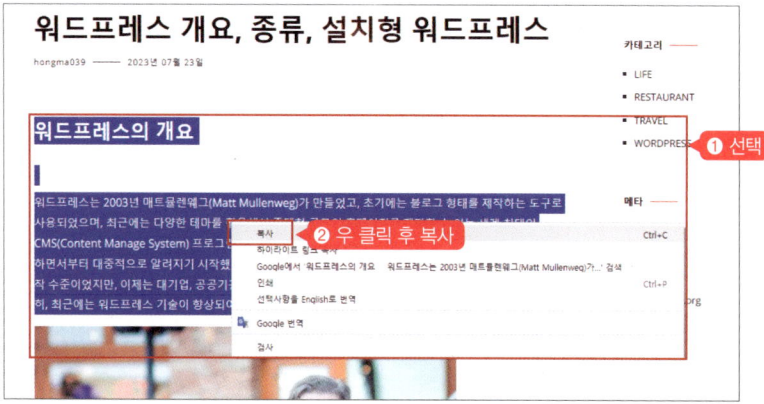

8 복사한 내용을 붙여넣기로 본문 내용에 채웁니다. 나머지 본문 내용은 생략하고 우측 사이드바에서 카테고리로 이동한 다음 'WORDPRESS' 앞 체크 박스에 체크를 합니다.

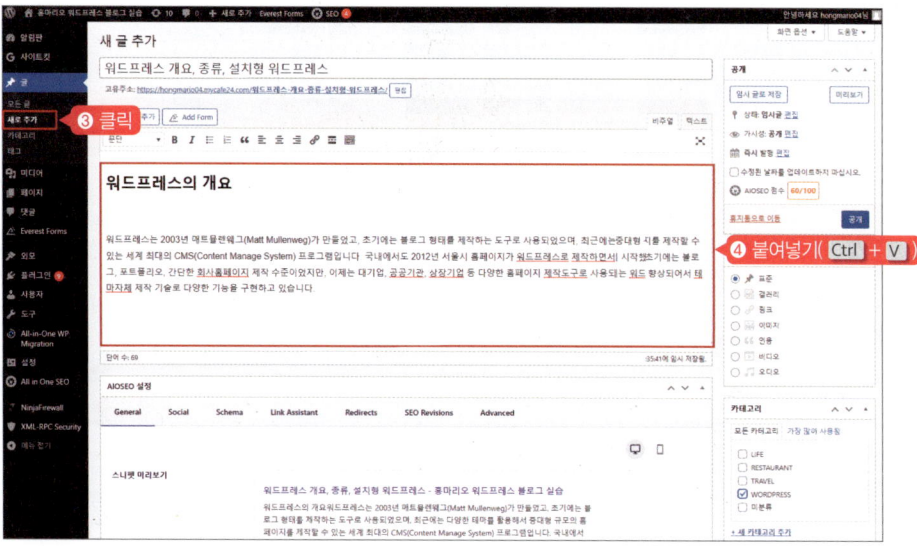

2장_블로그 제작 실습 157

9 태그에 '워드프레스, 설치형 워드프레스, 워드프레스 종류'라고 입력 후 우측의 [추가] 버튼을 클릭합니다. 그러면 태그가 추가되었고, 우측 사이드바 맨 아래에 있는 '특성 이미지 설정'을 클릭합니다.

10 미디어 라이브러리 창이 보이면 워드프레스 이미지를 선택하고 우측 하단에 [특성 이미지 설정]을 클릭합니다.

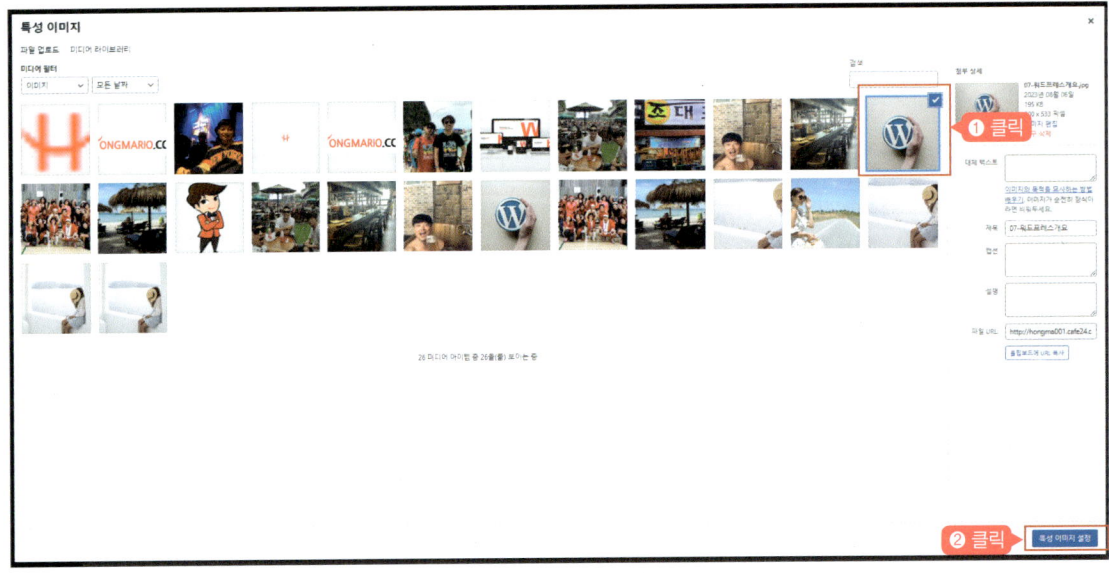

⑪ 특성 이미지 영역에 방금 선택한 이미지가 보입니다. 마지막으로 우측 상단에서 [공개]를 클릭합니다. 작업 진행에 따라서 [업데이트]로 보일수도 있습니다. [공개] 또는 [업데이트]를 클릭하면 글 작성이 완료됩니다.

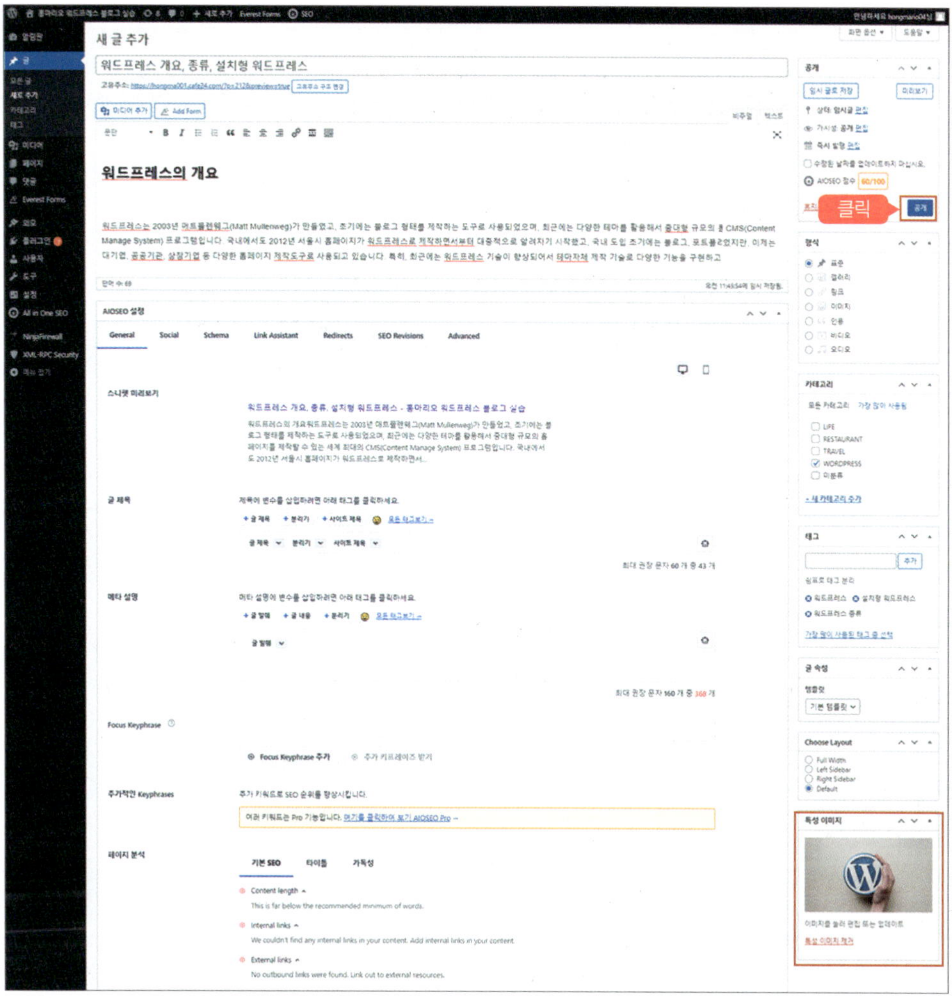

⑫ 방금 작업한 동일한 방법으로 각 카테고리 별로 글 1개씩 작성합니다. 다음은 실습 예제 메인화면에서 TRAVEL을 클릭합니다.

⑬ TRAVEL 메뉴를 클릭하면 여러개의 제목이 보입니다 두 번째 '인도네시아 자카르타…'으로 작업합니다. 참고로 '태국 끄라비…'는 SEO 최적화 실습 때 참고로 진행할 예정입니다.

14 앞에서 진행한 방법과 동일하게 카테고리 별로 1개씩 작성을 합니다. 아래 표를 참고해서 진행 바랍니다.

NO	카테고리	제목	URL	특성이미지
1	WORDPRESS	워드프레스 개요, 종류, 설치형 워드프레스	https://hongmarioblog.co.kr/wp	07-워드프레스개요.jpg
2	TRAVEL	인도네시아 자카르타, 워드프레스 미팅, 쿠알라룸푸르	https://hongmarioblog.co.kr/indonesia	10.인도네시아_자카르타여행.jpg
3	RESTAURANT	남영역, 숙대입구 줄서는 고기 맛집 - 조대포	https://hongmarioblog.co.kr/jodaepo	11.남영역맛집_조대포.jpg
4	LIFE	커뮤니티 연합 시솝클럽 대표 홍마리오	https://hongmarioblog.co.kr/hongmario	06-커뮤니티 홍마리오.png

15 위 표를 참고해서 실습을 진행하고 사이트 메인화면으로 가면 위 화면처럼 보입니다. 이제 구글 SEO 최적화 실습을 진행합니다. 혹시나 실습 진행이 잘 안되면 홍마리오 유튜브 채널(https://www.youtube.com/@hongmario)의 본 예제 실습을 참고 바랍니다.

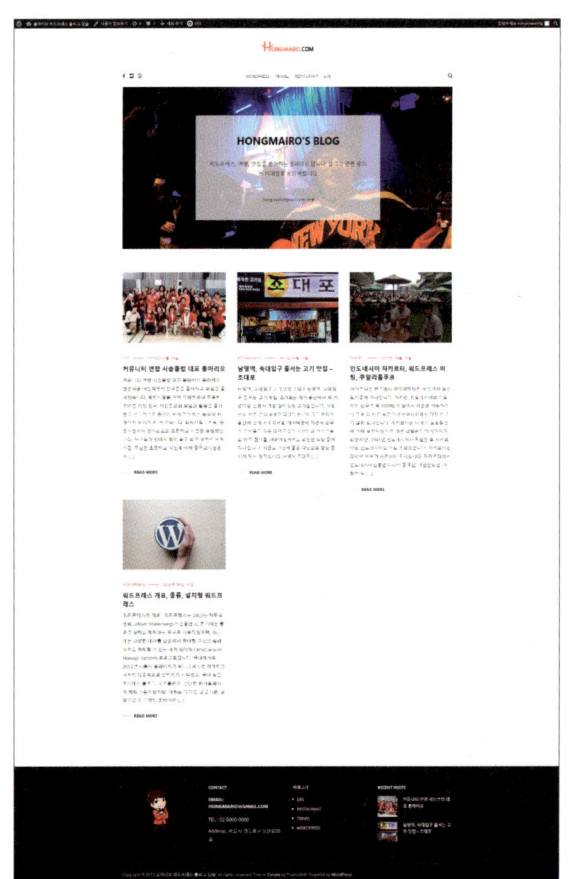

08-2 구글 SEO 최적화를 위한 블로그 글 작성

구글 SEO 실습을 하기 위해 앞에서 실습했던 블로그 실습 예제 사이트에 접속해서 '이집트 여행 후기'를 클릭해서 SEO 실습을 진행합니다. 실습을 진행하기 전에 플러그인을 설치해야 합니다. 플러그인은 두 가지로 실습해 보겠습니다.

그리고 워드프레스 SEO 실습을 하기에 앞서 다시 구글 SEO 팩트를 다시 한번 살펴보겠습니다.

NO	제목	내용
1	양질의 콘텐츠	양과 질을 만족하는 콘텐츠 생성
2	백 링크 활용	타 사이트, 블로그, 뉴스 활용 백 링크 적용
3	콘텐츠의 기술	제목, 포스팅, 이미지 태그 등에 기술 적용
4	링크 활용	내부 링크와 외부링크 활용
5	글자수 길게, 경험담	최소 1,500 글자 이상, 자신의 경험 위주의 글 작성
6	SEO 플러그인 활용	All in one SEO Pack, Yoast SEO 플러그인 활용
7	키워드 선정	최적 키워드 선정
8	HTTPS 적용	SSL 보안서버 적용
91	페이지 속도	빠른 페이지 접속 속도 유지
10	모바일 최적화	모바일 반응형 홈페이지

▲ 구글 SEO 에 영향을 주는 10가지 팩트

실습에서 체크 또는 직접 해볼 수 있는 영역은 3번~7번까지입니다. 그럼 지금부터 하나씩 체크하면서 실습을 진행해 보겠습니다.

워드프레스 구글SEO 실습 관련해서는 홍마리오 유튜브(https://www.youtube.com/@hongmario)를 참고하면 더욱 자세히 알 수 있습니다.

| 구글 SEO 실습 | https://youtu.be/2r6CfP-B1Ho |

제목 작성

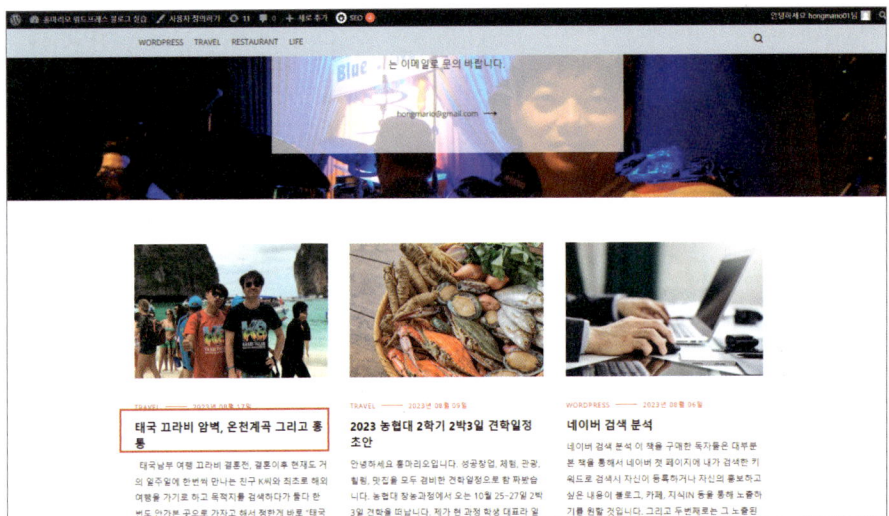
▲ 실습 예제 사이트에서 첫 번째 글

또는 해당 글 URL(https://hongmarioblog.co.kr/krabi)을 입력해서 바로 접속해도 됩니다. 실습에서는 기존 실습 사이트와 비슷하게 '태국 끄라비 암벽 온천 계곡'이라고 입력합니다.

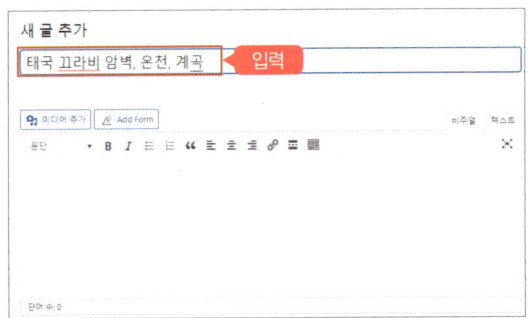

여기서 제목을 그냥 '끄라비 여행'이라고 잡으면 될 텐데 왜 이렇게 길게 적었을까요? 해답은 구글에서 검색해보면 알 수 있습니다.

검색 시기에 따라 다르겠지만 글 작성 후 약 구글에서 '태국 끄라비 암벽 계곡'이라고 검색하면 위 화면처럼 최상위에 노출됩니다. 그리고 '태국 끄라비 홍똥. 검색시, 첫 번째 노출, '태국 끄라비 암벽 온천' 검색시 두 번째 노출됩니다.

다시 말해 제목에 키워드를 1개보다 2, 3개가 유리하고, '태국 끄라비', '태국 끄라비 여행' 같은 인기 키워드 보다는 한 단계 낮은 키워드로 구글에서 첫 페이지 노출시키는 것이 검색 노출에 유리하다는 것입니다.

본문 소제목, 리스트 작성

블로그에서 가장 중요한 본문 내용(글 편집) 작성을 합니다. 워드프레스 글쓰기에서 본문 입력은 일반 네이버 블로그, 티스토리 블로그와 유사합니다. 글, 이미지, 동영상 등이 들어가고 각 요소별로 링크 등을 설정 할 수 있습니다. 실습에서는 쉽게 따라하기 위해 홍마리오의 태국 끄라비를 실습으로 진행하지만 여러분들은 여러분들이 원하는 글로 편집해도 됩니다.

본문 작성을 위해 실습 사이트처럼 소제목을 작성합니다. 본문에서 소제목을 작성하는 이유는 워드프레스에서 구글 SEO에 유리하기 때문입니다. 구글은 글 내용에서 대 제목, 소 제목 1), 2), 3)… 등으로 분류하는 글들을 좋아합니다.

1 본문에 '태국 끄라비 여행'이라고 입력합니다.

2 '태국 끄라비 여행'에 마우스로 드래그해서 전체 선택을 한 다음 위에 '문단' 선택 박스를 클릭합니다. 문단 아래 헤딩 크기에 따라 여러 개가 보입니다. 중간 사이즈인 '헤딩 3'을 선택합니다. 참고로 헤딩은 글자 크기를 지정하는 html 태그에서 〈h1〉〈h2〉…, 〈h6〉로 표시됩니다. 숫자가 낮을수록 글자 크기가 작습니다.

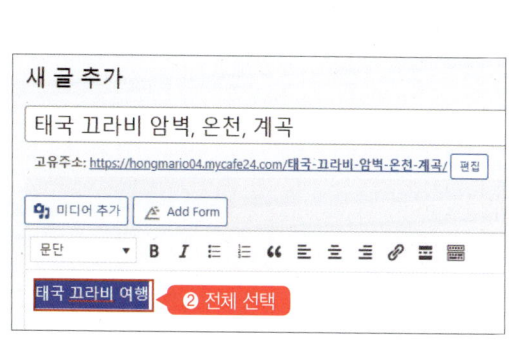
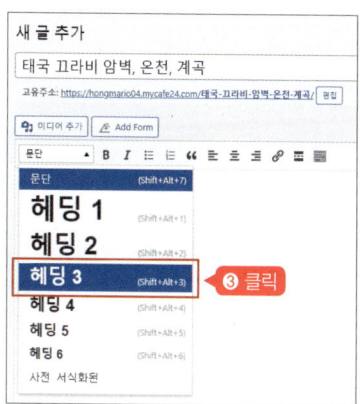

3 '태국 끄라비 여행' 글자가 진하게 표시되고 글자가 커졌습니다. 다음은 리스트를 만들어 보겠습니다. 소제목 아래 '1일차' 입력 후 엔터, '2일차' 입력 후 엔터 해서 위 화면처럼 3개의 글을 작성합니다. 다음은 마우스로 드래그 한 다음 상단에 블릿 목록 아이콘을 클릭합니다.

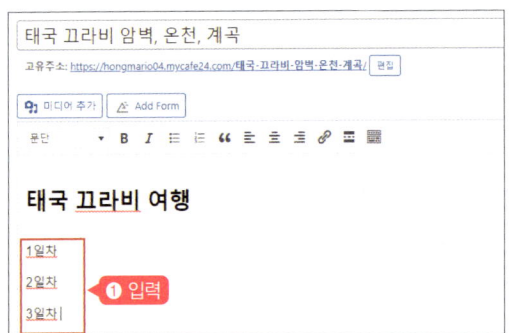

4 리스트가 완성되었습니다. 워드프레스 글 작성 시 리스트로 구분하면 독자가 보기도 편하고 html <li>태그가 추가되어 구글 SEO에 좋은 영향을 주게 됩니다.

외부링크 삽입하기

다음은 본문에 외부링크를 삽입해 보겠습니다.
먼저 실습 예제 사이트의 끄라비 여행글(https://hongmarioblog.co.kr/krabi)에 접속해서 본문 상단 내용 일부를 복사합니다.

1 새 창을 열어서 실습 예제 사이트의 끄라비 여행글(https://hongmarioblog.co.kr/krabi)에 접속을 해서 위 내용을 복사합니다.

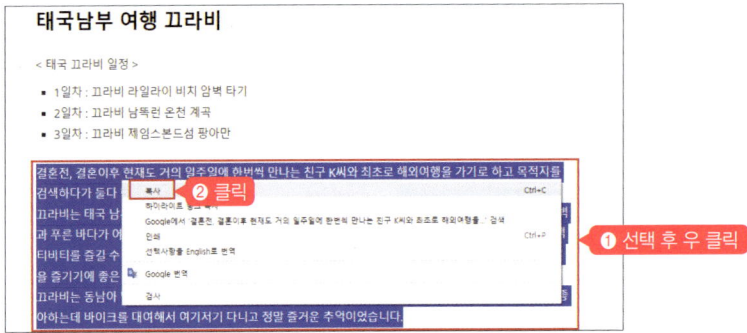

2 앞에서 작성한 글 중 마우스 커스 위치가 '3일차' 뒤에 있으면 키보드 Enter 를 3번 누르면 앞에 리스트 표시가 없어지고 마우스 커서가 앞으로 이동한 상태에서 앞에서 복사한 글을 붙여넣기 합니다.

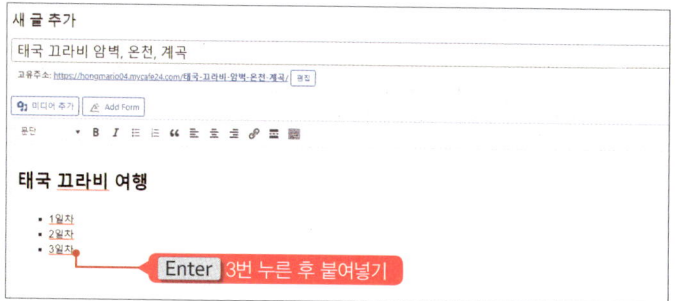

3 본문 내용이 채워졌습니다. 내용 중 '끄라비'라고 적힌 텍스트에 마우스로 드래그해서 위 화면처럼 파란색으로 표시된 상태에서 글 편집창 위에 보면 링크 아이콘이 있습니다. 링크 아이콘을 클릭합니다.

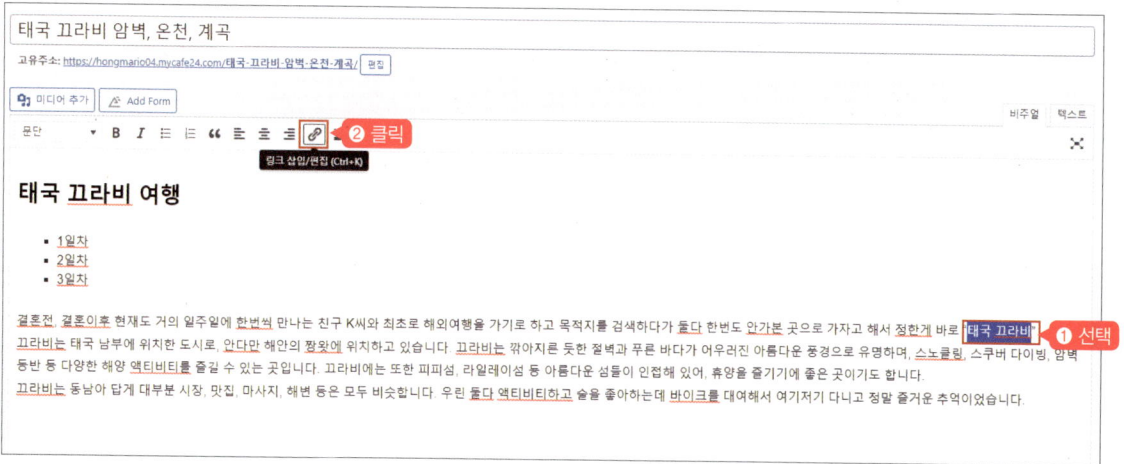

4 링크 아이콘이 본문에 표시됩니다. 이제 새 창을 열어서 구글에서 '끄라비'라고 검색을 합니다.

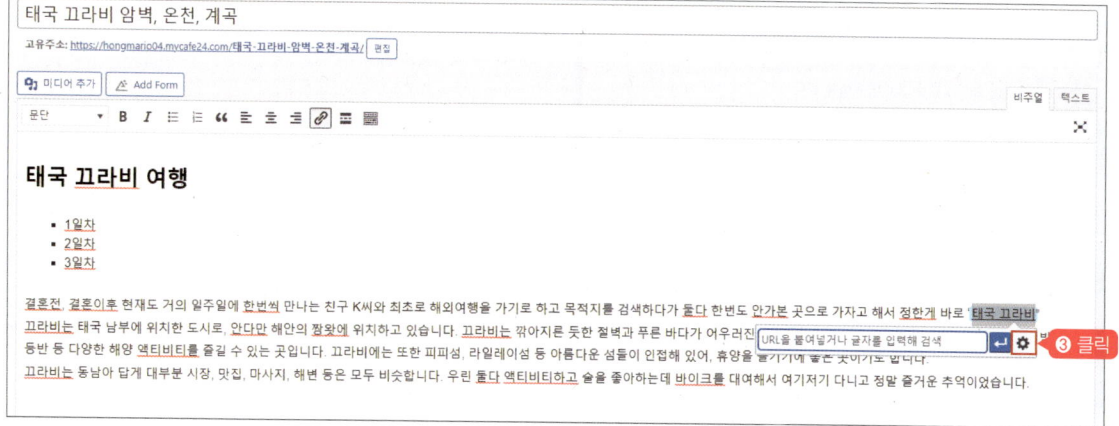

5 구글에서 '끄라비'라고 검색한 결과중에 두 번째 태국관광청 제목에 마우스 우클릭을 해서 보이는 '링크 주소 복사'를 클릭을 하고 앞에서 작업하고 있던 작업창으로 이동합니다.

6 링크 아이콘 클릭해서 보이는 창에서 링크 설정 아이콘을 클릭합니다.

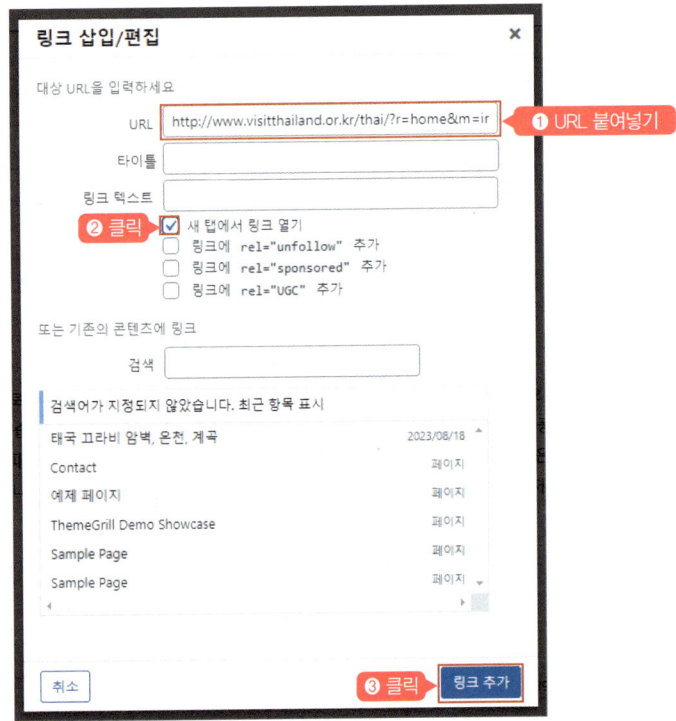

7 외부링크 삽입이 완료되었습니다. 워드프레스 글쓰기에서 외부링크는 최소 1개 이상 설정하는 게 구글 SEO에 유리합니다. 블로그 독자들을 이해를 돕기 위해 필요한 자료는 외부링크를 적절히 이용하기 바랍니다.

본문에 유튜브 삽입

다음은 글 편집창에 유튜브를 삽입해 보겠습니다. 유튜브를 포스팅 할때는 저작권에 문제되지 않는 영상이어야 합니다. 실습에서는 유튜브에서 '홍마리오 끄라비'라고 검색해서 진행합니다.

1 새 창에서 유튜브를 접속하고, 유튜브에서 '홍마리오 끄라비'라고 검색합니다. 2개의 영상이 보입니다. 둘 중 아무거나 제목에 마우스 우클릭해서 보이는 '링크 주소 복사'를 클릭합니다.

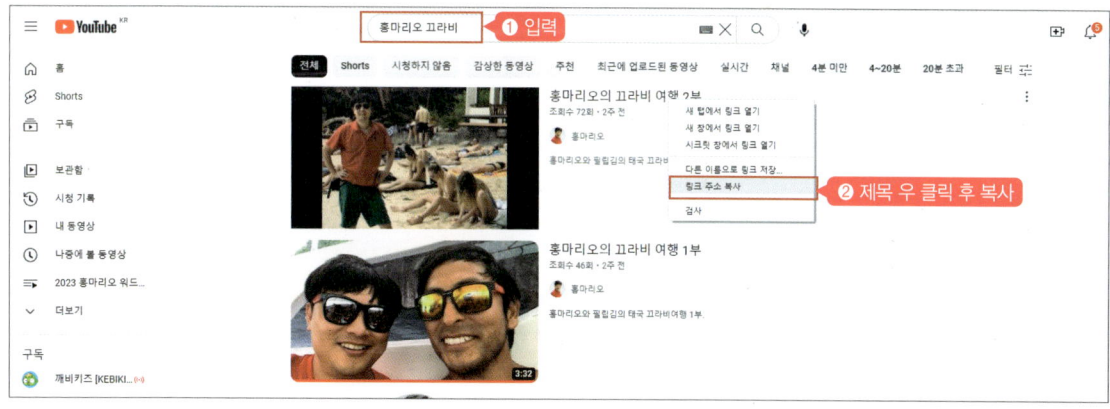

2 다시 작업 창으로 이동해서 본문 글 아래 마우스 커스를 대고 마우스 우클릭해서 붙여넣기 메뉴를 선택합니다.

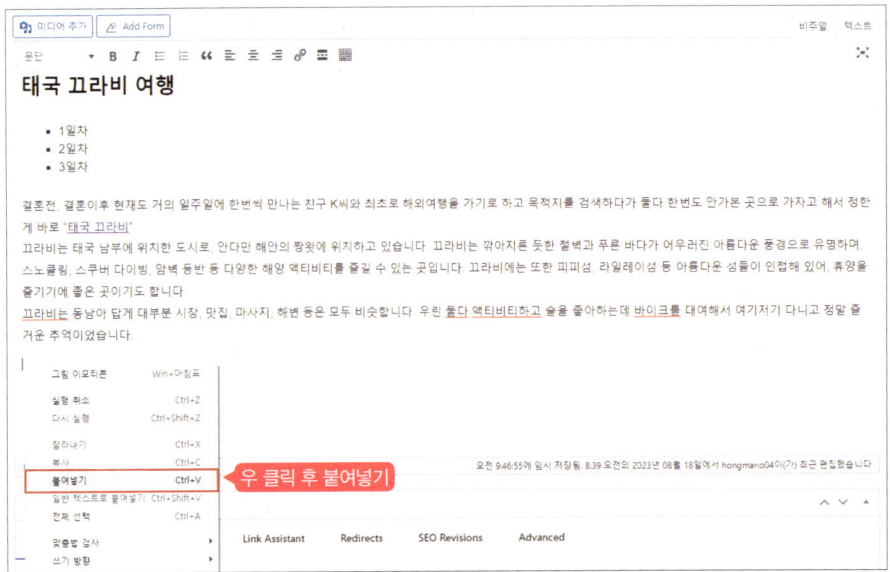

3 유튜브 영상 삽입이 완료되었습니다.

본문에 이미지 삽입

이제 본문에 이미지를 삽입해 보겠습니다.

1 유튜브가 삽입된 아래 에 보면 본문에 공백이 있습니다. 마우스로 빈 공간 왼쪽에 찍으면 마우스 커서가 위치합니다. 여기 위치에 우선 실습 예제 사이트의 태국 끄라비 포스팅(여행글(https://hongmarioblog.co.kr/krabi))에서 본문 일부를 복사〉붙여넣기 합니다.

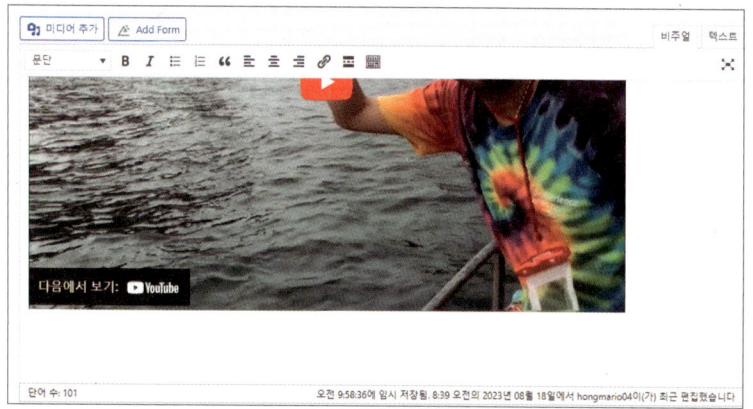

2 실습 예제 사이트의 끄라비 글에서 중간쯤에 가면 '끄라비 007 제임스본드 섬' 제목부터 아래 이미지 위에까지 복사를 합니다.

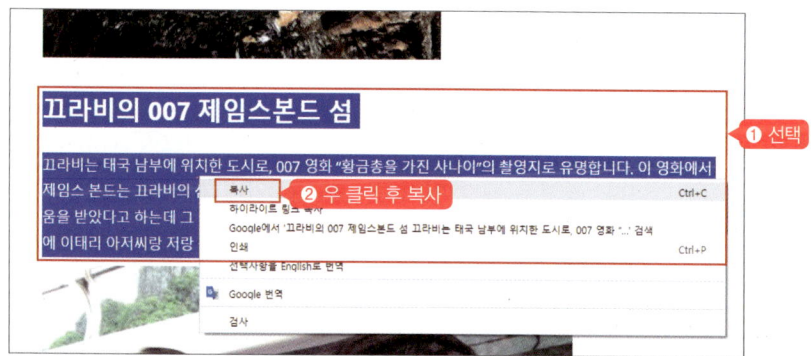

3 작업창으로 돌아와서 유튜브 영상 아래 마우스 커서를 대고 '붙여넣기'를 진행합니다.

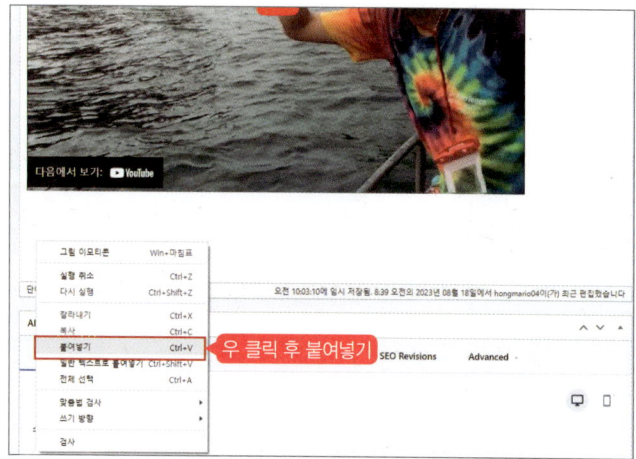

4 붙여넣기 한 내용이 본문에 보이고 이제, 마우스 커서를 아래 빈 공간에 두고 상단 글 편집창 위에 [미디어 추가] 버튼이 보이면 클릭합니다.

5 미디어 추가 화면이 보입니다. 파일업로드가 기본으로 되어있습니다. 실습에서는 다운로드 받은 이미지 자료를 활용하기 때문에 상단의 [미디어 라이브러리] 탭 메뉴를 클릭합니다.

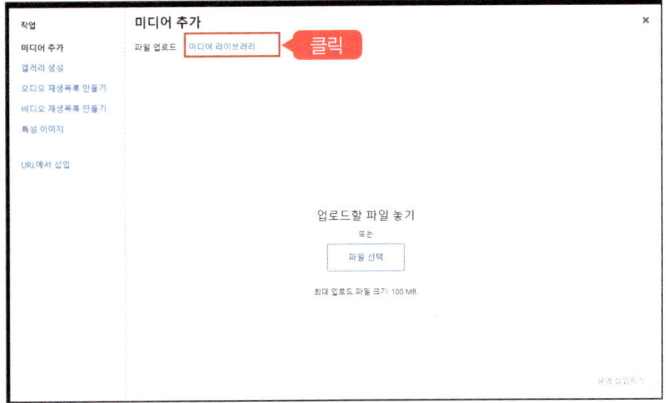

6 이미지 중에서 '13-태국남부_끄라비여행.jpg'를 선택하고 우측 하단 크기에서 '최대크기'를 선택하고 마지막으로 [글에 삽입하기] 버튼을 클릭합니다. 참고로 해당 이미지는 164KB입니다. 블로그에 사용되는 이미지는 이처럼 용량이 적은 이미지를 사용하는 것을 권장합니다. 또한 인터넷에서 퍼오거나 저작권에 위배 되는 이미지는 지양하는 것이 구글 SEO에 유리합니다.

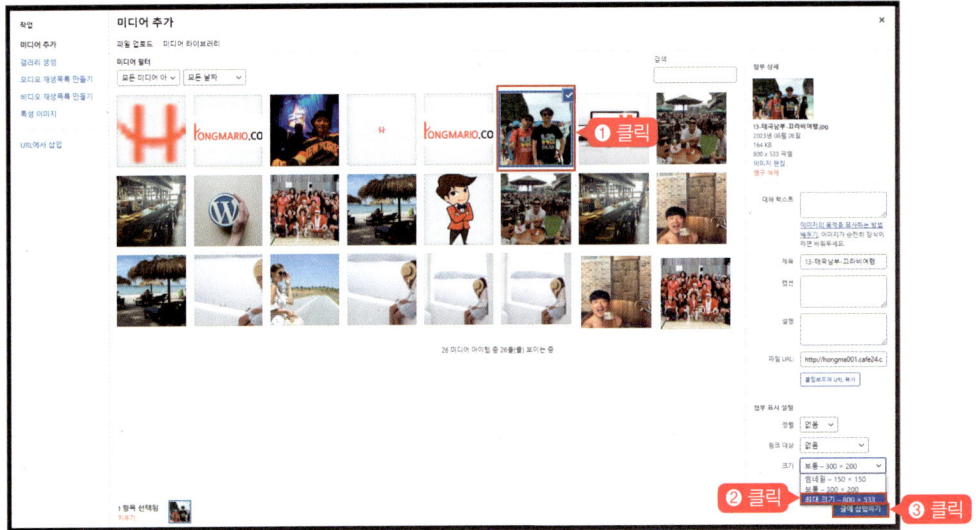

7 이미지가 삽입되었습니다. 이미지를 클릭하면 상단에 '편집 아이콘'이 보이고 클릭합니다.

8 이미지 세부정보가 팝업창으로 보입니다. 대체 텍스트에 '태국 끄라비 제임스본드 섬'이라고 입력하고 복사해서 아래 캡션 입력창에도 붙여넣기 해서 입력을 합니다. 마지막으로 우측 하단에 [업데이트]를 클릭합니다. 이미지 세부정보는 생략해도 됩니다. 다만 구글 SEO최적화에 도움이 되는 작업이니 참고 바랍니다.

글자수 1,500자 이상, 경험담 기술

다음 글 내용을 길게 합니다. 앞에서 보여준 SEO FACTOR에는 본인의 경험담을 작성하는 게 SEO에 유리하다고 했습니다. 따라서 실습에서는 저의 여행 후기를 작성했습니다. 실습 예제 사이트에서 전체 글을 복사해서 현재 실습 중 글에 붙여넣기를 합니다.

1 실습 예제 사이트의 태국 끄라비 글(https://hongmarioblog.co.kr/krabi)을 전체 복사를 합니다.

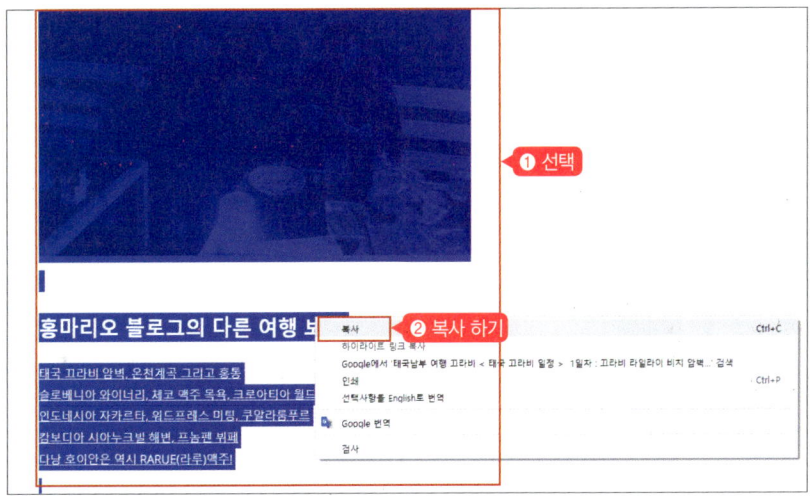

2 다시 작업 창으로 이동해서 작성중인 본문 내용에 와서 기존 실습한 내용을 모두 지우고 앞에서 복사한 전체 글을 붙여넣기 합니다.

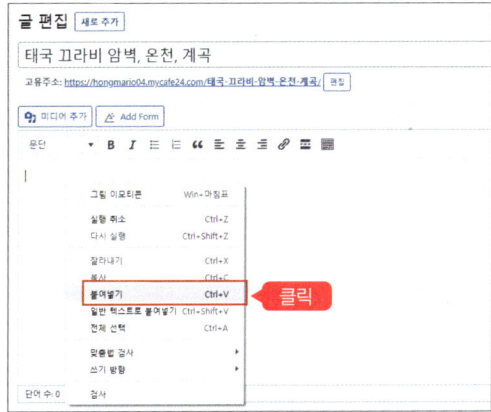

3 방금 붙여넣은 글의 글자수를 확인하기 위해 '사람인 글자수 세기(https://www.saramin.co.kr/zf_user/tools/character-counter)'에 접속해서 확인해 보면 공백 제외 1789자로 1,500자를 넘겼습니다.

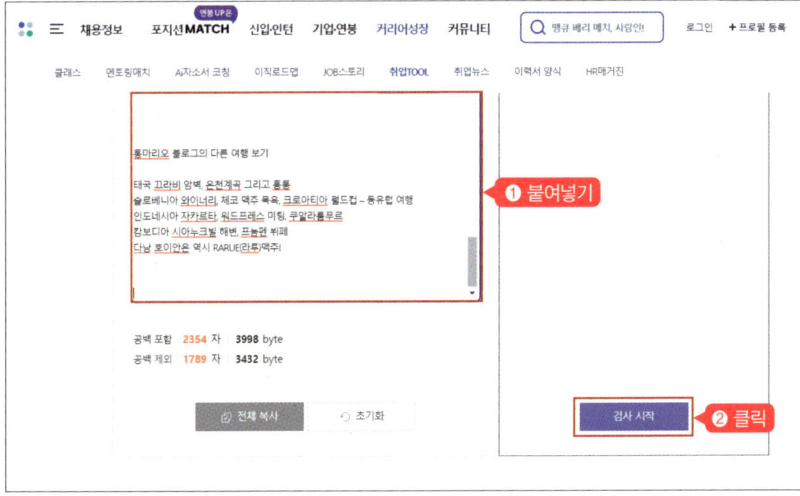

구글 SEO최적화를 위해서는 자신의 경험담과 글자수도 중요한 팩트입니다. 글 작성 시에는 타 문서에서 작성한 것을 복사>붙여넣기 보다는 직접 제목, 본문, 이미지 삽입 등 직접 글쓰기해서 진행하는 습관과 글자수도 어느 정도 체크해서 진행하기 바랍니다. 참고로 앞에서 설치한 SEO 플러그인에서 글자수에 따라서 어느 정도 점수를 부여하고 있습니다.

내부 링크 삽입 및 고유주소 변경

앞에서 실습 예제 전체글을 복사>붙여넣기 했습니다. 글 내용 중 맨 아래 글을 보면 내부 링크 글이 있습니다.

다음은 내부 링크를 삽입해 보겠습니다. 내부 링크는 자신의 웹사이트에 등록한 글을 링크하는 것입니다 앞에서 등록한 다른 여행 글을 참고해서 진행합니다.

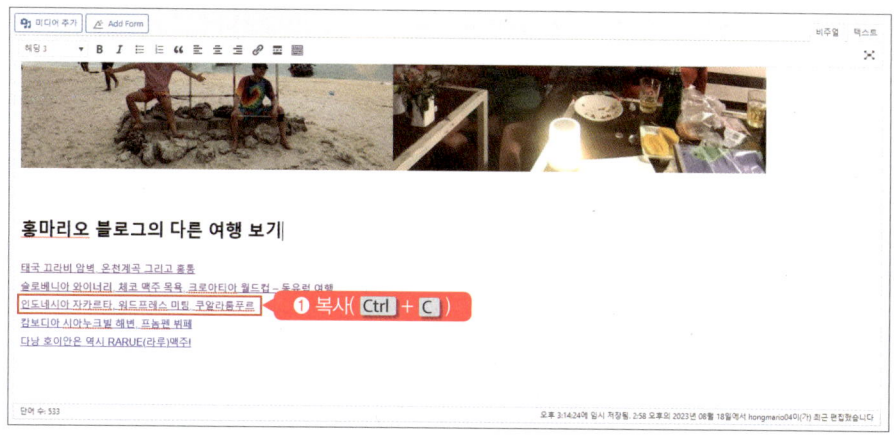

1 실습 예제 사이트의 태국 끄라비 글(https://hongmarioblog.co.kr/krabi) 하단의 '인도네시아…' 글을 복사 합니다. 이제 작업 영역으로 이동해서 아래 화면과 같이 붙여넣기를 합니다.

❷ 화면 우측 사이드바 카테고리에서 '미분류' 체크를 해제하고 'TRAVEL' 박스를 체크합니다. 그리고 상단에 [공개] 또는 [업데이트]를 클릭해서 현재까지 작업한 내용을 저장하고 왼쪽 알림판 메뉴에서 [글>모든글]을 클릭합니다.

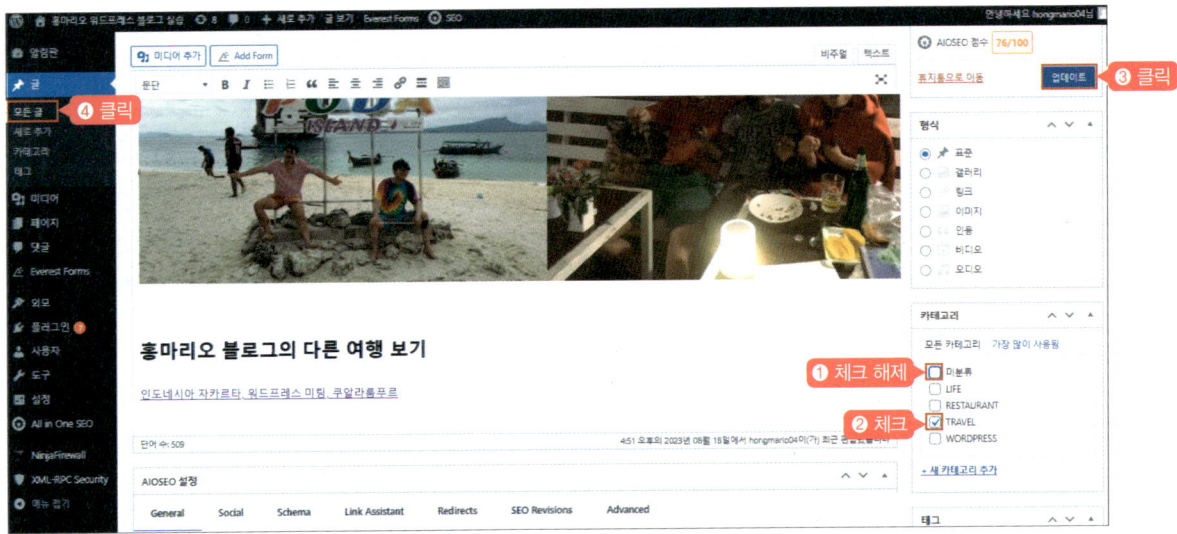

❸ 모든글에서 '인도네시아 자카르타, 워드프레스 미팅, 쿠알라룸푸르' 제목을 클릭합니다.

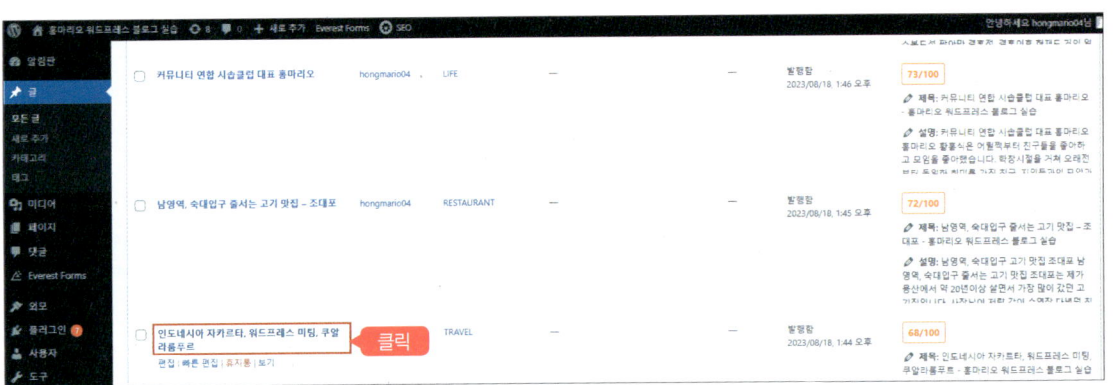

❹ 앞에서 작성한 글이 보입니다. 제목 아래 고유주소 우측 끝의 [편집] 버튼을 클릭합니다. 기존 한글 내용을 지우고 입력창에 'indonesia'로 입력하고 [OK] 버튼을 클릭합니다.

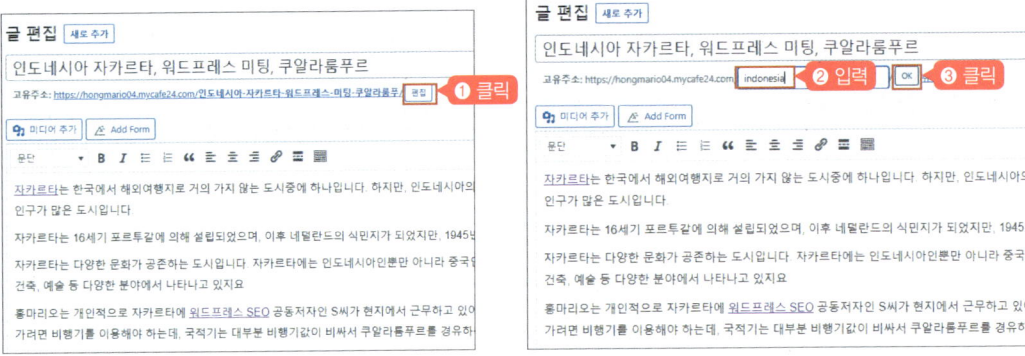

5 고유주소가 변경되었습니다. 이제 우측의 [업데이트] 버튼을 클릭해서 수정한 작업을 저장합니다.

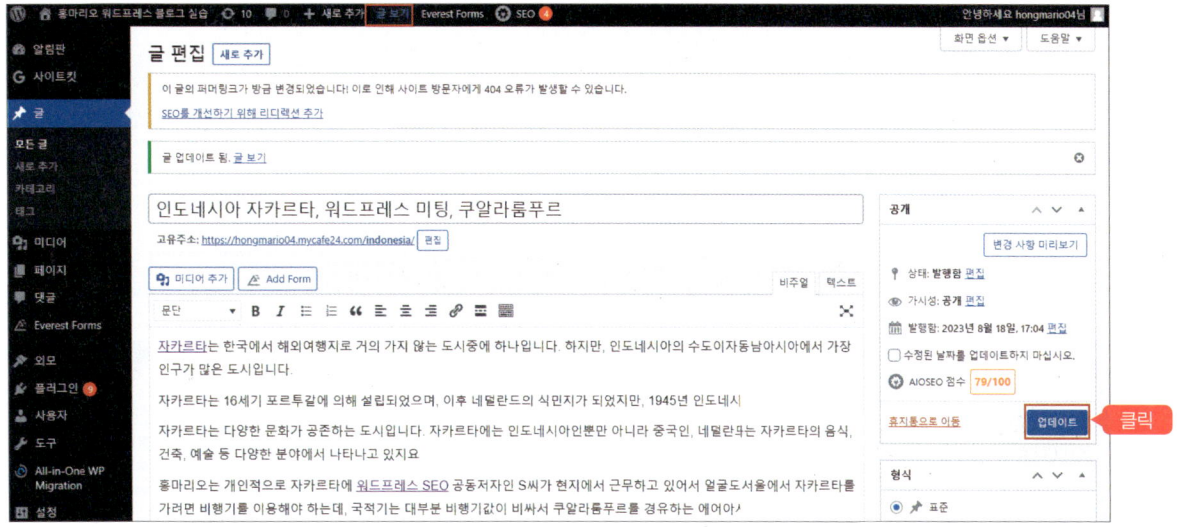

6 글 또는 모든글을 클릭해서 글 리스트가 보이면 방금 작업한 '태국 끄라비…' 제목을 클릭합니다.

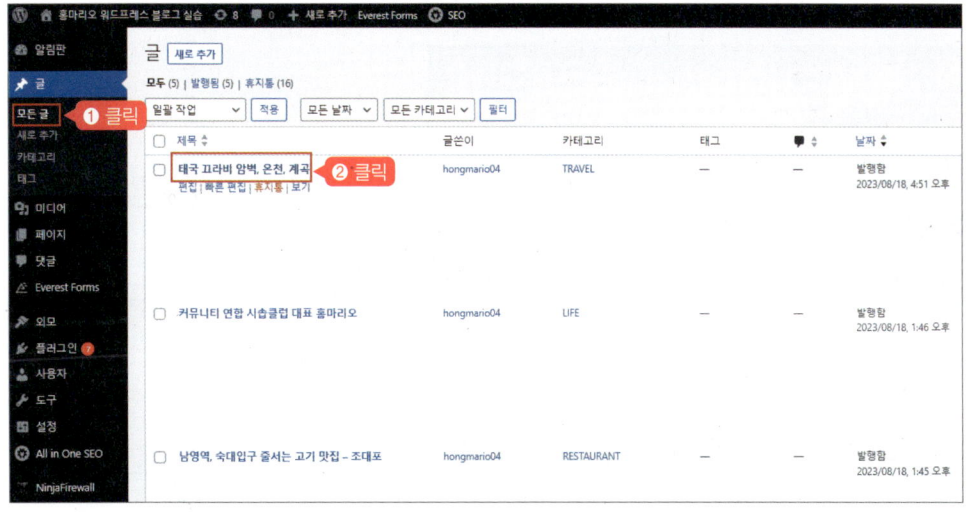

7 본문 글 내용 맨 아래로 스크롤 이동해서 '인도네시아…' 글을 클릭한 후 링크 편집 아이콘을 클릭합니다.

8 방금 복사한 주소값을 입력합니다. 주소 입력창에 '/indonesia'로 입력하고 '적용' 아이콘을 클릭하면 됩니다. 이처럼 글 내용 중에 자신의 사이트에 다른 글의 링크를 삽입하는 작업을 '내부 링크'라고 합니다.

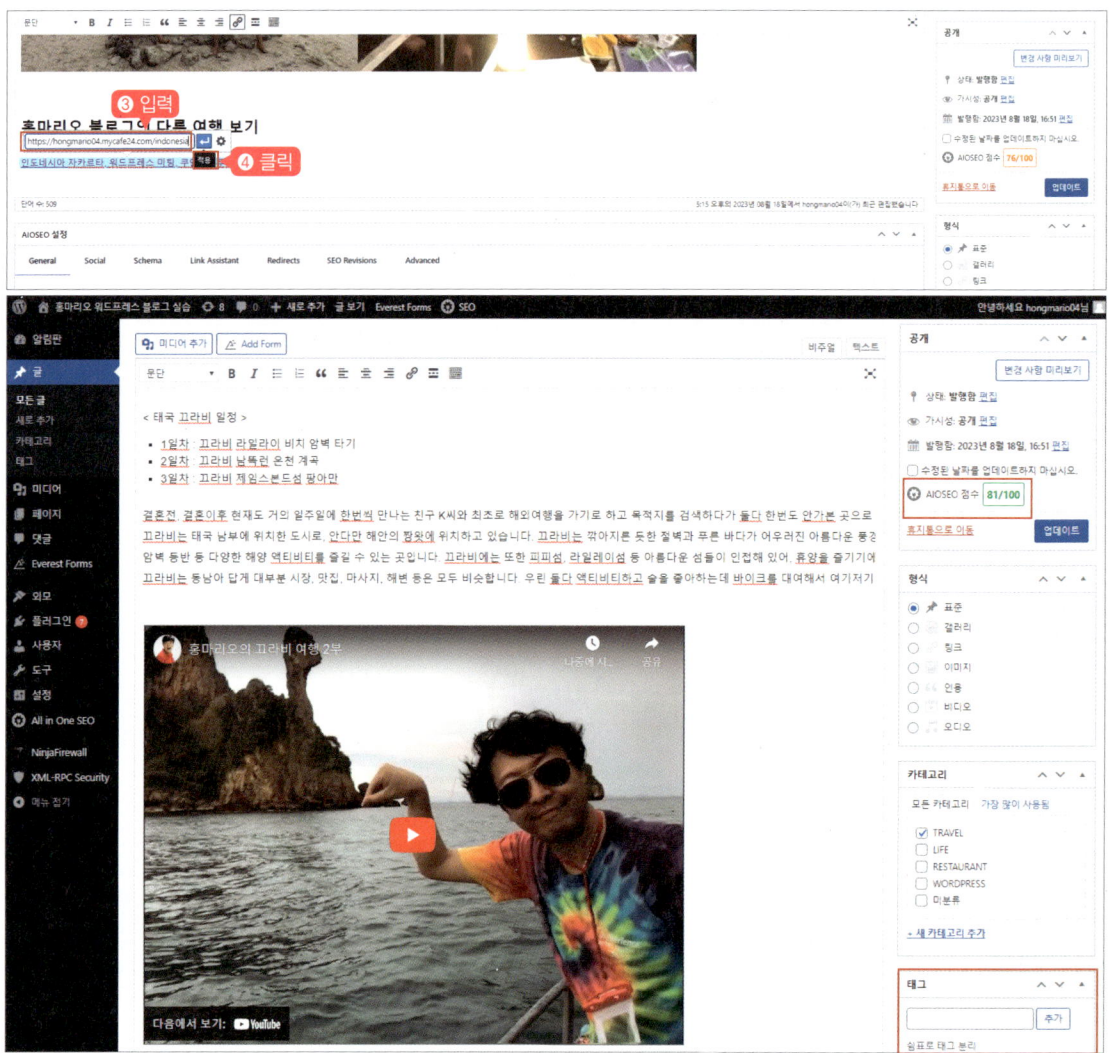

이제 본문 글 편집 작업은 모두 마쳤고, 우측 사이드바 영역으로 이동해서 설정을 진행합니다.

태그, 특성 이미지, All in One SEO

이제 글 편집 마지막 작업하기 위해 우측 사이드바 영역으로 이동합니다.

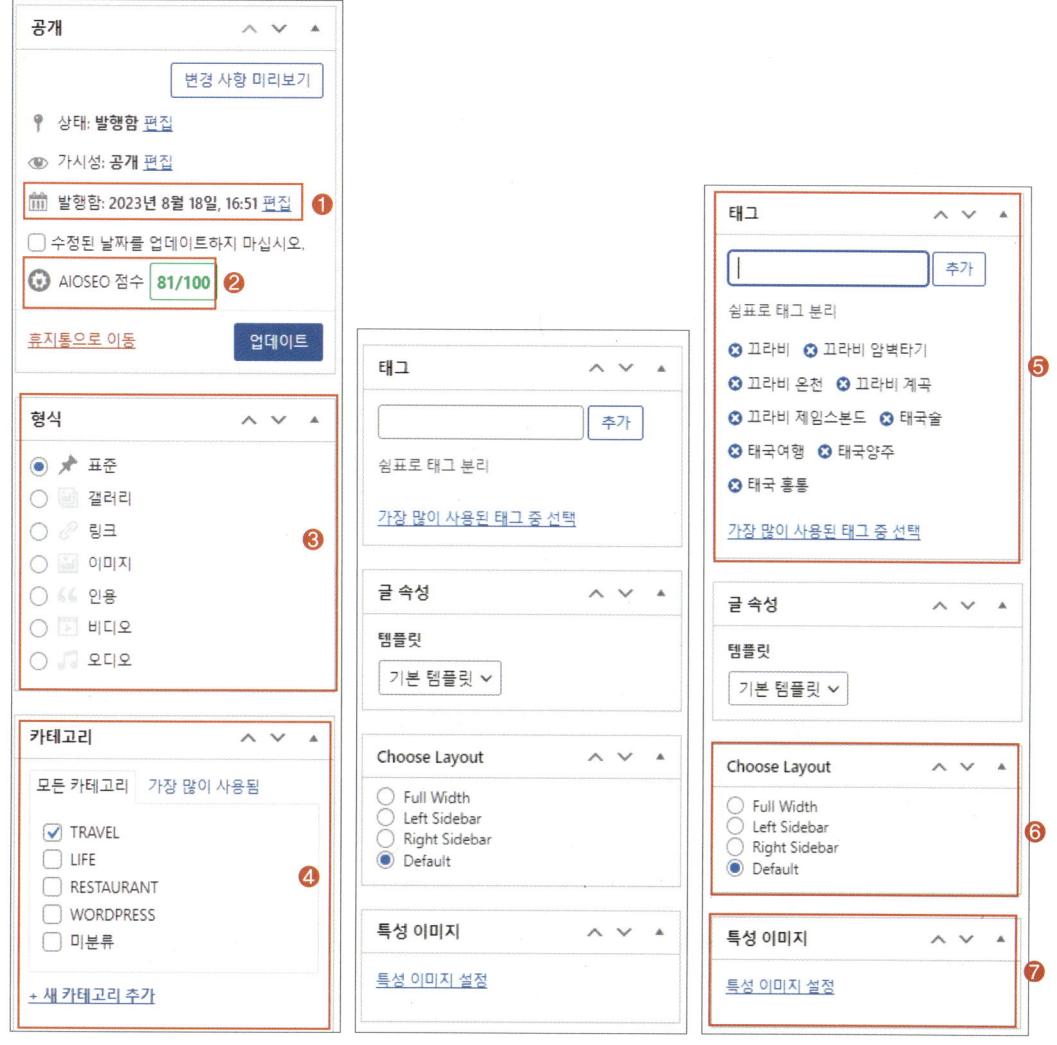

우측 사이드바는 현재 고전편집기 플러그인을 설치했을 때 형식을 보여주고 있습니다. 기본적으로 알아야 할 기능 위주로 설명합니다.

❶ 공개:)발행함 : 글작성 후 [공개]를 클릭하면 발행함으로 변경됩니다. 우측 끝에 '편집'을 클릭하면 게시글 날짜 변경이 가능해서 글 노출 순서를 변경할 수 있습니다.

❷ AIOSEO 점수 : All in one SEO 플러그인을 설치하면 자동으로 노출되며, 글자수를 비롯하여 바로 전에 실습한 기능들을 글 편집에서 설정하면 점수가 올라갑니다. 글 작성 시 참고 지표로 유용합니다.

❸ 형식 : 기본형식은 글 작성 형태로 되어 있고 다른 형식으로 변경이 가능합니다.

❹ 카테고리 : 글 작성 시 주제에 관련된 카테고리를 지정할 수 있습니다. 워드프레스 글쓰기는 카테고리를 지정해주는 것이 좋습니다. 중복 체크가 가능합니다.

❺ 태그 : 글 내용과 관련된 키워드나 단어를 입력하는 곳으로 여러 개의 태그 입력이 가능합니다.

❻ choose Layout : 글 레이아웃은 기본형을 가장 많이 사용하며, 사이드바 위치를 선택할 수 있습니다.

❼ 특성 이미지 : 글의 대표 이미지로 홈페이지에서 섬네일 이미지로 나타나며, 1개의 이미지만 노출됩니다.

1 실습의 사이드바 영역은 카테고리까지 앞에서 설정했으니 태그와 특성 이미지만 설정합니다. 태그는 아래 태그를 입력하면 됩니다.

> 태국 끄라비, 끄라비, 끄라비 암벽타기, 끄라비 온천, 끄라비 계곡, 끄라비 제임스본드, 태국술, 태국여행, 태국양주, 태국 홍통

2 특성 이미지는 '13-태국남부_끄라비여행.jpg'를 선택해서 [특성 이미지 설정]을 클릭합니다.

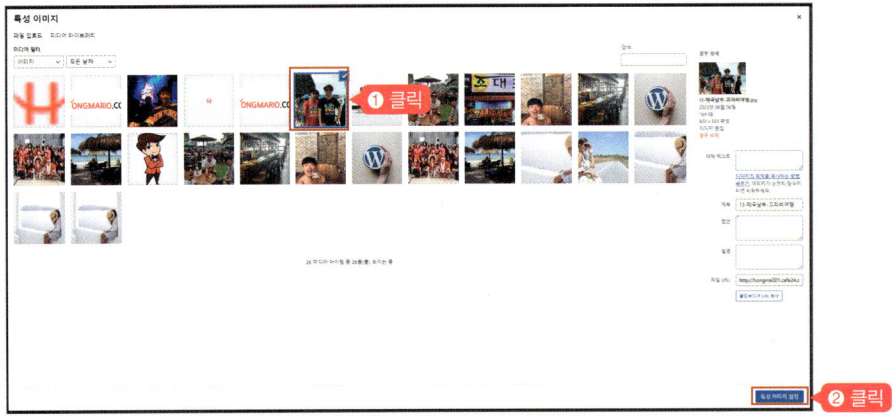

3 특성 이미지가 설정이 되었고 이제 마지막으로 SEO 설정을 진행합니다.

마우스 스크롤을 내려보면 글 내용 아래에 AIOSEO 설정 영역이 보입니다. 여기서는 기본적으로 스니펫, 글 제목, 메타 설명까지 자동으로 주어지게 되므로 Focus Keypharase만 입력합니다. 제목과 동일하게 '태국 끄라비 암벽, 온천, 계곡'으로 입력합니다.

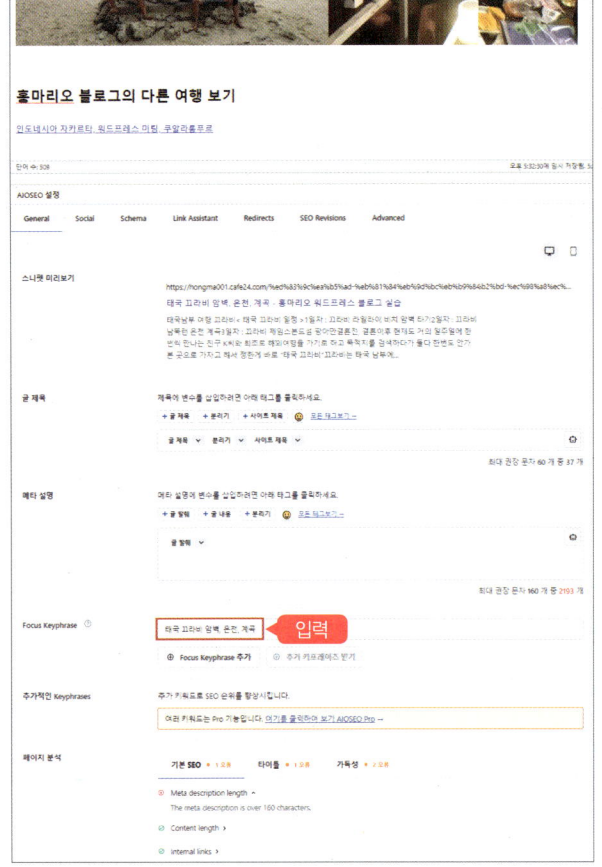

4 마지막으로 우측 사이드바에서 [업데이트] 버튼을 클릭합니다. 이제 모든 글쓰기 편집 작업이 완료되었습니다.

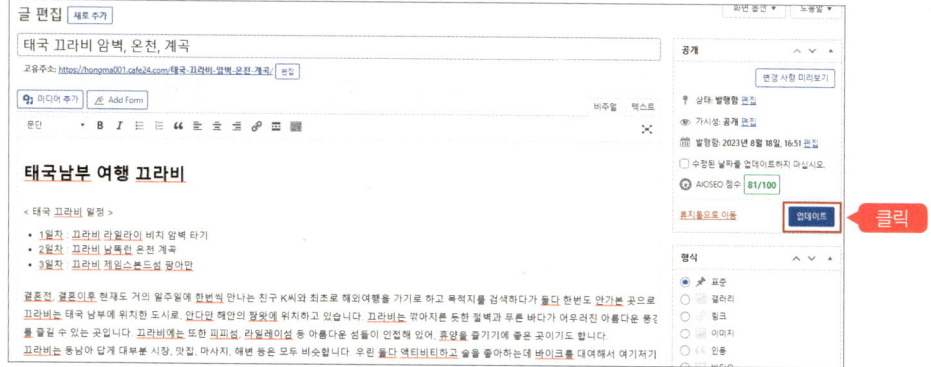

09 _ 기타 TIP

이제 블로그 실습 사이트는 완료되었고 필요 없는 파일을 삭제하고 다음 실습을 위해 초기화, 백업 등의 방법 관련해서 설명합니다.

09-1 사용하지 않는 파일 삭제

사이트 개발이 완료되었으면 이제 사용하지 않는 파일들을 모두 삭제를 해야 합니다.
삭제하지 않으면 계속 여러분들의 호스팅 서버에 용량을 차지하기 때문입니다.
Demo Importer(데모 임포터)에서 가져온 샘플 파일들을 모두 삭제하도록 합니다.

테마 삭제

사이트 개발이 완료되면 이제 사용하지 않는 테마와 플러그인은 삭제해 주는 것이 좋습니다.
플러그인은 앞에서 삭제했기 때문에 여기서는 테마를 삭제합니다.
먼저 알림판에서 [외모>테마]를 클릭합니다.

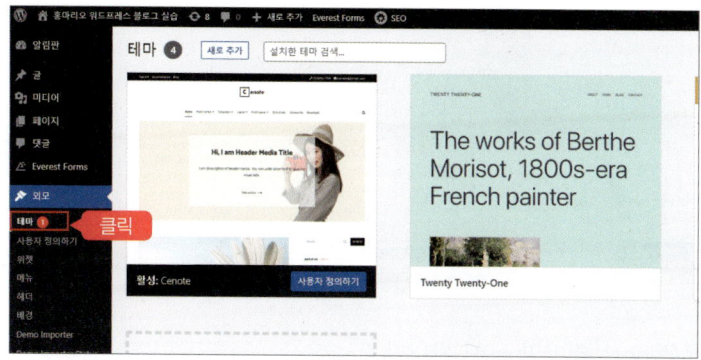

▲ 테마 페이지

현재 왼쪽 상단의 Cenote 테마만 사용하고 있습니다. 따라서 나머지 3개의 테마는 삭제해도 됩니다.

1 먼저 Cenote 테마 우측의 위치한 테마부터 삭제해 보겠습니다. 삭제할 테마에 마우스를 위치시키면 다음 화면과 같이 [테마 상세정보] 버튼이 보입니다. [테마 상세정보]를 클릭합니다.

▲ 테마 세부사항 화면

2 테마 세부사항 화면의 우측 하단의 '삭제' 버튼을 클릭해서 삭제합니다.

3 동일한 방법으로 나머지 테마도 모두 삭제합니다.

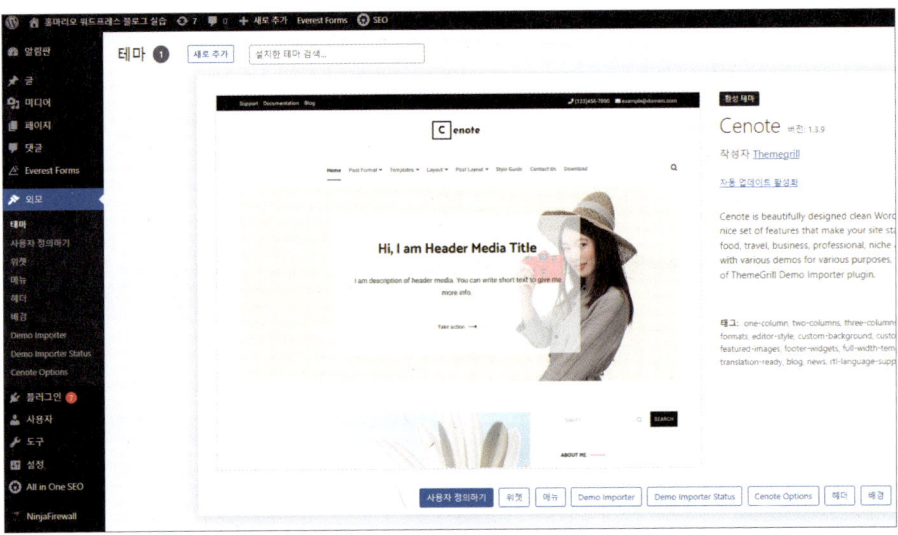

4 동일한 방법으로 계속 진행하면 이제 Cenote 테마만 남게 됩니다.

기타 삭제

앞에서 데모에서 가져온 이미지, 글들은 모두 삭제하였습니다. 그리고 플러그인도 여러분들이 사용하지 않는 플러그인은 삭제하는 것이 좋습니다.

09-2 사용자 추가

블로그를 운영할 때 본인 외 타인과 함께 관리할 경우도 종종 있습니다. 이럴 경우 사용자를 추가해서 관리자 또는 편집자로 설정 가능합니다.

1 알림판에서 [사용자]를 클릭하면 본인 아이디가 관리자로 기본으로 등록되어 있습니다. 사용자를 추가해 보겠습니다. 사용자 페이지 상단의 [새로 추가] 버튼을 클릭합니다.

2 사용자명은 영문 소문자로 입력하고, 이메일 주소를 입력합니다. 사용자명, 이메일은 필수 항목입니다. 그리고 역할에서는 글쓴이, 편집자, 관리자 중에 선택하면 됩니다. 역할을 선택하고 [새 사용자 추가] 버튼을 클릭하면 사용자 추가가 완료됩니다.

❶ 글쓴이 : 알림판 메뉴 중 글 메뉴만 접근 가능하며, 타인의 글 편집은 불가능하고 본인 글만 쓰기/편집이 가능합니다.
❷ 편집자 : 모든 글에 대해서 쓰기/편집이 가능합니다.
❸ 관리자 : 글뿐만 아니라 알림판의 모든 기능을 설정 가능합니다.

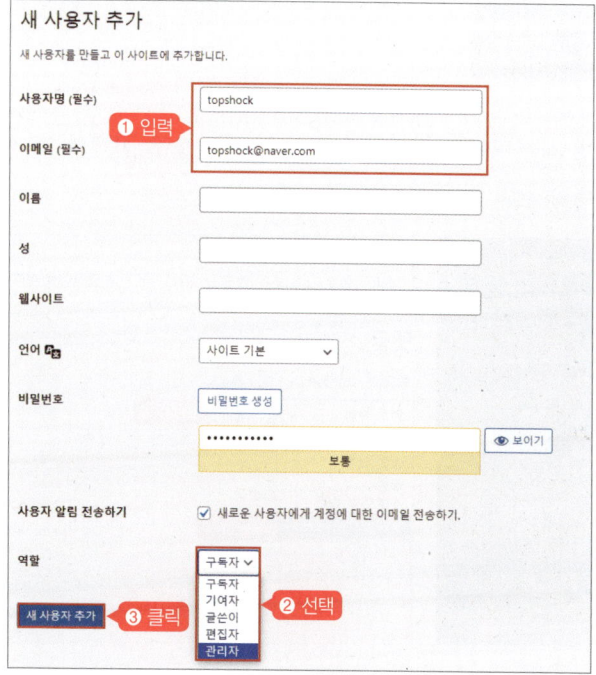

여기서 관리자는 본인이 알림판 접속 비밀번호를 분실했을 때 대신 접속할 수 있는 장점도 있지만, 본인 외 타 관리자가 앙심을 품고 사이트를 망칠 수도 있으니 보안에 유의해서 권한을 부여해야 합니다.

09-3 댓글 관리

자신의 블로그가 구글에서 검색이 되면 방문자들이 생기게 되고 활성화된 사이트에는 스팸 댓글들이 많이 달리게 됩니다. 워드프레스는 기본 설정으로 댓글이 달리면 관리자에게 이메일이 오게 되고 관리자가 승인해야 만 사이트에 댓글이 반영됩니다.

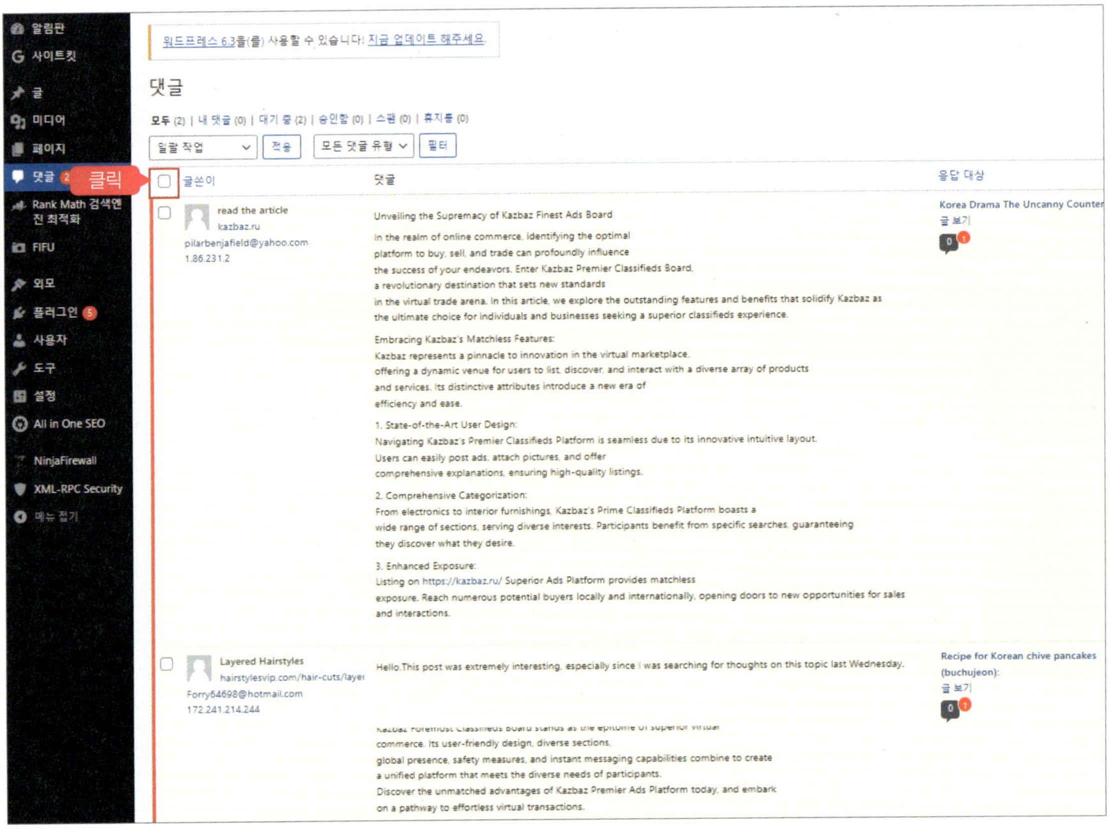

위 사이트에는 댓글이 2개 있습니다. 모두 선택한 후 삭제를 하면 휴지통으로 이동하게 되고 휴지통에 몇일 보관 후 자동으로 삭제됩니다.

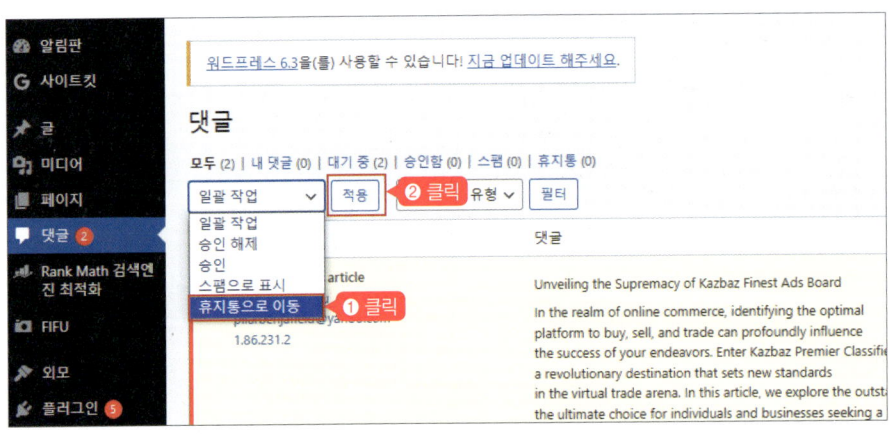

반면에 호의적인 댓글은 본인이 판단해서 승인을 해주면 됩니다.

09-4 도메인 등록

도메인 등록 관련해서는 1장 이론에서도 설명했지만 다시 한번 요약 설명합니다. 카페24에서 도메인을 등록하려면 반드시 네임서버를 카페24로 변경해서 진행해야 합니다. 또한, 구글 애드센스 등록을 원하는 분들은 반드시 도메인 등록 후 구글 애드센스 신청을 해야 합니다.

위 화면은 호스팅케이알 사이트에서 자신의 도메인을 선택 한 후 네임서버를 변경하는 화면입니다. 네임서버 등록 및 변경 관련해서는 여러분들이 등록한 도메인 업체 고객센터에 문의하거나 인터넷에서 검색해서 방법을 찾으면 됩니다.

1 도메인 구입을 하고 해당 도메인의 네임서버를 카페24로 변경했다면 이제 카페24 호스팅에서 로그인 한 후 [나의 서비스 관리]를 클릭하면 위 화면이 보입니다. 왼쪽 메뉴에서 기본관리 3번째 메뉴인 [도메인 연결관리]를 클릭합니다.

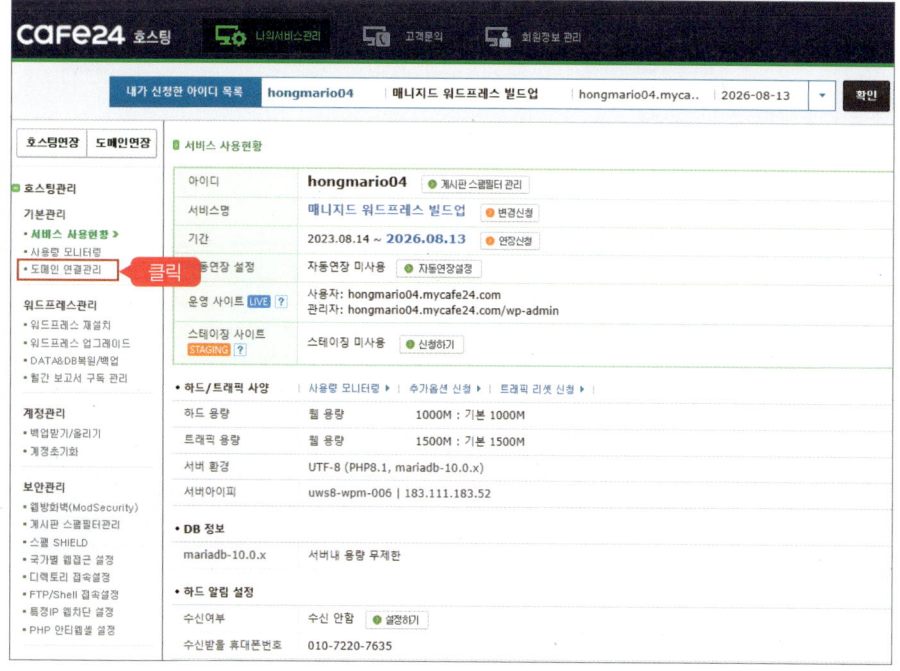

2 현재 대표 도메인은 '본인계정.mycafe24.com'으로 되어있습니다. 아래 도메인 입력창에 본인이 등록한 도메인을 입력하고 아래에 [연결하기] 버튼을 클릭합니다. 도메인 입력 시에는 앞에 www를 제외하고 입력해야 합니다.

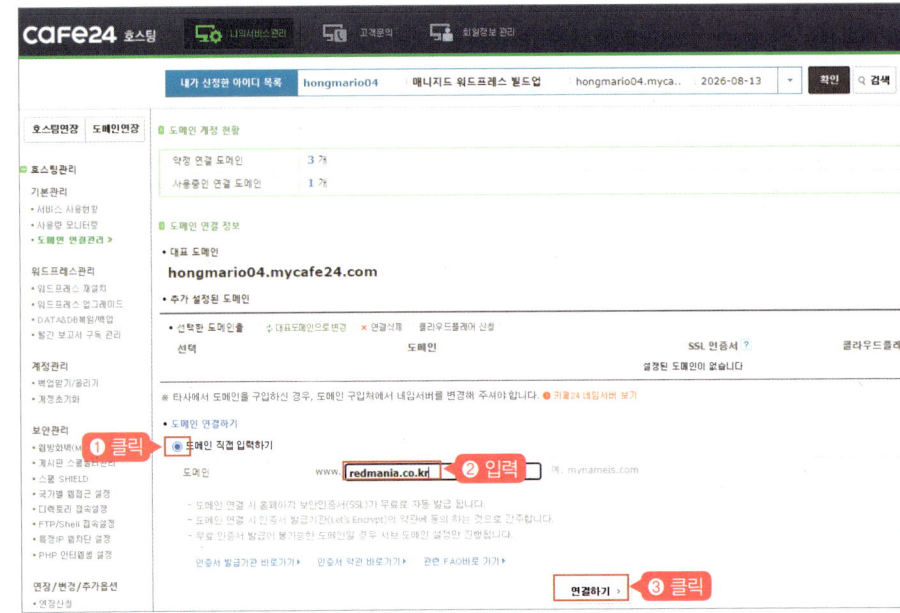

3 잠시 후 "도메인이 연결되었습니다."라는 팝업창이 보이면 [확인] 버튼을 누릅니다.

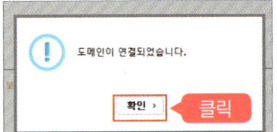

4 도메인을 등록하면 현재 여러분들이 실습하고 있는 매니지드 워드프레스 호스팅은 자동으로 SSL을 지원하는 서비스이기 때문에 홈페이지 주소 앞에 'http'가 아닌 'https'가 붙습니다. 하지만 신청 즉시 되지는 않고 신청 다음날 쯤 접속하면 사이트가 적용되기 때문에 신청 후 사이트 접속에 문제가 없을 때 구글 애드센스 등을 신청하셔야 합니다.

워드프레스 도메인 등록 관련해서는 홍마리오 유튜브(https://www.youtube.com/@hongmario)를 참고하면 더욱 자세히 알 수 있습니다.

https://youtu.be/XnCjf1w-oe8

10-5 백업하기

웹사이트를 완성하고 타 호스팅 계정으로 이전하거나 기존 DB를 백업하려면 플러그인을 사용해서 진행하는 방법과 카페24 호스팅을 이용한다면 카페24 백업 시스템을 이용할 수 있습니다. 다만, 이 과정은 책에서 설명하기엔 과정이 여러 단계를 거쳐야 하고 FTP, PHPMYADMIN 등을 활용해야 하기 때문에 책에서는 설명을 생략하고 홍마리오 유튜브 채널에 업로드된 2가지 방법 영상을 참고 바랍니다.

사이트 이전 01 – BackupBliss 플러그인 활용	https://youtu.be/E-Np_nr_e6s
사이트 이전 02 – All in One WP Migration 플러그인+FTP 활용	https://youtu.be/FhkOhe4VtX4

10 _ 구글 애드센스 등록

국내의 대표적인 수익형 블로그인 티스토리에서 최근 워드프레스로 전환이 많이 일어나고 있습니다. 티스토리 블로그를 운영하고 있는 카카오에서 자체 광고를 게재하기 시작하면서 이탈 현상이 생기기 시작했는데요. 티스토리 블로그의 서버와 환경을 카카오에서 제공하기 때문에 개인적으로 블로그 운영만으로 완전한 주인이 되지 못하는 현상이 생긴 것 같습니다.

워드프레스는 웹호스팅, 도메인 모두 본인이 주인이기 때문에 구글 애드센스 광고를 자율적으로 운영할 수 있는 장점이 있습니다. 다만, 아직까지 국내 유저들에게는 익숙하지 않고 구글 애드센서 승인 받는 절차가 쉽지는 않아서 끈기와 인내가 필요한 거 같습니다.

그럼 워드프레스 블로그 운영으로 구글 애드센스 등록하는 절차와 방법에 대해서 설명하도록 합니다.

> **구글 애드센스 등록 절차 및 준비사항**
>
> 1. 호스팅 등록 (카페 24 매니지드 호스팅 추천)
> 2. 도메인 등록 (호스팅케이알, 카페24 추천)
> 3. 워드프레스 테마 설치(빠른 속도를 위해 가벼운 테마 권장)
> 4. 블로그 사이트 완성 (워드프레스 테마 활용 제작)
> 5. 블로그 글 등록 (하루 1개, 주제, 한 달 이상)
> 6. 사이트맵 제출(생략 가능, 구글 서치콘솔을 위해서 등록)
> 7. 구글 사이트킷 플러그인 설치(구글 애널리틱스, 서치콘솔, 애드센스)
> 8. 구글 애드센스 등록 (심사 신청)

위 단계에서 5번까지는 앞의 실습에서 진행을 했으니 6번부터 진행하도록 합니다. 참고로 본 과정은 구글 계정이 있어야 진행이 가능합니다.

또한, 워드프레스 구글애드센스 등록 실습 관련해서는 홍마리오 유튜브(https://www.youtube.com/@hongmario)를 참고하면 더욱 자세히 알 수 있습니다.

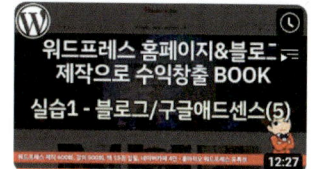

구글애드센스 등록	https://youtu.be/qlzNn2xFkzU

10-1 구글 서치 콘솔, 사이트맵 등록

사이트 맵 등록은 구글 애드센스 등록을 위해서는 생략해도 됩니다. 하지만, 결국은 사이트가 검색이 되어서 외부에 노출되어야 하고 검색 유입량을 늘이기 위해서는 사이트맵 설정을 해주어야 구글 서치콘솔에 등록이 되므로 구글에 웹사이트 노출을 위해서는 필수적으로 진행해야 합니다.

사이트 맵은 앞에서 실습한 All in one SEO 플러그인으로 설정 가능합니다. 그 외에도 유사한 Yoast SEO, XML Sitemap Generator for Google 플러그인 등으로 설정 가능합니다. FTP를 활용한 https://www.xml-sitemaps.com/ 사이트를 활용하는 방법 등 다양합니다.
실습에서는 블로그 실습에서 설치한 All in one SEO 플러그인으로 진행합니다.

1 알림판에서 [All in one SEO 〉 사이트 맵]을 클릭합니다. 그러면 위 화면과 같이 보입니다. 기본적으로 사이트 맵이 활성화되어 있습니다. 미리보기 [오픈 사이트 맵]을 클릭합니다.

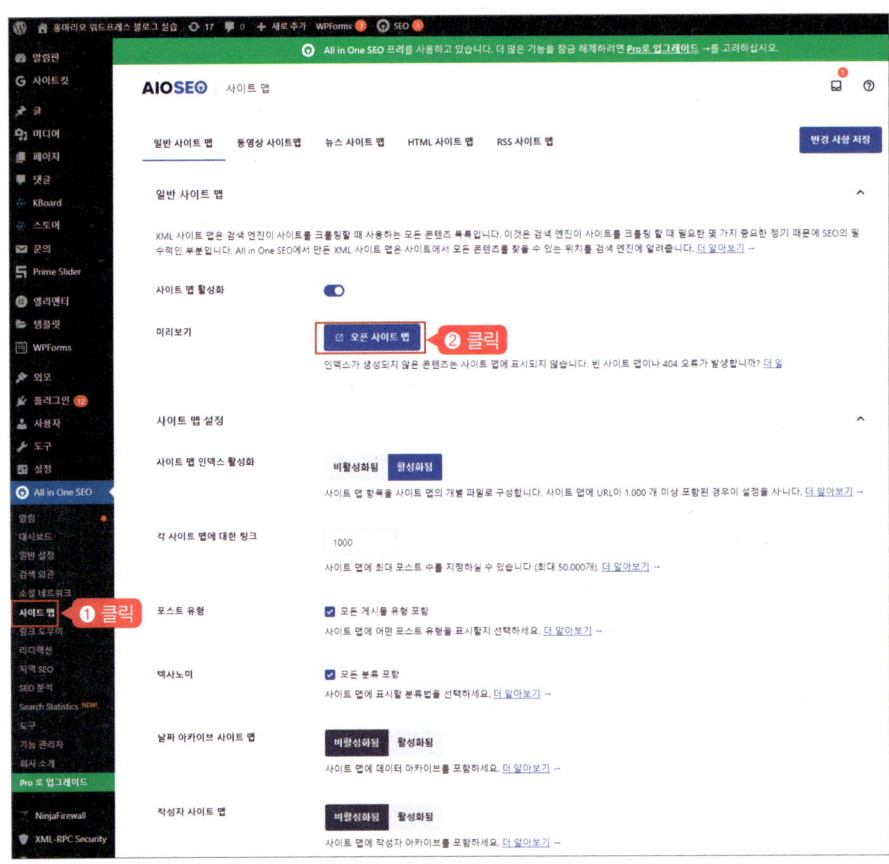

2 오픈 사이트 맵을 보면 위 화면처럼 보이고 주소창에 '본인 사이트 주소/sitemap.xml'로 되어 있습니다. 구글 서치 콘솔에서 해당 주소를 입력하면 됩니다.

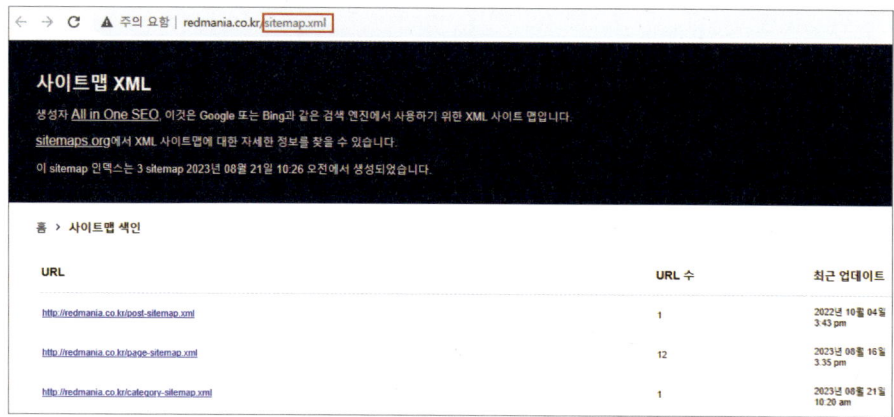

3 구글 검색 입력창에 '구글 서치콘솔'을 검색합니다. "Google Search Console" 영문이 보이면 클릭합니다.

4 방금 등록하고 아직 색인이 안되어 있어서 실적, 색인 생성에 시간이 다소 걸립니다. 왼쪽 메뉴에서 sitemaps를 클릭합니다.

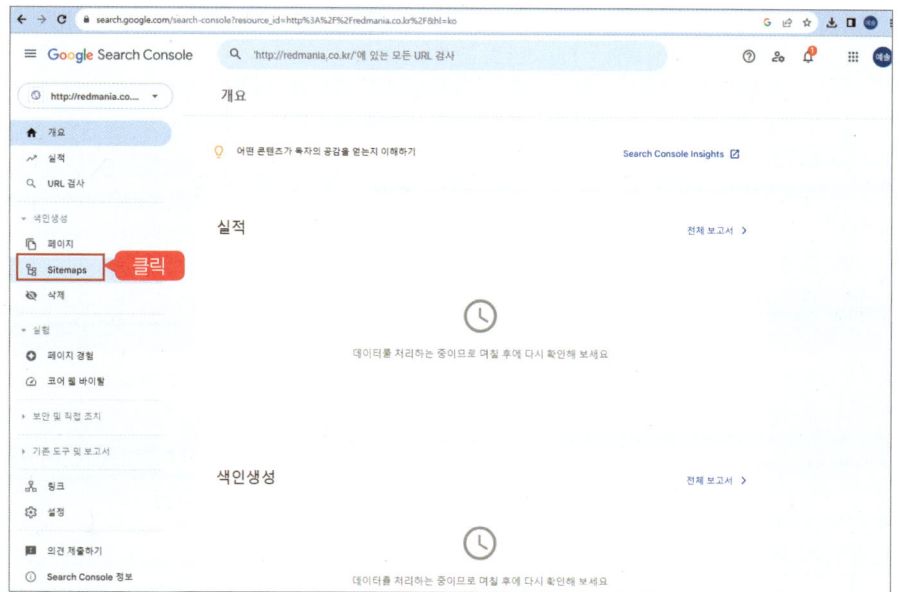

2장_블로그 제작 실습 **187**

5 sitemaps 메뉴를 클릭하면 새 사이트 맵 추가 입력창이 보입니다. 입력창에 All in one SEO 플러그인에서 확인한 'sitemap.xml'을 입력하고 우측의 [제출] 버튼을 클릭합니다.

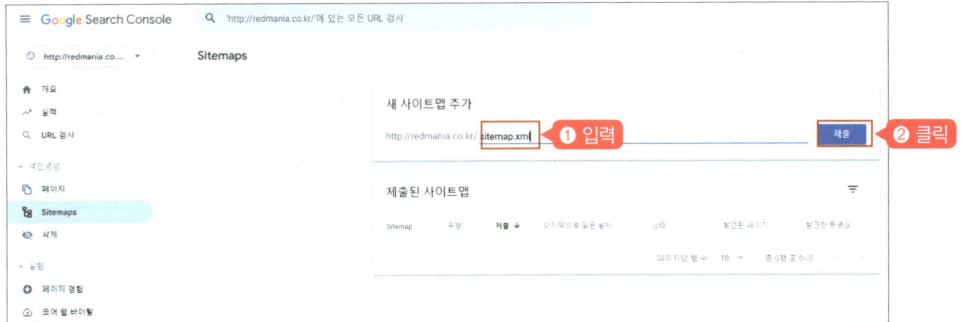

6 제출을 클릭하면 다음 화면처럼 상태에 '성공'이라고 보입니다. 참고로 다음 과정은 사이트 등록 후 일정 시간이 지나야 적용될 때가 있으니 참고 바랍니다.

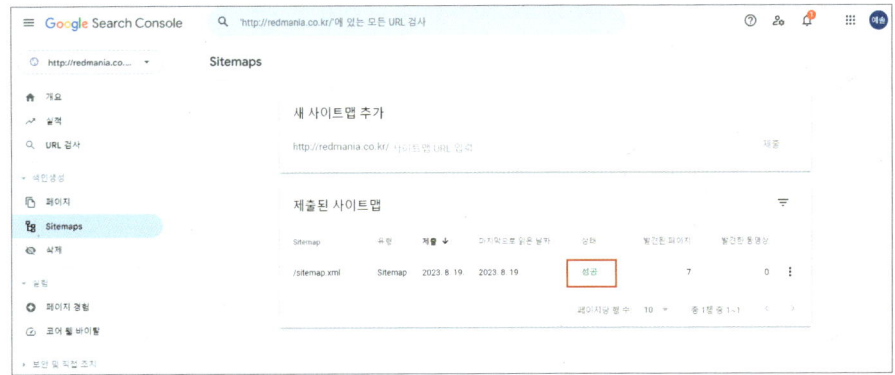

7 사이트 맵 등록을 마치고 구글에서 등록한 도메인을 검색하면 다음 사이트처럼 보입니다.

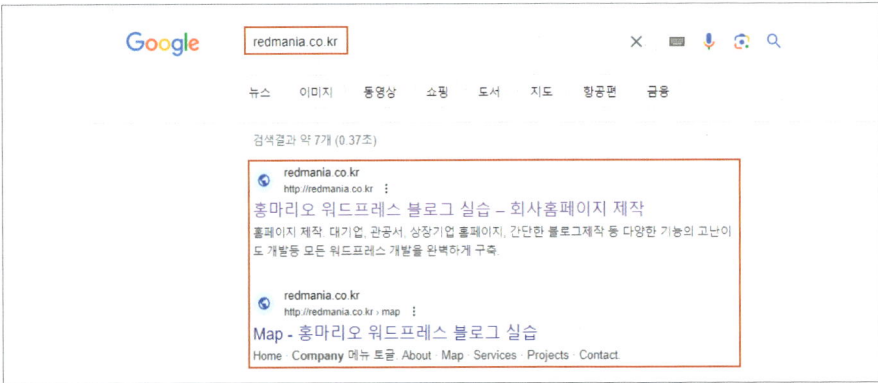

10-2 구글 사이트 키트 설치

구글 사이트 키트는 워드프레스에서 구글 애널리틱스, 서치콘솔, 애드센스, 스피드 등 구글 활용을 보다 쉽고 효율적으로 운용하기 위해 구글에서 만든 플러그인 입니다.

워드프레스 공식 사이트에서 플러그인 설명 페이지(https://wordpress.org/plugins/google-site-kit/)에 주요 기능에 대해서 설명이 되어 있습니다.

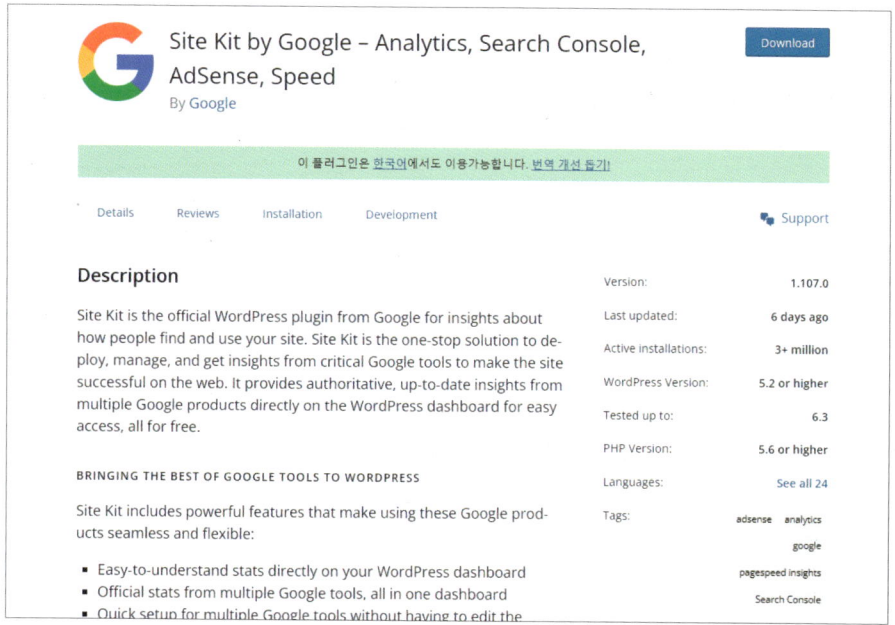

번역해서 표로 요약하면 아래와 같습니다.

구글 서치 콘솔 (Google Search Console)	구글 검색이 구글 검색에서 페이지를 발견하고 표시하는 방법을 이해하라. 검색 결과에서 얼마나 많은 사람들이 귀하의 사이트를 보았는지, 귀하의 사이트를 검색하는 데 사용한 쿼리는 무엇인지 추적.
구글 애널리틱스 (Google analytics)	사용자가 사이트를 탐색하고 사용자가 완료 할 수 있도록 설정한 목표를 추적하는 방법을 탐색.
구글 애드센스 (Google adsense)	당신의 사이트가 당신에게 얼마나 많이 벌어주고 있는지 추적.
페이지 스핏 인사이트 (PageSpeed Insights)	다른 실제 사이트와 비교하여 페이지가 어떻게 수행되는지 확인하라. 페이지스피드 인사이트에서 실행 가능한 팁으로 성능을 향상.
태그 관리자 (Tag Manager)	사이트 키트를 사용하여 태그 관리자를 쉽게 설정-코드 편집 필요 없음. 그런 다음 태그 관리자에서 태그를 관리한다.
최적화 (Optimize)	사이트 키트를 사용하여 쉽게 최적화 설정 – 코드 편집 필요 없음. 그런 다음 A/B 테스트를 최적화하여 설정한다.

다시 요약하면 구글에서 운영하는 주요 핵심 서비스 4가지(구글 서치 콘솔, 구글 애널리틱스, 구글 애드센스, 페이지 스피드 인사이트)를 워드프레스에서 플러그인을 활용해서 등록 절차나 과정을 쉽게 해주는 플러그인이라고 보면 됩니다.

자, 그럼 이제부터 구글 사이트 키트 설치를 진행합니다. 참고로 본 과정은 플러그인 업데이트 시기에 따라 순서와 과정이 조금씩 차이가 있을 수 있으니 참고 바랍니다.

1 알림판에서 [플러그인>새로추가]를 클릭한 다음 우측 키워드 검색창에 '구글'이라고 입력합니다. '구글 사이트 키트' 플러그인이 보이면 '지금 설치>활성화'를 진행합니다.

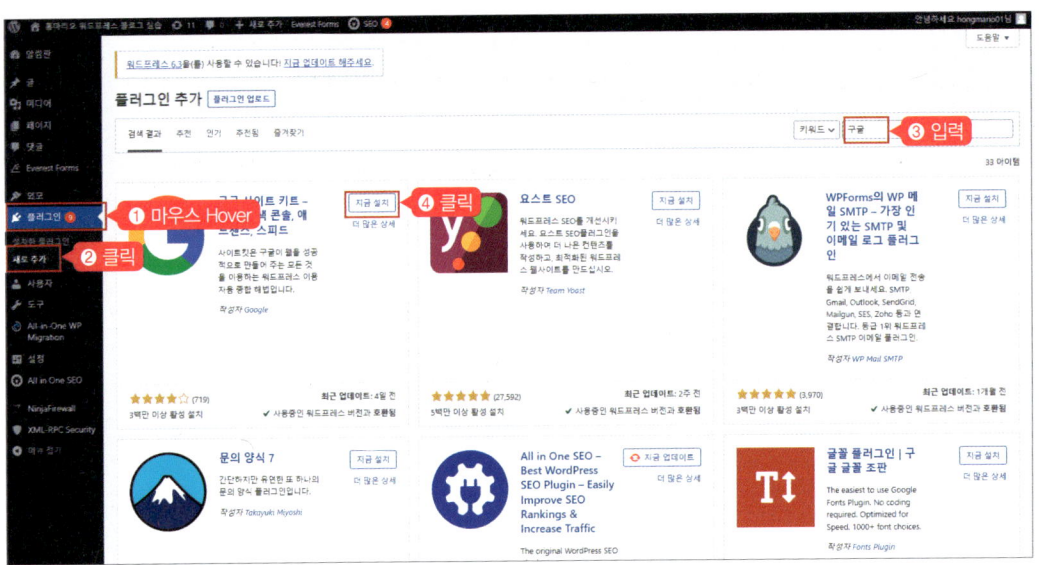

2 구글 사이트킷 플러그인을 설치 완료하면 위 화면처럼 [설정 시작하기] 버튼이 보입니다. 클릭해서 설정을 시작합니다. 알림판 메뉴 '사이트킷'에서 진행해도 됩니다.

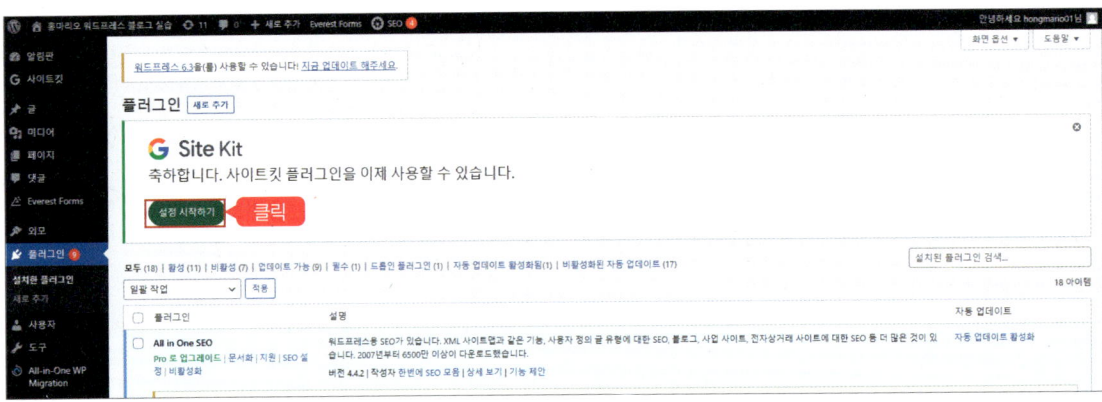

3 사이트킷 설정하기 화면이 보입니다. 체크 박스 2개를 모두 체크하고 아래에 '구글에 로그인하기' 버튼을 클릭합니다.

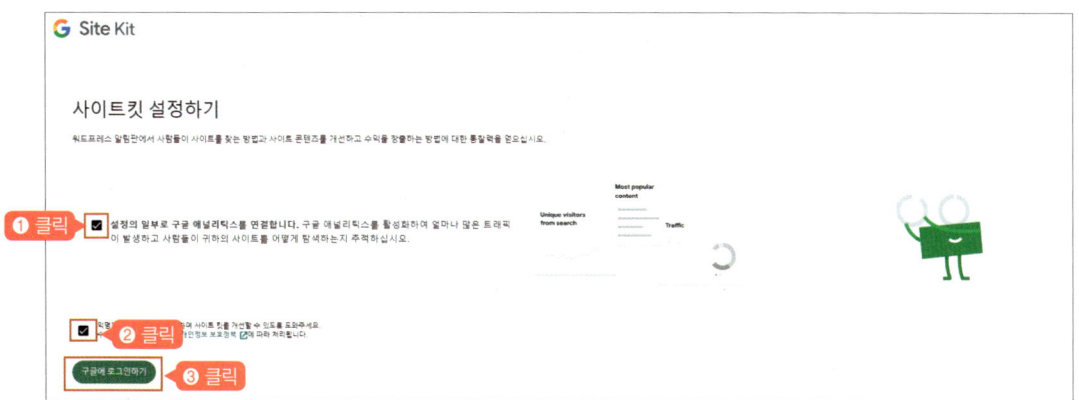

4 위 화면처럼 구글 계정 선택이 나옵니다. 자신의 구글 계정을 선택하고 계정에 대한 추가 액세스 요청에서 '모두선택'을 체크하고, 하단에 '계속' 버튼을 클릭합니다. 실습은 최초 등록자 기준으로 해야 해서 다른 계정을 사용했습니다.

5 다음은 사이트킷 설치 과정의 단계별 화면을 보여줍니다. 자신이 사이트의 주인공인지 묻습니다. 'Verify'를 클릭합니다.

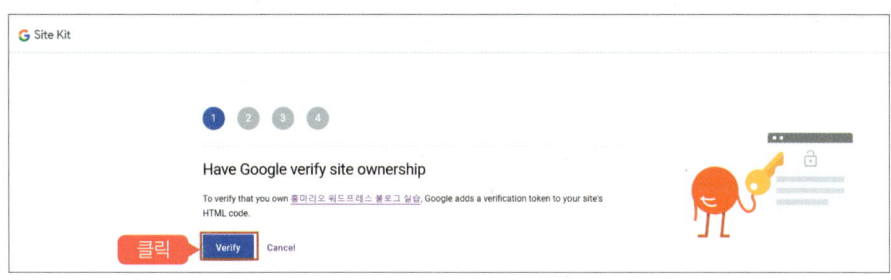

6 워드프레스 알림판에서 구글 서치 킷 관련 본인의 구글 계정을 액세스 허용을 묻습니다. 'Allow'를 클릭합니다.

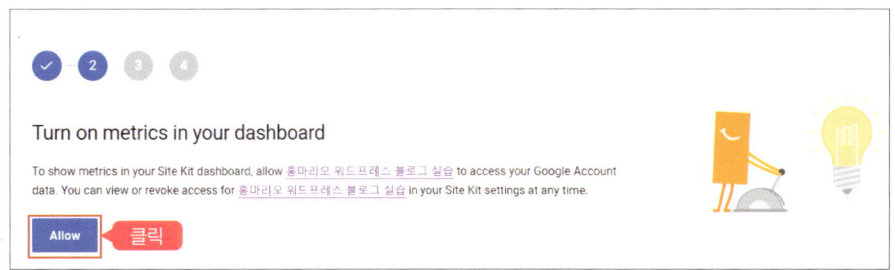

7 구글 서치 킷 설치를 묻습니다. 'Set up'을 클릭합니다.

8 구글애널리틱스 설치를 묻습니다. 'Next' 버튼을 클릭합니다.

9 워드프레스 알림판 화면으로 이동을 자동으로 합니다. 계정 선택하라는 메시지가 나오면 본인의 사이트 제목을 선택하고 속성, 웹 데이터 스트림은 사이트 도메인을 입력합니다. 국가는 대한민국을 선택하고 아래에 [계정 만들기] 버튼을 클릭합니다.

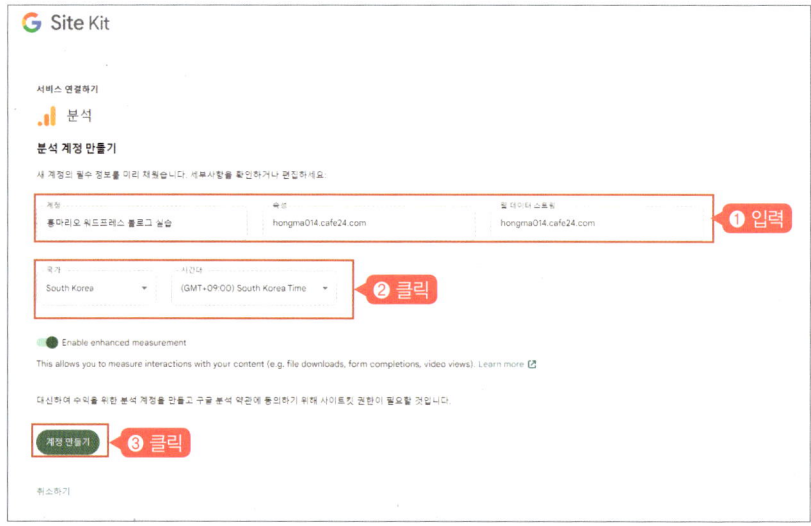

10 다시 계정 선택 화면이 보입니다. 앞에서와 마찬가지로 본인 계정을 선택하고 추가 액세스 요청 화면이 보이면 [계속] 버튼을 클릭합니다.

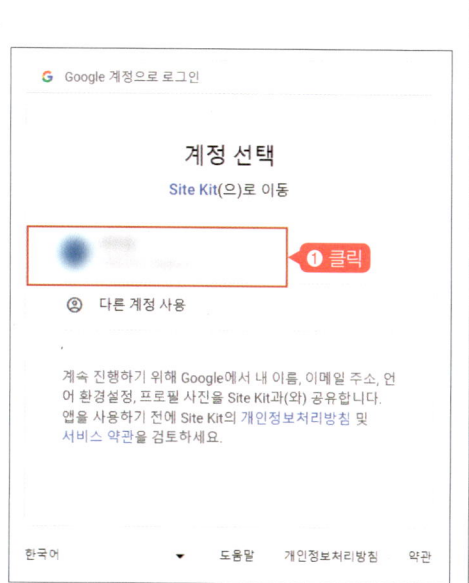
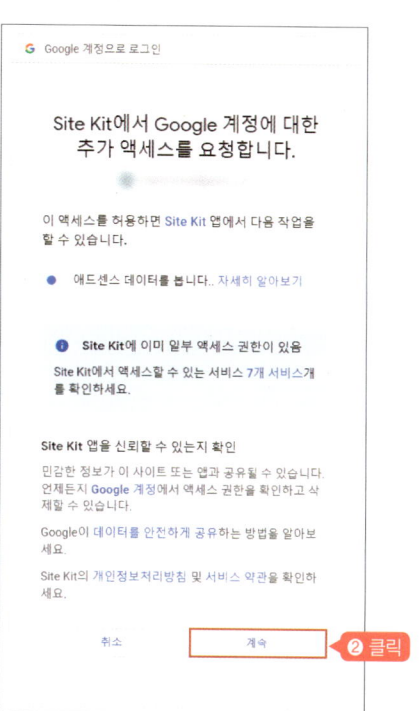

11 액세스 요청 항목이 보이면 모두 체크하고 아래에서 [계속] 버튼을 클릭합니다.

12 계속 클릭하고 몇 초가 지나면 위 화면이 보입니다. 약관 계약 제목 아래 '대한민국'으로 선택한 다음 체크박스에 모두 체크하고 하단에 [동의함] 버튼을 클릭합니다.

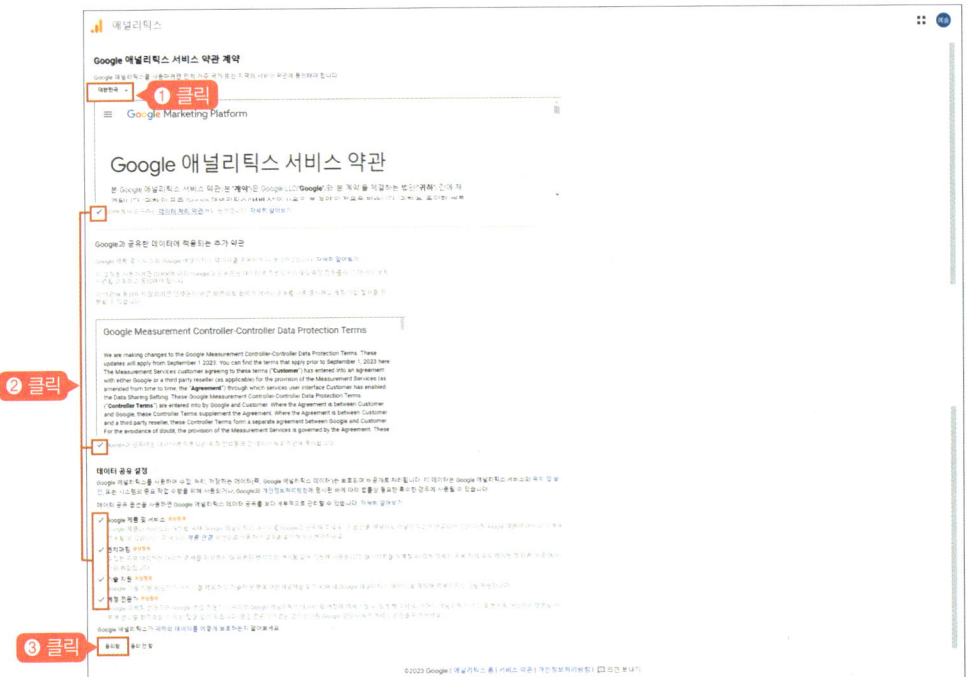

13 이제 구글 사이트 키트 설치가 모두 완료되었습니다. 알림판으로 이동하기 위해 [Go to my Dashboard] 버튼을 클릭합니다.

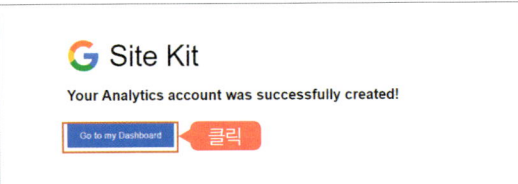

14 알림판으로 이동하면 위 화면처럼 구글 사이트 키트가 데이터를 수집하고 있습니다. 데이터 수집에는 수시간이 걸립니다.

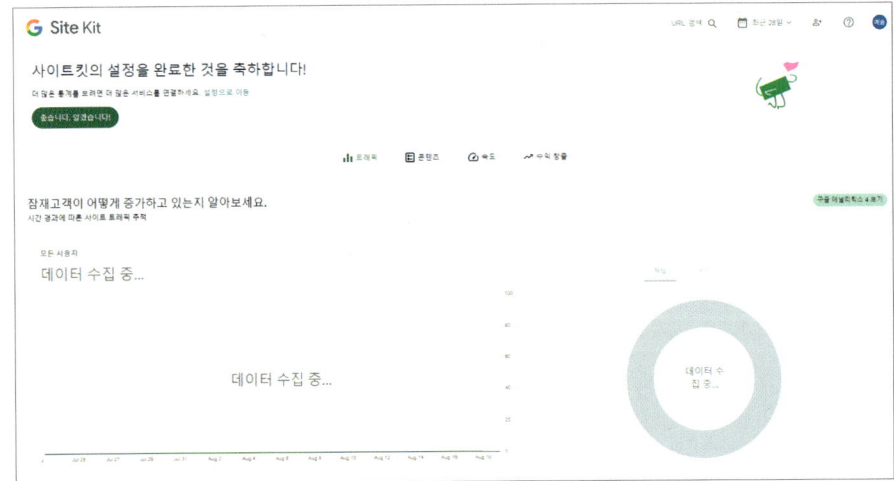

10-3 구글 애드센스 등록

구글 애드센스 등록은 일반적으로 사이트가 어느 정도 활성화되었을 때 등록을 진행합니다. 블로그 글이 하나도 없는데 등록하면 당연히 거절 당하기 때문입니다. 인터넷이나 유튜브를 검색하면 최근에 수익을 위해 워드프레스 구글 애드센스 관련해서 많은 컨텐츠들이 있습니다. 여러가지 노하우를 공유하기도 하고 자신만의 애드센스 승인 노하우를 공유하기도 합니다.

필자의 개인적인 의견은 워드프레스 블로그의 경우는 당장의 수익 보다는 좀 더 길게 잡고 천천히 인내심을 가지고 접근하는 게 가장 좋은 방법 같습니다. ❶ 블로그 주제는 자신이 관심 있는 분야 1개로 ❷ 포스팅 당 글자수는 되도록 많이, 본인이 직접 창작해서 하루에 1개 정도 꾸준히 작성 ❸ SEO 팩트 활용 10가지 활용 최소 한 달 이상 작성 후 애드센스 등록 신청 그리고 구글 애드센스는 도메인을 등록한 이후에 신청해야 합니다. 카페24 계정으로는 등록할 수 없습니다. 그럼 앞에서 설치한 구글 사이트 키트 플러그인을 활용해서 구글 애드센스 등록하는 방법을 알아보겠습니다.

1 알림판의 사이트킷 메뉴를 클릭해서 사이트킷 화면에서 스크롤을 밑으로 조금 내리면 애드센스 화면이 보입니다. [지금 바로 연결] 버튼을 클릭합니다.

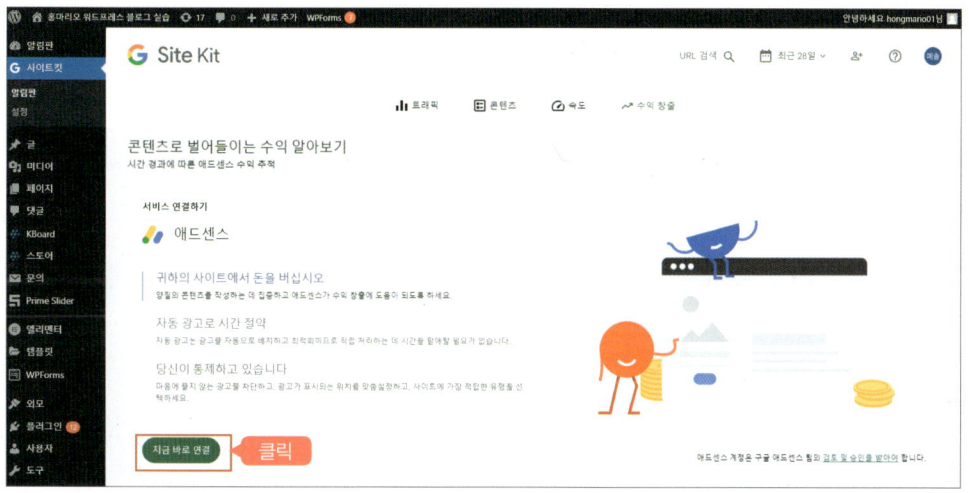

2 본인의 계정 선택창이 보이면 계정을 선택하고 추가 엑세스 요청창에서는 [계속] 버튼을 클릭합니다.

3 사이트킷에서 '자신의 애드센스 계정 만들기'가 보이고 아래에 [애드센스에 계정 만들기]를 클릭합니다.

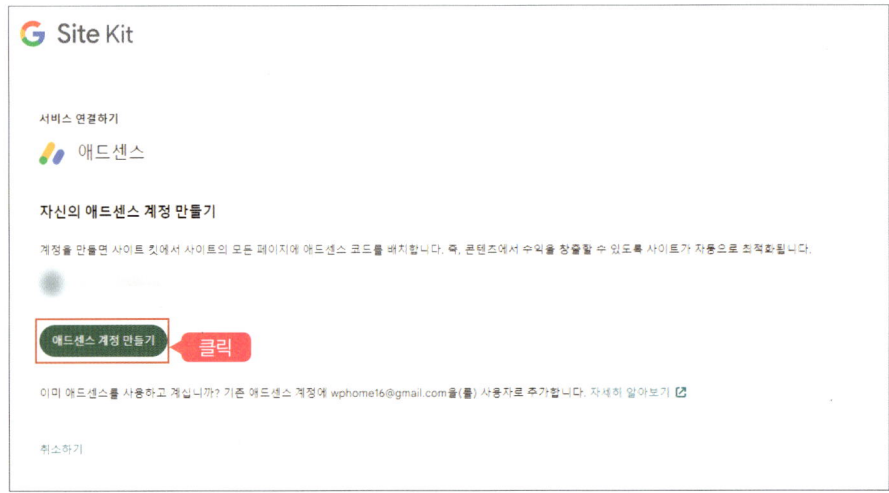

4 본인의 사이트가 자동으로 표시되고 아래 선택 박스 들이 보입니다. 애드센스 최대한 활용하기에 '예' 체크하고 아래 국가는 '대한민국'을 선택합니다. 그리고 '이용약관 수락'에 체크하고 [애드센스 사용 시작] 버튼을 클릭합니다.

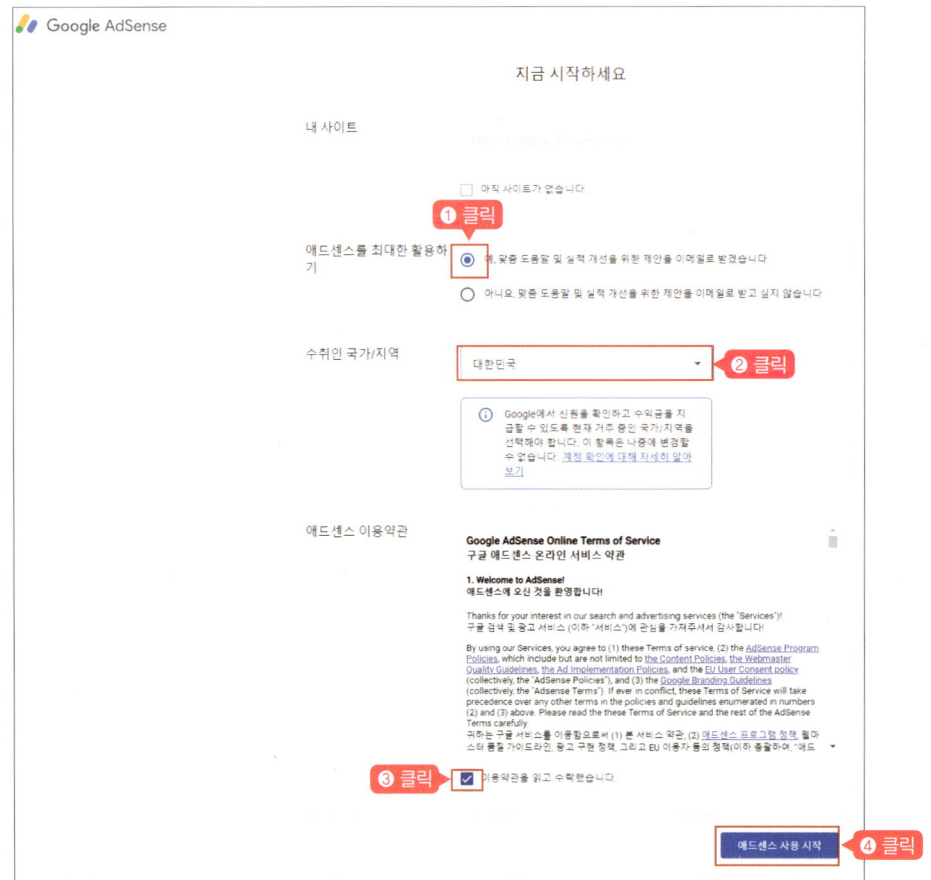

5 애드센스 화면으로 다시 이동을 하게 되고 3가지 배너가 보입니다. 각각의 역할은 아래와 같습니다.
① 지급 : 구글 애드센스 광고 수입에 대한 개인 정보를 입력하는 곳
② 광고 : 애드센스 승인 완료 후 광고 영역을 설정하는 곳
③ 사이트 : 애드센스에 본인 사이트 신청을 하는 곳

먼저 지급 배너에서 아래의 [정보 입력]을 클릭합니다.

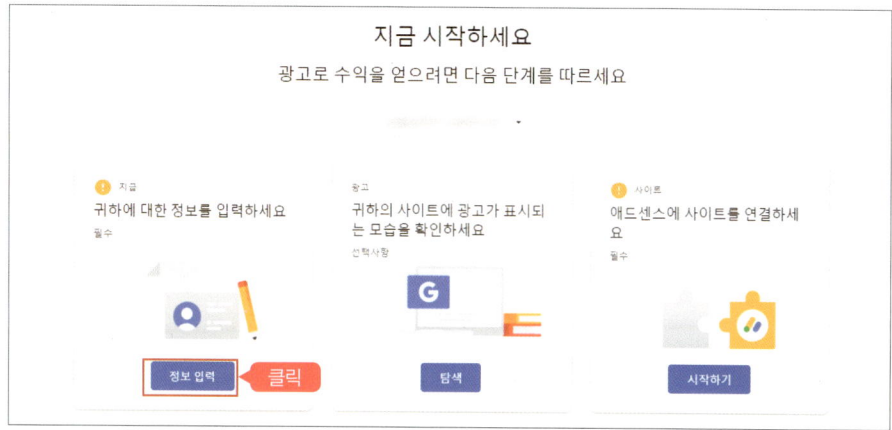

6 개인정보를 입력합니다. 주소, 이름, 우편번호는 필수 입력 사항이고 전화 번호는 선택사항 입니다. 모두 입력 후 아래 [제출] 버튼을 클릭합니다.

7 정보입력을 마쳤으면 다음은 사이트 배너에서 [시작하기]를 클릭해서 애드센스 등록을 진행합니다.

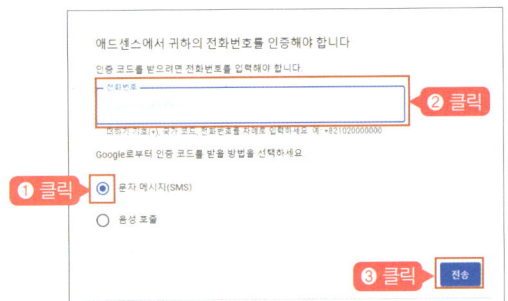 

8 애드센스에 사이트 연결 시작하기를 클릭하면 위 화면 처럼 head 태그 사이에 소스코드를 입력해라고 요구하고 있습니다. 현재 애드센스 창을 유지하고 다시 사이트 알림판 창으로 이동하겠습니다.

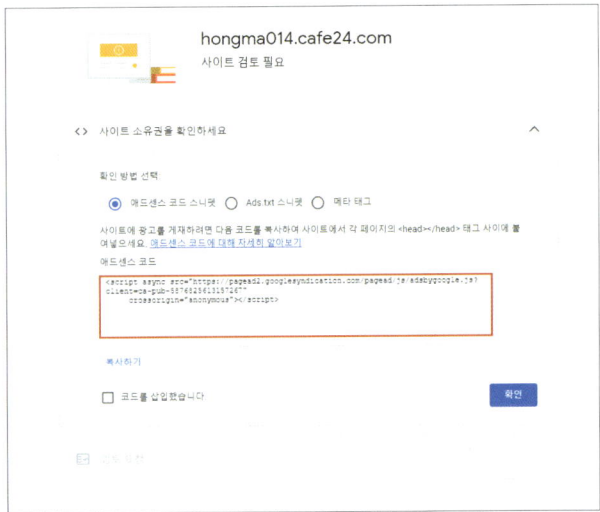

9 알림판에서 플러그인〉 Add New Plugin을 클릭해서 플러그인 추가 페이지로 이동합니다.

10 플러그인 추가 화면 우측의 키워드 입력창에 'head'라고 입력합니다. 입력하고 Enter 키를 치면 'Head & Footer Code' 플러그인이 왼쪽 첫 번째에 보입니다. [지금 설치] 버튼을 클릭합니다.

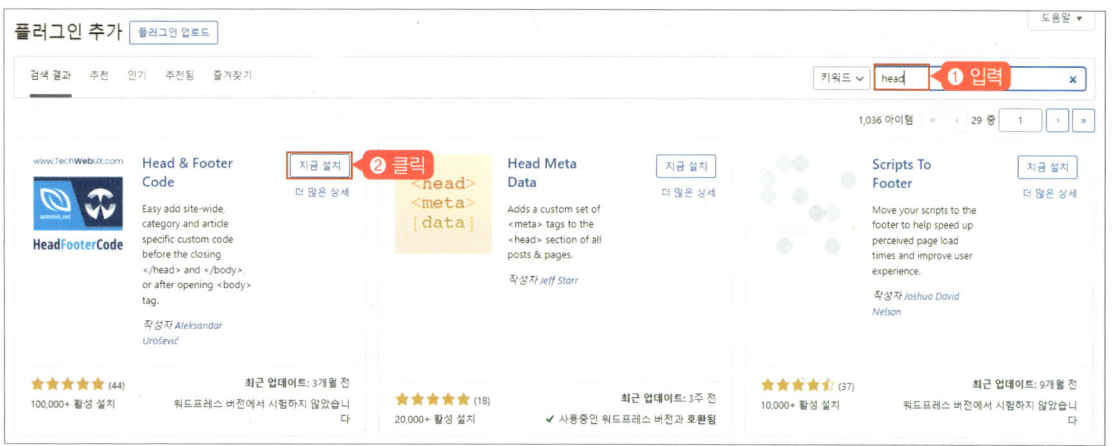

11 [활성화] 버튼을 클릭해서 'Head & Footer Code' 플러그인을 활성화시킵니다.

12 'Head & Footer Code' 플러그인이 설치한 플러그인 리스트에 보입니다. 'Head & Footer Code' 제목 아래 '설정' 클릭을 클릭합니다. 다음은 다시 앞에서 확인한 구글 애드센스의 head 소스를 확인하기 위해 해당 창으로 이동합니다.

2장_블로그 제작 실습 199

13 구글 애드센스에서 소유권을 확인하기 위해 〈head〉와 〈/head〉 사이에 들어갈 소스를 위 화면과 같이 복사합니다.

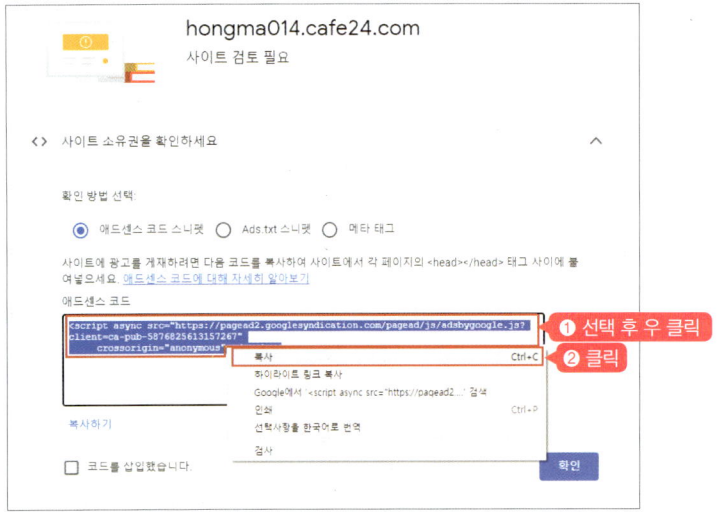

14 앞에서 복사한 소스값을 알림판의 'Head & Footer Code' 설정에서 보이는 HEAD Code 입력창에 붙여넣기를 합니다.

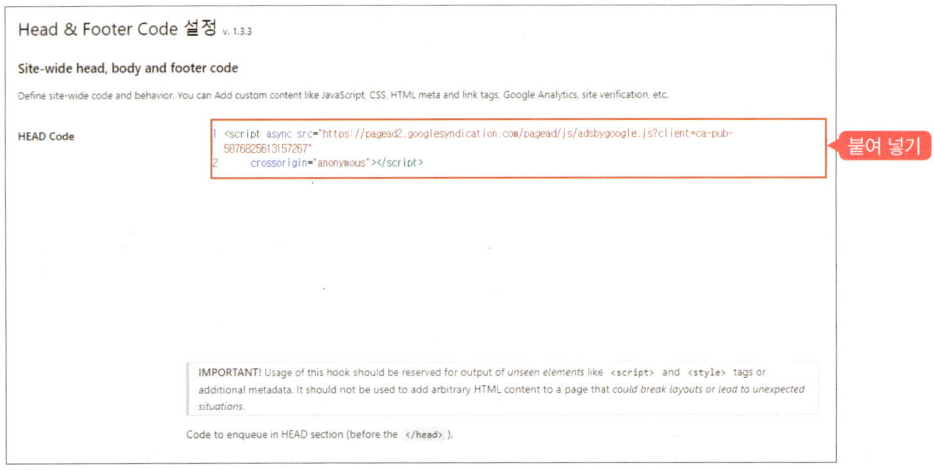

15 소스 붙여넣기를 했으면 페이지 스크롤 해서 맨 아래로 이동하면 위 화면처럼 [변경사항 저장] 버튼이 보입니다. 클릭합니다. 이제 구글 애드센스의 HEAD 소스 코드가 사이트에 삽입이 되었습니다.

16 다시 구글 애드센스 창으로 이동해서 '코드를 삽입했습니다'에 체크를 클릭하고 [확인]을 클릭합니다.

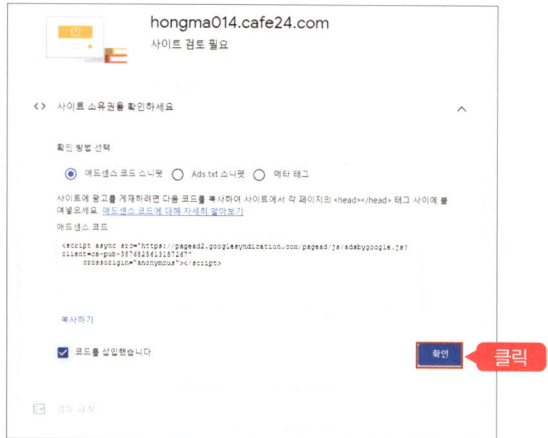

17 "사이트가 확인되었습니다."라는 팝업이 뜨고 [다음]을 클릭합니다.

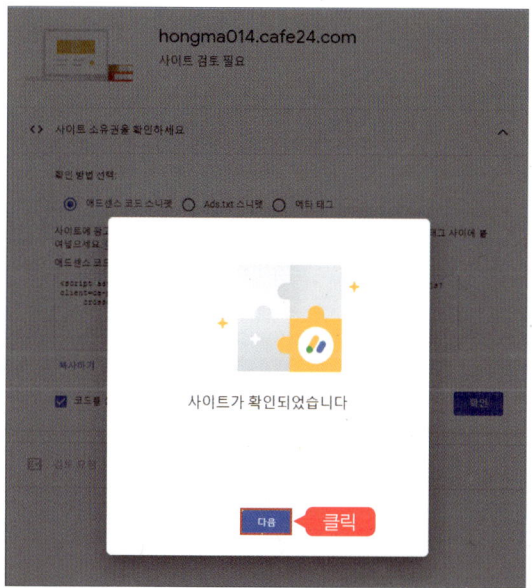

18 마지막으로 [검토 요청] 버튼을 클릭해서 검토를 요청합니다.

19 사이트 메뉴를 확인해 보면 승인상태가 '준비 중'으로 되어 있습니다. 일반적으로 구글 애드센스에서 승인 검토 기간은 약 3~7일 정도 소요됩니다.

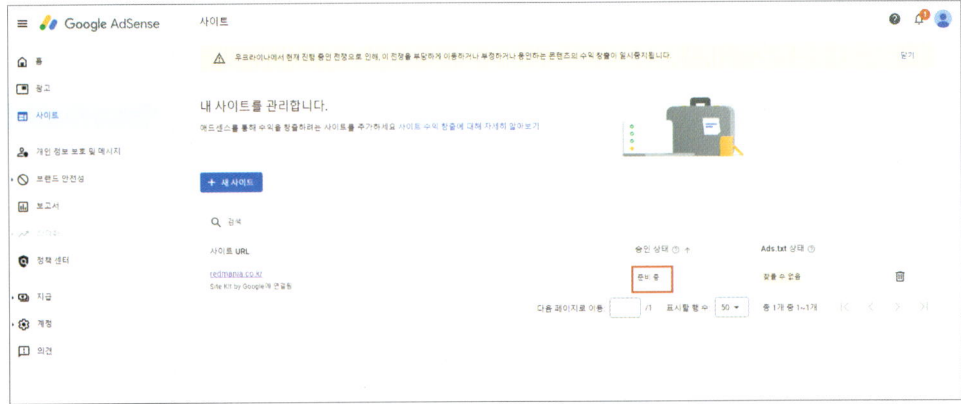

구글 애드센스 승인 기준은 다양한 의견들이 있지만 정확한 답은 없습니다. 실습에서 진행한 블로그 사이트는 본 도서의 실습을 위한 사이트라 애드센스 신청 단계까지만 보여드리고 애드센스 기준에는 맞지 않아 구글 애드센스 승인 사례는 타 사이트로 예시합니다.

구글 애드센스 조건에 부합한 사이트가 되면 신청 후 3~7일 기간 내 본인의 지메일에 위 화면과 같은 승인 메일이 옵니다. [계정 살펴보기]를 클릭하면 구글 애드센스 홈 화면으로 이동합니다.

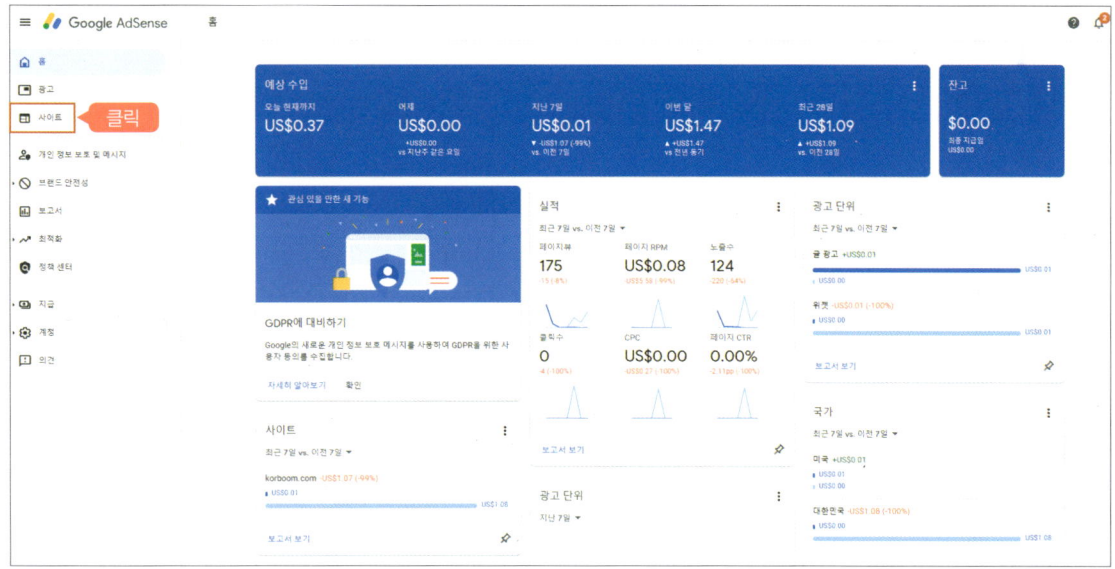

홈 아래 광고 메뉴에서 광고 영역을 설정할 수 있으며, [사이트] 메뉴를 클릭하면 신청 시와 다르게 '승인상태-준비중', 'Ads txt상태-승인됨'으로 변경됩니다.

구글 애드센스 승인 이후에는 '구글 키워드 플래너'를 적극 활용해서 보다 많은 수익에 도전해 보기 바랍니다.

2장_블로그 제작 실습 203

3장

포트폴리오 제작 실습

이 장에서는 포트폴리오 홈페이지 만들기 실습을 진행합니다. 3개의 실습 예제 중에서 가장 간단하게 제작 가능한 홈페이지이며, 주로 사진작가, 디자이너, 프리랜서들의 개인 포트폴리오 사이트 또는 디자인 회사, 건축 회사, 광고 회사 등에 많이 사용되는 홈페이지입니다.

 실습 전 확인 사항

3장의 실습에서도 이 책의 부록에 포함된 '카페24 3개월 무료 쿠폰'을 이용해서 카페24 계정을 등록해서 워드프레스 설치를 마쳐야 하고 실습 관련자료를 다운받아서 모든 준비를 마친 다음에 실습에 들어가야 합니다. 하지만 계정이 1개만 주어지기 때문에 앞장에서 블로그 실습 사이트를 완료하신 분들은 반드시 계정을 초기화 시켜서 포트폴리오 실습을 진행하기 바랍니다.

01 _ 실습 예제 사이트 및 데모 미리보기

실습 사이트 예제 사이트(https://hongmario02.mycafe24.com)에 접속하면 아래 화면처럼 포트폴리오 실습 사이트를 확인할 수 있습니다.

포트폴리오 예제 사이트는 저자의 지인 중 사진작가 황현정(Moca)의 여행사진을 모아둔 포트폴리오 사이트입니다.

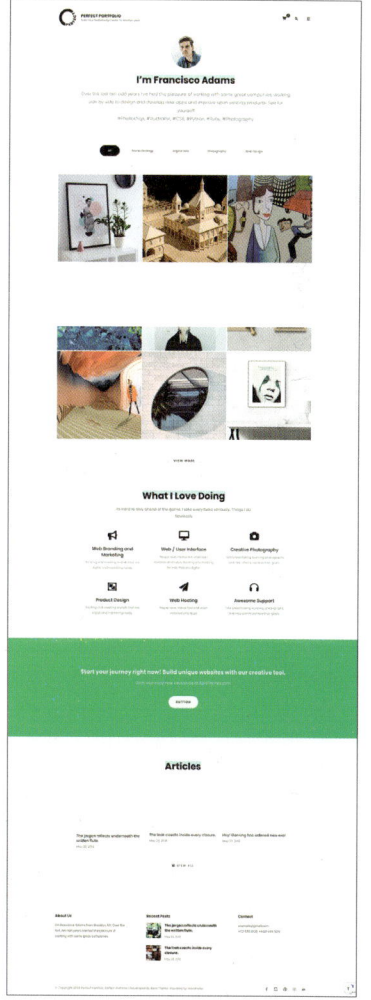

▶ 포트폴리오 실습 예제 사이트 – https://hongmario02.mycafe24.com

다음은 실습 예제로 선택한 Perfect portfolio 테마의 데모 사이트를 확인합니다. 바로가기 주소는 다음과 같습니다.

블로그 실습 테마와 동일하게 무료 테마, 유료 테마를 동시에 제공하는 테마이며, 무료 테마에는 기능에 제한이 많지만 독자들이 실습하기에는 크게 문제가 없습니다. 다만 무료 테마라 그런지 메인화면에서 포트폴리오 탭이 제대로 작동되지 않는 등 어느 정도 불편함이 있지만 그래도 무료이기 때문에 그 정도를 감안해야 될 것 같습니다.

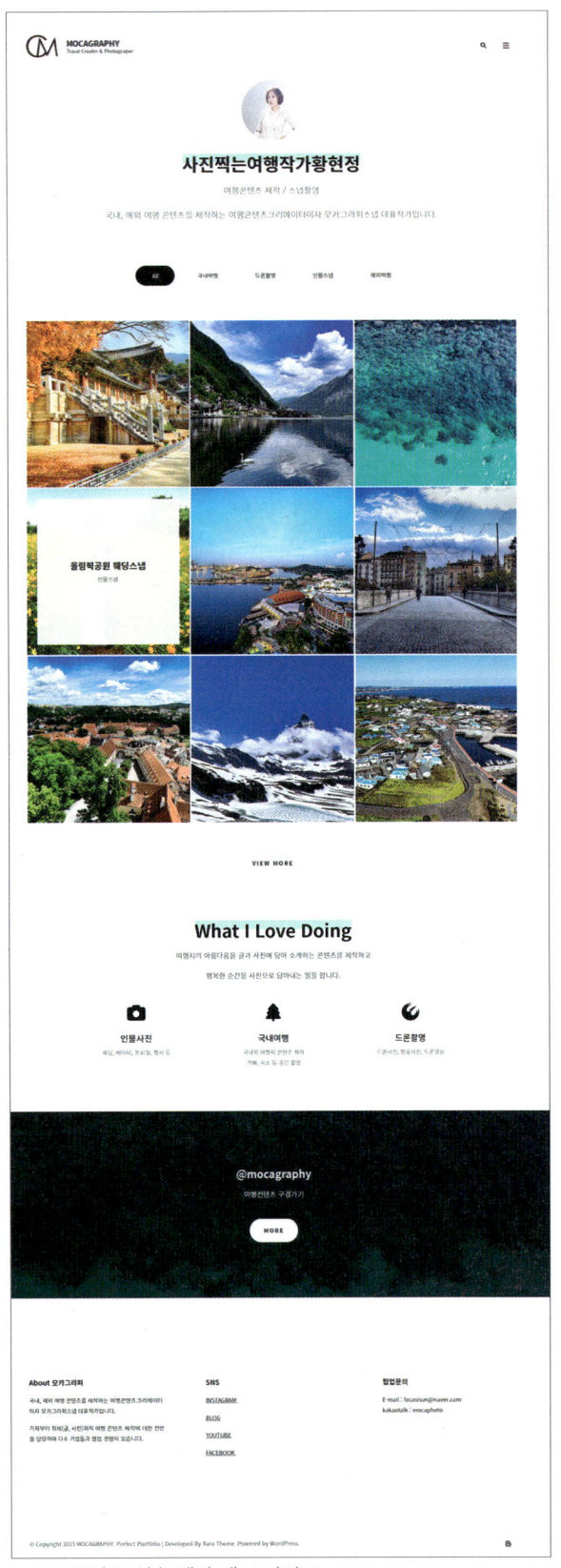

▲ 포트폴리오 실습 테마 데모 사이트

02 _ 포트폴리오 실습 자료 다운로드

실습에 들어가기 전에 실습에 사용할 이미지를 다운받기 위해 홍마리오 네이버 카페에 접속합니다.

■1 홍마리오 네이버 카페(https://cafe.naver.com/wphome)에 접속합니다.

■2 카페 우측 상단의 [로그인]을 클릭해서 로그인, 미가입 시 카페 회원 가입합니다.

■3 종합편 자료실 메뉴를 클릭합니다.

카페 왼쪽 메뉴 중간쯤 보면 "워드프레스 책"이라는 제목이 보입니다. 그리고 그 아래 메뉴를 보면 "종합편 자료실"이라고 있습니다. [종합편 자료실]을 클릭합니다.

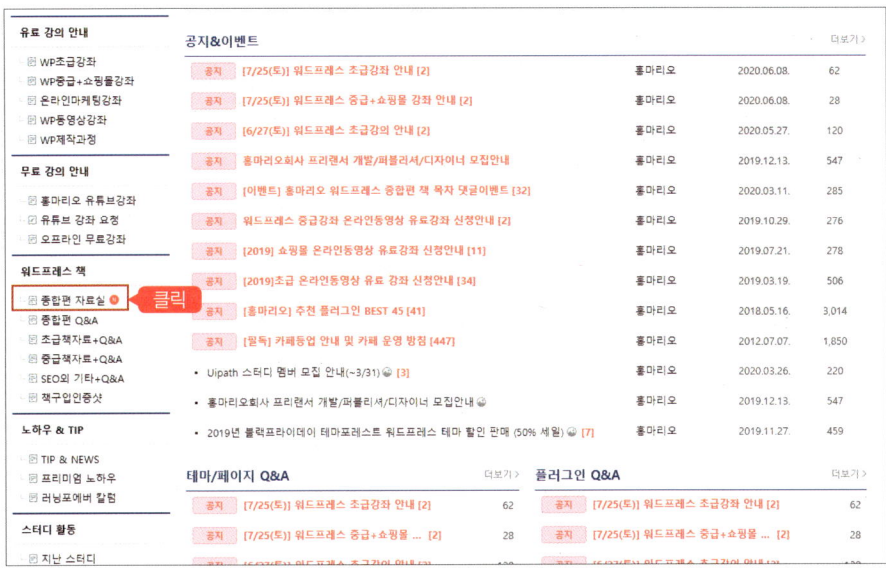

■4 종합편 자료실 목록을 보면 최근 게시물 중 "2023 홍마리오 워드프레스 종합편-포트폴리오 자료"게시물을 클릭합니다.

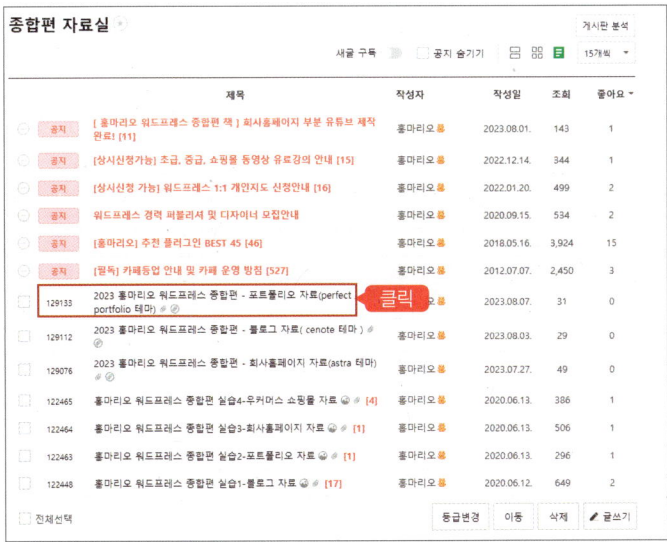

▲ 홍마리오 워드프레스 네이버 카페 종합편 자료실

5 게시물을 클릭하면 우측 상단에 [첨부파일]이 보이고 게시물에 설명대로 진행하면 첨부파일을 다운받을 수 있습니다.

▲ 실습자료 첨부파일 다운받기

6 다운로드 받은 파일명은 "블로그 실습자료(이미지파일).zip"입니다. 네이버 카페에서 다운받으면 자동으로 [내문서]-[다운로드]에 저장이 됩니다. 압축을 풀어 보겠습니다.

▲ 블로그 실습자료 다운받기

7 [내문서]-[다운로드]에서 "블로그 실습자료(이미지파일).zip" 파일을 다운로드 받았습니다. 이제 압축을 풀면 실습을 위한 자료 준비가 모두 끝나게 됩니다.

03 _ 알림판 접속 준비

여러분들 중 앞에서 블로그 실습 진행을 하지 않고 아무런 작업을 하지 않았으면 카페24에서 계정을 만들어서 워드프레스 설치해야 하고, 앞에서 블로그 실습을 진행했는데 해당 작업을 저장하고 싶으면 백업(백업방법-홍마리오 유튜브(www.youtube.com/@hongmario) 참고)을 해야하고 저장할 필요가 없으면 초기화를 해야 합니다.

초기화 방법은 앞에서도 설명했지만 다시 한번 요약해서 설명합니다.

03-1 카페24 무료 계정 등록

앞에서 블로그 실습을 하지 않으신 분들은 처음부터 시작해야 해서 카페24 등록을 진행해야 합니다. 카페24 무료 계정 등록 방법은 "63~70 쪽"에서 확인 가능합니다.

03-2 사이트 초기화 하기

앞에서 블로그 실습하신 분들은 백업 후에 다시 초기화해야 합니다.

초기화 방법은 1장 워드프레스 기초(71~73 쪽)에서 설명했지만 다시 요약 설명합니다.

1 카페24 호스팅(https://hosting.cafe24.com)에 접속해서 로그인
2 로그인 후 '나의서비스관리' 접속
3 나의 서비스 관리 페이지에서 왼쪽 메뉴의 '계정 초기화'를 클릭
4 '계정 초기화 선택'에서 'DATA DB 모두 초기화' 체크
5 FTP 비밀번호를 입력 후 [확인] 클릭
6 DB 비밀번호 입력 후 [확인] 클릭
7 비밀번호가 모두 확인되었다는 메시지가 보이면 '위 내용을 확인합니다.'에 체크 후 [초기화 신청] 버튼을 클릭
8 약 5분뒤에 초기화 완료

04 _ 홍마리오 유튜브 실습 동영상 활용

3장 포트폴리오 실습 자료는 총 3개의 유튜브 영상이 있습니다. 본 책 내용과 함께 유튜브 영상을 참고하면 실습에 많은 도움이 될 것 입니다.

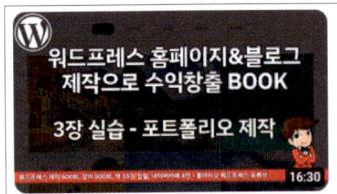 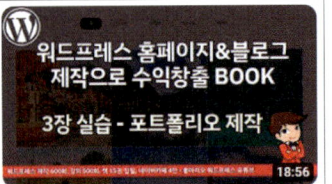 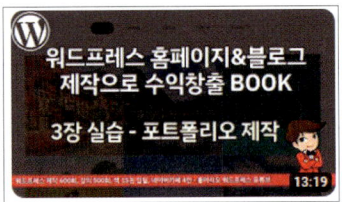

포트폴리오 실습 01 - 테마, 플러그인, 메뉴, 미디어업로드	https://youtu.be/myKi18g9buQ
포트폴리오 실습 02 - 사용자정의하기	https://youtu.be/rhr_xEtohZU
포트폴리오 실습 03 - 페이지, 포트폴리오 작성	https://youtu.be/fLdxaP7VzV4

05 _ 포트폴리오 실습 기본 정보 확인

여러분이 실습할 포트폴리오 실습 사이트 정보를 아래 표로 정리하였습니다.

사이트 제목	홍마리오 워드프레스 종합편 실습2-포트폴리오
사이트 주소	https://hongmario02.mycafe24.com
사용한 테마	Perfect portfolio 테마
사용한 플러그인	Elementor Phlox Core Elements Phlox Portfolio WP ULike 고전편집기
이미지 자료	홍마리오 네이버 카페 [워드프레스책] 종합편 게시판 공지사항에서 다운로드

▲ 실습 사이트 정보

포트폴리오 실습 사이트의 메뉴 구조도 역시 간단합니다. 사이트의 메뉴 구조도는 아래와 같습니다.

HOME	ABOUT	CONTACT	SERVICES
메인 페이지	페이지	페이지	페이지

▲ 블로그 실습 사이트 메뉴 구조도

2 워드프레스 포토폴리오 만들기 실습

실습 부분은 본 책에서 가장 중요한 분으로 여러분들은 반드시 단계별로 실습을 직접 해봐야 합니다. 실제로 포트폴리오 홈페이지를 만들지 않더라도 실습을 경험하면 워드프레스를 이해하는데 많은 도움될 것입니다. 포트폴리오 실습도 블로그 실습과 마찬가지로 유튜브로 실습 과정을 확인할 수 있습니다.

01 _ 알림판 접속 및 기본 정보 설정하기

알림판 접속하려면 카페24 워드프레스 매니지드 서비스에 등록을 하거나 본인 호스팅 계정에서 워드프레스 설치를 완료한 상태여야만 가능합니다. 따라서 아직 카페24 무료계정 등록을 하지 않는 분과 워드프레스 설치를 진행하지 않은 분은 반드시 완료 후 실습을 진행하기 바랍니다.

01-1 자신이 등록한 카페24 계정 접속

알림판에 접속하기 위해서 등록한 본인의 카페24 계정으로 주소창에 입력해서 사이트에 접속합니다. 여기 실습에서는 https://hongmario05.mycafe24.com으로 접속합니다.

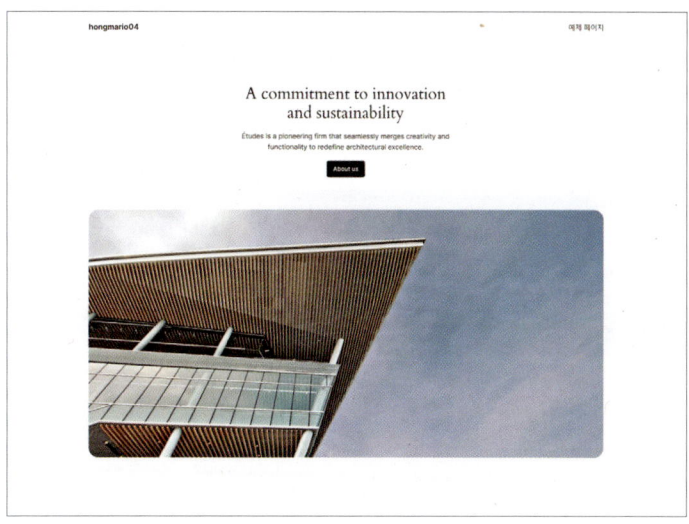

상기화면은 워드프레스 버전에 따라서 변경되어서 보여질 수 있으니 참고 바랍니다.

이제 여러분은 'https://본인아이디.mycafe24.com'으로 접속하면 됩니다. 가령 자신이 등록한 카페24 무료 계정이 'hongmario'라고 한다면 접속할 주소는 'https://hongmario.mycafe24.com' 입니다. 주의하실 점은 'hongmario' 앞에 www가 붙지 않습니다.

▲ 브라우저 주소창에 카페24 계정 주소 입력

이제, 본인 아이디 뒤에 '/wp-admin'으로 주소창(아이디.cafe24.com/wp-admin)에 입력하면 로그인이 가능합니다. 아래 기억하기를 체크하면 비밀번호를 기억해서 자동 로그인이 가능합니다.

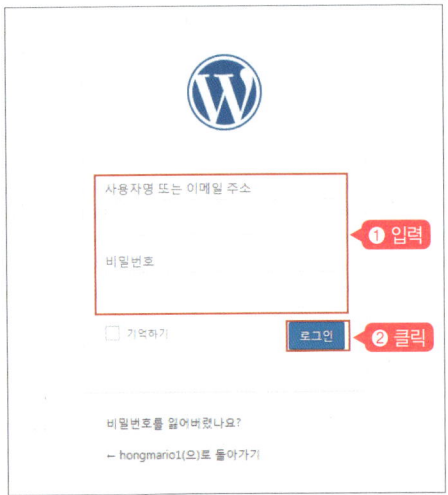

▲ 알림판 들어가기 위한 로그인 창

로그인하면 다음과 같이 알림판이 보입니다.

이제 실습을 할 모든 준비가 끝났습니다. 혹시, 알림판이 안 보인다면 실습을 진행할 수 없으므로 앞의 내용을 다시 확인해서 완료 후 진행하기 바랍니다.

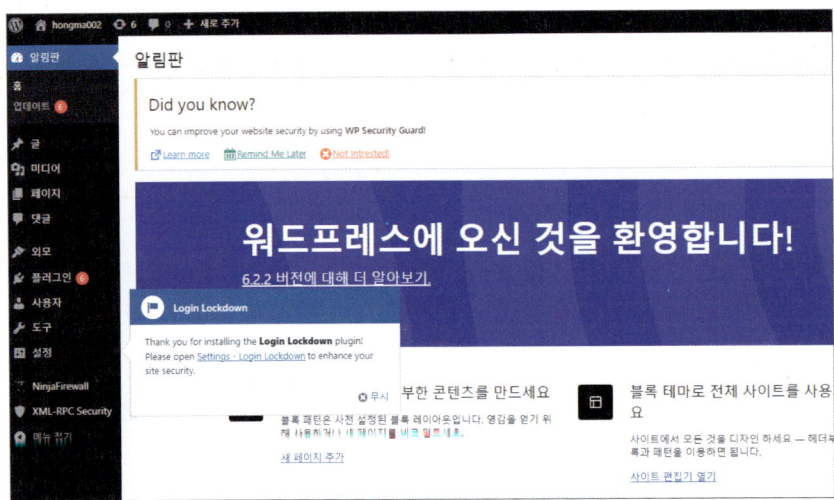

▲ 워드프레스 알림판 초기화면

01-2 사이트 기본정보 입력

이제 본격적으로 포트폴리오 홈페이지 만들기 실습에 들어가도록 합니다.

사이트 일반 설정

책 내용을 한 단계씩 따라하기 바랍니다. 먼저 사이트의 기본정보를 입력하기 위해 알림판에서 설정합니다.

1 알림판 메인 화면에서 [설정 - 일반] 메뉴를 클릭합니다.

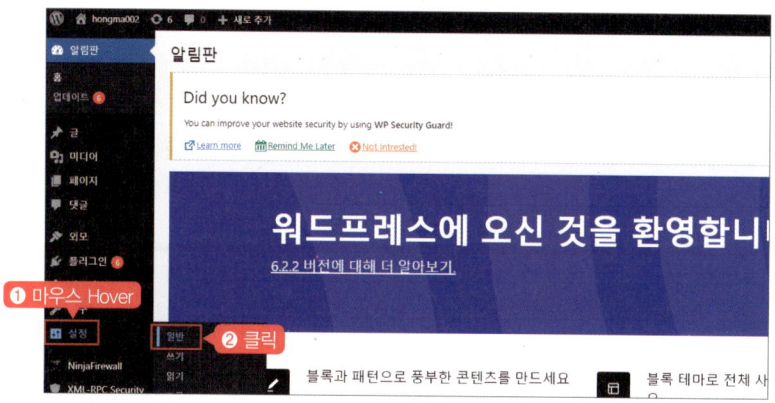

▲ 알림판 메인 화면

2 일반 설정 페이지에서 각 항목을 작성한 후 [변경 사항 저장] 버튼을 클릭합니다.

❶ **사이트 제목 입력** : 일반 설정페이지의 사이트 제목을 적어 줍니다. 여기서는 'MOCAGRAPHY'라고 입력했습니다. 여러분은 여러분의 홈페이지에 어울리는 제목으로 입력하면 됩니다.

❷ **태그라인 입력** : 태그라인은 사이트가 추구하는 내용. 즉, 아이덴티티나 주요 카피메시지, 주요키워드. 제목에 대한 부가 설명 등을 적어주면 됩니다. 여기서는 'Travel Creater & Photograper'라고 적었습니다. 여러분은 여러분의 홈페이지에 어울리는 태그라인으로 입력하면 됩니다.

❸ **변경사항 저장** : [변경 사항 저장] 버튼을 클릭하여 저장합니다.

▶ 워드프레스 관리자 로그인 화면

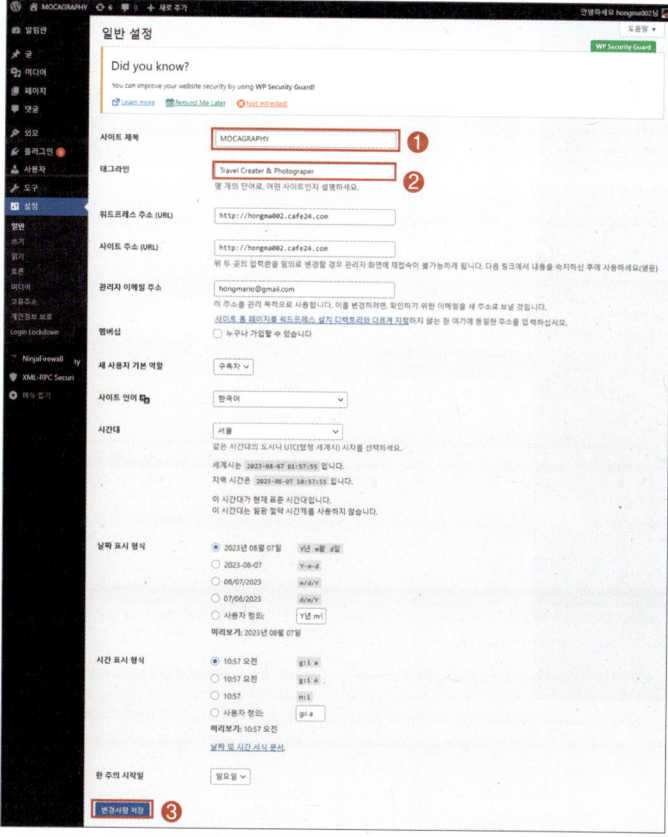

3 [설정>일반] 변경사항 확인

설정이 완료되면 알림판 왼쪽 상단의 탭의 이름이 설정한 이름으로 변경됩니다.

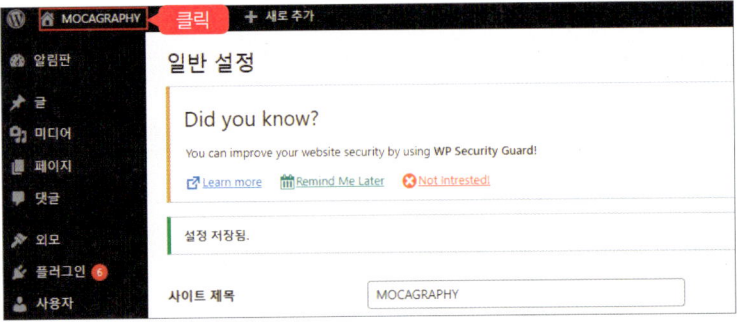

▲ 상단 화면

사이트 고유주소 설정

사이트 고유주소는 페이지 제목과 동일하게 설정하기 위해서 설정하는 곳입니다.

가령 contact 주소는 '본인 사이트 주소/contact'로 설정 가능합니다. 현재 버전에서 고유주소는 '글 이름'으로 되어 있습니다. 하지만, 버전에 따라서 기본이 '일반'으로 설정이 될 수 있으니 만약 기본이 '일반'으로 설정되어 있다면 아래 방법으로 변경하면 됩니다.

1 알림판에서 [설정-고유주소]를 클릭합니다.

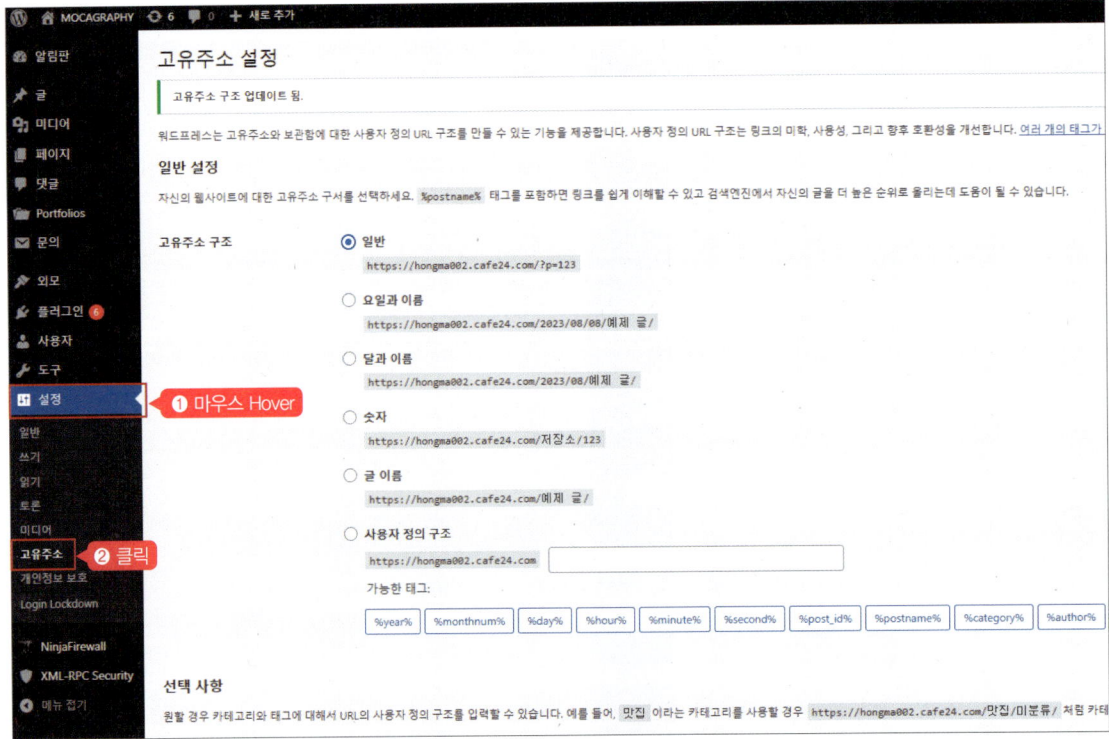

2 기본 설정은 일반에 체크되어 있습니다. 아래 화면과 같이 '글 이름' 앞에 체크 박스를 변경하고 하단에 있는 [변경사항 저장] 버튼을 클릭합니다.

02 _ 테마 설치하기

현재 6.x.x 버전에서 워드프레스의 기본테마로 적용되어 있는 "Twenty Twenty-Four" 테마 대신에 "perfect portfolio" 테마를 설치해 보겠습니다.

02-1 perfect portfolio 테마

포트폴리오 테마는 perfect portfolio 테마로 실습을 진행합니다. 참고로 워드프레스 공식사이트에서 perfect portfolio 테마 정보는 아래의 URL에서 확인이 가능합니다.

- perfect portfolio 테마 : https://wordpress.org/themes/perfect-portfolio/

02-2 테마 설치하기

그럼 지금부터 perfect portfolio 테마 설치를 진행합니다.

1 알림판에 접속해서 [외모 > 테마]를 클릭하고 다음 화면에서 테마 제목 우측의 [새로 추가] 버튼을 클릭합니다. 참고로 아래 화면에서 테마 아래에 'Did you know?' 메시지가 보이는데요. 이 경고 창이 보이는 걸 원하지 않은 경우 'Not Interested!'를 클릭하거나 해당 플러그인을 삭제하면 됩니다.

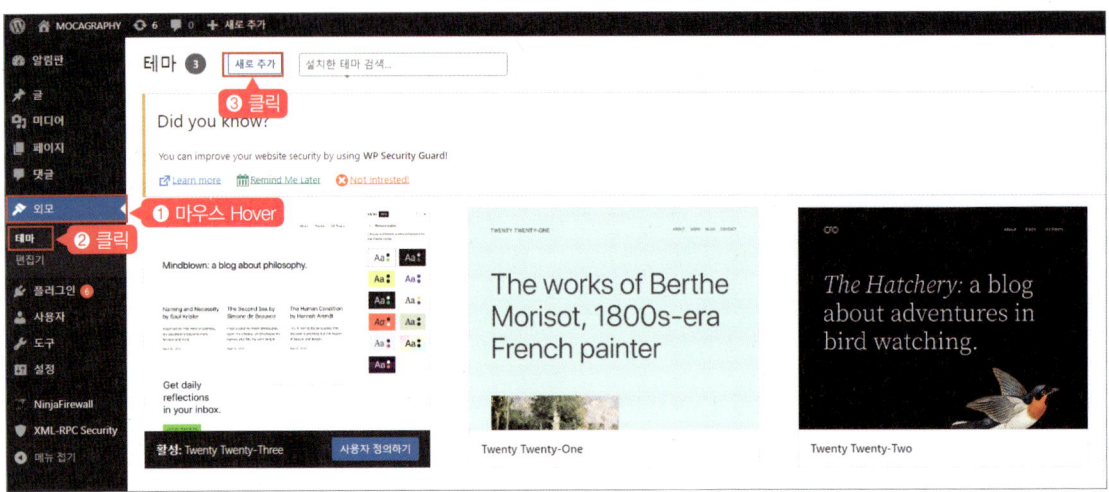

▲ 테마 새로 추가 화면

2 새로 추가를 클릭하면 '테마 추가' 페이지가 보이고 우측 상단에 테마명을 검색할 수 있는 검색창이 보입니다. 'perfect portfolio'라고 입력하고 Enter 키를 누릅니다.

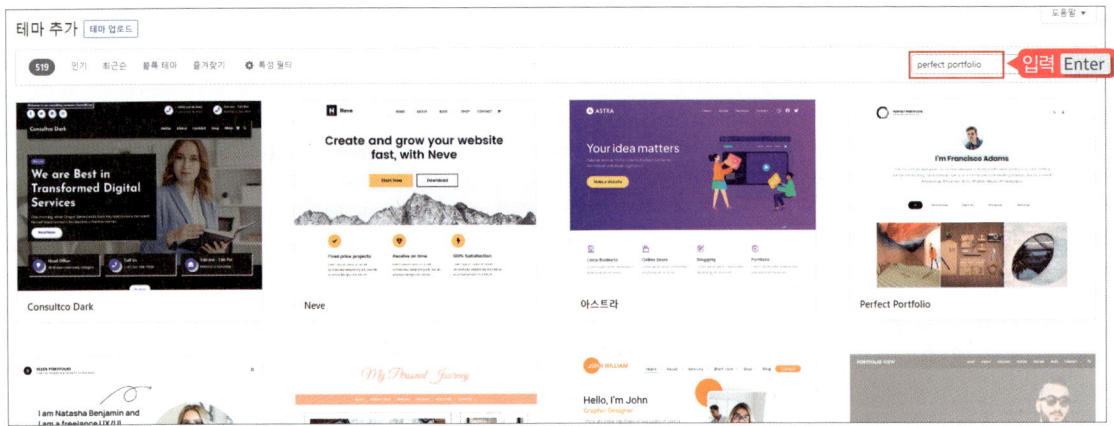

3 이제 perfect portfolio테마가 보이고 마우스를 올리면 아래 화면과 같이 [설치] 버튼이 보입니다. [설치] 버튼을 클릭해서 설치를 진행합니다.

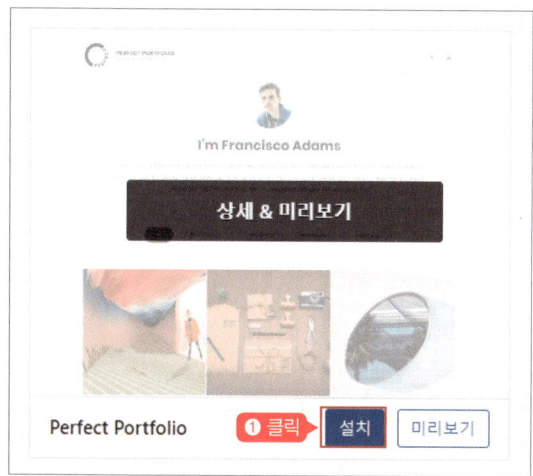 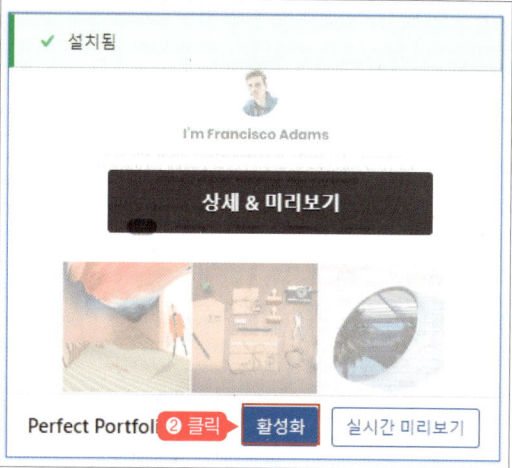

4 설치가 완료되면 다시 [활성화] 버튼을 클릭해서 테마를 활성화합니다.

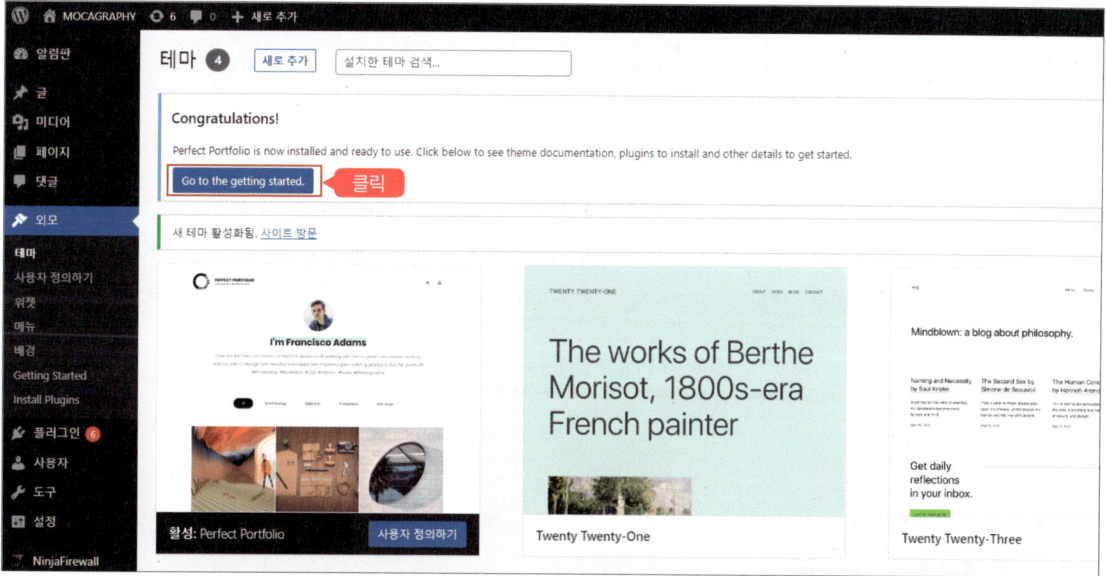

5 설치 및 활성화를 완성하면 위 화면처럼 보입니다. 상단의 테마 글자 아래 보면 영어로 'Congratulations!'라는 공지가 보이고 그 아래에 [Go to the getting started]라는 버튼이 보입니다. [Go to the getting started] 버튼을 클릭합니다.

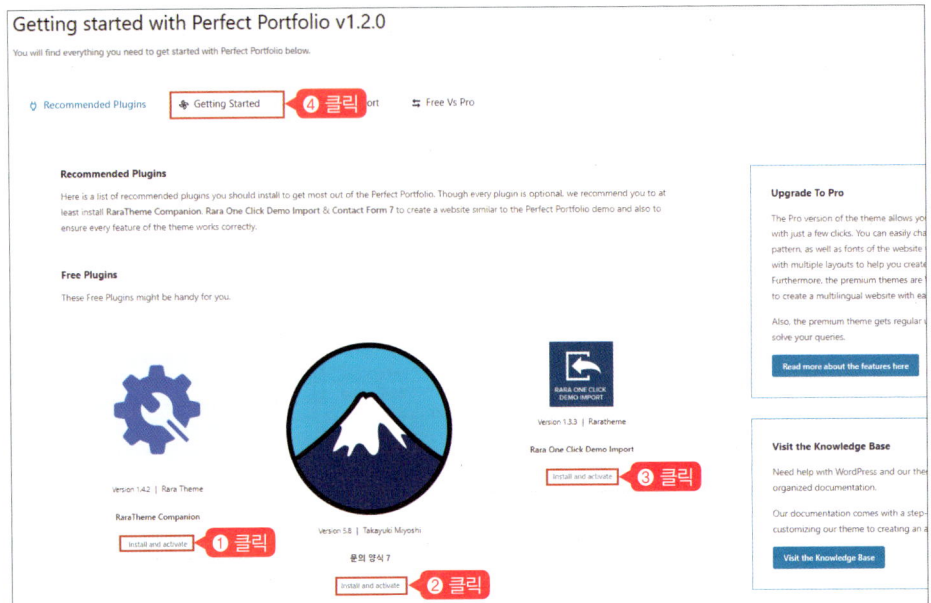

6 위 화면과 같이 추천 플러그인 목록이 3개(RaraTheme Companion, 문의 양식 7, Rara One Click Demo Import가 보이면 왼쪽부터 순서대로 설치>활성화를 설정합니다.

단, 여기서 주의할 점은 왼쪽부터 순차적으로 진행하셔야 합니다. 설정이 완료되면 3개의 플러그인 버튼이 [Deactivate]로 전환됩니다.

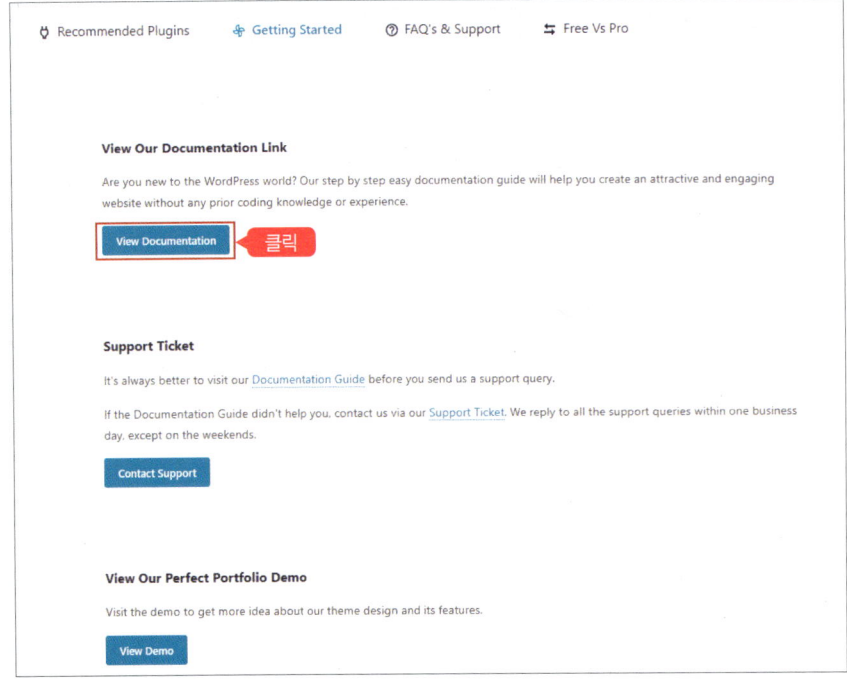

7️⃣ 3개 플러그인 설치를 마쳤으면 이제 상단의 [Getting Started] 탭 메뉴를 클릭합니다. 그러면 위 화면처럼 'View Our Documentation Link' 아래 [View Documentation] 버튼이 보이면 클릭합니다.

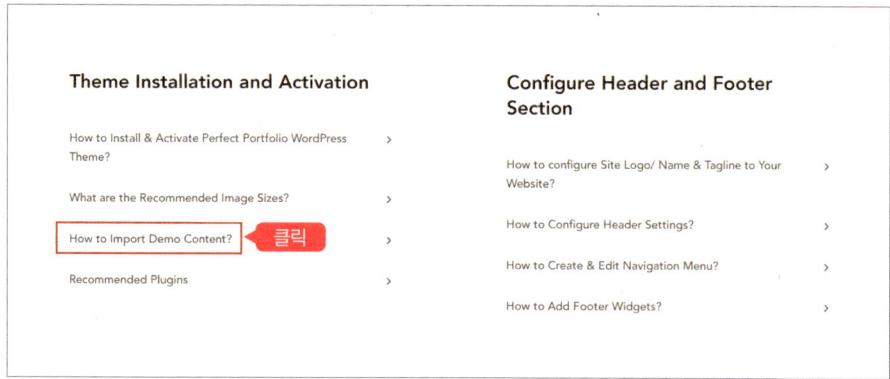

8️⃣ Documentation은 주로 해당 테마의 사용설명서 같은 겁니다. 이 페이지에서 중간쯤 보면 위 화면처럼 Them Installation and Activation 아래 'How to Import Demo Content?'라는 제목이 보입니다. 이 영문 제목을 클릭 합니다.

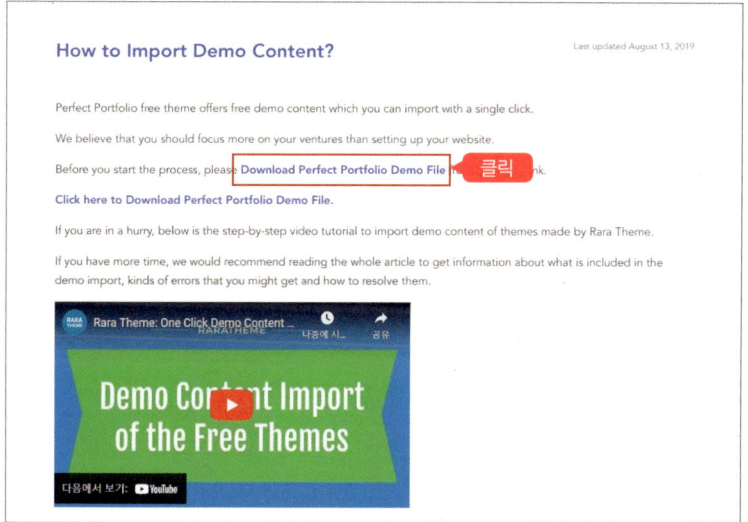

9️⃣ 마찬가지로 페이지 중간의 'Download Perfect Portfolio Demo File '라는 파란색 링크를 클릭하면 [내문서]-[다운로드]에 자동으로 저장이 됩니다.

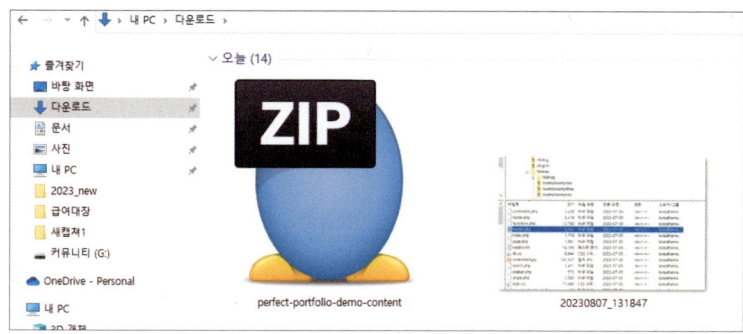

참고로 해당 자료는 앞에서 네이버 카페에서 다운로드 받은 자료에도 들어가 있으니 참고 바랍니다.

10 demo 파일을 다운로드 받았으면 왼쪽 메뉴 중에 [외모 > Rara Demo Import]를 클릭합니다.

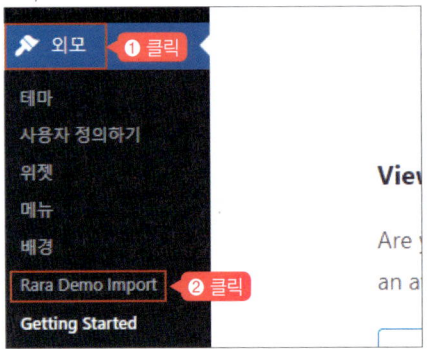

11 클릭하면 아래 화면이 보입니다. 용량과 php 버전에 대한 내용이 나옵니다. 현재 초기화된 상태에서 진행되고 실습중인 카페24 매니지드 워드프레스 호스팅은 하드용량 1G, php 최신 버전이기 때문에 모두 충족합니다. 아래 화면 두 번째 탭 메뉴인 [Demo Import]를 클릭합니다.

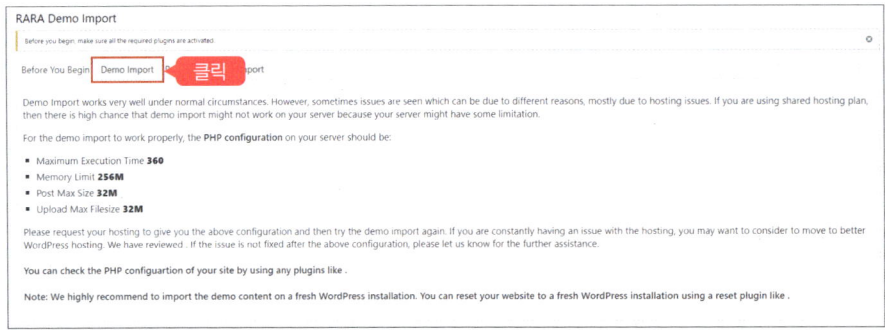

12 RARA Demo Import 제목 우측의 [Upload Demo File] 버튼이 보이면 클릭합니다.

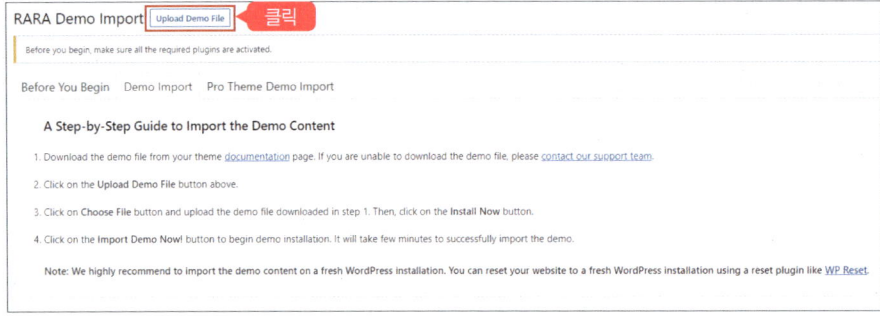

13 다음은 앞에서 다운로드 받은 perfect-portfolio-demo-content.zip 파일을 [다운로드] 폴더에서 아래 화면의 [파일선택] 버튼으로 드래그 앤 드롭을 합니다. 이때, 반드시 [파일선택] 버튼 위에 가져가야 합니다. 이렇게 해도 되고 [파일선택] 버튼을 클릭해서 [내문서]-[다운로드] 폴더에서 해당 파일을 [열기]해서 진행해도 동일합니다.

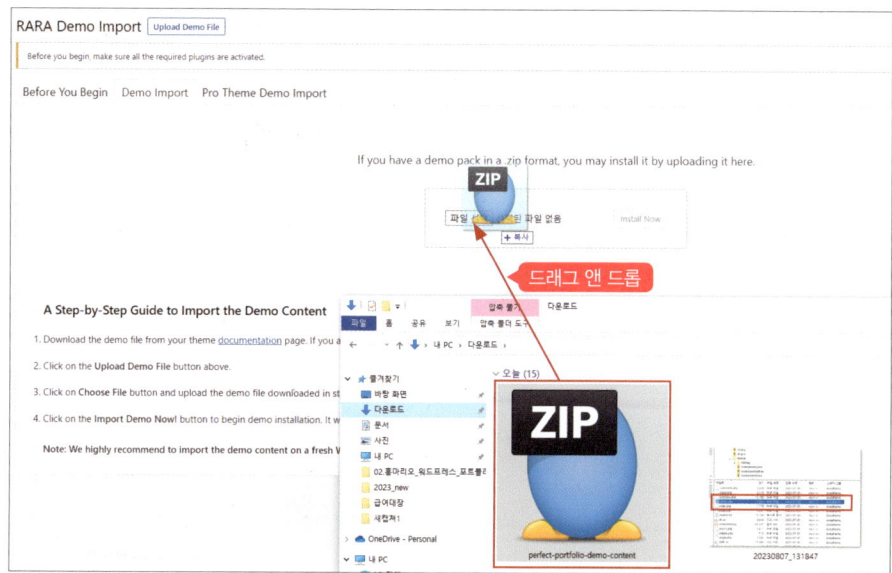

14 완료되면 아래와 같이 보입니다. 우측의 있는 [Install Now]를 클릭합니다.

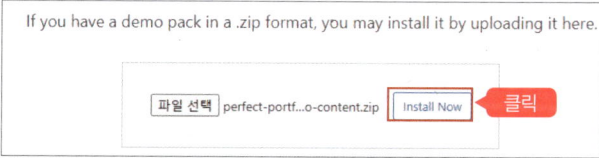

15 [Install Now]를 클릭하면 아래 화면이 나오고 파란색 [Import Demo Now!] 버튼을 클릭합니다.

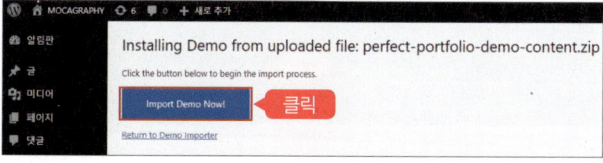

16 Import(임포트)가 진행되는데 약 수분이 걸립니다. 임포트가 진행되는 도중에는 완료될때까지 다른 작업을 하지 말고 기다려야 합니다. 완료되면 아래 화면처럼 "Completed Successfullly!"라는 메시지를 확인할 수 있습니다. 맨 아래 'Check the front page' 텍스트를 클릭합니다.

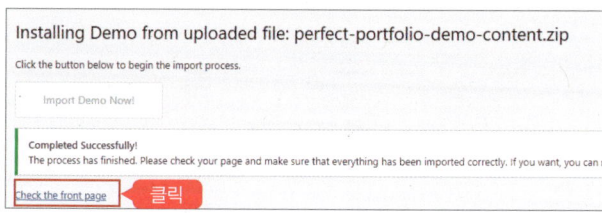

17 그러면 원페이지 스타일의 데모 임포트(Demo import)가 완료된 것을 확인할 수 있습니다.

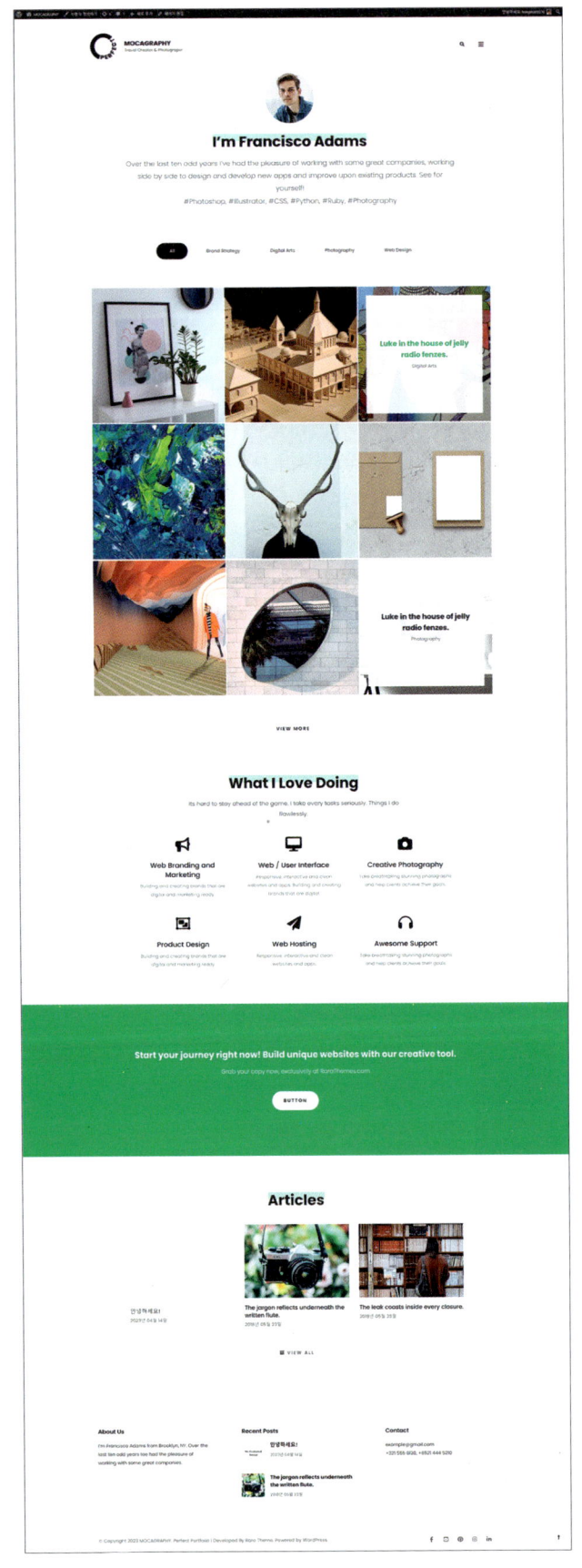

03 _ 플러그인 설치하기

Perfect portfolio 테마에 필수적으로 사용되는 플러그인은 데모 가져오기(Demo importer)에서 모두 설치가 됩니다. 따라서 추가로 설치할 플러그인은 블로그 실습에서도 사용했던 클래식 편집기, 클래식 위젯 2개만 설치하도록 합니다.

03-1 클래식 편집기 플러그인 설치

1 알림판에서 [플러그인>새로 추가]를 클릭합니다.

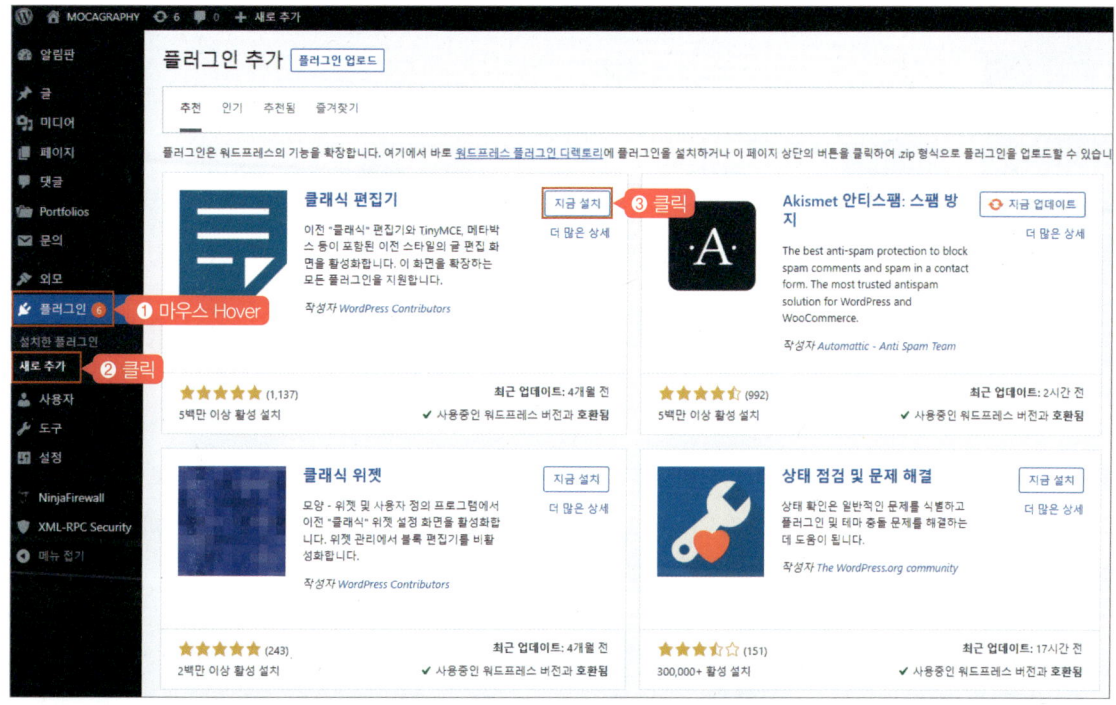

▲ 플러그인 새로 추가 화면

2 플러그인 새로 추가를 하면 기본적으로 추천 플러그인에 '클래식 편집기'가 보입니다. 만약 보이지 않으면 [인기] 탭에서 확인할 수 있고, 우측의 '키워드' 검색에서 '클래식 편집기'라고 검색해도 됩니다.

3 위 화면에서 클래식 편집기 우측의 [지금 설치] 버튼을 클릭합니다.

4 [지금 설치] 버튼이 [활성화]로 변경되었습니다. [활성화] 버튼을 클릭해서 활성화를 진행합니다.

03-2 클래식 위젯 플러그인 설치

1 앞의 클래식 편집기와 마찬가지로 [플러그인〉새로 추가]를 클릭합니다

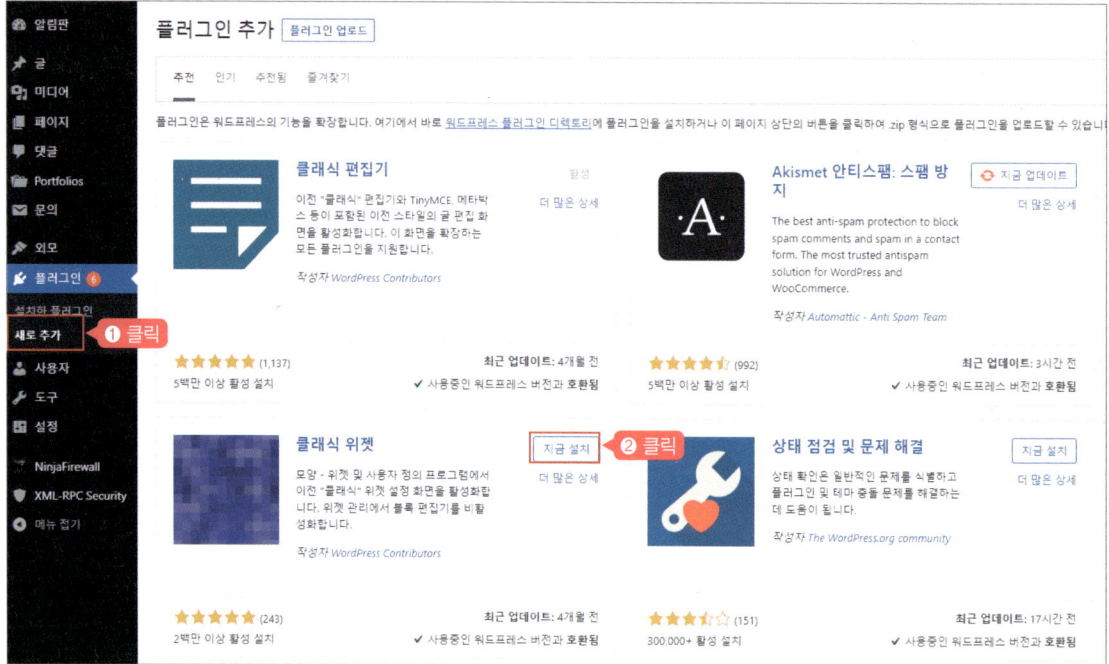

▲ 플러그인 새로 추가 화면

2 플러그인 새로 추가를 하면 기본적으로 추천 플러그인에 2번째 열에 '클래식 위젯'이 보입니다. 혹시 보이지 않으면 [인기] 탭에서도 확인 가능하고 우측의 '키워드' 검색에서 '클래식 편집기'라고 검색해도 됩니다.

3 위 화면에서 클래식 위젯 우측의 [지금 설치] 버튼을 클릭합니다.

▲ 활성화 박스

4 [지금 설치] 버튼이 [활성화]로 변경되었습니다. [활성화] 버튼을 클릭해서 활성화를 시켜줍니다. 이제 포트폴리오 실습을 위한 모든 플러그인은 설치가 완료되었습니다.

이제 설치된 플러그인을 확인합니다.

5 알림판에서 [플러그인 > 설치된 플러그인]을 클릭합니다.

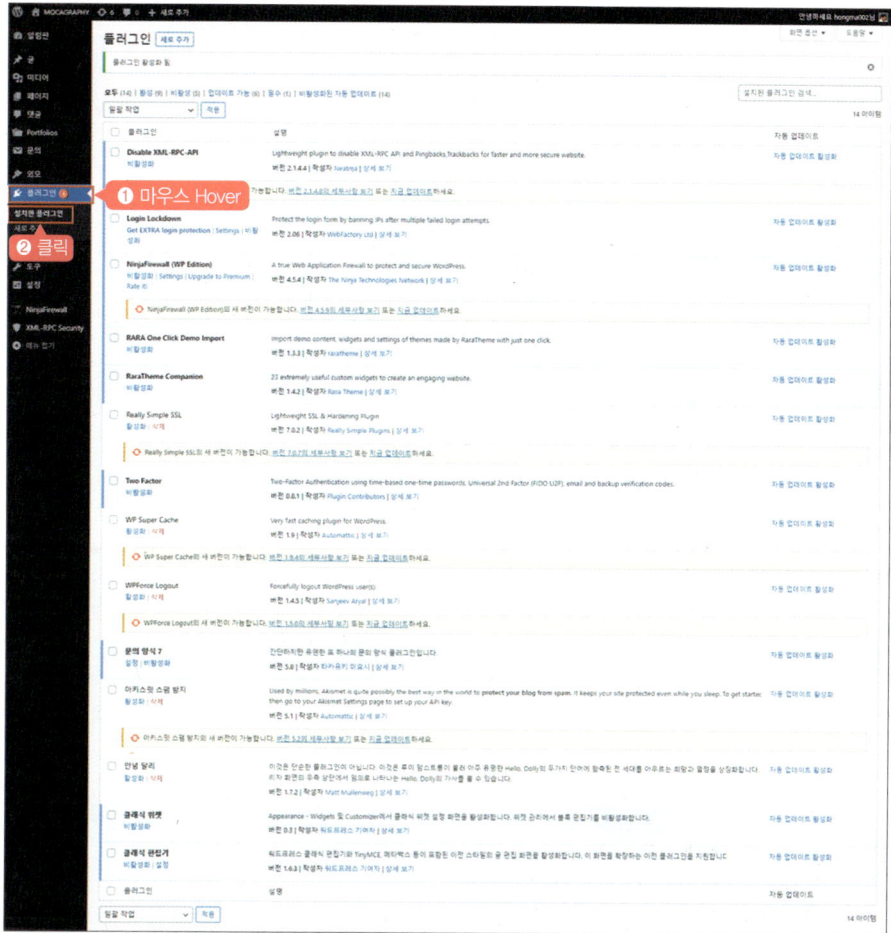

▲ 설치된 플러그인 화면

총 14개의 플러그인들이 설치되어 있습니다. 일부는 비활성화 되어 있고 기본적으로 설치되어 있는 플러그인들과 테마 데모 임포트 시, 설치한 플러그인 그리고 방금 설치한 클래식 위젯, 클래식 편집기가 활성화되어 있는 것을 확인 할 수 있습니다.

04 _ 메뉴 설정

포트폴리오 실습 메뉴는 데모 메뉴와 유사하지만 필요한 메뉴만 사용할 예정입니다.

1 먼저 사이트 화면으로 가기 위해서 알림판 화면 왼쪽 상단의 사이트 제목을 클릭해서 메인 페이지로 이동합니다.

2 메인 페이지 우측 상단의 햄버그 메뉴를 클릭합니다.

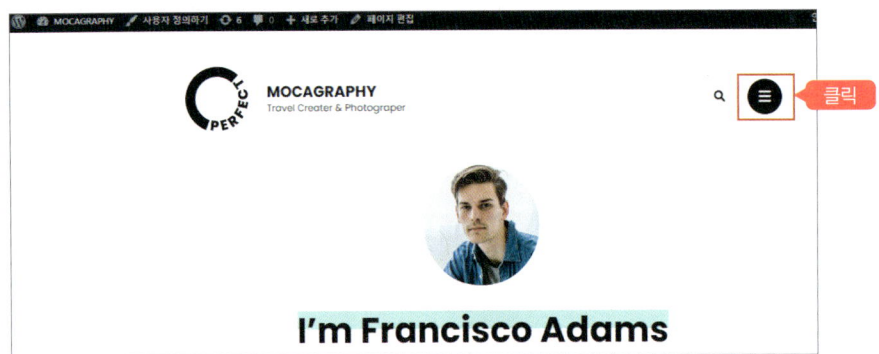

3 메뉴가 상당히 많이 보입니다. 아무래도 데모 사이트이다 보니 다양한 기능들을 소개하기 위해 여러 가지 메뉴들이 들어가 있습니다. 다음은 실습 예제 사이트(Hongmario02.mycafe24.com)에 접속해 보겠습니다. 아래 화면에서 보는 바와 같이 실습 예제는 Home, About, Portfolios, Contact 4가지 메뉴로 구성됩니다.

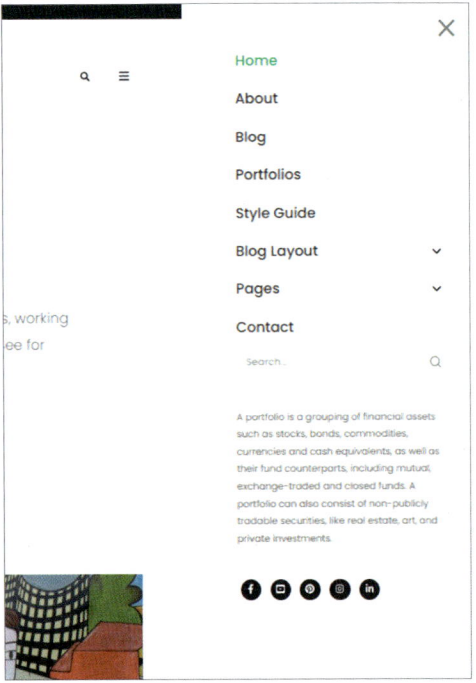

4 실습에서는 Home, About, Portfolios, Contact 메뉴로 구성합니다. 우선 메뉴에 접속하기 위해 메인화면에서 아래 화면처럼 제목에 마우스를 대고 하단에 [메뉴]를 클릭하거나 알림판에서 [외모 > 메뉴]를 클릭합니다.

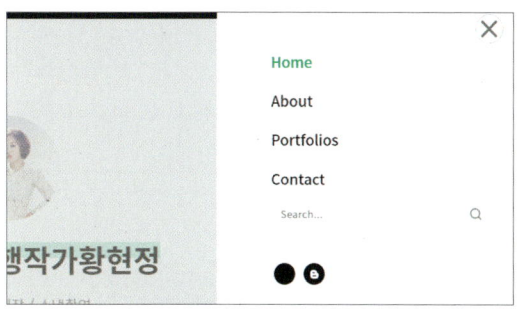
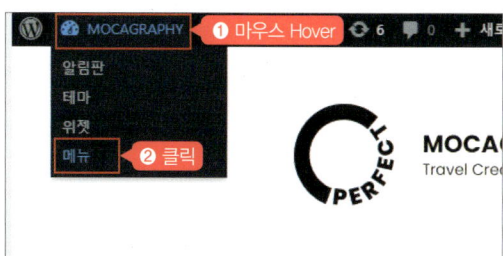

5 알림판의 메뉴(외모>메뉴) 화면을 확인합니다. 메뉴 구조를 보면 메뉴이름은 'Primary'라고 되어 있고, 아래에 수많은 메뉴들이 보입니다. 여기서 메뉴 편집 아래 '새 메뉴 만들기' 텍스트를 클릭합니다.

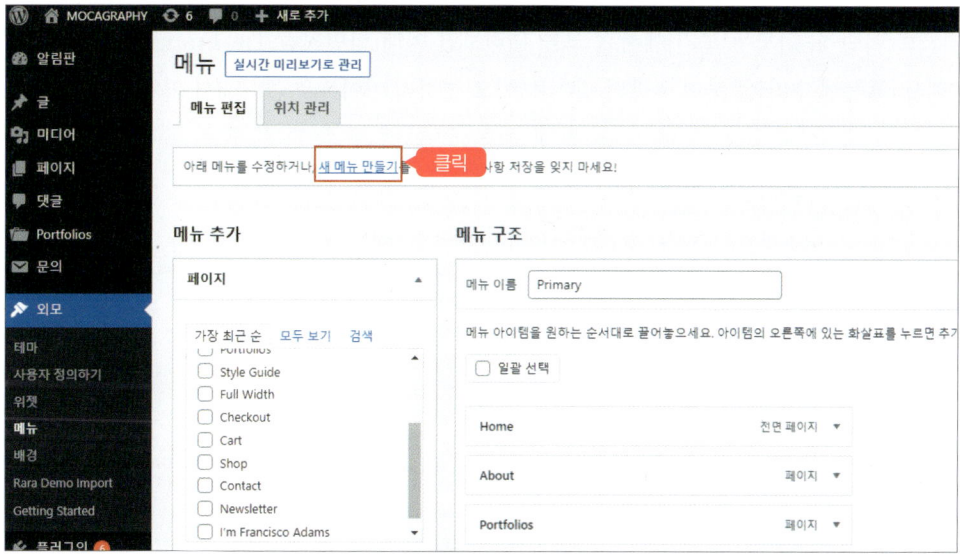

6 메뉴 이름 입력란이 보이면 '메인 메뉴'라고 입력하고 아래 '위치표시'의 'Primary' 앞에 체크하고 마지막으로 우측 하단에서 [메뉴 생성] 버튼을 클릭합니다.

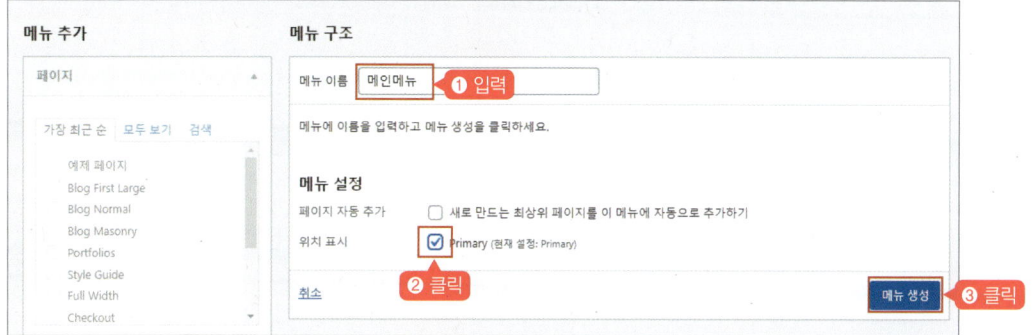

7 메뉴를 생성하면 아래 화면처럼 보입니다. 메뉴 추가 페이지 영역에서 중간에 있는 [모두 보기] 탭을 클릭하고 맨 위에 있는 'Home-전면페이지'에 체크를 해서 하단에 [메뉴에 추가] 버튼을 클릭합니다.

8 동일한 방법으로 이번에는 [모두 보기]에서 스크롤 내려보면 아래 화면처럼 'I'm Francisco Adams'가 보입니다. 체크해서 [메뉴에 추가]를 하면 아래와 같이 보이고 펼치기 아이콘을 클릭해서 펼쳐줍니다.

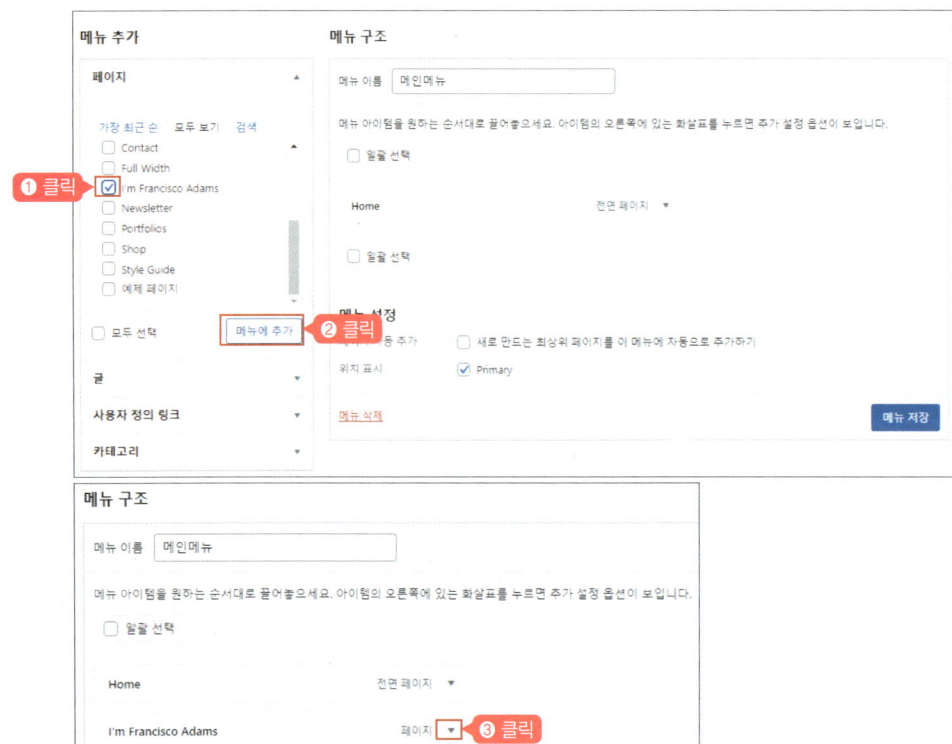

9 펼치면 내비게이션 레이블에 입력창이 보이고 문구를 'About'으로 수정합니다. 그리고 우측 하단의 [메뉴 저장]을 클릭합니다.

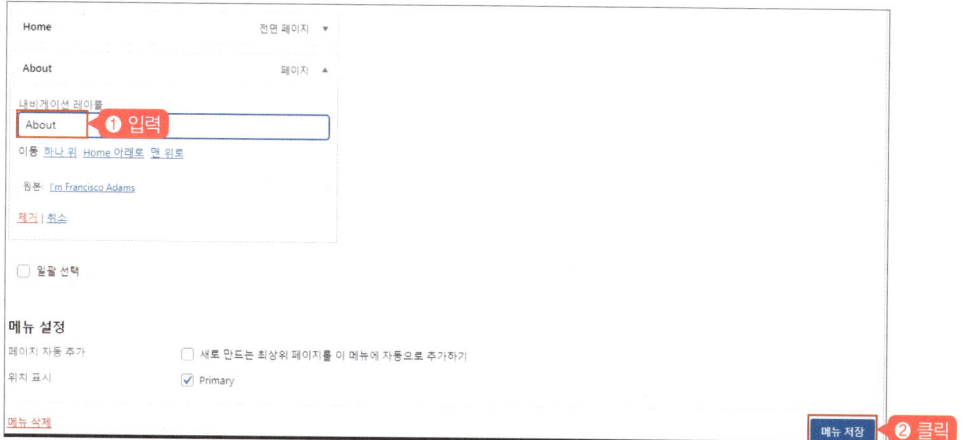

10 다음은 방금 작업한 페이지의 모두 보기 메뉴에서 contact, portfolio에 체크해서 [메뉴에 저장]을 진행합니다.

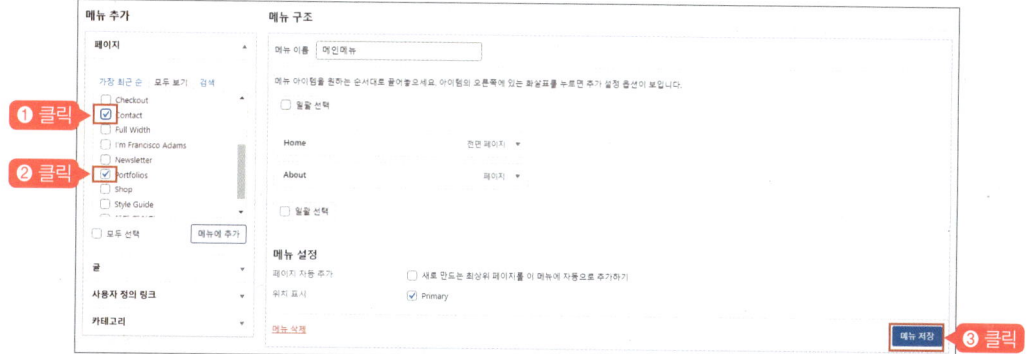

11 이제 마지막으로 메뉴 순서를 맞추기 위해 위 화면에서 Contact 메뉴에 마우스를 갖다 대고 Portfolio 아래로 드래그 앤 드롭으로 이동시킵니다.

3장_포트폴리오 제작 실습 **229**

12 우측 하단의 [메뉴 저장]을 클릭해서 지금까지 작업한 메뉴를 저장합니다.

05 _ 이미지 업로드

테마, 플러그인 설치 및 활성화와 메뉴 설정이 끝났습니다. 이제 미디어 라이브러리에 이미지 파일을 올리도록 합니다.

실습에 사용된 이미지들은 모두 저자 지인 사진작가의 여행 사진들이라 저작권에는 문제없습니다. 하지만 모든 이미지들은 실습 용도로만 사용하시기 바랍니다.

앞에서 다운로드 받은 실습자료 압축을 풀면 총 17개의 이미지들이 있습니다. 이미지 사이즈들은 가로가 약 1200~1900px 사이즈로 맞추었습니다.

1 이미지를 업로드 하기 위해 알림판에서 [미디어 – 새로 추가] 메뉴를 클릭합니다.

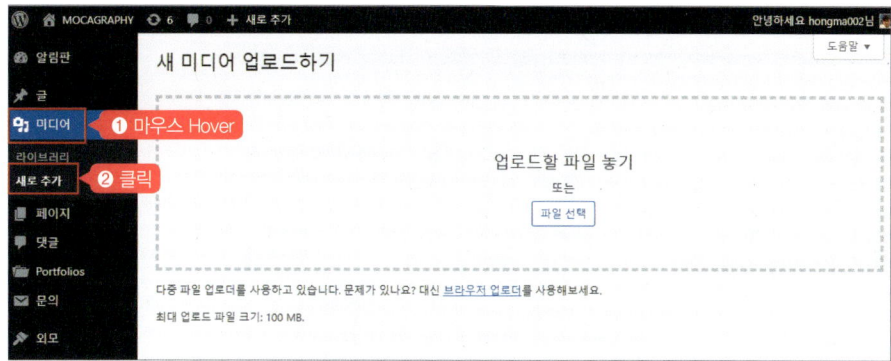

2 '새로 추가'를 실행하면 위 화면과 같이 '새 미디어를 업로드' 영역에 점선으로 된 박스가 보입니다. 이제 다운로드 받은 폴더에서 이미지 파일들을 모두 선택합니다.

이미지 1개를 선택한 후 키보드의 Ctrl + A 를 누르거나 마우스로 전체선택해서 폴더 내 모든 이미지를 선택하고 선택된 모든 이미지를 마우스 드래그 앤 드롭으로 위 점선 영역으로 이동시킵니다.

3 전체 이미지가 업로드 되고 완료될 때까지 다른 작업을 하지 않고 기다립니다.

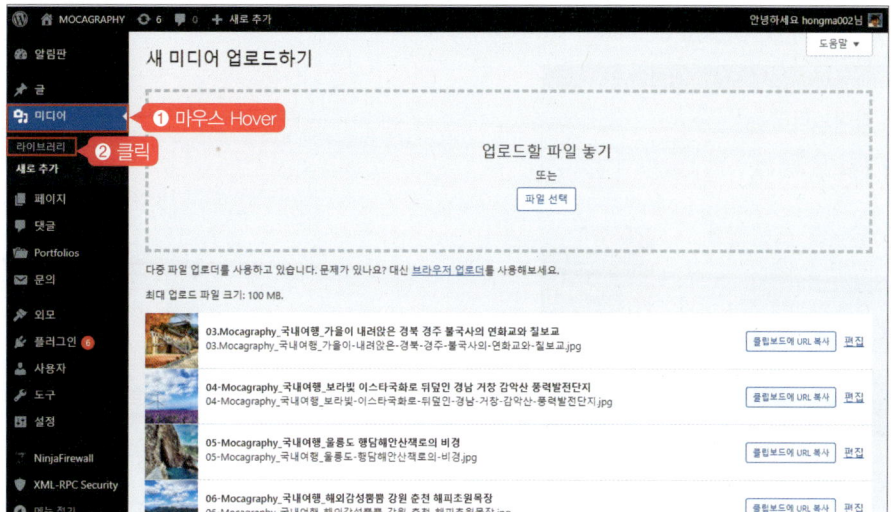

3장_포트폴리오 제작 실습 231

4 모든 이미지가 업로드 되고 위 화면처럼 완료되면 알림판 왼쪽 메뉴에서 [미디어 > 라이브러리]를 클릭합니다.

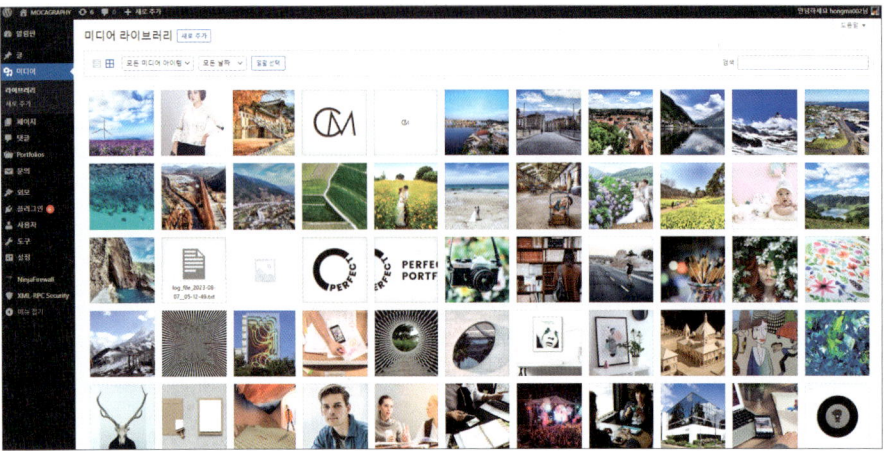

▲ 이미지 업로드 화면

5 알림판에서 '미디어 - 라이브러리'를 클릭하면, 위 화면과 같이 업로드 된 이미지를 확인할 수 있습니다.

06 _ 사용자 정의 설정하기

사용자 정의하기는 현재 테마에서 다양한 기능과 옵션을 설정하는 곳입니다. 현재 실습하고 있는 Perfect Portfolio 테마는 무료 테마이기 때문에 저자가 테스트할 때는 메인 화면에서 포트폴리오 카테고리고 일부만 노출되고, 메뉴 클릭 시 SNS 아이콘이 제대로 노출 안되는 현상이 있습니다.

이 경우는 필자의 경험상 테마 버전에 따라서 조금씩 차이가 있을 수 있으니 참고해서 실습 진행하길 바랍니다. 또한, 앞에서 설치한 클래식 편집기, 클래식 위젯을 설치하지 않으면 화면이 제대로 안보일 수 있으니 반드시 설치 후 사용자 정의 설정을 진행하기 바랍니다.

사용자 정의하기 페이지는 아래 화면처럼 보입니다. 앞의 블로그 실습과 마찬가지로 왼쪽에는 사용자 정의를 위한 다양한 메뉴들이 보이고 우측의는 실제 사이트 화면이 보입니다.

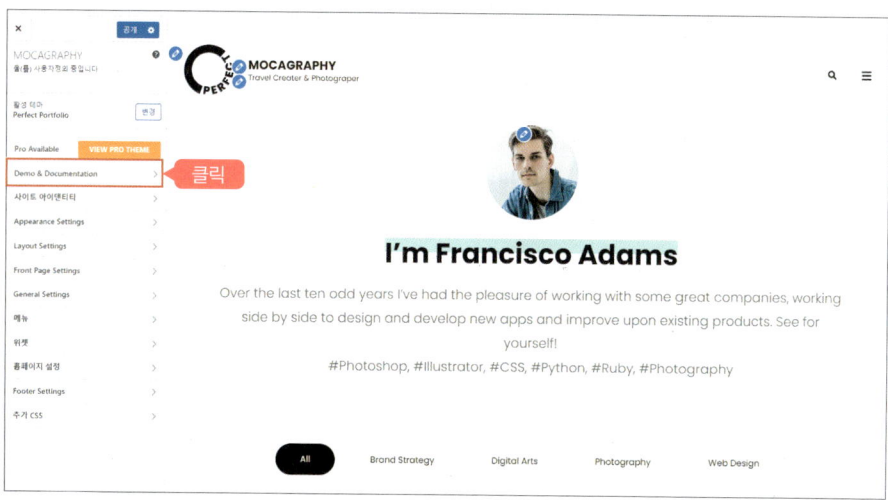

▲ 사용자 정의하기 화면

이제부터 사용자 정의하기 화면 왼쪽 메뉴 순서대로 진행하도록 합니다.

06-1 Demo Documentation

사용자 정의하기의 첫 번째 메뉴는 Demo Documentation 입니다. Demo Documentation 메뉴를 클릭하면 아래와 같이 보입니다.

Demo Link와 Documentation Link가 보입니다. Demo Link와 Documentation Link는 앞에서 설명했기 때문에 여기서는 생략합니다.

06-2 사이트 아이덴티티

사용자 정의하기 메뉴 두 번째 '사이트 아이덴티티'를 클릭하면 아래 화면과 같이 보입니다.

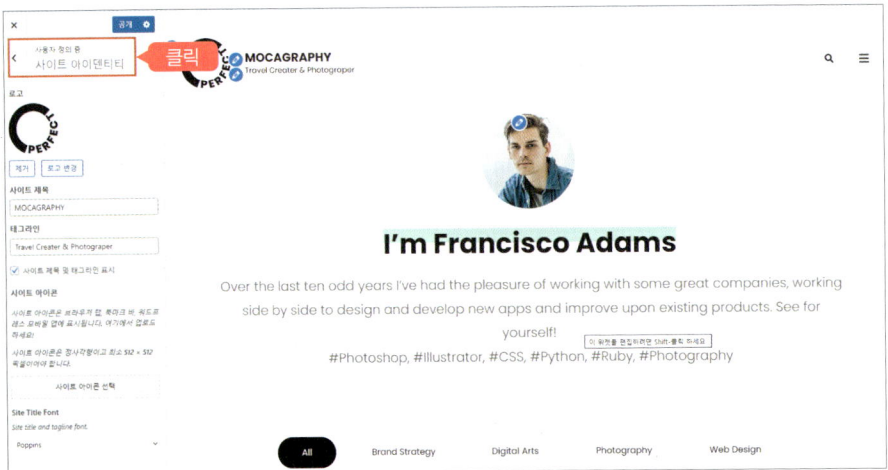

로고 변경

먼저 로고를 변경합니다.

1 사이트 아이덴티티 왼쪽 메뉴 영역에서 현재 기본 로고 아래 보면 [로고 변경] 버튼이 보입니다. [로고 변경] 버튼을 클릭합니다.

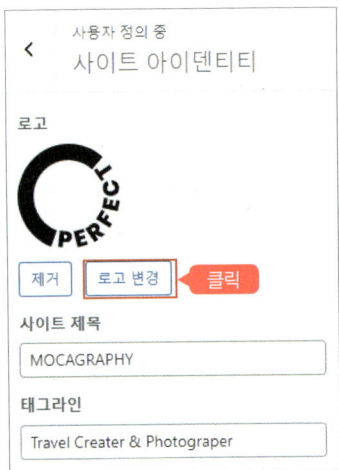

2 위 화면처럼 보이면 로고 파일 '00.moca_logo.png' 파일을 선택하고 우측 하단에서 [선택] 버튼을 클릭합니다. 참고로 perfect portfolio 테마는 가로 세로 비율이 동일한 로고가 가장 적합합니다. 실습에서는 배경이 투명한 미리 제작한 로고를 사용합니다.

3 위 화면에서는 이미지 자르기를 해도 되고 자르게 건너뛰기를 하셔도 됩니다. 실습에서는 [이미지 자르기] 버튼을 클릭합니다.

4 위 화면처럼 왼쪽 메뉴 영역과 우측 사이트 영역의 로고가 모두 변경된 것을 확인 할 수 있습니다. 아래의 사이트 제목, 태그라인은 앞에서 알림판 > 설정에서 이미 진행했기 때문에 생략합니다.

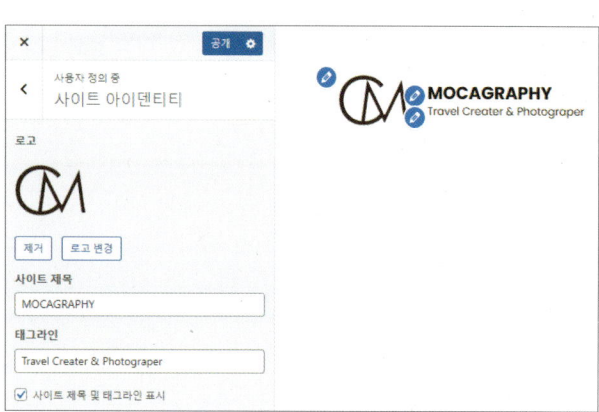

사이트 아이콘

사이트 아이콘은 앞 장 블로그에서도 설명했듯이 사이트 주소 표시되는 곳에 들어가는 16×16픽셀의 파비콘(favicon)입니다.

1 로고 아래 영역에서 사이트 아이콘 제목이 보이고 그 아래 점선 내 '사이트 아이콘 선택'이 보이면 클릭합니다.

▲ 사이트 아이콘 선택 박스

2 라이브러리 이미지 중에서 로고 우측의 있는 작은 이미지(01-favicon.png) 파일을 선택하고 우측 하단에서 [선택] 버튼을 클릭합니다.

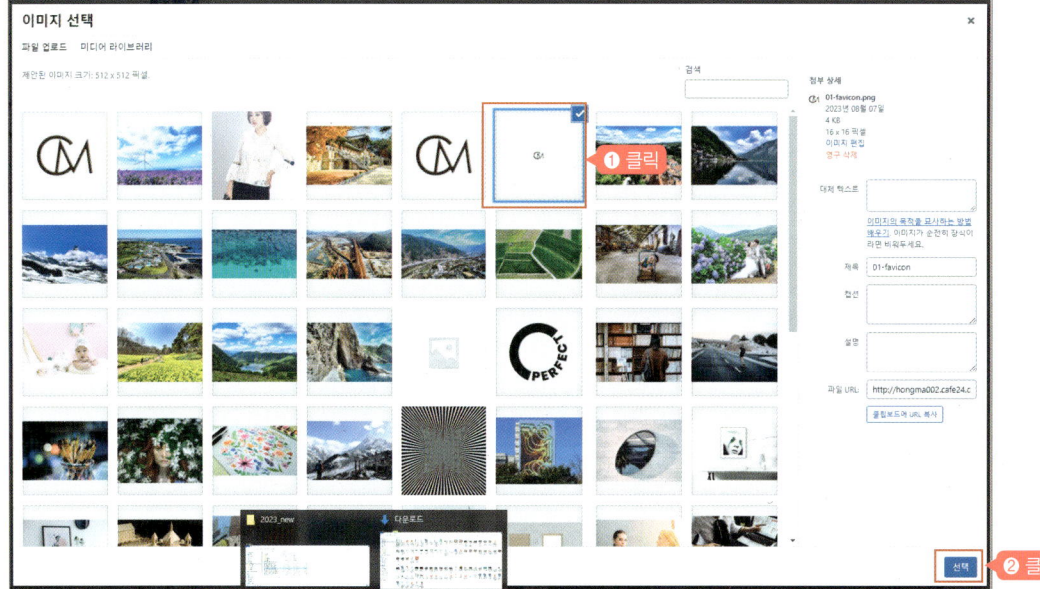

3 사이트 아이콘은 가로세로 16픽셀 이미지로 고정되어 있기 때문에 이미지 자르기를 해도 되고 자르게 건너뛰기를 하셔도 됩니다. 이번 실습에서는 [자르게 건너뛰기] 버튼을 클릭합니다.

4 이미지 사이즈가 작아서 잘 보이진 않지만 자세히 보면 변경된 것을 확인할 수 있습니다.

Site Title Font

이제 사이트 아이덴티티 마지막 단계인 Site Title Font를 변경합니다.

1 기본은 Poppins 폰트로 잡혀 있습니다. 우측 펼치기 아이콘을 클릭해서 선택 박스를 펼쳐 줍니다.

2 선택 박스를 열면 아래에 다양한 폰트가 보입니다. 실습에서는 상단에 있는 Poppins를 지우고 위 화면처럼 'noto sans kr'이라고 입력합니다. 그러면 아래에 'Noto Sans KR'이 보이면 클릭합니다. 실습에서는 Noto Sans KR로 하지만 여러분들은 마음에 드는 다른 폰트를 사용해도 됩니다.

3 Noto Sans KR을 선택하면 우측 사이트 화면에서 로고 우측 사이트 제목 텍스트가 Noto Sans KR로 변경된 것을 확인할 수 있습니다. Noto Sans KR폰트는 최근에 한글 홈페이지에서 가장 많이 사용하는 폰트 중에 하나입니다.

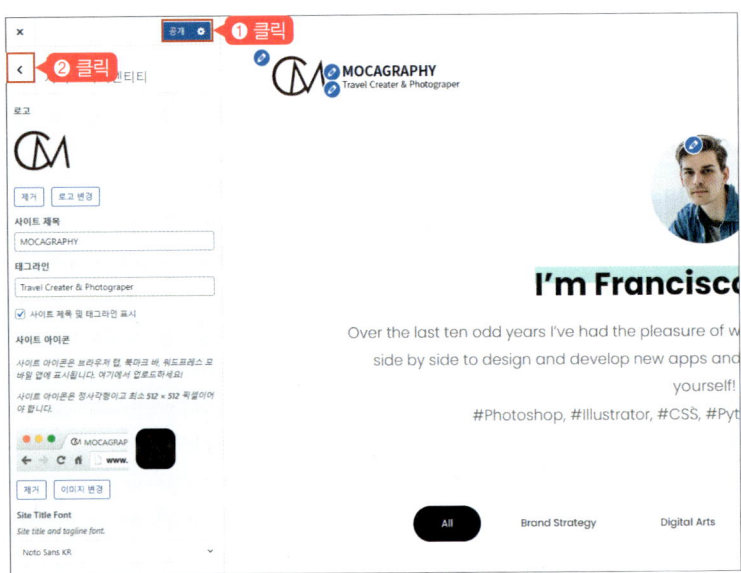

4 마지막으로 왼쪽 상단의 [공개] 버튼을 클릭해서 지금까지 설정한 작업에 대해서 저장을 하고 '사이트 아이덴티티' 앞 '‹' 이전으로 이동 아이콘을 클릭해서 '사용자 정의하기' 메뉴로 이동합니다.

06-3 Apperance Settings

Apperance Setting 메뉴를 클릭하면 아래와 같이 Typography, 배경 이미지, 색상 3가지 하위 메뉴가 있습니다. 실습에서는 Typography만 변경하도록 합니다.

1 화면에서 Typography를 클릭합니다. 앞에서 Site Title Font와 마찬가지로 Noto Sans KR로 변경합니다.

2 선택 박스를 열고 Poppins를 지우고 위 화면처럼 'noto sans kr'이라고 입력한 다음 Noto Sans KR를 선택합니다.

3 현재 영문으로 되어 있기 때문에 확실히 구분은 안 되겠지만 앞 화면과 위 화면을 비교하면 우측 영문 텍스트 폰트가 변경된 것을 확인할 수 있습니다. Typography 앞 이전이동 아이콘을 클릭해서 이전 화면으로 이동해서 Typography 아래 [배경 이미지] 메뉴를 클릭합니다.

4 일반적으로 웹사이트에서 배경 이미지는 거의 사용하지 않기 때문에 기본 상태로 놔둡니다.

5 다시 이전을 가서 마지막 메뉴인 [색상]을 클릭합니다. 기본 흰색으로 정해져 있습니다. 다시 사용자 정의 메뉴로 이동합니다.

06-4 Layout Settings

Layout Settings는 아래 화면처럼 Blog Layout, General Sidebar Layout으로 되어 있습니다. 실습에서는 포트폴리오만 진행하고 블로그는 사용하지 않기 때문에 Layout Settings는 모두 그대로 놔둡니다.

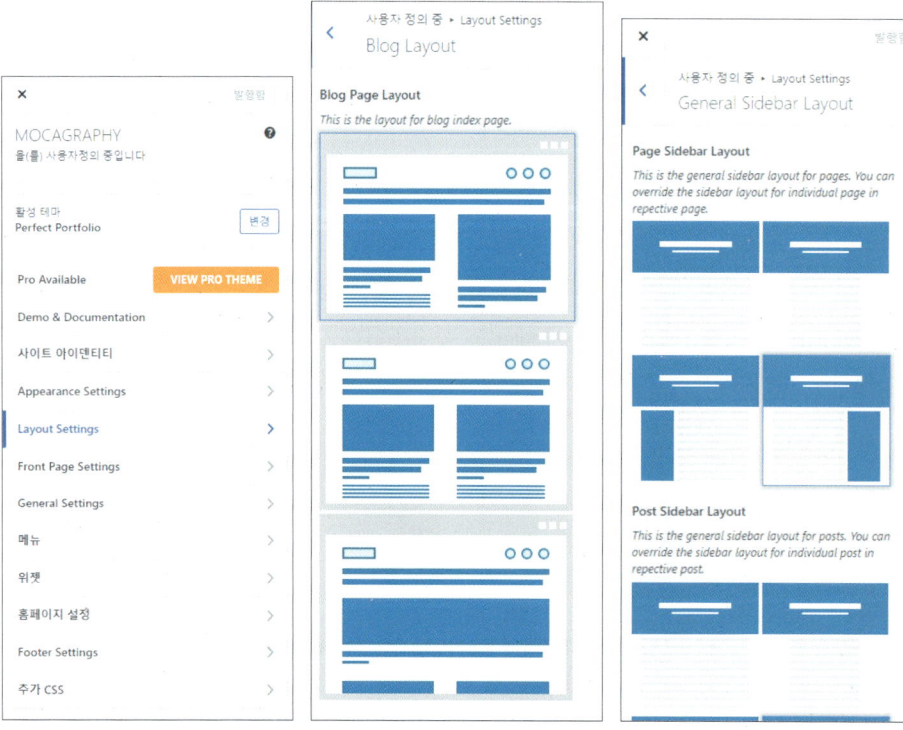

06-5 Front Page Settings

Front Page Settings는 말 그대로 메인 페이지를 설정하는 곳입니다. 현재 데모 사이트 메인은 외국인 남성 사진과 자신의 간략 프로필 그리고 포트폴리오 등으로 구성되어 있습니다. 이를 실습을 통해 모두 변경합니다.

About Section

About Section은 작가의 사진, 제목, 그리고 자신의 프로필을 간략하게 적는 곳입니다. 먼저 위 화면에서 About Section 메뉴를 클릭합니다.

1 화면에서 Rara: Icon Text: I'm Francisco Adams 위젯 우측의 펼치기 아이콘을 클릭해서 위젯을 펼쳐줍니다.

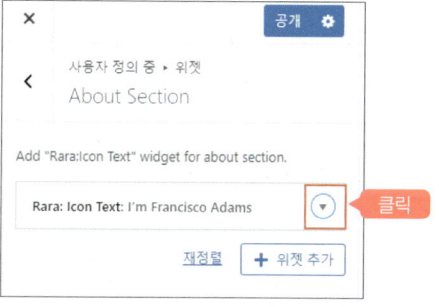

오른쪽 화면처럼 Title(제목), Description(설명), Upload Image 등이 보입니다. 이를 모두 수정합니다.

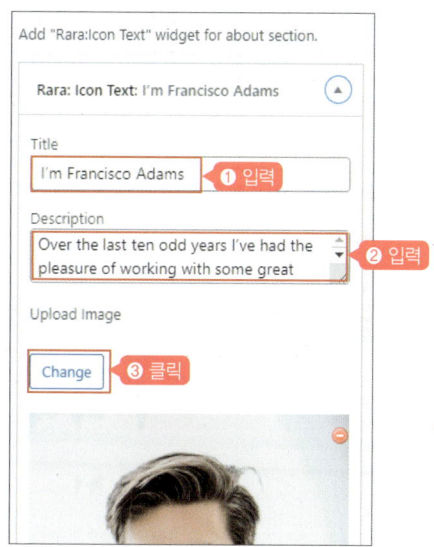

3장_포트폴리오 제작 실습 **241**

2️⃣ 샘플 사이트(https://hongmario02.mycafe24.com)에 접속합니다. 메인에 있는 제목과 본문 내용을 각각 복사해서 진행합니다. 여러분들은 본인 관련 제목과 내용으로 작성해도 됩니다.

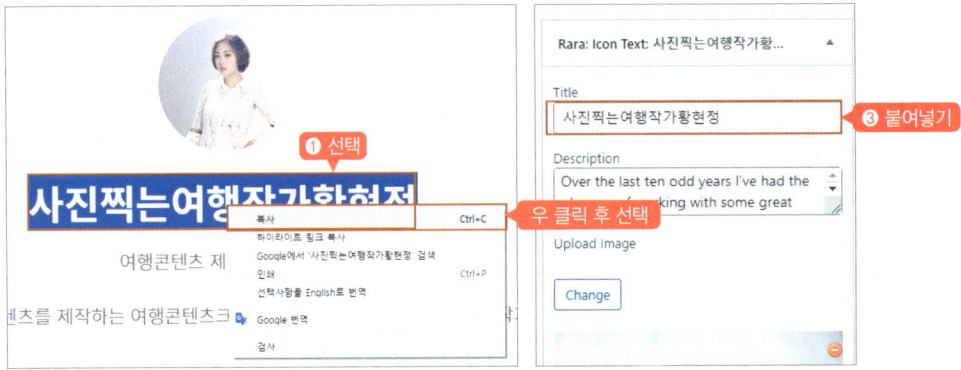

3️⃣ Title에 해당되는 내용을 복사해서 실습중인 사이트의 Title에 기존 영문 내용을 삭제하고 붙여넣기를 합니다.

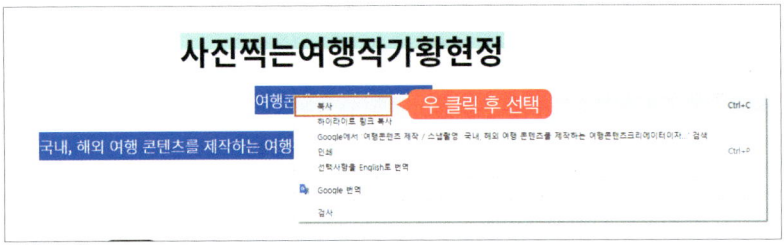

4️⃣ 다음은 실습 사이트 제목 아래 글을 복사해서 실습중인 Description에 기존 영어 내용을 삭제하고 붙여넣기를 합니다.

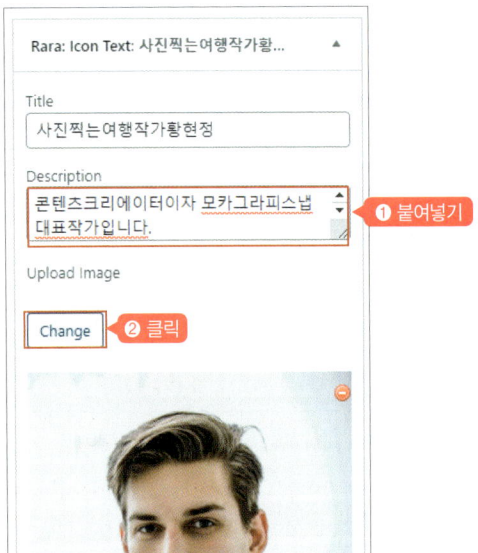

5 Title, Description을 변경했으면 마지막으로 Upload Image아래 [Change] 버튼을 클릭합니다.

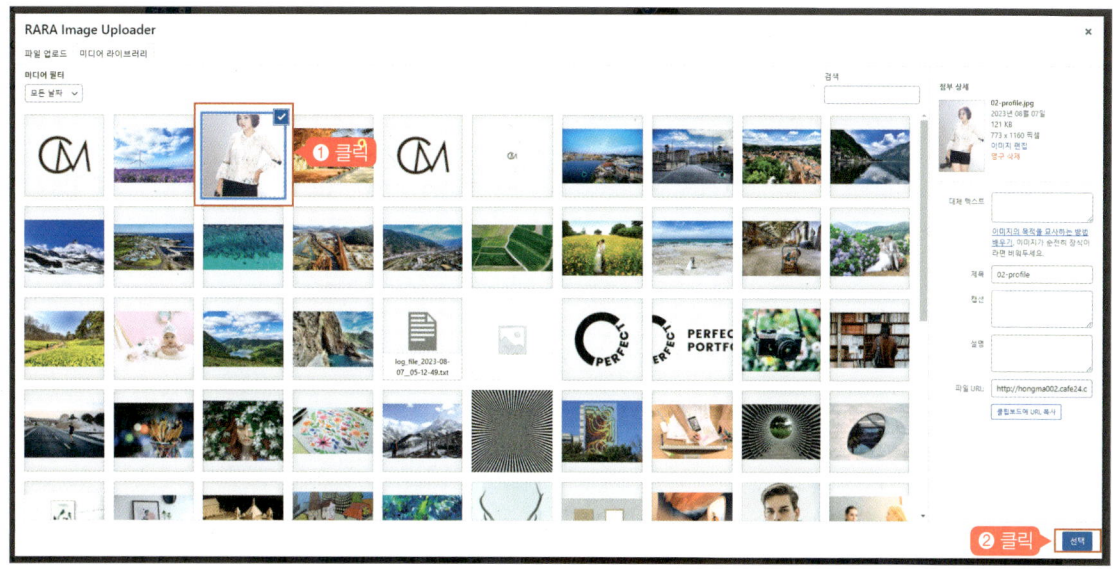

6 미디어 라이브러리 이미지 중에서 02-profile.jpg 이미지를 선택하고 우측 하단에서 [선택] 버튼을 클릭합니다. 마찬가지로 여러분들은 본인 프로필 이미지를 삽입해서 진행해도 됩니다. 우측 화면을 보면 자동으로 가로 세로 동일 비율로 사이트 화면에 들어가는 것을 확인할 수 있습니다.

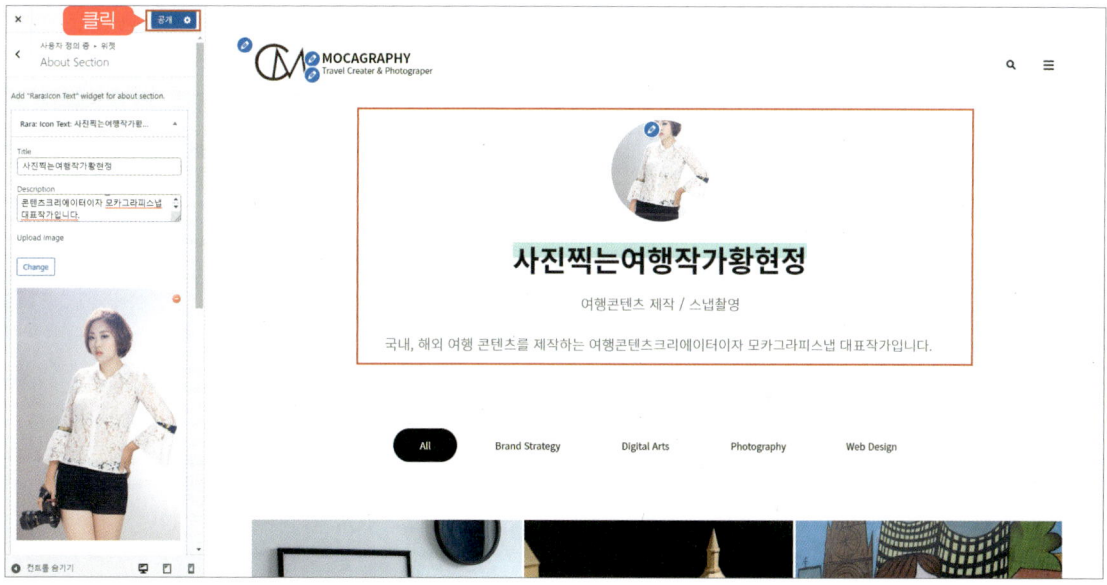

7 About Section 메뉴 아래 화면은 아이콘, Read More 버튼/링크 등을 설정하는 곳입니다. 필요하신 분들은 설정해도 됩니다. 실습에서는 생략합니다. 마지막으로 왼쪽 메뉴 상단의 [공개] 버튼을 클릭해서 모두 저장해 주고 About Section 제목 앞에 이전으로 이동 아이콘을 클릭해서 나갑니다.

Portfolio Section

Portfolio Section은 메인 페이지 프로필 사진 소개 아래 영역을 설정하는 곳입니다. 현재는 데모에서 가져온 포트폴리오 카테고리와 이미지들로 구성되어 있습니다. Front Page Settings에서 두 번째 메뉴인 Portfolio Section을 클릭합니다.

1 Enable Portfolio Section : 메인화면에서 포트폴리오 섹션을 노출/비노출을 선택하는 곳입니다. 기본 노출 상태로 그대로 둡니다.

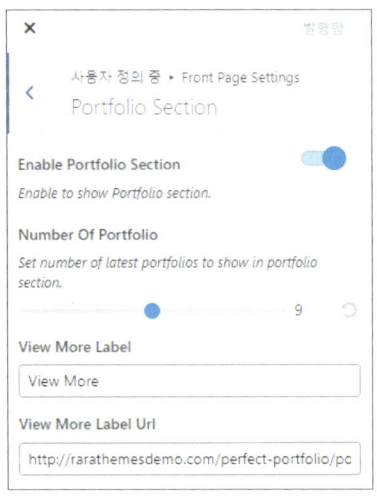

2 Number Of Portfolio : 포트폴리오 섬네일 이미지를 메인의 포트폴리오 섹션에서 몇 개를 노출 시킬 것인지 정하는 곳입니다. 현재 기본 설정은 9개인데 적당하기 때문에 그대로 둡니다. 만약 여러분들이 변경한다면 현재 3칼럼(가로 행에 3개의 섬네일 이미지)이기 때문에 총 개수를 3의 배수로 설정하는 게 좋습니다.

3 View More Label : View More Label은 위 화면 우측 사이트 화면처럼 버튼 텍스트를 변경할 수 있는 곳입니다. 실습에서는 그대로 사용하지만, 여러분들이 변경한다면 '포트폴리오 더보기' 같은 한글로 변경해도 됩니다.

4 View More Label Url : View More를 클릭했을 때 링크되는 페이지 주소를 입력하는 곳입니다. 현재는 Demo 사이트 주소로 되어 있기 때문에 변경해주어야 합니다. 따라서 실습 작업중인 화면에서 상단에 [새 탭]을 클릭합니다. 현재 작업중인 화면은 그대로 유지해야 하기 때문입니다.

5 본인이 실습중인 사이트 주소를 새 탭에 입력합니다. (**예** 본인계정.mycafe24.com) 반드시 새 창에서 열어야 합니다.

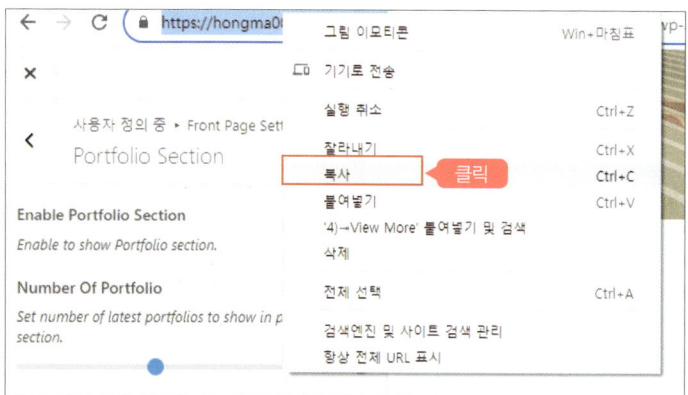

6 메인화면으로 이동되면 햄버그 메뉴를 클릭합니다.

7 메뉴에서 Portfolios 메뉴를 클릭합니다.

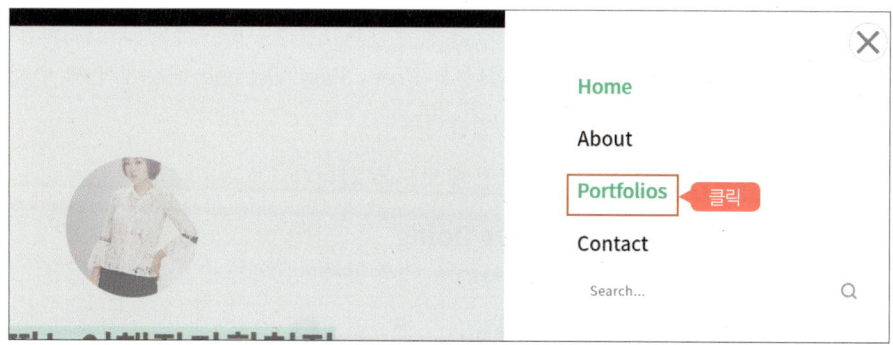

8 포트폴리오(Portfolios) 페이지 접속하면 상단 주소창을 복사합니다.

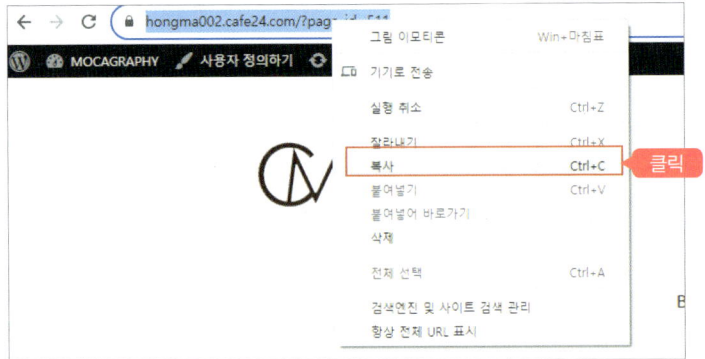

9 방금 복사한 주소를 아래 View More Label Url 입력란에 붙여넣기하고 [공개]를 클릭해서 저장합니다.

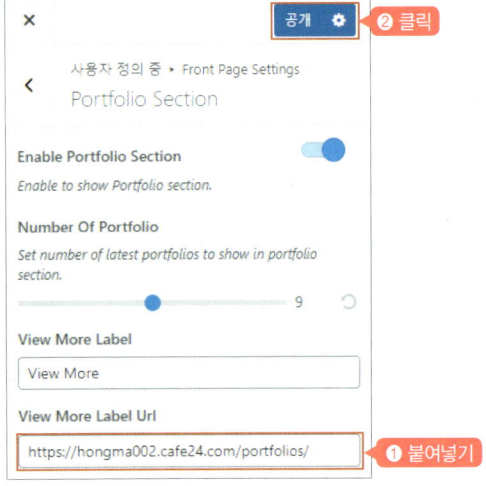

Service Section

Service Section(서비스섹션)은 앞에서 작업한 View More 아래 영역입니다. 현재 데모 사이트는 제목, 설명글, 아이콘, 제목 내용 등이 포함된 3칼럼 2행 구조 입니다. Front Page Setting 메뉴에서 세 번째 Service Section 메뉴를 클릭하면 아래의 화면을 접할 수 있습니다.

왼쪽에는 총 7개의 하위 위젯 메뉴들이 있습니다. 각각 설정해 보도록 합니다.

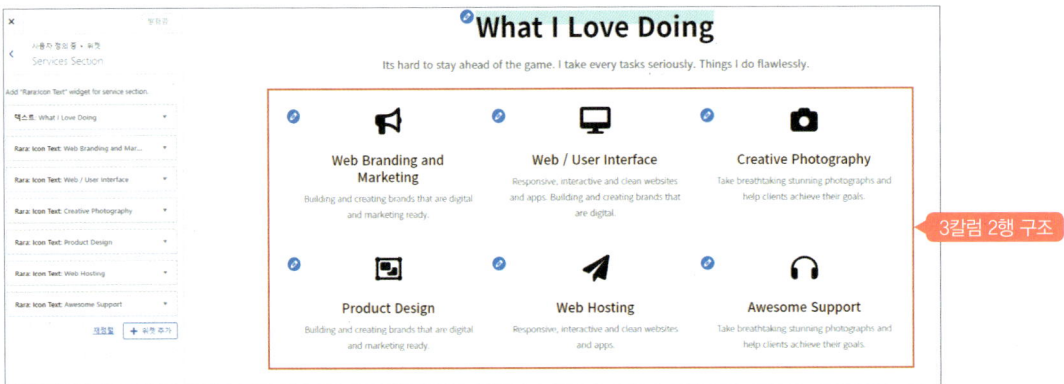

1 텍스트: What I Love Doing : Service Section(서비스 섹션)의 제목을 정하는 곳입니다. 펼치기 아이콘을 클릭하면 제목과 본문 내용이 영어로 되어 있습니다. 실습에서는 제목은 그대로 두고 본문 내용만 변경합니다.

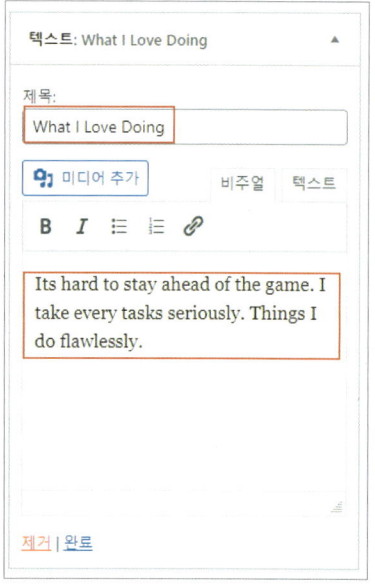

2 실습 예제 사이트(https://hongmario02.mycafe24.com)에 접속해서 메인 페이지 하단부에서 What I Love Doing 아래 내용을 복사합니다.

3 실습 사이트로 와서 제목 아래 본문 영역에 붙여넣기 합니다. 위 화면처럼 우측 사이트 화면 What I Love Doing 아래 내용이 변경된 것을 확인할 수 있습니다. 마찬가지로 여러분들이 원하는 내용으로 수정해도 됩니다.

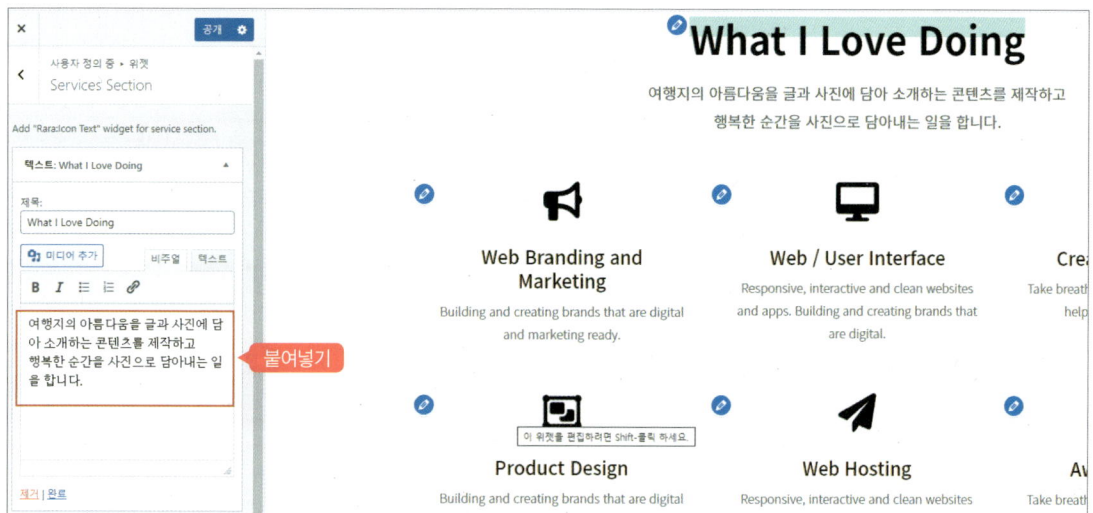

4 다음은 아래 3칼럼 영역의 왼쪽 첫 번째 'Web Branding and Marketing' 내용을 변경합니다. 제목, 내용, 아이콘 모두 변경할 예정입니다.

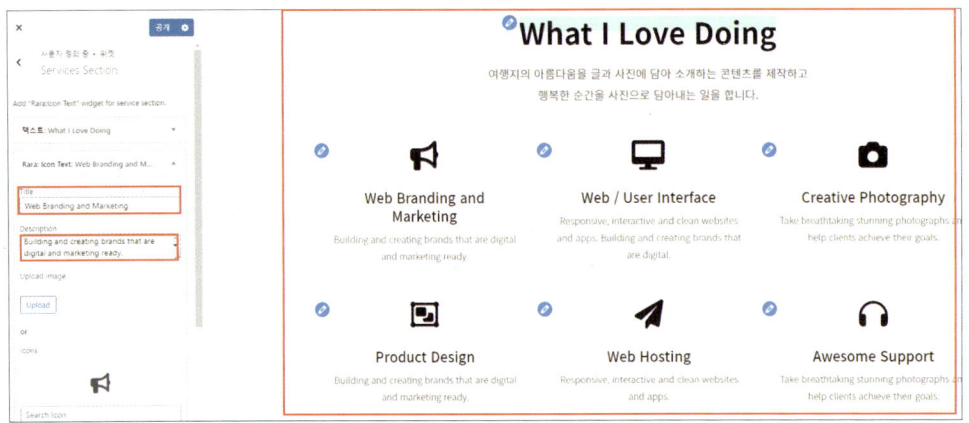

5 실습 사이트에서 동일하게 작성합니다. 제목(인물사진), 내용(웨딩, 베이비, 프로필, 행사 등)으로 입력합니다. 그리고 아이콘 아래는 검색창에 'camera'라고 입력해서 검색을 진행합니다.

6 Camera 검색 후 카메라 아이콘이 보이면 검색창 아래 카메라 아이콘을 클릭합니다.

7 두 번째 세 번째와 마찬가지로 순서대로 제목, 본문, 아이콘을 검색해서 위 화면처럼 설정을 합니다. 두 번째는 검색창에 'tree'를 검색한 후 나무 아이콘을 클릭하면 되고, 세 번째도 제목, 본문 내용 입력 후 'plane'이라고 검색하면 아래 3개의 아이콘이 보이고 중간에 있는 비행기 아이콘을 클릭하면 됩니다.

  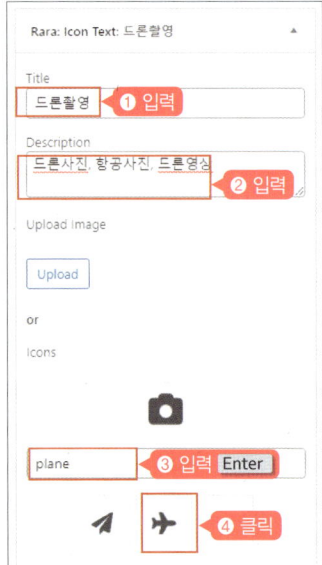

8 현재까지 진행 상태를 화면으로 보면 위 화면과 같습니다. 제목, 본문 변경되었고 3칼럼 첫 행이 완성되었습니다. 두 번째 행은 실습에서 사용하지 않기 때문에 삭제를 진행합니다.

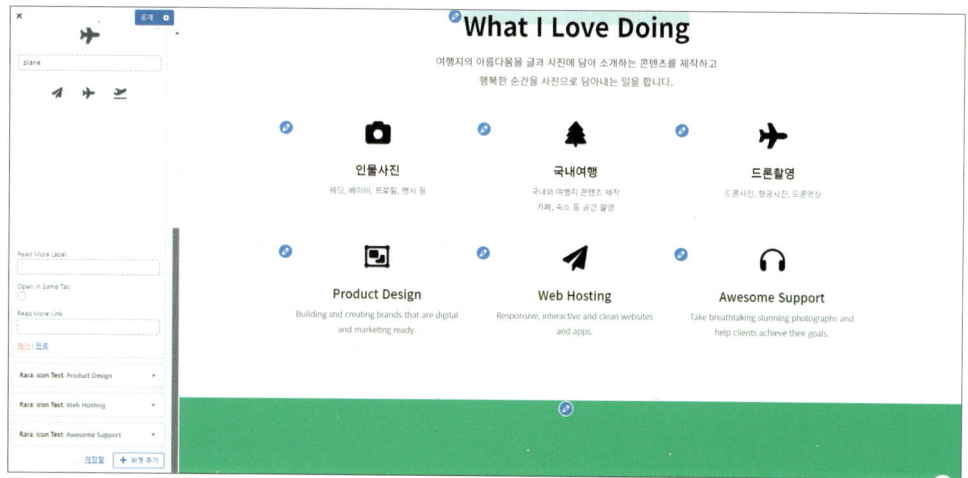

9 Rara: Icon Text: Product Design의 펼치기 아이콘을 클릭해서 펼쳐 줍니다. 삭제할 것이기 때문에 가장 아래에 있는 '제거' 텍스트를 클릭합니다.

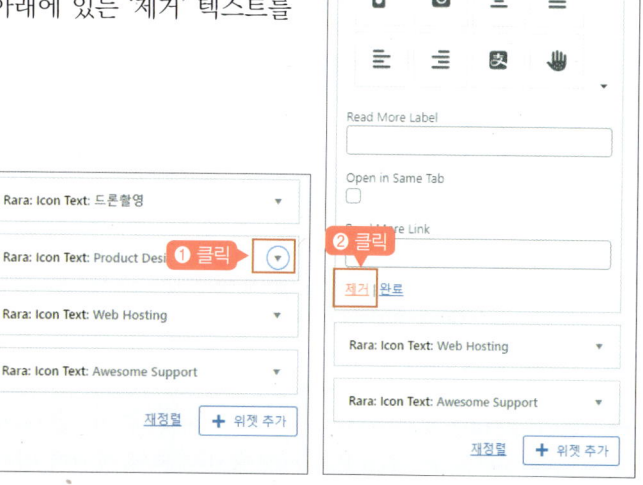

10 동일한 방법으로 아래 Rara: Icon Text: Web Hosting, Rara: Icon Text: Awesome Support 위젯 2개 각각 펼치기 아이콘을 클릭해서 펼쳐주고 아래에 있는 '제거' 텍스트를 클릭해서 삭제합니다.

11 이제 위 화면처럼 Service Section 설정이 마무리 되었습니다. [공개] 버튼을 클릭해서 저장합니다.

Call To Action Section

다음은 Call To Action Section입니다. 그 아래 Blog Section은 삭제할 예정이기 때문에 사실상 Front Page Settings의 마지막 부분입니다. Call To Action Section은 배경 이미지 내 카피글과 링크 버튼을 입력하는 곳입니다.

1 먼저 Front Page Section 위젯 메뉴에서 Call To Action Section을 클릭합니다.

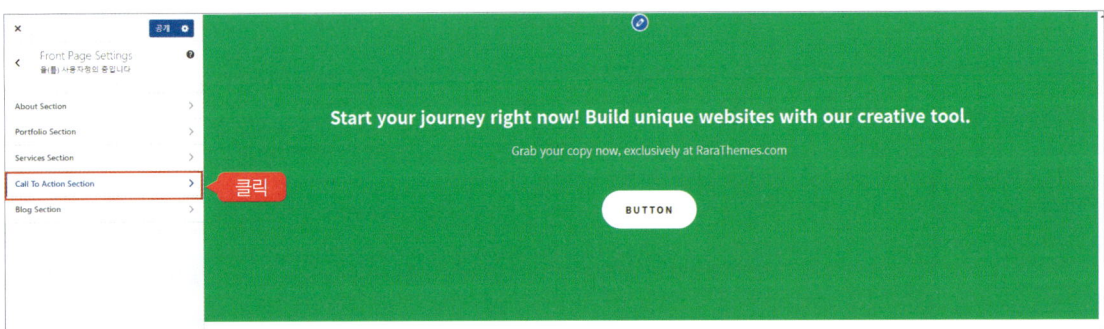

2 Rara: Call To Action: Start your journey.. 위젯 아이콘 우측의 펼치기 아이콘을 클릭해서 위젯을 펼쳐줍니다.

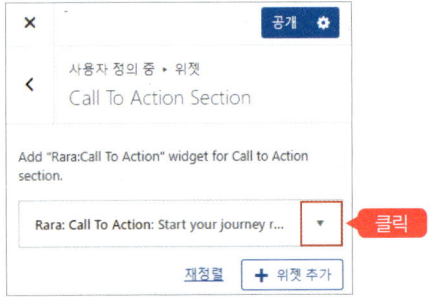

3 실습에서는 예제 사이트와 동일하게 작성합니다. 마찬가지로 여러분들은 여러분들이 원하는 내용으로 입력해도 됩니다. 다음 표는 데모에서 기본 설정되어 있는 항목 중 변경되는 부분만 정리했습니다.

Title	@mocagraphy
Description	여행콘텐츠 구경가기
Button 1 Label	MORE
Button 1 Link	https://www.instagram.com/mocagraphy
Open in New Tab	체크 박스 체크
Upload Image	16-Mocagraphy_하늘에서 내려다본 제주바다.jpg

4 여러분은 위 표를 보고 항목별로 수정하거나 본인관련 정보를 입력하면 됩니다.

5 아래 화면처럼 완료되었으면 이제 왼쪽 상단에서 [공개] 버튼을 클릭해서 저장합니다.

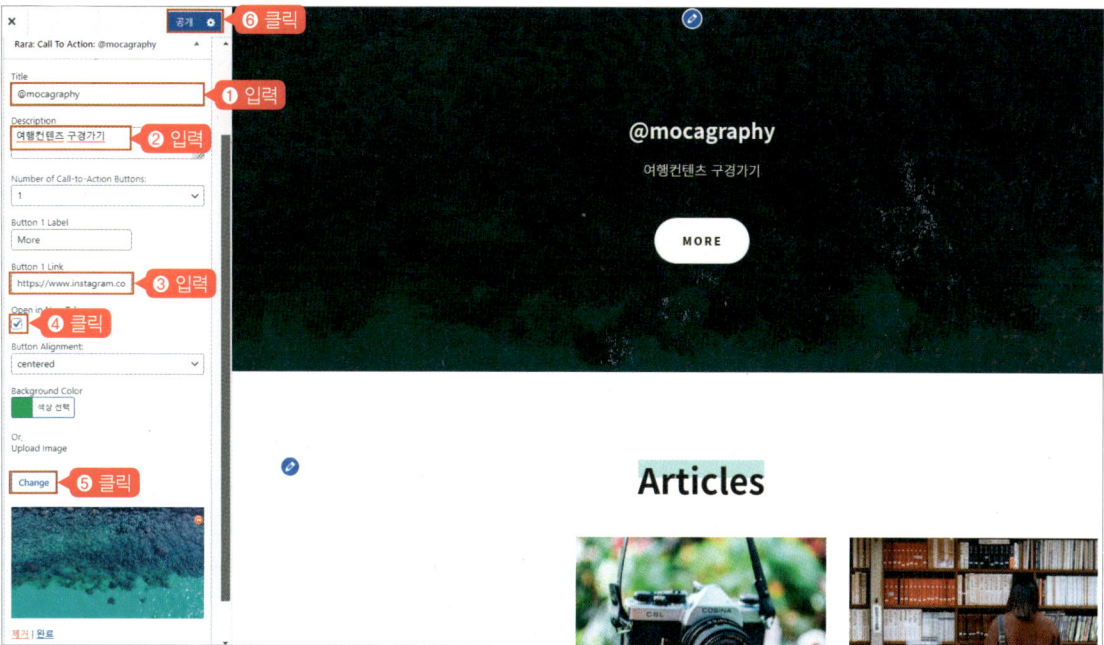

Blog Section

블로그 섹션은 실습 예제에서는 사용하지 않기 때문에 삭제합니다. 만약에 여러분 중 블로그를 살리고 싶다면 그대로 놔두면 됩니다. 앞에서 진행한 메뉴에서 페이지에서 블로그를 찾아서 메뉴에 삽입하면 됩니다.

1 블로그 섹션은 사용하지 않기 때문에 상단에서 Enable Blog Section의 활성화 버튼을 비활성화로 변경한 다음 [공개] 버튼을 클릭해서 저장하면 됩니다.

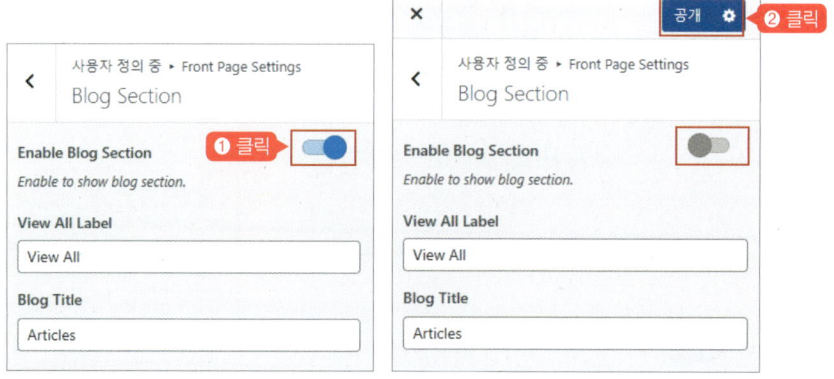

06-6 General Settings

현재 실습중인 Perfect Portfolio 테마의 General Settings 영역은 주로 햄버그 메뉴를 클릭했을 때 보이는 메뉴 외 영역을 설정하는 곳입니다.

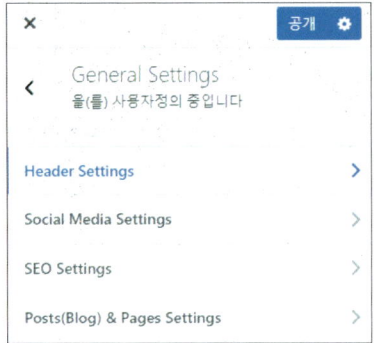

사용자 정의 메뉴에서 General Settings 메뉴를 클릭하면 4개의 메뉴들이 보입니다. 각각 살펴 보도록 합니다.

Header Settings

Header Settings는 메인 페이지에서 우측 햄버그 메뉴를 클릭하면 우측 메뉴 사이드바가 나타납니다. 이때 메뉴 아래 영역을 수정하는 곳입니다.

1 Enable Header Search : 기본은 활성화로 되어 있습니다. 화면 우측에서 Contact 메뉴 아래 검색창을 보이지 않게 하려면 비활성화시키면 됩니다. 실습에서는 기본 그대로 사용합니다.

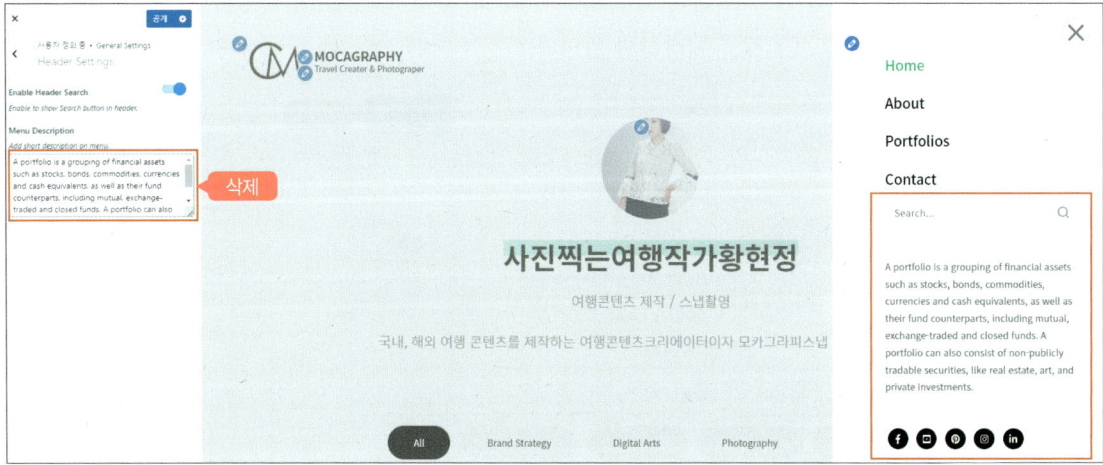

❷ **Menu Description** : 말 그래도 메뉴에 대한 설명 내용입니다. 한국에서는 일반적으로 메뉴에 대해서 따로 설명 글은 작성을 하지 않는 것이 일반적이라 본문에 적혀 있는 영문 내용을 모두 삭제하고 [공개] 버튼을 클릭해서 저장합니다.

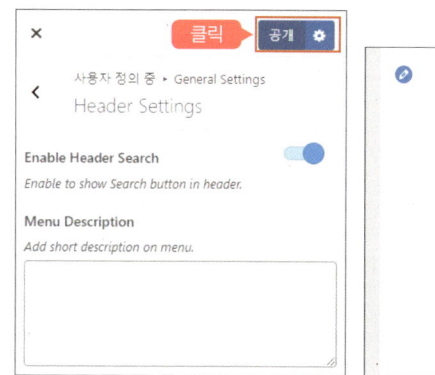
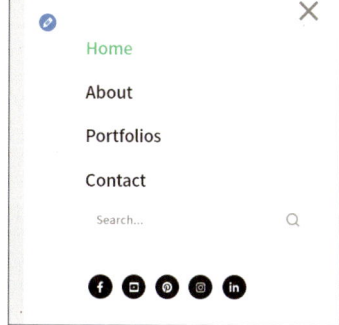

❸ [공개] 후 사이드바 메뉴를 보면 위 우측 화면과 같이 설정된 것을 확인할 수 있습니다.

Social Media Settings

Social Media Settings는 소셜미디어를 설정하는 곳입니다. 여기서는 본인이 사용하고 공개 하고픈 SNS 주소를 입력하면 됩니다. 실습 사이트 작가는 현재 인스타그램, 블로그만 사용하고 있기 때문에 실습에서는 2개만 적용합니다. 여러분들은 각자 노출시키고 싶은 SNS로 진행하면 됩니다.

❶ Social Media Settings를 클릭하면 총 5개의 SNS가 보입니다. 순서대로 ❶ 페이스북, ❷ 유튜브, ❸ 핀터레스트, ❹ 인스타그램, ❺ 링크드인 입니다. 여기서 여러분들이 사용하고 있는 SNS로 수정하면 되고, 사용하지 않는 SNS는 삭제하면 됩니다. 또한 추가하고 싶은 SNS가 있으면 추가시키면 됩니다.

❷ Enable Social Links : 사이드바 메뉴에서 SNS아이콘을 아예 안보이게 하려면 비활성화시키면 됩니다. 실습에는 기본 상태인 활성화 상태 그대로 놔둡니다.

❸ 실습에서는 ❶ 페이스북, ❷ 유튜브, ❸ 핀터레스트는 사용하지 않으므로 삭제합니다.

4 먼저 맨 위에 있는 페이스북(facebook)주소가 보이는 위젯에서 우측 펼치기 아이콘을 클릭해서 펼쳐주고 펼친 화면 아래에 있는 'Remove' 텍스트를 클릭해서 삭제시킵니다. 동일한 방식으로 아래 Youtube, pinterest 위젯도 동일하게 진행합니다. 3개를 삭제하면 아래 화면처럼 보입니다.

5 다음은 인스타그램 위젯입니다. 먼저 위 화면에서 인스타그램 위젯 펼치기 아이콘을 클릭합니다.

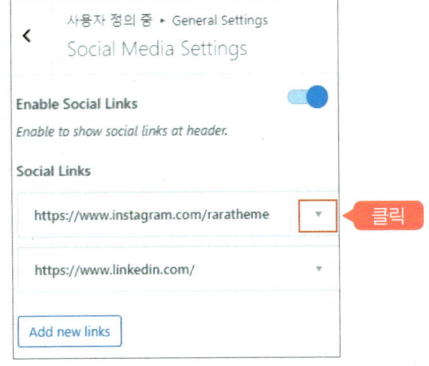

6 화면을 보면 Font Awesome Icon에는 'fab fa-instagram'으로 되어 있습니다. 인스타그램 아이콘이 이미 선택되어 있기 때문에 그 대로 두면 됩니다. 단 아래 Link 주소는 변경해주어야 합니다. 여러 분들의 인스타그램에 접속해서 상단에 있는 URL 값을 복사해서 여 기 주소 입력창에 붙여넣기를 합니다.

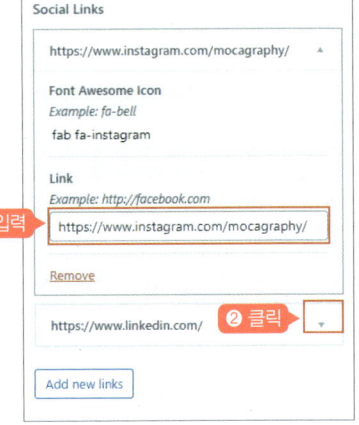

7 인스타그램 아래에 있는 linkedin 위젯도 앞에서와 마찬가지로 펼치기 해서 Remove 텍스트 클릭해서 삭제를 진행하고, 블로그를 추가하기 위해 맨 아래 있는 [Add new links] 버튼을 클릭합니다.

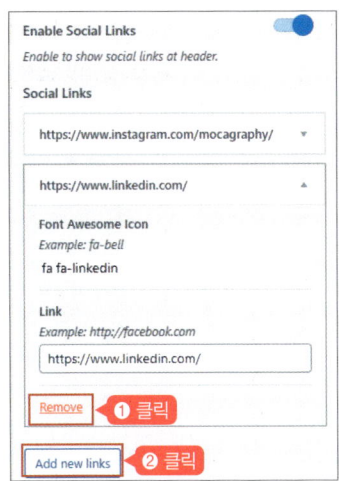

8 화면처럼 보이면 'search icons'에 'blog'라고 입력을 하고 [Enter] 키를 누릅니다.

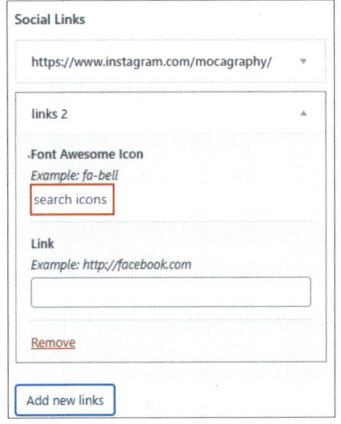

9 먼저 아이콘 검색창 'blog'라고 검색하면 다음 화면처럼 두개의 아이콘이 보입니다. 여러분들이 마음에 드는 아이콘을 선택하세요. 실습에서는 우측 아이콘을 선택합니다. 마지막으로 주소 입력창에 여러분들이 운영하고 있는 블로그 주소를 입력하면 됩니다.

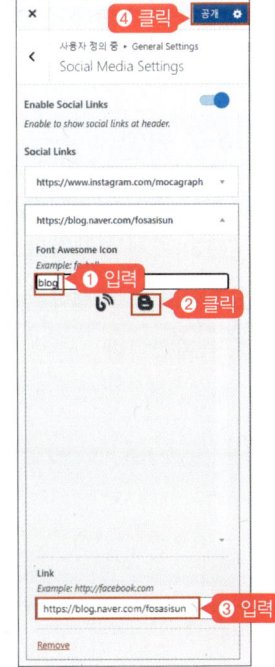

10 마지막으로 왼쪽 상단에서 [공개]를 클릭합니다. 그럼 아래 화면처럼 우측 사이드바 메뉴에 설정이 완료된 것을 확인할 수 있습니다.

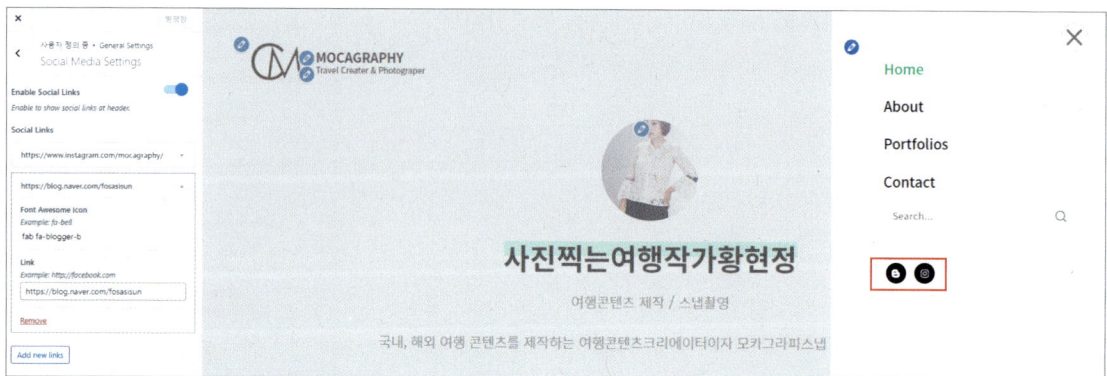

기타

General Settings 3번째 메뉴는 SEO Settings, 4번째 메뉴는 Posts(Blog) & Pages Settings 입니다. 둘 다 블로그 영역이기 때문에 실습에서는 생략합니다.

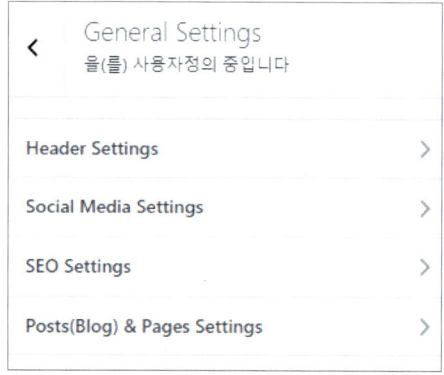

06-7 위젯

사용자 정의 설정에서 General Settings 아래는 메뉴가 있습니다. 메뉴영역은 앞에서 설정을 마쳤기 때문에 여기서는 생략하고 다음 메뉴인 '위젯'으로 넘어 갑니다. 앞 장 블로그 실습에서는 [외모〉위젯]에서 설정했지만, 이번에는 사용자 정의하기에서 설정을 합니다. 먼저 사용자 정의하기 메뉴에서 '위젯' 메뉴를 클릭합니다.

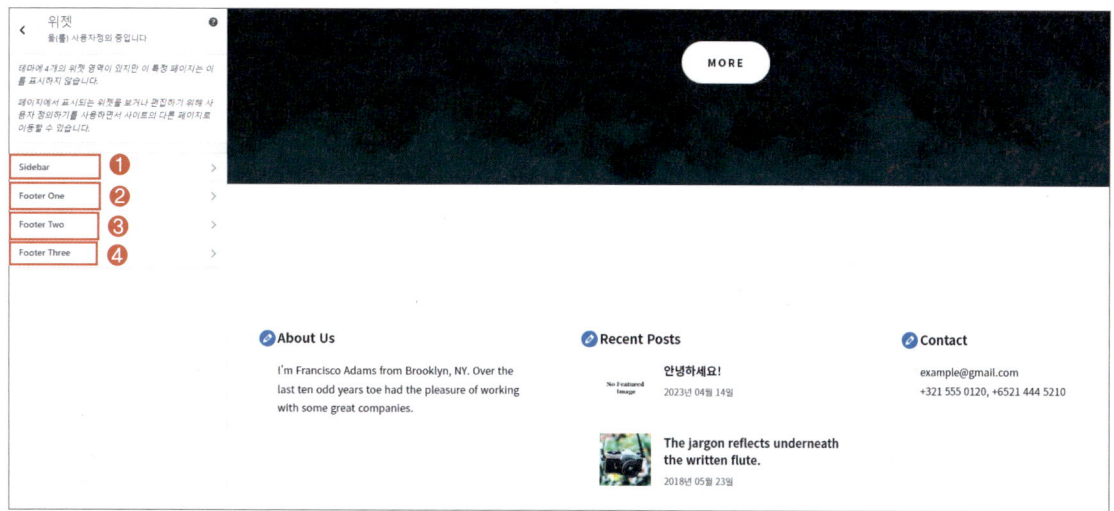

기본 설정은 위 화면처럼 ❶ Sidebar, ❷ Footer One, ❸ Footer Two, ❹ Footer Three로 되어 있습니다. 그리고 우측 화면을 보면 ❷ Footer One-About Us, ❸ Footer Two- Recent Posts, ❹ Footer Three-Contact로 기본 설정된 것을 확인할 수 있습니다.

그리고 실습 예제 사이트 푸터 영역을 확인해보면 아래와 같이 되어 있습니다.

푸터 영역도 여러분들이 설정하고 싶은 대로 변경 가능합니다. 여기 실습에서는 실습 예제처럼 진행합니다.

Sidebar

Sidebar는 주로 블로그 포스트 상세페이지에서 적용되는 영역이라 여기서는 생략합니다.

Footer One

1 Footer One 위젯은 기존 그대로 내용만 수정하면 됩니다. 먼저 위 왼쪽 화면처럼 Footer One 을 클릭하고, '텍스트: About Us' 위젯이 보이면 펼치기 아이콘을 클릭해서 펼쳐줍니다.

❷ 실습 예제 사이트(https://hongmario02.mycafe24.com)의 푸터 영역 왼쪽 첫 번째 내용을 복사〉붙여 넣기 해서 작성하거나 여러분들 관련 내용으로 기존 영문을 지우고 제목과 본문 내용을 수정합니다.

❸ Footer One 앞에 이전 이동 아이콘을 클릭해서 이전 메뉴로 이동해서 'Footer Two'를 클릭합니다.

Footer Two

❶ Footer Two 메뉴로 이동하면 'Rara: Recent Post: Recent Posts' 위젯이 보입니다. 포스트는 사용하지 않기 때문에 삭제 하겠습니다. Rara: Recent Post: Recent Posts 우측 펼치기 아이콘을 클릭해서 펼치고, 펼쳐진 화면에서 아래 있는 '제거' 텍스트를 클릭해서 해당 위젯을 삭제합니다.

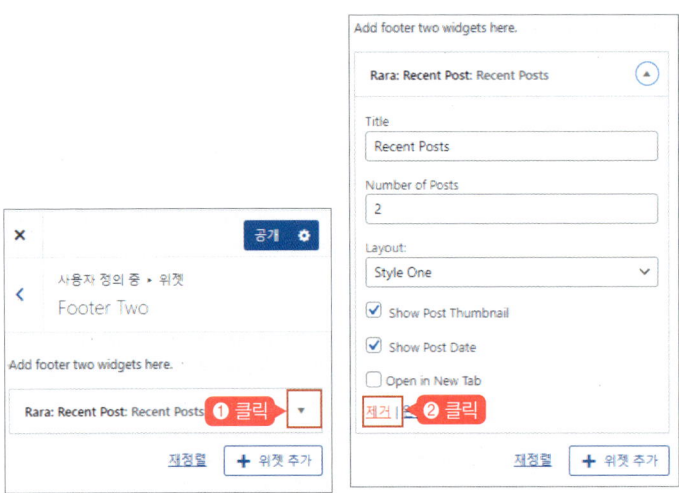

2 [위젯추가] 버튼을 클릭합니다. [위젯추가] 버튼을 클릭하면 수많은 위젯들이 보입니다.

3 위젯 검색창에 '텍스트'라고 입력합니다.

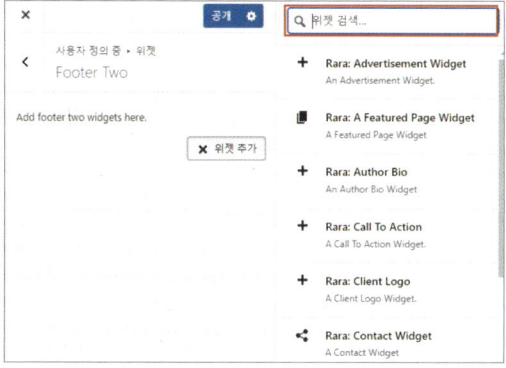

4 위 화면처럼 검색창 아래 [텍스트] 위젯이 보입니다. [텍스트] 위젯을 클릭하면 아래 화면처럼 보입니다.

5 제목에는 SNS라고 입력합니다.

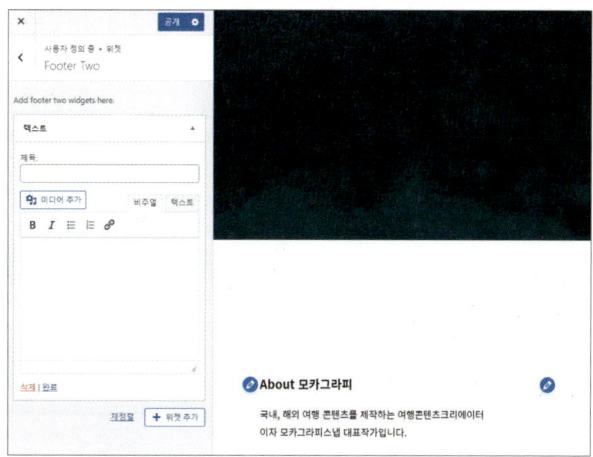

6 본문에는 비주얼 영역에서 글자를 입력하려면 입력이 잘 안됩니다. 따라서 비주얼 우측의 있는 [텍스트] 탭을 클릭 후 진행해야 합니다.

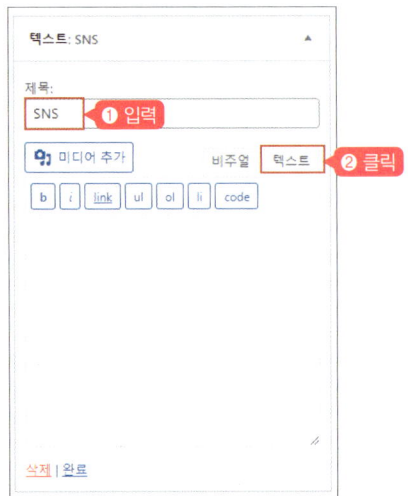

7 텍스트 본문에는 주로 html 소스를 입력하는 영역입니다. 아래 내용에서 〈a href="본인 sns주소" 만 변경해서 입력하고 필요 없는 부분은 삭제해서 입력하면 됩니다. 내용 입력을 마쳤으면 위에 [공개]를 클릭해서 중간 저장합니다.

```
<a href="https://www.instagram.com/mocagraphy">INSTAGRAM </a>
<a href="http://blog.naver.com/fosasisun">BLOG</a>
<a href="https://www.youtube.com/@mocagraphy">YOUTUBE</a>
<a href="http://facebook.com/photographermoca">FACEBOOK </a>
```

▲ 본인 주소 부분 색 구분 표시

Footer Three

이제 위젯의 마지막 Footer Three입니다. Footer Three(푸터3)는 제목과 내용만 수정하면 됩니다.

1 먼저 위젯 메뉴에서 Footer Three를 클릭하고 보이는 텍스트 위젯의 우측 펼치기 아이콘을 클릭합니다.

2 텍스트 위젯이 펼쳐지면 여러분이 원하는 제목과 이메일 정보 등을 입력하면 됩니다. 실습에서는 제목(협업문의) 본문에는 작가 이메일과 카카오톡 아이디를 입력했습니다. 여러분들은 여러분들의 개인정보를 입력하면 됩니다. 입력을 완료했으면 상단의 [공개] 버튼을 클릭해서 마무리 합니다.

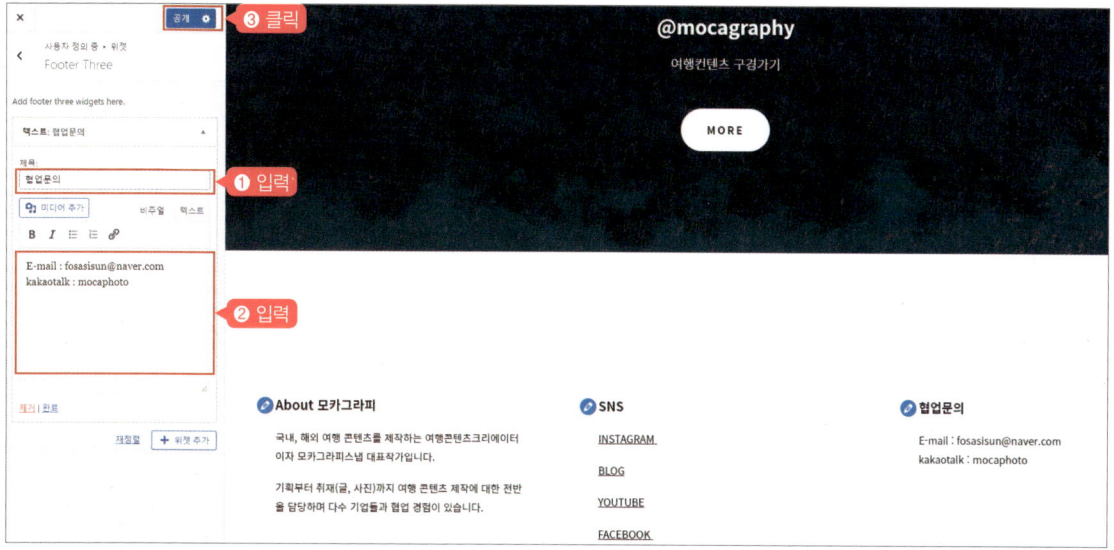

위젯 영역 설정이 완성되었습니다.

06-8 기타

이제 사용자 정의하기에서 남은 작업은 홈페이지 설정, Footer Settings, 추가 CSS입니다. 3가지 영역 모두 기본 설정 그대로 사용합니다.

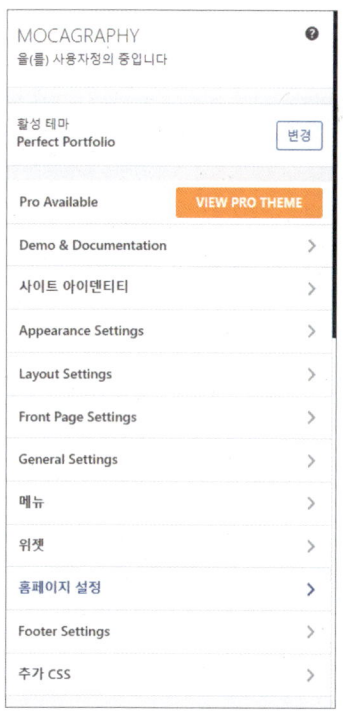

홈페이지 설정

홈페이지 설정 메뉴를 클릭하면 홈페이지 표시는 '정적인 페이지'가 선택이 되어 있습니다. 일반적으로 블로그를 제외하고는 대부분의 테마에서 Demo Import(데모 임포트)를 통해 설정한 홈페이지는 메인 페이지를 'Home'이라는 페이지를 기본 메인 페이지로 설정하고 있습니다. 현재 실습중인 페이지에서도 마찬가지로 메인 페이지가 'Home'으로 설정되어 있기 때문에 설정 그대로 놔둡니다.

그리고 글 페이지의 Blog는 실습에서는 사용하지 않습니다.

Footer Settings

Footer Settings를 클릭하면 Footer Copyright Text 영역이 보입니다. 그런데 우측 사이트 하면 푸터 맨 아래로 가보면 이미 Copyright 부분에 내용이 들어가 있습니다. 따라서 여기도 그대로 놔두면 됩니다.

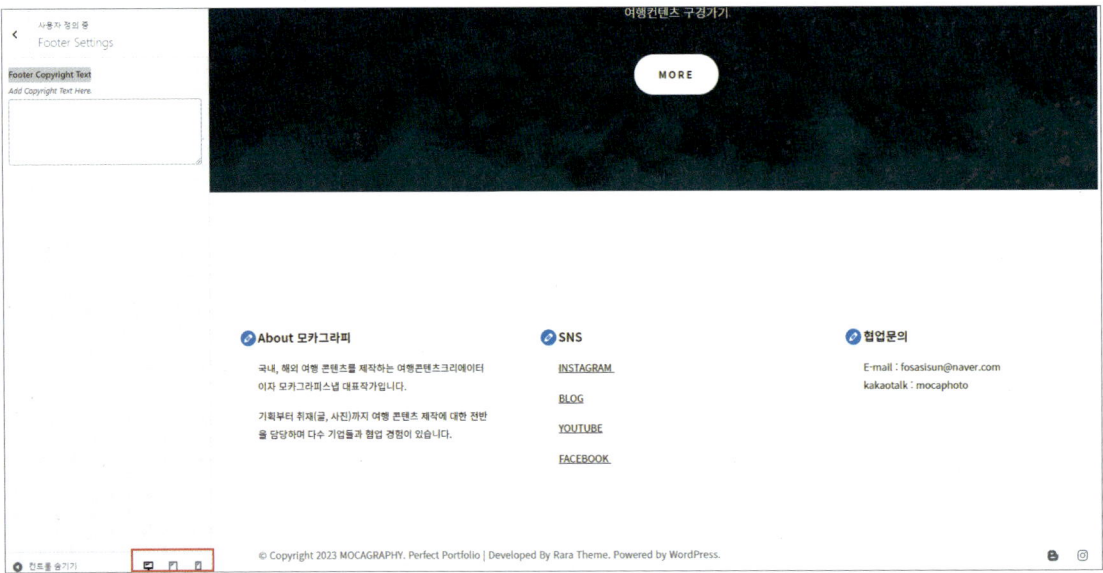

그리고 위 화면 왼쪽 아래에 보면 컨트롤 숨기기 우측의 PC, 태블릿, 모바일 아이콘이 3개 있습니다. 각각 클릭하면 우측의 사이트 화면이 변경됩니다. 현재 perfect Portfolio 테마는 모바일 반응형을 기본적으로 최적화 시켜 놓았기 때문에 레이아웃 변경을 하지 않으면 모바일 반응형에 최적화 되어 있어서 실습에서는 따로 수정하지 않습니다.

추가 CSS

추가 CSS 영역은 기본 설정 외 텍스트 크기 정렬, 색상 등 다양한 요소들을 변경하는 영역입니다. 본 영역은 HTML, CSS를 기본적으로 알고 있어야 수정이 가능한 영역으로 포트폴리오 실습에서는 기본 상태 그대로 둡니다.

현재 기본 설정에는 블로그 관련해서 텍스트 정렬과 글자 사이즈 등 관련해서 CSS가 추가된 것을 확인할 수 있습니다.

07 _ 페이지 설정하기

현재 실습하고 있는 Perfect Portfolio 실습 테마에서 설정할 페이지는 Home, About, Contact 3개 페이지입니다. Portfolio 페이지 영역은 본 실습에서 마지막으로 진행할 Portfolio 데이터를 입력하면 자동으로 마무리 됩니다. 따라서 본 장에서는 Home 메인 페이지는 방금 진행한 사용자 정의하기에서 대부분 설정을 완료했기 때문에 About 페이지와 Contact 페이지 설정을 진행합니다.

페이지 설정은 주로 해당 페이지에서 상단 탭 메뉴에서 [편집하기]로 진행하는 경우도 있지만, 페이지가 많을 경우에는 알림판에서 [페이지] 메뉴를 클릭해서 진행하기도 합니다.

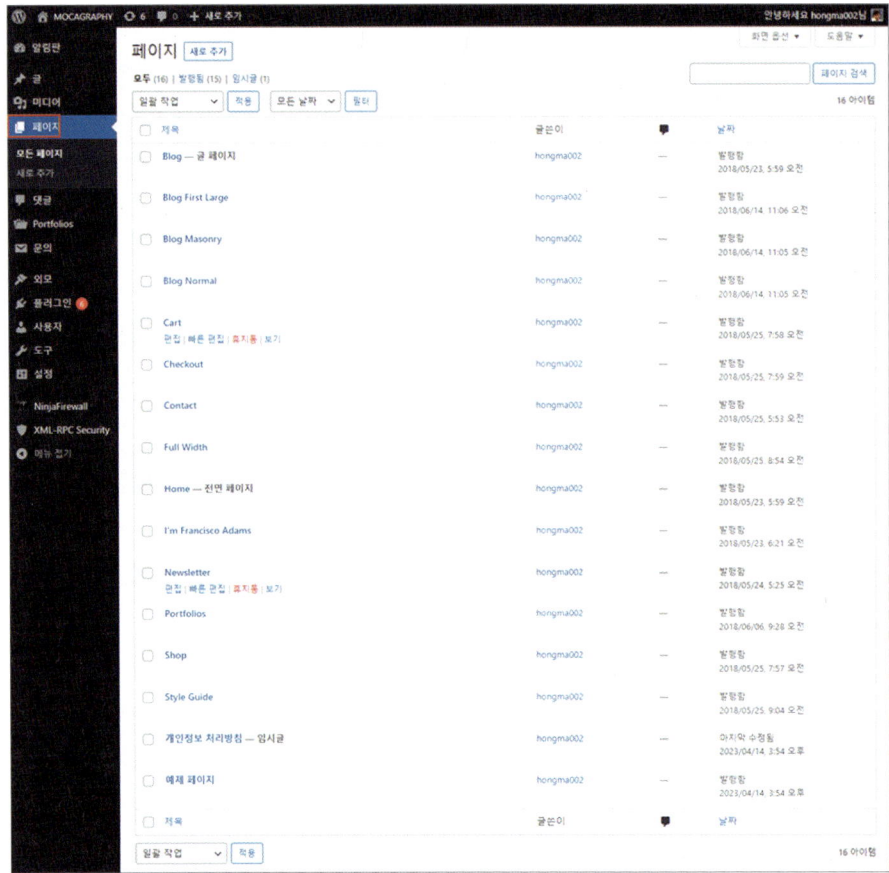

현재까지 진행된 상태에서 알림판에서 페이지 메뉴를 클릭하면 위 화면과 같이 보입니다. 여기서 페이지 제목을 클릭해서 편집할 수도 있지만 실습에서는 메뉴에서 각각의 페이지 접속해서 진행하도록 합니다.

07-1 About 페이지

About 페이지를 설정하기 위해 우선 현재 실습중인 페이지에서 확인해 보도록 합니다.

1 메인 페이지 에서 About 메뉴를 클릭 합니다. 알림판에서 왼쪽 상단의 사이트 제목을 클릭해서 메인 페이지로 이동해서 우측 상단의 햄버그 메뉴를 클릭해서 사이드바 메뉴가 보이면 'About'을 클릭합니다.

2 About 페이지에 접속하면 아래와 같은 화면이 보입니다. 제목, 사진 그리고 작가 소개 내용이 바디 영역에 있습니다. 우측 사이드바에는 최신글 등이 보입니다. 실습에서는 블로그를 사용하지 않기 때문에 우측 사이드바 영역은 없애고 바디 내용은 수정하도록 합니다.

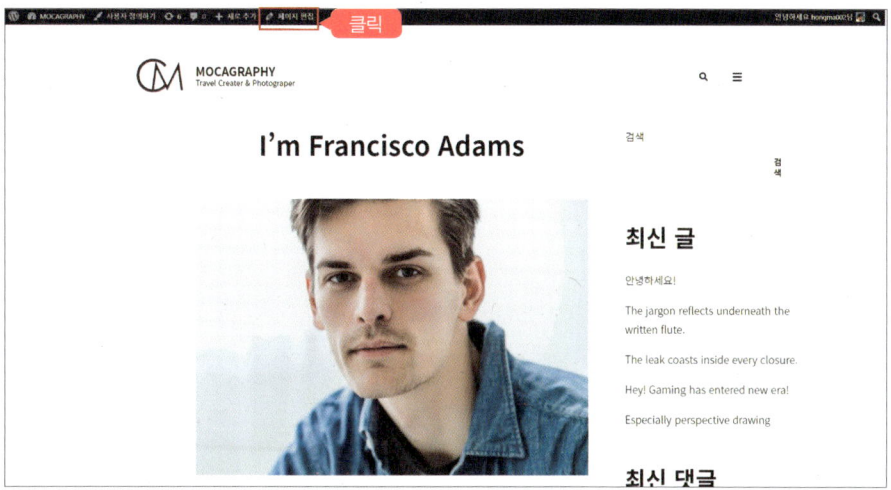

3 [페이지 편집]을 클릭하면 아래 화면처럼 페이지 편집 화면이 보입니다. 실습에서는 제목, 본문, 하단의 Sidebar Layout, 그리고 우측 하단에서 특성 이미지를 삭제하도록 합니다.

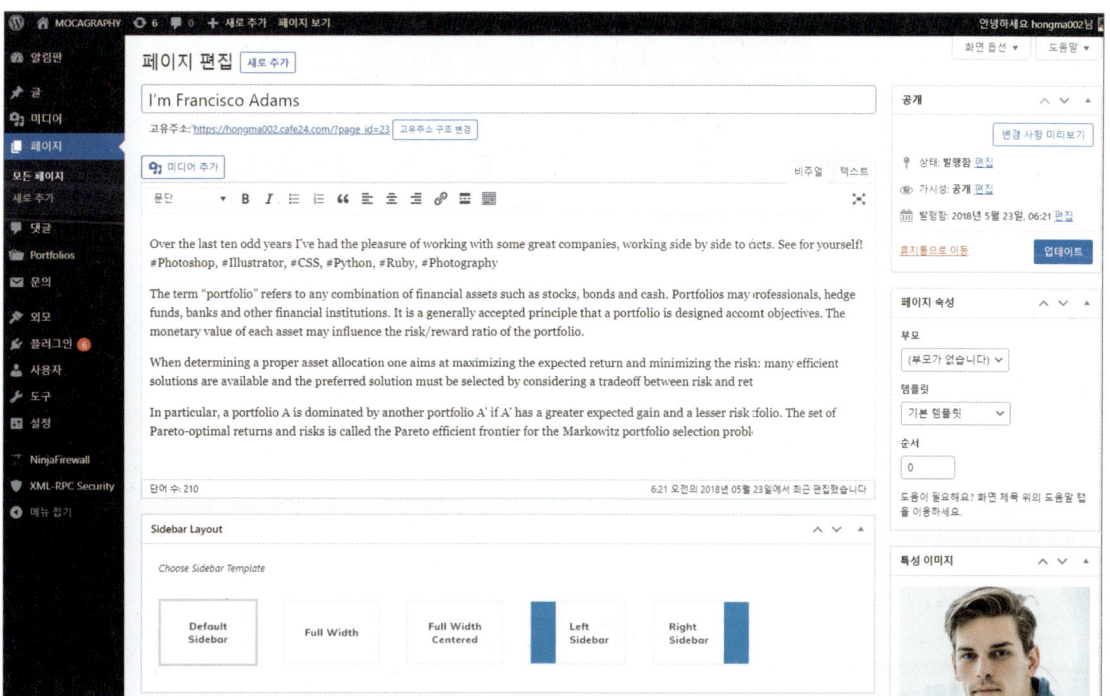

4 About 페이지는 본인을 소개하는 곳으로 본인 관련 정보를 입력하면 됩니다. 본인 관련 자료가 있으신 분들은 본인 정보를 입력하고, 준비가 되지 않은 분들은 실습 예제 사이트의 About 페이지(https://hongmario02.mycafe24.com/about/)를 참고해서 진행합니다. 실습 예제 사이트는 새 탭을 열어서 진행 바랍니다.

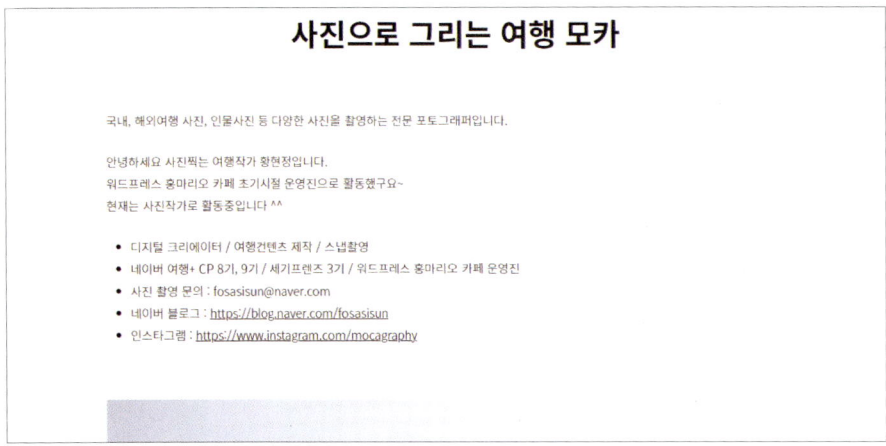

5 실습 예제 사이트의 About 페이지를 확인해보면 위 화면과 동일합니다. 그럼, 이제부터 제목, 본문 등 순서대로 변경합니다.

6 제목을 복사해서 실습하고 있는 About 페이지의 '페이지 편집' 화면으로 이동해서 제목에 붙여넣기를 합니다.

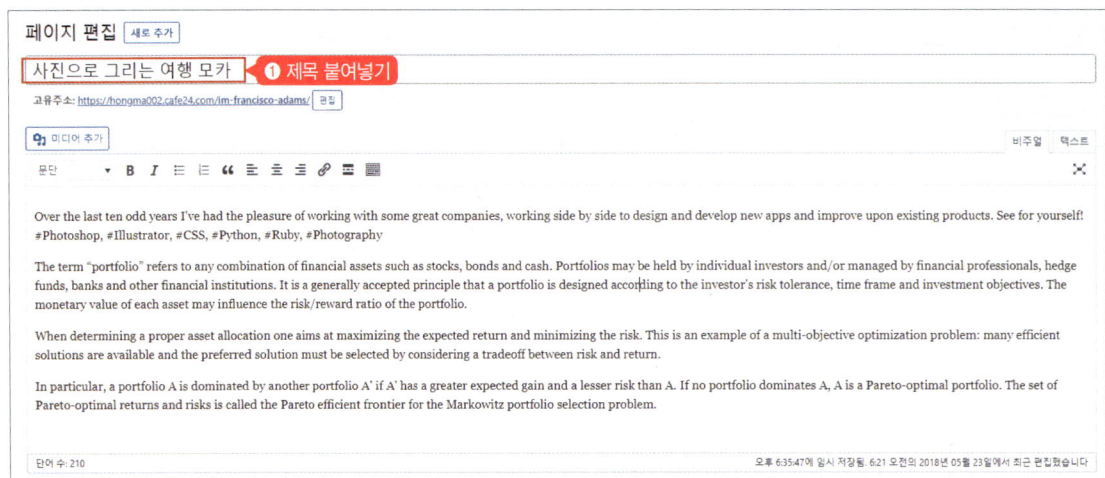

266 워드프레스 홈페이지 & 블로그 제작으로 수익창출

7 마찬가지로 본문 내용도 복사〉붙여넣기를 진행합니다.

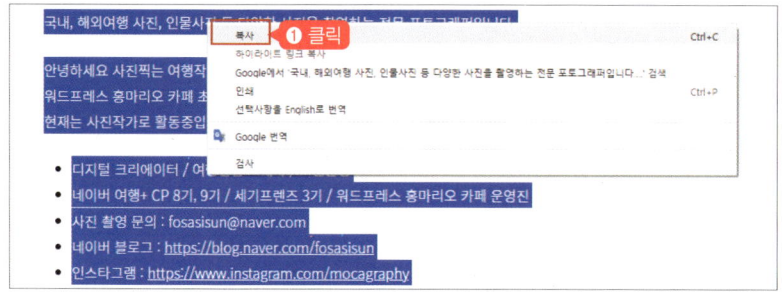

8 제목과 본문 내용을 붙여넣기 완료하면 아래 화면처럼 보입니다. 제목과 본문이 변경되었습니다. 이제 본문 텍스트 아래 이미지를 삽입합니다.

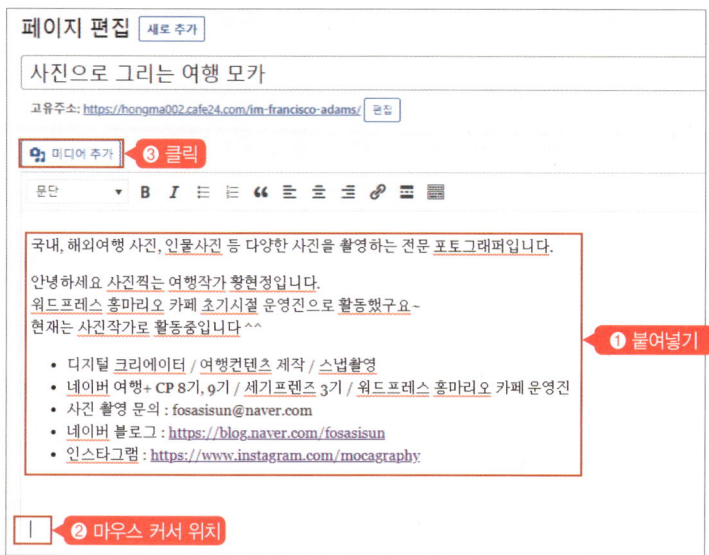

9 다음은 본문 텍스트 아래 마우스 커서를 위치시키고, 상단 제목 아래 [미디어 추가]를 클릭합니다.

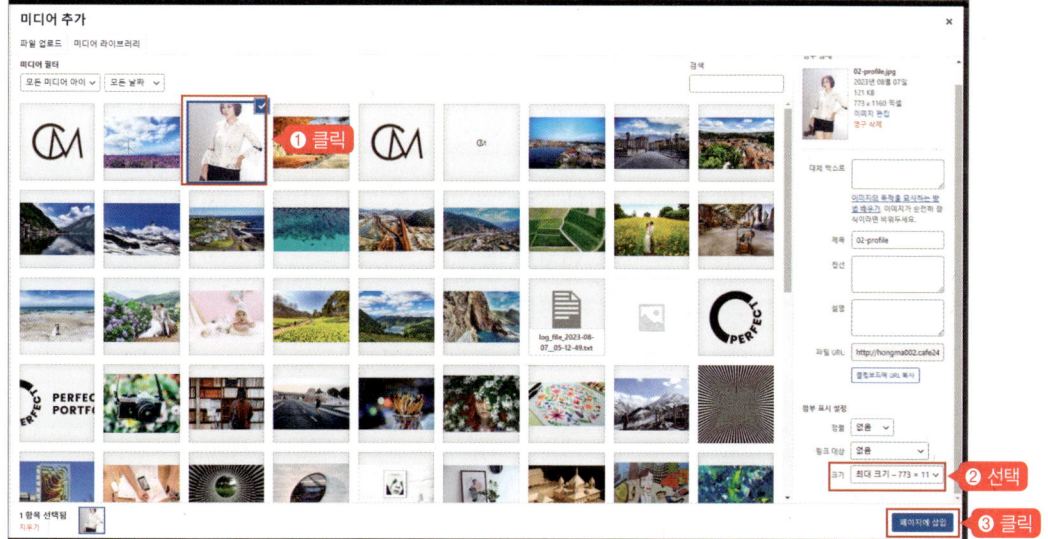

3장_포트폴리오 제작 실습 **267**

10 먼저 02-profile.jpg 이미지 파일을 선택하고, 우측 하단에서 크기가 '최대크기'로 선택되어 있는지 확인해야 합니다. 만약 보통 크기로 지정되어 있으면 '최대 크기'로 변경해주세요. 마지막으로 우측 하단 맨 아래 [페이지에 삽입]을 클릭합니다.

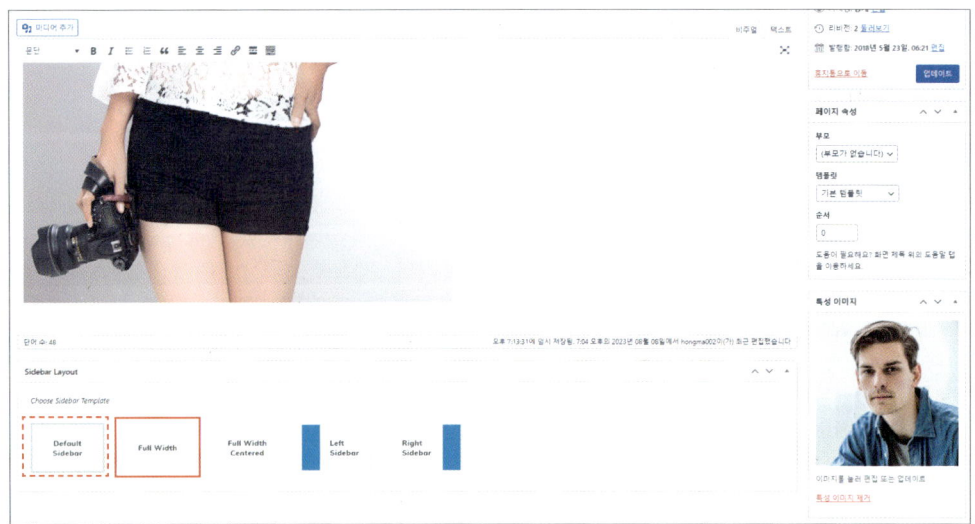

11 Sidebar Layout을 보면 현재 왼쪽 첫 번째 'Default Sidebar'에 회색 진한 테두리가 표시되어 있습니다. Default Sidebar는 앞에서 본 것처럼 우측 사이드바가 있는 레이아웃입니다. 실습에서는 사이드바가 없는 레이아웃이기 때문에 우측의 'Full Width'로 변경합니다. 아래 화면처럼 Full Width 로 선택이 되었습니다.

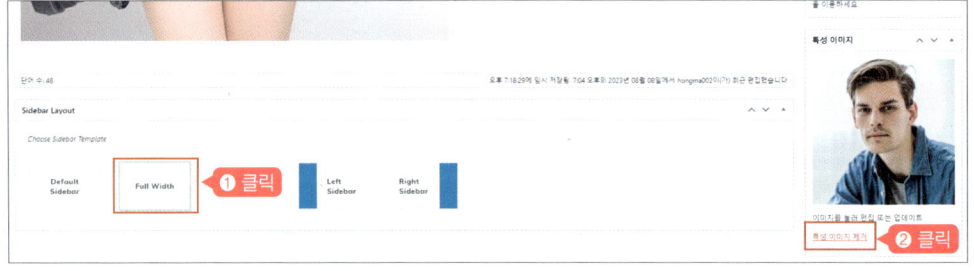

12 Sidebar Layout(사이드바 레이아웃)을 변경하기 위해 위 화면에서 Full Width를 클릭합니다. 클릭하면 Full Width 에 진한 회색 실선이 표시됩니다. 이제 우측 하단 특성 이미지 영역으로 이동합니다. 특성 이미지를 보면 외국인 남자 이미지가 있습니다. 이미지 아래에 '특성 이미지 제거' 텍스트를 클릭합니다. 위 화면에서 '특성 이미지 제거' 텍스트를 클릭합니다.

13 앞에서 우리는 제목, 본문, 본문 이미지, 그리고 사이드바 레이아웃 설정, 마지막으로 특성 이미지 제거를 했습니다. 이제 마지막으로 페이지 고유주소를 변경합니다.

14 제목 아래 고유주소 우측 끝의 [편집] 버튼을 클릭합니다. 그러면 아래 화면처럼 입력창이 보입니다.

15 기존 영문을 지우고 영어소문자로 'about' 입력 후 [OK] 버튼을 클릭합니다.

16 이제 모든 내용을 저장하기 위해 우측 상단에서 [업데이트] 버튼을 클릭하고, 페이지 상단의 검정색 탭 메뉴에서 [페이지 보기]를 클릭합니다.

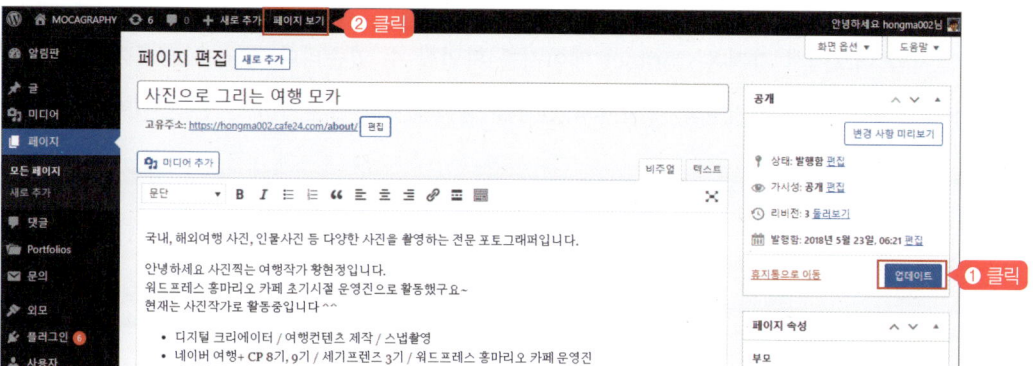

17 페이지 보기를 하면 아래 화면처럼 지금까지 작업한 About 페이지를 확인할 수 있습니다.

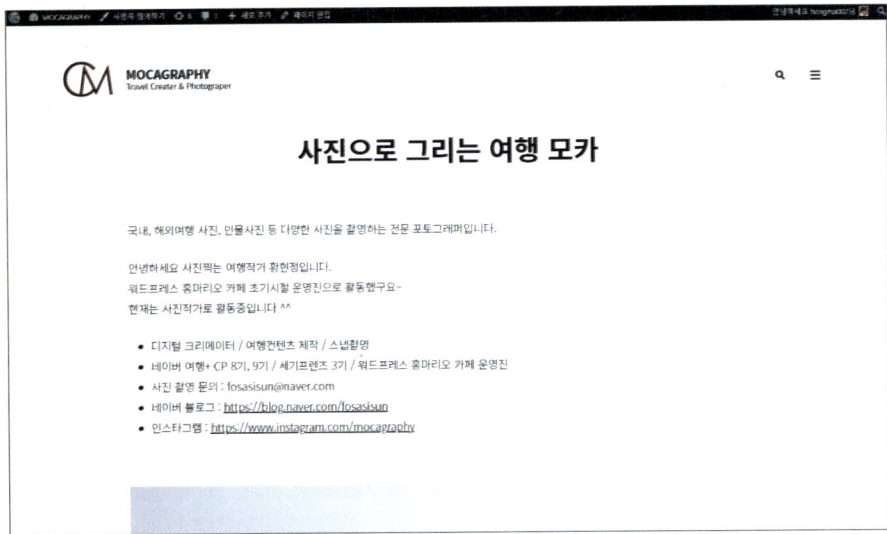

07-2 Contact 페이지

두 번째로 Contact 페이지를 편집해 보겠습니다. Contact 페이지는 주로 신청폼 형태로 구성되어 있으며, 신청폼을 작성해서 [SEND] 버튼을 클릭하면 관리자 이메일로 접수되는 방식으로 진행됩니다. Contact 페이지 접속을 위해 사이트 화면에서 햄버그 메뉴를 클릭한 후 사이드바 메뉴에서 'Contact'를 클릭합니다.

그럼, 아래 화면처럼 데모에서 가져온 Contact 페이지를 확인할 수 있습니다. Contact 페이지는 신청폼이 적용되어 있습니다. 우측 사이바를 삭제하고 신청폼 양식에서 이메일 주소만 본인 이메일 주소로 변경합니다.

1 Contact 페이지에서 앞에서와 마찬가지로 상단 탭 메뉴에서 [페이지 편집]을 클릭합니다.

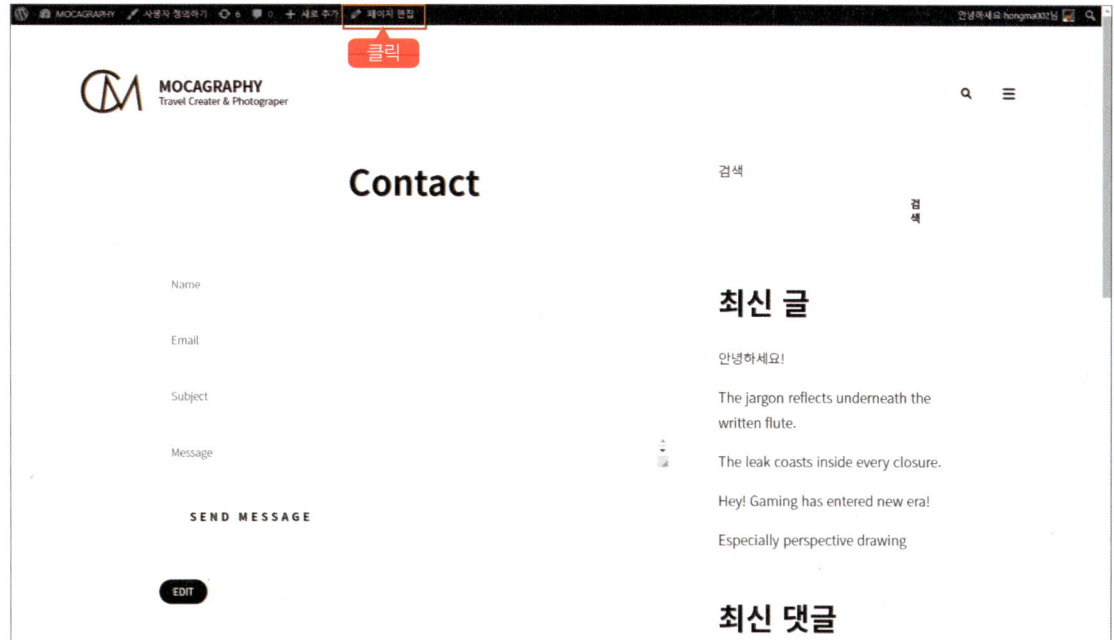

2 페이지 편집 화면을 보면 제목은 그대로 놔두면 되고 본문은 [contact-form-7 id="131" title="Contact"] 숏코드(short code)가 보입니다 숏코드는 앞에서 데모 임포트 할 때 문의양식 7(Contact form7) 플러그인을 설치 되어서 데모에서 적용한 페이지 입니다. 참고로 숏코드는 다양한 플러그인들이 그마다 고유의 코드형식을 만들어서 페이지에 적용하도록 만든 코드의 일종입니다.

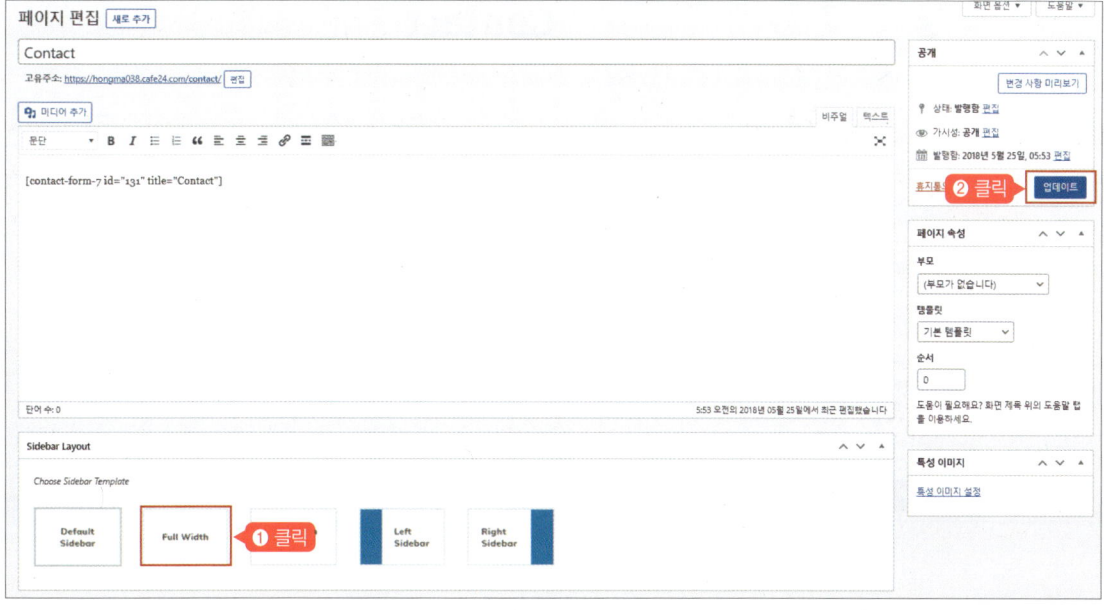

3 다음은 Sidebar Layout에서 앞의 About 페이지와 마찬가지로 'Full Width'를 클릭해서 변경해 줍니다.

4 마지막으로 우측 상단의 [업데이트]를 클릭해서 저장합니다.

5 페이지 상단 탭에서 [페이지 보기]를 클릭해서 페이지를 확인합니다.

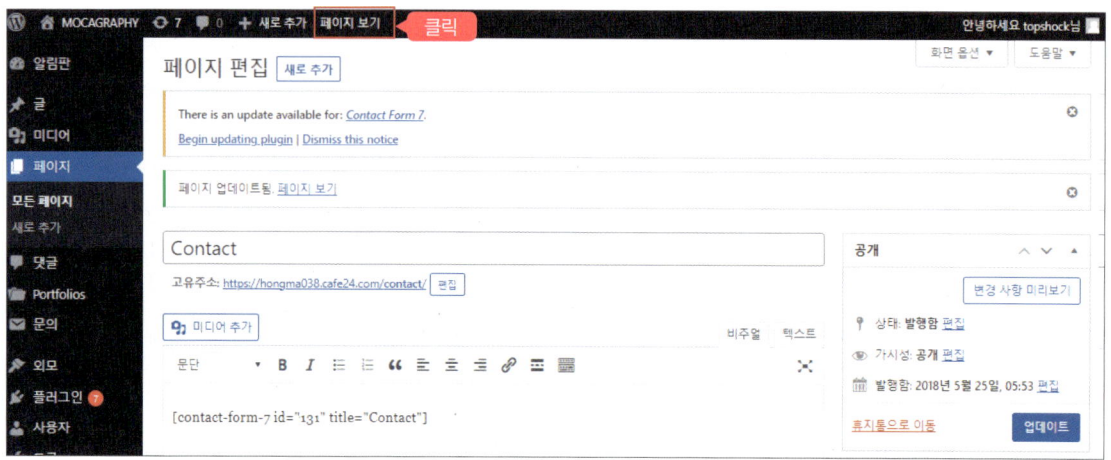

6 페이지를 확인했습니다. 다음은 왼쪽 상단의 제목을 클릭해서 알림판으로 이동하겠습니다.

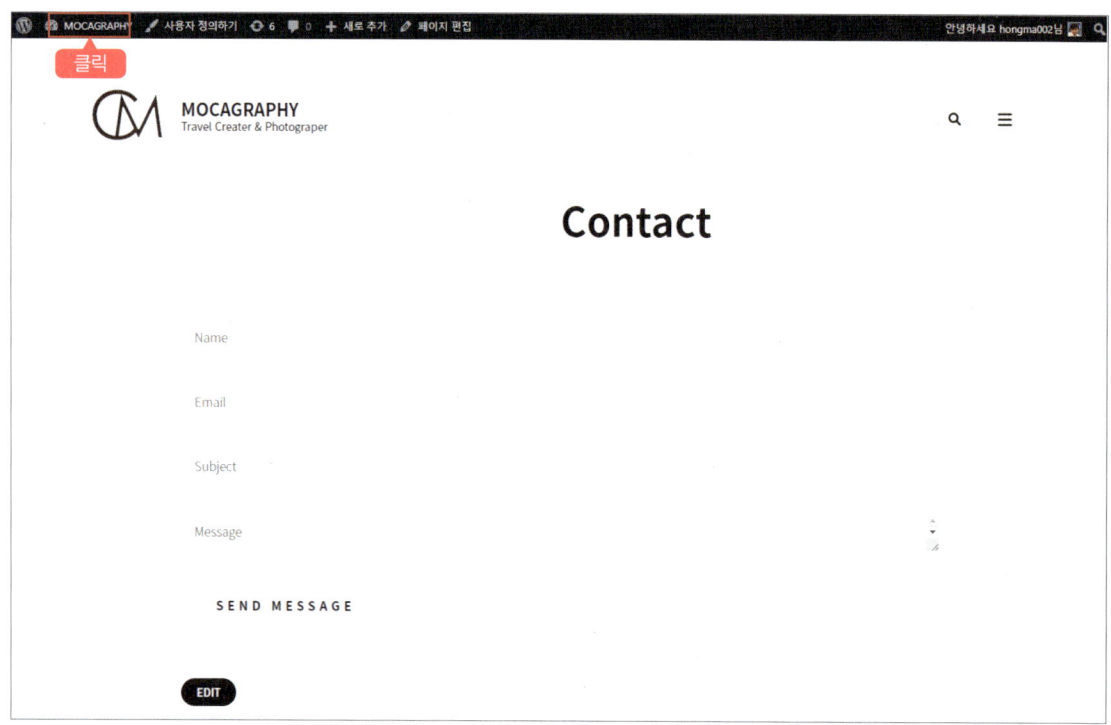

7 알림판 메뉴에서 [문의]를 클릭합니다. 그러면 다음 화면처럼 보이고 2개의 문의 중에서 위에 있는 'Contact'를 클릭합니다.

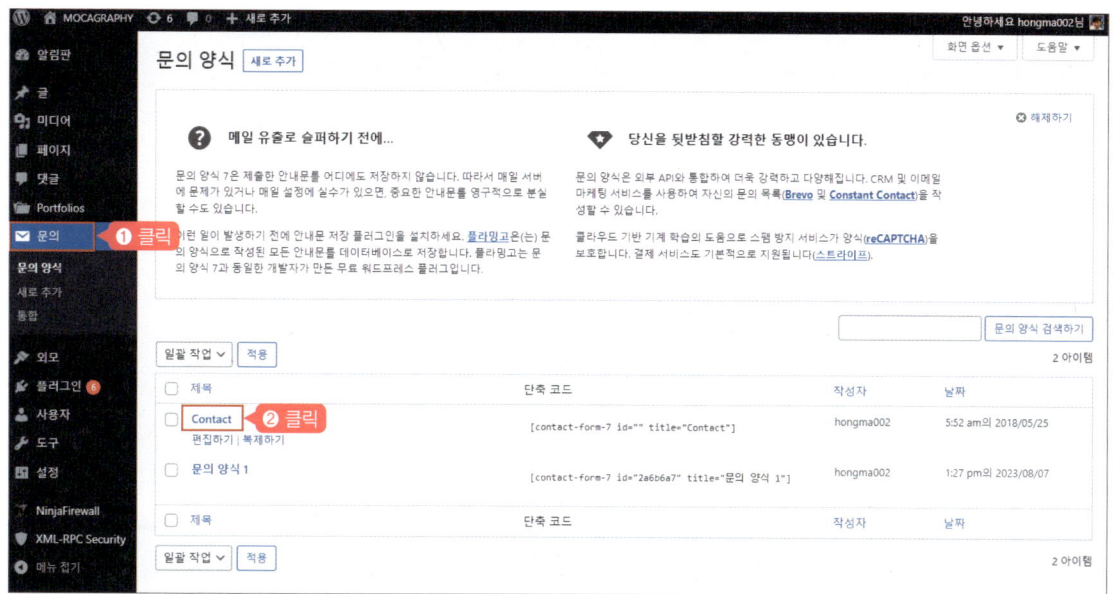

8 양식 내용은 위 본문에서 수정이 가능합니다. 참고로 CSS를 배우면 좀 더 멋진 폼을 만들 수 있습니다.

9 본문 위 [메일] 탭 메뉴를 클릭합니다.

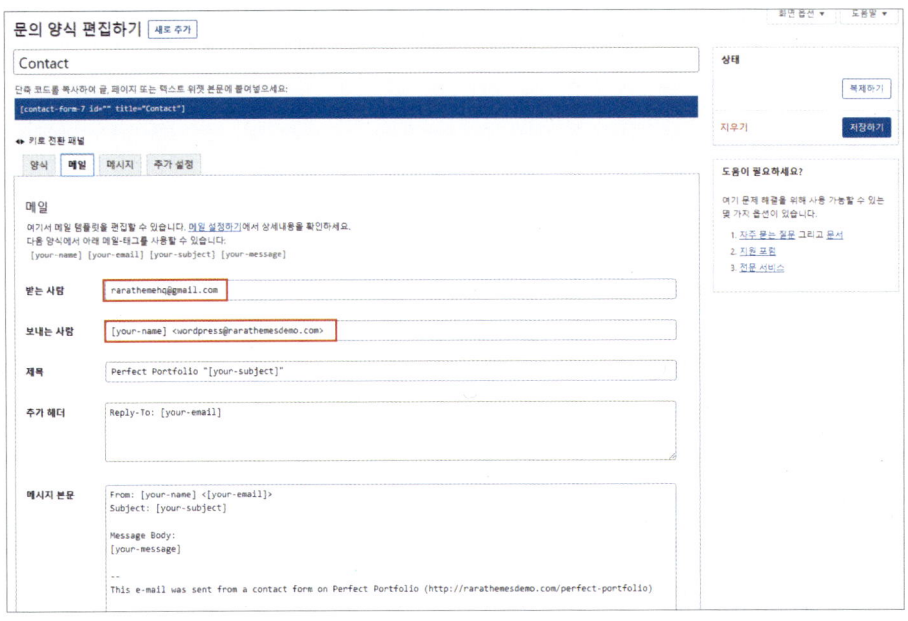

위 화면을 보면 받는 사람 이메일이 실습하고 있는 테마 아이디로 되어 있습니다. 이메일 주소를 본인 이메일 주소로 변경해줍니다. 가끔 지메일(Gmail)이 수신이 안될 수 있으니 이메일은 2개로 설정해주는 것이 안전합니다. 그리고 문의양식 플러그인에서는 보내는 사람의 이메일 주소가 도메인과 동일해야 오류 메시지가 나오지 않습니다.

🔟 실습에서는 받는 사람에 저자 이메일 주소 2개를 넣고, 보내는 사람의 이메일 주소 뒤에 임시로 현 도메인과 동일하게 삽입해 주고 우측 상단의 [저장하기] 버튼을 클릭합니다. 참고 바랍니다.

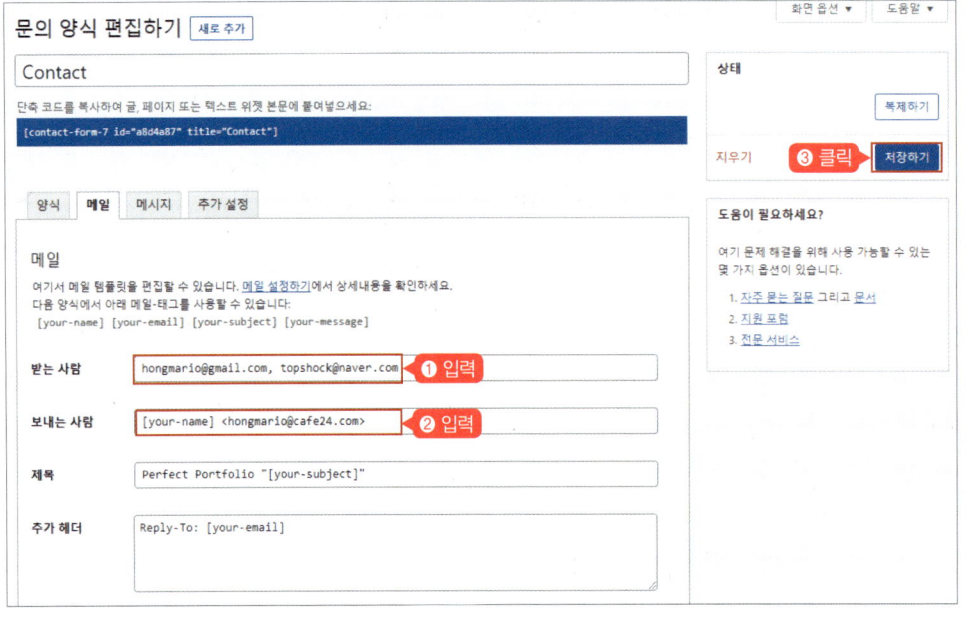

08 _ 포트폴리오 설정하기

이제 포트폴리오 실습의 마지막으로 포트폴리오 등록을 합니다. 포트폴리오도 앞의 블로그 실습에서 학습한 것과 같이 블로그의 글과 유사한 방식으로 등록하면 됩니다. 순서는 다음과 같습니다. 먼저 포트폴리오 카테고리를 생성하고 카테고리별로 포트플리오를 순서대로 등록하면 됩니다.

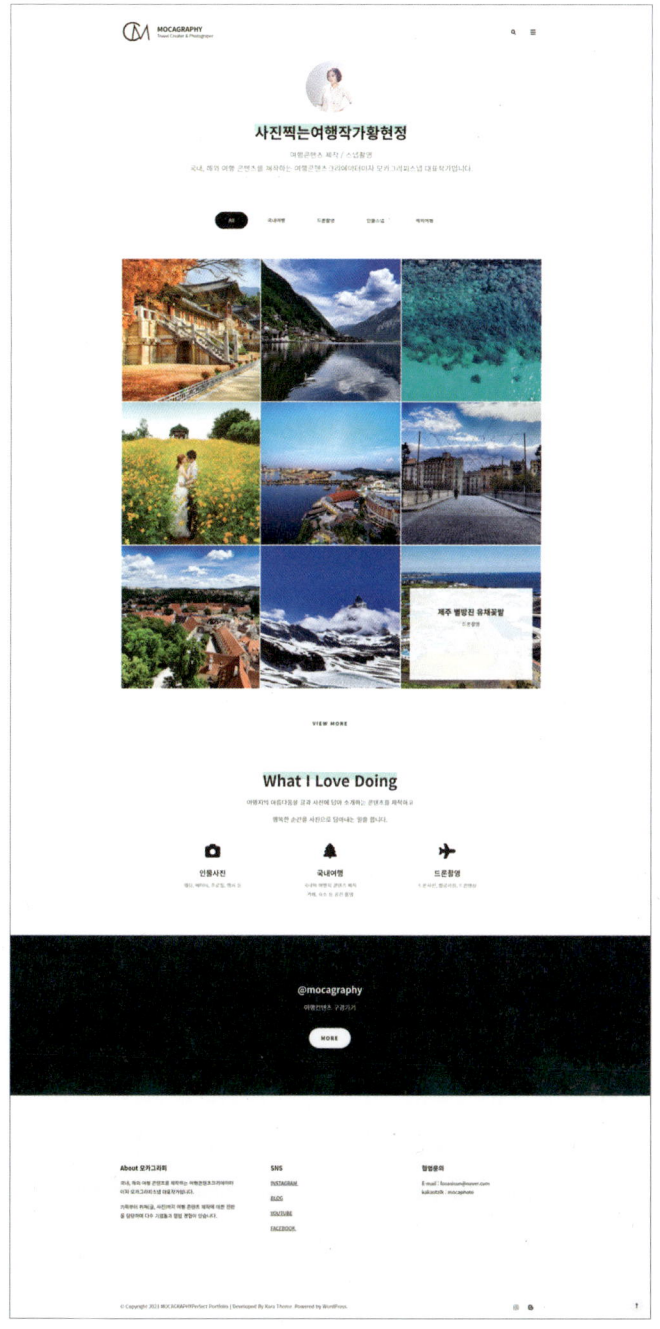

▲ 포트폴리오 실습 사이트 메인 화면

현재 실습 예제 포트폴리오 사이트는 포트폴리오 등록 시 메인 페이지에 자동으로 등록되게 설정되어 있습니다.

08-1 포트폴리오 카테고리 생성

앞에서 확인한 실습 예제 사이트의 메인화면을 보면 카테고리가 총 4가지가 있습니다. ❶ 국내여행 ❷ 드론촬영 ❸ 인물스냅 ❹ 해외촬영 4개의 카테고리를 만들어 보겠습니다. 여러분들은 실습과 동일하 해도 되고 본인이 원하는 카테고리로 설정해도 됩니다.

1 먼저 알림판에서 [Portfolios > Portfolio Categories]를 클릭합니다.

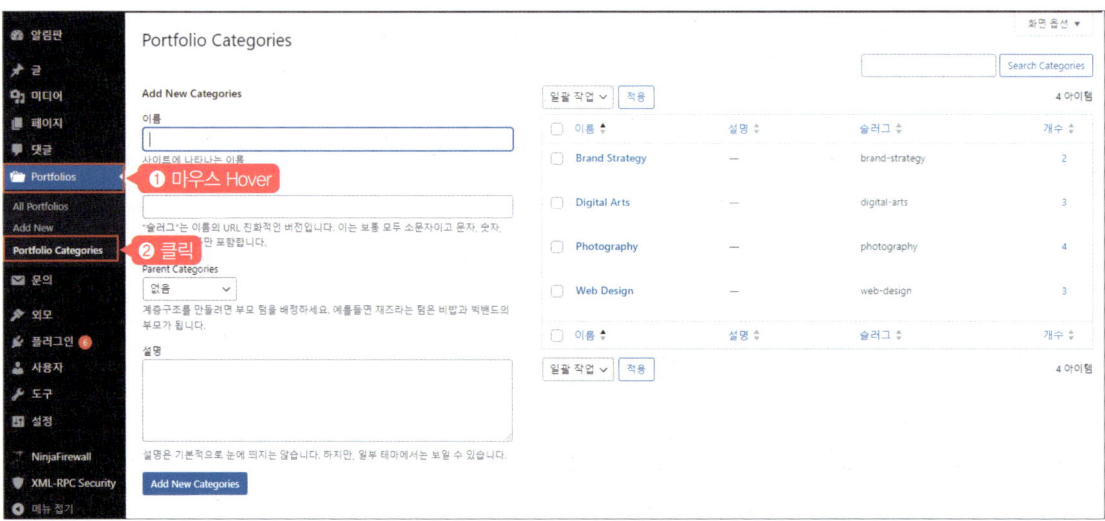

2 알림판에서 포트폴리오 카테고리(Portfolio Categories)를 클릭하면 위 화면처럼 Demo Importer(데모 임포터)를 통해 가져온 카테고리 4개가 보입니다. 실습에서는 사용하지 않기 때문에 모두 삭제하도록 합니다.

▲ 포트폴리오 카테고리

3 카테고리명 앞에 있는 체크 박스를 체크하고 일괄 작업 선택 박스에서 '삭제'를 선택한 후 우측의 [적용] 버튼을 클릭합니다.

▲ 포트폴리오 카테고리

4 위 화면과 같이 우측의 기존 3개의 영문 카테고리가 삭제되었고 이제 새롭게 카테고리를 만들기 위해 왼쪽 상단 이름 입력창에 '국내여행'이라고 입력하고 맨 하단에 있는 [Add New Portfolio Category] 버튼을 클릭합니다.

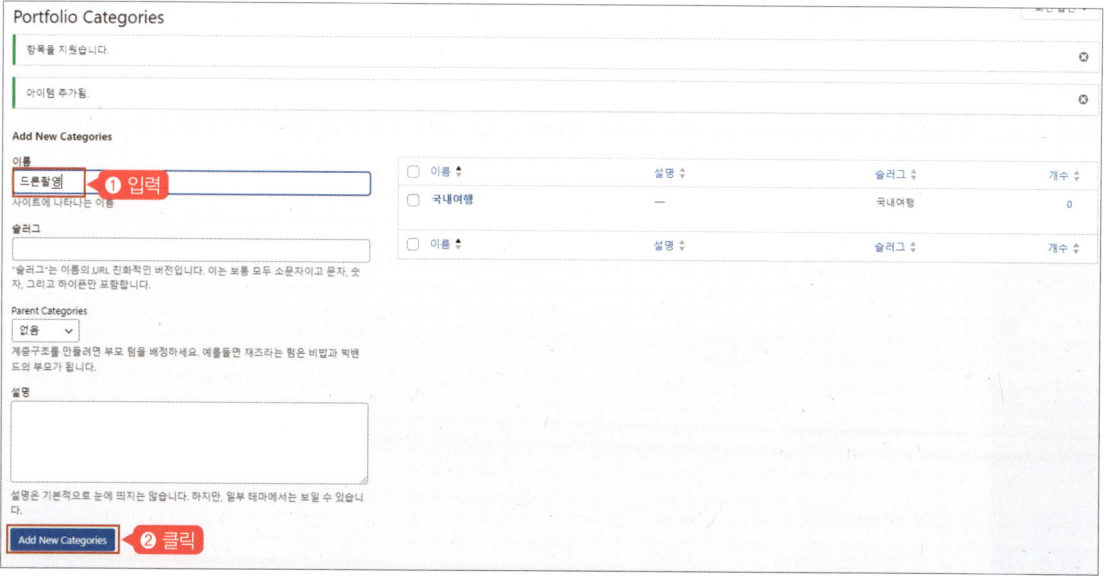

5 우측에 '국내여행' 카테고리가 생성된 것을 확인할 수 있습니다. 동일한 방법으로 이제 이름에 '드론촬영'이라고 입력 후 [Add New Portfolio Category] 버튼을 클릭합니다. 동일한 방법으로 세 번째 이름에 '인물스냅', 네 번째 '해외여행'으로 입력하고 [Add New Portfolio Category] 버튼을 클릭해서 모든 카테고리 입력을 마칩니다.

6 우측의 4개의 카테고리가 모두 생성되었습니다.

08-2 데모 포트폴리오 삭제

다음은 데모에서 가져온 포트폴리오를 삭제하도록 합니다. 일반적으로 데모에서 샘플을 가져오면 샘플 포트폴리오를 클릭해서 이미지 사이즈 및 삽입된 내용을 한 번 확인한 다음에 삭제하는 것이 좋습니다.

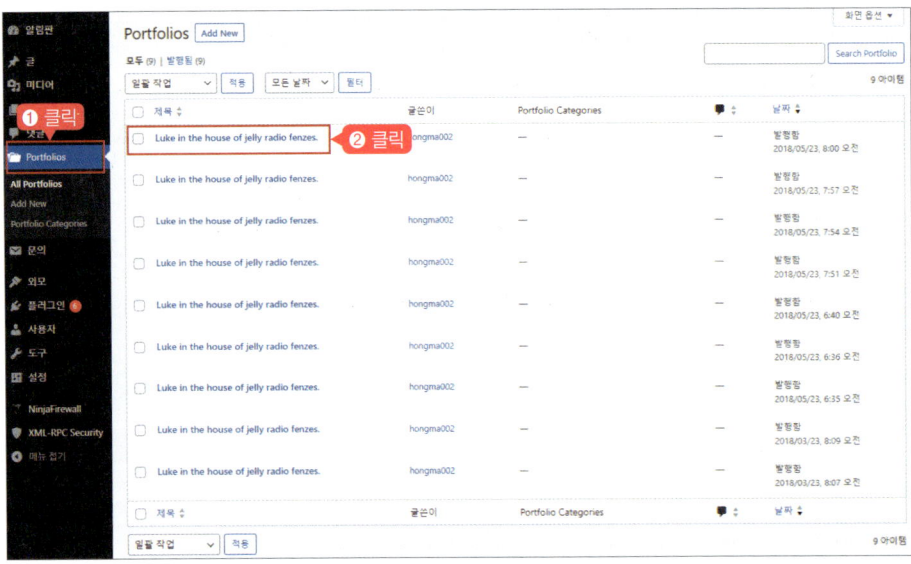

▲ 포트폴리오 리스트 화면

1 알림판 메뉴의 Portfolios(포트폴리오)를 클릭한 다음 포트폴리오 리스트 맨 위에 있는 'Luke in the house of jelly radio fenzes' 제목을 클릭합니다.

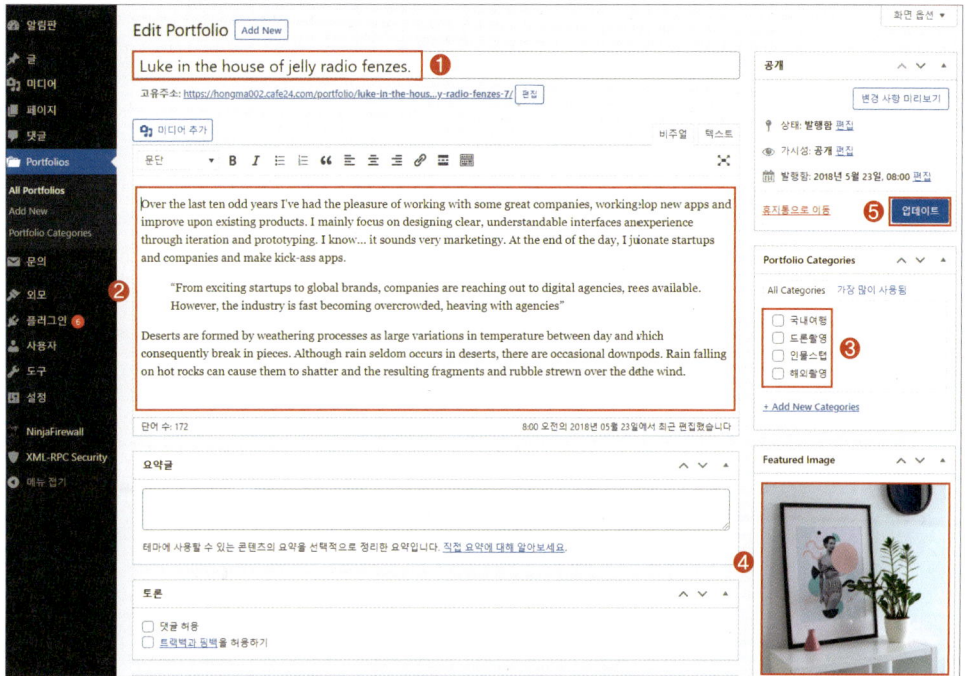

2 내용을 확인해보면 제목이 보이고 본문에는 텍스트가 적절히 들어갔고, 카테고리는 변경되어서 체크는 없고 Featured Image(특성 이미지)가 들어가 있는 구조입니다. 따라서 실습에서도 ❶ 제목 ❷ 본문 ❸ 카테고리 ❹ 특성 이미지 ❺ [저장 또는 업데이트] 순으로 진행하면 됩니다.

3 이제 내용을 확인했으니 다시 포트폴리오 리스트로 가겠습니다. 알림판에서 [Portfolios] 메뉴를 클릭합니다.

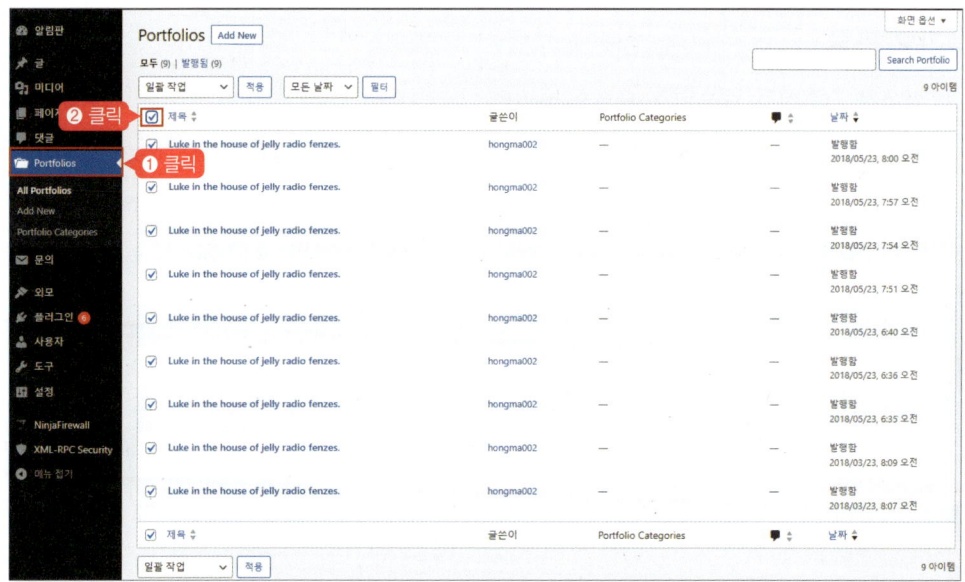

4 전체 삭제를 위해서 일괄작업 선택 박스 아래 제목 앞의 체크 박스를 체크합니다. 체크하면 모두 선택이 됩니다.

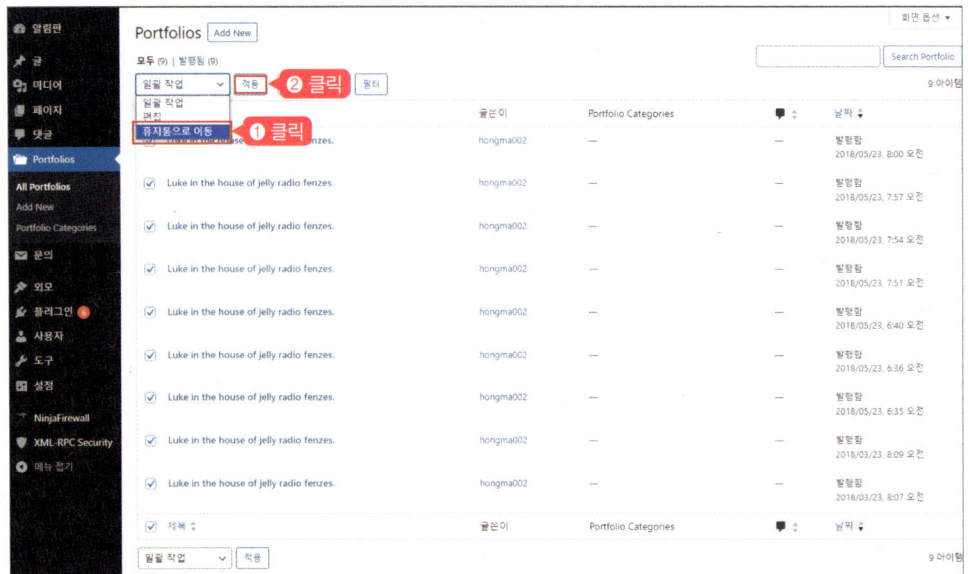

5 모두 선택이 되었으면 '일괄 작업' 선택 박스에서 '휴지통으로 이동'을 선택하고 [적용] 버튼을 클릭합니다.

6 모두 삭제가 완료 되었습니다.

08-3 포트폴리오 등록

이제 마지막으로 실습에 사용할 포트폴리오 등록을 합니다.

1 포트폴리오 등록을 위해서 알림판에서 [Portfolios 〉 Add New]를 클릭합니다. 아래 화면에서 Portfolios 우측의 [Add New] 버튼을 클릭해도 됩니다.

2 포트폴리오 새로 추가 화면이 보입니다. 이제 순서대로 제목부터 작성하도록 합니다.

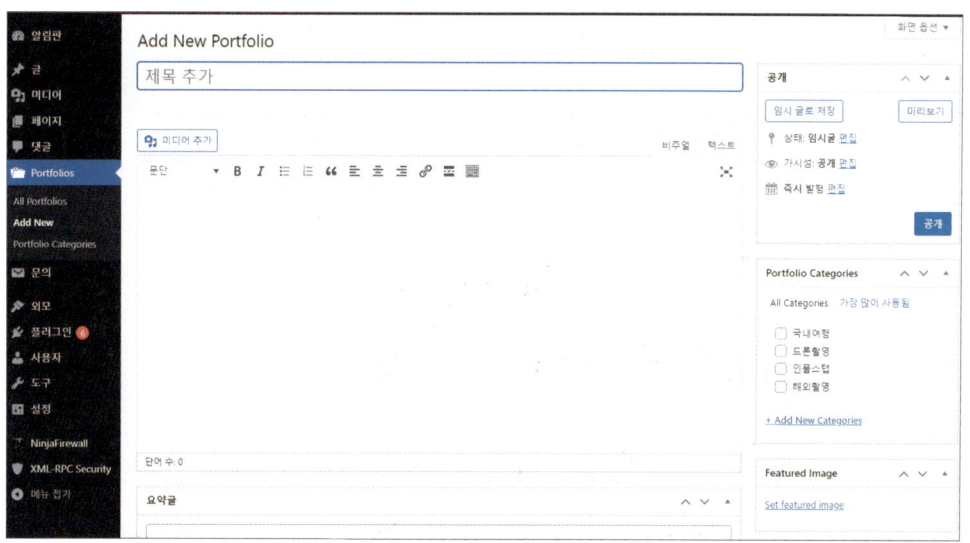

3 제목에 '경북 경주 불국사'라고 입력합니다. 여기서도 마찬가지로 실습 예제와 동일하게 작성해도 되고 여러분이 정한 제목으로 작성해도 됩니다. 그리고 실습에서는 본문에 제목과 동일하게 내용을 입력합니다. 실제로는 해당 포트폴리오에 대한 설명 내용을 입력해야 합니다.

4 제목 및 본문을 입력했으면 다음 단계는 카테고리 선택입니다. 국내여행에 체크하고 Featured image(특성 이미지) 아래 'Set Featured image'를 클릭합니다. 여기서 Featured image(특성 이미지)는 일반적으로 알고 있는 섬네일(Thumbnail) 이미지와 동일한 것으로 이미지 1개만 등록합니다.

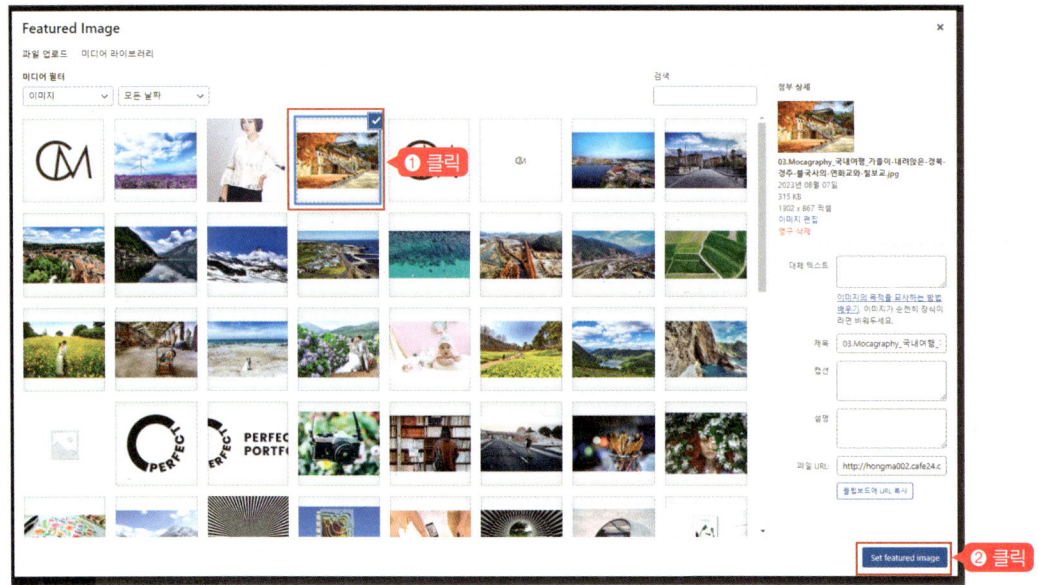

5 'Set Featured image'를 클릭하면 미디어 라이브러리가 보이고 03….jpg 이미지 파일을 선택한 다음 우측 하단의 [Set featured image] 버튼을 클릭합니다. 마지막으로 [공개] 버튼을 클릭해서 완료합니다.

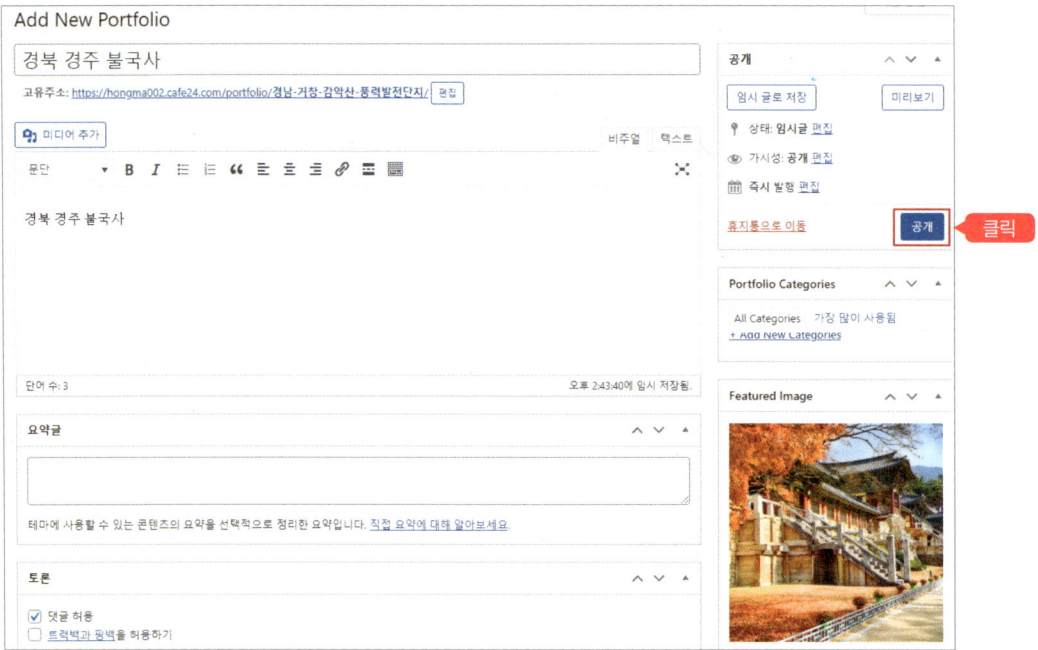

6 [공개]를 클릭하면 [업데이트]로 바뀌고 상단 탭의 'View Portfolio'를 클릭해서 사이트에서 보이는 화면을 확인합니다.

7 [사이트에서 보이는 화면입니다. 첫 번째 포트폴리오가 완성되었습니다. 포트폴리오는 1개만 등록되어 있으면 썰렁하기 때문에 실습에서는 각 카테고리별로 3개씩 총 12개의 포트폴리오를 등록합니다.

NO	제목/본문	카테고리	Featured image(특성 이미지)
1	경북 경주 불국사	국내여행	03….jpg
2	경남 거창 감악산 풍력발전단지	국내여행	04….jpg
3	울릉도 행담 해안산책로의 비경	국내여행	05….jpg
4	100일 촬영	인물스냅	08….jpg
5	거제 수국웨딩	인물스냅	09….jpg
6	아기 돌잔치 촬영	인물스냅	10….jpg
7	가파도 청보리밭	드론촬영	13….jpg
8	경남 하동 화개장터	드론촬영	14….jpg
9	전남 담양 메타세콰이어	드론촬영	15….jpg
10	스위스 마테호른의 풍경	해외여행	18….jpg
11	오스트리아 할슈타트	해외여행	19….jpg
12	체코 체스키크롬로프	해외여행	20….jpg

▲ 표 - 샘플 사이트 포트폴리오 리스트

8 이제 샘플 사이트를 참고하거나 위 표를 참고해서 여러분들은 총 12개의 포트폴리오를 새로 추가하면 됩니다. 혹시나 책을 보고 실습을 따라 하기 힘든 분들은 유튜브 영상을 보고 진행 바랍니다.

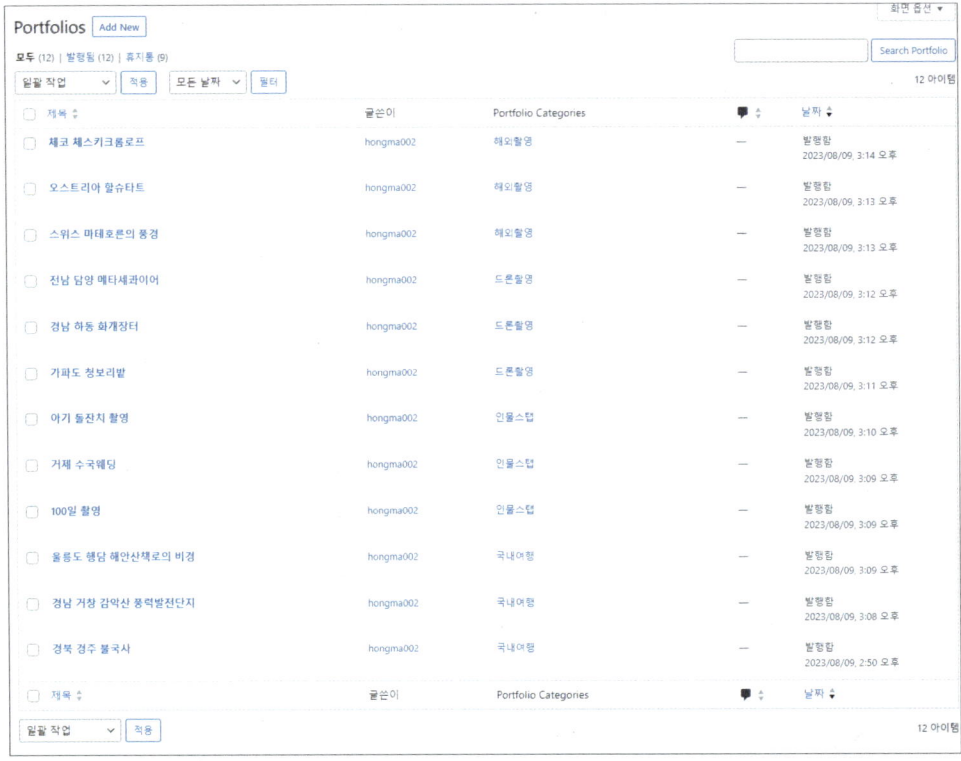

9 12개의 포트폴리오가 모두 추가가 완료되었으면 알림판의 사이트 제목을 클릭해서 메인 화면을 확인합니다.

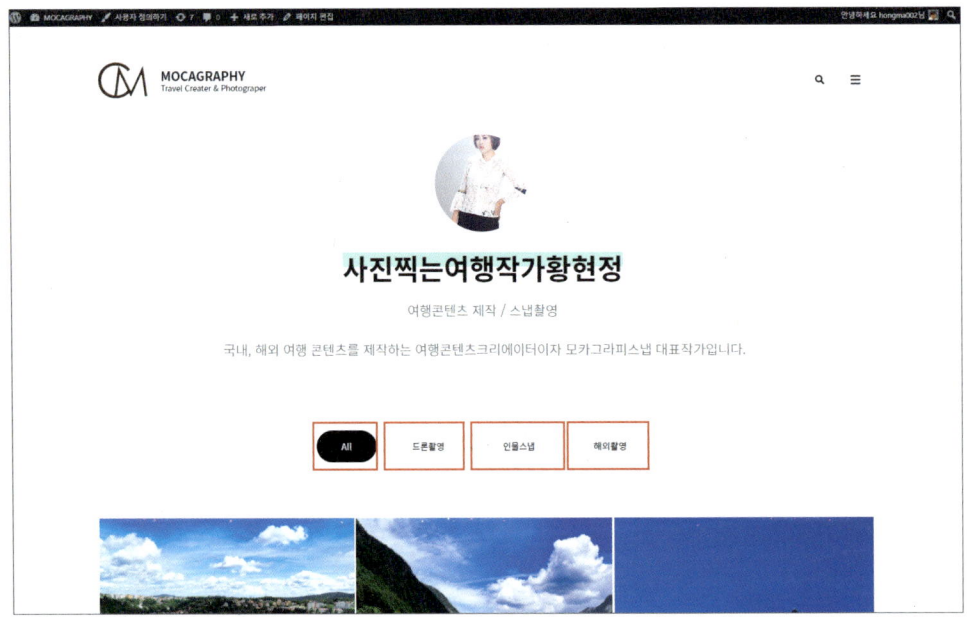

🔟 근데, 여기서 무료 테마라 그런지 오류가 좀 있습니다. 분명히 국내여행 카테고리에 3개의 글을 올렸는데도 카테고리 노출이 되지 않습니다. 또한, 실습 예제 사이트에서는 카테고리는 모두 노출되는데 메인에서 카테고리를 클릭하면 일부만 노출됩니다. 이 문제는 무료 테마이기 때문에 일부 오류가 있는 것 같습니다.

1️⃣1️⃣ 하지만, 메인에서 햄버거 메뉴 클릭해서 Portfolios 메뉴를 클릭해서 보이는 포트폴리오 페이지는 정상적으로 작동됩니다. 이 부분은 참고해서 여러분들이 제작해야 할 것 이제 포트폴리오 홈페이지 실습이 모두 완료되었습니다.

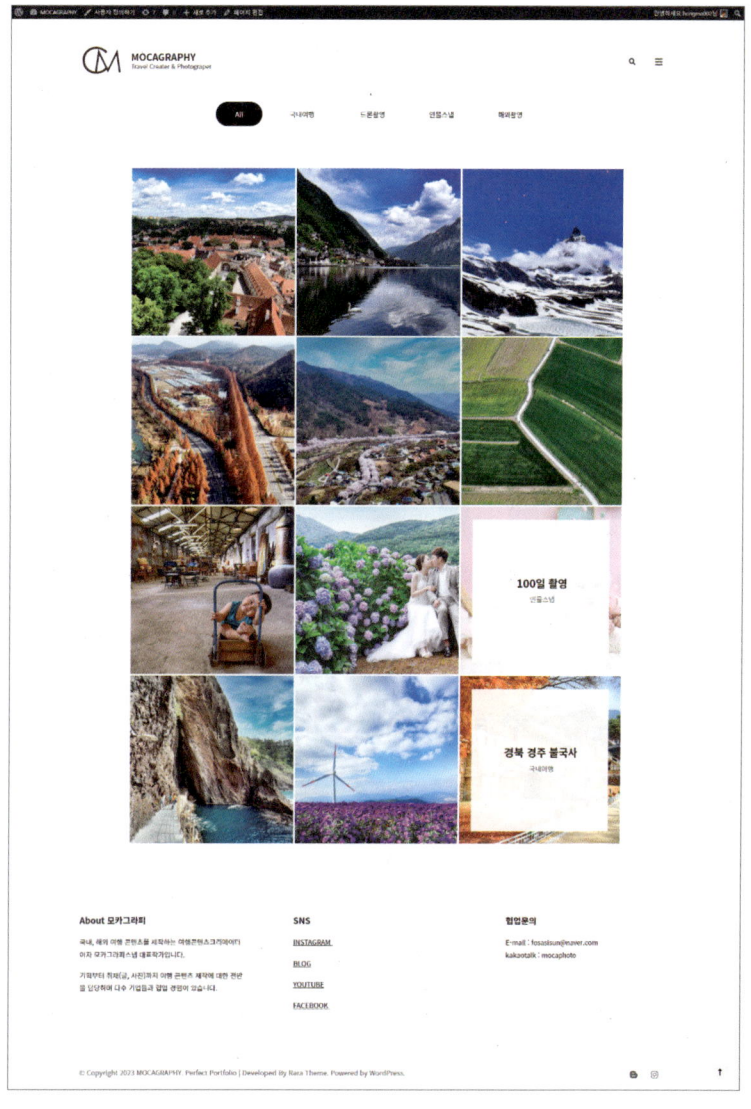

다음 실습(4장 회사 홈페이지)을 진행하려면 반드시 백업하고 초기화를 해야 합니다. 백업 하는 방법은 홍마리오 유튜브채널(https://www.youtube.com/@hongmario/videos)을 참고하기 바랍니다.

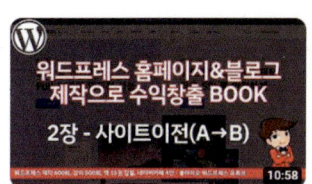 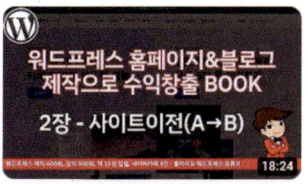

사이트 이전 01 – BackupBliss 플러그인 활용	https://youtu.be/E-Np_nr_e6s
사이트 이전 02 – All in One WP Migration 플러그인+FTP 활용	https://youtu.be/FhkOhe4VtX4

4장

회사 홈페이지 제작 실습

워드프레스 종합편 실습 마지막은 회사 홈페이지 만들기입니다. 회사 홈페이지는 3개의 실습 예제 중 가장 많이 제작하는 주제로 여러분들이 반드시 실습을 통해서 모든 페이지를 완성해보기 바랍니다.

1 실습 전 필수 확인 사항

회사 홈페이지 실습도 앞의 포트폴리오 실습과 마찬가지로 블로그 실습, 포트폴리오 실습을 완료하신 분들은 반드시 앞에서 진행한 실습 자료를 백업 받고 나서 계정을 초기화 시켜서 회사 홈페이지 실습을 진행하기 바랍니다.

01 _ 실습 예제 사이트 및 데모 미리보기

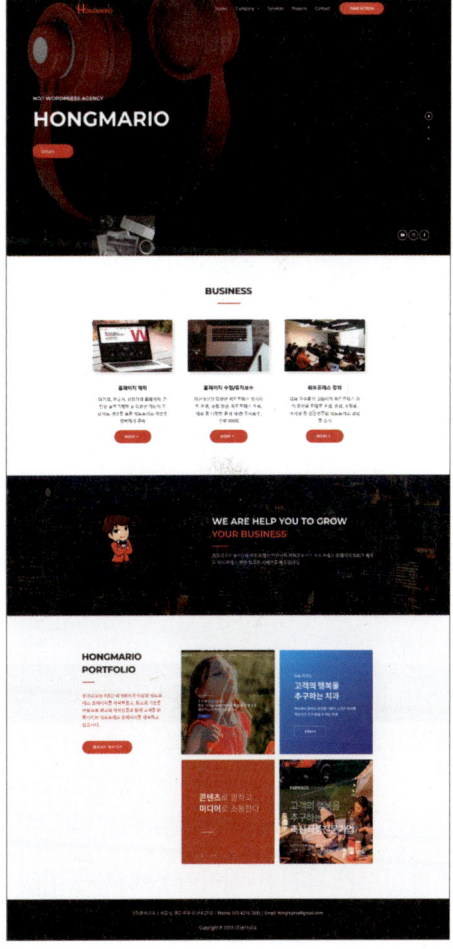

실습 예제 사이트(https://hongmario03.mycafe24.com)에 접속하면 아래 화면처럼 회사 홈페이지 실습 사이트를 확인할 수 있습니다.

실습 사이트 예제 사이트(http://hongmario03.mycafe24.com)에 접속하면 위 화면처럼 회사 홈페이지 실습 사이트를 확인할 수 있습니다. 샘플 사이트는 위 화면에서 보는 바와 같이 메인 페이지가 길게 스크롤 되는 최신 트렌드를 반영한 회사 홈페이지입니다.

실습 예제 사이트는 홍마리오 회사에 대한 소개를 요약한 홈페이지입니다. 일반적으로 회사 홈페이지는 회사소개(소개, 대표이사 인사말, 연혁, 조직도, 약도), 제품/서비스 소개, 커뮤니티, contact로 구성됩니다.

▶ 회사 홈페이지 실습 예제 사이트 – https://hongmario03.mycafe24.com

이번에는 실습 예제로 선택한 astra(아스트라) 테마의 데모 사이트를 확인합니다. 아스트라 테마의 홈페이지(https://wpastra.com/) 템플릿 리스트 중에서 확인가능하구요. 바로가기 주소는 다음과 같습니다.

회사 홈페이지 실습 데모 사이트

- https://websitedemos.net/outdoor-adventure-02/

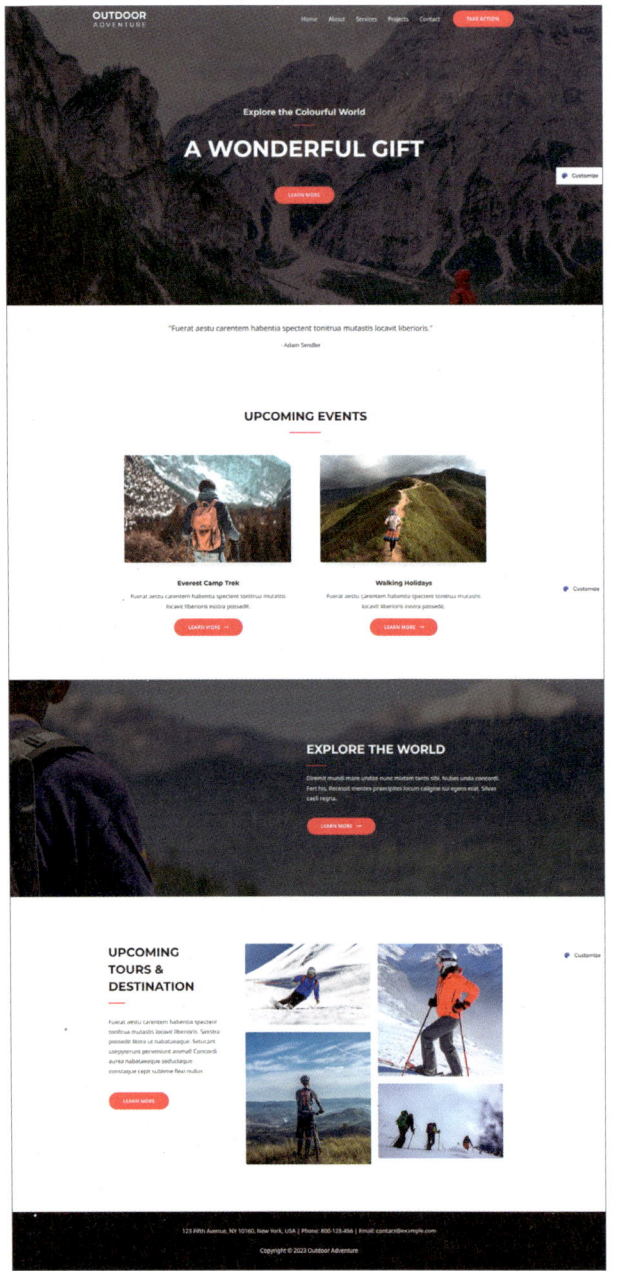

▲ 회사 홈페이지 실습 테마 데모 사이트

아스트라 테마 템플릿의 outdoor adventure02 템플릿은 메인 페이지와 서브페이지 등 적절하게 회사 홈페이지와 유사한 레이아웃에 최근 가장 많이 사용하고 있는 빌더인 Elementor(엘리멘트) 빌더를 사용해서 초보자들도 쉽게 제작 및 수정이 가능하도록 만든 무료 테마입니다.

02 _ 회사 홈페이지 실습 자료 다운로드

회사 홈페이지 실습 자료 다운로드는 앞의 블로그, 포트폴리오에서 두 번 설명했기 때문에 여기서는 요약해서 설명합니다.

1 홍마리오 네이버 카페(https://cafe.naver.com/wphome) 접속
2 카페 우측 상단의 [로그인]을 클릭해서 로그인, 미가입 시 카페 회원 가입.
3 왼쪽 카페 메뉴 중 [워드프레스 책]-[종합편 자료실] 클릭
4 게시글 리스트 중 '홍마리오 워드프레스 종합편 실습3-회사 홈페이지' 클릭
5 게시판 우측 상단의 [첨부파일] 클릭
6 홍마리오_회사 홈페이지_실습자료.zip"파일 다운
7 [내문서]-[다운로드]에서 zip 파일 압축풀기

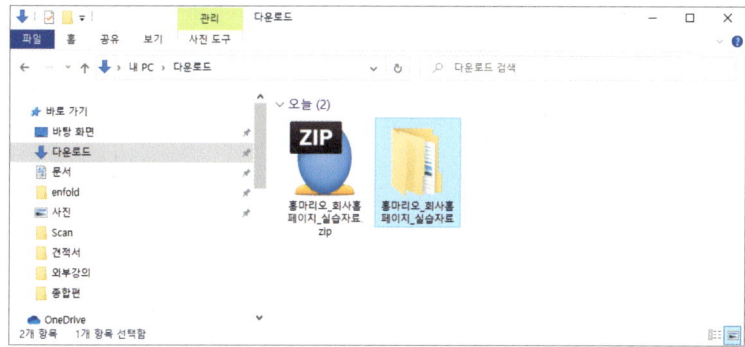

다운로드 받은 파일명은 "홍마리오_회사 홈페이지_실습자료.zip"입니다. 압축을 풀면 회사 홈페이지 실습자료는 앞의 블로그, 포트폴리오 자료와는 다르게 2개의 폴더(이미지, 텍스트)로 구성되어 있습니다.

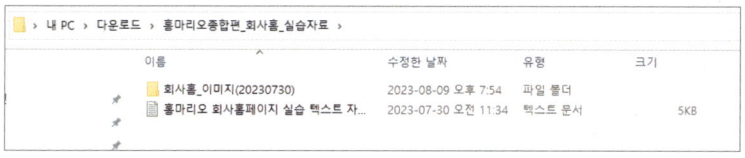

홍마리오_회사 홈페이지_실습자료 폴더를 클릭하면 위 화면처럼 2개의 폴더가 존재합니다.

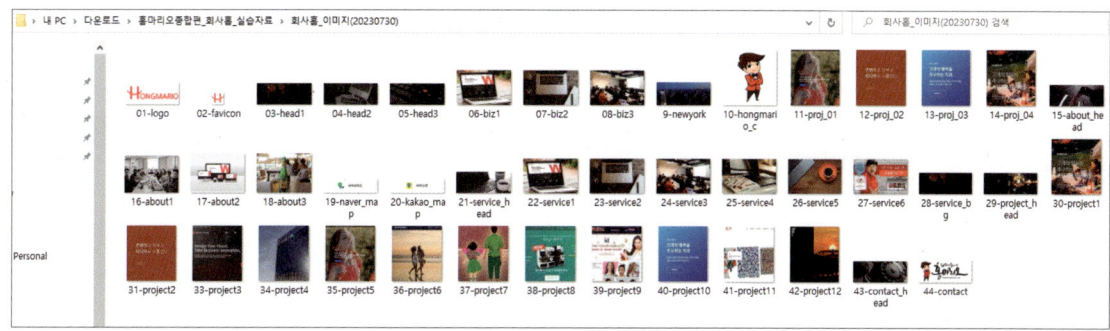

이미지 폴더에는 약 40여개의 이미지 파일이 있습니다.

03 _ 알림판 접속 준비

앞에서 블로그, 포트폴리오 실습 진행을 하지 않고 아무런 작업을 하지 않았으면 카페24에서 계정을 만들어서 워드프레스 설치해야 하고, 블로그, 포트폴리오 실습을 진행했으면 초기화 진행 후 본 실습을 진행 해야 합니다. 초기화 방법은 71~73 쪽을 참조합니다.

03-1 카페24 무료 계정 등록

카페24 무료 계정 등록 방법은 63~70 쪽을 참조합니다.

03-2 사이트 초기화 하기

앞에서 블로그 또는 포트폴리오 실습을 진행하신 분들은 백업 후에 다시 초기화를 해야 합니다.
초기화 방법은 71~73 쪽에서 설명했지만 다시 요약 설명합니다.

1 카페24 호스팅(https://hosting.cafe24.com)에 접속해서 로그인
2 로그인 후 '나의서비스관리' 접속
3 나의 서비스 관리 페이지에서 왼쪽 메뉴의 '계정 초기화'를 클릭
4 계정 초기화 선택'에서 'DATA DB 모두 초기화' 체크
5 FTP 비밀번호를 입력, [확인]을 클릭
6 DB 비밀번호 입력 [확인] 클릭
7 비밀번호가 모두 확인되었다는 메시지가 보이면 '위 내용을 확인합니다.'에 체크 후 [초기화 신청] 버튼을 클릭
8 약 5분 뒤에 초기화 완료

04 _ 홍마리오 유튜브 실습 동영상 활용

저자는 본 워드프레스 종합편 실습을 모두 유튜브에 등록했습니다. 여러분들은 책에 있는 내용과 유튜브 영상을 같이 보시면 훨씬 이해하는데 도움이 될 것입니다.

4장 회사 홈페이지 실습 자료는 총 5개의 유튜브 영상이 있습니다. 본 책 내용과 함께 유튜브 영상을 참고하면 실습에 많은 도움이 될 것 입니다.

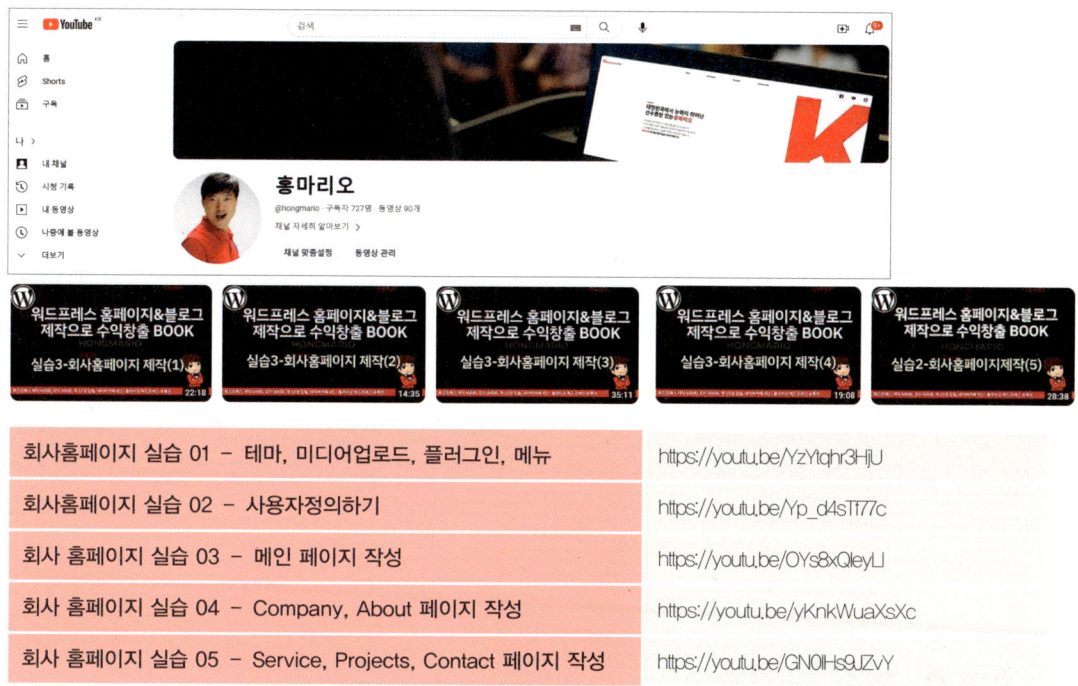

회사홈페이지 실습 01 – 테마, 미디어업로드, 플러그인, 메뉴	https://youtu.be/YzYtqhr3HjU
회사홈페이지 실습 02 – 사용자정의하기	https://youtu.be/Yp_d4sTf77c
회사 홈페이지 실습 03 – 메인 페이지 작성	https://youtu.be/OYs8xQleyLI
회사 홈페이지 실습 04 – Company, About 페이지 작성	https://youtu.be/yKnkWuaXsXc
회사 홈페이지 실습 05 – Service, Projects, Contact 페이지 작성	https://youtu.be/GN0IHs9JZvY

05 _ 회사 홈페이지 실습 기본 정보 확인

여러분이 실습할 회사 홈페이지 정보를 아래 표로 정리하였습니다.

사이트 제목	홍마리오 워드프레스 회사홈페이지 실습
사이트 주소	https://hongmario03.mycafe24.com
사용한 테마	astra 테마
추가 설치 플러그인	문의 양식7(Contact Form7) Prime Slider(프라임 슬라이더) Duplicate page(중복페이지)
이미지 자료	홍마리오 네이버카페 [워드프레스책] 종합편 게시판에서 다운로드

▲ 실습 사이트 정보

회사 홈페이지 실습 사이트의 메뉴 구조도도 역시 간단합니다. 사이트의 메뉴 구조도는 아래와 같습니다.

HOME	Company	Services	Projects	Contact
	About			
	Map			

▲ 회사 홈페이지 실습 사이트 메뉴 구조도

메뉴 구조도를 보면 총 5개의 1 depth 메뉴(첫 번째 메뉴)가 있고, Company 메뉴에는 2 depth 메뉴(2번째 메뉴, 하위 메뉴)가 2개 있습니다.

2 워드프레스 회사 홈페이지 만들기 실습

실습 부분은 본 책에서 가장 중요한 분으로 여러분들은 반드시 단계별로 실습을 직접 진행해봐야 합니다. 특히, 회사 홈페이지는 워드프레스 홈페이지에서 가장 많이 응용되는 분야이기 때문에 3개의 실습 중에서도 가장 많이 활용될 수 있습니다.

01 _ 알림판 접속 및 기본정보 설정하기

이제 본격적인 실습을 위해 알림판에서 로그인 후 알림판으로 들어가도록 합니다.

01-1 알림판 접속

알림판에 접속하기 위해서 자신이 등록한 카페24 계정으로 주소창에 입력해서 사이트에 접속합니다. 여기 실습에서는 https://hongmario06.mycafe24.com으로 진행합니다.

1 구글 크롬 주소창에 (본인아이디.mycafe24.com/wp-admin)에 입력합니다.

2 워드프레스 로그인 화면에서 아이디/비밀번호 입력합니다.

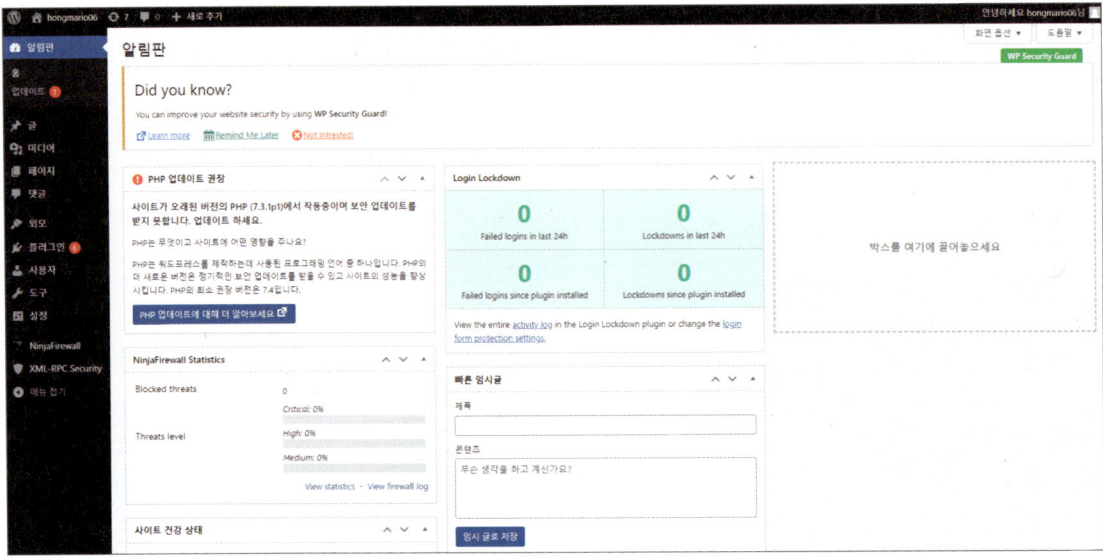

▲ 워드프레스 알림판 초기화면

01-2 사이트 기본정보 입력

이제 본격적으로 회사 홈페이지 만들기 실습에 들어가도록 합니다.
책 내용을 한 단계씩 따라하기 바랍니다. 먼저 사이트의 기본정보를 입력하기 위해 알림판에서 설정을 합니다.

1 알림판 메인화면에서 [설정 > 일반] 메뉴를 클릭합니다.

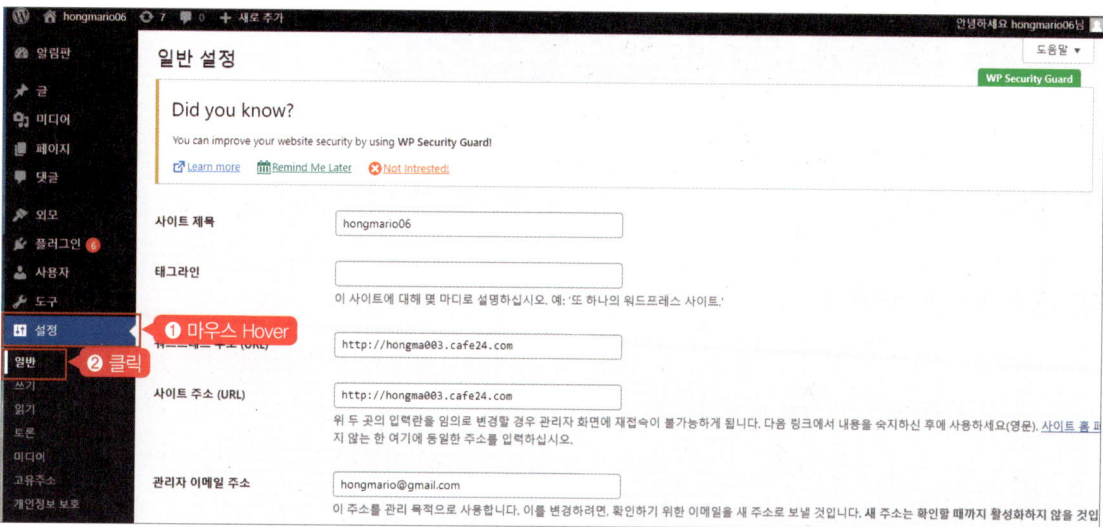

2 일반 설정 페이지에서 각 항목을 작성한 후 [변경 사항 저장] 버튼을 클릭합니다..

❶ **사이트 제목 입력** : 일반 설정페이지의 사이트 제목을 적어 줍니다. 여기서는 '홍마리오 워드프레스 회사 홈페이지 실습'이라고 입력했습니다. 여러분은 여러분의 홈페이지에 어울리는 제목으로 입력하면 됩니다.

❷ **태그라인 입력** : 태그라인은 사이트가 추구하는 내용. 즉, 아이덴티티나 주요 카피메시지, 주요키워드 등을 적어주면 됩니다. 여기서는 '워드프레스 엘리멘트 회사 홈페이지'라고 적었습니다.

❸ **변경사항 저장** : [변경 사항 저장] 버튼을 클릭하여 저장합니다.

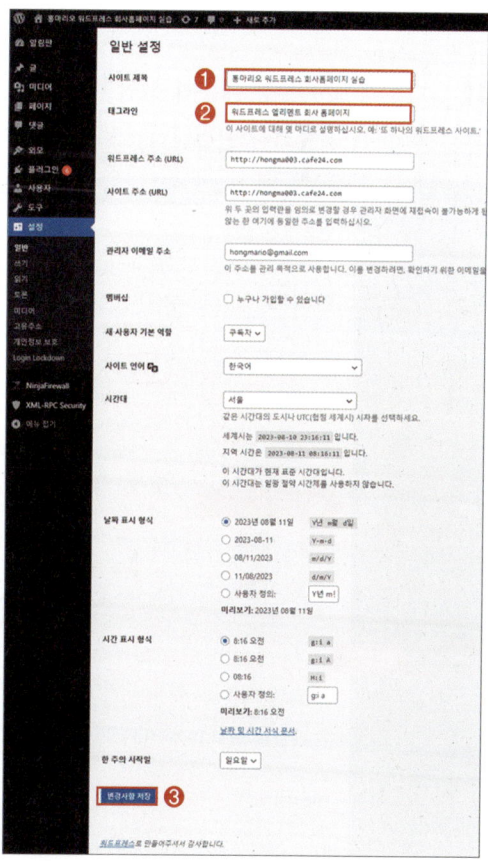

3 설정>일반 변경사항 확인 : 설정이 완료되면 알림판 왼쪽 상단의 탭의 이름이 설정한 이름으로 변경됩니다.

▲ 상단 화면

01-3 고유주소 변경

다음은 고유주소를 변경합니다. 고유주소 변경은 앞 장의 포트폴리오에서 실습한 것과 동일하게 진행합니다. 회사 홈페이지는 대부분 메뉴 제목과 페이지 제목이 동일하고, 사용자들이 URL 접속 시 쉬운 단어로 쉽게 접속하기 위함입니다. 현재 버전에서 고유주소는 '글 이름'으로 되어 있습니다. 하지만, 버전에 따라서 기본이 '일반'으로 설정이 될 수 있으니 만약 기본이 '일반'으로 잡혀 있다면 아래 방법으로 변경하면 됩니다.

1 일반설정에서 설정 메뉴의 하위 메뉴에 속하는 [고유주소] 메뉴를 클릭합니다. 다음 화면을 보면 기본은 '일반'에 체크되어 있습니다.

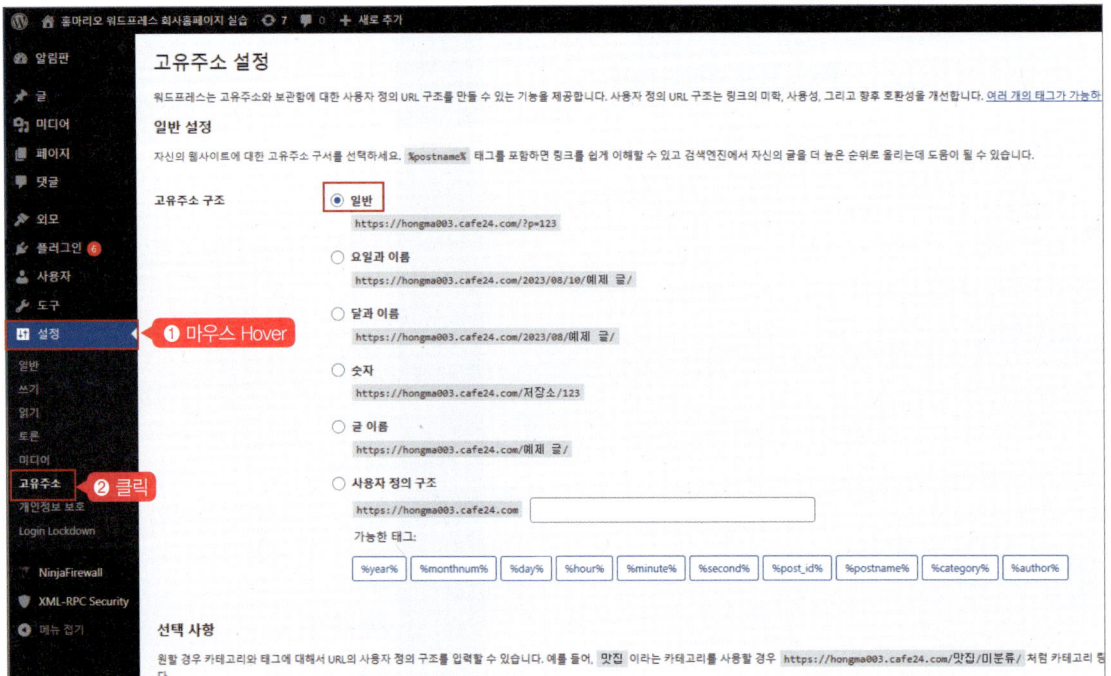

2 기본 '일반'에 체크되어 있던 체크 박스를 '글 이름'으로 변경하기 위해 '글 이름' 앞에 마우스를 클릭해서 체크 합니다. 그러면 다음 화면처럼 변경되고 마지막으로 [변경사항 저장] 버튼을 클릭해서 저장합니다.

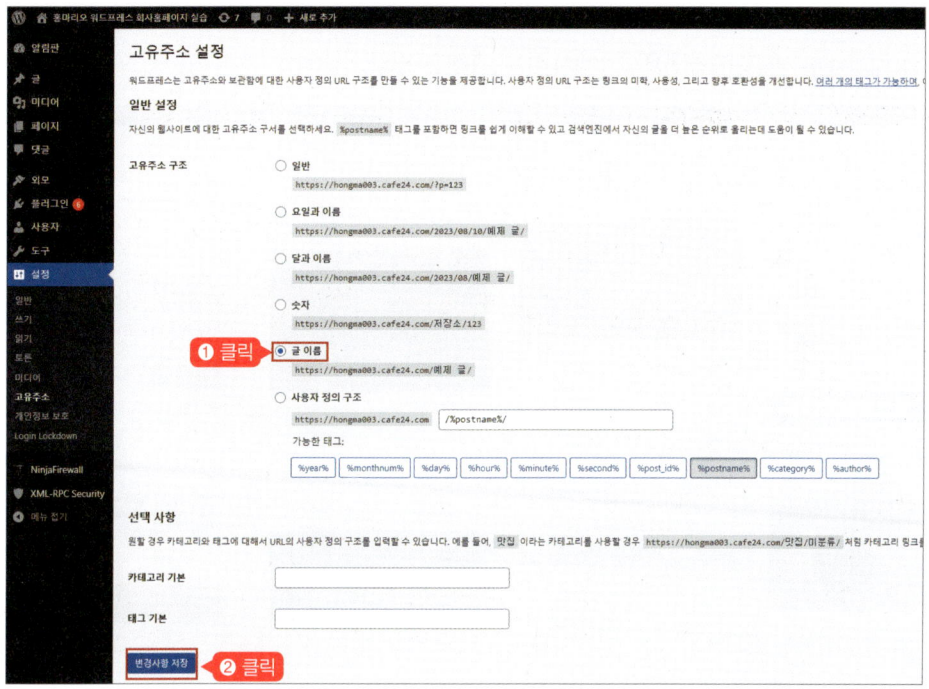

02 _ 테마 설치하기

현재 6.x.x 버전에서 워드프레스의 기본 테마로 적용되어 있는 "Twenty Twenty-Three" 테마 대신에 "astra" 테마를 설치해 보겠습니다.

1 알림판에서 [외모〉테마]를 클릭하고 위 화면에서 테마 제목 우측의 [새로 추가] 버튼을 클릭합니다.

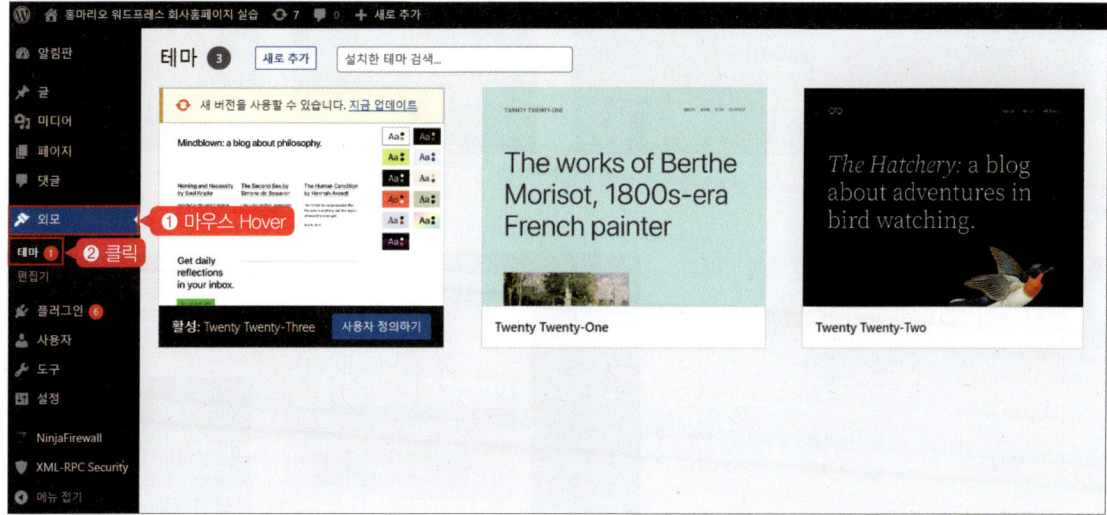

2 새로 추가를 클릭하면 '테마 추가'로 페이지 제목이 바뀌고 그 아래 탭 메뉴들이 보입니다. 기본은 '인기'로 되어 있습니다. 현재는 우리가 실습할 '아스트라'테마가 2번째로 보이는데요. 인기 테마 배열은 시기마다 다르기 때문에 인기에서 보이면 클릭해서 바로 진행해도 되지만 정확하게 진행하기 위해서 실습에서는 우측 상단에 테마명을 검색할 수 있는 검색창에서 진행합니다.

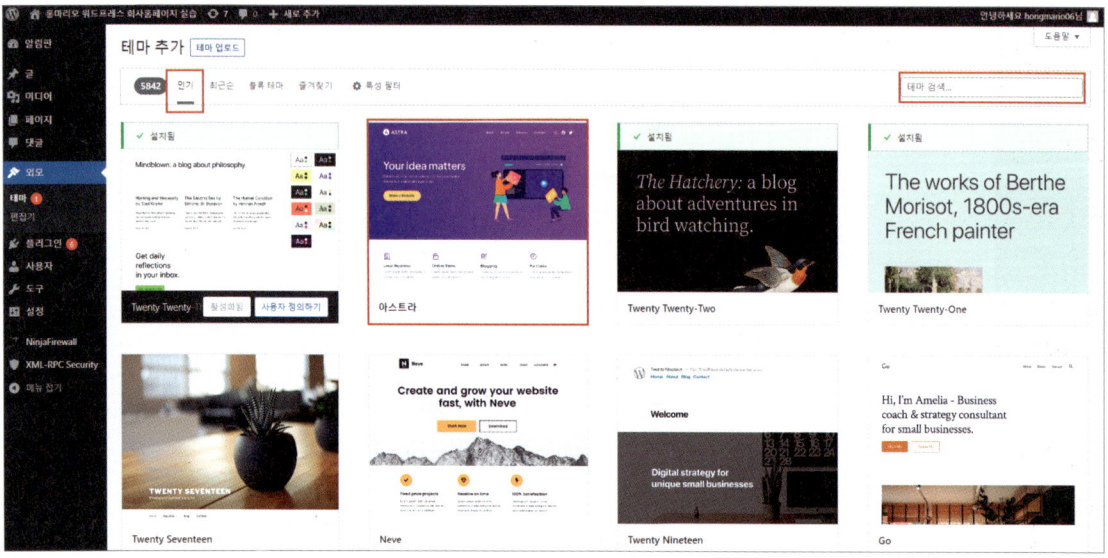

▲ 테마 새로 추가 화면

3 우측 검색창에서 'astra'라고 입력하고 Enter 를 누릅니다. 그러면 테마 추가 화면 왼쪽 첫 번째에 astra(아스트라)테마가 보이고 마우스를 갖다 대면 위 화면과 같이 [설치] 버튼이 보입니다. [설치] 버튼을 클릭해서 설치를 진행합니다.

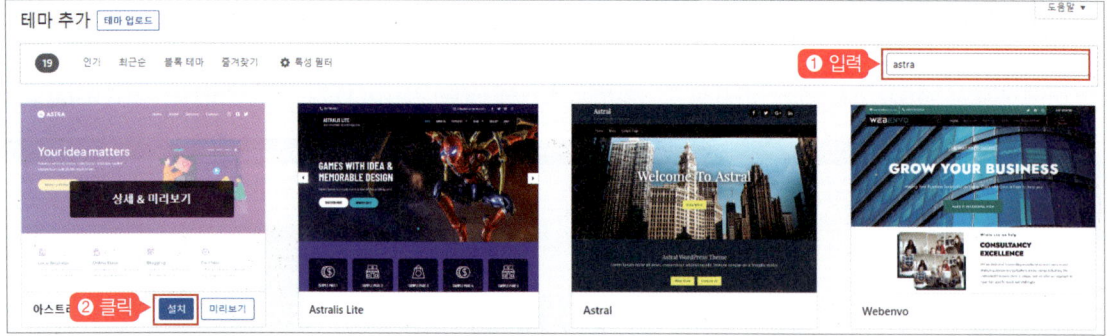

4 설치가 완료되면 다시 [활성화] 버튼을 클릭해서 테마를 활성화시킵니다.

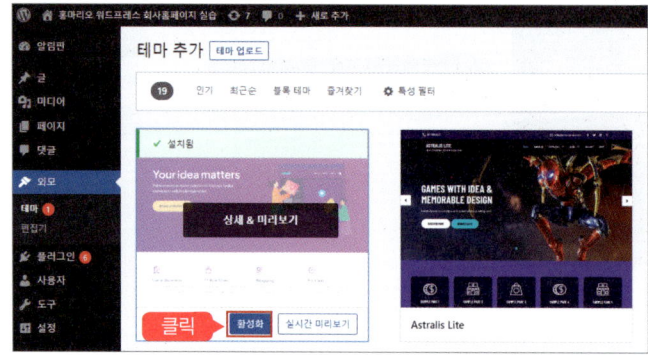

03 _ 플러그인 설치하기

아스트라(astra) 테마는 테마활성화가 완료되면 테마 설치 화면 상단에 "Thanks for installing the Astra theme(아스트라를 설치해주셔서 감사드립니다)"메시지와 큰 글자로 'Get Started with Ready-Made Templates' 가 보이고 아래 파란색 버튼 [Install Starter Templates]을 클릭하면 자동으로 단계별로 필수 플러그인 설치 및 데모 임포트(Demo Import)를 진행합니다.

데모 임포트(Demo Import)에서 파일들과 아스트라 테마에 필요한 플러그인 설치가 모두 완료되면 추가로 실습 사이트 제작에 필요한 플러그인(연락처양식7, Prime Slider, Duplicate page)을 설치하도록 하겠습니다.

03-1 데모 임포트(Demo Import), 테마 필수 플러그인 설치

테마활성화가 완료되면 테마 화면이 아래처럼 바뀝니다.

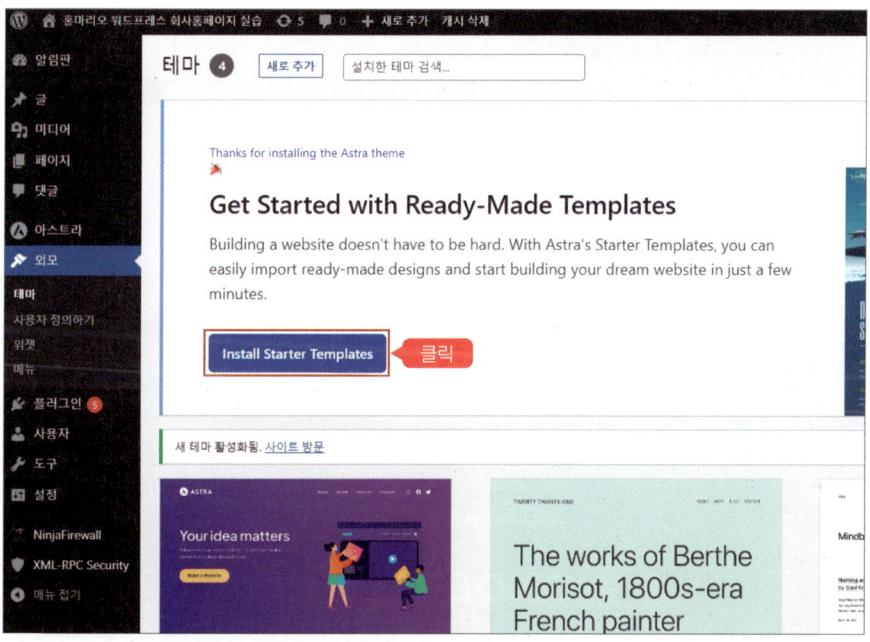

1 테마 활성화가 완료 후 왼쪽 상단을 보면 [시작하기] 버튼이 보입니다. 클릭합니다.

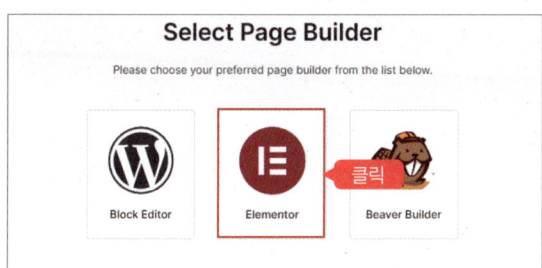

2️⃣ 실습에서는 최근 유행하고 있는 Elementor(엘리멘트)빌더로 진행하기 때문에 중간에 있는 [Elementor] 버튼을 클릭합니다.

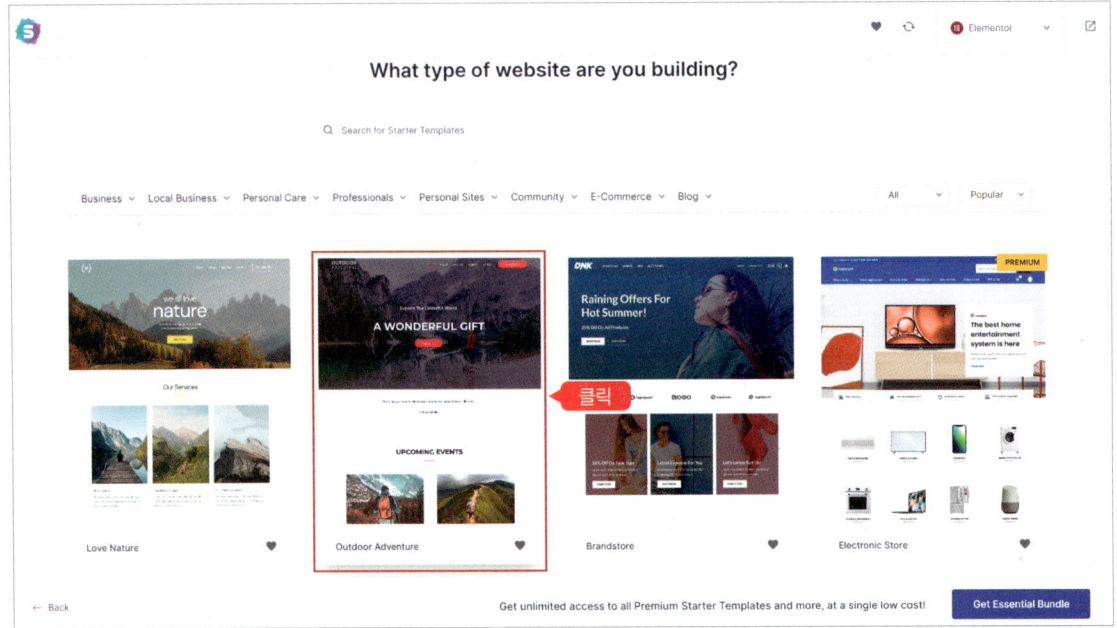

3️⃣ 엘리멘트(Elementor)를 선택하면 엘리멘트로 가능한 아스트라 테마의 데모사이트들이 보입니다. 데모 섬네일 이미지 우측 상단에 'PREMIUM'이라고 표시된 데모는 유료 테마들입니다. 실습에서는 위 화면 왼쪽에서 두 번째 데모인 'Outdoor Adventure'로 진행합니다. 'Outdoor Adventure'를 클릭합니다.

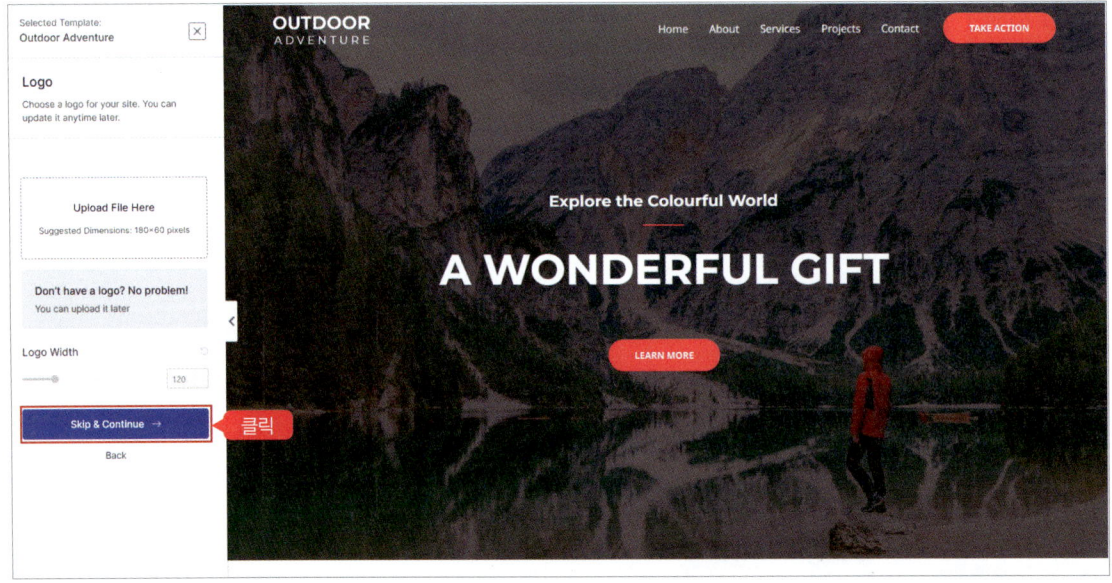

4 Outdoor Adventure 섬네일 이미지를 클릭하면 위 화면이 보입니다 왼쪽에는 로고 등 설정이 보이는데요. 로고 설정은 이후 사용자정의 설정시 진행 할거라 여기서는 왼쪽 사이드바 하단에 있는 [.Skip & Continue] 버튼을 클릭합니다.

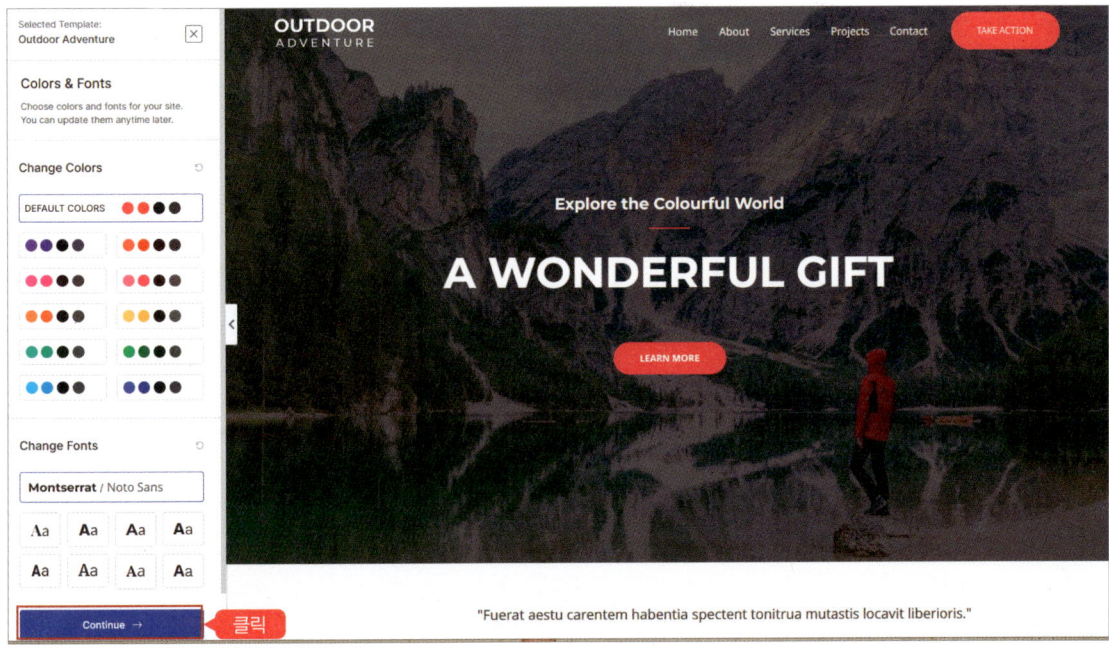

5 다음 화면은 컬러 설정 화면입니다 마찬가지로 왼쪽 사이드 바 하단에서 [Continue] 버튼을 클릭해서 다음 단계로 넘어갑니다.

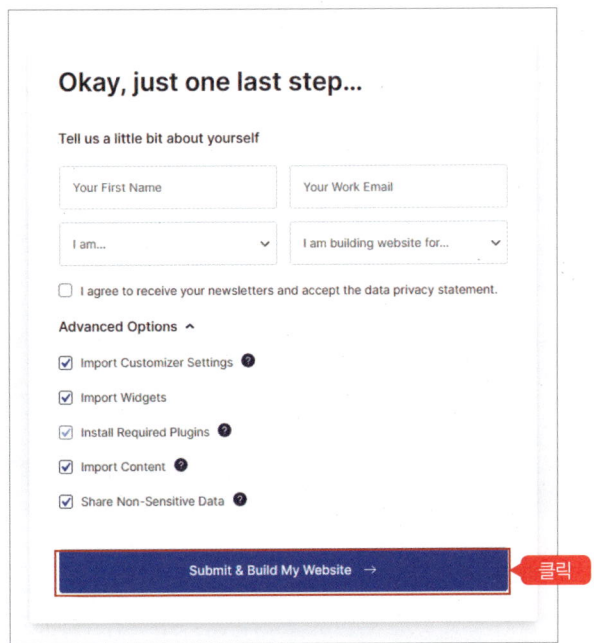

6 이제 마지막 단계라고 하는데요. 위 화면에는 기본 정보, 아래는 데모임포트시 추가 옵션들이 체크되어 있습니다. 마찬가지로 기본 상태에서 그대로 두고 하단에 있는 [Submit & Build My Website] 버튼을 클릭합니다.

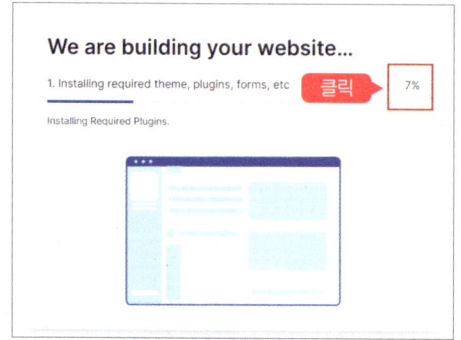

그러면 테마, 플러그인을 비롯한 이미지, 컨텐츠 등 다양한 요소들을 자동으로 가져오게 됩니다. 여기서 중요한 것은 진행이 100%가 될 때까지 다른 작업을 하지 말고 기다려야 합니다. 다른 작업을 하면 오류가 발생할 수 있기 때문입니다.

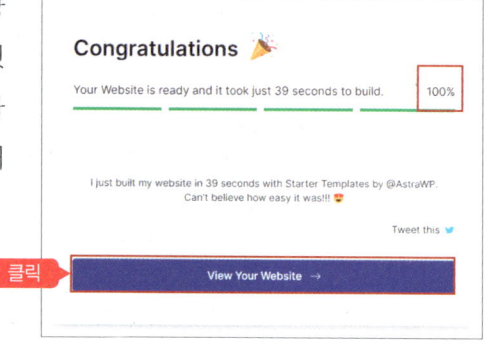

7 Demo Import(데모 임포트-데모 데이터를 가져오는 과정)이 모두 완료되면 위 화면처럼 보입니다 마지막으로 하단에 있는 [View Your Website] 버튼을 클릭합니다.

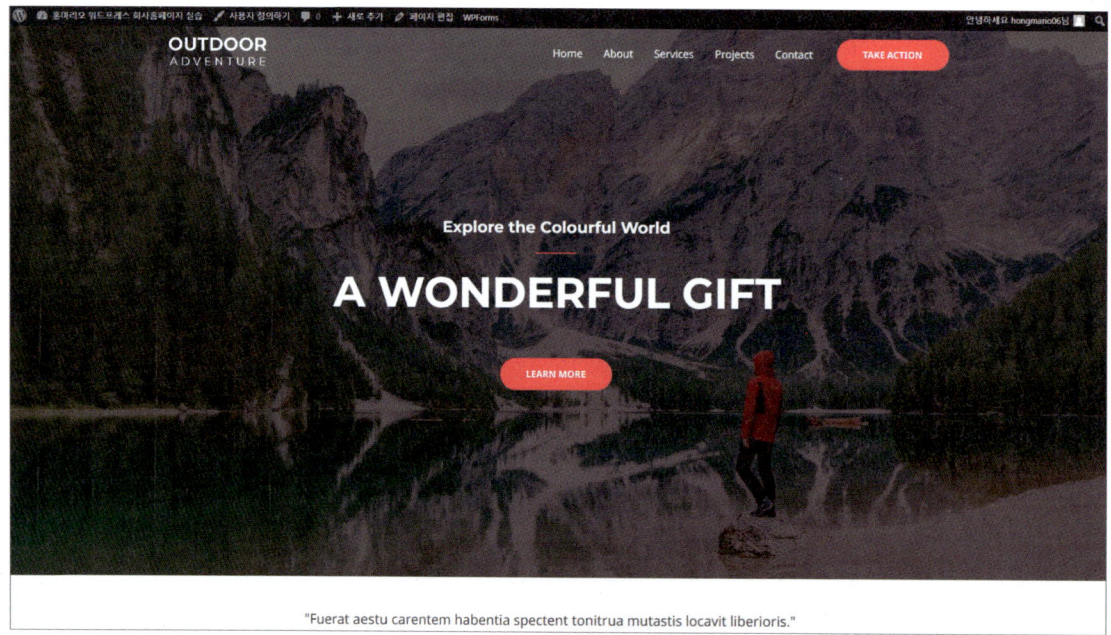

8 [View Your Website] 버튼을 클릭하면, 사이트 메인 화면으로 자동으로 이동됩니다. 데모 사이트로 메인 화면이 변경된 것을 확인 할 수 있습니다.

03-2 설치한 플러그인 확인

데모 임포터가 완료되었고, 이제 알림판으로 이동해서 테마설치, 데모 임포트 과정을 거치면서 자동으로 설치된 플러그인들을 확인해 보겠습니다.

1 메인화면에서 알림판으로 이동하기 위해 사이트 제목을 클릭하거나, 사이트 제목에 마우스를 대고 보이는 '알림판'을 클릭합니다.

2 알림판으로 이동해서 왼쪽 메뉴에서 [플러그인-설치한 플러그인]을 클릭합니다.

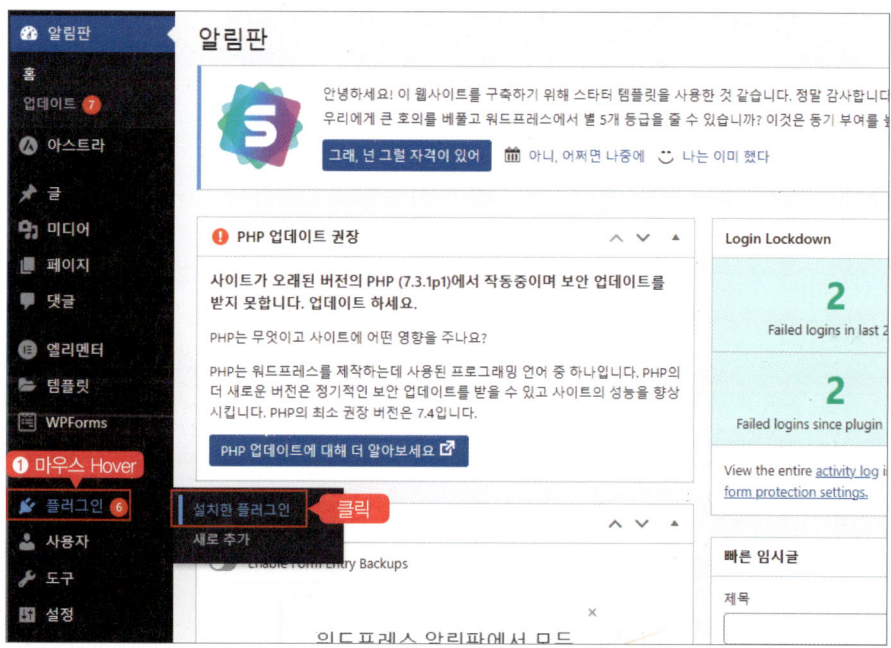

3 설치한 플러그인을 확인해보면 활성화된 플러그인(제목이 진한 플러그인) 비활성화 된 플러그인으로 구분되고 여러 보안 플러그인들이 보이고 하단을 보면 활성화된 플러그인 중에 '스타터 템플릿'과 '엘리멘트' 플러그인이 보입니다.

'스타트 템플릿'은 앞에서 데모임포트시 단계별로 진행시켜주는 플러그인입니다. 엘리멘트는 홈페이지를 쉽게 만들 수 있는 이번 회사 홈페이지 실습에서 가장 중요한 역할을 하는 빌더 플러그인입니다. 엘리멘트 플러그인은 이후에 페이지 제작 실습을 하면서 차츰 학습하도록 하겠습니다.

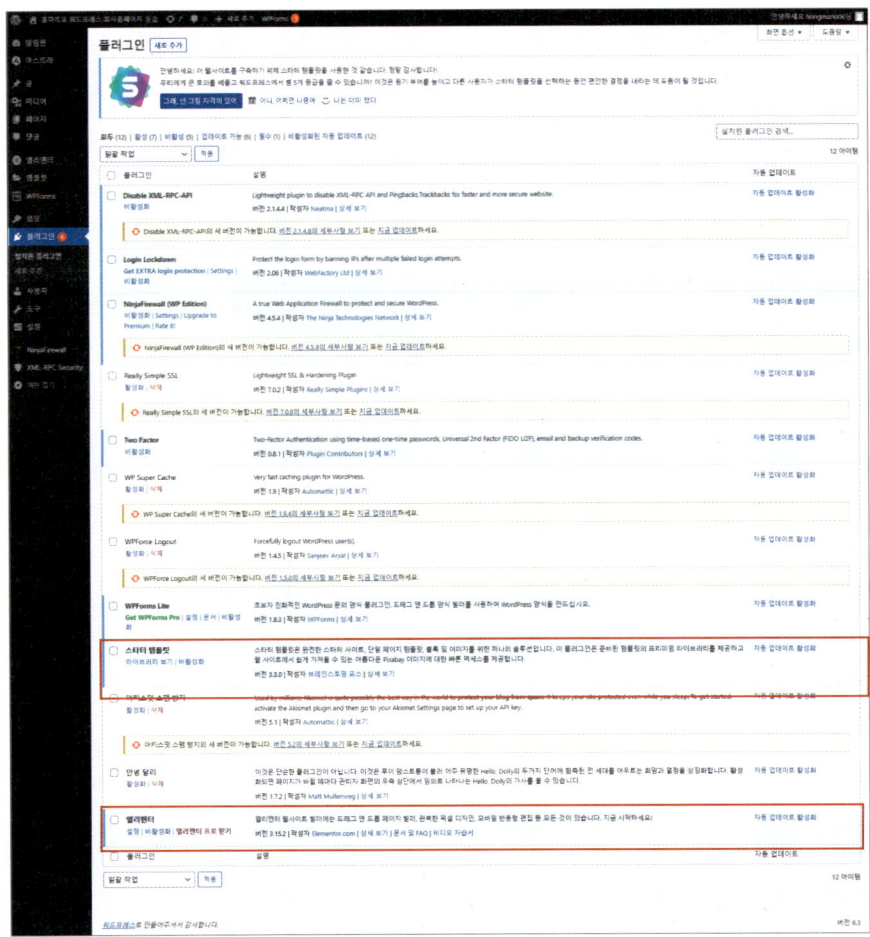

03-3 문의 양식7 플러그인 설치

이제부터는 기본 플러그인 외에 실습에 필요한 플러그인들을 설치해 보겠습니다. 추가로 설치할 플러그인들은 ❶ 문의 양식7, ❷ Prime Slider, ❸ Duplicate page 입니다. 가장 먼저 연락처 양식 7 플러그인을 설치하겠습니다.

1 알림판에서 [플러그인-새로 추가]를 클릭하고 플러그인 추가 페이지에서 보이는 탭 메뉴 중 [인기] 메뉴를 클릭합니다.

❷ [인기] 탭 메뉴를 클릭하면 인기 플러그인 리스트에서 '문의 양식 7'은 왼쪽 첫 번째에 위치 합니다. [지금 설치] 버튼을 클릭해서 설치를 진행합니다. 혹시 보이지 않으면 우측의 '키워드'검색에서 '문의 양식'이라고 검색해도 됩니다.

❸ [지금 설치] 버튼이 [활성화]로 변경되었습니다. 다시 [활성화]를 클릭해서 문의 양식 7 플러그인을 활성화시켜줍니다.

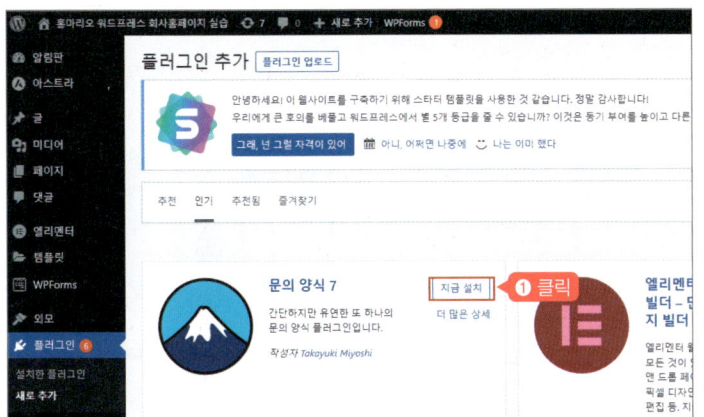
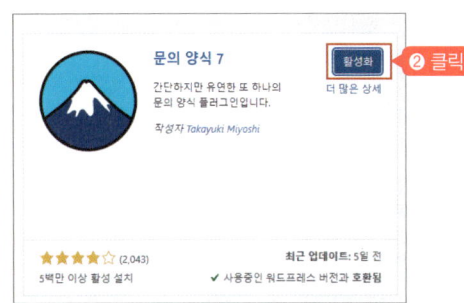

03-4 Prime Slider 플러그인 설치

다음은 'Prime Slider7' 플러그인을 설치해 보겠습니다. Prime Slider(프라임 슬라이더) 플러그인은 말 그대로 슬라이드 플러그인입니다. 무료&유료버전이 있구요. 다양한 스타일로 존재합니다. 공식 홈페이지(https://primeslider.pro/) 방문하면 다양한 정보를 확인 할 수 있습니다.

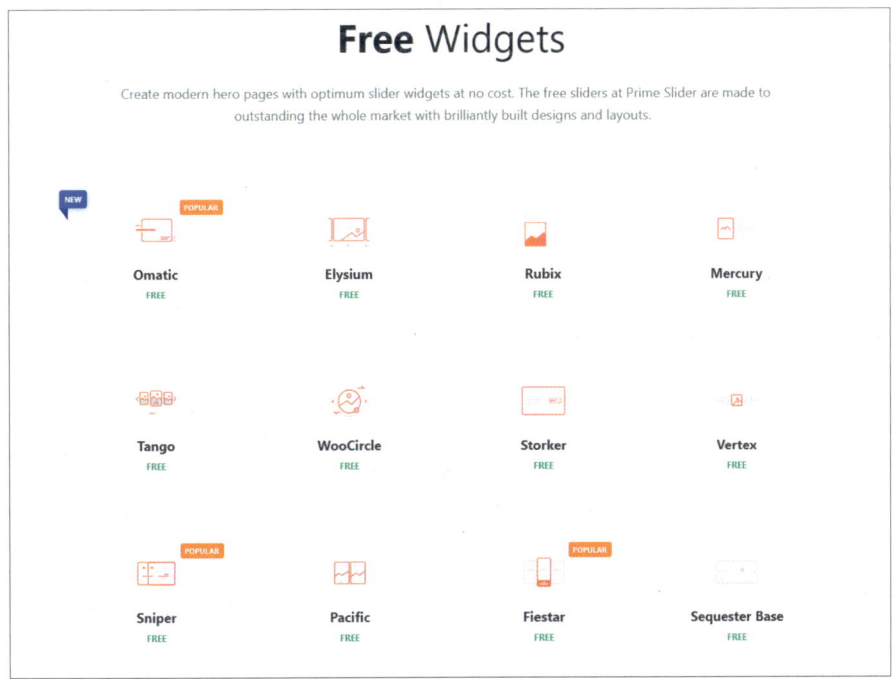

▲ Prime Slider의 다양한 무료 데모들 https://primeslider.pro/slider-demos/

실습에서는 가장 기본 스타일로 진행합니다. 실습을 진행하기 위해 Prime Slider를 설치해 보겠습니다.

1 알림판 [플러그인 > 새로 추가]를 다시 클릭하고 플러그인 추가 페이지로 이동합니다. 우측에서 키워드 입력창에 'Prime Slider'라고 입력하고 Enter 키를 누릅니다.

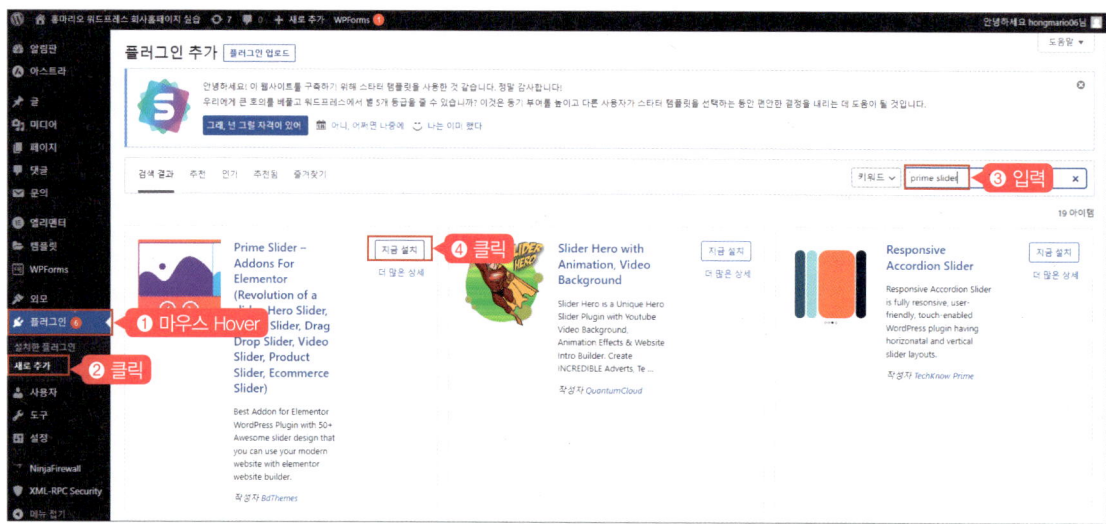

2 위 화면처럼 Prime 슬라이드가 왼쪽 상단에 보이고 우측에 [지금 설치] 버튼을 클릭하고 설치가 완료되면 아래 화면과 같이 [활성화] 버튼을 클릭합니다.

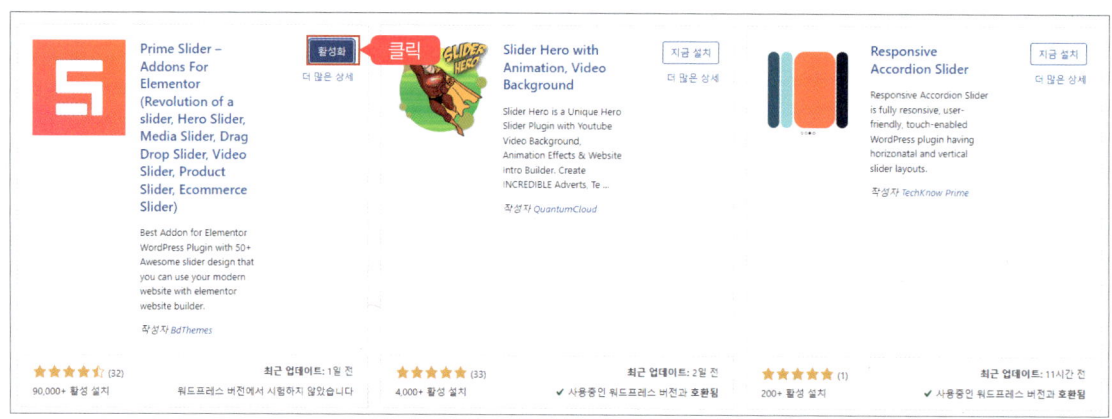

3 활성화시키면 위 화면이 보입니다. [Allow & Continue] 버튼과 [Skip] 버튼이 보입니다. [Allow & Continue]를 클릭하면, 대부분 유료서비스에 대한 안내이기 때문에 [Skip]을 클릭하고 마무리합니다.

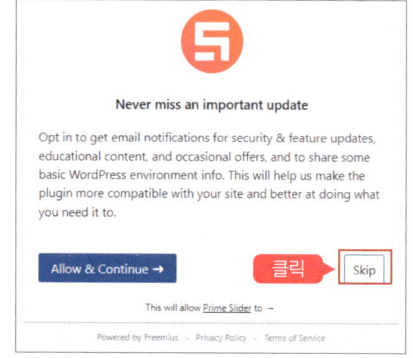

03-5 Duplicate page 플러그인 설치

Duplicate page 플러그인은 페이지/글 들을 복사할 때 주로 사용하는 플러그인입니다. 초보자들은 페이지 작성시 실수를 많이 범하기 때문에 원본 페이지를 복사해서 원본2에서 작업을 가능하게 하는 플러그인입니다. 자세한 내용은 페이지 실습에서 좀더 설명하도록 하겠습니다.

Duplicate page 플러그인은 인기 플러그인에도 포함되어 있지만 키워드 검색을 통해서 진행하겠습니다.

1 알림판 [플러그인 > 새로 추가]를 다시 클릭하고 플러그인 추가 페이지로 이동합니다. 우측에서 키워드 입력창에 'Duplicate page'라고 입력하고 Enter 키를 누릅니다. 참고로 한글로 '중복 페이지'라고 입력해도 검색이 됩니다. 다만, 워드프레스 버전에 따라 해석이 다를 수 있기 때문에 정확하게 키워드를 입력하려면 영어를 권장합니다.

2 [지금 설치] 버튼을 클릭합니다. 그리고 [활성화]로 변경되면 [활성화]버튼을 클릭해서 플러그인 설치를 완료합니다.

3 이제 회사 홈페이지 실습을 위한 모든 플러그인들은 설치가 완료되었습니다.
설치된 플러그인들을 확인해보겠습니다.

04 _ 이미지 업로드

테마, 플러그인 설치 및 활성화가 완료되었습니다. 이제 미디어 라이브러리에 이미지 파일을 올리도록 하겠습니다.

실습 시작 전 준비단계에서 실습에 사용할 이미지파일을 다운받은 파일들이 [내문서]-[다운로드]에 받아서 압축을 풀었습니다. .

1️⃣ 이미지를 업로드 하기 위해 알림판에서 [미디어>새로 추가] 메뉴를 클릭합니다.

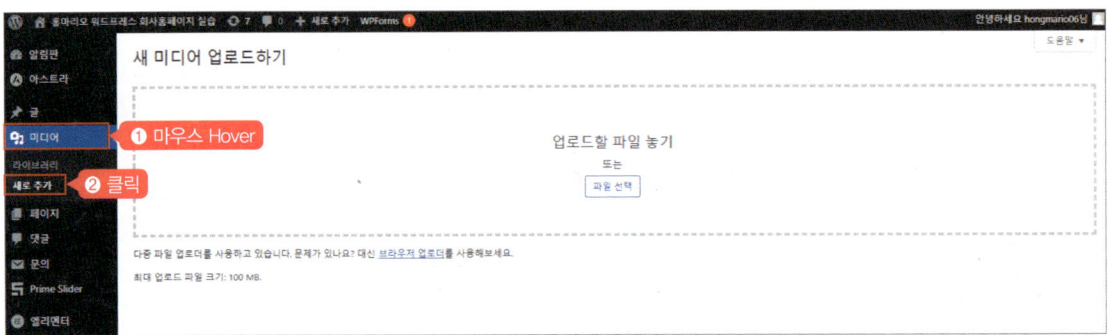

2️⃣ '새로 추가'를 실행하면 위 화면과 같이 '새 미디어를 업로드' 영역에 점선으로 된 박스가 보입니다. 점선 안쪽으로 이미지를 드래그 앤 드롭을 하면 자동으로 업로드가 됩니다.

3 앞에서 실습자료를 받아서 압축파일을 푼 폴더 중 '회사홈_이미지' 폴더를 열어서 새 미디어 업로드 하기 영역 근처에 놔두고 폴더안의 이미지 1개를 선택한 후 키보드의 Ctrl + A 키를 누르거나 마우스로 전체선택해서 폴더 내 모든 이미지를 선택하고 선택된 모든 이미지를 마우스 드래그 앤 드롭으로 위 '업로드할 파일 놓기' 점선 영역으로 이동시킵니다.

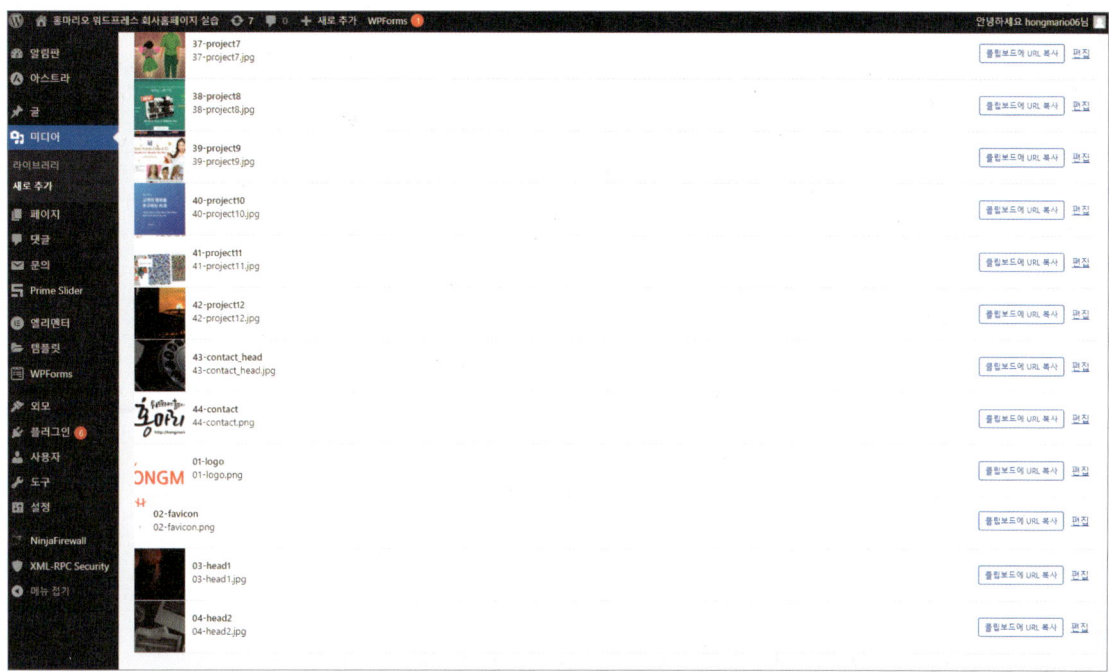

4 약 40여개의 모든 이미지의 업로드가 완료됩니다. 그럼, 이제 미디어 라이브러리에서 제대로 업로드 되었는지 확인해보겠습니다.

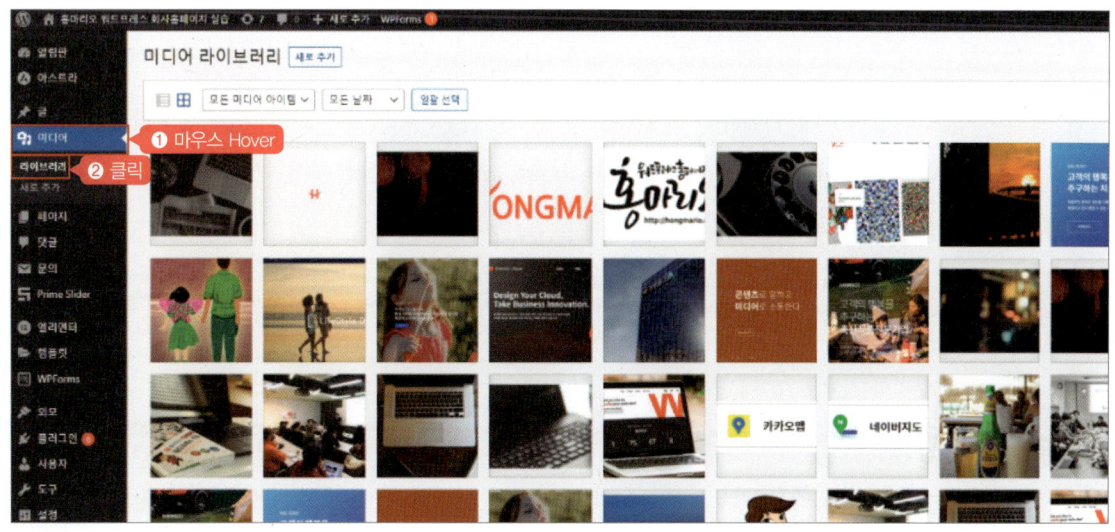

5 알림판에서 [미디어>라이브러리]를 클릭하면, 위 화면과 같이 업로드 된 이미지를 확인할 수 있습니다.

05 _ 메뉴 설정

회사 홈페이지 실습 메뉴는 데모 메뉴와 거의 유사하기 때문에 일부분만 수정하면 됩니다. 먼저 실습 예제 사이트(https://hongmario03.mycafe24.com)의 메뉴를 확인해 보겠습니다.

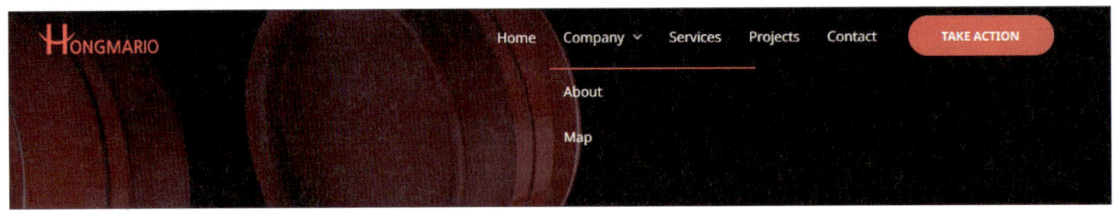

그리고 실습 예제 사이트의 알림판 메뉴를 확인해 보겠습니다.

실습 예제 사이트의 알림판에서 메뉴를 확인해보면 메뉴이름은 'Menu'로 되어 있고, 1 Depth(첫 번째 메뉴)는 왼쪽 정렬에 붙어 있고, 2 depth 메뉴인 About, Map은 왼쪽 끝에서 약간 떨어진 위치에서 상위 메뉴인 Company 아래에 위치해 있습니다.

실습에서는 실습 예제와 동일하게 진행하겠습니다.

05-1 페이지 만들기

페이지를 만들기 전에 현재 데모 임포트(Demo Import)된 상태에서 어떤 페이지들이 존재하는지 확인해 보겠습니다. 알림판에서 '페이지'를 클릭합니다.

모든 페이지에서 보면 앞에서 확인한 실습 예제 사이트 메뉴에 없는 페이지는 '개인정보 처리방침'과 '예제 페이지'입니다. 그리고 위 페이지 리스트에 없는 메뉴는 Company, Map입니다.

실습예제 사이트에서 확인해 보면 알겠지만 사실상 Company, About 메뉴는 동일한 메뉴입니다. 따라서 실제로 추가할 페이지는 Map입니다.

1 Map 페이지의 헤더 배경 구성은 About페이지와 동일하기 때문에 위 화면처럼 About 제목에 마우스를 갖다 대고 아래에 보이는 '이것을 복제하십시오(duplicate this)'를 클릭합니다.

❷ 앞에서 설치한 '중복페이지(Duplicate page)' 플러그인을 설치했기 때문에 복제가 되었고 복제한 About 임시글이 생겼습니다. 'About-임시글' 제목을 클릭합니다.

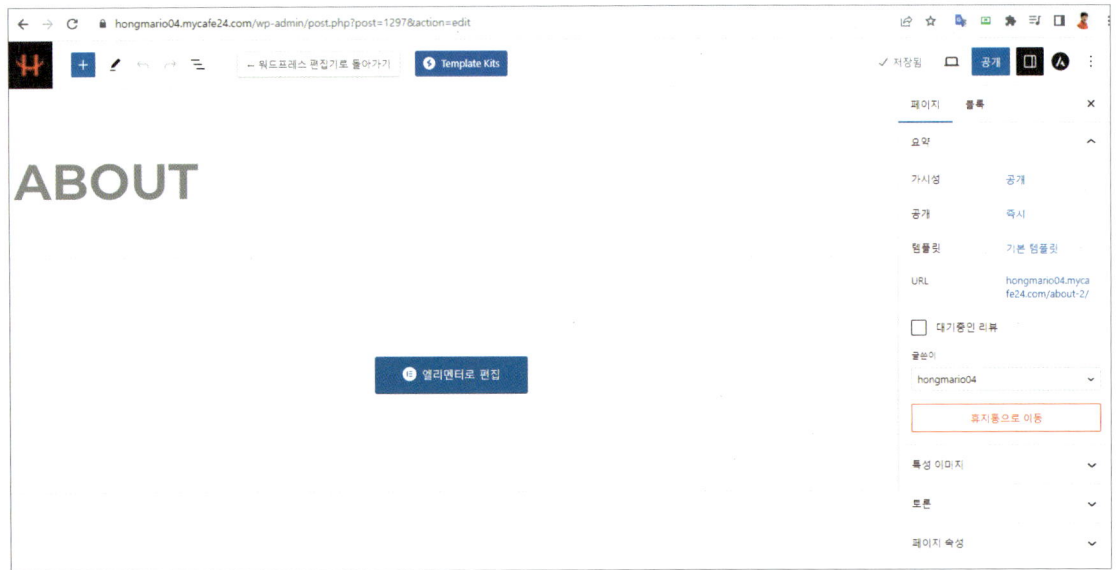

❸ 위 화면처럼 임시글 페이지 편집화면이 보입니다. 제목을 변경하겠습니다.

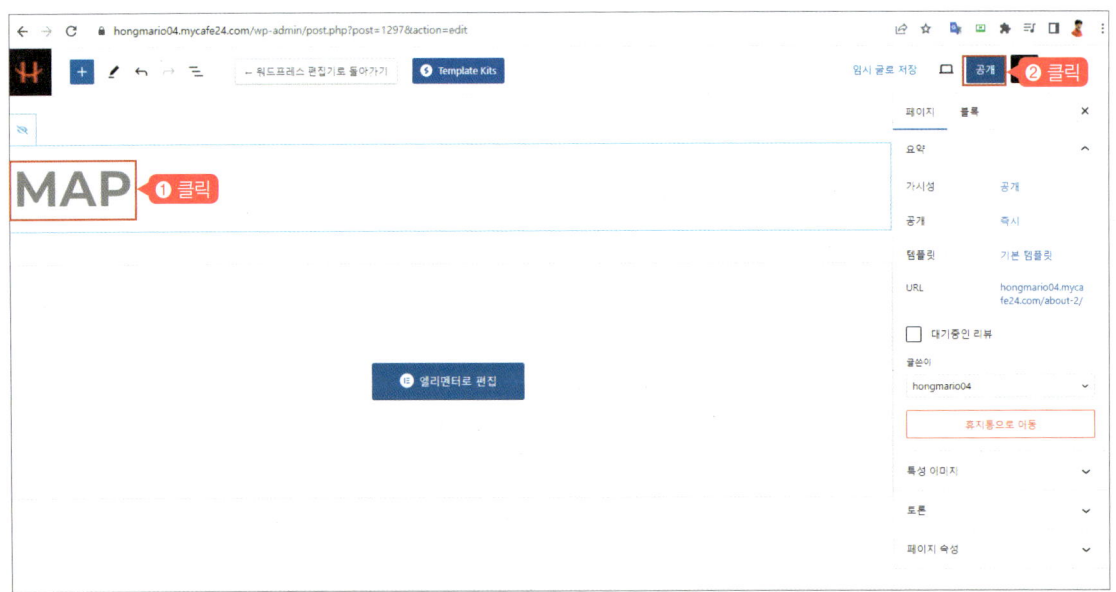

4 페이지 제목을 'ABOUT' → 'MAP' 으로 변경하고 우측 상단의 '공개' 버튼을 클릭해서 저장합니다.

5 워드프레스 6.x.x 버전에서는 위 화면처럼 쿠텐베르크 편집기가 기본인데 기본 상태는 [공개]클릭 시, 한번 더 확인을 요구합니다. 우측 상단에서 [공개] 버튼을 한번 더 클릭합니다. 참고로 한번만 클릭 하려면 우측 하단에 체크박스(항상 발생 전 확인을 표시)를 해제 시켜야 합니다.

6 MAP 페이지 생성이 완료되었습니다. [페이지 보기] 버튼을 클릭하면 현재 페이지 확인이 가능합니다. 페이지 편집은 이후 실습에서 진행하겠습니다.

7 MAP 페이지 생성을 확인하기 위해 위 화면에서 왼쪽 상단의 워드프레스 로고를 클릭합니다.

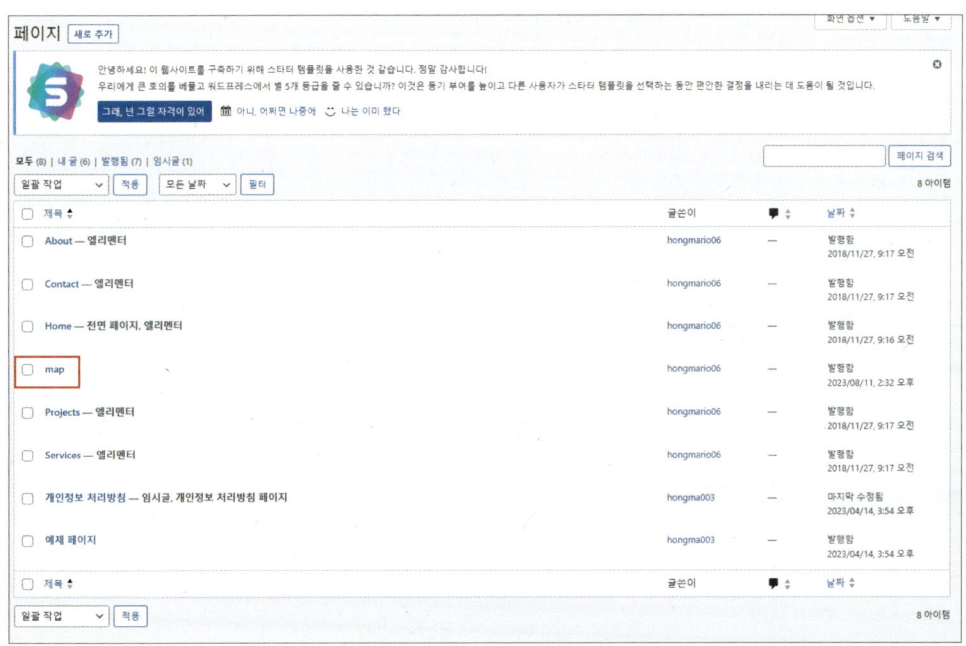

페이지 리스트 화면이 보이고 방금 생성한 MAP 페이지가 리스트에 포함된 것을 확인 할 수 있습니다.

05-2 Menu 설정

앞에서 MAP 페이지를 추가했으니 이제 메인 메뉴(Menu)를 설정하겠습니다.

1 알림판에서 [외모-메뉴]를 클릭합니다.

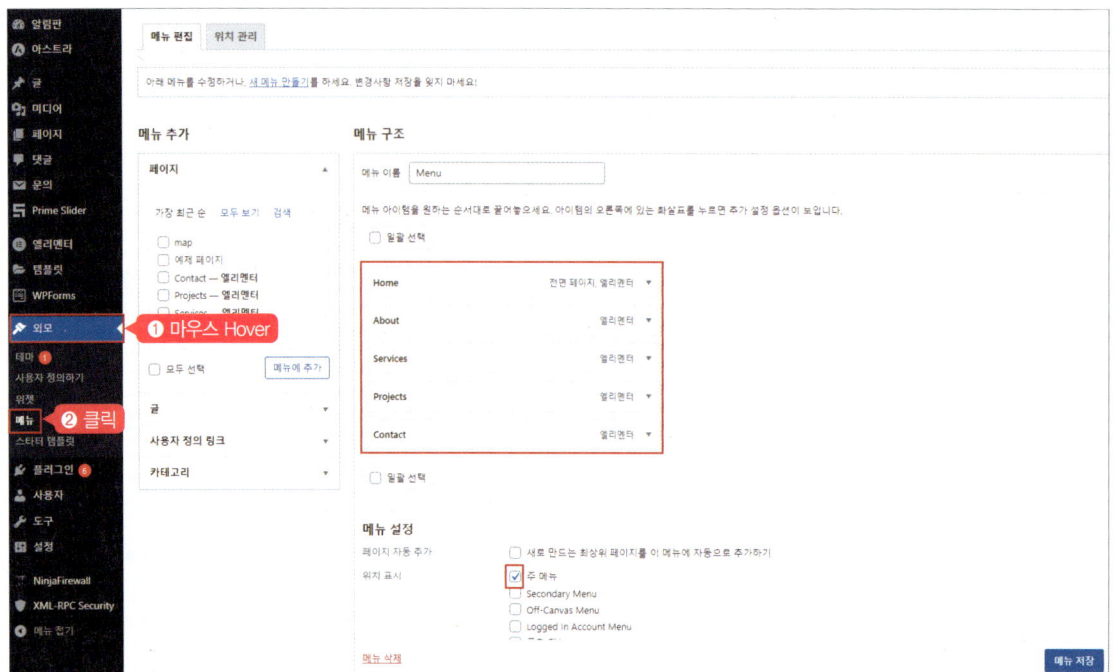

2 현재 메뉴상태를 보면 메뉴 이름은 'Menu'로 되어 있고, 5개의 주메뉴들이 있으며, 아래 메뉴 설정에는 '주 메뉴'에 체크되어 있습니다.

3 Company 메뉴를 만들어 보겠습니다. 앞에서도 언급했지만, Company 메뉴는 About 메뉴와 동일한 페이지 내용입니다. 일반적으로 홈페이지에서는 1depth 메뉴와 하위메뉴 중 첫 번째 메뉴를 동일한 내용으로 하고 제목만 변경하는 경우가 많습니다.

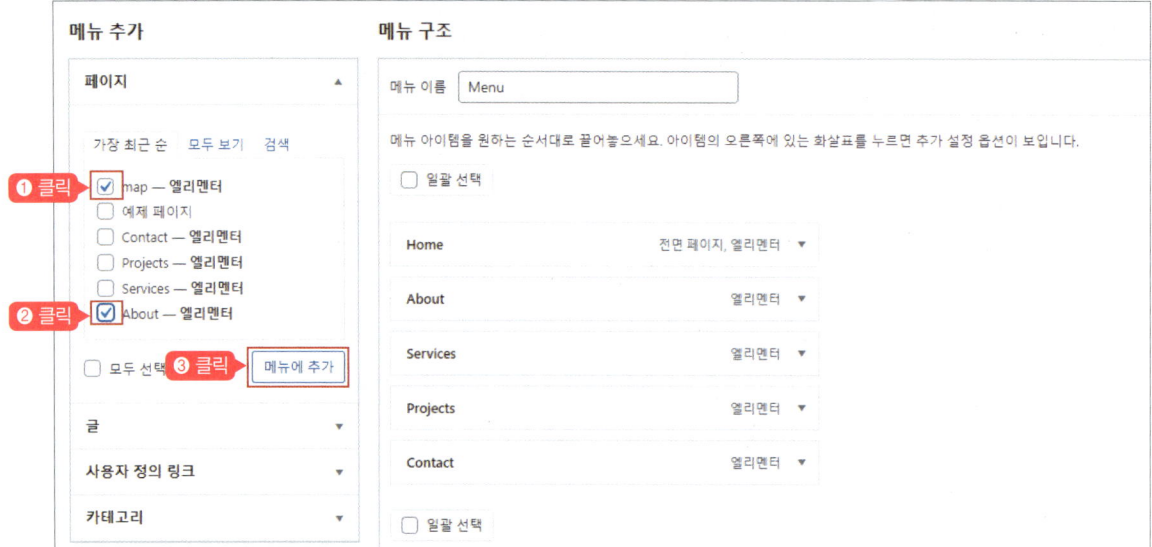

4 왼쪽 메뉴 추가 영역에서 페이지영역을 보면 가장 최근순에 'About'이라는 페이지가 보입니다. About 앞에 체크를 하고 아래에 [메뉴에 추가] 버튼을 클릭합니다

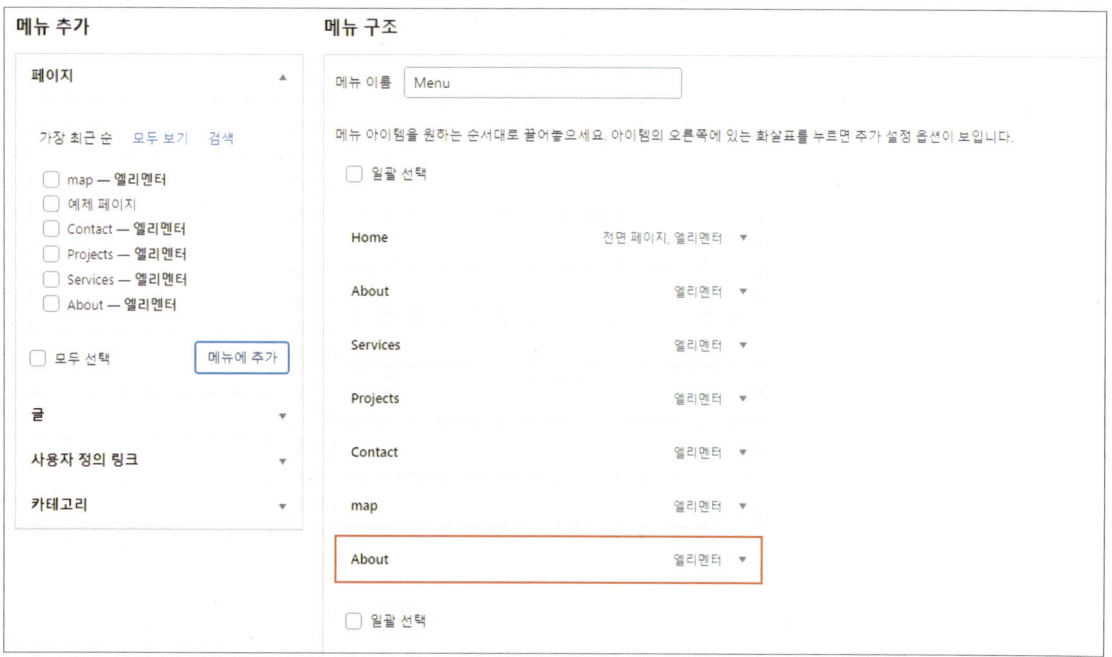

5 위 화면처럼 우측 메뉴 구조 맨 하단에 map, About 메뉴가 추가됩니다.

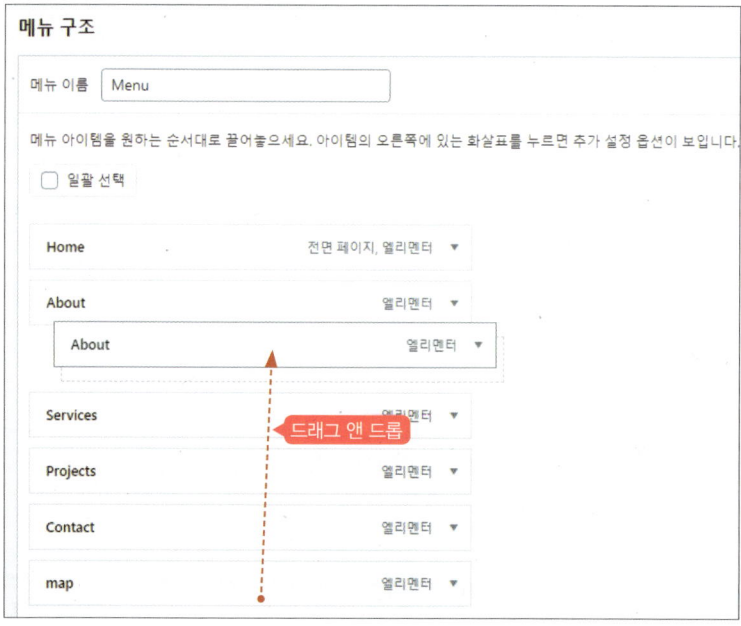

6 이제 맨 하단에 있는 About 메뉴를 기존에 위치한 About 아래에서 왼쪽 끝라인에서 조금 떨어진 위치에서 마우스를 놓습니다. 실패하면 다시 마우스로 조정해서 위 화면처럼 위치시킵니다. 동일한 방법으로 map 메뉴도 방금 옮긴 About 아래 위치와 동일하게 세로 라인을 맞춰서 올려 줍니다.

7 이제 About 메뉴가 두개가 생겼습니다. 그 중에서 위쪽에 있는 About 메뉴를 Company로 변경하겠습니다. About 메뉴 둘 중에서 첫 번째 About 우측 펼치기 아이콘을 클릭합니다.

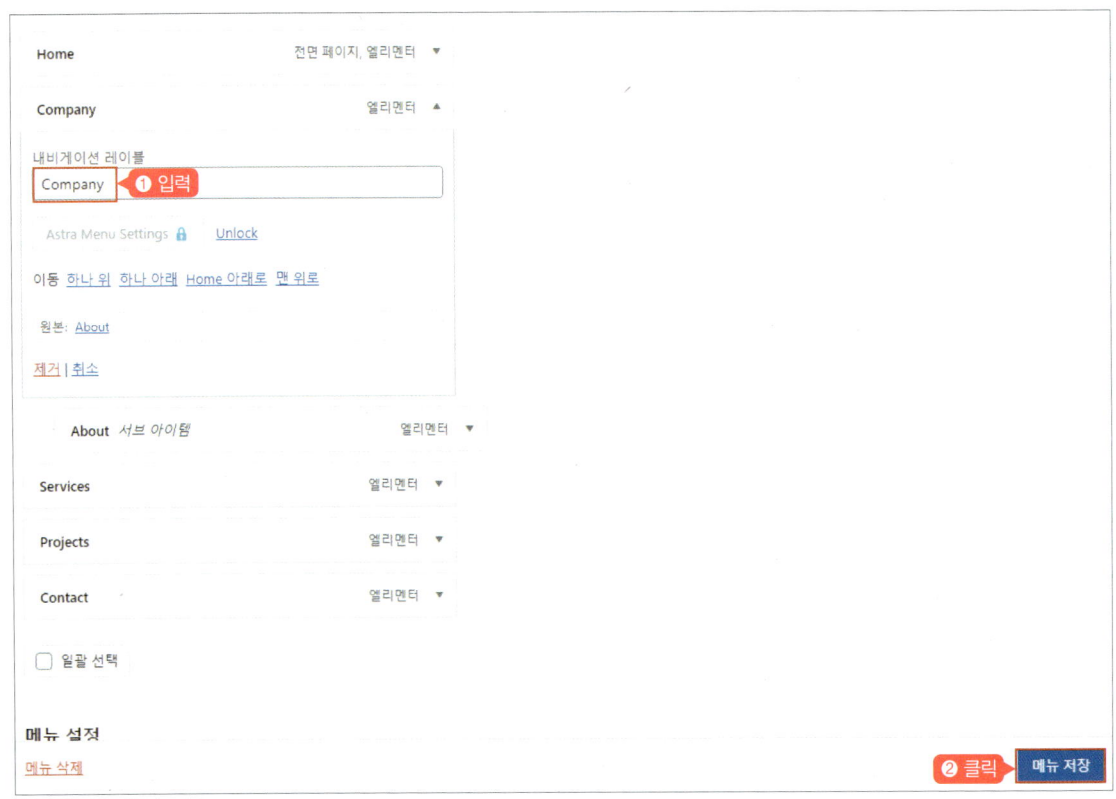

8 About 펼치기를 시도하면 네비게이션 레이블 입력창이 보이고 입력창에 'Company'라고 입력하고 우측 하단에 [메뉴 저장] 버튼을 클릭합니다.

9 다음은 map 메뉴의 'm'자를 대문자로 변경하기 위해 map 우측의 펼치기 아이콘을 클릭합니다.

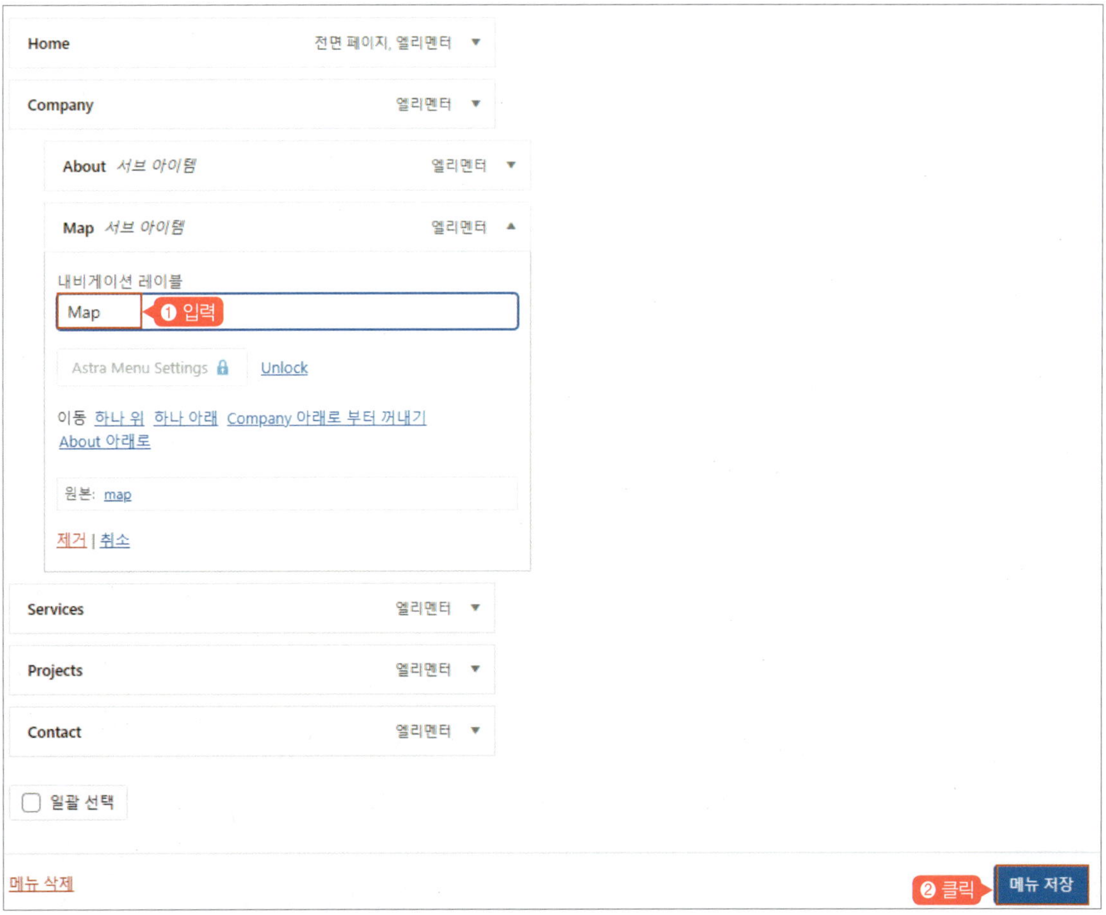

10 map 펼치기를 시도하면 네비게이션 레이블 입력창이 보이면 입력창에 'Map'이라고 입력하고 우측 하단에 [메뉴 저장] 버튼을 클릭합니다.

11 맨 아래에 있는 map 메뉴를 마우스 드래그 앤 드롭을 통해 About 메뉴 아래로 이동시킵니다.

12 map 메뉴가 Company 〉 About 아래 위치된 것을 확인했습니다. map단어의 'm'을 대문자로 변경하려면 앞에서 처럼 펼치기 아이콘을 클릭해서 네비게이션 레이블 입력창에 'Map'이라고 입력하고 우측 하단에 [메뉴 저장] 버튼을 클릭합니다.

13 메뉴설정이 모두 완료되었습니다. 확인을 위해 한번 더 우측 하단의 [메뉴 저장]을 클릭합니다.

06 _ 사용자 정의 설정하기

아스트라(astra)테마는 대부분 Elementor 빌더를 이용해서 페이지를 편집하는 방식으로 구현된 테마이며, 실습 예제에서는 데모 사이트와 거의 유사하게 개발했기 때문에 사용자 정의하기에서 수정할 내용이 거의 없습니다. 또한, 사용자 정의하기 메뉴는 테마가 업데이트 되면 조금씩 변동되기 때문에 나중에 실습에서 보이지 않는 항목이나 사라진 항목이 있더라도 실습에서 기본 설정을 수정하는 것 외에는 대부분 기본 그대로 놔두면 됩니다.

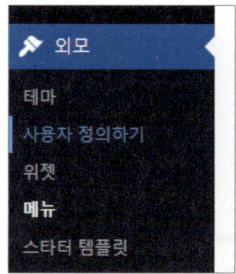

알림판에서 [외모 > 사용자 정의하기]를 클릭합니다.

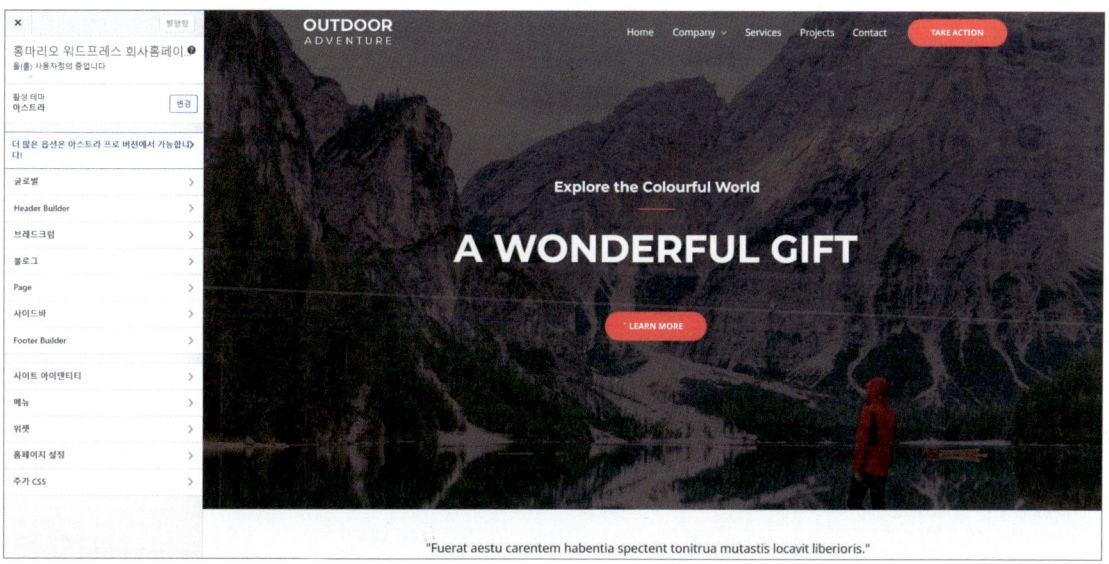

사용자 정의하기 화면을 보면 앞에서 학습한 블로그, 포트폴리오와 유사한 메뉴로 구성되어 있습니다. 총 12개의 메뉴로 구성되어 있습니다. ❶ 글로벌, ❷ Header Builder, ❸ 브레드크럼 ❹ 블로그, ❺ Page, ❻ 사이드바, ❼ Footer Builder, ❽ 사이트 아이덴티티 ❾ 메뉴, ❿ 위젯 ⓫ 홈페이지 설정, ⓬ 추가 CSS, 위 화면과 메뉴명은 워드프레스 버전에 따라 한글, 영문, 단어 등이 일부 변경될 수 있습니다. 참고 바랍니다. 그럼 항목별로 하나씩 살펴보겠습니다.

06-1 글로벌 설정

홈페이지의 전체에서 각각의 요소들을 설정하는 곳입니다.

글자

사용자 정의하기 메뉴에서 첫 번째 메뉴인 [글로벌]을 클릭하면 아래처럼 8개의 메뉴를 확인 할 수 있습니다. 실습에서는 엘리멘트로 빌더를 진행하기 때문에 기본 글자는 그대로 놔두고 진행하겠습니다.

1️⃣ 첫 번째 메뉴인 '글자'를 클릭합니다.

2️⃣ 글자 메뉴를 클릭하면 아래 화면처럼 보입니다. 맨 위에 Presets은 미리 설정이라는 뜻이고 아래의 6개의 Heading(제목) 글씨체 중 선택할 수 있습니다. 실습에서는 기본 상태로 놔둡니다. 그 아래의 BASE FONT 아래 Body Font, Heading Font 우측의 연필 모양 아이콘을 클릭하면 Body Font (Noto Sans), Heading Font(Montserrat)로 설정되어 있습니다. 둘 다 대중적으로 자주 사용하는 폰트로 기본 상태 그래도 둡니다.

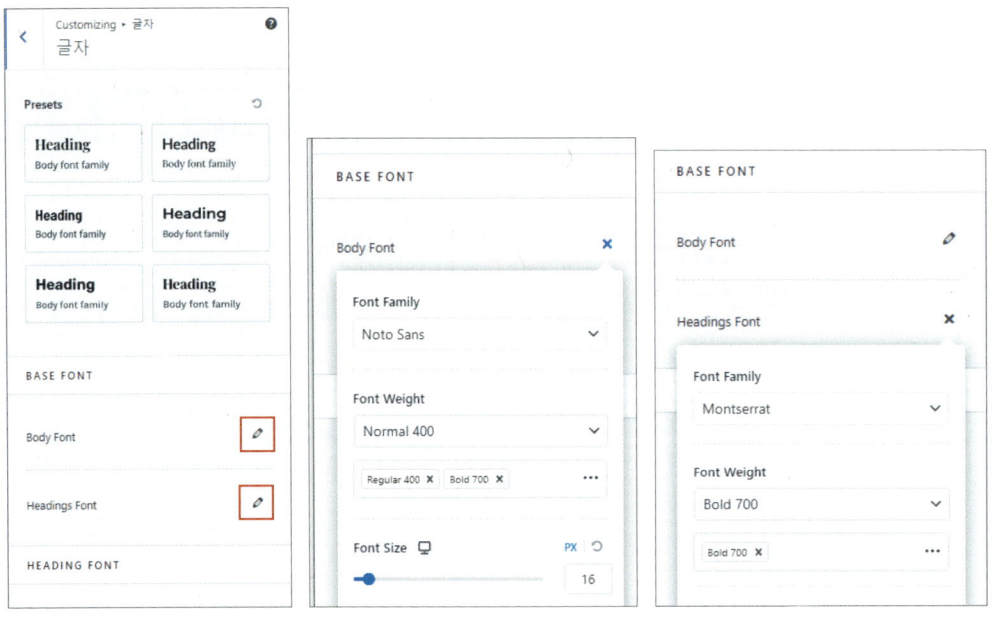

3 모든 설정을 기본 그대로 놔두기 때문에 글자 앞 '<'이전으로 이동 아이콘을 클릭해서 상위 메뉴인 '글로벌' 메뉴로 이동합니다.

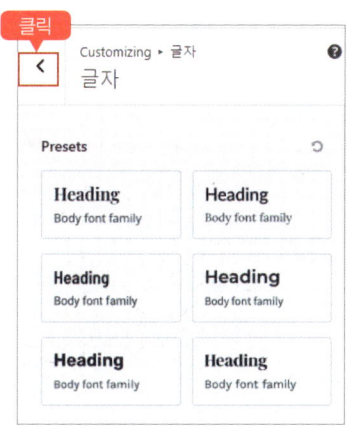

색상

글로벌 메뉴의 두 번째 메뉴는 색상입니다. 색상 영역에서는 일반적으로 사이트 로고 색상코드값과 동일한 색상을 입력합니다.

1 글로벌 메뉴에서 두 번째 메뉴인 색상 메뉴를 클릭합니다.

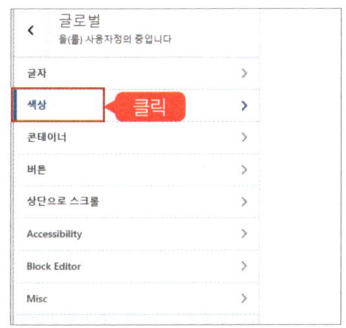

2 색상 영역에서는 일반적으로 흰색, 회색, 검정색 계통은 테마에서 사이트에 잘 어울리게 설정되어 있으므로 컬러 색상 부분만 변경하도록 하겠습니다. 위 화면에서 Global Palette 아래 동그라미 첫 번째, 두 번째 박스를 변경하겠습니다.

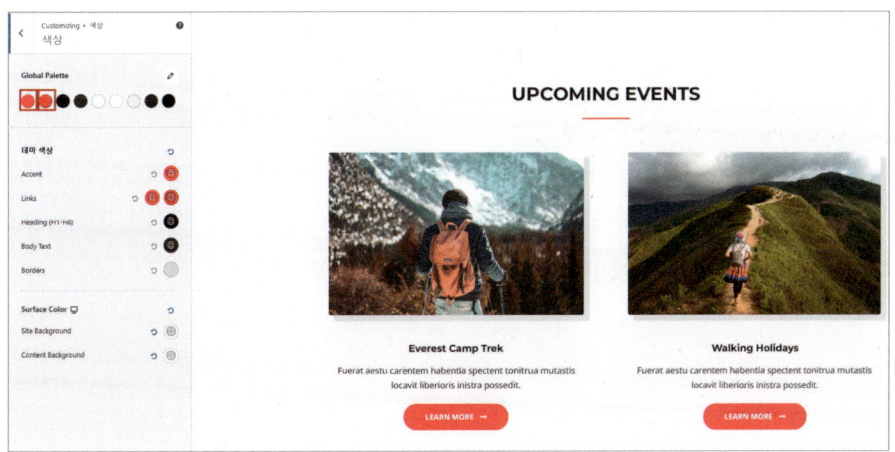

3 Global Palette 아래 첫 번째 컬러를 클릭합니다.

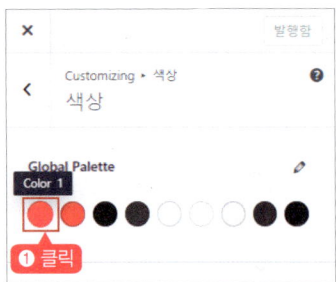

4 테마 데모에서 정한 기본 색상코드값(HEX)은 #FB2056로 설정되어 있습니다. 홍마리오 로고의 색상코드값은 '#C62434'입니다. 여러분들은 본인이 구축할 사이트 로고의 색상코드값을 찾아서 입력하면 됩니다.

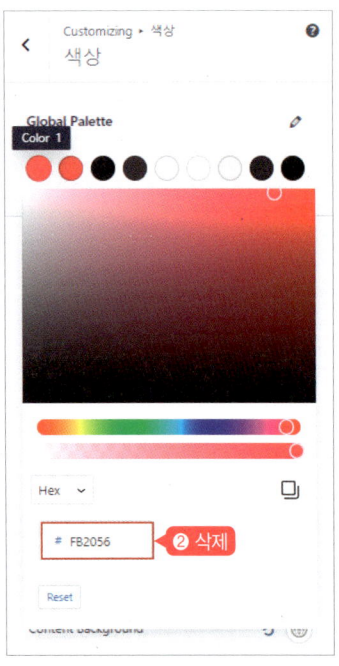

5 HEX 입력창에 #FB2056을 지우고, 본인 회사 로고의 색상코드 값을 입력합니다. 실습에서 사용하고 있는 색상코드값은 '#C62434'로 입력합니다.

6 다음은 Global Palette의 두 번째 컬러 아이콘(Color 2)를 클릭합니다. 그러면 색상코드값(DA1C4B)이 보입니다. 마찬가지로 삭제하고 #C62434를 입력합니다.

7 마지막으로 왼쪽 사이드바 우측 상단의 [공개]를 클릭해서 저장하고 마무리합니다.

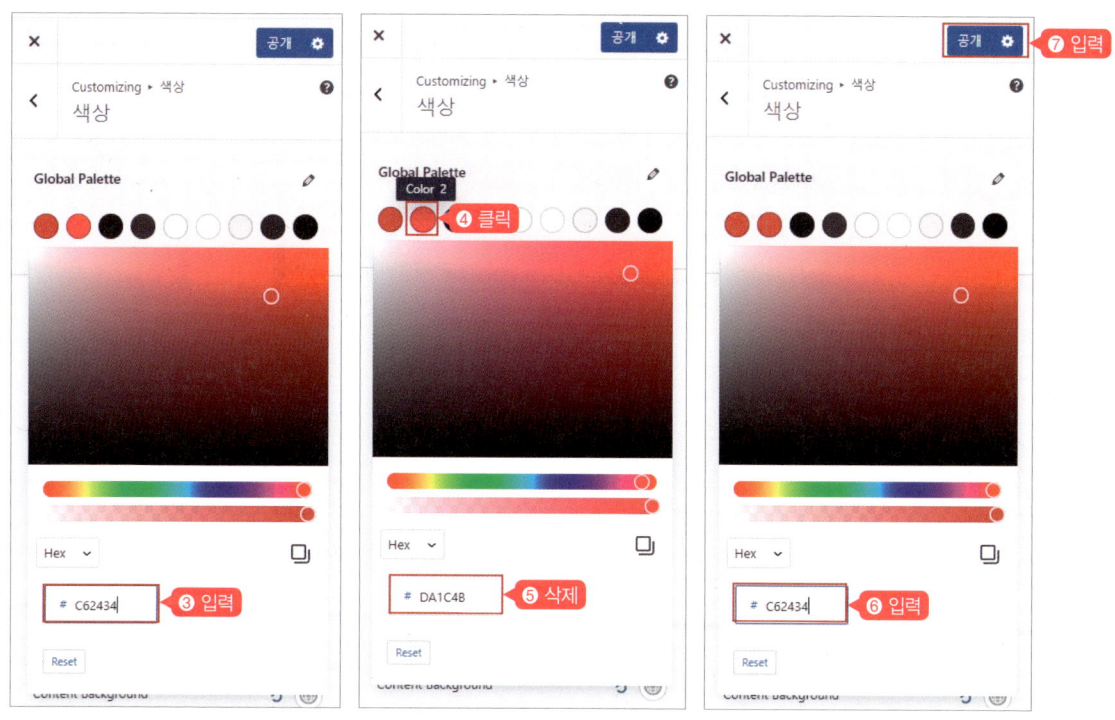

8 색상 설정을 마치고 현재 페이지에서 우측 사이트 화면을 보면 버튼 색상이 변경된 것을 확인 할 수 있습니다.

9 앞 과정과 마찬가지로 색상 앞에 이전 아이콘을 클릭해서 [글로벌] 메뉴로 다시 이동합니다.

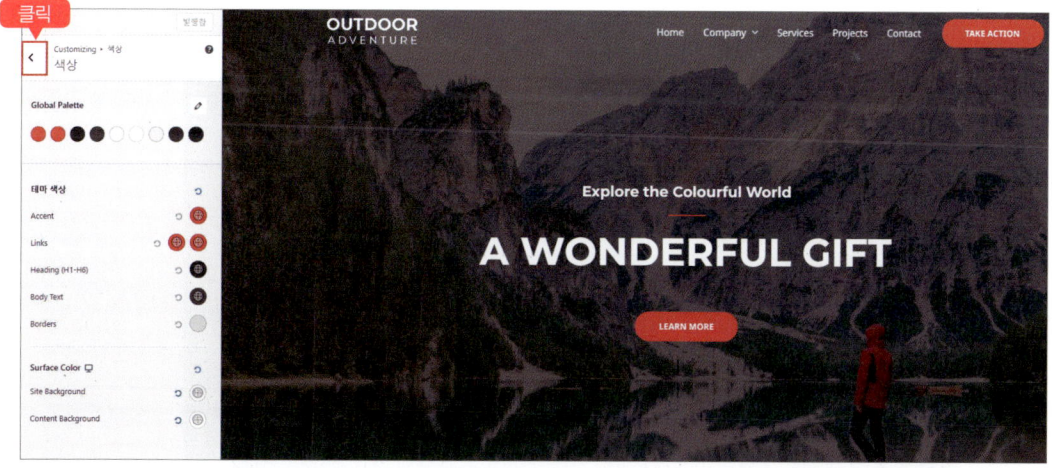

콘테이너

콘테이너는 페이지의 바디 부분의 레이아웃을 설정하는 곳입니다. 텍스트 이미지 등이 들어가는 영역에서 가로 폭 등을 정하는 곳입니다. 페이지 실습 시 엘리멘트 빌더로 섹션에서 기본 레이아웃 설정을 전체너비/지정너비 등으로 정할 수 있습니다.

글로벌 메뉴에서 콘테이너를 클릭하면 위 화면을 확인할 수 있습니다. Container Layout(레이아웃), Container Width(지정 너비 시 가로 폭), Narrow Container Width(좁은 너비 시 가로 폭) 등을 설정할 수 있지만, 가장 일반적인 레이아웃과 사이즈이기 때문에 기본 설정 그대로 놔둡니다.

내용을 확인했으면 마찬가지로 콘테이너 제목 앞에 이전 아이콘 클릭해서 다시 글로벌 메뉴로 이동합니다.

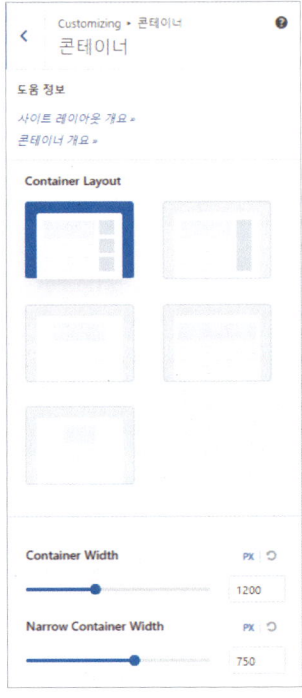

버튼

버튼은 홈페이지 메인 메뉴 우측의 'TAKE ACTION' 그리고 메인 헤더 중간 아래에 'LEARN MORE'에서 확인 가능합니다.

글로벌 메뉴에서 4번째 메뉴인 버튼을 클릭합니다.

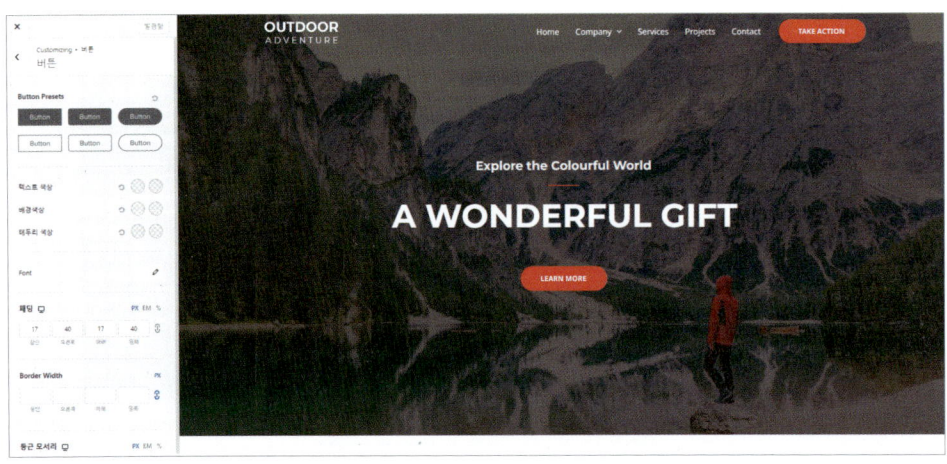

버튼 메뉴를 보면 Button Presets에서 버튼 모양과 색상을 선택할 수 있습니다. 또한 아래 Font에서는 버튼 내 텍스트 글씨체를 변경할 수 있으며, 패딩에서는 버튼내 텍스트와 버튼 라인과의 간격, Border Width, 마지막으로 둥근 모서리는 단추(버튼)의 둥근 모서리 설정이 가능합니다. 기본 상태는 모두 30 픽셀로 잡혀 있습니다

앞 과정과 마찬가지로 기본 설정 버튼 모양이 나쁘지 않기 때문에 기본 설정 그대로 놔둡니다.

상단으로 스크롤

단추(버튼) 메뉴에서 다시 앞으로 글로벌 메뉴로 이동합니다.

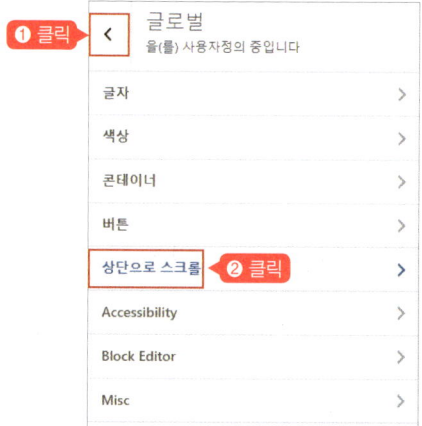

이제 5번째 메뉴인 '상단으로 스크롤' 메뉴를 클릭합니다.

상단으로 스크롤은 사이트 화면이 길어질 때 우측 하단에 화살표 모양 아이콘을 클릭하면 로고, 메뉴 등이 있는 상단으로 이동하게 되는 아이콘 설정을 말하는 것입니다.

1 기본 설정은 비활성화 상태입니다. 비활성화 아이콘을 활성화로 바꿉니다.

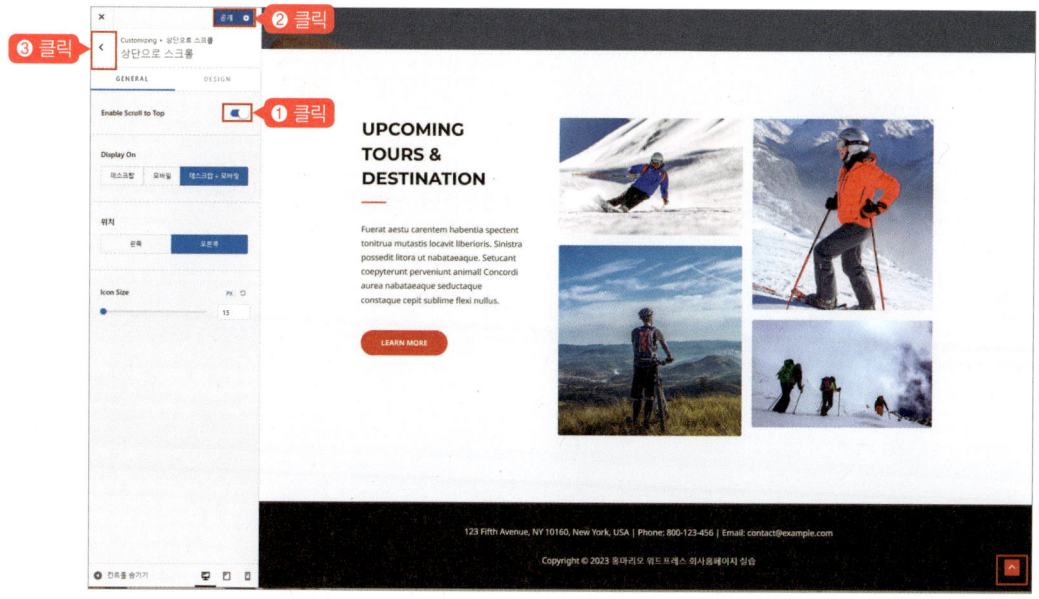

② 앞의 화면에서 보이는 Enable Scroll to Top 우측의 활성화/비활성화 아이콘을 마우스 클릭해서 활성화 시킵니다.

③ 그러면 기본적으로 Dispplay On에서 '데스크탑+모바일'이 설정되어 있고 위치는 '오른쪽' 마지막으로 Icon Size(아이콘 크기)는 15px로 설정되어 있습니다. 설정을 하면 위 화면처럼 우측 하단에 화살표 아이콘이 보입니다. 기본 상태에서 왼쪽 사이드바 상단의 [공개] 버튼을 클릭해서 설정을 마무리합니다.

④ 상단으로 스크롤 앞 이전 아이콘을 클릭해서 다시 [글로벌] 메뉴로 이동합니다.

Accessibility

Accessibility(액세스빌리티)는 주로 글자에 형광펜을 칠한 것처럼 하이라이트 효과를 주는 곳입니다 기본 상태는 활성화 상태로 되어 있으므로 실습에서는 그대로 놔둡니다.

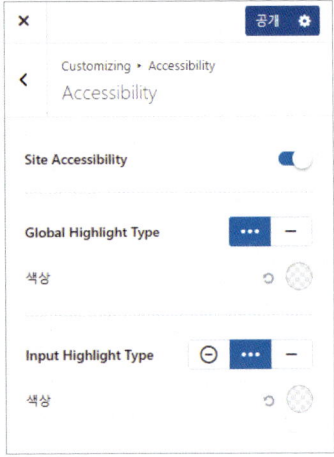

Block Editor

Block Editor는 아스트라 테마에서 최근에 새롭게 업데이트된 부분입니다. 본 실습에서는 주로 엘리멘트 빌더를 사용하고 기본 편집기인 구텐베르크 편집기를 거의 사용하지 않으므로 실습에서는 기본 상태로 놔둡니다.

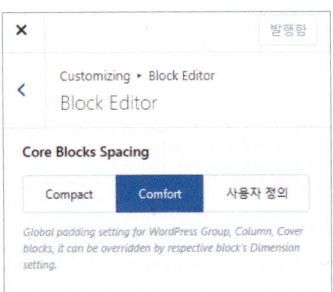

Misc

Misc 또한 중요하게 설정할 기능은 아니기 때문에 여기서도 기본 설정 그대로 놔두겠습니다.

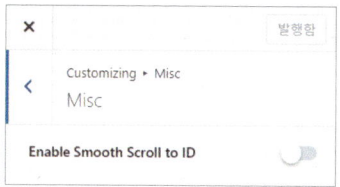

이제 사용자정의하기의 첫 번째 메뉴인 글로벌 메뉴 설정을 모두 마쳤습니다. 이제 두 번째 메뉴인 Header Builder로 넘어가겠습니다.

06-2 Header Builder

Header Builder(헤더빌드)는 로고, 주 메뉴 등을 변경하는 영역입니다. 사용자 정의하기 메뉴에서 'Head Builder' 메뉴를 클릭해보겠습니다.

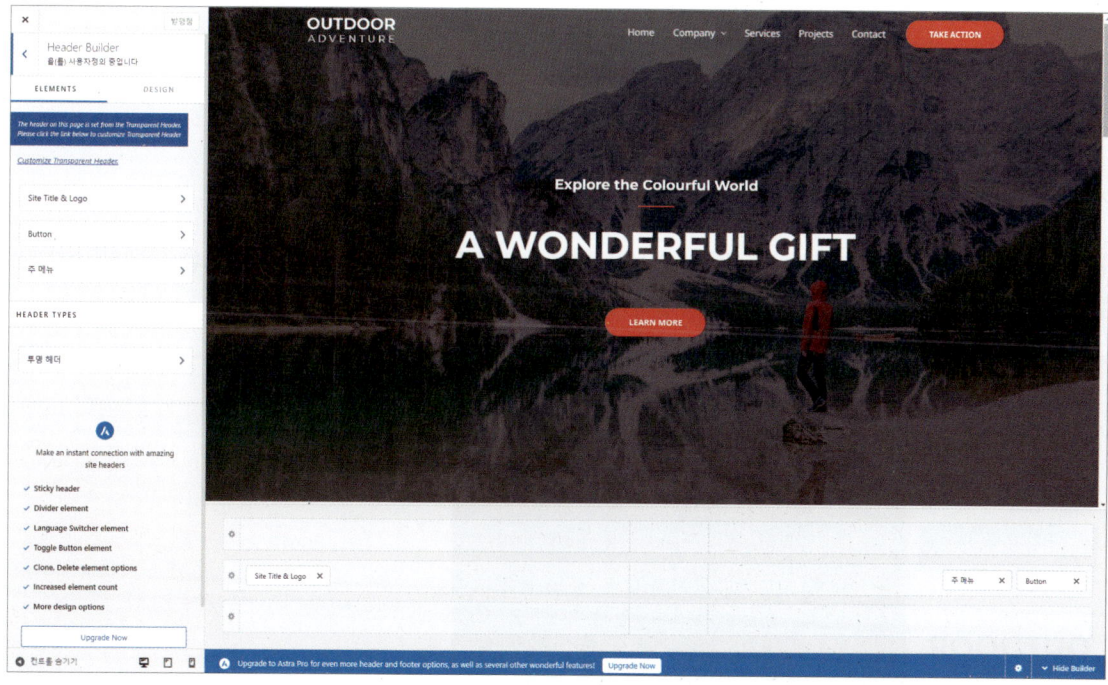

Header Builder 메뉴를 클릭하면 상단에 두개의 탭 메뉴가 있습니다. ELEMENTS, DESIGN 이 있습니다 먼저 ELEMENTS 메뉴를 보면 상단에 파란색 배경의 영어 문구가 있는데 이는 아래 HEADER TYPES의 투명헤더 내용과 동일하기 때문에 무시하도록 하겠습니다.

Site Title & Logo

Site Title & Logo(사이트 타이틀 & 로고)는 기본적으로 로고가 없을 경우에는 일반적으로 사이트 제목이 자동으로 로고 자리를 채우게 됩니다만, 사이트의 아이덴티티와 상징성을 고려해서라도 로고를 만들어서 등록하는 것을 권장합니다.

1 Header Builder 메뉴를 클릭해서 보이는 화면에서 기본적으로 보이는 첫 번째 ELEMENTS(엘리먼츠)인 'Site Title & Logo'를 클릭합니다.

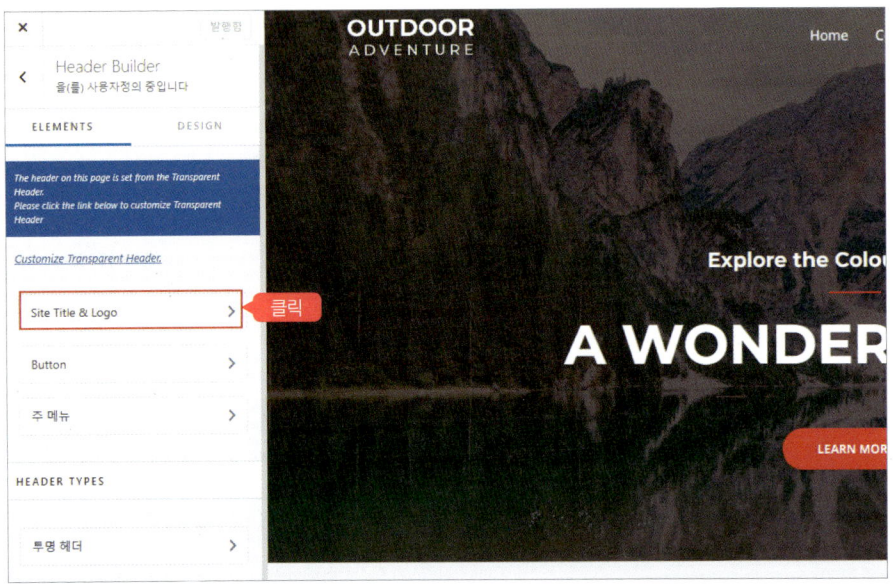

2 Site Title & Logo를 클릭하면 ❶ 로고, ❷ 레티나 로고 ❸ 로고 폭이 보입니다. 실습에서는 로고폭은 그래도 두고 로고와 레티나 로고를 변경하겠습니다.

3 먼저 로고 아래 [로고 변경] 단추(버튼)을 클릭합니다.

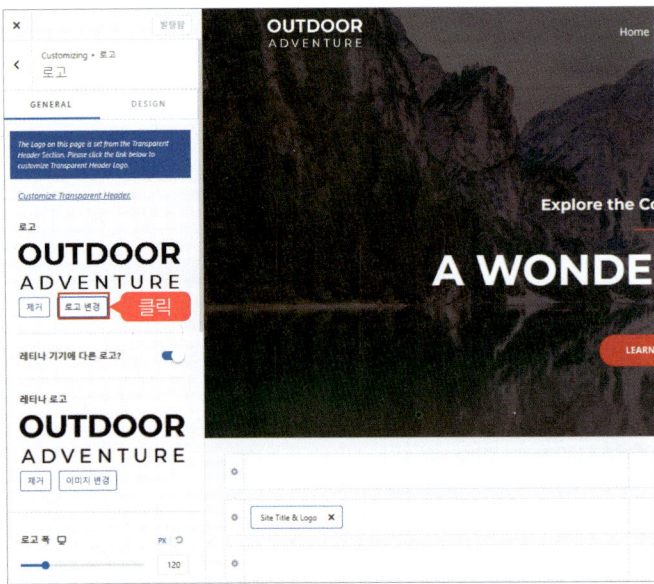

4 [로고 변경]을 클릭하면 위 화면처럼 팝업이 뜹니다. '파일 업로드'가 먼저 보일 때가 있고, 미디어 라이브러리가 보일 때도 있습니다. 만약 위 화면처럼 '파일 업로드'가 보이면 탭 메뉴 상단의 탭 메뉴에서 [미디어 라이브러리] 메뉴를 클릭하세요

5 로고 파일(01-logo.png)을 클릭하고 우측 하단의 [선택] 버튼을 누릅니다.

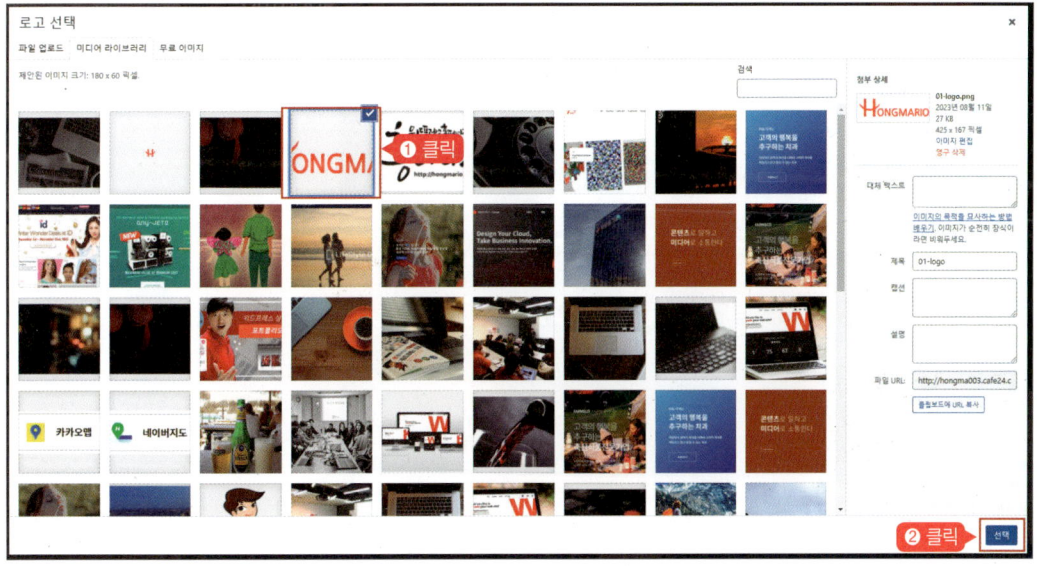

6 로고 파일이 선택되면 이미지 자르기 창이 보입니다. 기본 자르기 화면에서 우측 하단의 [이미지 자르기] 버튼을 클릭합니다.

7 로고가 변경되었습니다. 위 화면을 보면 왼쪽 사용자정의하기 영역과 우측 사이트에 로고가 적용된 것을 확인할 수 있습니다. 이제 아래 레티나 로고 아래 [이미지 변경]을 하겠습니다. 레티나 로고는 고해상도 관련 로고입니다. [이미지 변경]을 클릭합니다.

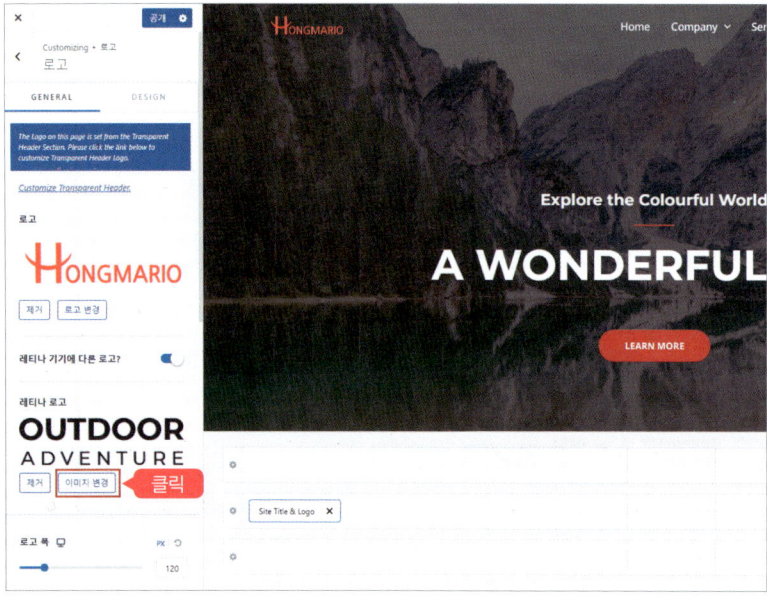

8 미디어 라이브러리 이미지들이 보이고 그중 왼쪽 첫 번째 이미지를 클릭합니다. 우측 상단에서 파일명을 확인해보면 cropped-01-logo.png 파일로 되어 있습니다. 앞에서 이미지 자르기 한 이미지가 자동으로 미디어 라이브러리에 저장되어 있습니다. 해당 이미지를 선택하고 우측 하단에서 [이미지 선택]을 클릭합니다.

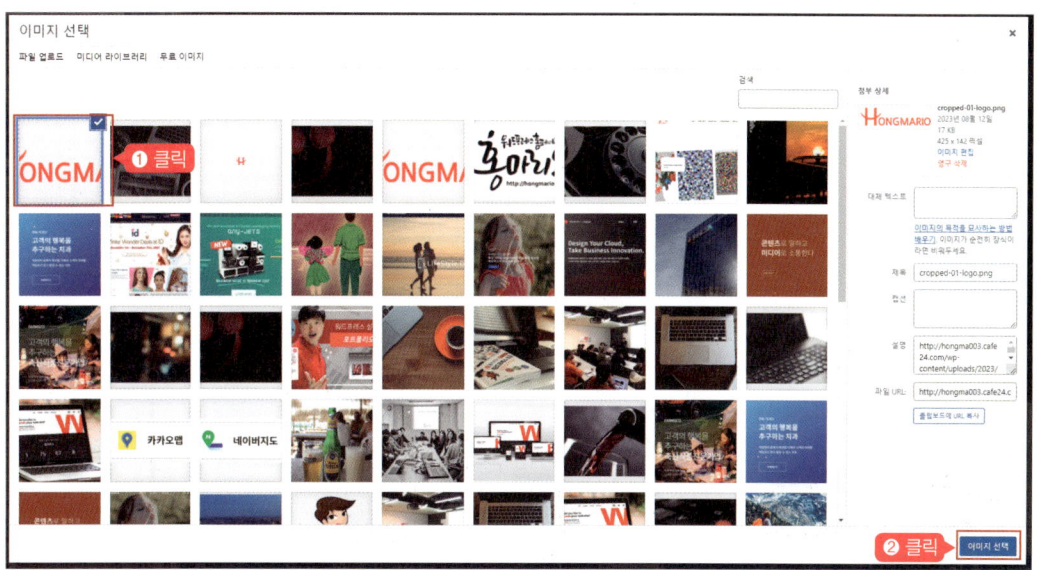

9 그 아래는 로고 폭, 사이트 제목, 태그라인 등이 있습니다. 그리고 왼쪽 사이드바를 스크롤 해서 맨 아래로 이동하면 Visibility 아래 [사이트 아이콘]이 보입니다. 사이트 아이콘을 클릭해서 변경해 보겠습니다.

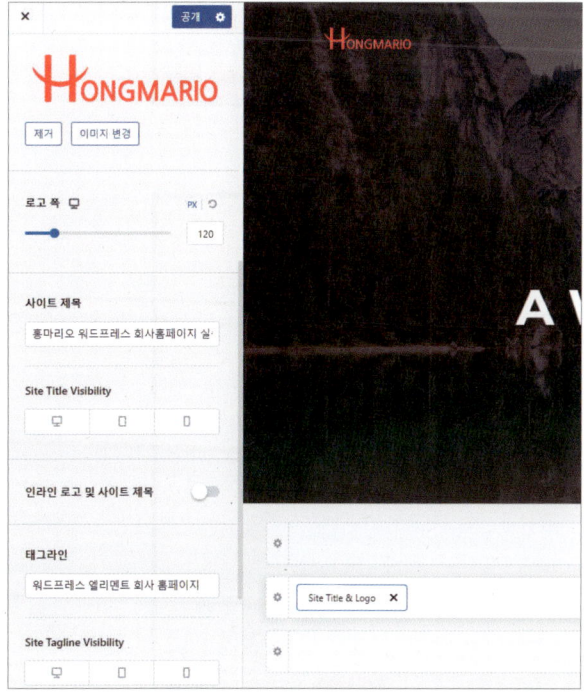

4장_회사 홈페이지 제작 실습

10 왼쪽 사이드바 영역을 스크롤 해서 맨 아래로 이동하면 위 화면이 보입니다. Visibility 아래 [사이트 아이콘]을 클릭합니다. 클릭하면 위 우측 화면이 보입니다. [사이트 아이콘 선택]을 클릭합니다.

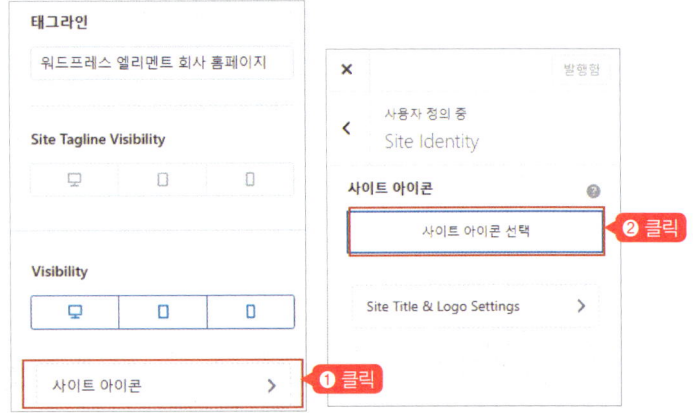

11 이미지 선택을 하면 '미디어 라이브러리' 리스트가 보이고 02-favicon.png 파일을 선택하고 우측 하단에서 [선택] 버튼을 클릭합니다.

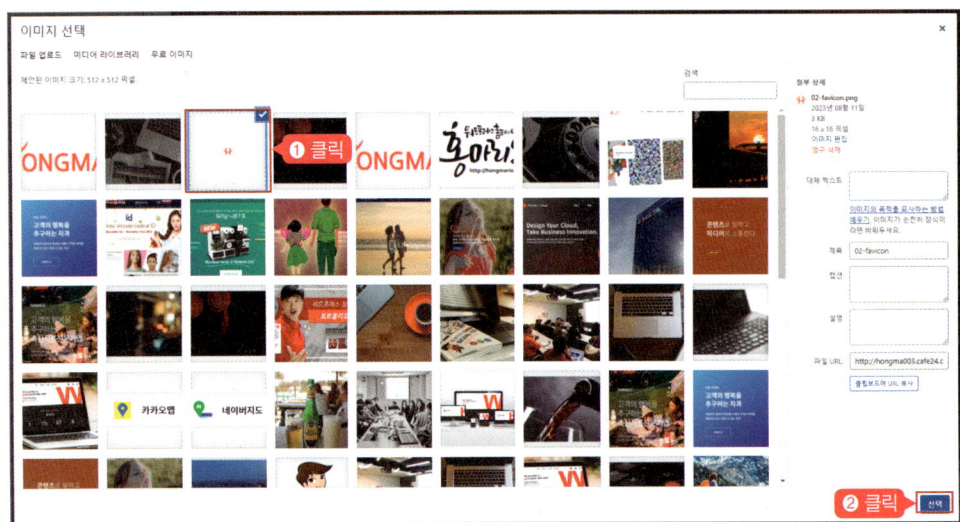

12 이미지 자르기 화면이 보이고 [자르게 건너뛰기] 버튼을 클릭합니다.

13 사이트 아이콘이 변경되었습니다. 사이드바 상단의 [공개]를 클릭해서 로고 변경 작업을 저장하고, 로고 앞에 이전 아이콘을 클릭해서 이전 메뉴로 이동합니다.

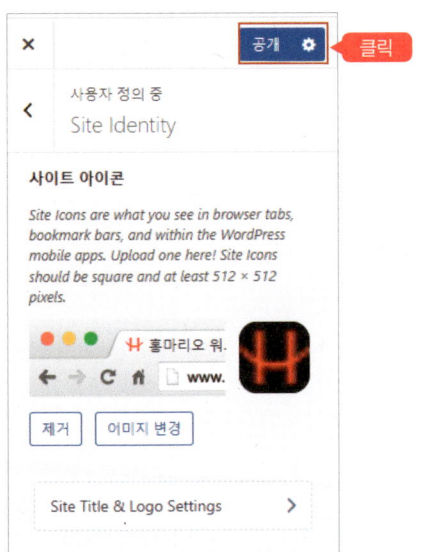

Button

Button(버튼)을 클릭하면 아래 화면처럼 보입니다.

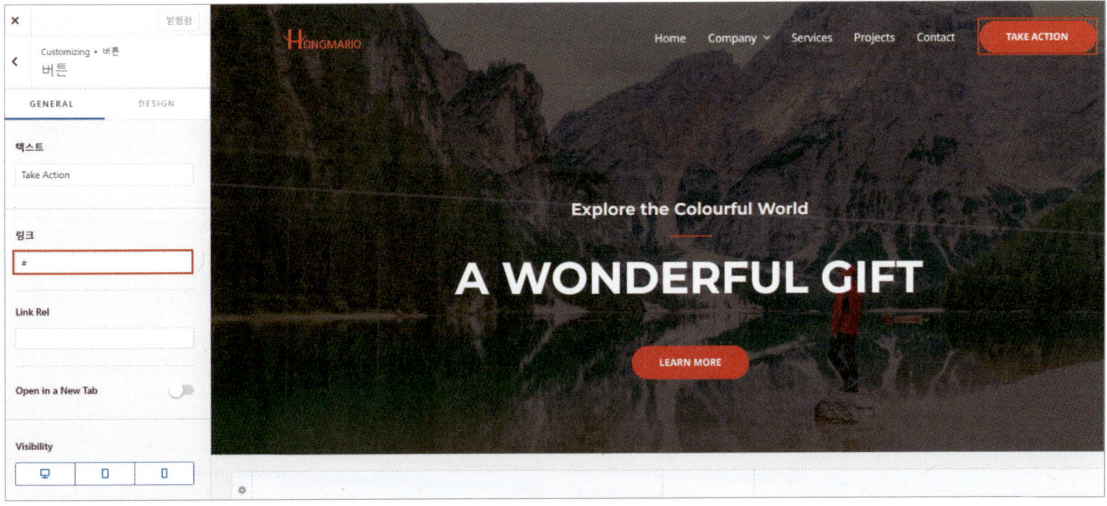

버튼 영역은 사이트 화면 주 메뉴 우측의 'TAKE ACTION' 버튼을 수정하는 영역으로 실습에서는 텍스트는 그대로 놔두고 링크 주소만 변경합니다. 여러분들은 블로그, 카페, SNS 라고 적고 링크 입력창에는 해당 주소를 입력하면 됩니다.

❶ 실습에서는 링크 입력창만 변경하겠습니다. 홍마리오 회사 홈페이지 주소인 'http://hongmario.com'을 입력하고 아래의 Open in a New Tab은 활성화로 변경하고 [공개]를 클릭합니다.

❷ 버튼 앞 〈 이전 아이콘을 클릭해서 이전 메뉴로 이동합니다.

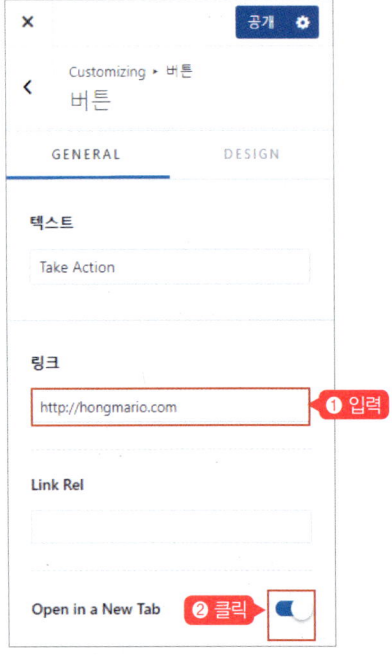

주 메뉴

주 메뉴를 클릭하면 아래 화면처럼 보입니다. 주 메뉴는 앞에서 [외모-메뉴]에서 설정을 마쳤고 아스트라에서 정한 기본 상태가 사이트에 최적화되어 있기 때문에 기본 상태 그대로 둡니다.

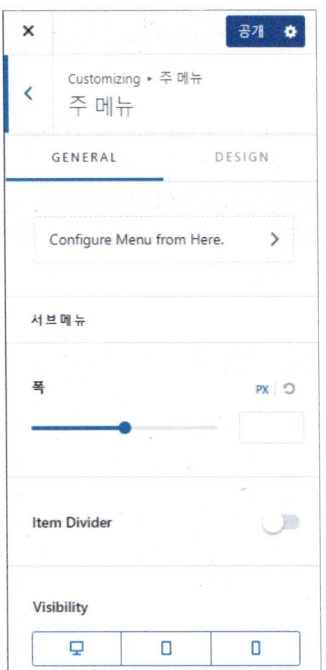

HEADER TYPES – 투명 헤더

HEADER TYPES(헤더 타입)은 '투명 헤더'라는 버튼이 보입니다. 투명 헤더는 현재 우측에서 보이는 사이트처럼 배경 이미지 위에 로고, 메뉴 등이 주 메뉴를 클릭하면 아래 화면처럼 보입니다.

1 사용자 정의하기 'Header Builder' 메뉴에서 하단의 'HEADER TYPES' 아래 '투명 헤더'를 클릭합니다.

2 가장 먼저 '전체 웹사이트에서 활성화'를 보면 비활성화 되어 있습니다. '활성화'로 변경합니다.

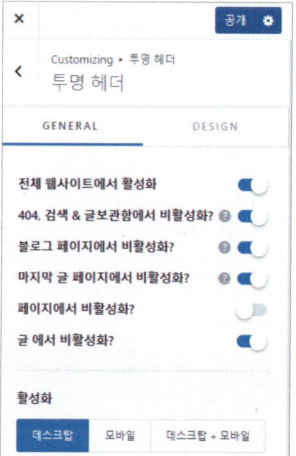

3 투명 헤더 메뉴를 보면 이미지 변경 메뉴가 두개 보입니다 나머지는 기본 상태로 두고 앞에서 로고 변경과 동일하게 변경하겠습니다. 먼저 로고 아래 [이미지 변경] 버튼을 클릭합니다.

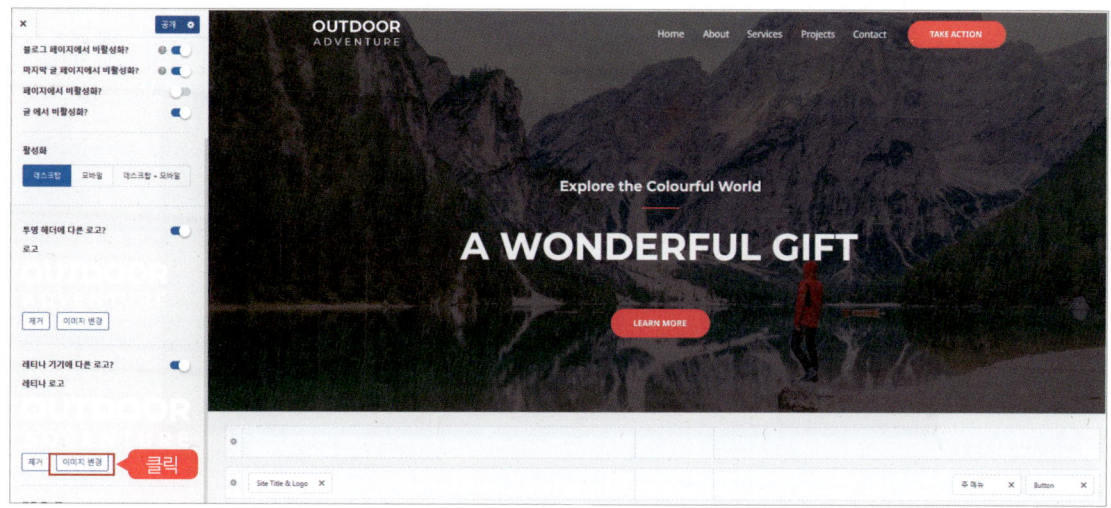

4장_회사 홈페이지 제작 실습 333

4 마찬가지로 아래 이미지도 변경하겠습니다. 레니나 로고 아래 [이미지 변경]을 클릭해서 앞에서도 동일하게 진행합니다.

5 이미지 변경 2개가 마무리되고 상단의 [공개] 버튼을 클릭해서 마무리합니다.

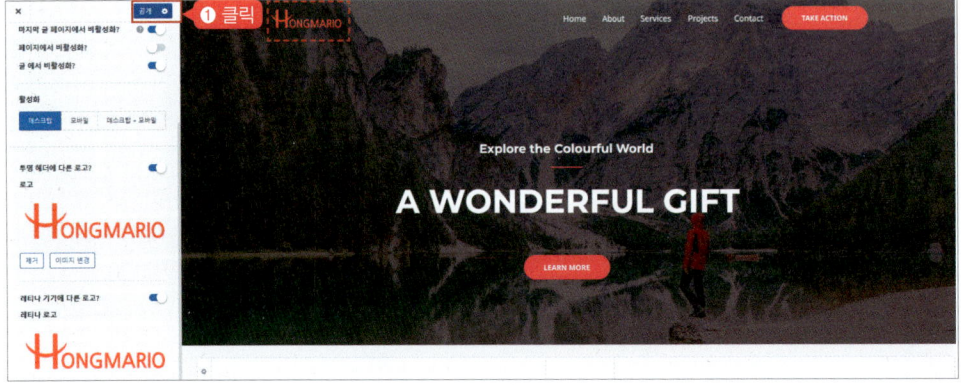

6 참고로 사이트 우측 하단에는 위와 같은 화면이 보입니다. 헤더 영역의 로고, 메뉴, 버튼 위치를 마우스 드래그 앤 드롭으로 변경할 수 있습니다. 실습에서는 그대로 놔둡니다. 맨 아래 파란색 배너는 유료 서비스를 유도하는 배너입니다. 무시합니다. 이제 Header Builder 영역의 설정이 모두 완료되었습니다. 이전 아이콘을 두 번 클릭해서 다시 사용자 정의 메뉴로 이동합니다.

06-3 사용자정의하기 나머지 메뉴들

사용자 정의하기 메뉴에서 글로벌, Header Builder 설정을 마쳤습니다 다음 브레드크럼, 블로그, Page 등은 대부분 기본 설정 그대로 두기 때문에 각 메뉴별 기본 화면만 살펴 보겠습니다.

브레드크럼

브레드크럼은 헨젤과 그레텔에서 빵가루로 이동 경로를 표시한 것에서 유래된 것으로 사이트에서는 경로를 표시하는 설정입니다. 본 실습에서는 기본 상태 그대로 두겠습니다.

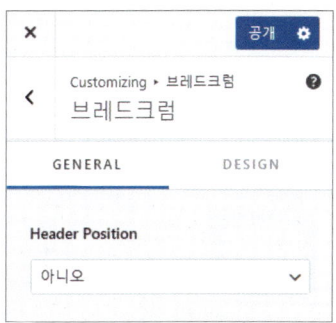

블로그

블로그 영역은 현 실습에서는 다루지 않기 때문에 모든 설정을 기본 그대로 놔두도록 하겠습니다. 여기서는 레이아웃과 글 제목 표시 등을 설정 할 수 있습니다.

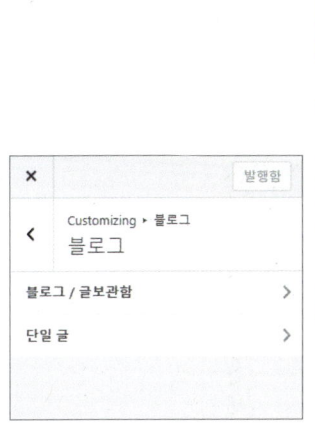

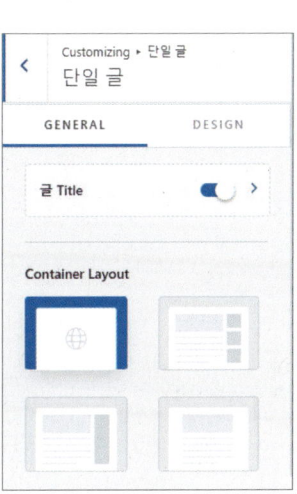

Page

Page(페이지) 영역도 아스트라에서 기본적으로 깔끔한 레이아웃으로 설정해 놓았기 때문에 마찬가지로 모든 설정을 기본 그대로 놔두도록 하겠습니다. 레이아웃과 페이지 제목 표시 등을 설정할 수 있습니다.

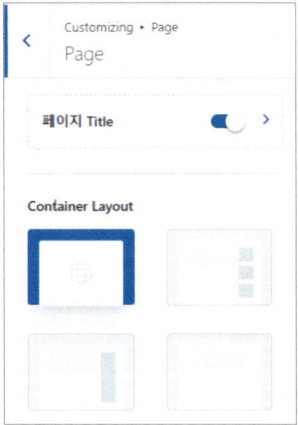

사이드바

사이드바 영역도 아스트라에서 기본적으로 깔끔한 레이아웃으로 설정해 놓았기 때문에 마찬가지로 모든 설정을 기본 그대로 놔두도록 하겠습니다. 레이아웃, 사이드 바 폭을 설정할 수 있습니다.

Footer Builder

Footer Builder(푸터 빌더)는 푸터 영역에서 레이아웃과 구조를 정하는 곳입니다. 마찬가지로 기본 설정 그대로 놔둡니다. Copyright는 자동으로 숏코드가 적용되어서 제목과 제작년도가 자동으로 표시되게 되어 있습니다. 그리고 우측 사이트의 푸터에 보이는 내용은 이후 실습에서 [외모-위젯]에서 변경하도록 하겠습니다.

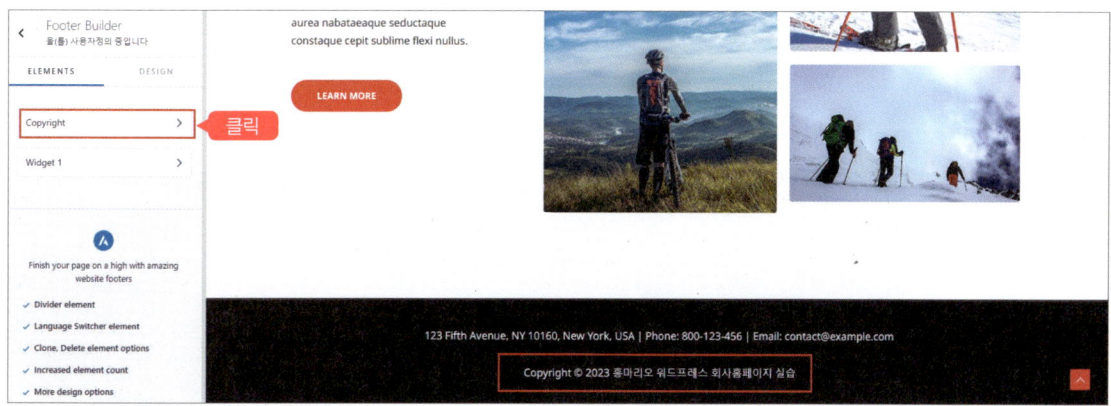

만약에 푸터 카피 내용을 앞에서 알림판에서 설정한 [설정>일반]의 제목과 다르게 지정하려면 위 화면에서 'Copyright'를 클릭합니다.

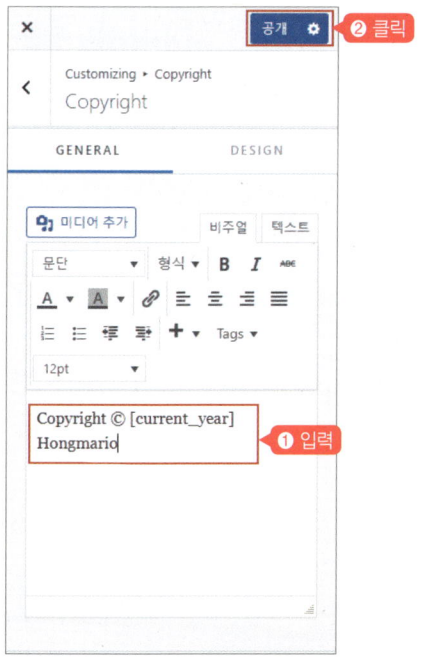

텍스트 편집창이 보이면 위 화면처럼 원하는 내용을 입력 후 [공개]를 클릭하면 푸터 하단의 Copyright 부분 내용 수정이 가능합니다.

기타

사용자 정의하기 메뉴에서 사이트 아이덴티티, 메뉴, 위젯, 홈페이지 설정, 추가 CSS 5개가 있습니다. 이 부분은 테마와 관계없이 워드프레스 버전에 따라 기본적으로 설정된 메뉴들이 입니다. 5개 메뉴 사용자 정의하기에서는 기본 상태로 놔둡니다. 각 메뉴 화면들은 앞에서 실습했던 블로그, 포트폴리오 화면과 동일한 화면이라 생략합니다.

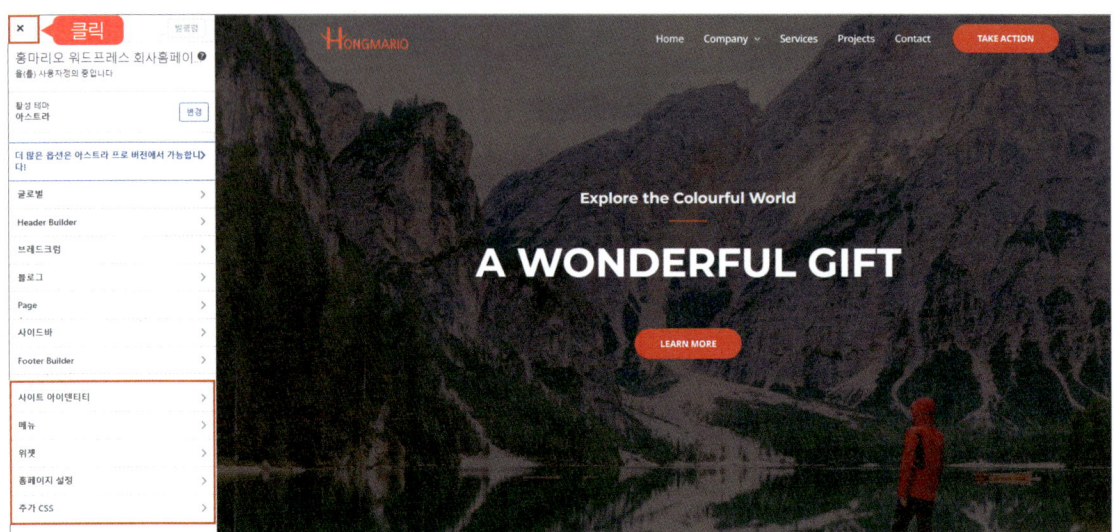

❶ 사이트 아이덴티티(Site Identity)는 앞에서 로고 하단에서 설정을 완료했기 때문에 생략합니다.
❷ 메뉴 : 메뉴도 앞에서 [외모-메뉴]에서 설정을 완료했습니다.
❸ 위젯 : 위젯 부분은 사용자 정의하기 완료하고 메인페이지 실습 때 진행할 예정입니다.
❹ 홈페이지 설정 : 기본 설정은 '정적인 페이지' 홈페이지 메인은 'Home'으로 설정되어 있습니다.
❺ 추가 CSS : 본 실습에서는 추가 CSS 설정 없이 진행합니다.

왼쪽 상단의 닫기 아이콘(X)을 클릭해서 알림판으로 이동합니다.

07 _ 페이지, 푸터 설정하기

회사 홈페이지들은 대부분 페이지로 구성됩니다. 현재 실습중인 아스트라 테마는 Elementor(엘리멘트) 빌더를 이용해서 구축하기 때문에 메인 페이지부터 서브페이지까지 엘리멘트 빌더를 사용해서 하나씩 실습해보도록 하겠습니다.

참고로 아스트라 테마와 엘리멘트는 시기별로 버전 업데이트 되면서 원래 영어가 한글로 번역되는 과정에서 단어(예: 탐색기/네비게이터, 단추/버튼 등)와 화면은 조금 상이 할 수 있으니 참고바랍니다.

07-1 메인 페이지

메인 페이지는 홈페이지 제작에서 가장 중요한 페이지입니다. 일반적으로 홈페이지 방문자들은 메인 페이지를 보고 5초내에 사이트를 자세히 볼 것인지 나갈 것인지 판단하기 때문입니다.

먼저 실습 사이트(https://hongmario03.mycafe24.com) 메인 페이지를 확인해 보겠습니다.

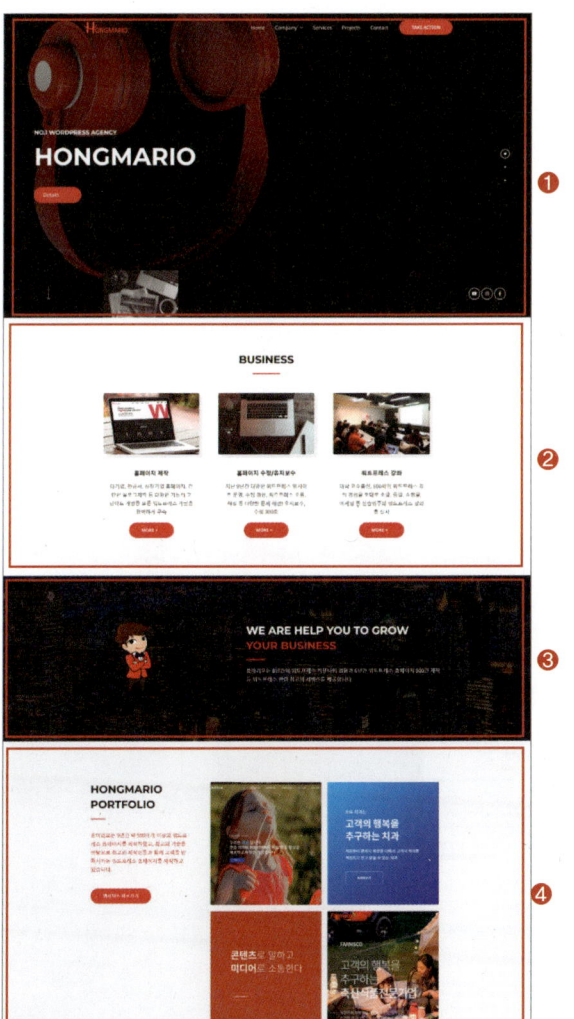

① 섹션1-헤더 영역 : 헤더 영역은 앞에서 설치한 Prime 슬라이더로 제작되어 있습니다. 슬라이더 3개와 관련 카피글, 배경 이미지로 구성되어 있습니다.

② 섹션2-BUSINESS 영역 : 3칼럼으로 구성되어 있으며, 각 칼럼내에는 이미지, 제목, 텍스트, 버튼으로 구성되어 있습니다.

③ 섹션3-배너 영역 : 어두운 배경 이미지 내 2칼럼으로 나눠서 왼쪽에는 이미지, 우측의는 카피글이 들어가 있습니다.

④ 섹션4-포트폴리오 영역 : 3칼럼으로 구성되어, 첫 번째 칼럼엔 제목, 텍스트, 버튼으로 구성되어 있고, 2/3칼럼은 이미지로 되어 있습니다.

⑤ 섹션5-푸터 영역 : 외모-위젯에서 내용 수정이 가능합니다.

메인 페이지부터 작업하도록 하겠습니다. 알림판에서 사이트 제목을 클릭해서 사이트 메인 페이지로 이동을 합니다.

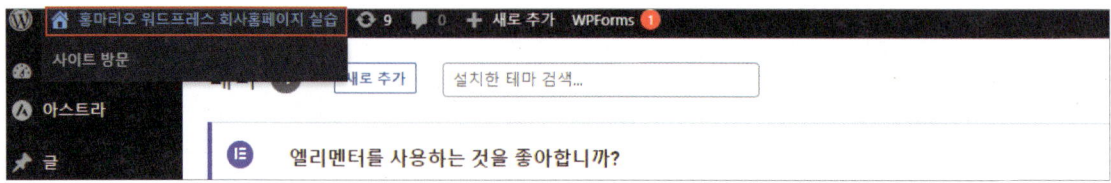

메인 헤더 슬라이드(General) 설정

사이트 메인페이지로 이동해서 가장 먼저 메인 메뉴 아래에 있는 헤더 배경 영역과 헤더 배경 카피 글 내용을 슬라이드로 변경해 보도록 하겠습니다.

1 사이트 화면이 보이면 상단 탭의 우측 끝에 있는 [엘리멘터로 편집]을 클릭합니다.

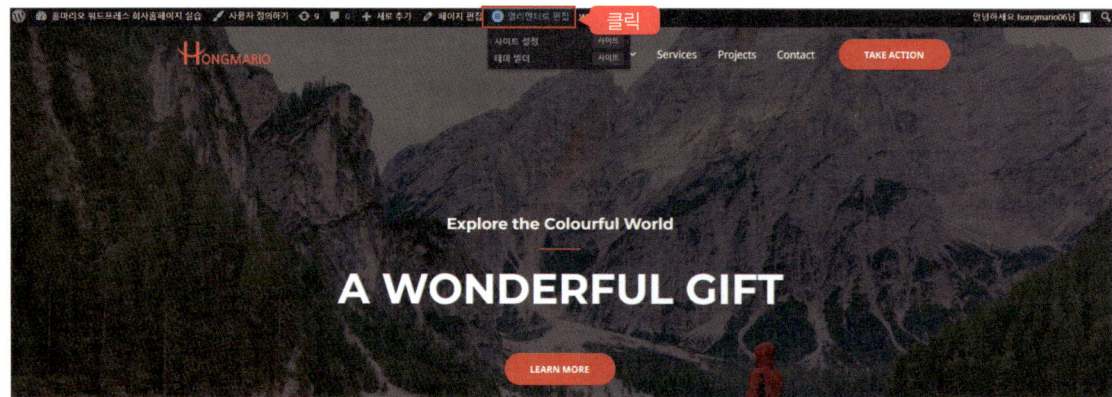

2 엘리멘트 편집을 클릭하면 첫 화면에 위 화면과 같은 팝업(팝업은 버전에 따라 위 화면과 다를 수 있음)이 보입니다. 엘리멘터의 새로운 기능을 소개하는 팝업인데 팝업 우측 닫기 버튼을 클릭해서 닫아 줍니다. 만약 닫기 버튼을 클릭해도 또다른 팝업이 나타나면 역시 닫기를 해줍니다.

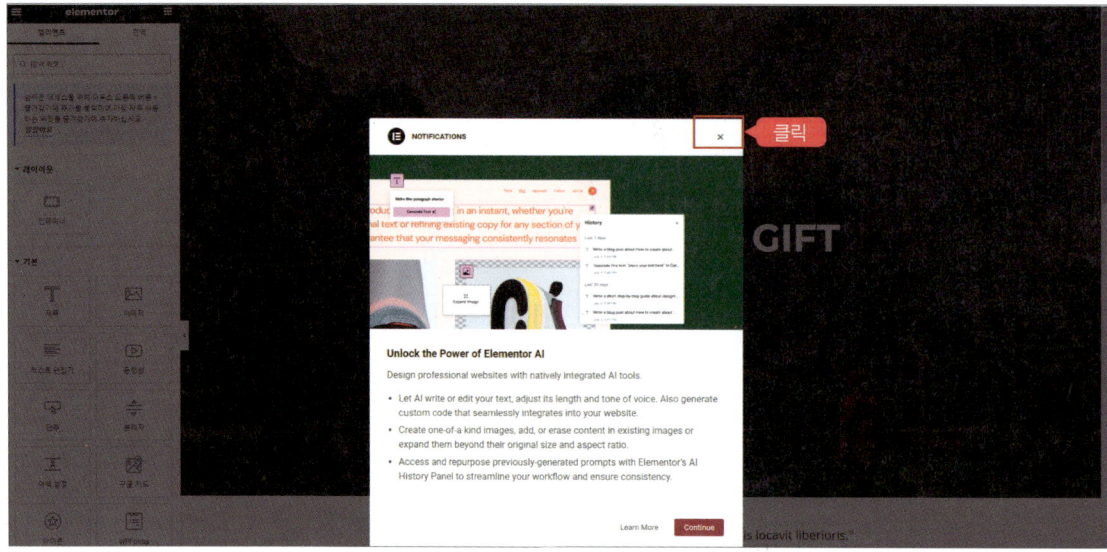

❸ 엘리먼트 편집화면이 보입니다. 먼저 실습하고 있는 ASTRA(아스트라)테마가 4.4.X 버전으로 업데이트 되면서 기존 섹션, 칼럼(컨테이너), 내부칼럼(컨테이너) 등이 모두 컨테이너로 통일되었습니다. 이 부분은 현재 ASTRA 테마와 연계된 엘리멘트에 보여지는 화면으로 기존 엘리멘트를 사용해 보신 분들은 화면이 조금 달라도 실습을 따라 하면 됩니다. 또한, 버전에 따라서 엘리멘트 화면과 텍스트가 또 변경될 수 있으니 참고 바랍니다. 그럼 주요 영역에 대해서 간단하게 설명하겠습니다.

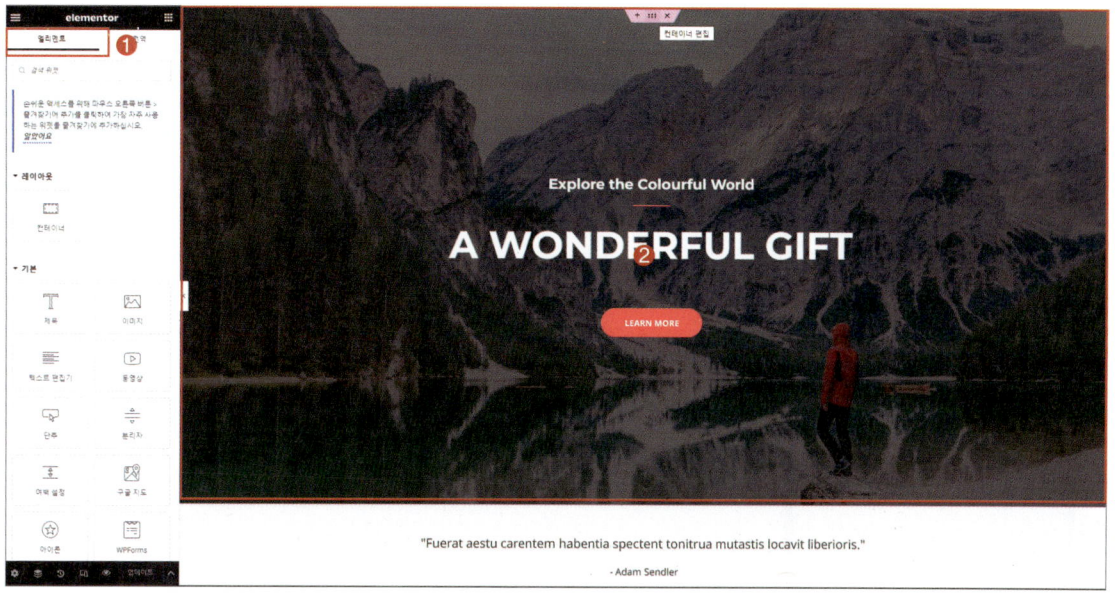

❶ 엘리먼트 영역 : 편집할 수 있는 다양한 엘리먼트들이 보입니다. 페이지내 텍스트, 이미지 등을 삽입하고 편집이 가능합니다. '기본' 영역은 무료 영역이고 아래 '프로'는 유료 영역입니다. 왼쪽 상단 햄버거 메뉴는 클릭하면 사이트 설정, 테마 빌더 등으로 이동이 가능한 메뉴입니다. 그리고 영문 elementor 우측에 바둑판 모양 아이콘을 클릭하면 엘리먼트 기본 화면으로 돌아와서 엘리먼트를 검색하거나 리스트를 볼 수 있습니다.

❷ 편집 영역 : 엘리멘트 편집기는 원하는 영역에 마우스를 갖다 대면 위 화면 처럼 편집 할 수 있는 영역이 핑크색으로 보입니다. (색상은 엘리멘트 편집기 버전에 따라 다를 수 있음) '+'를 클릭하면 현재 편집하고 있는 영역의 위쪽에 편집 가능한 영역이 새롭게 생깁니다. 그리고 중간의 점 6개 는 편집 모드로 이동하구요. 'x'는 닫기 버튼입니다.

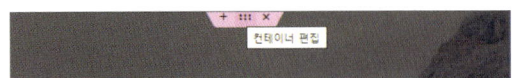

❸ 탐색기(내비게이터) : 탐색기는 현재 작업하고 있는 페이지에서 엘리멘트들을 구성하고 있는 섹션들을 보여주고 섹션을 클릭하면 칼럼(컨테이너) 등 하위 엘리멘트들을 확인 및 편집이 가능합니다. 왼쪽 사이드바의 하단영역에서도 왼쪽 설정 아이콘 우측에 위치해 있습니다 클릭하면 페이지 우측에 팝업으로 노출됩니다

❹ 설정 아이콘 영역 : 엘리멘트 왼쪽 사이드바 맨 하단을 보면 위 화면과 같이 검정색 배경에 아이콘들이 보입니다 .

ⓐ 왼쪽 첫 번째는 설정 아이콘,
ⓑ 두 번째는 앞에서 설명한 탐색기(내비게이터)
ⓒ 세 번째는 '역사'입니다. 역사는 작업 히스토리를 보여주며, 본인이 혹시 실수를 했더라도 '역사' 아이콘을 클릭하면 찾아가서 이전 작업 화면으로 돌아 갈 수 있습니다.
ⓓ 네 번째는 '반응형 모드'입니다 모바일, 태블릿 모드에서 엘리멘트 편집이 가능합니다
ⓔ 다섯 번째는 '변경사항 미리보기'입니다 클릭하면 현재 작업한 편집모드에서 실제 페이지 화면을 새 창에서 확인이 가능합니다.

기존 헤더 엘리멘트 삭제

앞에서 섹션 영역의 기본적인 기능들을 설명했습니다. 슬라이드 삽입을 위해서 먼저 기존 헤더영역 섹션에 있는 다양한 요소(엘리멘트)들을 삭제하겠습니다.

1 엘리멘트 편집기는 앞에서도 설명했지만 섹션 내부에 다양한 컨텐츠가 들어갑니다. 탐색기에서 첫 번째 컨테이너를 클릭해서 아래에 펼쳐지는 엘리멘트 위젯들을 컨테이너 아래 컨테이너, 제목, 분리자, 제목, 단추 등의 엘리멘트들이 들어가 있는 것을 확인할 수 있습니다. 이제 컨테이너 설정을 변경하고 첫 번째 컨테이너내 모든 엘리멘트들을 삭제하고 슬라이드를 적용하겠습니다.

2 아래 화면에서 핑크색 컨테이너 편집 아이콘을 클릭합니다. 상단 컨테이너 편집 아이콘에서 중간 점 6개를 클릭해도 되고, 탐색기에서 첫 번째 섹션 제목을 클릭해도 됩니다.

3 섹션 편집을 보면 위에 탭 메뉴가 3개 보입니다. 첫 번째가 '레이아웃' 두 번째 '스타일' 세 번째가 '고급'입니다. 먼저 레이아웃을 설정하겠습니다. 슬라이드가 들어가려면 페이지 가로 폭이 꽉 차야 하기 때문에 콘텐츠 너비를 '지정 너비' → '전체 넓이'로 변경합니다. 그러면 바디영역에서 100% 너비로 변경됩니다.

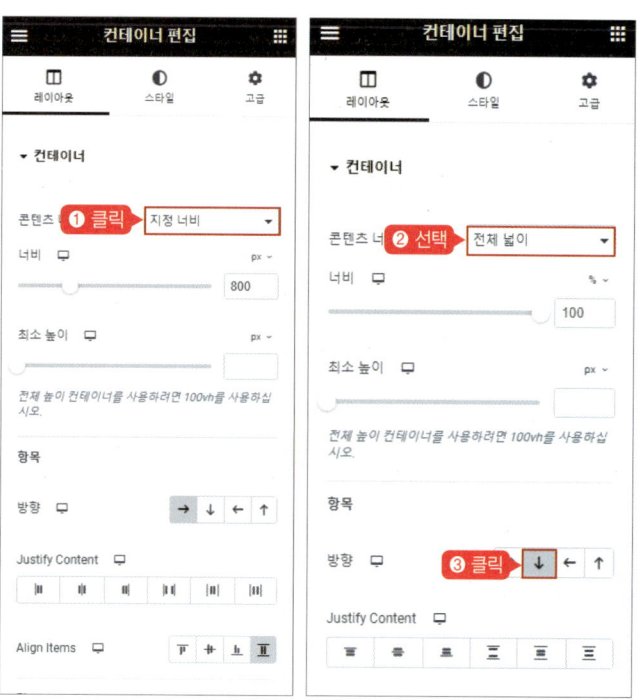

4 다음으로 항목 영역에서 방향을 '→(우측방향)'에서 '↓(아래방향)'으로 변경합니다. 메인 페이지 첫 페이지가 슬라이드이고 컨텐츠가 아래로 펼쳐지기 때문에 아래방향으로 선택합니다. 그 외 항목(방향, 줄바꿈) 등이 있습니다 나머지는 기본 상태로 놔둡니다.

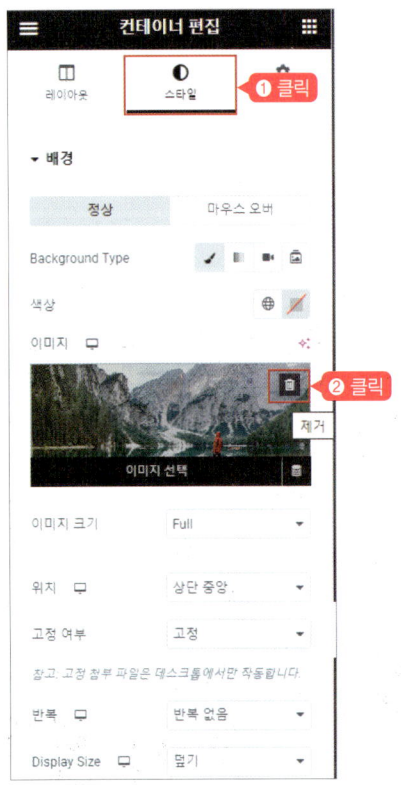

5 다음은 상단 탭 메뉴 중 [스타일]을 클릭합니다. 스타일에서는 배경 색, 배경 이미지, 배경 이미지의 위치 등을 편집 가능합니다. 실습에서는 배경이미지를 삭제한 후 슬라이드를 삽입할 것이기 때문에 위 화면 이미지에서 우측 상단에 보이는 휴지통 아이콘을 클릭해서 삭제합니다.

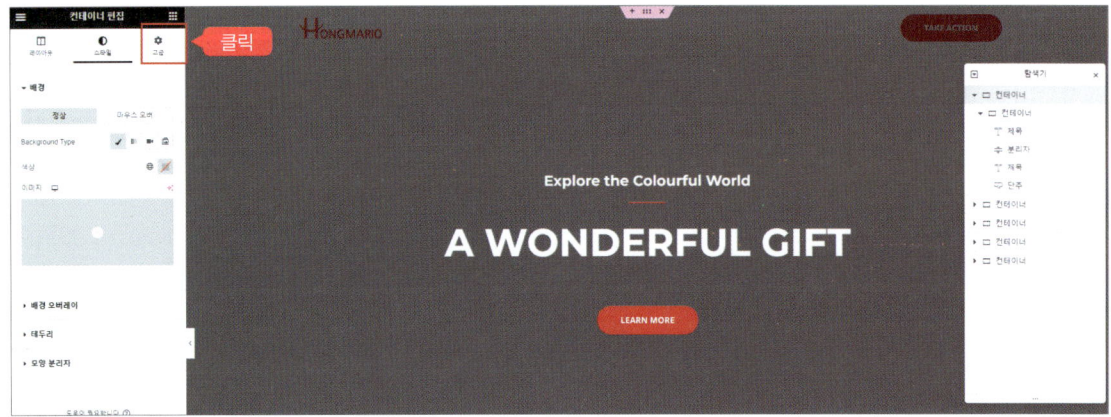

6 그외 스타일에는 배경 이미지위에 오버레이를 입혀서 투명도를 조절할 수 있는 기능, 컨테이너 영역에 테두리를 추가하는 기능, 텍스트 글씨체, 색상 등 주로 스타일을 조정하는 기능들이 다양하게 존재합니다 메인 헤더 스타일에서는 이미지만 삭제하고 탭 메뉴에서 '고급'을 클릭해서 이동합니다.

7 고급 영역은 주로 여백, 패딩 값을 조절하거나 원 페이지 사이트에서 컨테이너 링크를 위한 CSS ID 영역, 그리고 다양한 애니메이션 효과가 가능한 '모션 효과', 마지막으로 거의 사용하지 않는 속성, 사용자 정의 CSS가 있습니다.

❶ **여백(마진)** : 여백은 현재 섹션에서 끝 테두리 라인에서 바깥쪽으로 공간을 말하는 것으로 좌우 상하 픽셀 단위로 조절이 가능합니다. 현재 기본 설정에서는 여백 값은 주어지지 않았습니다.

❷ **패딩** : 패딩은 현재 컨테이너에서 끝 테두리 라인에서 안쪽으로 공간을 말하는 것으로 좌우 상하 픽셀 단위로 조절이 가능합니다. 현재 기본 설정에서는 패딩은 상/하단 둘 다 270px로 잡혀 있습니다. 실질적으로 헤더에서 데모처럼 배경이미지를 사용한다면 패딩을 상하로 적당히 잡고 진행하면 좋지만, 실습에서는 슬라이드를 적용해야 하기 때문에 모두 '0'값으로 변경합니다.

8 화면에서 여백 영역은 상단/오른쪽/하단/왼쪽 모두 '0'으로 입력합니다. 그리고 패딩은 우측 끝에 🔗(값을 함께 연결) 아이콘을 클릭하면 상단에 '0'하나 입력하면 모두 동일하게 적용됩니다. 이제 왼쪽 컨테이너 영역은 마무리되었고, 우측 사이트 영역으로 이동하겠습니다. 현재까지 작업 완료된 상태에서 화면을 보면 아래와 같습니다.

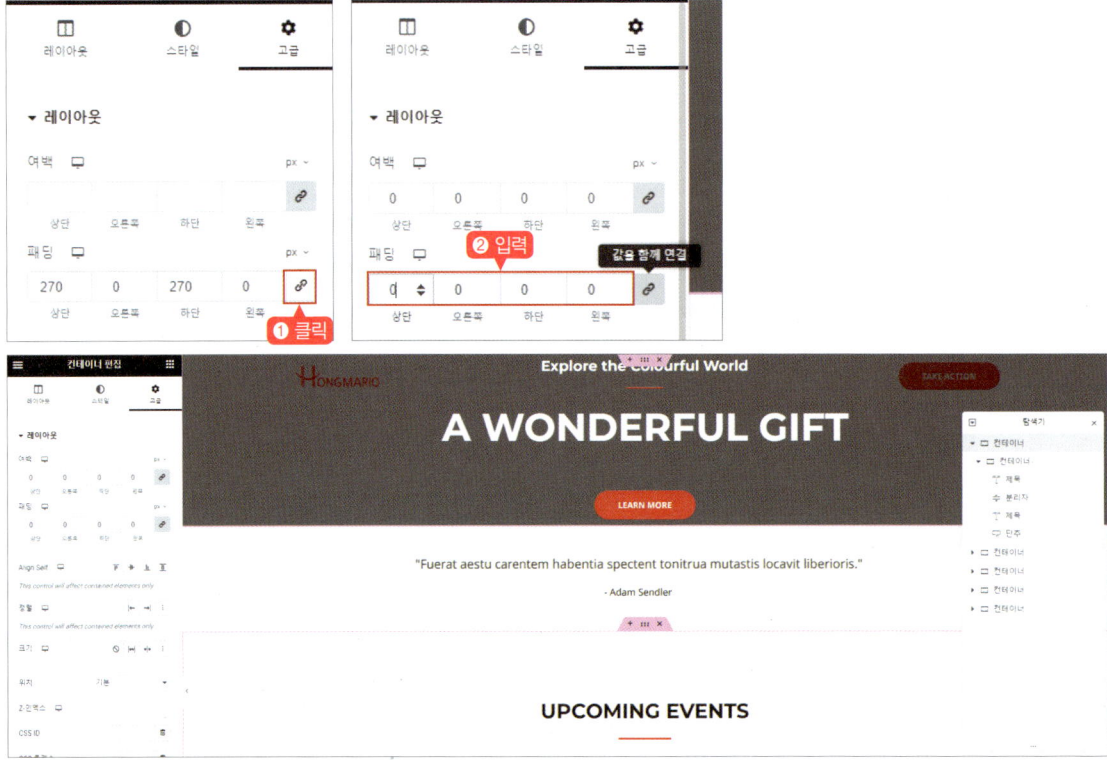

9 이제부터는 위 화면 우측에서 헤더 영역에 있는 다양한 엘리멘트들을 삭제해보겠습니다. 사이트 화면 가장 위에 있는 'Explore the colourful World'에 마우스를 갖다 대고 마우스 우 클릭합니다. 그러면 위 화면처럼 메뉴들이 보입니다. 맨 하단에 있는 [삭제]를 클릭합니다. 삭제를 하면 아래 화면처럼 보입니다.

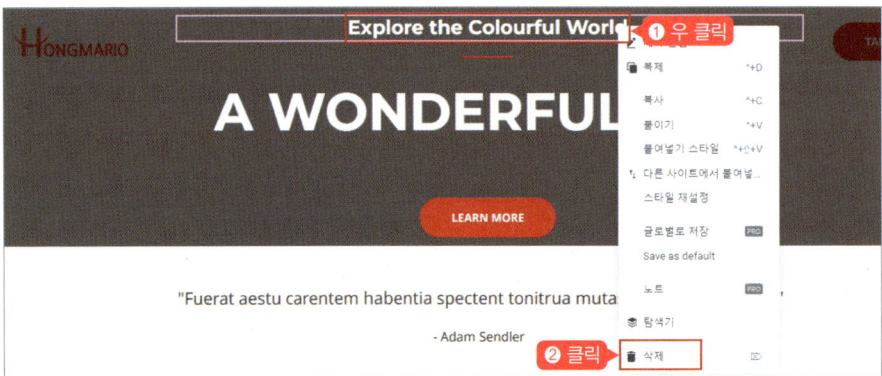

10 이번에는 다른 방법으로 삭제해보겠습니다. 우측 탐색기에서 첫 번째 컨테이너>컨테이너 아래 분리자(디바이더)에 마우스를 갖다 대고 우 클릭하면 위 화면처럼 하위 메뉴들이 보입니다. 마찬가지로 [삭제]를 클릭합니다.

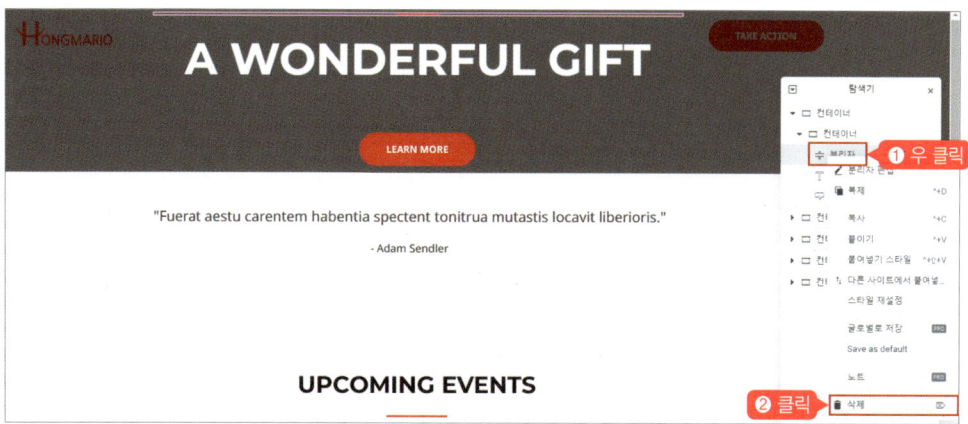

11 동일한 방법으로 컨테이너>컨테이너 아래 제목, 단추 메뉴도 삭제합니다.

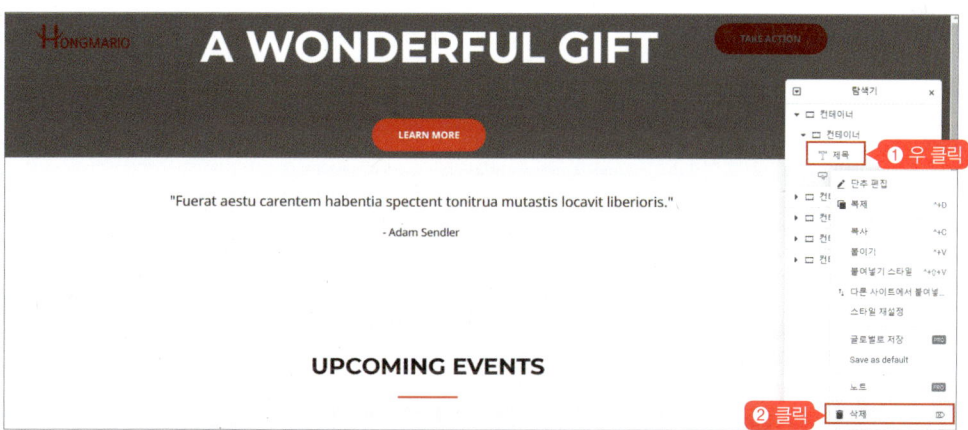

12 마지막으로 첫 번째 컨테이너 하위 컨테이너도 아래 화면처럼 삭제해 줍니다.

13 첫 번째 컨테이너만 남게 됩니다.

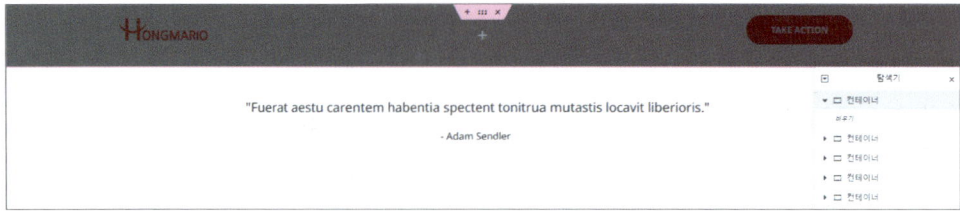

15 이제 슬라이드 삽입전에 모든 엘리멘트들의 삭제가 완료되었습니다. 완료된 화면은 위와 같이 보이고 네비게이터에는 칼럼(컨테이너) 아래에 아무것도 없는 것이 확인됩니다.

Prime Slider(General) Layout 설정

첫 번째 섹션에서 이제 Prime Slider(프라임 슬라이드)를 삽입해서 편집하도록 하겠습니다.

1 왼쪽 사이드바 상단 검정색 바에서 엘리멘트 아이콘(▦)을 클릭하고, 그 아래 검색창에 'prime'이라고 입력을 한 다음 Enter 키를 누릅니다. 그러면 검색창 아래에 프라임 슬라이드의 다양한 슬라이드들이 노출됩니다. 실습에서는 그 중 General 슬라이드로 편집하겠습니다.

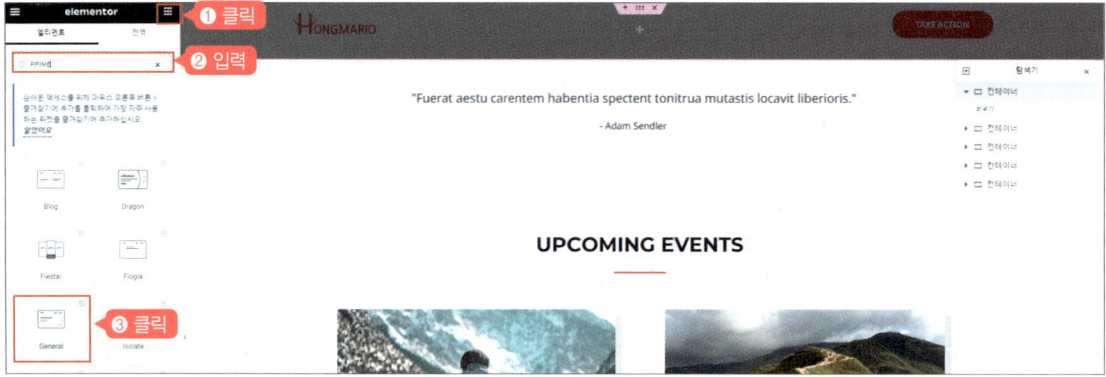

2 이제 마우스로 General 엘리멘트를 찍고, 마우스 드래그 앤 드롭으로 우측 상단 보라색 라인으로 화살표 점선 이동을 합니다 우측 보라색 라인은 앞에서 삭제한 첫 번째 컨테이너 아래 '비우기(우측 탐색기)'로 되어 있는 영역입니다.

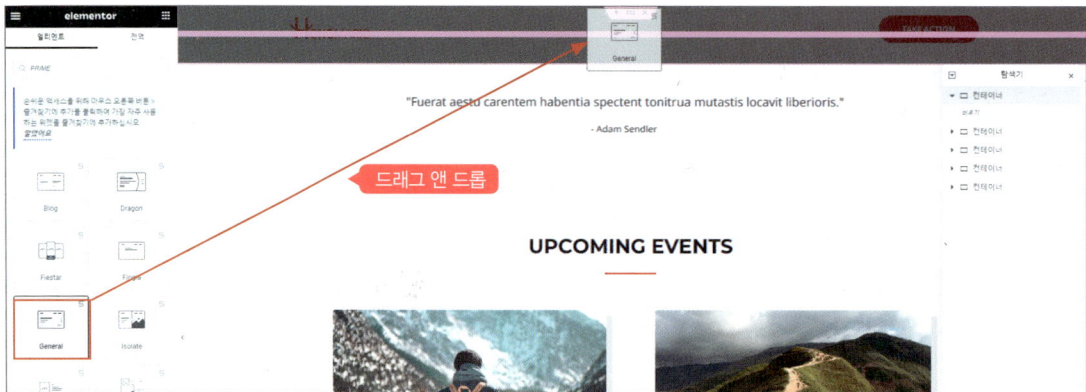

❸ General을 컨테이너 내부로 이동시키면 화면처럼 보입니다. 왼쪽 엘리멘트 편집 화면에는 Sliders가 보입니다. 스킨은 기본 그대로 놔두고 Slider Items를 편집하겠습니다.

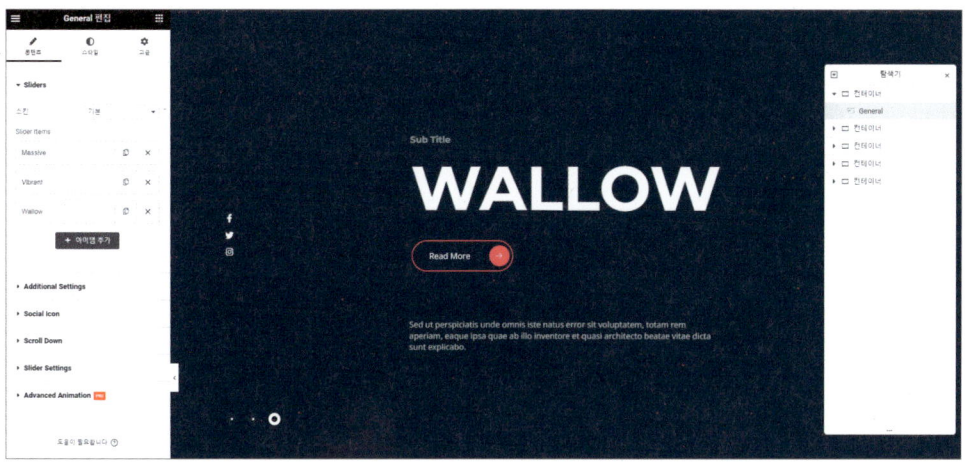

❹ Massive를 클릭하면 아래 화면처럼 보입니다. Slider 영역의 컨텐츠를 변경해 보겠습니다. 우선 텍스트 입력창부터 변경하겠습니다 아래 순서대로 변경을 진행합니다. 여러분들은 원하는 내용으로 입력합니다.

❶ Sub Title : NO.1 WORDPRESS AGENCY
❷ Title : HONGMARIO
❸ Button Link : /about
❹ Background : 이미지 아이콘 클릭 〉 03.head1.jpg 파일 선택

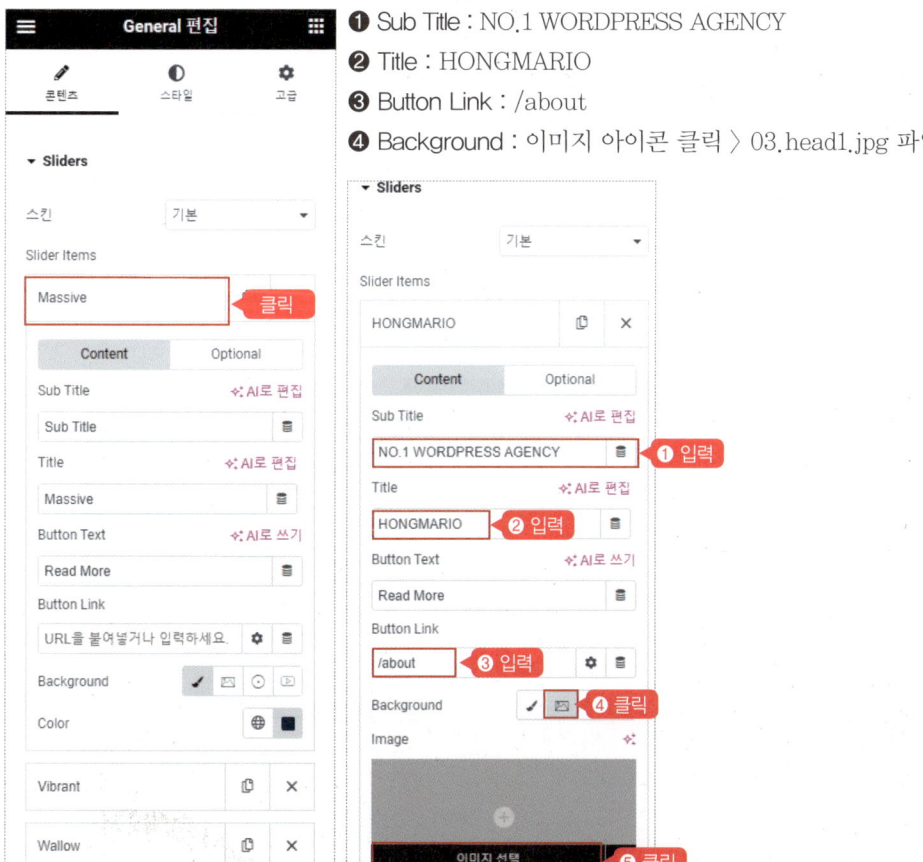

텍스트 입력창에 입력을 마쳤으면 Background(배경) 이미지를 변경하겠습니다. Background 우측에는 기본적으로 배경색 아이콘이 선택되어 있습니다. 두 번째 이미지 아이콘을 클릭합니다. 그러면 위 우측 화면처럼 보이게 되고 Image(이미지)아래 '이미지 선택'을 클릭합니다

5 미디어 삽입 팝업이 보이고 앞에서 업로드한 이미지들이 보입니다. '03-head1.jpg'를 선택하고우측 하단의 [선택] 버튼을 클릭합니다.

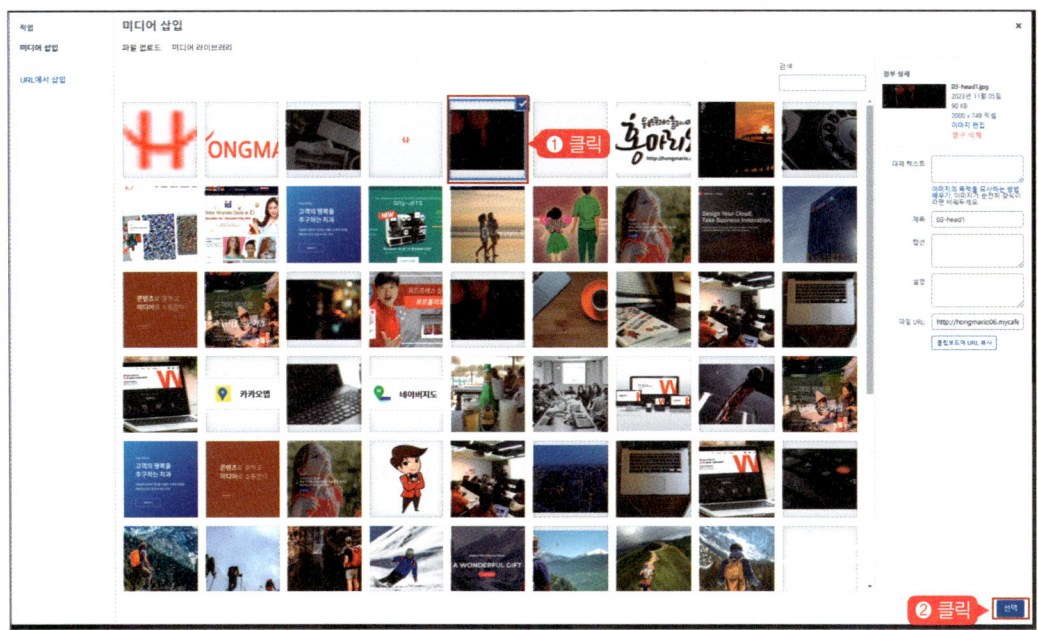

6 첫 번째 슬라이드의 이미지가 위 화면처럼 변경되었습니다. 이제 Content 탭 메뉴 우측의 'Optional' 탭 메뉴를 클릭하겠습니다 Optional 영역은 위 화면에서 버튼 아래 외국어로 되어 있는 Excerpt 영역입니다.

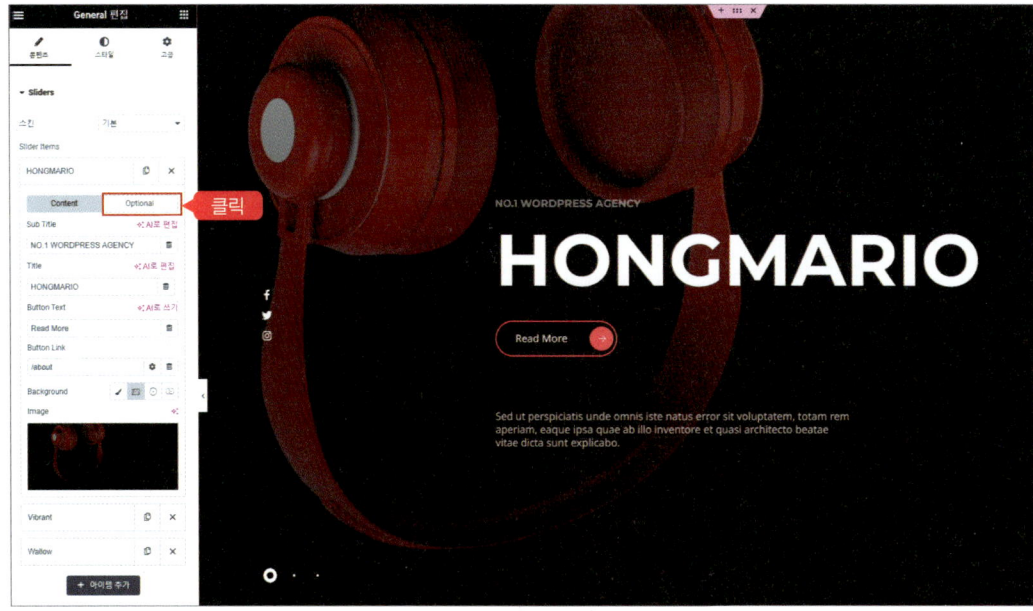

7 'Optional' 탭 메뉴를 클릭하면 Excerpt 내용이 보입니다. 실습에서는 외국어로 되어 있는 영역을 모두 지웁니다. 만약 여러분이 메인 슬라이드 버튼 아래 내용을 삽입하려면 Excerpt 편집창에 입력하면 됩니다.

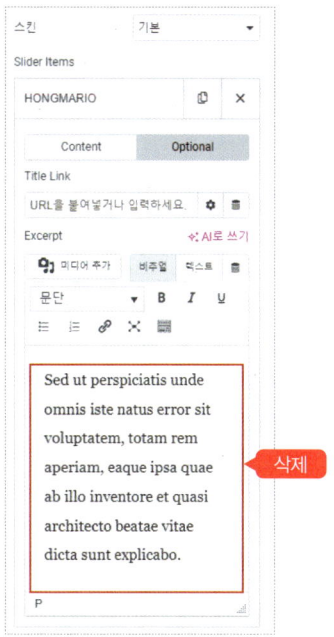

8 이제 첫 번째 슬라이드 내용이 완성되었습니다. 이제 2번째, 3번째 슬라이드를 제작해보겠습니다. 2, 3번째 슬라이드도 첫 번째와 마찬가지로 텍스트와 이미지를 변경해주어야 합니다. 하지만, 동일한 내용이고 이미지만 변경되기 때문에 첫 번째 슬라이드를 복사해서 진행하는 게 더 수월합니다. 위 화면에서 맨 아래에 보이는 'Vibrant' 제목 우측 끝에 'x'를 클릭하고, 'Wallow'도 x를 클릭해서 삭제해줍니다. 다음은 첫 번째 슬라이드 제목을 한번 클릭하면 펼치기 창이 닫히고 HONGMARIO 제목 우측의 복사아이콘(　)을 클릭을 2번 합니다.

9 이제 2번째 슬라이드를 변경하기 위해 두 번째 HONGMARIO를 클릭합니다.

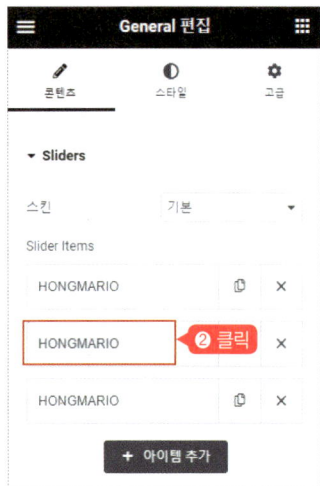

10 이제 2번째 슬라이드를 변경하기 위해 두 번째 HONGMARIO를 클릭합니다. 제목과 링크 등은 모두 동일하기 때문에 Image 영역에서 이미지에 마우스를 대고 '이미지 선택'을 클릭합니다.

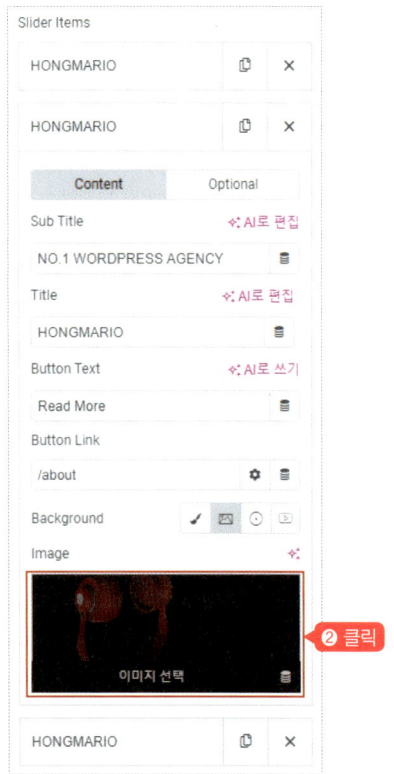

11 04-head2.jpg 이미지를 선택해서, [선택] 버튼을 클릭해서 2번째 슬라이드를 완성합니다.

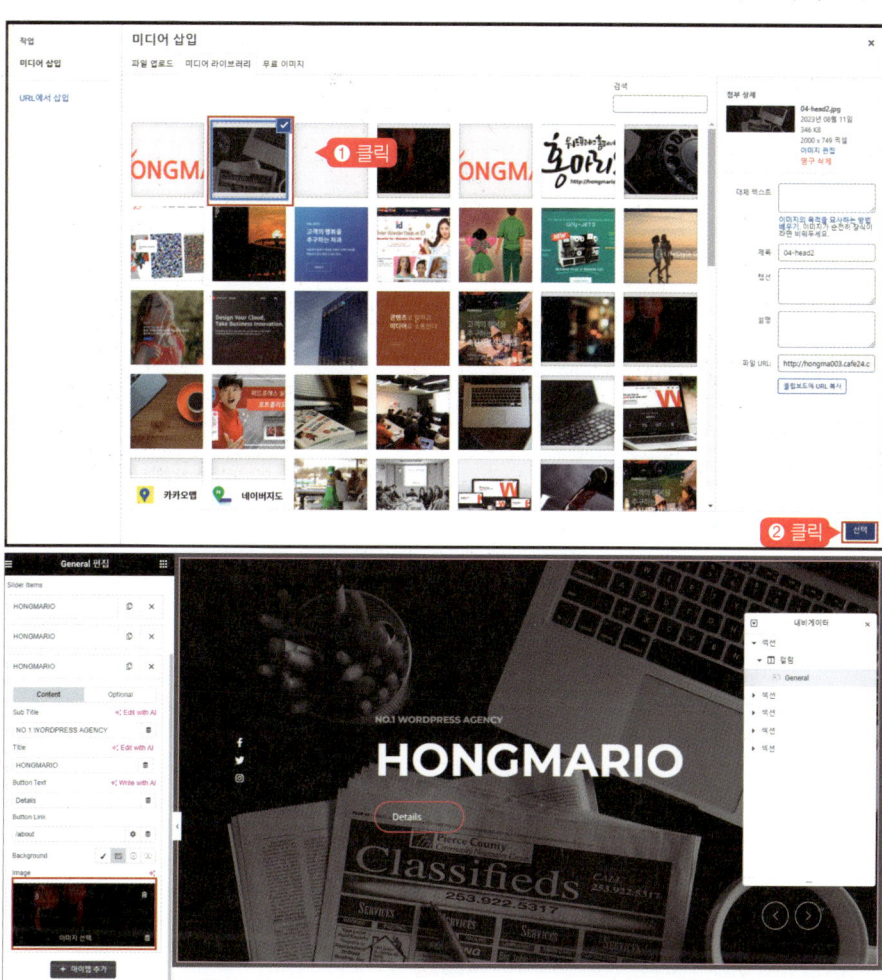

12 동일한 방법으로 3번째 슬라이드에서도 이미지(05-head3.jpg) 선택합니다.

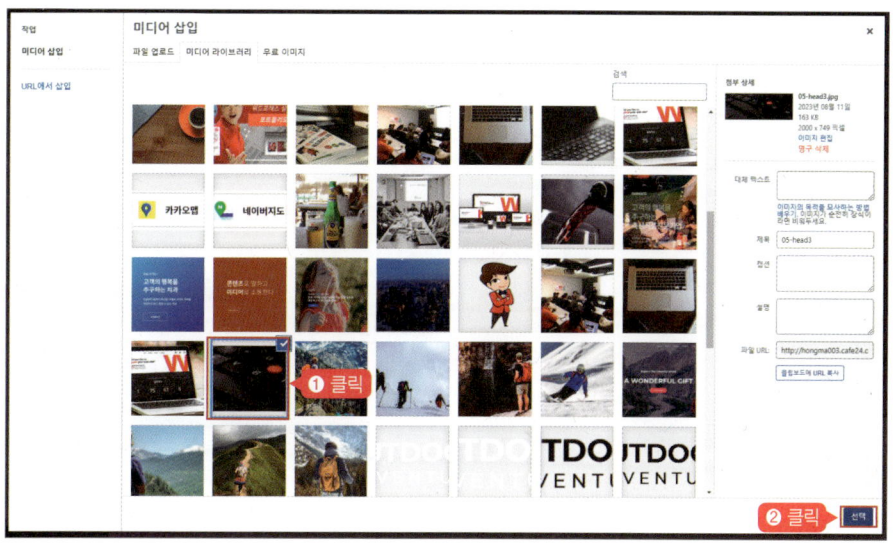

13 이제 슬라이드 3개의 컨텐츠와 배경이미지 등록이 완료되었습니다. 다음은 Additional Settings(추가 설정)을 클릭해서 설정으로 이동하겠습니다.

14 다음은 Additional Settings(추가 설정)을 클릭해서 설정으로 이동하겠습니다.

Additional Settings을 클릭하면 위 화면처럼 다양한 설정이 있는데 모두 기본 설정 상태로 놔두고 화면 중간 아래 show button icon, show Social icon, Show Scroll Button 을 비활성화 시킵니다. 비활성화시키면 우측 사이트 화면에서 비활성화로 수정한 영역들은 모두 사라지게 됩니다.

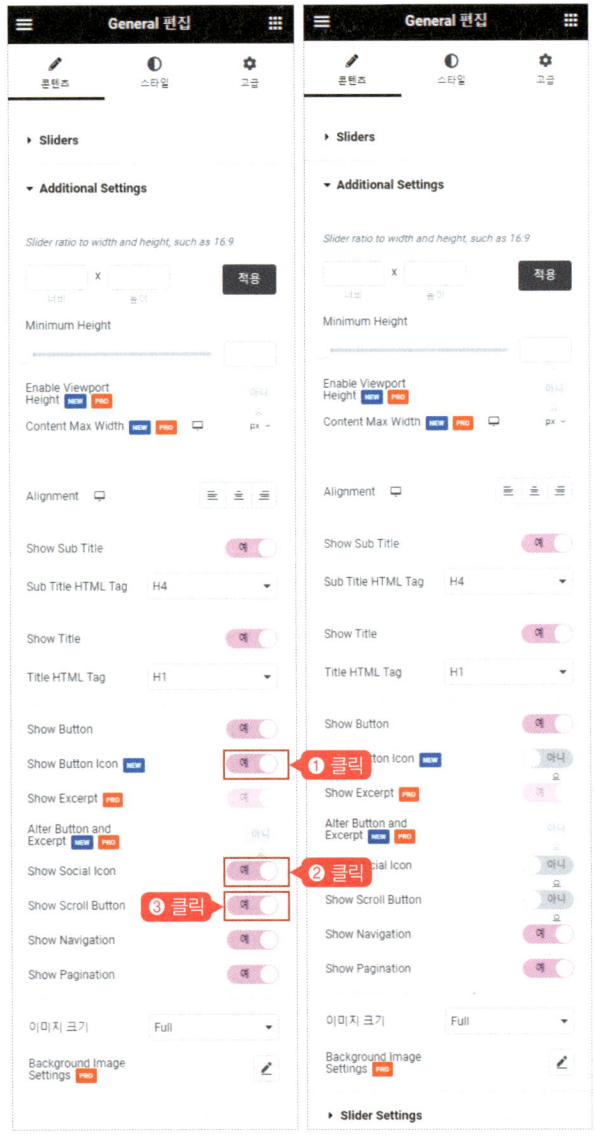

15 다음은 Slider Settings를 클릭해서 펼쳐주고 Autoplay Interval 입력창에서 '7000' → '3000'으로 변경합니다. Autoplay Interval(오토플레이 인터발)은 슬라이드 1에서 2로 넘어갈 때 시간을 말합니다. ms단위기 때문에 7000ms는 7초가 되고 너무 느리다고 판단되면 실습처럼 3000ms로 변경하면 됩니다.

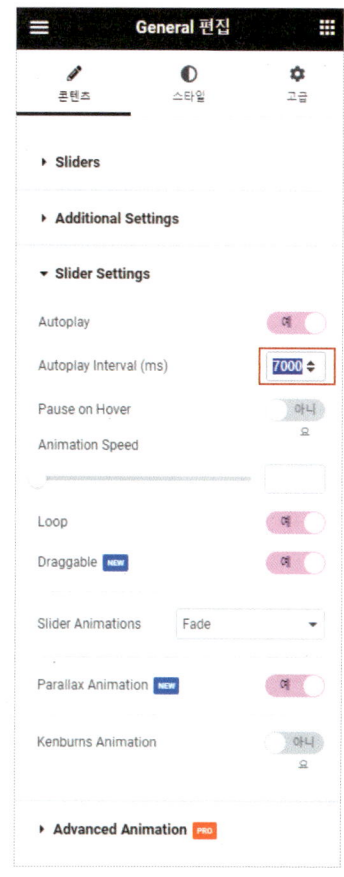

16 이제 모든 슬라이드 컨텐츠 설정을 마쳤습니다. 왼쪽 하단에 있는 핑크색 [업데이트] 버튼을 클릭해서 지금까지 작업한 모든 내용을 저장합니다.

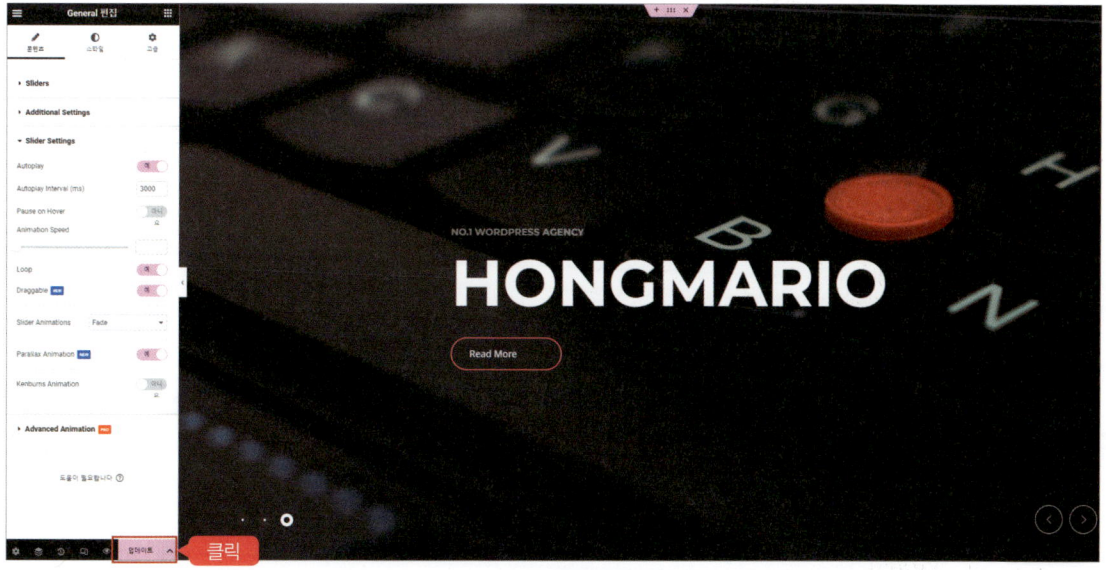

Prime(General) Slider - 스타일 설정

슬라이드의 콘텐트 영역의 설정을 모두 마쳤습니다. 다음은 General 편집의 두 번째 단계인 '스타일'영역을 설정하겠습니다.

스타일 메뉴를 클릭하면 ❶ Sliders ❷ Navigation 이 보입니다. 먼저 Sliders 영역을 수정하도록 하겠습니다.

1 스타일의 첫 번째 Sliders의 Overaly는 프로 영역이라 패스하고, Title탭 메뉴에서 Typography(글씨)를 보면 우측 끝에 연필 아이콘이 보입니다. 연필 모양 아이콘을 클릭합니다. 클릭하면 위 우측 화면처럼 보이고 폰트 크기를 '120'로 변경합니다.

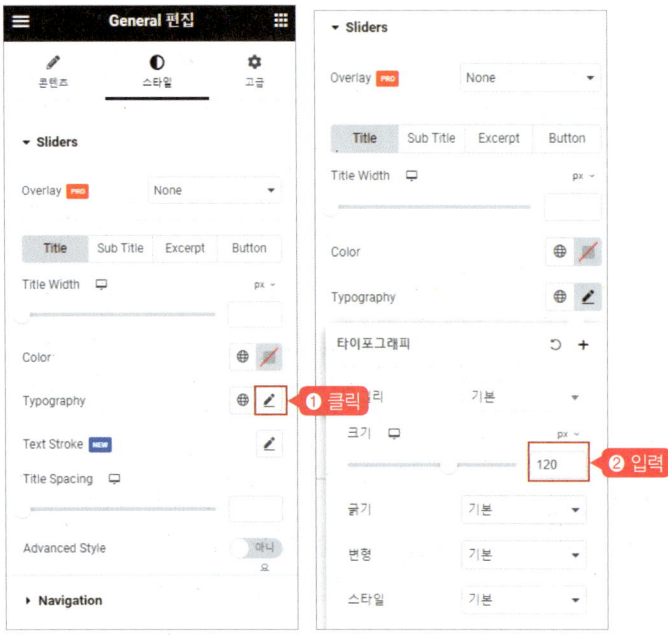

2 이제 Sub Title 탭 메뉴를 클릭합니다. Sub Title(서브 제목)에서는 Color(색상)만 변경하도록 하겠습니다. Color 우측 끝 색상 아이콘을 클릭하면 위 화면처럼 색상선택기가 팝업으로 보입니다. 그러면 아래 색상코드 값에 '#FFF(흰색)'를 입력합니다. . 이제 마우스로 색상 선택기 밖에 빈 공간을 클릭하면 색상 선택기가 사라집니다. 우측 사이트 화면을 보면 'NO.1 WORDPRSS AGENCY'텍스트가 흰색으로 변경된 것을 확인할 수 있습니다.

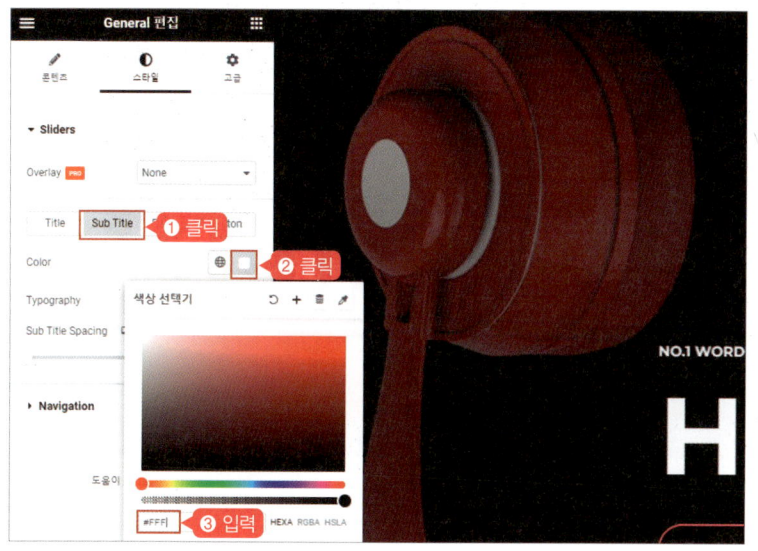

3 다음은 [Button]영역을 변경하겠습니다. [Button] 탭 메뉴를 클릭하고, Color 우측 끝 아이콘을 클릭합니다. 다음은 그 아래 Backgrond Type(배경타입)입 기본 아이콘을 클릭하고 아래에 보이는 색상 아이콘을 클릭합니다.

색상 선택기 팝업이 뜨면 홍마리오 로고 색상코드 값 '#C62434'를 입력합니다. 참고로 주 색상값은 자주 사용하기 때문에 메모장에 색상코드 값을 [복사>붙여넣기]해서 저장하고 실습을 하면 더욱 편리합니다.

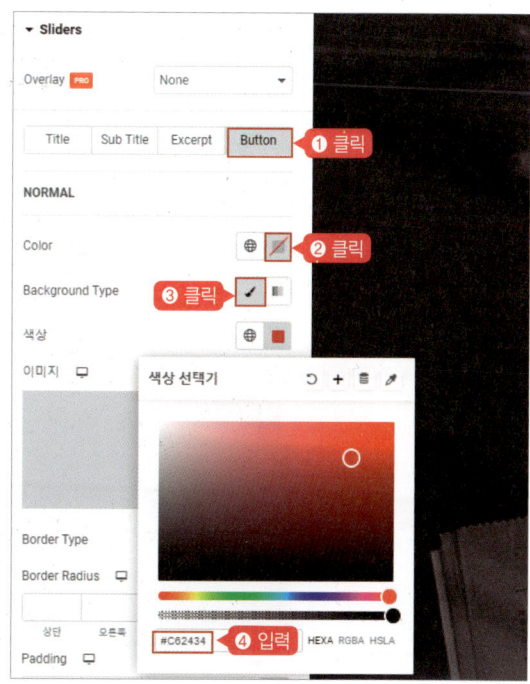

4장_회사 홈페이지 제작 실습 **357**

4 색상 아래에 있는 테두리 유형에서 우측 선택 박스에서 '없음'을 선택합니다.

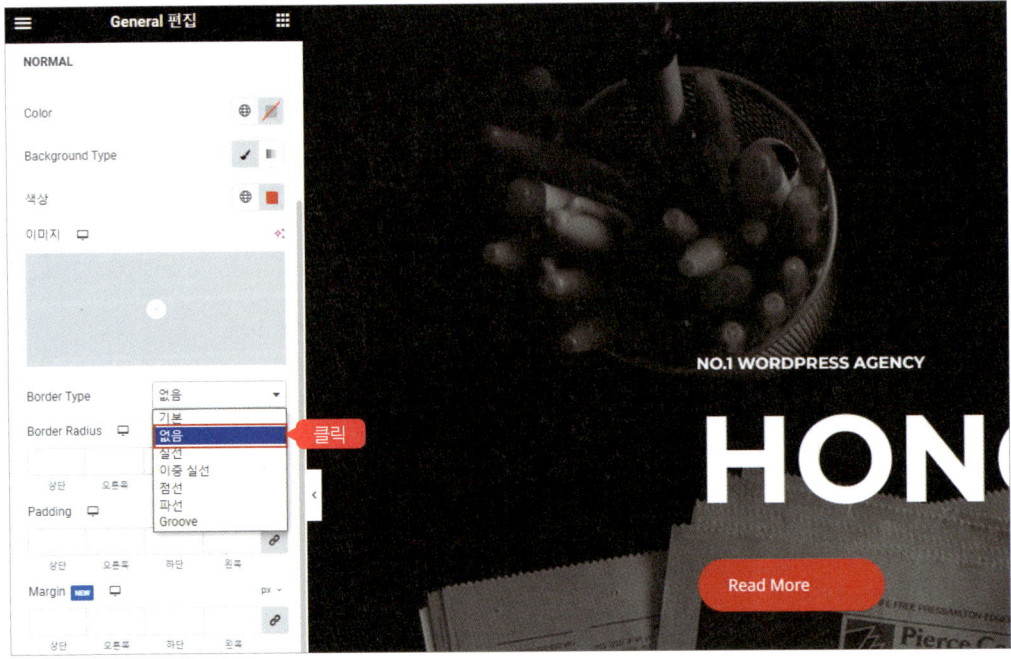

5 버튼 배경 색상과 버튼 테두리가 없음으로 변경되었습니다. 이제 마지막으로 Navigation(네비게이션)을 변경하도록 하겠습니다. Navigation은 슬라이드 우측 하단에 위치해 있습니다. 마우스 Hover를 하면 색상이 변경되는데 현재 실습 로고색으로 수정하도록 하겠습니다. 위 화면에서 왼쪽 엘리먼트 편집창 아래의 Navigation을 클릭합니다.

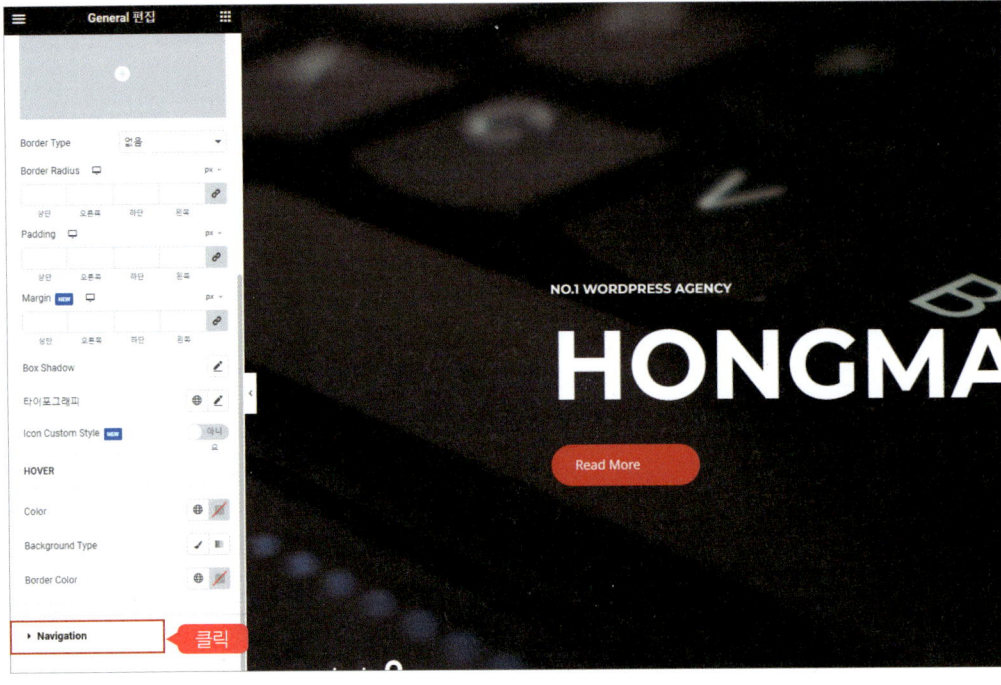

6 Navigation을 클릭해서 탭 메뉴에서 [Hover]를 클릭합니다. 배경 색을 변경할 것이기 때문에 'Background Type(배경 타입)'에서 기본(Classic) 아이콘을 클릭합니다. 그러면 위 중간 화면처럼 색상이 아래에 보이고 색상아이콘을 클릭하면 색상 선택기 팝업이 뜹니다. 색상코드값(#C62434)를 입력합니다.

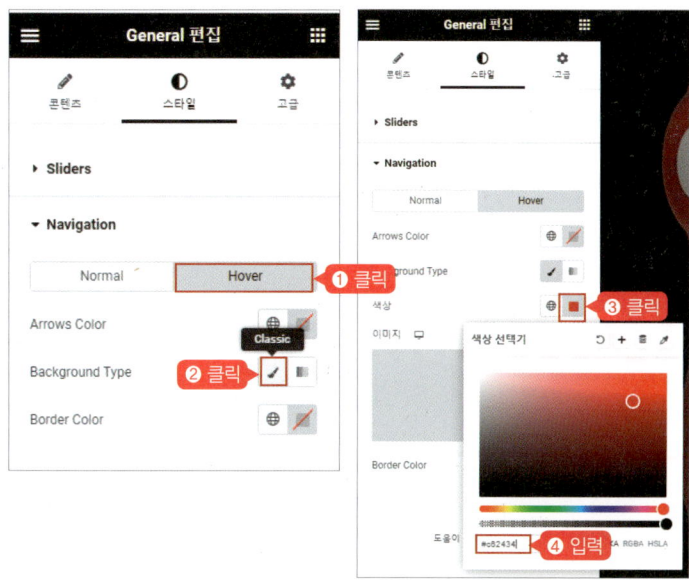

7 우측 슬라이드 아래 화면에 보면 마우스 hover시 색상이 변경된 것을 확인할 수 있습니다.

Prime(General) Slider - 고급 설정

프라임 슬라이드의 고급설정은 Prime Slider에서 기본적으로 설정이 다 되어 있기 때문에 기본 상태 그대로 놔두고 마무리합니다. 이제 슬라이드 관련 모든 설정을 마쳤습니다. 왼쪽 사이드바 General 편집 화면 맨 아래에서 [업데이트] 버튼을 클릭합니다.

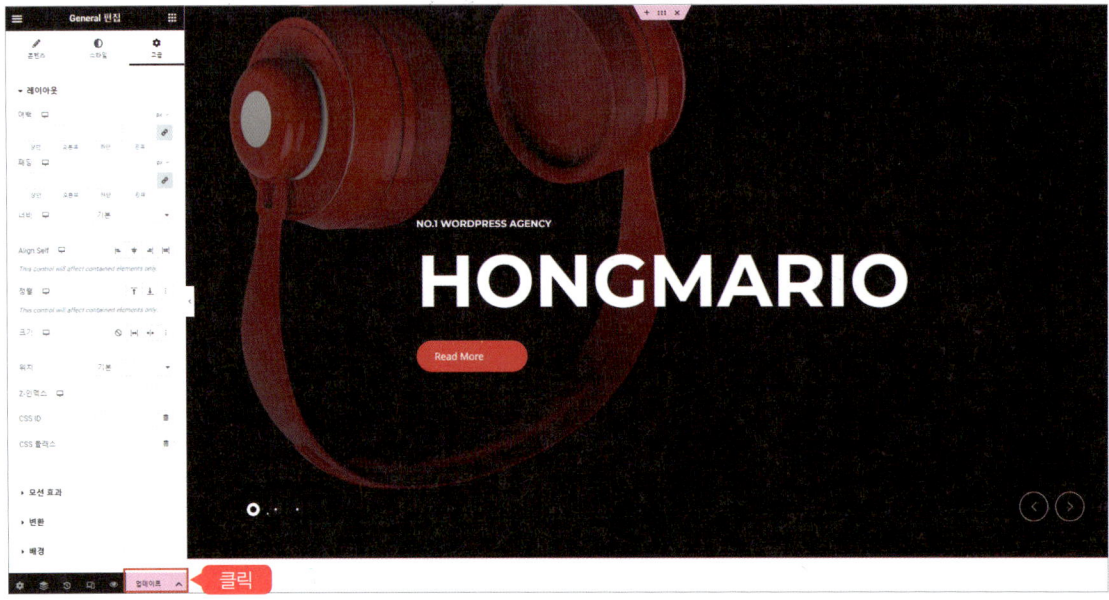

BUSINESS 섹션 설정

메인 슬라이드 영역 설정이 끝났고 이제 두 번째 섹션인 BUSINESS 섹션 작업에 들어가겠습니다. 먼저 실습 예제 사이트에서 BUSINESS(비즈니스) 섹션을 확인해 보겠습니다.

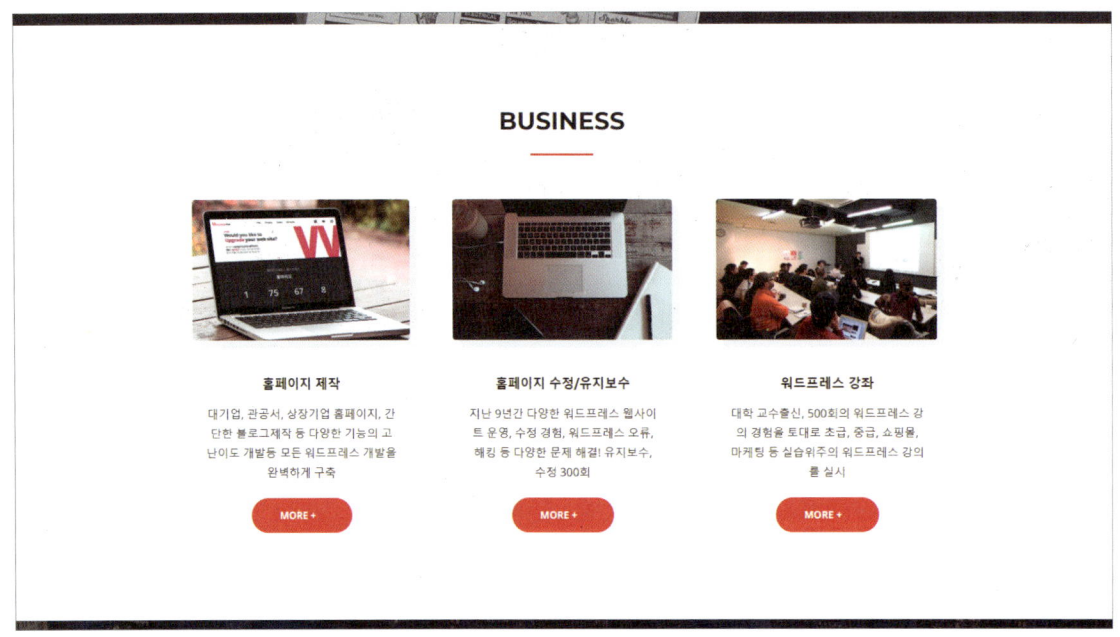

실습 예제 사이트(https://hongmario03.mycafe24.com)의 비즈니스 섹션을 보면 상하 어느정도 공간(패팅값)을 주고 좌우도 여백이 어느정도 있는 상태에서 제목 아래 3개의 이미지, 텍스트, 단추(버튼)으로 구성되어 있습니다. 일반적으로 홈페이지에서는 이런 구조를 3칼럼(컨테이너) 구조라고 합니다. 이제 실습 예제 사이트를 확인하였고 실습으로 들어가도록 하겠습니다.

1 이제 본인의 실습 사이트로 와서 슬라이드 아래 영역에 외국어로 된 문구 상단에 마우스를 대면 위 화면처럼 보입니다. 핑크색 섹션 아이콘 중 우측 끝에 '섹션 삭제' 아이콘을 클릭해서 삭제합니다. 또는 우측 탐색기에서 두 번째 컨테이너에 마우스 우 클릭해서 삭제해도 됩니다.

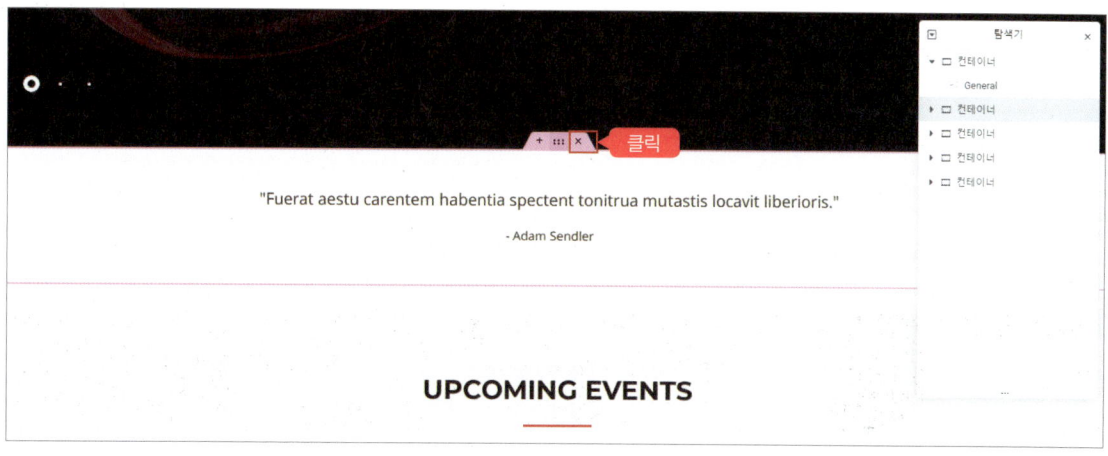

2 앞에 큰 따옴표 외국어가 삭제되었습니다. 그러면 아래 화면처럼 보입니다. 이제 비즈니스 섹션을 수정하기 위해 위 화면 UPCOMING EVENTS 위 섹션 편집 중간에 점 6개(섹션 편집)을 클릭합니다. 실습에서는 톤 앤 매너(홈페이지에서 섹션별로 밝고 어둡게 등으로 차이를 두는 표현)을 맞추기 위해 배경색을 흰색으로 하겠습니다.

3 섹션 편집을 클릭하면 왼쪽 섹션 편집창이 보입니다. 상단 탭 메뉴에서 두 번째 '스타일' 메뉴를 클릭합니다. 배경 타입의 기본 아이콘을 클릭하면 색상 아이콘이 생깁니다. 색상 아이콘을 클릭합니다. 색상아이콘을 클릭하면 색상 선택기가 나타나고 색상코드값(#FFF)를 입력합니다.

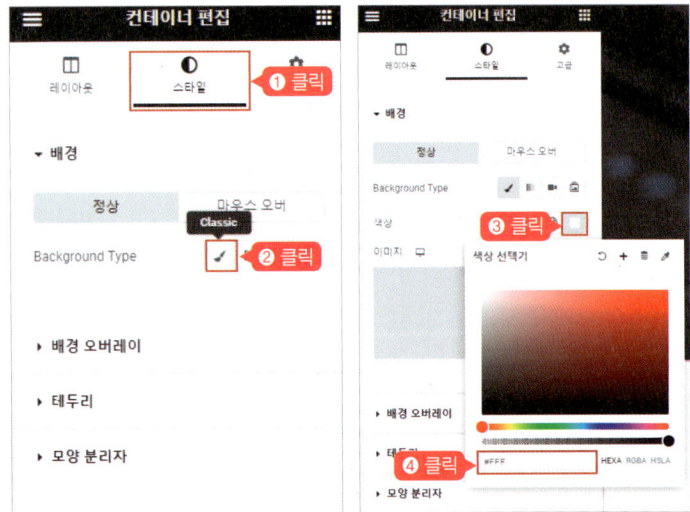

4 배경색이 흰색으로 바뀌었습니다. 이제 제목을 변경해 보겠습니다 'UPCOMING EVENTS' 제목을 클릭합니다.

5 왼쪽에 제목 편집창이 보입니다. 제목 입력창에 'BUSINESS'라고 입력합니다. 제목이나 텍스트 에디터 편집시에는 편집창에서 입력해도 되고, 우측 사이트에서 바로 입력해도 됩니다. 다만, 정확하게 하려면 편집창에서 입력하는 것을 추천합니다.

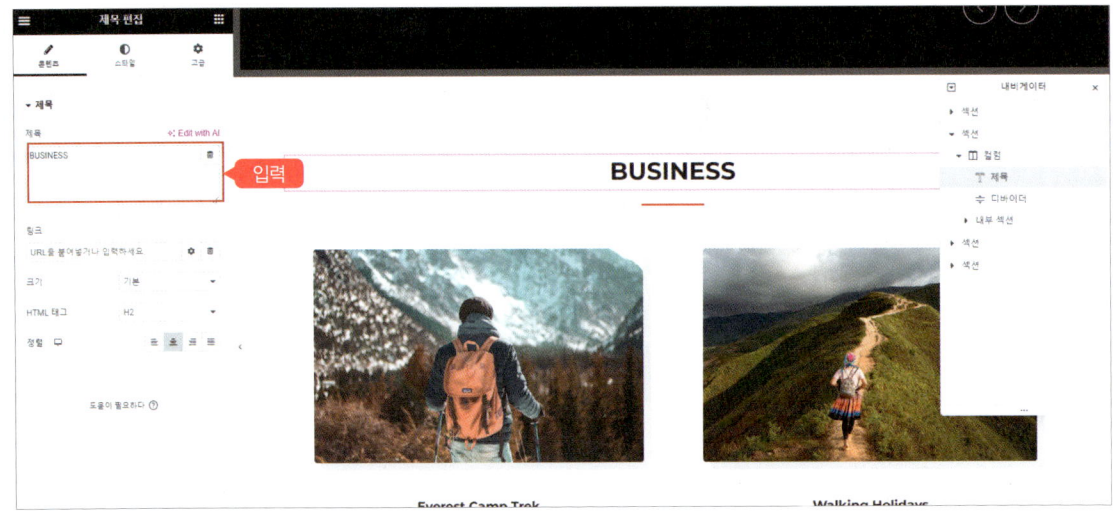

6 다음은 현재 2칼럼(컨테이너)인 레이아웃을 3칼럼(컨테이너)으로 바꾸고 이미지, 제목, 텍스트, 단추(버튼)을 순차적으로 변경해보겠습니다. 먼저 왼쪽 이미지부터 변경하겠습니다. 왼쪽 백팩을 매고 등산하는 아저씨 이미지를 클릭하면 이미지 우측 상단에 편집 아이콘이 보입니다 이미지 편집 아이콘을 클릭합니다

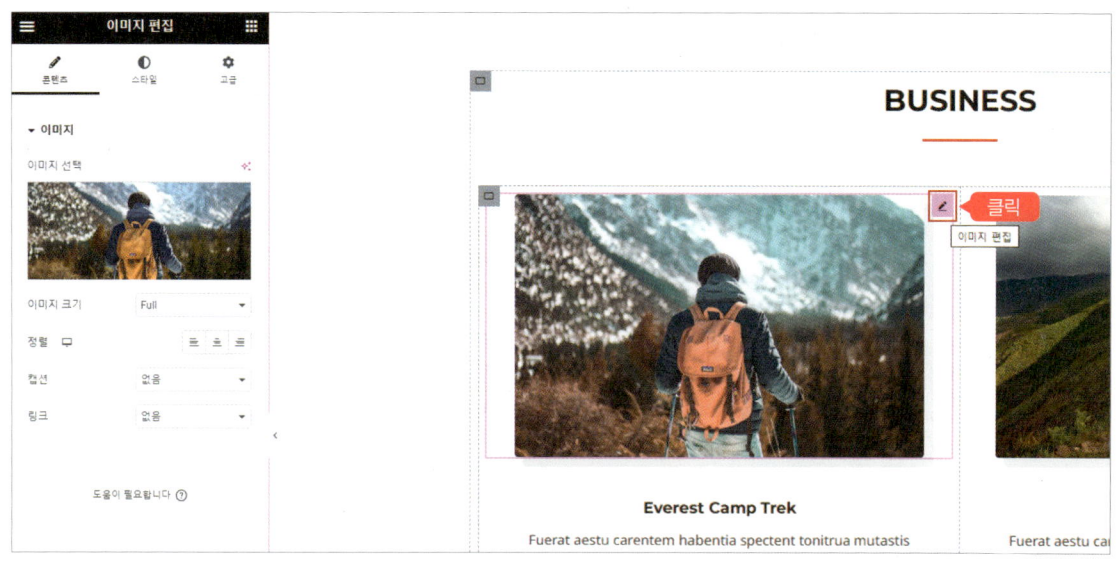

7 이미지 편집창이 왼쪽에 보입니다. 이미지 위에 마우스를 대고 [이미지 선택]을 클릭합니다.

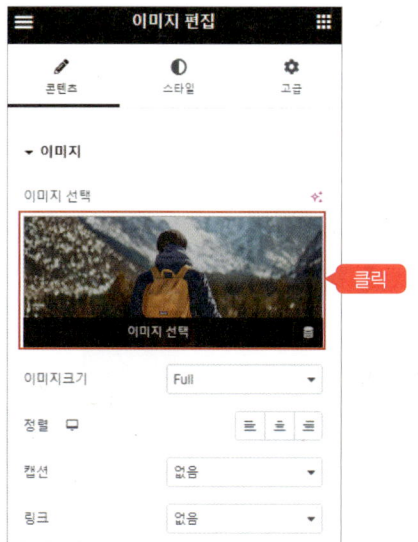

8 06-biz1.jpg를 선택하고 우측 하단의 [선택] 박스를 클릭합니다. 여러분들이 다른 이미지를 삽입하려면 현재 실습이미지 사이즈(644*402픽셀)와 유사한 비율의 이미지로 대체해서 등록하고 삽입하면 됩니다.

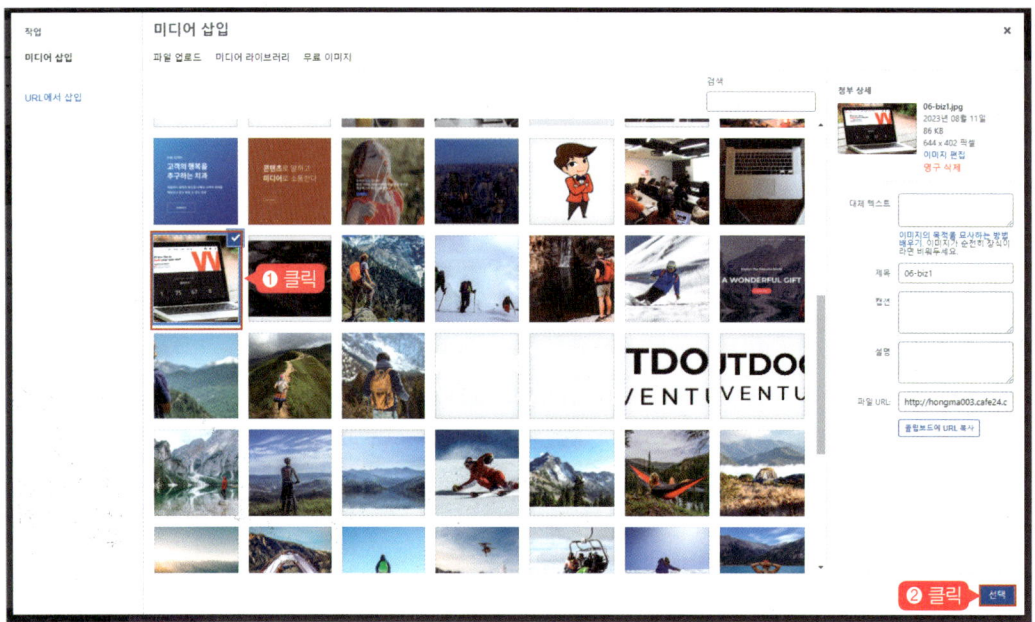

9 왼쪽 첫 번째 이미지가 변경되었습니다. 이제 이미지 아래 텍스트 영역을 클릭하면 위 화면처럼 텍스트 우측 상단에 '이미지 상자 편집' 아이콘이 보입니다. 편집 아이콘을 클릭합니다.

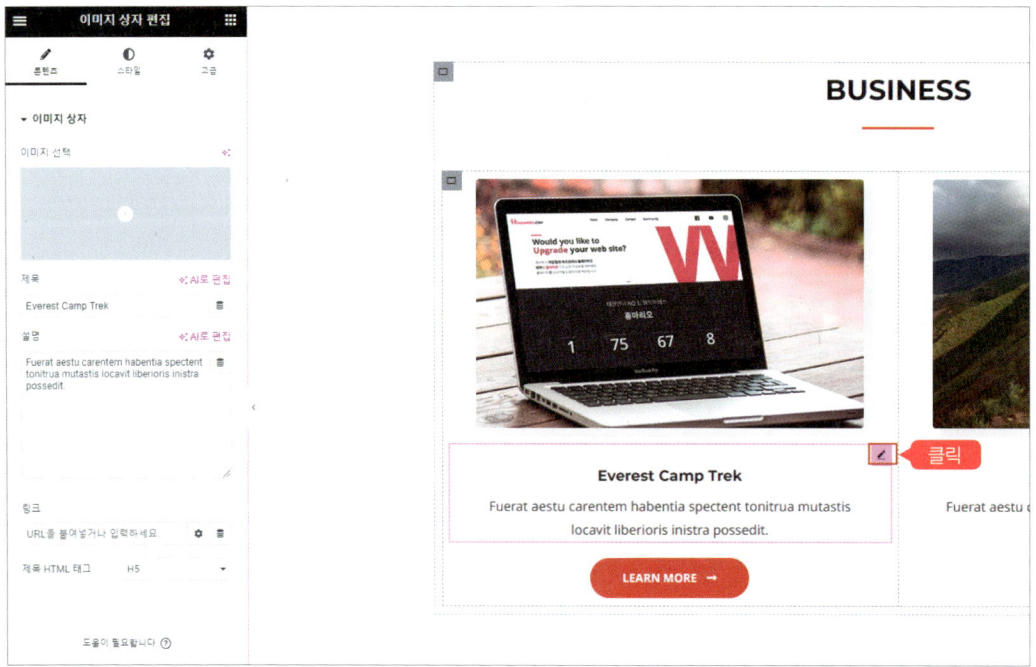

10 이미지 상자 편집창이 왼쪽에 보입니다 이제 제목과 설명 글을 변경하겠습니다. 아래 내용을 변경합니다.

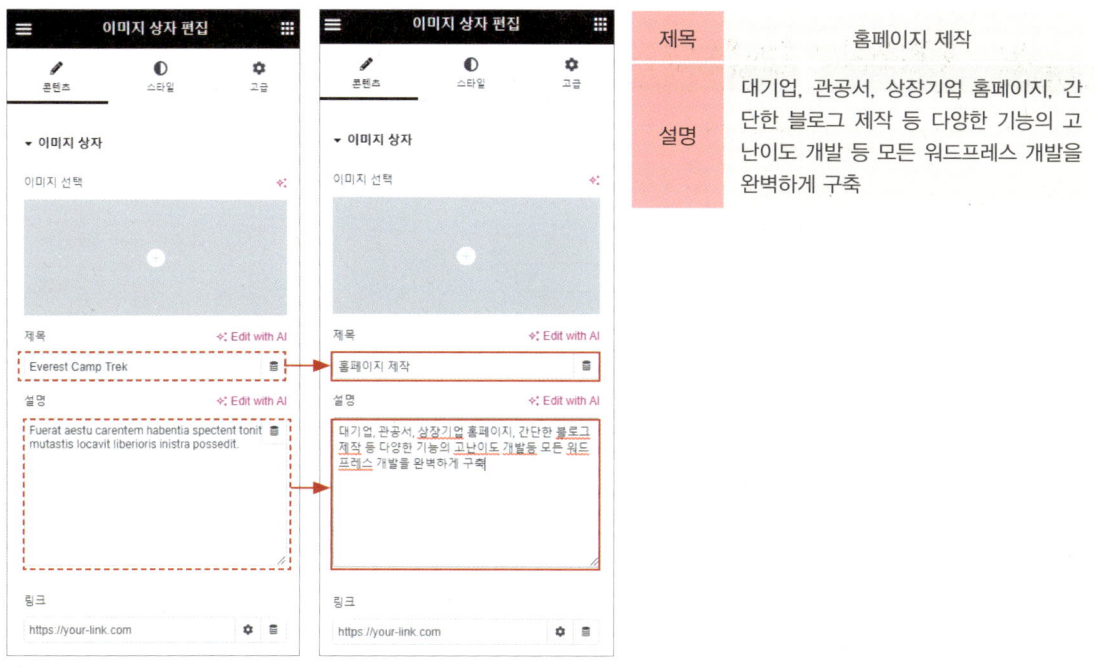

제목	홈페이지 제작
설명	대기업, 관공서, 상장기업 홈페이지, 간단한 블로그 제작 등 다양한 기능의 고난이도 개발 등 모든 워드프레스 개발을 완벽하게 구축

11 이제 왼쪽 칼럼(컨테이너)에 제목과 설명글이 변경되었습니다. 마지막으로 맨 아래에 있는 단추(버튼)을 변경하겠습니다.

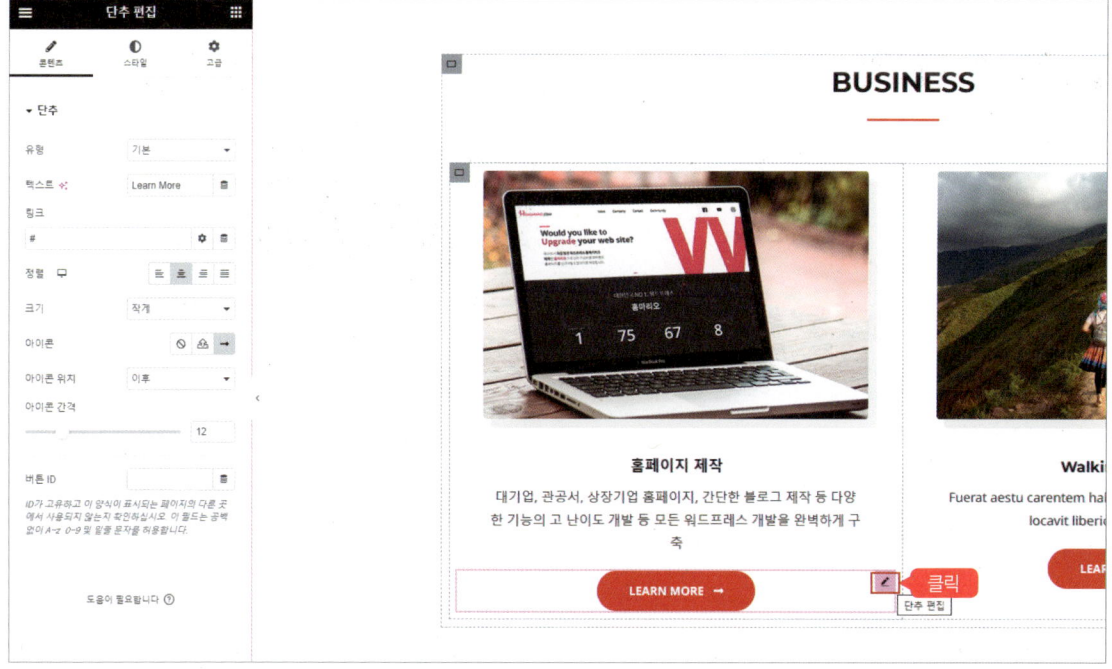

4장_회사 홈페이지 제작 실습 365

12 이제 'LEARN MORE'단추(버튼)을 변경해보겠습니다. 엘리멘트에서는 Button(버튼) 한글 해석을 단추라고 표현하고 있으니 참고 바랍니다. 'LEARN MORE' 단추(버튼)을 클릭해서 우측에 보이는 단추(버튼) 편집 아이콘을 클릭합니다.

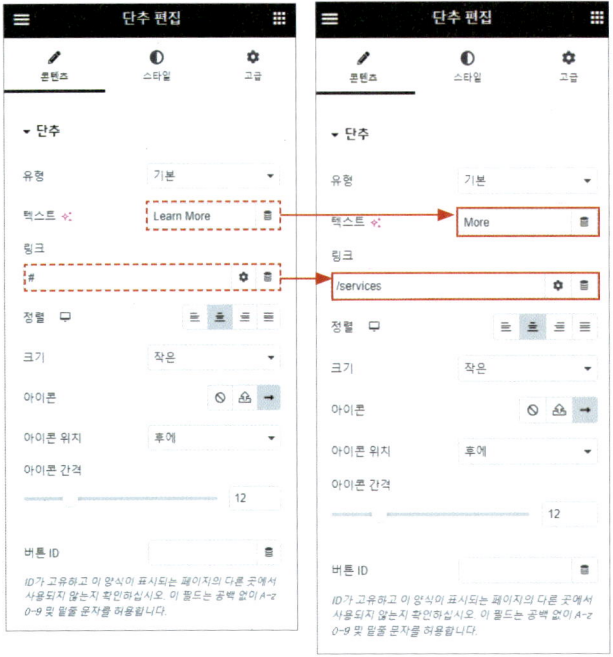

13 왼쪽 텍스트 입력창, 링크 입력창을 변경하겠습니다. 텍스트 입력창에 'Learn More' → 'More'로 변경하고, 링크 주소를 '#' → '/services'로 변경합니다.

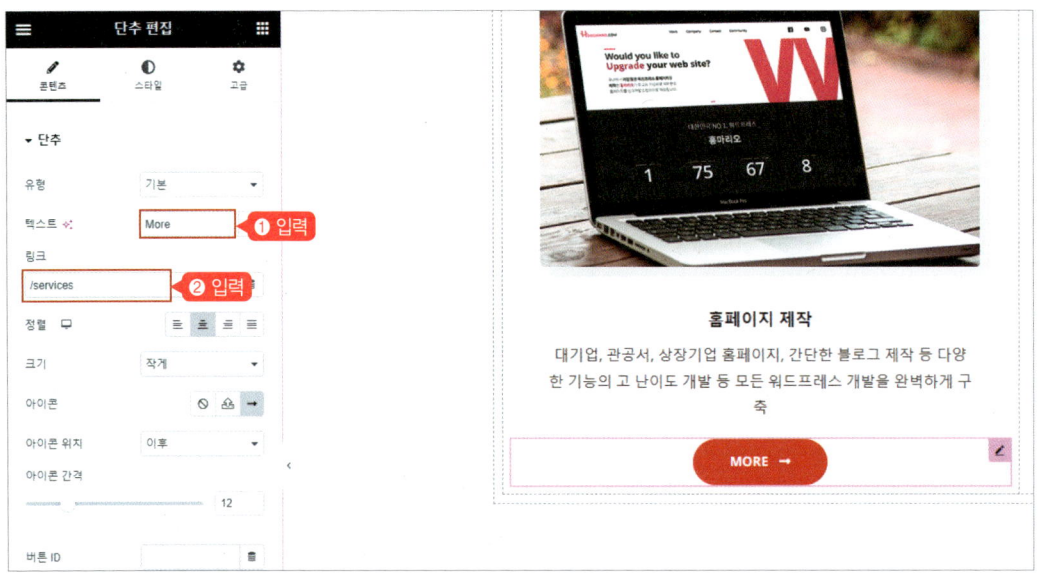

14 위 화면과 같이 왼쪽 첫 번째 칼럼(컨테이너)이 완성되었습니다. 이제 3칼럼(컨테이너)으로 만들기 위해 첫 번째 칼럼(컨테이너)을 복사를 할 예정이고, 우측에 영어로 된 칼럼(컨테이너)은 삭제하도록 하겠습니다. 또한 우측 탐색기도 편의상 창을 닫고 진행하겠습니다. 영어로 된 이미지 왼쪽 상단에 마우스를 갖다 대면 위 화면처럼 컨테이너 편집 아이콘( )이 보입니다

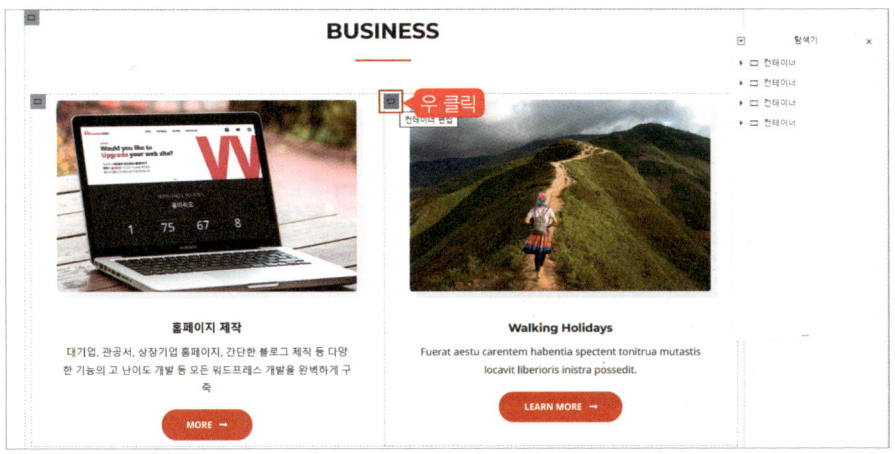

15 컨테이너 편집 아이콘에 마우스 우 클릭을 하면 메뉴들이 보입니다 맨 아래 [삭제]를 클릭합니다. 그리고 탐색기도 제목 우측의 'x'단추(버튼)을 클릭해서 삭제합니다.

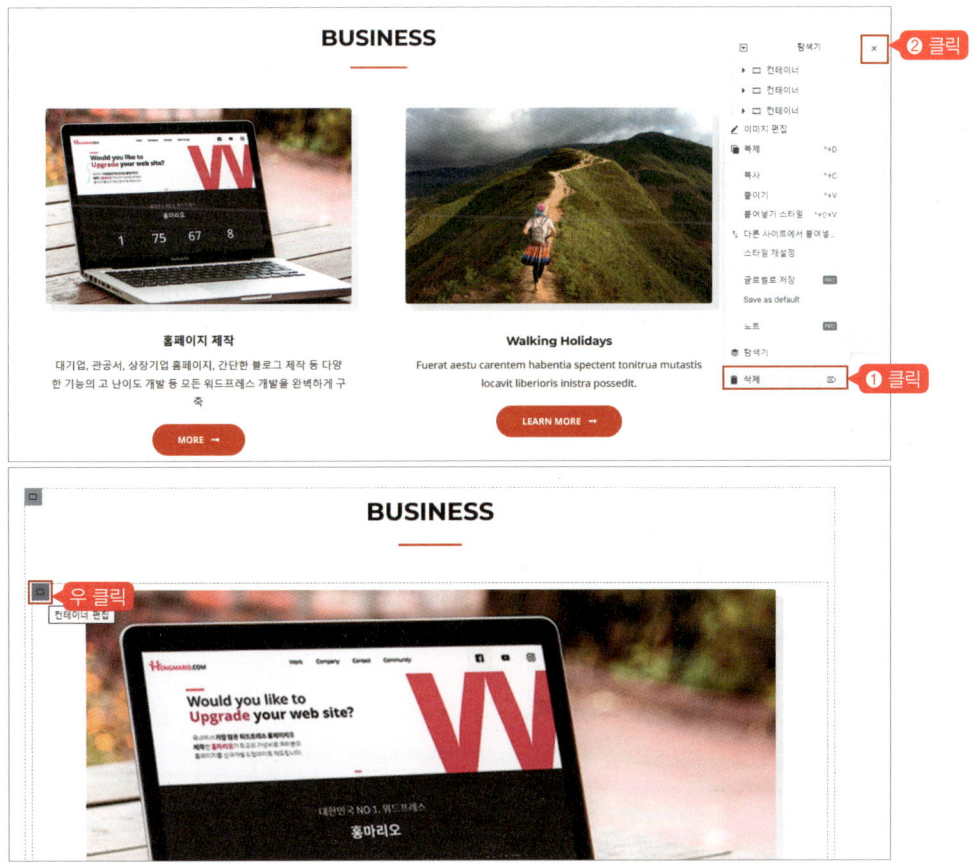

16 영어 컨테이너가 삭제되었고 앞에서 작성한 컨테이너 한 개만 보입니다. 위 화면에 표시된 '컨테이너 편집 아이콘 위치에 마우스를 가져가면 컨테이너 편집 아이콘이 보입니다.

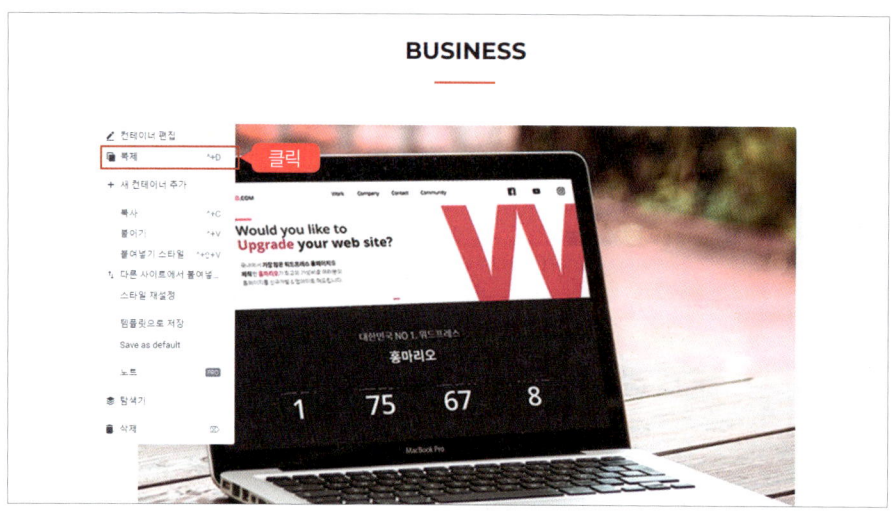

17 컨테이너 편집 아이콘을 우 클릭해서 나타나는 메뉴 중 두 번째 '복제'를 클릭합니다. 같은 방법으로 한번 더 클릭해서 3칼럼(컨테이너)으로 만듭니다

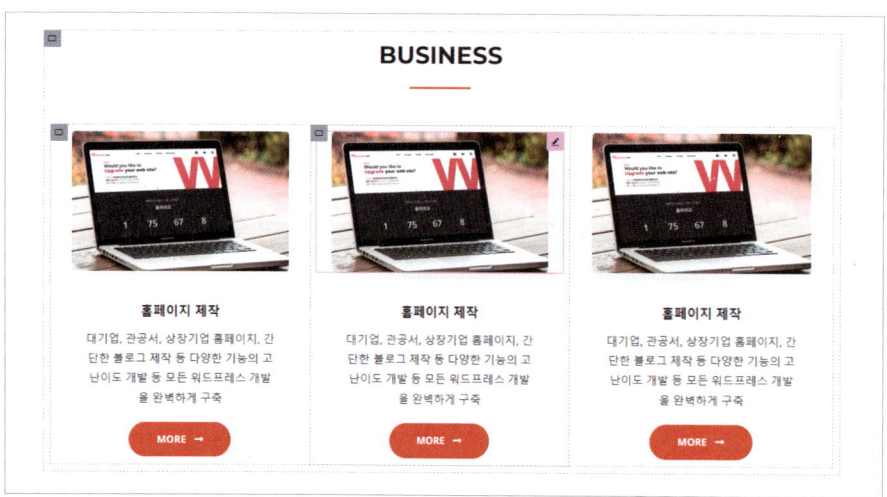

18 두 번째, 세 번째 칼럼(컨테이너)이 완성되었습니다 두 번째 세 번째 칼럼(컨테이너) 내용을 첫 번째 칼럼(컨테이너)과 같은 방법으로 입력하겠습니다.

〈두 번째 칼럼〉

이미지	07-biz2.jpg
제목	홈페이지 수정/유지보수
설명	지난 9년간 다양한 워드프레스 웹사이트 운영, 수정 경험, 워드프레스 오류, 해킹 등 다양한 문제 해결! 유지보수, 수정 300회

〈세 번째 칼럼〉

이미지	08-biz3.jpg
제목	워드프레스 강좌
설명	대학 교수출신, 500회의 워드프레스 강의 경험을 토대로 초급, 중급, 쇼핑몰, 마케팅 등 실습위주의 워드프레스 강의를 실시

19 회사 홈페이지 실습 예제사이트(https://hongmario03.mycafe24.com)에 접속해서 위 화면처럼 텍스트를 복사〉붙여넣기 해서 진행해도 되고 카페 첨부파일에 있는 텍스트 파일을 열어서 복사〉붙여넣기 해도 됩니다. 당연히 여러분들이 직접 내용을 작성해도 됩니다.

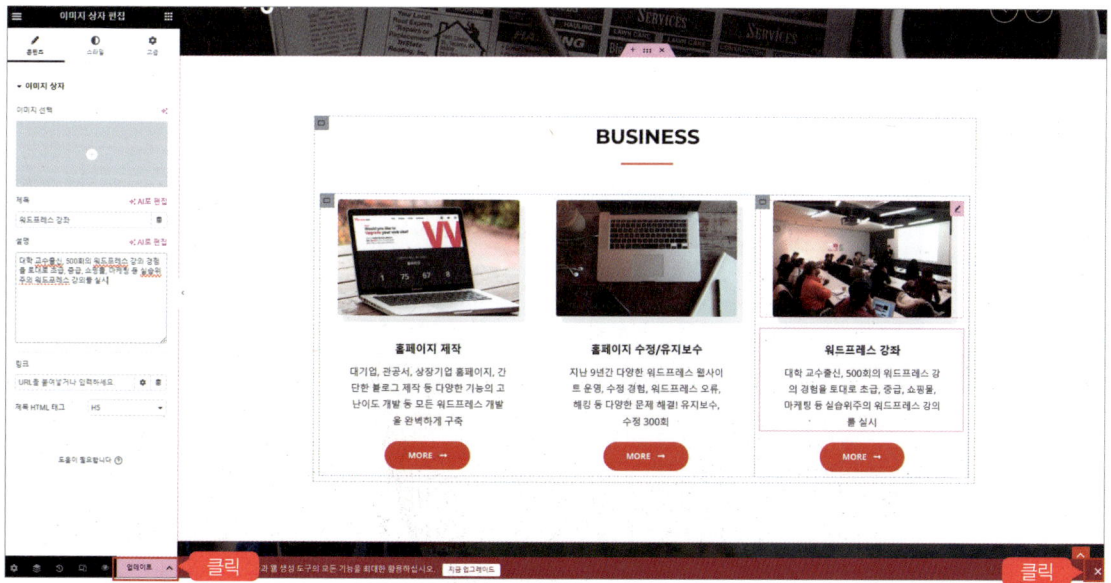

20 위 화면처럼 모든 작업이 완료되었으면 왼쪽 편집창 하단의 [업데이트]를 클릭해서 모든 작업내용을 저장합니다. 참고로 위 화면 하단처럼 엘리멘터 업데이트 창이 보이면 X단추(버튼)을 클릭해서 닫습니다.

배너 영역 설정

실습 홈페이지(https://hongmario03.mycafe.com)의 메인 페이지의 3번째 섹션은 배너 영역입니다.

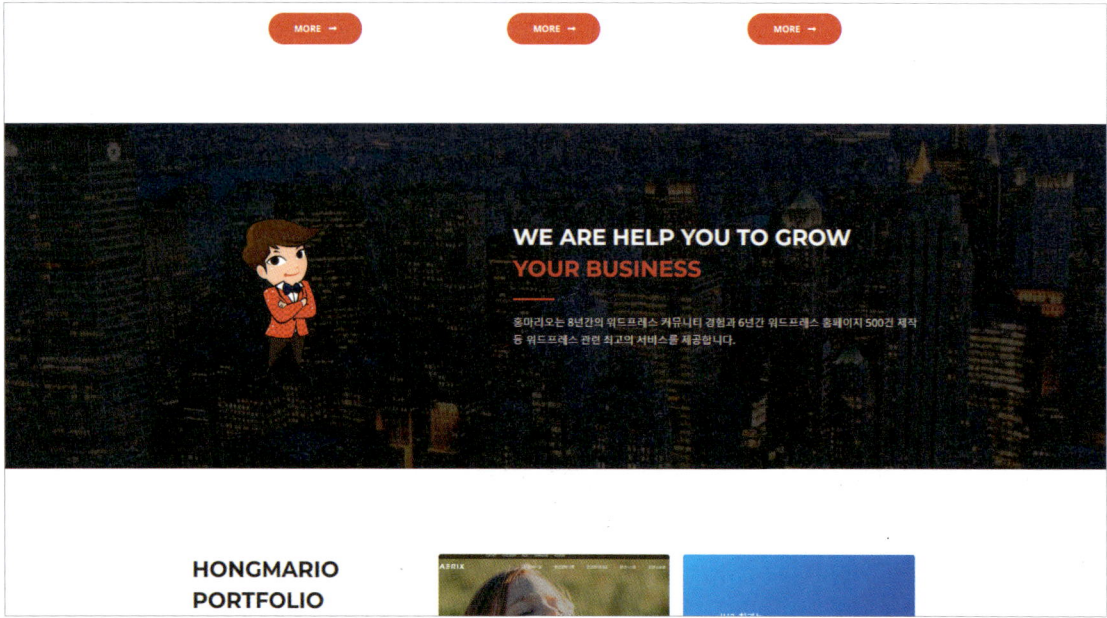

배너 영역은 배너내 컨텐츠가 눈에 잘 띄게 어두운 배경 이미지로 지정되어 있습니다. 왼쪽에는 홍마리오 캐릭터 이미지가 투명한 png파일이 위치해 있고, 우측에는 카피글이 들어가 있습니다. 배경은 parallax 효과를 주어 마우스 상하 움직임에 따라 글자는 고정 배경이미지는 움직이는 효과를 주었습니다.

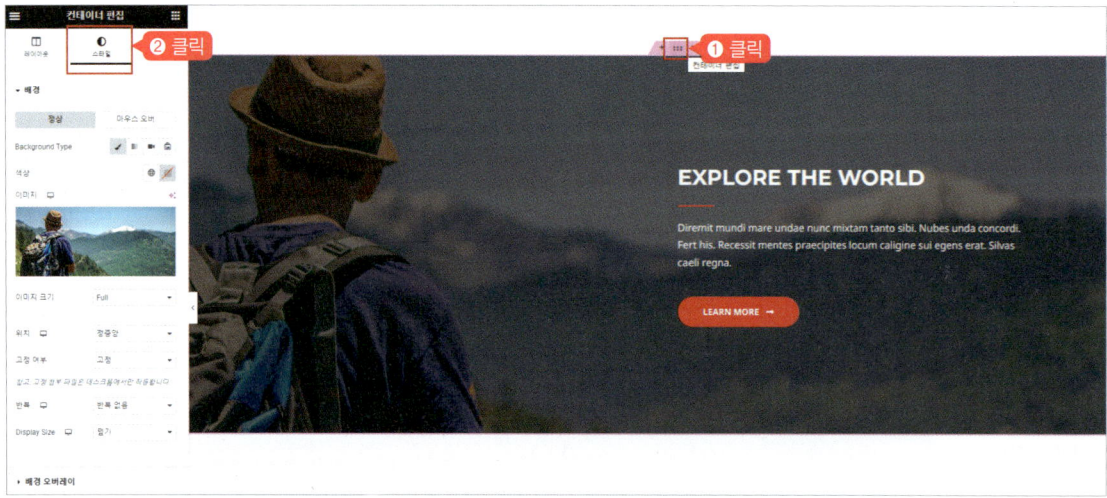

배너 왼쪽 칼럼(컨테이너) 설정

1 배너 영역 편집을 위해 섹션 편집을 클릭합니다. 왼쪽에 섹션 편집창이 보입니다. 레이아웃은 그대로 진행할 것이기 때문에 스타일 탭 메뉴를 클릭합니다.

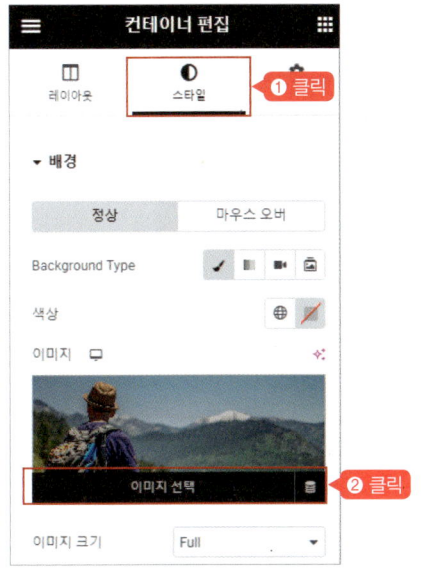

2 스타일 탭 메뉴에서 이미지 아래 기존 이미지에 마우스를 대고 '이미지 선택'을 클릭합니다.

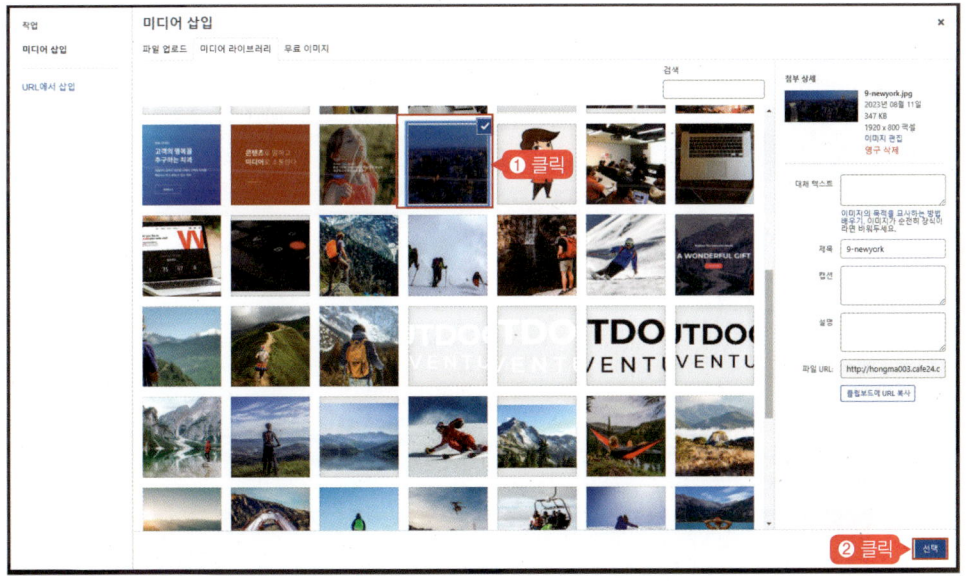

3 배경이미지인 뉴욕 배경이미지(9-newyork.jpg)를 선택하고 우측 하단의 [선택] 박스를 클릭합니다.

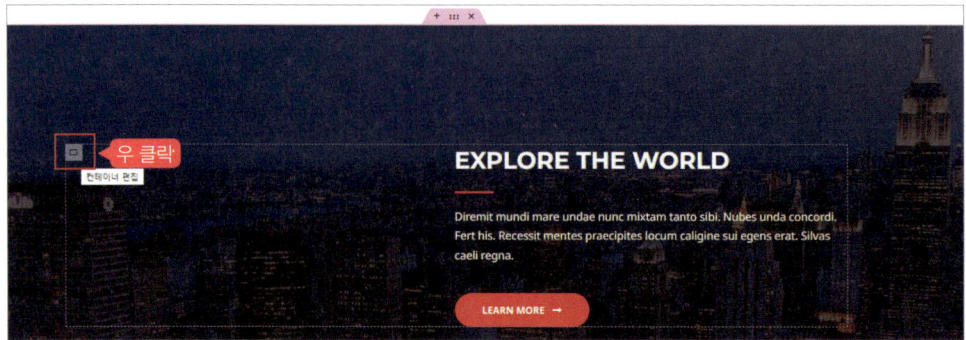

4 현재 칼럼(컨테이너)은 1개인데 실습은 왼쪽에 이미지가 있기 때문에 2칼럼(컨테이너)이어야 합니다.
5 마우스로 뉴욕배경의 왼쪽 영역(위 그림 참고)에 갖다 대면 왼쪽 상단에 컨테이너 편집 아이콘이 보입니다.
6 컨테이너 편집 아이콘에 마우스 우 클릭해서 보이는 [복제] 메뉴를 클릭합니다.

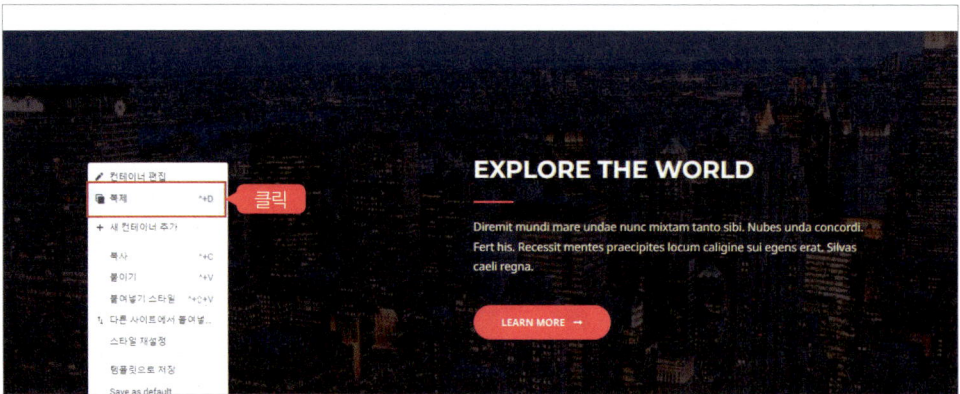

7 이제 칼럼(컨테이너)이 2개 생겼습니다 왼쪽 컨테이너 편집 아이콘을 클릭합니다.

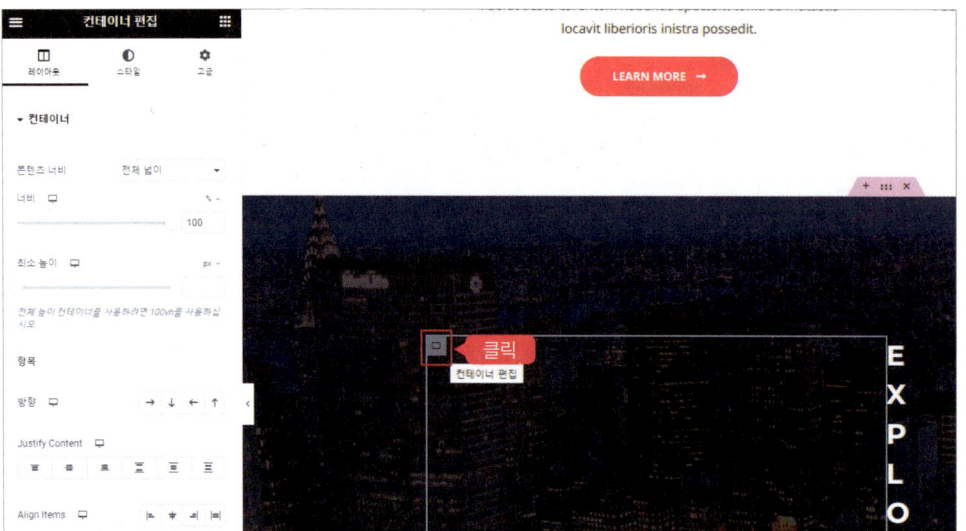

8 실습 사이트의 해당 영역을 자세히 보면 왼쪽 칼럼(컨테이너)과 우측 칼럼(컨테이너)의 비율이 4:6으로 되어 있습니다. 따라서 왼쪽 컨테이너 너비를 '40'으로 입력합니다.

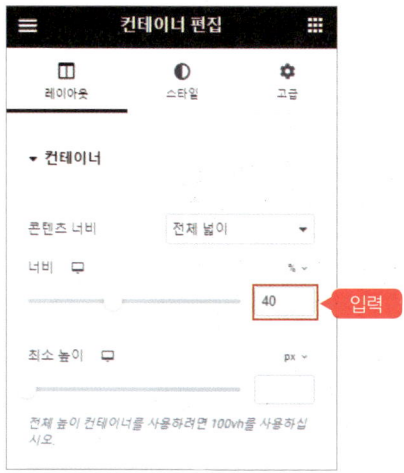

9 이제 컨테이너 편집창에서 '고급' 탭 메뉴를 클릭해서 여백 조절을 하겠습니다. 레이아웃 영역에서 왼쪽 영역을 '50' → '0'으로 변경합니다.

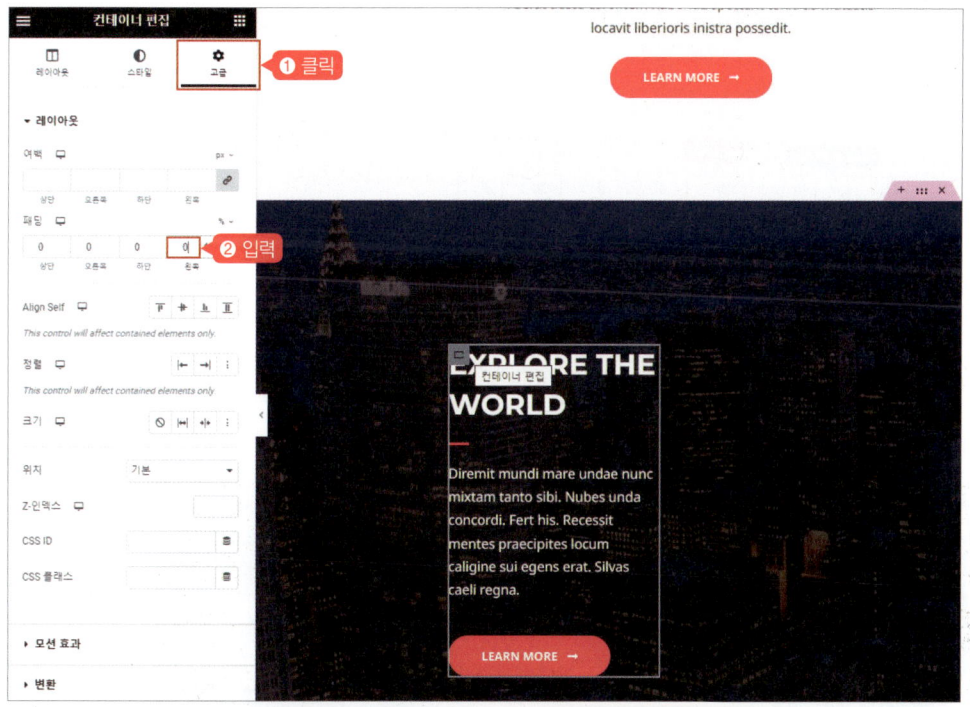

10 왼쪽 칼럼(컨테이너) 여백 조절이 끝났고 이제 우측 여백을 조절해 보겠습니다. 위 화면의 우측 컨테이너 아이콘을 클릭합니다.

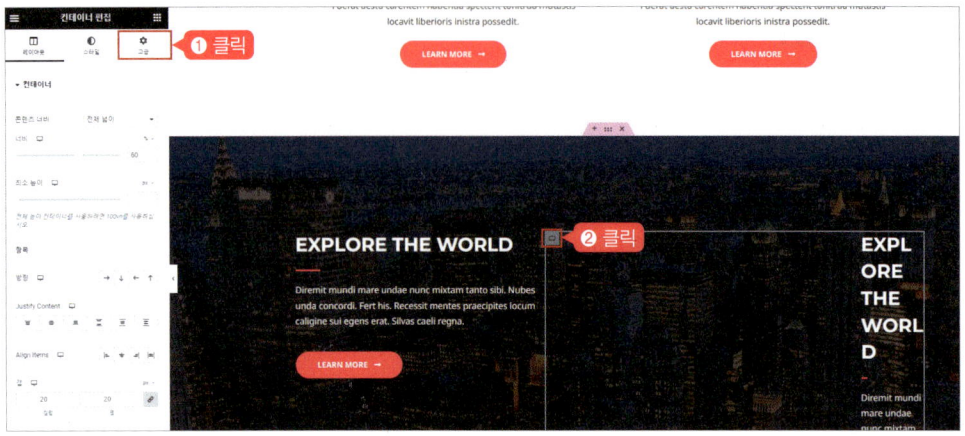

11 왼쪽에 컨테이너 편집창이 보이면 '고급' 탭 메뉴를 클릭합니다. 먼저 여백을 상단 '0'→'20', 왼쪽 '0'→'50'으로 변경하고, 패딩 영역에서 왼쪽 '50'→'0'으로 입력해서 변경합니다.

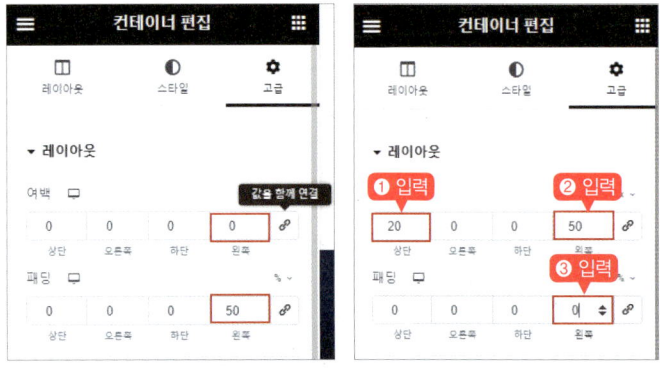

12 이제 왼쪽 칼럼(컨테이너)내 제목, 분리자(디바이더), 텍스트, 단추(버튼) 등을 삭제하고 이미지를 삽입해야 합니다. 먼저 제목 편집 아이콘에 마우스를 대고 우 클릭합니다.

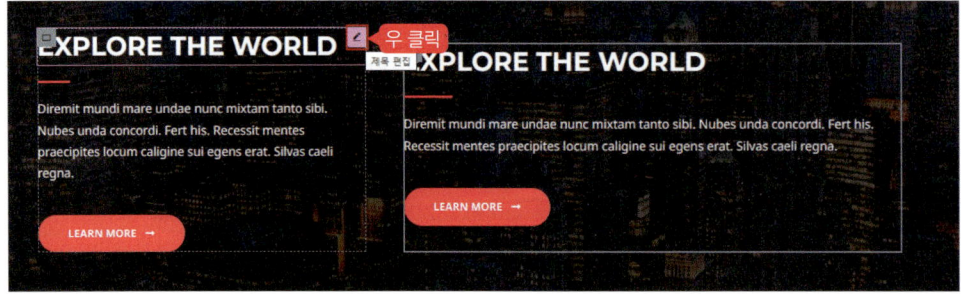

13 제목 편집에서 보이는 삭제를 클릭합니다.

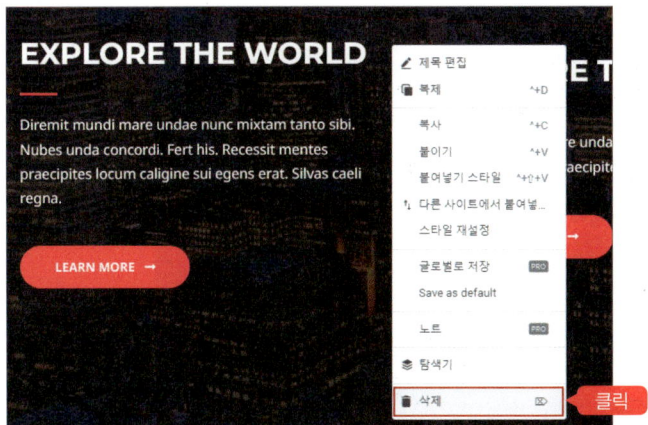

14 다음은 분리자 편집 아이콘을 우 클릭해서 삭제를 클릭해서 분리자를 삭제합니다.

 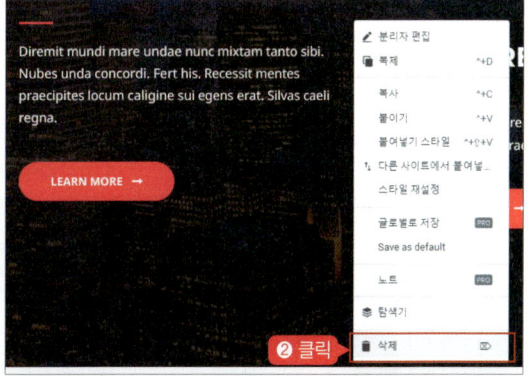

15 동일한 방법으로 텍스트 편집기, 단추도 삭제를 클릭해서 삭제합니다.

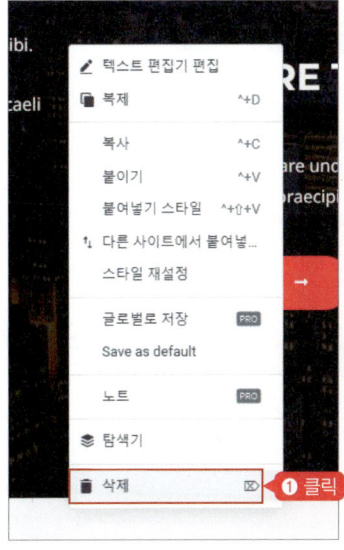 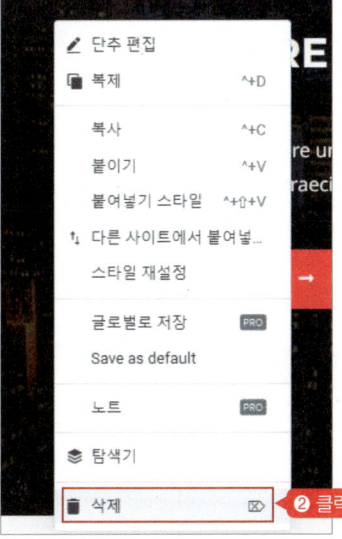

4장_회사 홈페이지 제작 실습 **375**

16 왼쪽 칼럼에 모든 컨텐츠를 삭제하면 위 화면처럼 보입니다. 이제 '+'를 클릭합니다.

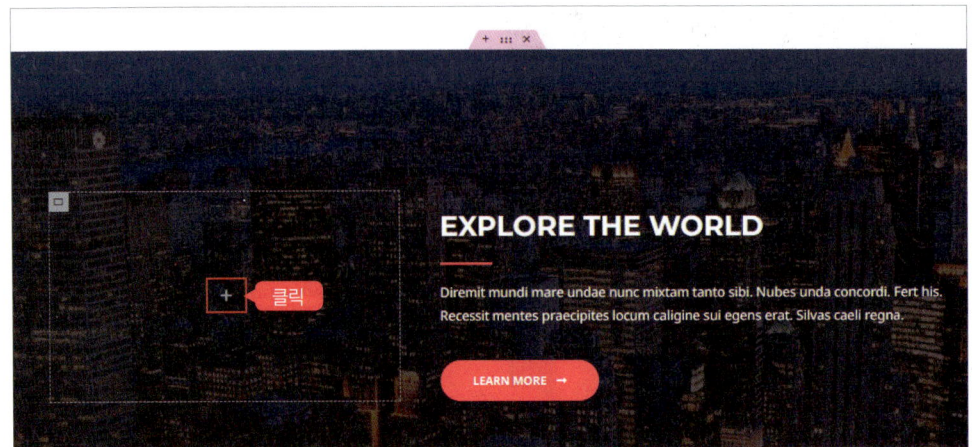

17 기본 엘리멘트들이 보이면 '이미지' 엘리멘트를 마우스 드래그앤 드롭으로 우측의 왼쪽 칼럼으로 이동시킵니다.

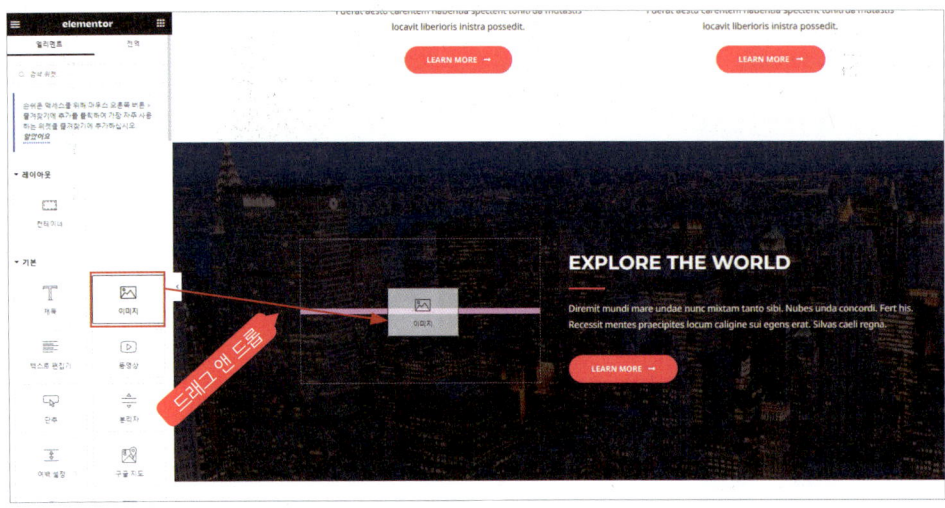

18 왼쪽에 이미지 편집창이 생겼고, 우측에는 이미지 모양이 보입니다. 왼쪽 이미지 편집창에서 '이미지 선택'을 클릭합니다.

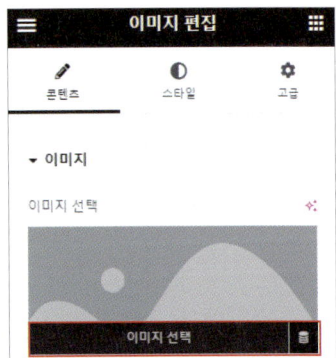

19 미디어 삽입 창이 뜨면 10-hongmario_c.png 이미지를 선택하고 우측 하단 [선택] 박스를 클릭합니다.

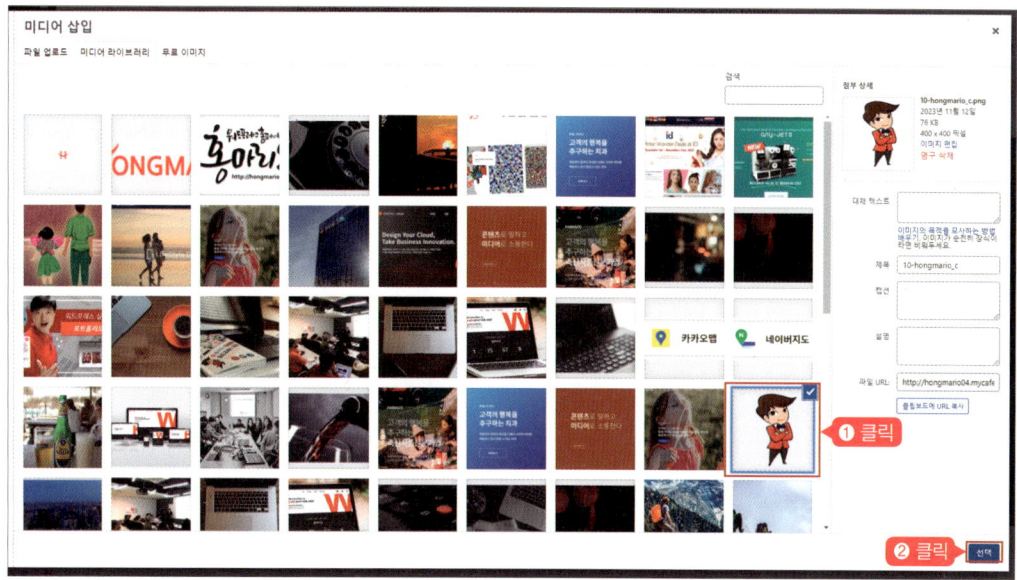

20 다음은 이미지 편집창에서 이미지 아래 정렬에서 '왼쪽' 정렬을 클릭합니다.

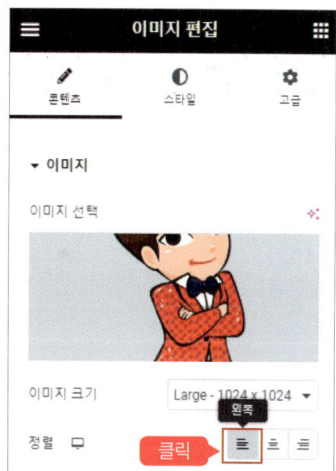

21 홍마리오 캐릭터 이미지가 삽입이 되었습니다. 해당 이미지는 투명 png로 제작되어 있습니다. 참고로 배경에서 이미지를 삽입할 때는 이런 투명 이미지를 삽입해야 배경과 잘 어울립니다. 이제 이미지 편집창에서 '스타일' 탭 메뉴를 클릭해서 너비를 '58'로 입력합니다. 이로서 왼쪽 칼럼 영역의 설정은 마쳤습니다.

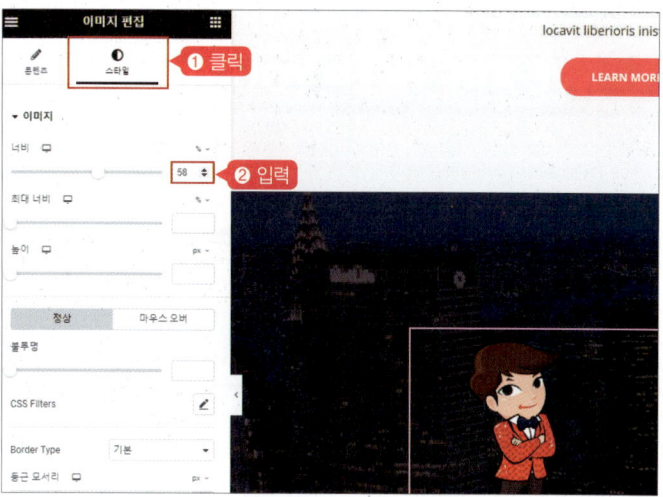

4장_회사 홈페이지 제작 실습 377

배너 우측 칼럼(컨테이너) 설정

1️⃣ 우측 칼럼의 제목 편집 아이콘을 클릭합니다. 이제 우측 칼럼(컨테이너)내 컨텐츠 내용을 아래와 같이 변경 해보겠습니다.

제목(왼쪽)	We Are help you to Grow ⟨br⟩⟨font color="#c62434"⟩your Business
분리자(디바이더)	기본 그대로
텍스트에디터	홍마리오는 9년간 약 500여개 이상의 워드프레스 홈페이지를 제작하였고, 최고의 기술을 바탕으로 최고의 제작진들과 함께 고객을 만족의 워드프레스 홈페이지를 제작하고 있습니다.
단추(버튼)	삭제

2️⃣ 제목 입력창에서 내용을 변경합니다. 입력 내용은 마찬가지로 여러분들이 직접 입력해도 되고 카페 자료실에서 다운받은 텍스트 파일에서 복사〉붙여넣기 해도 됩니다.

참고로 위 입력내용 중 ⟨br⟩태그는 줄바꿈을 해주는 HTML 태그입니다. 여기서 ⟨font color="색상코드값"⟩은 강조하기 위해 html 태그를 삽입하였습니다. 제목 아래 분리자는 기본 그대로 놔둡니다. 분리자는 기본 상태로 놔둡니다.

분리자는 주로 제목 아래 두어서 강조를 하거나 라인에 색상, 점선, 길이, 굵기 등을 설정 할 수 있습니다.

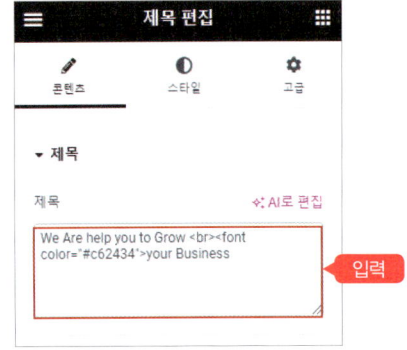

3️⃣ 분리자 아래 외국어를 클릭해서 텍스트 편집기 창을 띄웁니다.

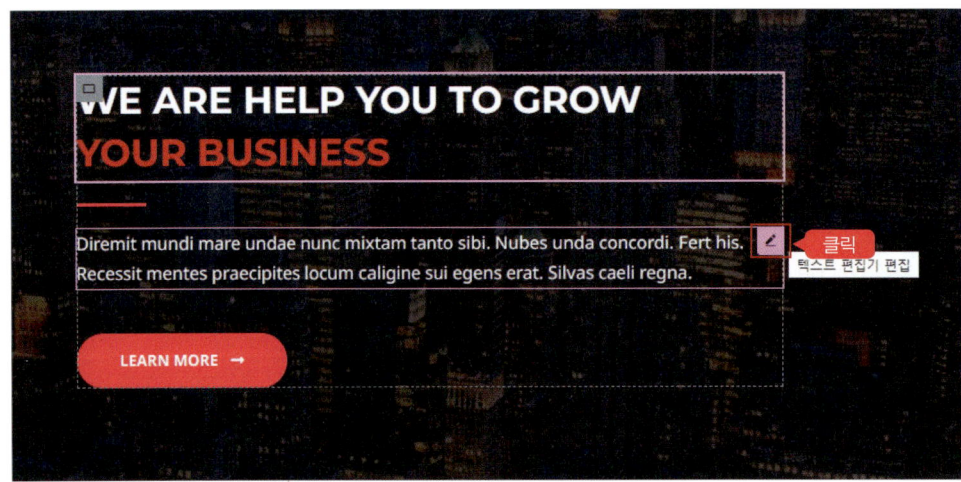

4 왼쪽 텍스트 에디터 편집창 입력창에 실습 예제 사이트 내용을 복사해서 붙여넣기 합니다.

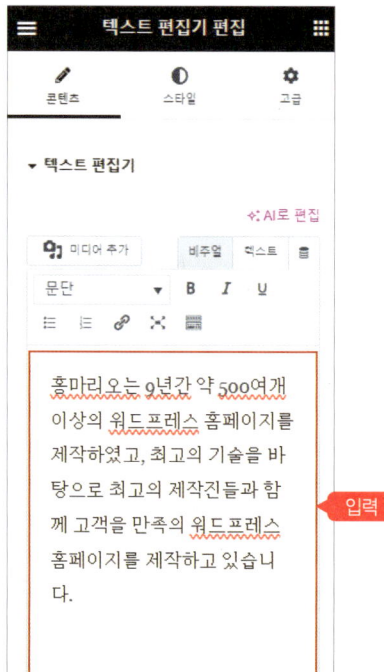

5 이제 마지막으로 단추에 마우스를 대고 우 클릭합니다 우 클릭해서 나타난 메뉴중 맨 아래 [삭제]를 클릭해서 삭제합니다.

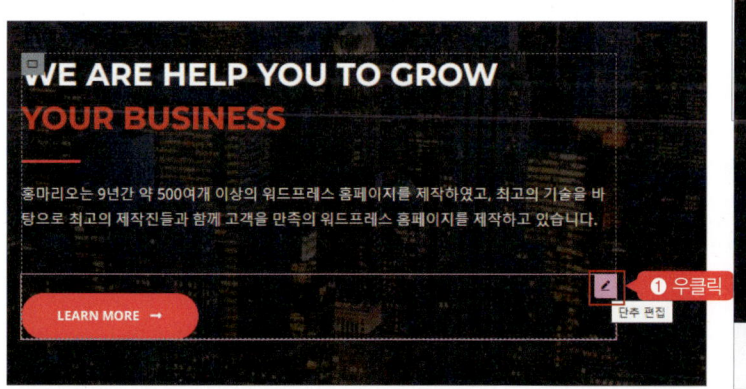

6 이제 배너 섹션이 모두 완료되었습니다.

4장_회사 홈페이지 제작 실습 **379**

포트폴리오 영역 설정

이제 메인 바디 영역 마지막 섹션인 포트폴리오 영역입니다. 데모페이지와 비교해보면 레이아웃은 모두 동일하고 컨텐츠 내용만 변경됩니다.

컨텐츠를 수정할 내용은 아래 표와 같습니다. 각 컨텐츠 영역별로 변경해 보겠습니다.

제목	HONGMARIO PORTFOLIO
분리자(디바이더)	기본 그대로
텍스트 에디터	홍마리오는 9년간 약 600여개 이상의 워드프레스 홈페이지를 제작하였고, 최고의 기술을 바탕으로 최고의 제작진들과 함께 고객을 만족시키는 워드프레스 홈페이지를 제작하고 있습니다.
단추(버튼)	텍스트 : 웹사이트 바로가기 링크 : http://hongmario.com (새창에서 열기 체크)
이미지	18-about3.jpg
왼쪽 위 이미지	11-proj_01.jpg
왼쪽 아래 이미지	12-proj_02.jpg
오른쪽 위 이미지	13-proj_03.jpg
오른쪽 아래 이미지	14-proj_04.jpg

1 위 표에 따라 순차적으로 변경해보겠습니다 먼저 제목 영역을 클릭해서 왼쪽 제목 편집창에서 제목 입력창을 변경합니다.

2 제목 아래 분리자(디바이더)는 그대로 놔두고 아래 텍스트 에디터 입력창에 위 표 내용을 입력합니다.

3 이제 단추를 편집하겠습니다. 우측 사이트 화면에서 'LEARN MORE' 단추를 클릭해서 단추 편집창을 띄운 다음 텍스트 입력창에는 '웹사이트 바로가기', 링크 입력 창에는 'http://hongmario.com'라고 입력하고 우측에 링크 옵션 아이콘을 클릭합니다. 그러면 아래에 새창에서 열기가 보이고 그 앞에 체크를 하면 됩니다. 마찬가지로 여러분들은 여러분들 링크 관련 단추 제목, 링크 등을 설치하면 됩니다.

4장_회사 홈페이지 제작 실습 **381**

4 이제 왼쪽 칼럼(컨테이너)의 제목, 텍스트, 단추(버튼) 영역이 변경되었습니다. 마지막으로 우측 칼럼(컨테이너)에 있는 이미지들을 변경해보도록 하겠습니다.

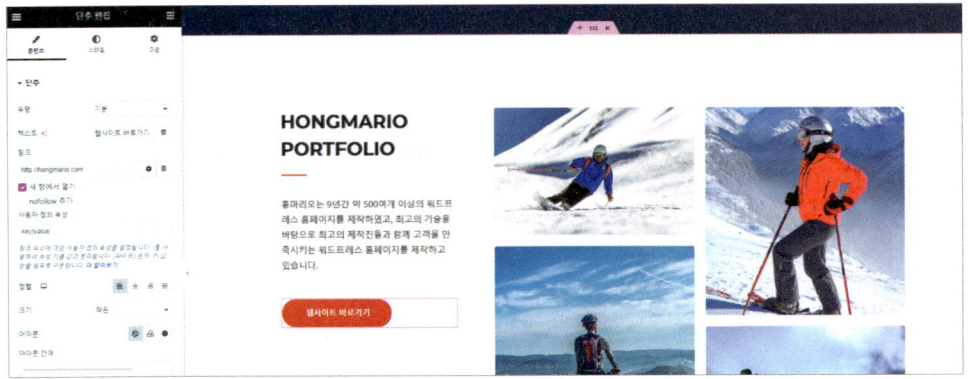

5 이미지 편집창에서 스키 이미지에 마우스를 대고 이미지 선택을 클릭합니다. 참고로 포트폴리오 우측 4개의 이미지는 실습에서 600*648 픽셀 이미지로 모두 사이즈가 동일합니다.

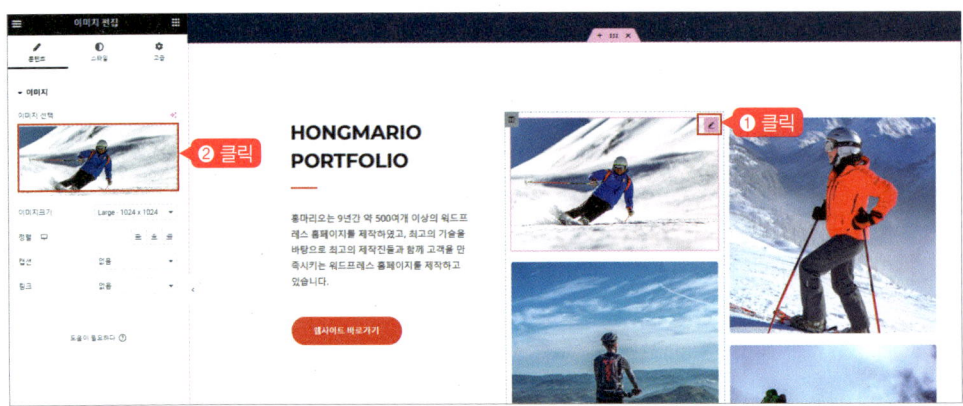

6 먼저 왼쪽 위 첫 번째 이미지부터 변경해 보겠습니다. 11-proj_01.jpg 선택해서 우측 하단 [선택] 박스를 클릭합니다.

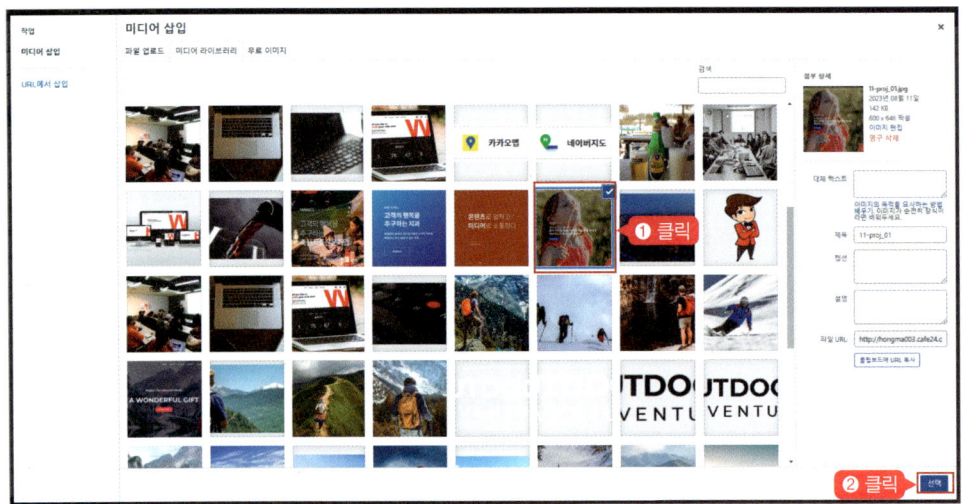

7 첫 번째 이미지가 변경되었습니다. 이제 두 번째 이미지를 변경하도록 하겠습니다. 변경된 이미지 아래 왼쪽 아래쪽 이미지를 클릭해서 왼쪽 이미지 편집창에서 자전거 아저씨 사진에 마우스를 대고 [이미지 선택]을 클릭합니다.

8 12-proj_02.jpg 이미지를 선택하고 우측 하단에서 [선택] 버튼을 클릭합니다.

9 동일한 방법으로 우측 상단(13-proj_03.jpg), 우측 하단(14-proj_04.jpg)의 이미지를 삽입합니다.

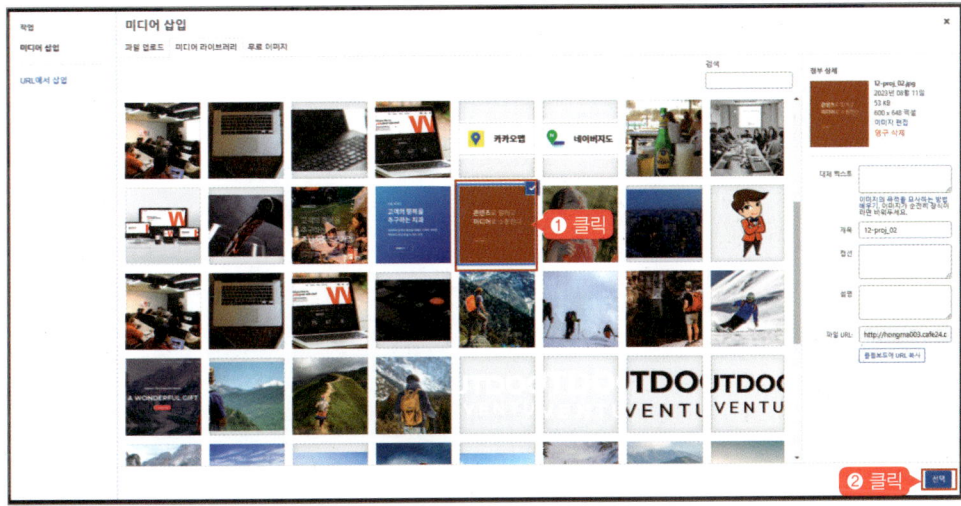

10 위 화면처럼 이미지 4개가 모두 삽입이 완료되면 [업데이트] 버튼을 클릭해서 저장을 완료합니다. 이제 메인 페이지 작업은 완료되었고 푸터 작업으로 이동하겠습니다.

4장_회사 홈페이지 제작 실습 **383**

07-02 푸터 설정하기

푸터 영역은 헤더의 로고, 메뉴 등 설정과 비슷하게 일반적인 워드프레스 홈페이지에서는 모든 페이지에서 동일하게 적용되기 때문에 주로 템플릿 형태로 저장해서 진행합니다. 현재 실습중인 아스트라 테마는 무료테마이기 때문에 설정이 아주 심플합니다.

1 알림판으로 이동하기 위해 먼저 왼쪽 상단 햄버그 메뉴를 클릭합니다.

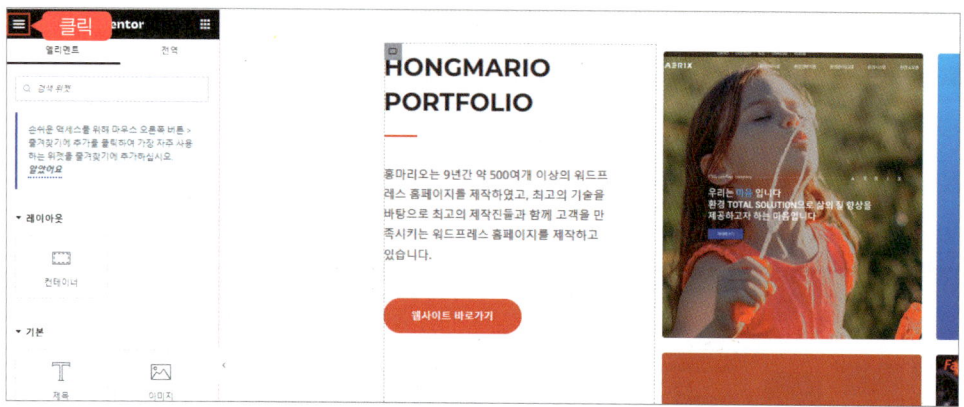

2 햄버그 메뉴 중 [페이지 보기] 메뉴를 클릭합니다. 작업한 메인 페이지에 이상이 없는지 확인합니다.

3 메인 페이지 확인해서 이상이 없으면 왼쪽 사이트 제목을 클릭해서 알림판으로 이동하고 혹시 이상이 있으면 [엘리멘트로 편집]을 클릭해서 편집모드로 이동합니다.

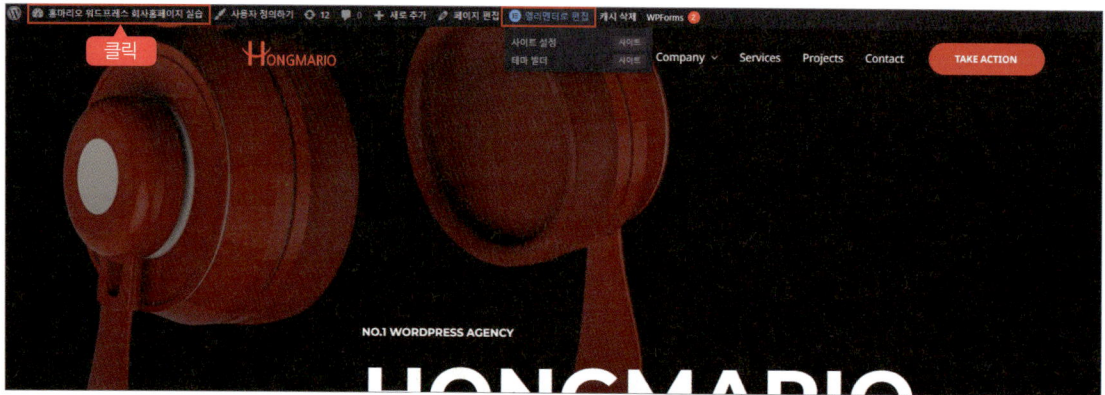

4 이제 본격적으로 위젯 영역을 수정해 보겠습니다. 알림판에서 [외모-위젯]을 클릭합니다.

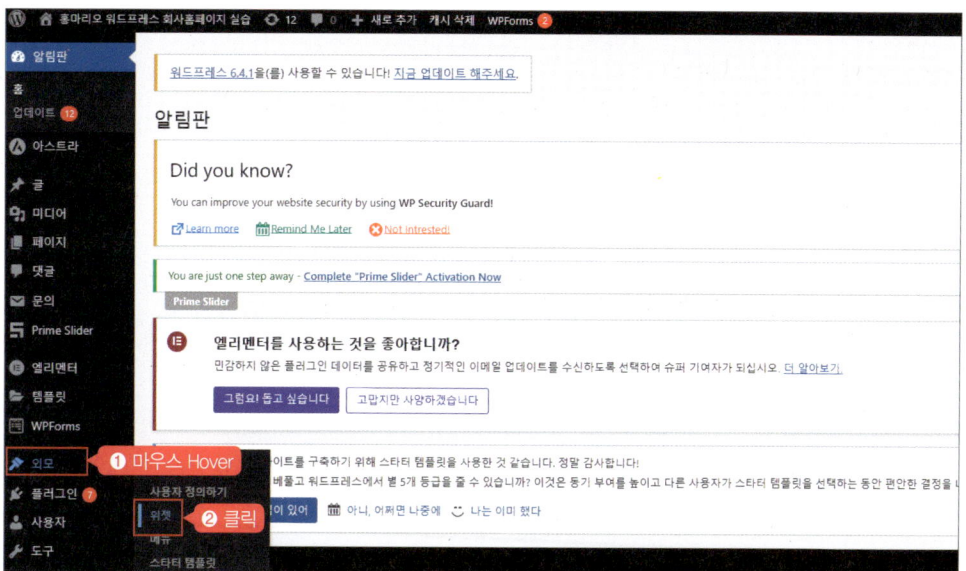

5 블록 위젯 팝업이 보이면 우측 상단 닫기 버튼을 클릭해서 닫아줍니다.

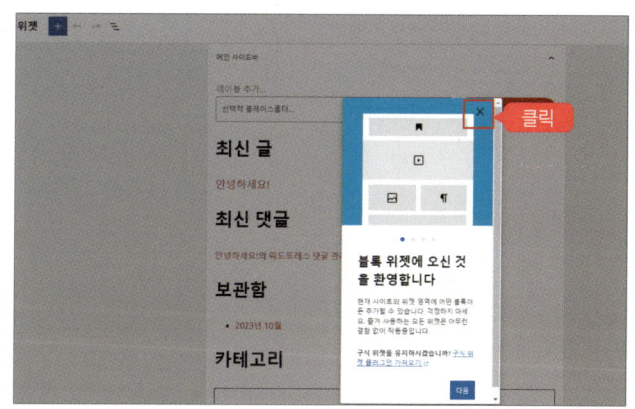

6 팝업을 닫고 마우스 스크롤로 아래로 내리면 맨 아래 'Footer Builder Widget 1' 위젯이 보입니다. 'Footer Builder Widget 1' 위젯을 클릭합니다. 참고로 이전에 실습한 블로그, 포트폴리오는 클래식 위젯 플러그인을 설치했기 때문에 지금 보는 화면과 다를 수 있습니다.

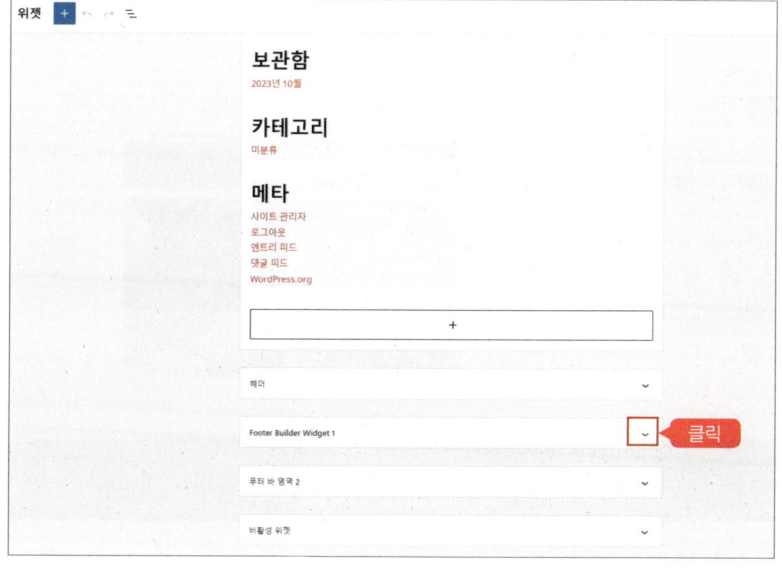

4장_회사 홈페이지 제작 실습　385

7 Footer Builder Widget 1 위젯을 클릭하면 위 화면처럼 보입니다. 클릭해서 본인 주소 및 이메일 주소로 입력합니다.

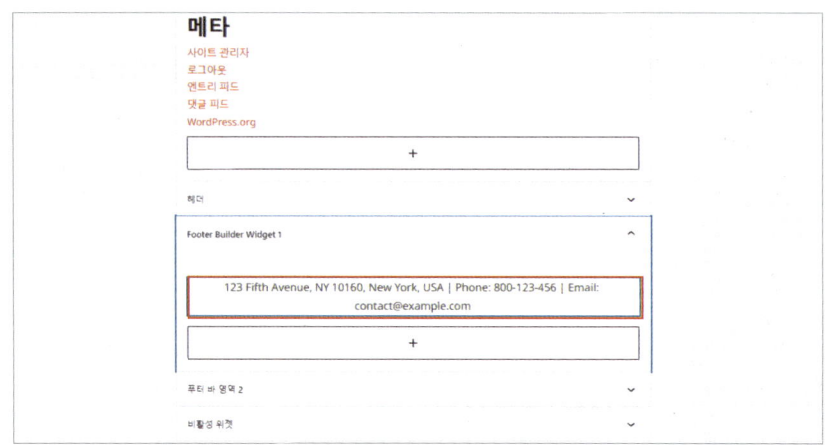

8 화면처럼 마우스를 입력창에 찍으면 마우스 커스가 보이고 회사 주소와 회사 담당자 이메일 주소를 입력하면 됩니다. 마지막으로 우측 상단에 [업데이트]를 클릭해서 저장하고 알림판 왼쪽 상단 홈페이지 제목을 클릭해서 메인화면 아래 푸터 영역을 확인합니다.

9 사이트에 접속하면 푸터 영역이 변경된 것을 확인할 수 있습니다.

07-03 About 페이지 설정하기

앞에서 메뉴 설정시에도 언급했지만 Company 페이지와 About페이지는 동일합니다. 먼저 실습 예제 사이트의 About페이지(https://hongmario03.mycafe24.com/about)에 접속해서 확인해 보겠습니다.

About 페이지를 확인해보면 데모에서 가져온 페이지와 거의 동일합니다. 따라서 실습에서는 이미지, 텍스트만 변경하고 필요 없는 부분은 삭제하도록 하겠습니다.

1 먼저 메인 페이지에서 Company 또는 About 메뉴를 클릭합니다.

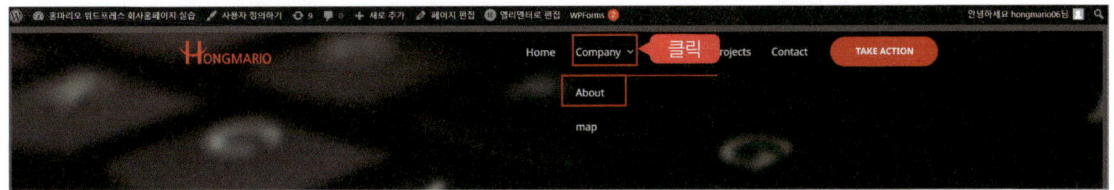

2 About페이지에서 상단 탑메뉴에서 '엘리멘트로 편집' 메뉴를 클릭합니다.

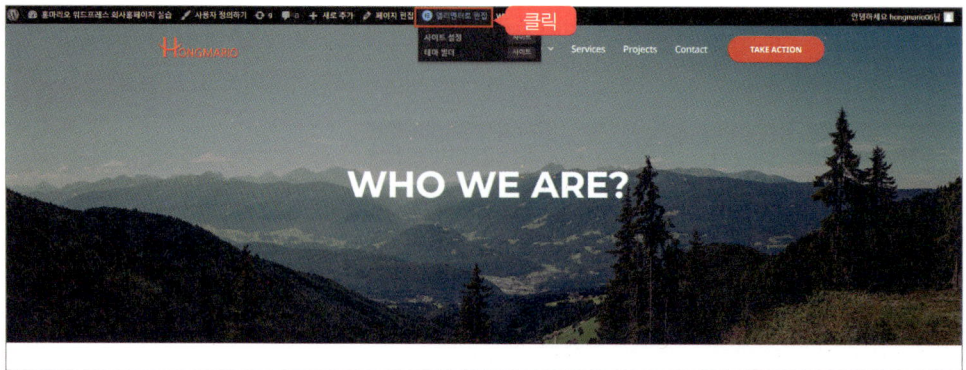

3 먼저 헤더 배경이미지를 변경하도록 하겠습니다. 레이아웃은 모두 동일하게 진행하기 때문에 왼쪽 섹션 편집창에서 '스타일' 메뉴를 클릭합니다. 그리고 이미지에 마우스를 대고 '이미지 선택'을 클릭합니다.

4 15-about_head.jpg 이미지를 선택하고 우측 하단에 [선택] 박스를 클릭합니다. 마찬가지로 해당 이미지는 픽사베이 무료이미지 사이트에서 찾은 이미지 이며 사이즈는 2000*749 픽셀입니다.

5 배경이미지가 와인이미지로 변경 되었습니다. 다음은 제목을 클릭해서 제목을 변경해 보겠습니다. 'WHO WE ARE?' 제목을 클릭합니다. 왼쪽에 제목 편집창이 보입니다. 제목 입력창에 'ABOUT'이라고 입력합니다.

6 우측 사이트에 제목이 'ABOUT'으로 변경되었습니다. 이제 헤더 와인 배경 아래 섹션을 변경해 보겠습니다. 먼저 헤더 배경 아래 섹션은 배경이 흰색이기 때문에 배경색을 변경하도록 하겠습니다. 헤더 배경 아래 '컨테이너 편집 아이콘'을 클릭하고 왼쪽 섹션 편집창에서 '스타일' 탭 메뉴를 클릭합니다.

7 컨테이너 편집 스타일메뉴에서 배경타입의 기본아이콘을 클릭합니다. 그 다음 색상 아이콘을 클릭하고 색상선택기에서 '#FFF'를 입력합니다. 이제 배경색이 흰색으로 변경되었습니다.

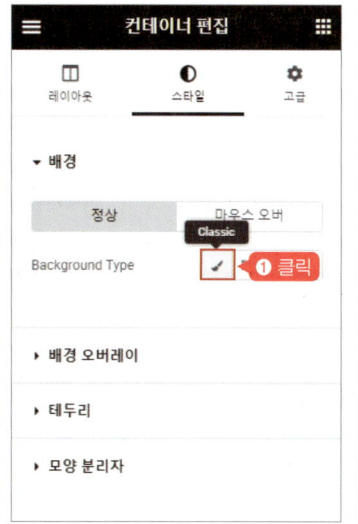 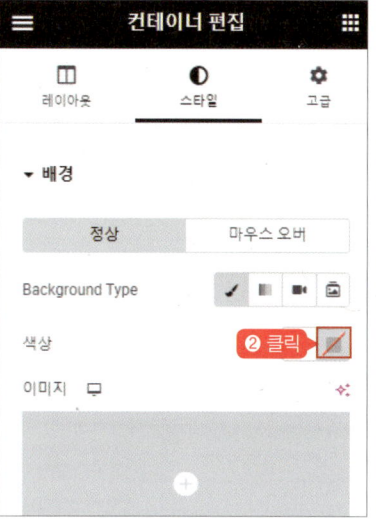 

이제 아래 'OUT MISSION'에 마우스를 클릭해서 제목, 아래 텍스트, 그리고 우측 이미지를 변경해 보겠습니다.

제목	WHO WE ARE?
텍스트 에디터	홍마리오는 즐겁게 일하고 있습니다. 항상 웃음이 넘치고 짧은시간에 고도의 집중력을 발휘하여 북유럽식 분위기에서 Creative한 워드프레스 작품을 만들고 있습니다. 대한민국 최고의 커뮤니티 전문가를 비롯 다양한 기술을 가진 워드프레스 전문가들이 펼치는 또다른 세상~ 워드프레스는 이미 상용화된 수많은 테마를 여러분들의 스타일대로 맞추어서 개발하면 일반홈페이지보다 빠르게 개발이 가능합니다.
우측 이미지	16-about1.jpg

8 먼저 제목 입력창에 'OUT MISSION' → 'WHO WE ARE?'라고 입력해서 수정을 진행합니다. .

9 계속해서 앞에서 진행했던 방법과 동일한 방법으로 텍스트 에디터, 우측 이미지를 변경합니다.

10 제목 아래 텍스트 영역에서는 텍스트 에디터 편집기 2개 존재합니다 따라서 둘 중 한 개를 삭제합니다. 위 화면처럼 텍스트 아이콘을 마우스 우 클릭해서 삭제를 진행합니다.

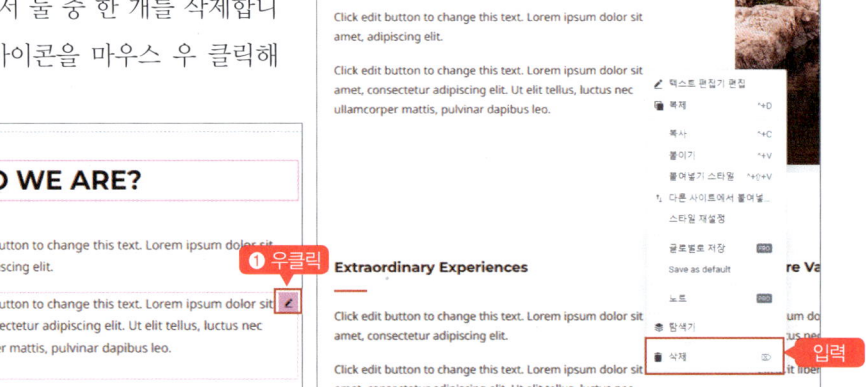

11 텍스트 에디터 입력창에 내용을 입력하고 우측에 이미지 편집 아이콘을 클릭해서 이미지를 16-about1.jpg로 변경해서 삽입을 진행합니다.

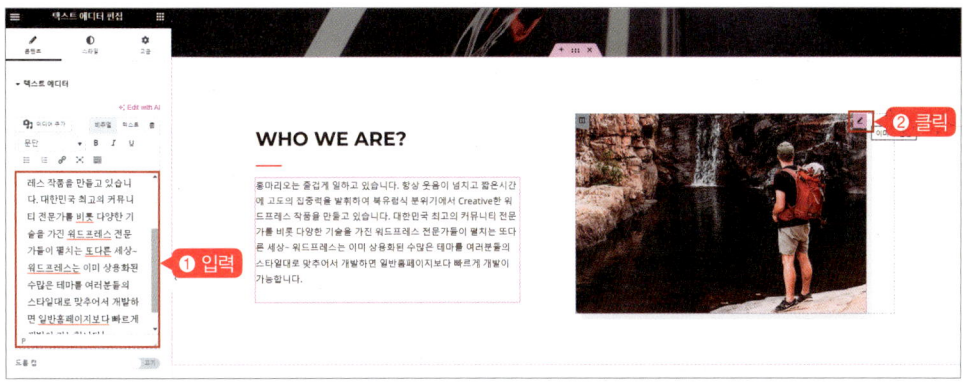

12 이제 헤더 섹션이 완성되었습니다. 다음은 위 화면의 회색 영어 아래 부분 수정을 진행하도록 하겠습니다.

회색배경 왼쪽 섹션

제목	Our Technique
이미지	17-about2.png
텍스트 에디터(왼쪽)	마이페이지, 회원등급, 신고, 북마크, 게시판자체개발 등 복잡한 커뮤니티 사이트! 복잡한 검색조건, 옵션 등 다양한 검색기능을 모바일 반응형으로 구축! 특정 회원만 수강 가능 수료증 발급, 실시간 수강현황, 퀴즈, 포인트 기능 구축! 캘린더 날짜 선택, 예약가능 실시간 확인 예약수정 및 카드결제 등 홍마리오만의 고난이도 기술

13 먼저 왼쪽 제목을 클릭해서 제목을 'Extraordinary Experiences'→'Our Technique'로 변경합니다. 그 아래 외국어도 텍스트 에디터가 2개 존재하기 때문에 둘 중 한 개의 텍스트를 마우스 우 클릭해서 앞에서 진행한 것과 동일하게 삭제하고 텍스트 에디터 내용을 실습 예제 사이트 또는 텍스트 문서에서 복사>붙여넣기 해서 완성합니다.

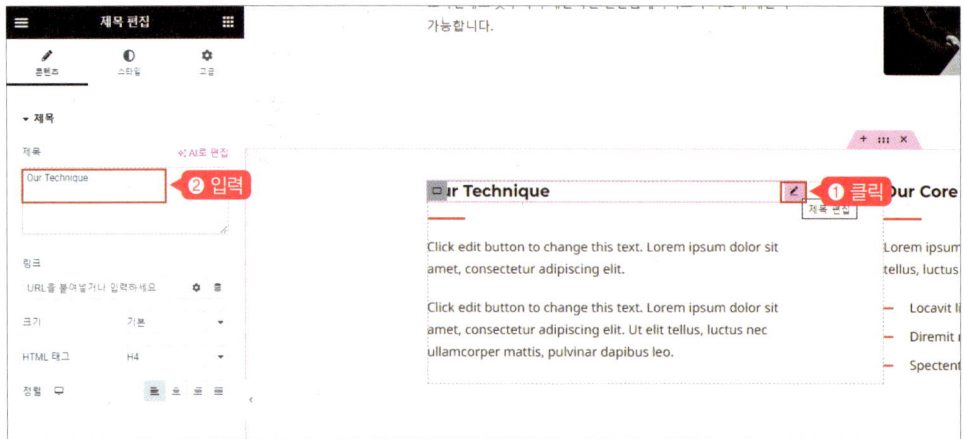

14 왼쪽 칼럼(컨테이너) 영역의 수정이 완성되었습니다 이제 우측 칼럼(컨테이너)으로 넘어 가겠습니다. 우측 칼럼(컨테이너)의 제목부터 동일한 방법으로 수정을 진행합니다.

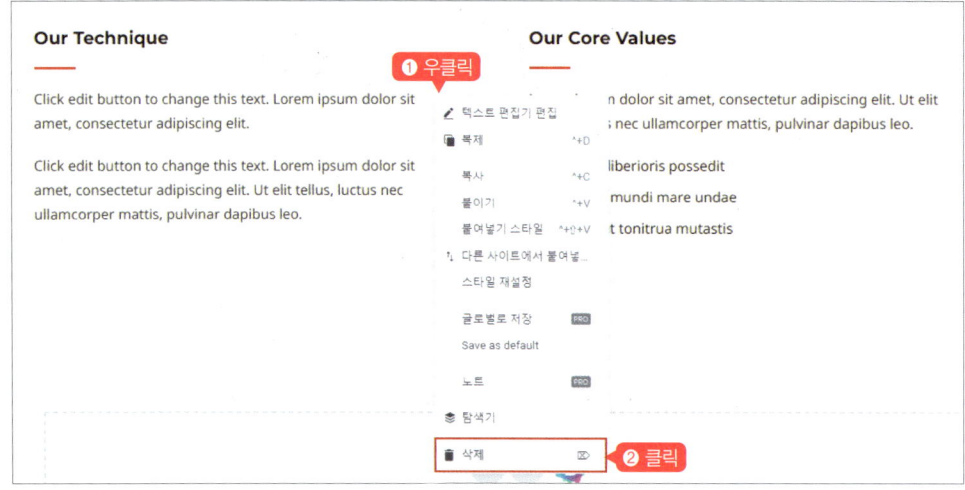

회색배경 우측 섹션

제목	Our Vision
이미지	18-about3.jpg
텍스트 에디터(오른쪽)	홍마리오는 즐거움, 배려, 행복을 가치로 두고 홍마리오의 워드프레스로 알게 된 모든이들이 멋진 홈페이지를 만들어서 본인과 회사에 도움이 되는데 도움이 되었으면 합니다. 이제 여러분들도 매일 일기 쓰듯이 워드프레스를 사랑하고 가치에 투자를 하면 반드시 여러분들이 꿈꾸는 희망찬 미래가 올 것입니다. 모두 화이팅입니다.

15 왼쪽 칼럼(컨테이너) 영역과 동일한 방법으로 우측 영역의 제목을 'Our Core Values' → 'Our Vision'으로 수정해서 입력합니다

16 이제 텍스트 에디터 아래에 있는 아이콘 목록을 삭제하기 위해 '아이콘 목록 편집' 아이콘에 마우스 우 클릭해서 삭제를 진행합니다.

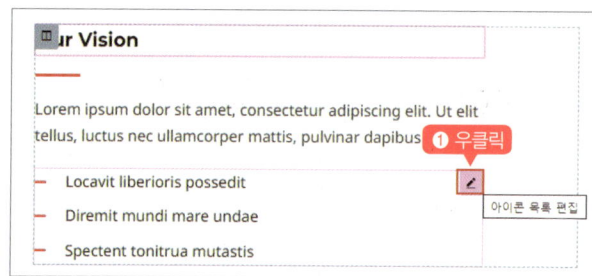
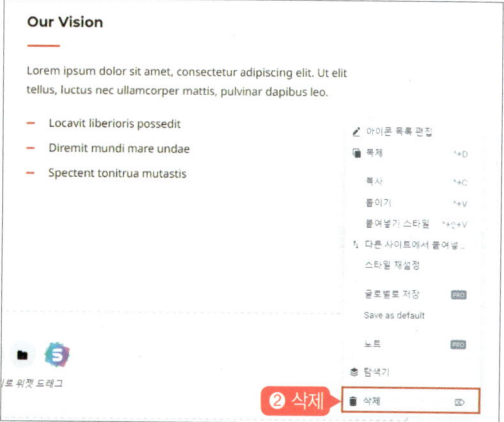

17 Our Vision 제목 아래 텍스트 에디터에 내용을 실습 예제 홈페이지 또는 텍스트 자료 파일에서 복사〉붙여넣기 해서 입력합니다.

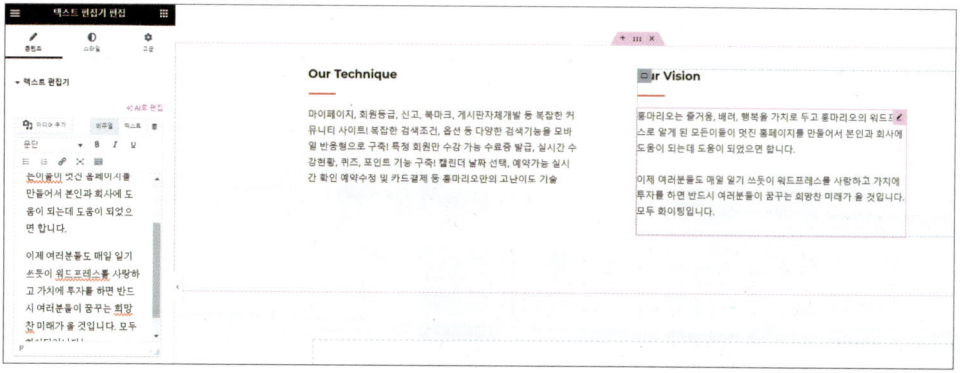

18 이제 마지막으로 제목과 텍스트 사이에 이미지를 삽입하도록 하겠습니다. 왼쪽 엘리멘트에서 '이미지'를 마우스로 선택한 다음 'Our Technique' 제목과 아래 빨간색 분리자(디바이더) 사이로 드래그 앤 드롭으로 이동합니다.

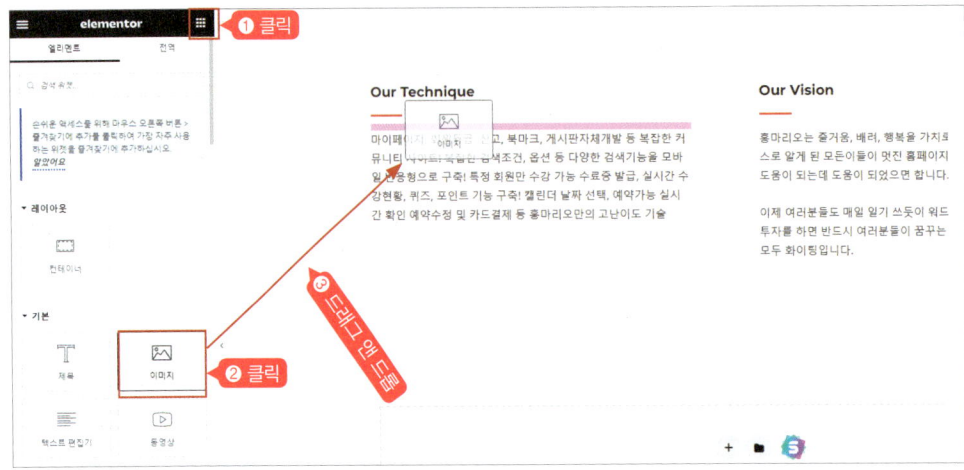

19 왼쪽 이미지 편집창에서 '이미지 선택'을 클릭합니다.

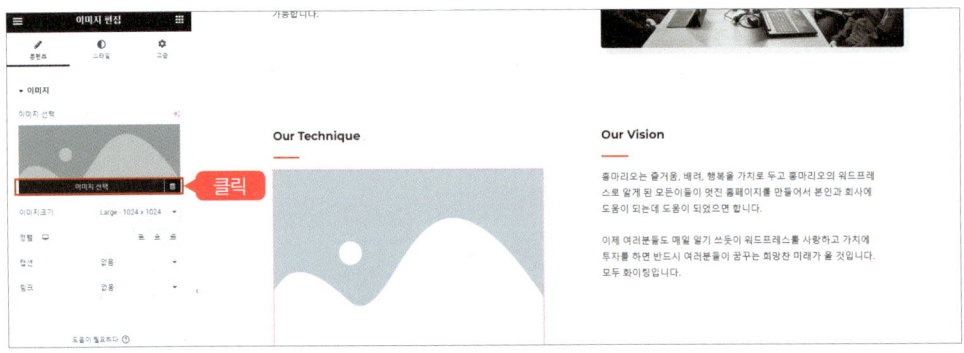

20 미디어 삽입에서 17-about2.png 이미지를 선택한 다음 우측 하단에 [선택] 버튼을 클릭합니다.

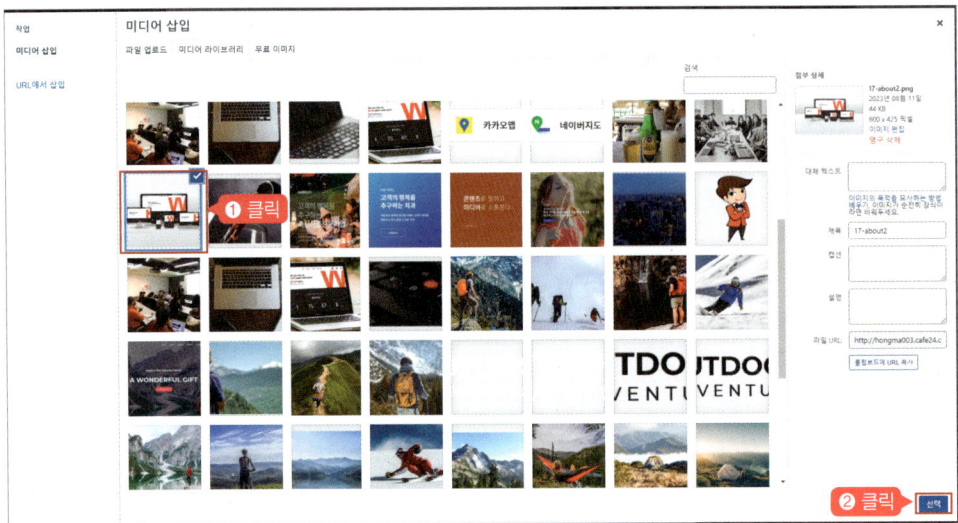

21 Our Technique 아래 이미지가 삽입되었습니다. 우측도 이미지를 삽입해야 하는데 이번에는 왼쪽 이미지를 복제해서 진행하겠습니다. 왼쪽 이미지에 마우스 우 클릭해서 두 번째 메뉴인 [복제]를 클릭합니다.

22 이미지가 복제가 되어서 두 개가 되었습니다. 위에 이미지를 우측 Our Vision 아래 빨간색 분리자(디바이더) 아래로 옮기겠습니다. 위 화면처럼 상단 이미지에 마우스를 대면 이미지 편집 아이콘이 보입니다. 아이콘에 마우스를 대고 드래그앤 드롭으로 우측으로 이동시킵니다.

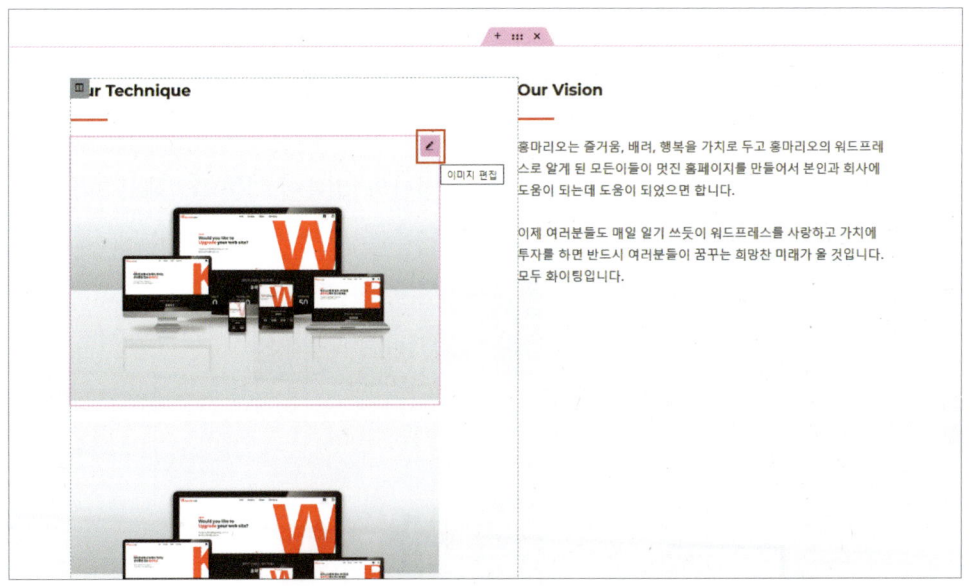

4장_회사 홈페이지 제작 실습 **395**

23 이미지를 복제해서 이동이 완료되었습니다 이제 우측 이미지를 변경하도록 하겠습니다.

24 이미지 선택을 클릭한 다음 미디어 라이브러리에서 스텔라 맥주이미지(18-about3.jpg)를 선택해서 삽입을 완료합니다.

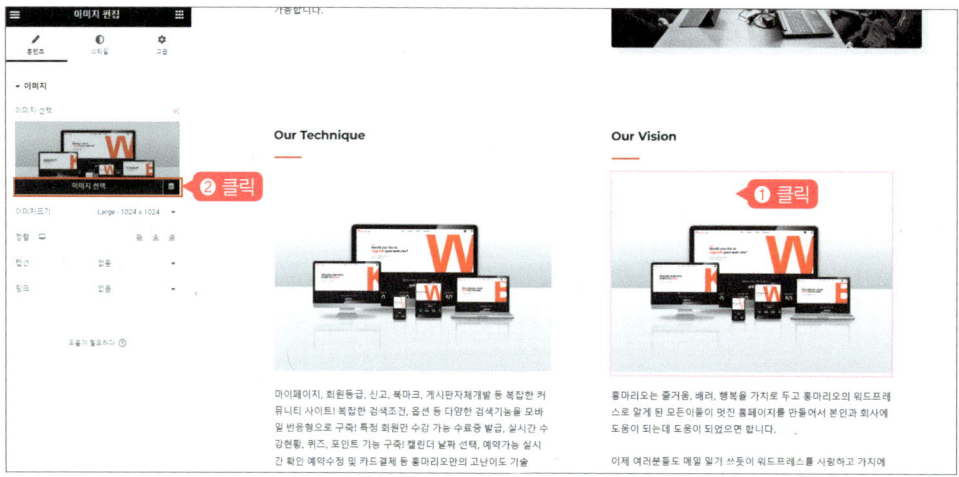

25 이제 About 페이지의 모든 작업이 완료되었습니다. 편집창 하단의 [업데이트]를 클릭해서 저장을 완료하고, 상단의 햄버그 메뉴를 클릭합니다.

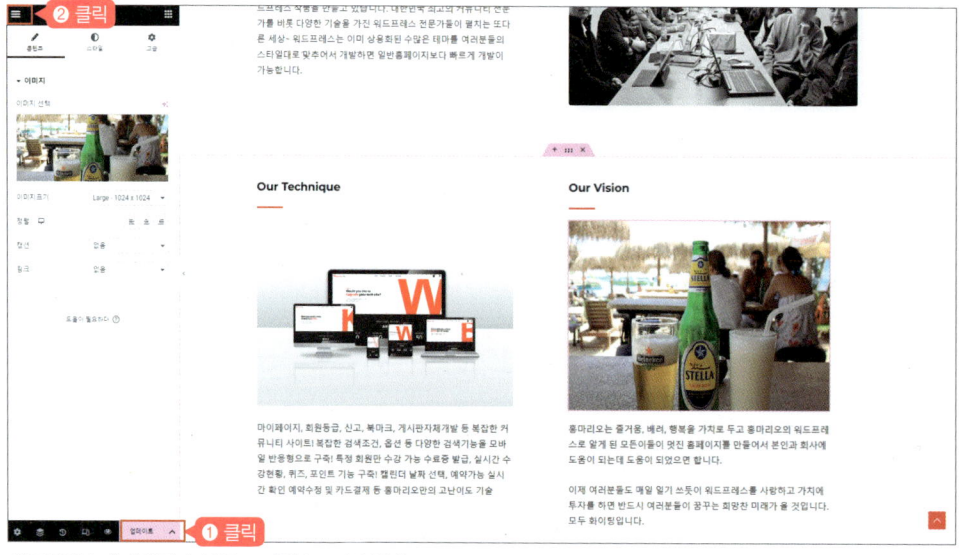

26 이제 왼쪽 메뉴에서 [페이지 보기]를 클릭해서 About페이지를 확인합니다.

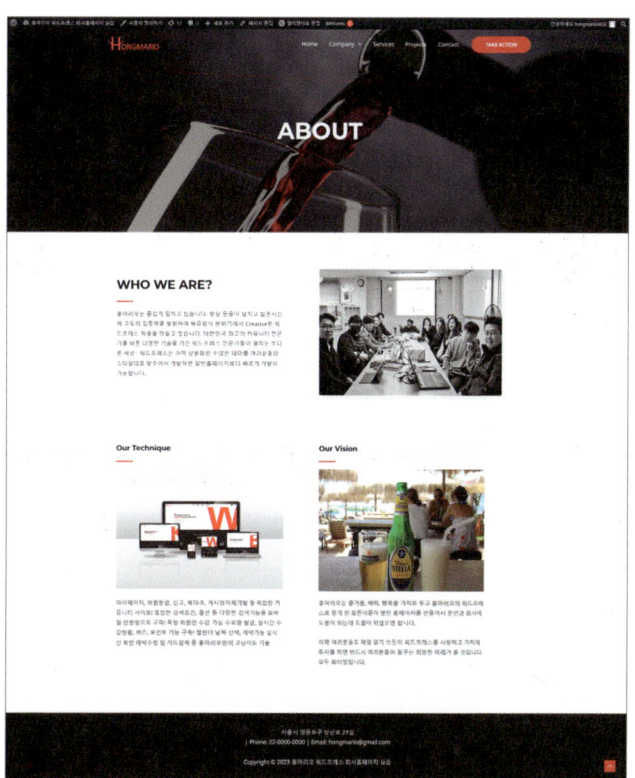

07-04 Map 페이지 설정하기

앞에서 About 페이지 작성을 마쳤고 이제 Company 메뉴에서 두 번째 메뉴인 Map페이지를 설정해 보도록 하겠습니다. 먼저 실습 예제 사이트의 Map 페이지(https://hongmario03.mycafe24.com/map)를 확인해 보겠습니다.

먼저 상단 헤더 영역은 앞에서 실습한 About 페이지와 동일합니다. About페이지의 헤더 섹션을 복사해서 진행할 예정입니다. 그리고 아래는 오시는 길(제목), 텍스트(주소, 전화번호, 이메일), 이미지(지도 링크), 마지막에는 카카오맵을 보여줍니다. 이제 실습을 진행해 보겠습니다.

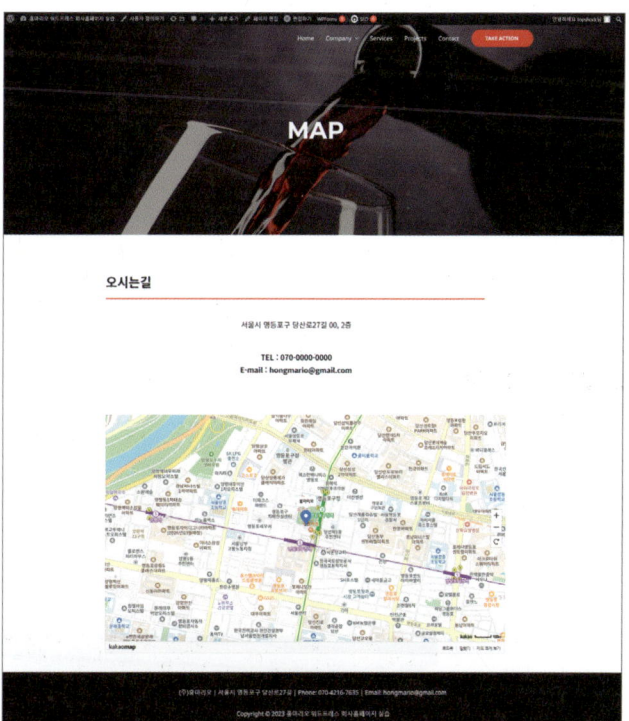

▲ 실습 예제 사이트의 Map 페이지 : https://hongmario03.mycafe24.com/map

Map 페이지-헤더 섹션

1 현재 작업중인 홈페이지의 상단 메뉴에서 'map'을 클릭합니다.

2 map 페이지는 데모에서 가져온 페이지가 아니기 때문에 제목 외에는 아무런 컨텐츠가 없습니다. 상단에 [페이지 편집] 메뉴를 클릭합니다.

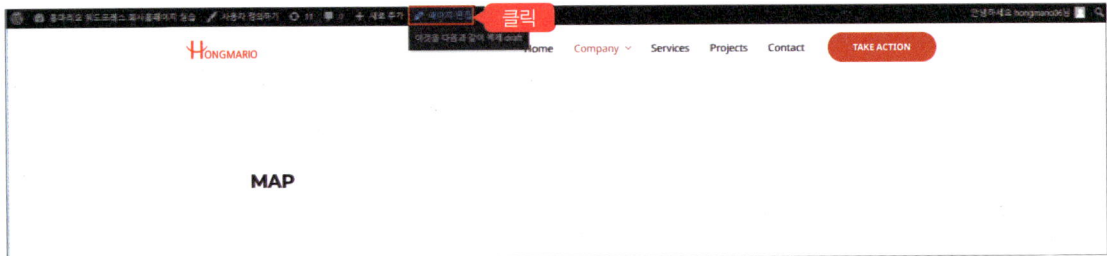

3 상단에 [페이지 편집] 메뉴를 클릭하면 위 화면이 보이고 상단의 파란색 [엘리멘트로 편집] 버튼을 클릭합니다.

4 헤더 영역을 앞에서 작업한 about페이지 헤더영역을 복사해서 가져올 것이기 때문에 현재 작업하는 map페이지에서 위 화면 상태로 놔두고 크롬 브라우저 상단에서 새로운 창을 엽니다.

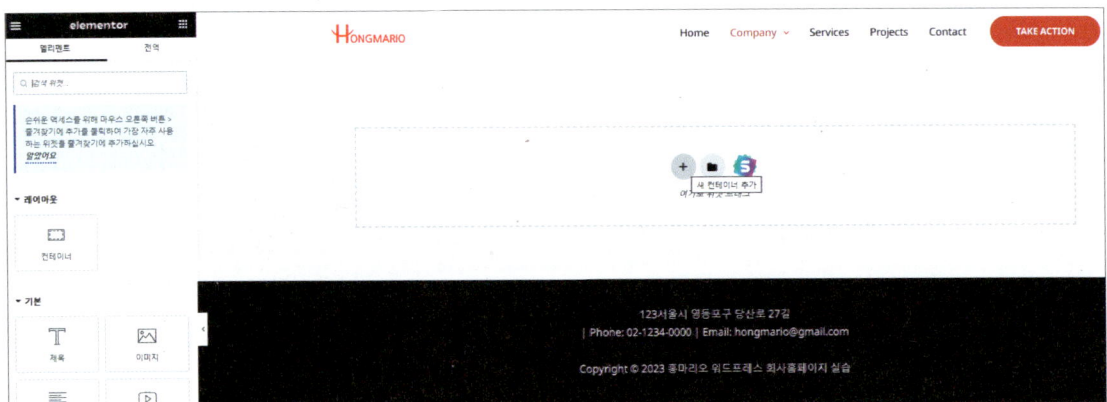

5 새 창을 연 다음 본인 주소(본인계정.mycafe24.com/about)라고 입력해서 앞에서 작업한 About하고 우측 상단에서 [엘리멘터로 편집]을 클릭합니다.

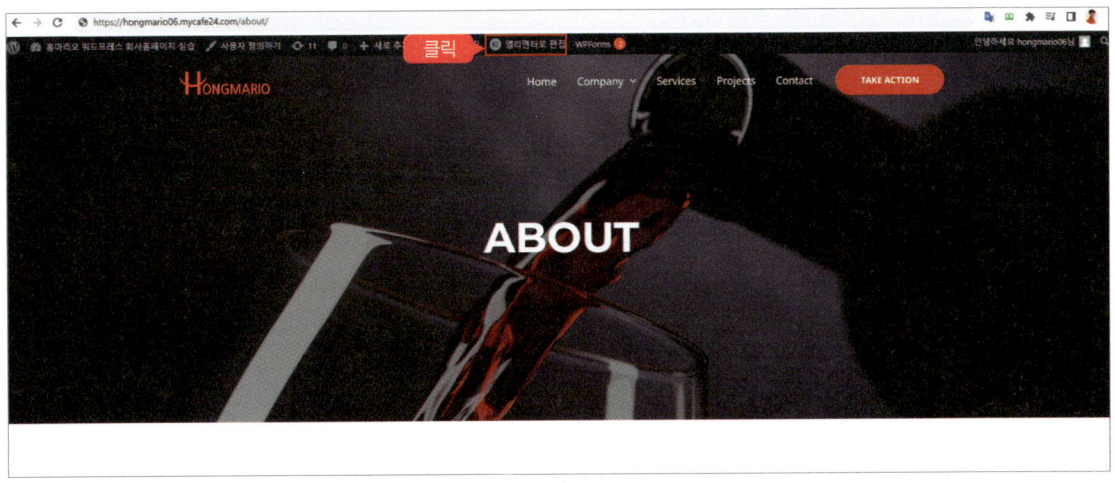

6 마우스로 위 화면처럼 마우스를 헤더 상단에 두면 컨테이너 편집 아이콘이 보입니다. 컨테이너 편집 아이콘에 마우스 우 클릭합니다.

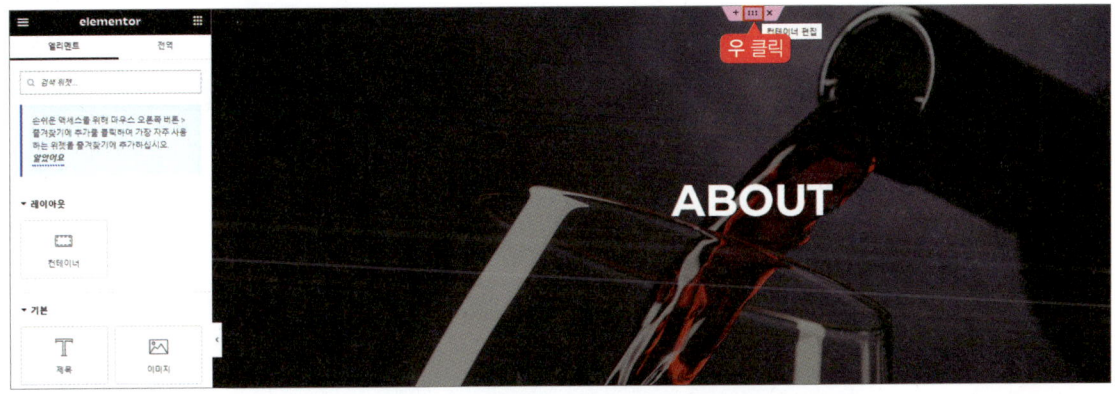

7 컨테이너 편집에서 마우스 우 클릭해서 보이는 [복사]를 클릭합니다. 이제 다시 원래 작업하던 map 페이지 작업창으로 이동합니다.

8 map 페이지 작업 화면에 '+' 아이콘이 보입니다. 마우스 우 클릭해서 [붙이기]를 클릭합니다.

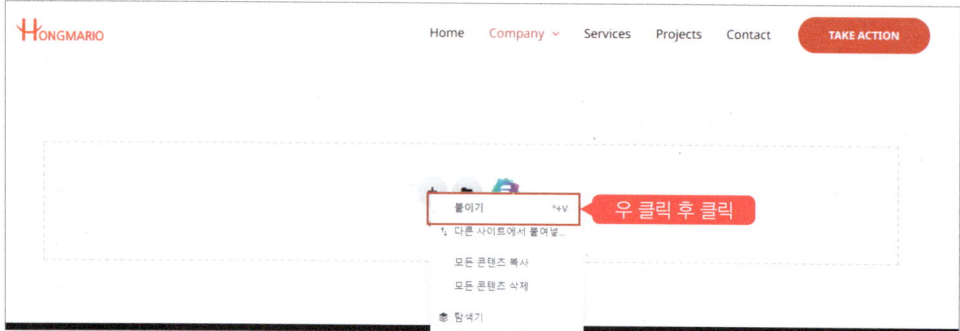

9 이제 화면처럼 About에서 작업했던 헤드영역이 동일하게 보입니다.

10 이제 헤더 배경 영역의 제목을 변경하겠습니다. 우측 사이트 화면에서 제목 편집 아이콘을 클릭합니다.

11 왼쪽에 엘리멘트 제목 편집창을 띄우고 입력창에 'ABOUT'→'MAP'으로 변경합니다.

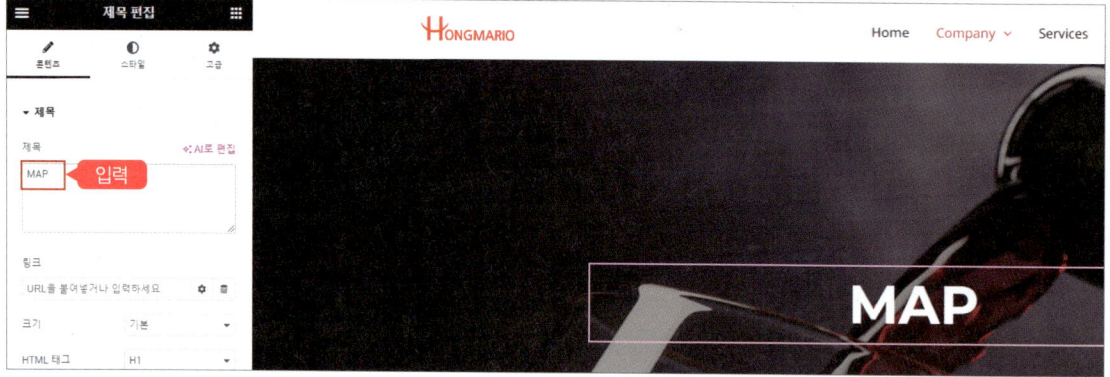

Map 페이지-텍스트 섹션

MAP페이지 헤더 영역 설정이 끝났습니다. 이제 헤더 아래 영역을 진행하도록 하겠습니다.

1 먼저 헤더 영역아래 새 컨테이너 추가 (+)아이콘을 클릭합니다.

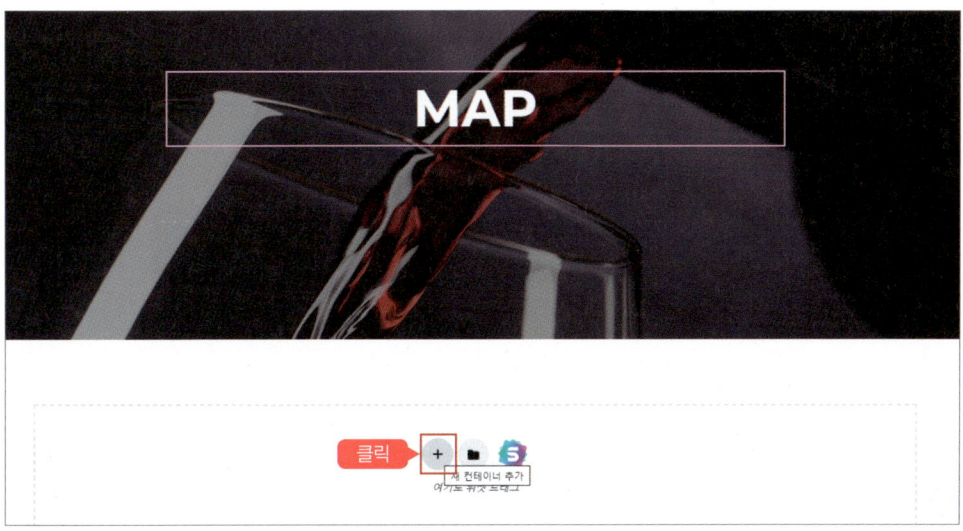

2 구조선택이 보이고, 왼쪽 첫 번째 화살표 아래방향 구조를 클릭합니다.

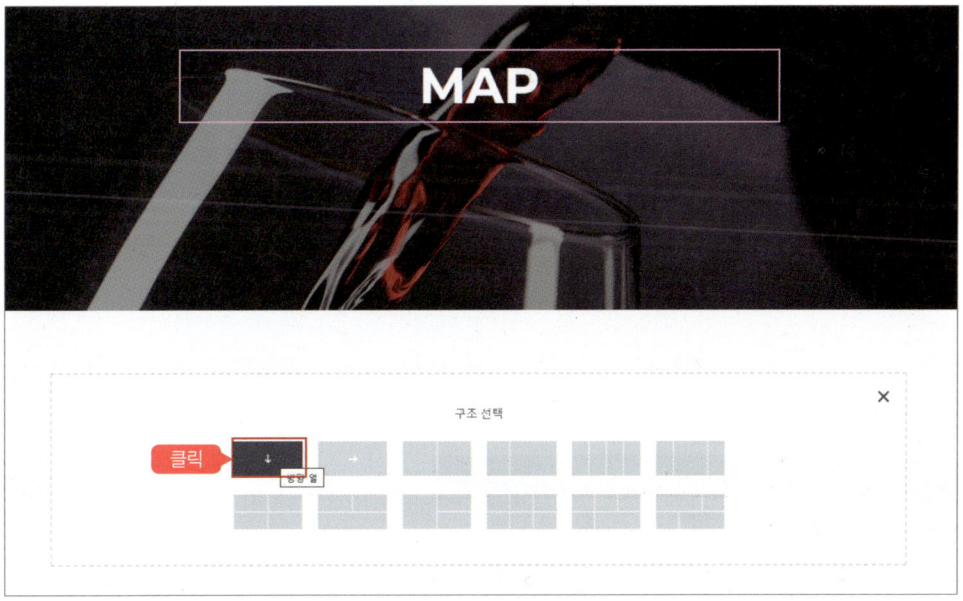

3 상단에 컨테이너 섹션이 생겼습니다. 이제 컨테이너를 편집하겠습니다. 먼저 컨테이너 편집창에서 '스타일' 메뉴를 클릭합니다.

4 스타일 메뉴에서 기본아이콘을 클릭한 다음 아래의 색상 아이콘을 클릭해서 색상 코드값에 #FFF(흰색)을 입력합니다.

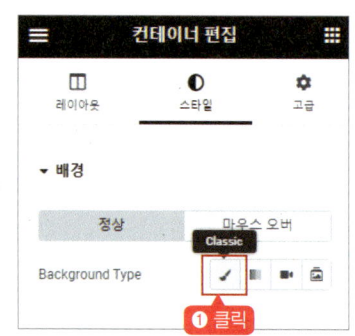

5 이제 스타일 작업을 마쳤고, 고급 메뉴를 클릭합니다. 패딩 우측 끝에 '값을 함께 연결' 아이콘을 클릭하면 위 화면 우측처럼 모두 '0'으로 변경됩니다.

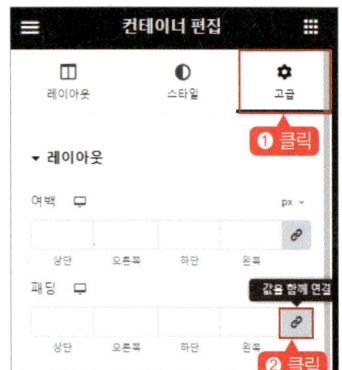
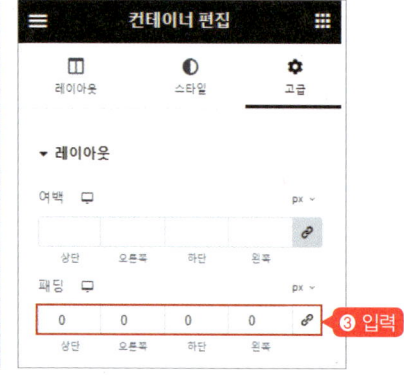

6 이제 패딩값에서 상단 값을 '100', 하단을 '50'으로 입력합니다. 그러면 우측 사이트 화면에 위쪽 공간이 늘어 난 것을 확인할 수 있습니다. 우측 사이트 화면아래 '+' 아이콘을 클릭합니다.

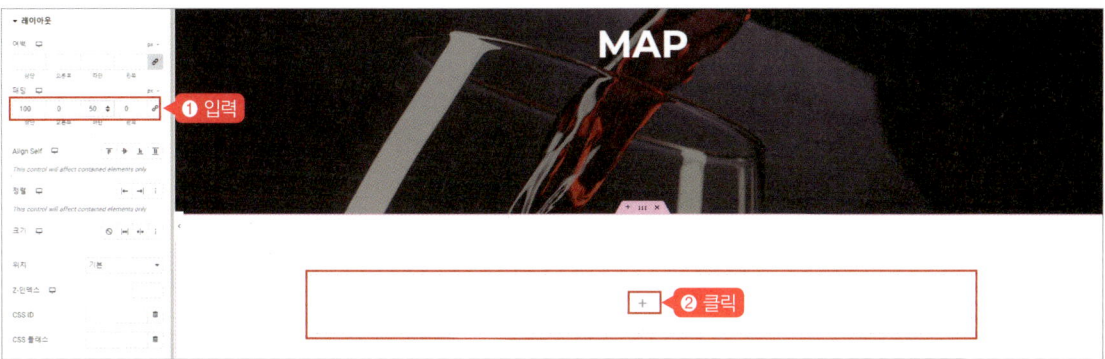

7 왼쪽에 엘리멘트들이 보입니다. 여기서 제목 엘리멘트를 선택해서 마우스 드래그 앤 드롭으로 위 화면 우측으로 이동시킵니다.

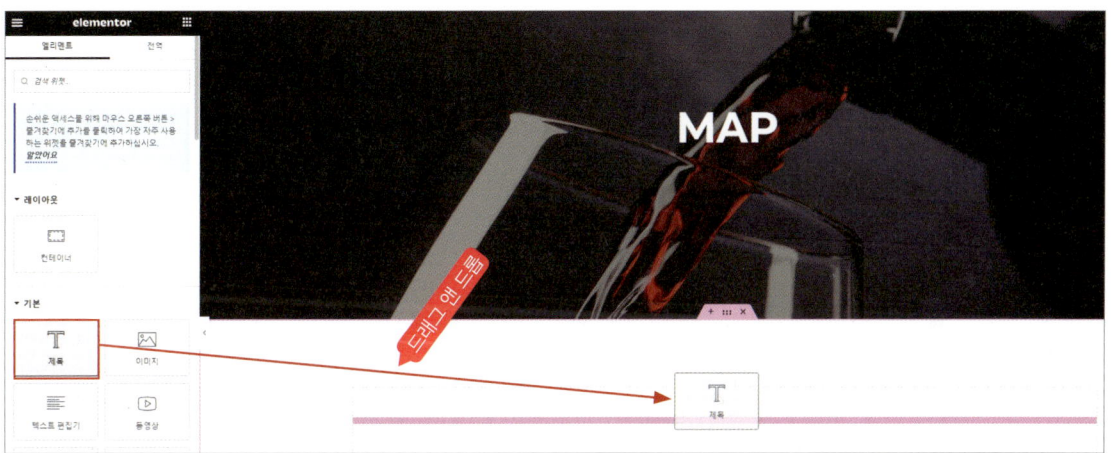

8 제목 편집창에 '오시는길'이라고 입력합니다. 다음은 글씨체를 변경하기 위해 '스타일' 메뉴를 클릭합니다.

9 스타일 메뉴에서 서체 아이콘을 클릭합니다. 그러면 타이포그래피가 펼쳐지고 패밀리(글씨체)가 기본으로 되어 있습니다. '기본'을 클릭하면 아래 검색창이 보이고 검색창에 'noto sans kr'이라고 검색하면 아래에 진하게 'Noto Sans KR'이 보입니다. 'Noto Sans KR'을 클릭합니다. 참고로 아래에서 글자 굵기, 변형, 스타일 등 다양하게 글씨 속성을 수정이 가능합니다.

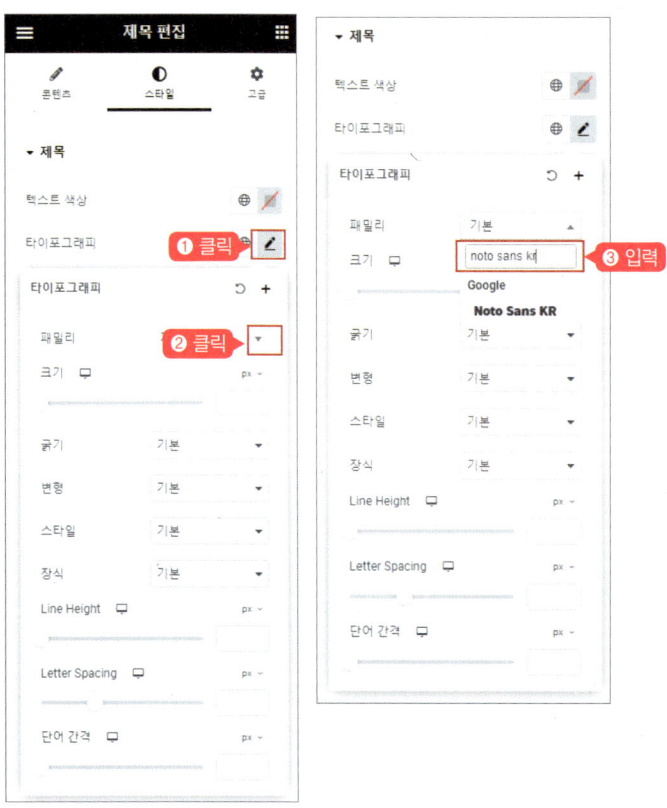

10 다음은 아래 빨간색 구분선을 넣기 위해 분리자(디바이더)를 삽입하기 위해 엘리멘트 아이콘( )을 클릭합니다.

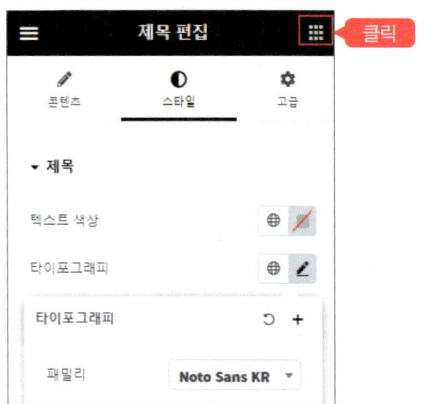

11 왼쪽 기초 엘리멘트중 '분리자(디바이더)'를 마우스로 선택한 다음 우측 오시는길 아래로 드래그 앤 드롭으로 이동합니다. 아래 회색 배경 영역으로 이동 안되게 천천히 마우스를 조작해야 하며, 혹시나 아래로 이동되면 분리자(디바이더)에 마우스를 대고 우 클릭해서 삭제해서 다시 진행하면 됩니다.

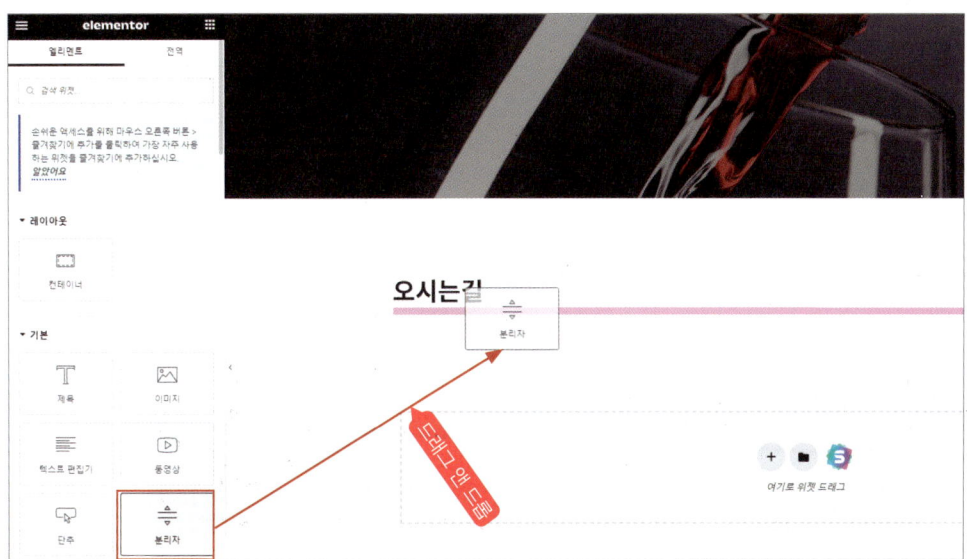

12 왼쪽에 분리자(디바이더) 편집창이 보이면 상단 탭 메뉴에서 '스타일'을 클릭하고, 색상을 클릭하고 색상코드값을 '#c62434'를 입력합니다. 그리고 색상 아래 무게를 '3'으로 입력하고, 간격을 '0'으로 입력합니다.

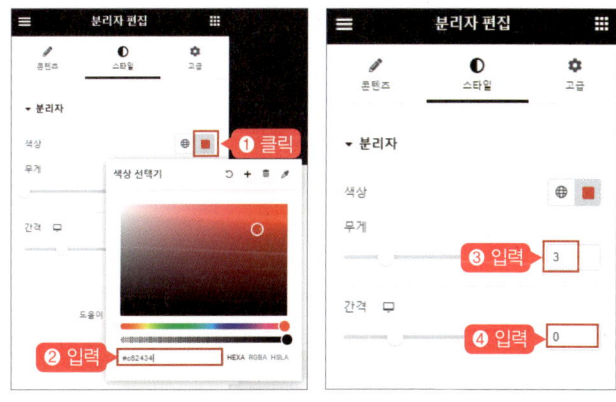

13 다음은 주소와 지도를 입력하기 위해 새로운 컨테이너를 추가하겠습니다. 오시는길 제목과 분리자(디바이더) 아래 회색 + 아이콘을 클릭합니다.

14 구조선택이 보이고, 왼쪽 첫 번째 화살표 아래방향 구조를 클릭합니다.

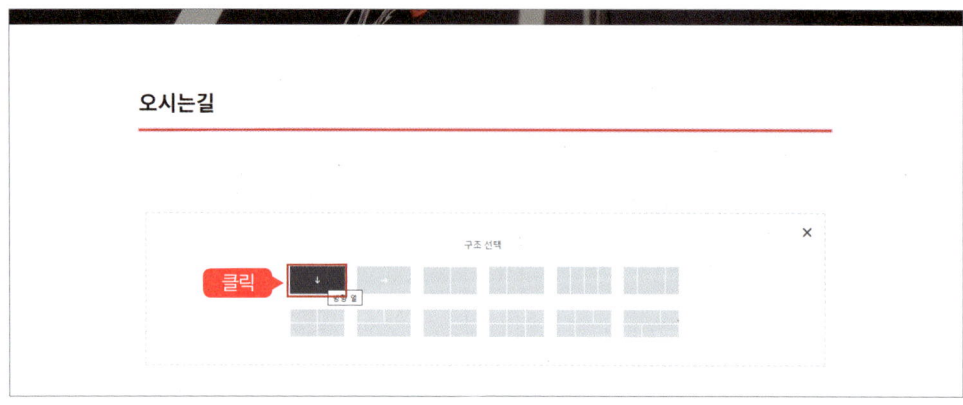

15 컨테이너 편집창이 보이면 스타일 탭 메뉴를 클릭합니다.

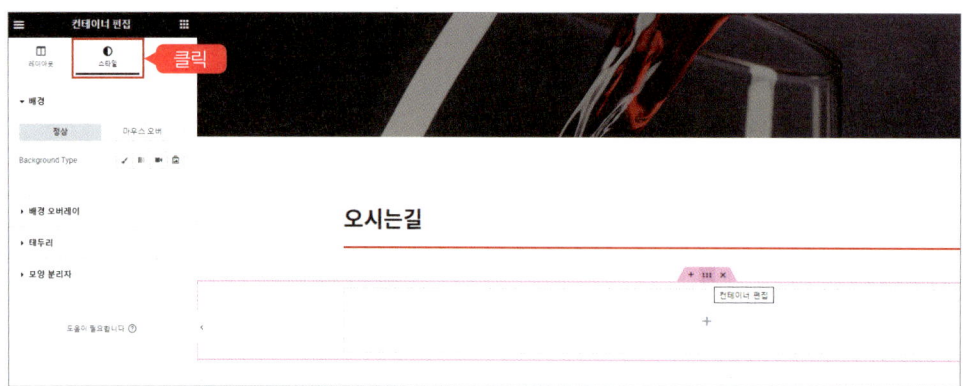

16 컨테이너 스타일 메뉴에서 Background Type 기본 아이콘을 클릭하고, 색상 아이콘을 클릭한 다음 색상 선택기에서 '#FFF(흰색)'을 입력합니다.

17 다음은 [고급] 탭 메뉴를 클릭해서 패딩 영역에서 '값을 함께 연결' 아이콘을 클릭한 다음 상단 패딩 '50', 하단 패딩 '50' 값을 입력합니다. 마지막으로 편집창 우측 상단의 엘리먼트 아이콘을 클릭합니다.

18 기초 엘리멘트들이 보입니다. 여기서 '텍스트 에디터'를 마우스로 선택해서 우측으로 드래그 앤 드롭으로 방금 작업한 분리자(디바이더) 아래로 이동시킵니다.

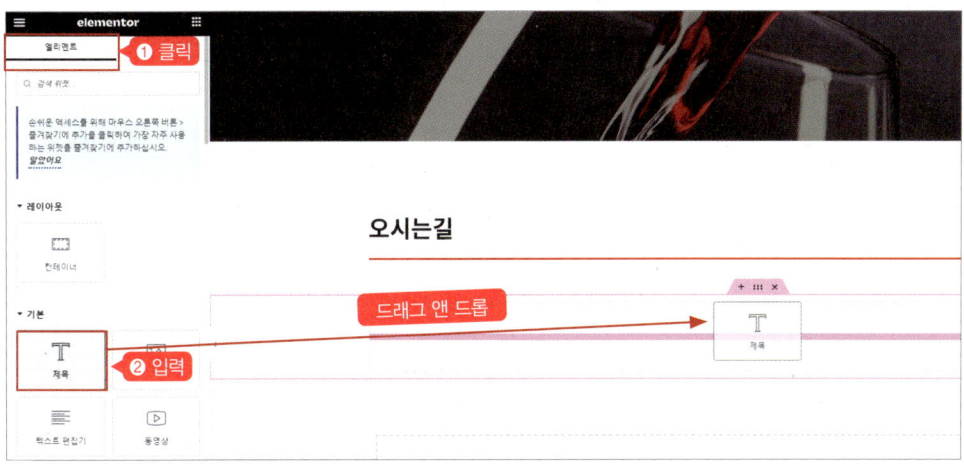

19 왼쪽에 텍스트 입력창이 보입니다. 본인 회사 주소를 입력합니다. 다음은 정렬, 글자색, 글씨체, 글자색을 변경하기 위해 [스타일] 탭 메뉴를 클릭합니다.

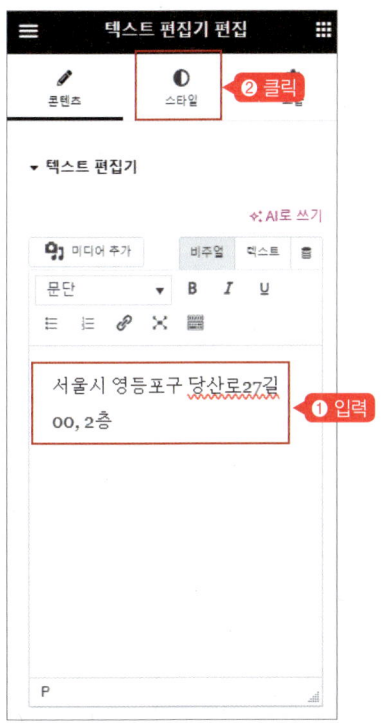

20 텍스트 에디터 편집창의 스타일에서 다음 순서대로 진행합니다.
❶ 정렬 : 중앙 아이콘 클릭, ❷ 텍스트 색상 아이콘 클릭, ❸ 색상코드값 '#000' 입력
❹ 타이포 그래피 설정 아이콘 클릭
❺ 타이포 그래피(패밀리) 검색창 'noto sans kr' 검색후 'Noto Sans KR' 선택
❻ 크기 '20' 입력

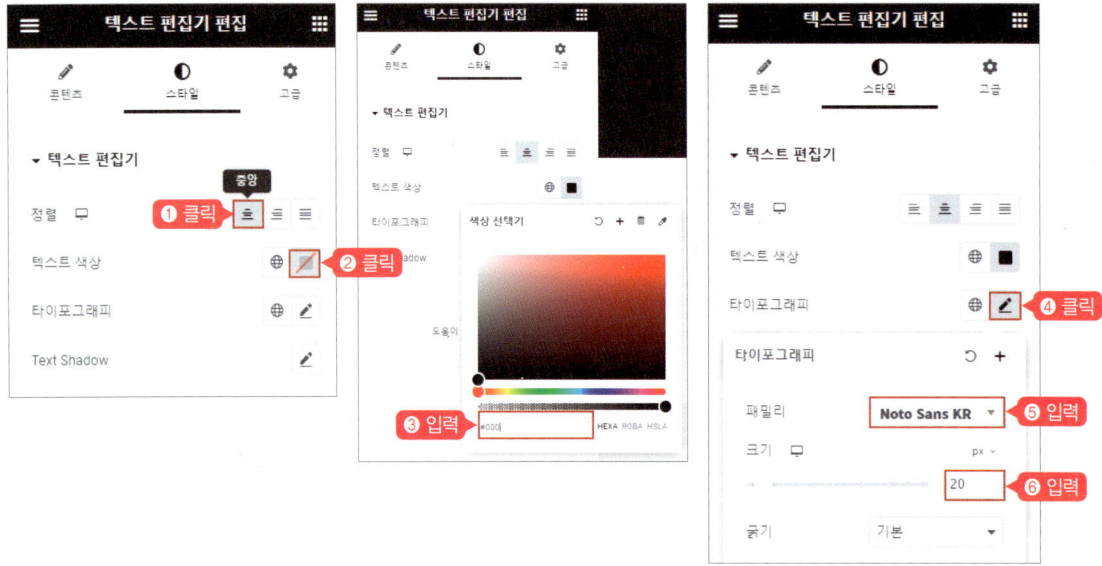

21 아래 전화번호, 이메일을 입력하기 위해 텍스트 에디터를 복제하도록 하겠습니다. 위 화면에서 주소 텍스트 우측에 마우스를 갖다 면 '텍스트 에디터 편집' 아이콘이 보입니다. 마우스 우 클릭을 하고, 우 클릭해서 보이는 메뉴 중 '복제' 메뉴를 클릭합니다.

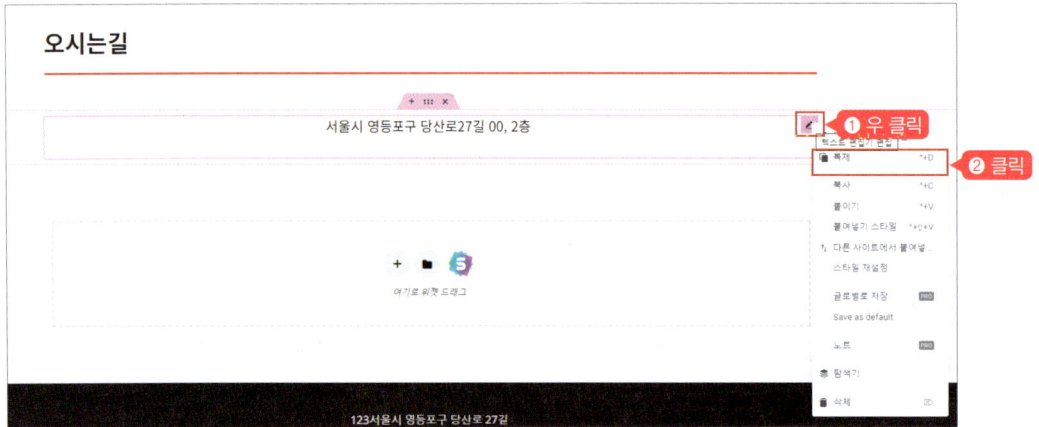

22 아래에 텍스트 에디터가 복제되어 아래에 보입니다. 왼쪽 텍스트 에디터 입력창에 내용을 변경하도록 하겠습니다.

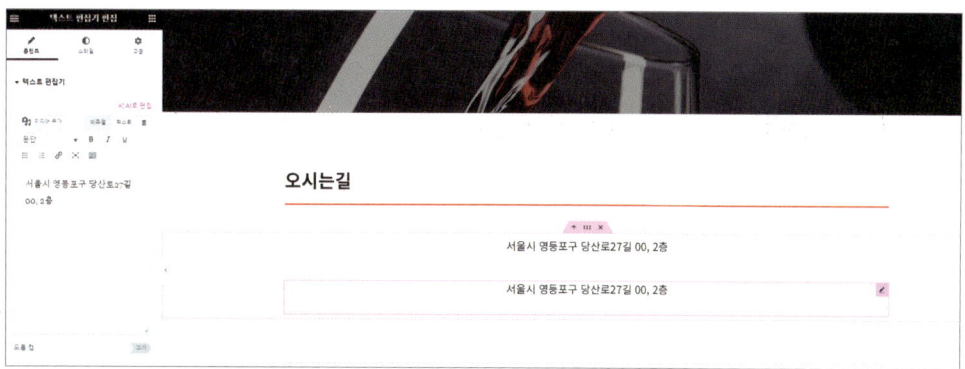

23 텍스트 에디터 편집창의 입력창에 본인의 회사 전화번호, 이메일 등 정보를 입력합니다. 다음은 스타일 탭 메뉴로 이동해서 굵기 '700'를 선택합니다.

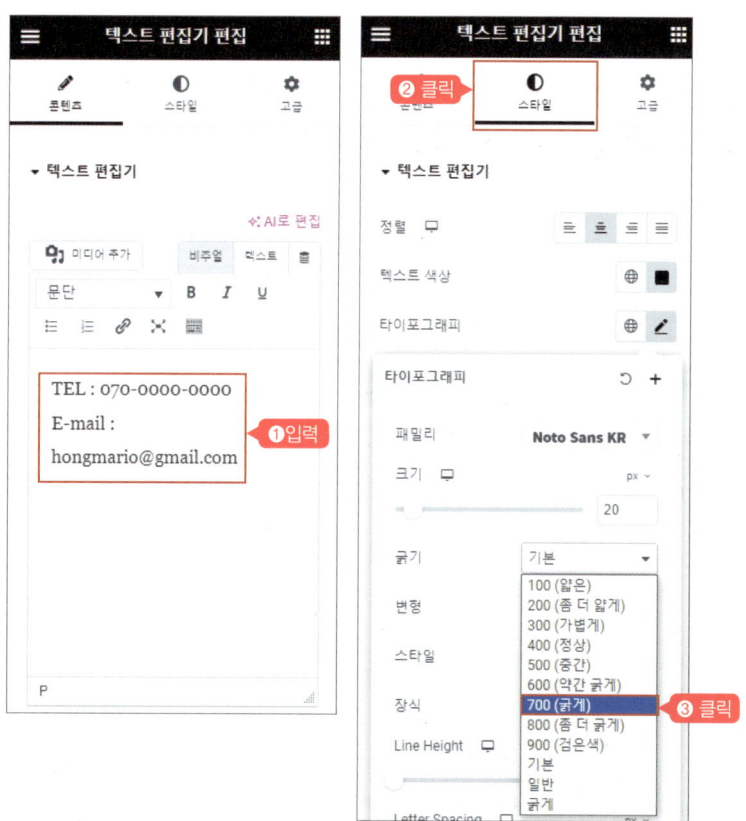

24 텍스트 아래에 전화번호, 이메일 주소가 완성되었습니다. 왼쪽 텍스트 편집창 우측의 엘리멘트 아이콘을 클릭합니다.

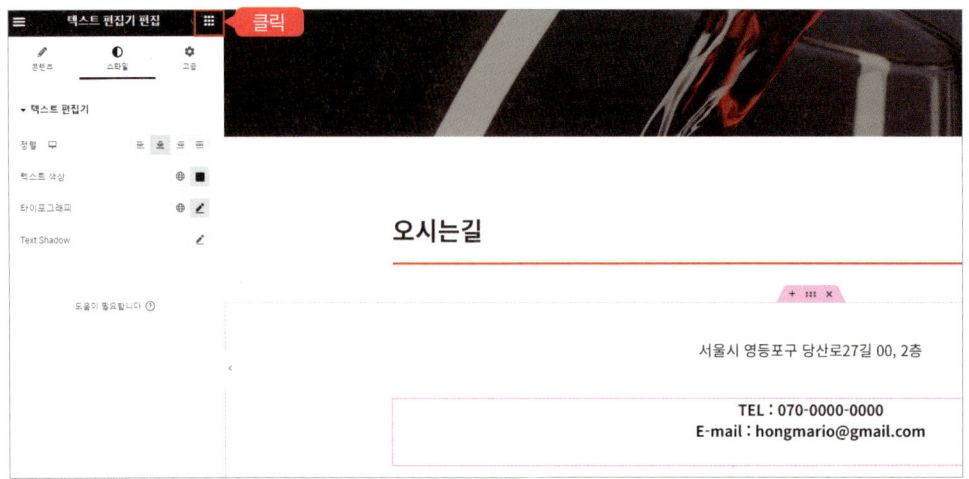

25 기초 엘리멘트에서 텍스트 에디터를 위 화면에서 전화번호, 이메일 아래로 이동합니다. 이때 마우스 드래그 앤 드롭 이동시 핑크색 라인이 길게 쭉 뻗어가는 화면이 보일 때 마우스를 놓으셔야 합니다.

26 이제 MAP 작업창에서 새창을 열기해서 새로운 창에서 구글/네이버에서 '카카오맵'으로 검색을 해서 접속(https://map.kakao.com)한 다음, 이제 아래에 지도를 삽입하겠습니다. 일반적으로 워드프레스 홈페이지에서는 네이버지도는 공개 HTML을 제공하지 않기 때문에 지도 표시를 주로 구글지도 또는 카카오맵으로 진행합니다. 실습에서는 카카오맵으로 진행하겠습니다.

27 카카오맵에 접속해서 회사주소 또는 회사명을 검색하면 위 화면이 보입니다. 지도 화면에서 회사명 또는 주소 우측에 보면 '+' 아이콘이 있습니다 '+' 아이콘을 클릭합니다.

28 말풍선 팝업창이 뜨고 공유아이콘을 클릭하면 아래에 'HTML 태그 복사'를 클릭합니다.

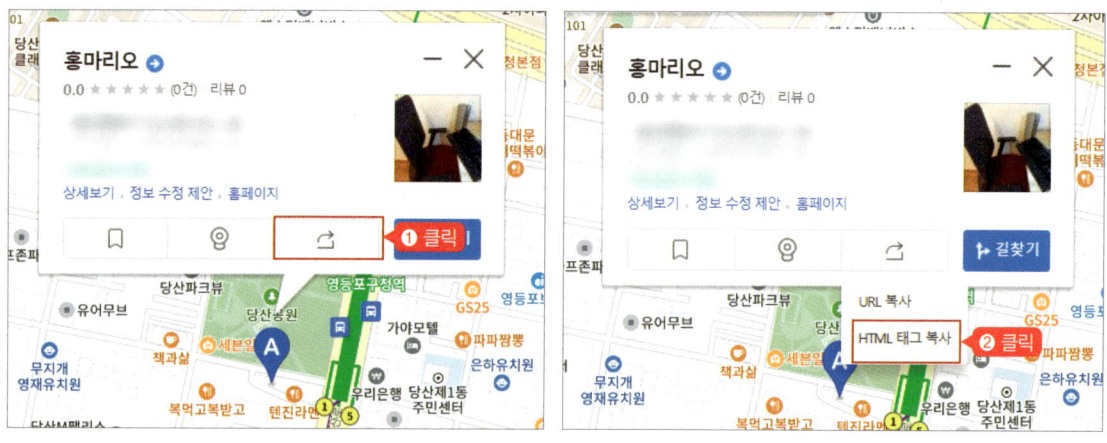

29 HTML 태그 복사 팝업창이 뜹니다. 지도 크기를 '640' x '360' → '1100' x '600'으로 수정하고 아래에 [소스 생성하기]를 클릭합니다.

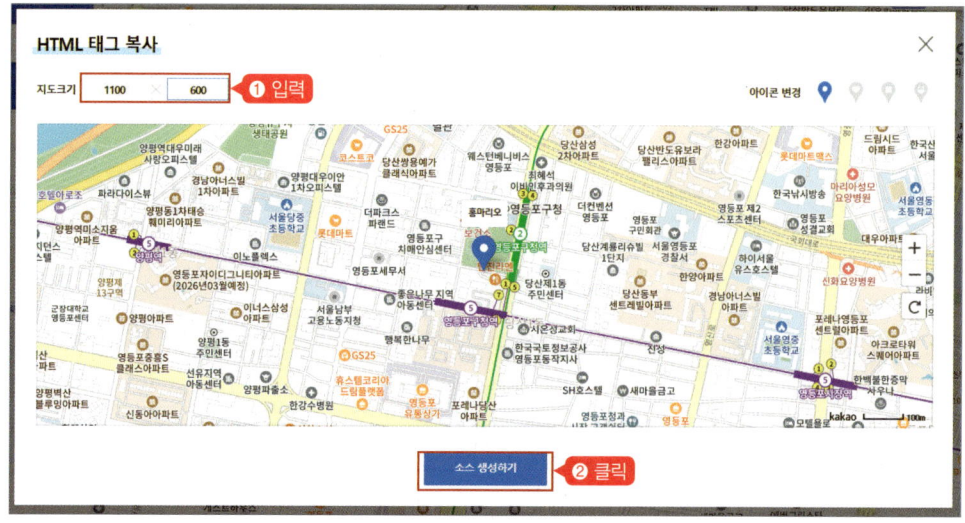

30 소스 생성하기 팝업이 보입니다. 소스를 복사해서 앞에서 작업한 Map 페이지로 이동합니다.

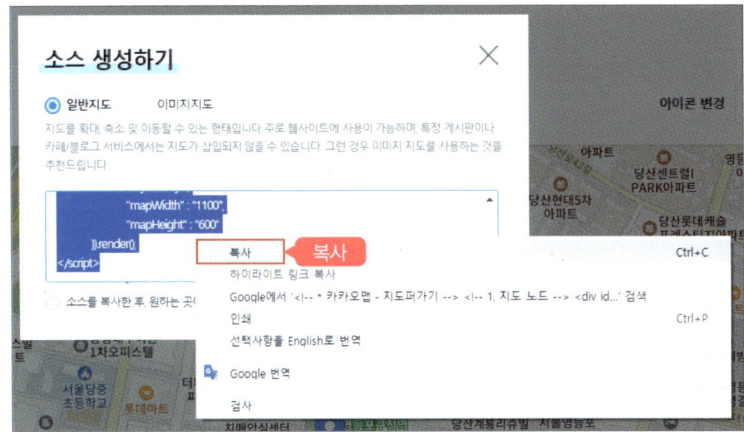

31 카카오맵 새창 작업전에 텍스트 편집기를 편집하겠습니다. 왼쪽 텍스트 에디터 입력창에서 [텍스트] 탭 메뉴를 클릭합니다. [텍스트] 탭 메뉴 입력창은 HTML 소스를 입력/수정하는 영역입니다.

32 기존 외국어 내용을 지우고 앞에서 복사한 카카오맵 HTML소스를 붙여넣기 합니다.

33 이제 마지막으로 왼쪽 편집창 하단의 [업데이트]를 클릭 하고 편집창 상단 왼쪽의 햄버그 메뉴를 클릭합니다.

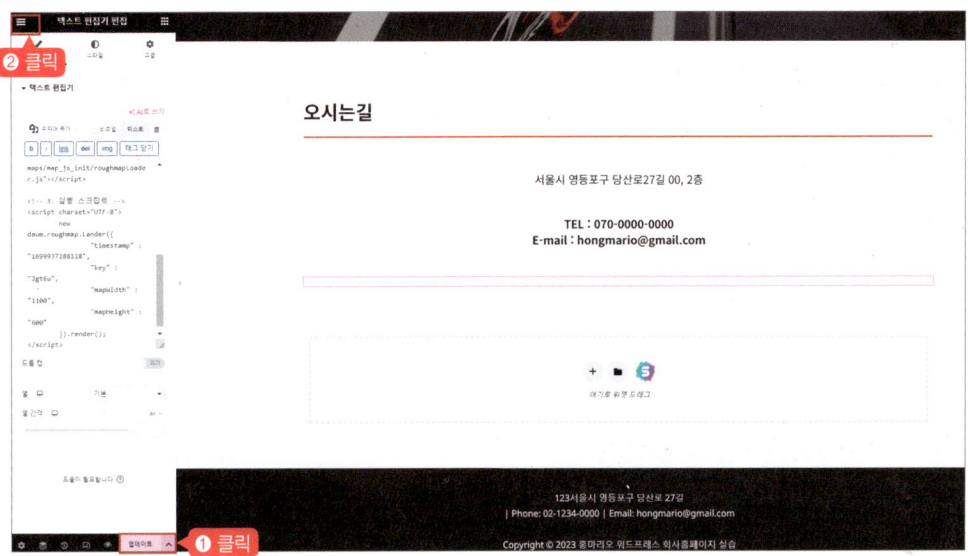

35 페이지 보기를 클릭해서 지금까지 작업한 MAP 페이지를 확인합니다.

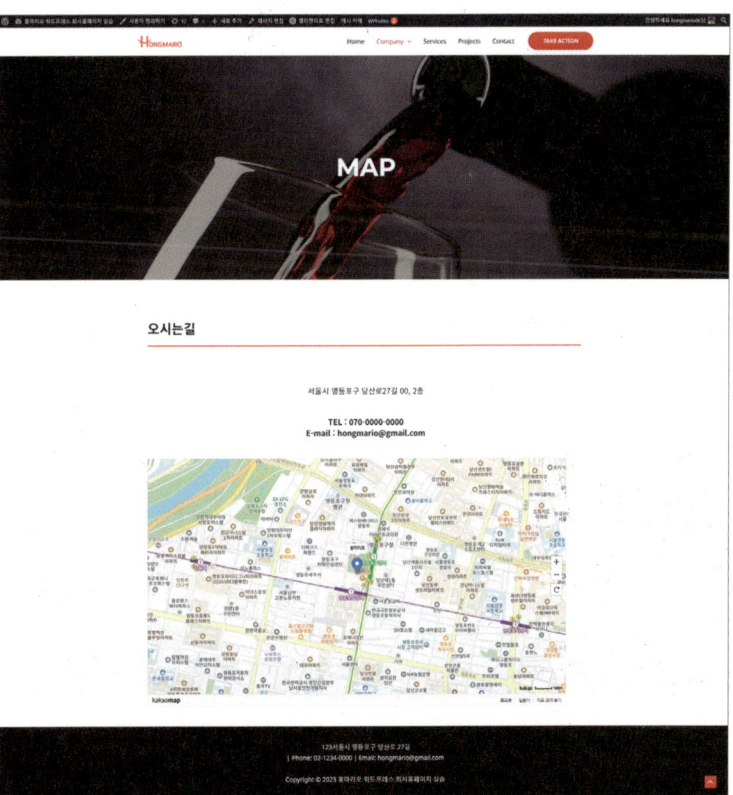

07-05 Services 페이지 설정하기

다음은 네 번째 페이지인 Services 페이지를 진행하겠습니다. 마찬가지로 실습 예제 사이트의 Services 페이지(https://hongmario03.mycafe24.com/services)를 확인해 보겠습니다.

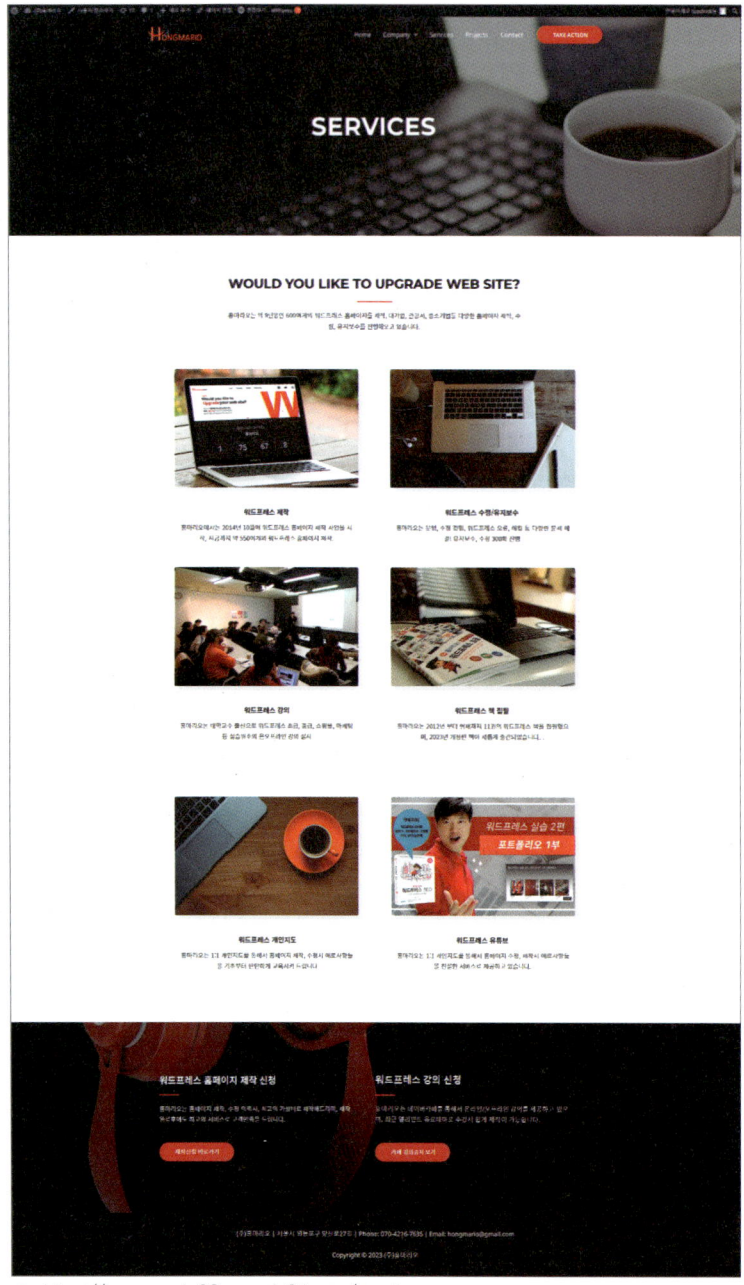

▲ https://hongmario03.mycafe24.com/services

Services(서비스) 페이지를 확인해보면 헤더 배경은 동일한 레이아웃이고 바디영역의 첫 번째 섹션은 2칼럼(컨테이너)으로 구성되어 있습니다. 마지막 배너 영역도 2칼럼(컨테이너)으로 구성된 페이지입니다. 이제 실습을 진행하겠습니다. 메인 페이지에서 'Services' 메뉴를 클릭합니다.

1 'Services' 페이지가 보입니다. 상단 탭 메뉴에서 '엘리멘트로 편집'을 클릭합니다.

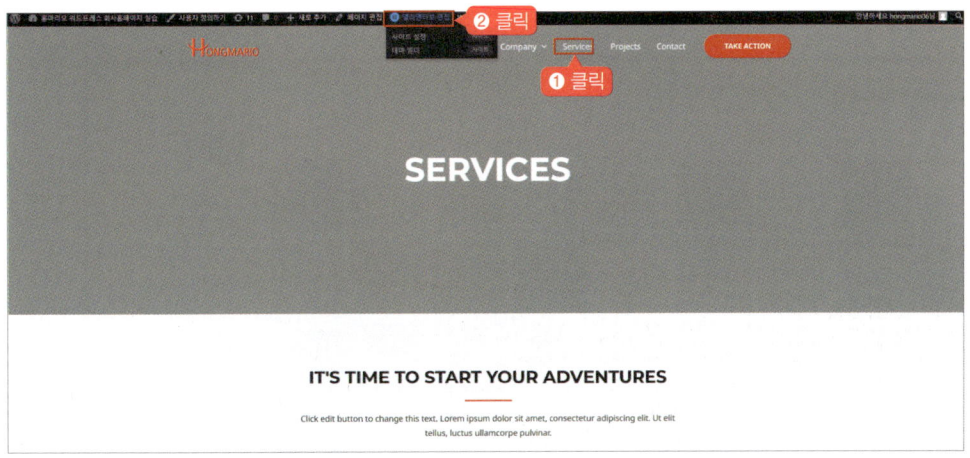

2 섹션편집창 '스타일' 메뉴에서 배경이미지를 변경하기 위해 이미지에서 '이미지 선택'을 클릭합니다.

4장_회사 홈페이지 제작 실습

3 미디어 삽입에서 노트북 섬네일 이미지(21-service_head.jpg)를 선택하고, 우측 하단에서 [선택] 버튼을 클릭합니다.

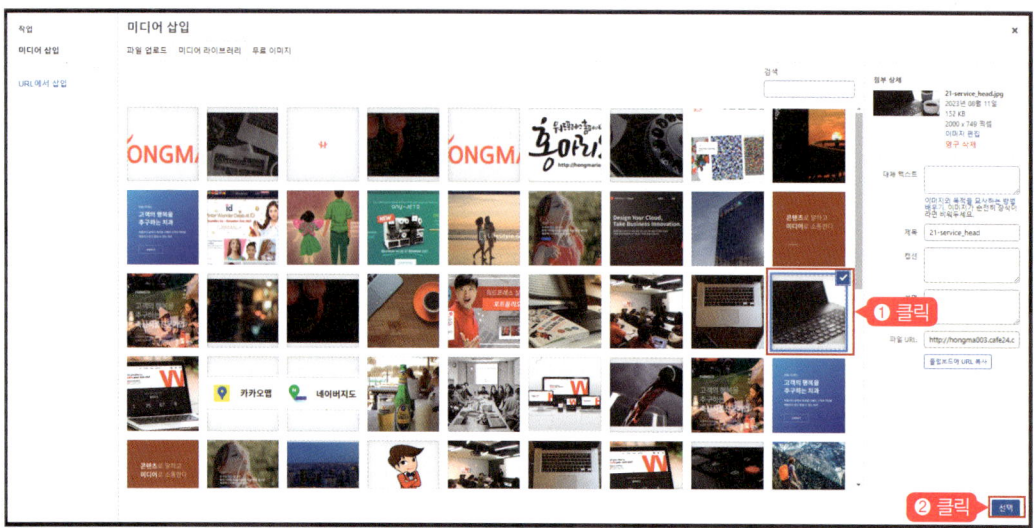

4 헤더 배경이미지가 변경되었습니다. 헤더 배경위 제목은 'SERVICES'로 동일하기 때문에 그대로 놔둡니다. 다음은 헤더 배경아래 섹션에서 'IT'S TOME TO START YOUR ADVENTURES'영역의 배경색을 흰색으로 변경하겠습니다. 먼저 헤더 배경 아래 섹션에 컨테이너 편집 아이콘을 클릭합니다.

5 컨테이너 편집에서 스타일 탭 메뉴를 클릭한 다음 색상 아이콘을 클릭해서 색상 값을 '#FFF(흰색)"을 입력합니다.

6 헤더 배경 아래 섹션의 영어 내용을 변경해 보겠습니다. 'IT'S TOME TO START YOUR ADVENTURES'를 마우스 클릭해서 보이는 편집 아이콘을 클릭해서 제목 편집창을 띄웁니다. 아래 내용으로 앞에서 학습한 방법과 동일하게 입력합니다.

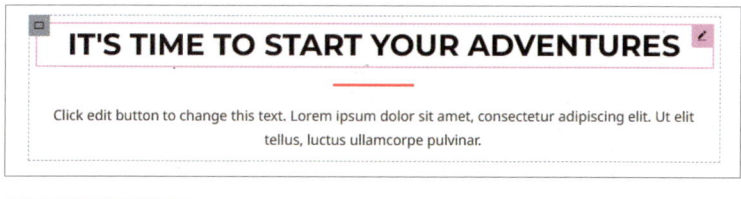

제목	WOULD YOU LIKE TO UPGRADE WEB SITE?
텍스트 에디터	홍마리오는 약 9년동안 600여개의 워드프레스 홈페이지를 제작, 대기업, 관공서, 중소기업 등 다양한 홈페이지 제작, 수정, 유지보수를 진행해오고 있습니다.

7 제목은 영문이라 내용만 변경하고, 텍스트는 한글이라 글씨체를 noto sans kr로 변경합니다.

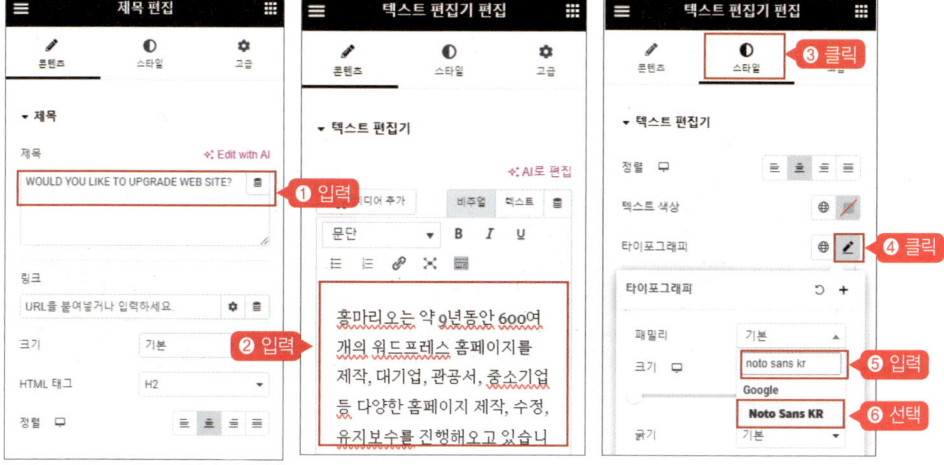

8 이제 2칼럼 이미지 영역의 섹션의 배경색 또한 흰색으로 변경하기 위해 앞에서와 동일하게 컨테이너 스타일 탭 메뉴에서 색상 아이콘을 선택하고 색상값을 '#FFF(흰색)'으로 입력합니다.

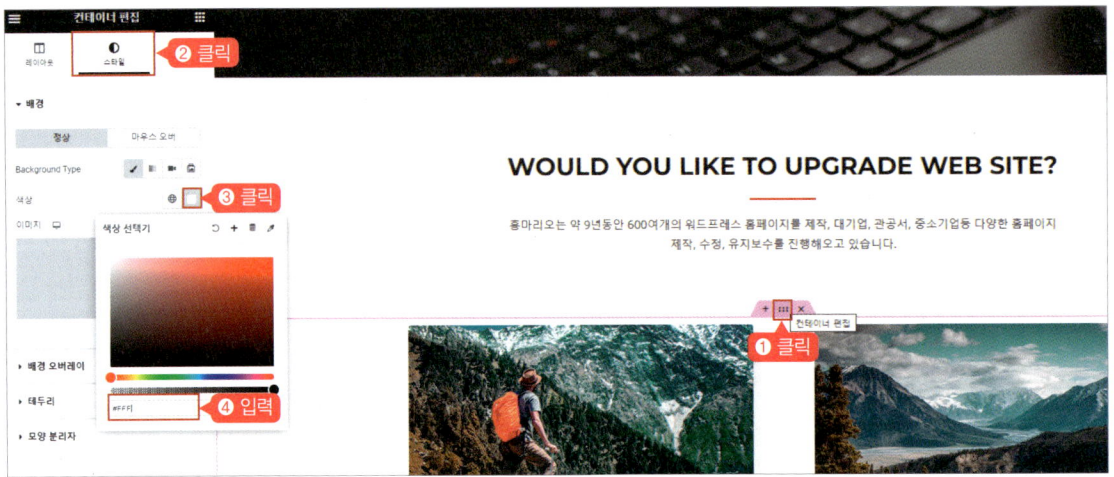

9 다음은 아래에 2칼럼(컨테이너) 6개의 컨텐츠를 입력해보겠습니다. 아래 표 내용으로 입력하면 됩니다.

왼쪽 칼럼(컨테이너)		오른쪽 칼럼(컨테이너)	
이미지	22-service1.jpg	이미지	23-service2.jpg
제목	워드프레스 제작	제목	워드프레스 수정/유지보수
설명	홍마리오에서는 2014년 10월에 워드프레스 홈페이지 제작 사업을 시작, 지금까지 약 600여개의 워드프레스 홈페이지 제작	설명	홍마리오는 운영, 수정 경험, 워드프레스 오류, 해킹 등 다양한 문제 해결! 유지보수, 수정 300회 진행

10 먼저 왼쪽 칼럼(컨테이너) 첫 번째부터 진행하겠습니다. 기존 이미지를 클릭해서 22-service1.jpg(노트북이미지)를 선택해서 삽입합니다.

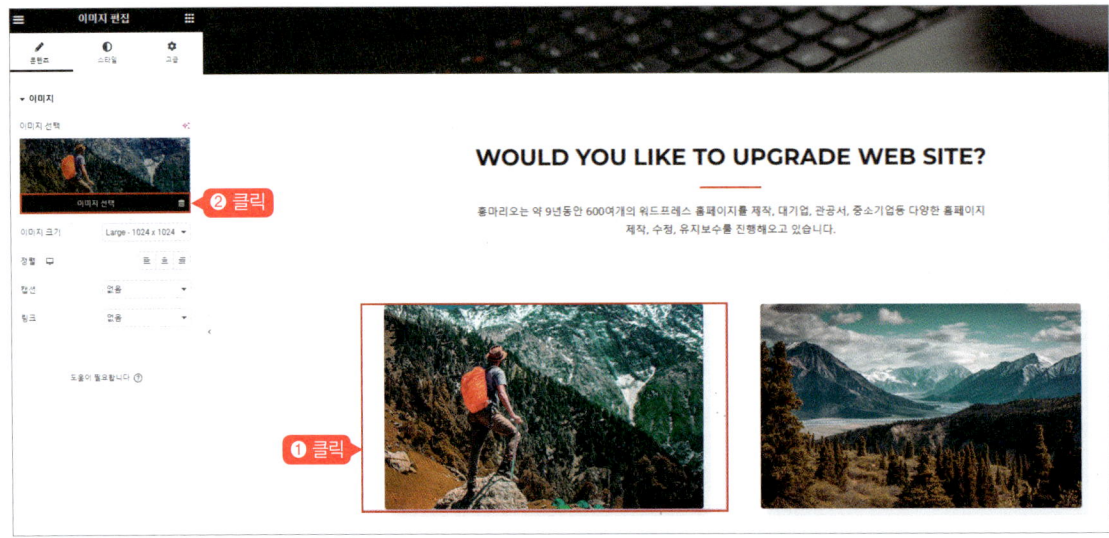

11 노트북 이미지가 삽입되었으면 그 아래 이미지 상자에 있는 영문 컨텐츠 편집을 진행하겠습니다.

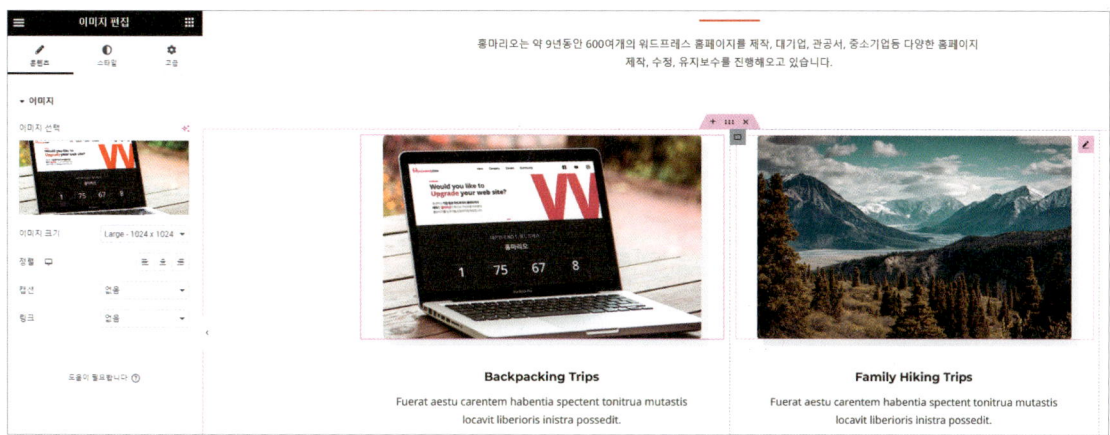

12 다음은 방금 삽입한 이미지 아래 텍스트 영역을 클릭하면 왼쪽 편집창에 이미지 상자 편집창이 보입니다. 내용을 입력하고 스타일 메뉴에서 서체 아이콘을 클릭해서 글씨체를 'Noto Sans KR'로 검색해서 변경합니다.

13 왼쪽 칼럼(컨테이너) 첫 번째 컨텐츠가 완성되었고 이번에는 우측 칼럼(컨테이너)으로 넘어갑니다. 먼저 이미지는 위 화면 우측 이미지(23-service2.jpg)를 입력하고, 제목/설명 내용은 위에 표 또는 실습 예제 사이트 내용을 복사〉붙여넣기를 합니다. 마지막으로 앞에서 작업한 것과 동일하게 글씨체를 변경해 줍니다.

14 화면 아래로 이동해서 아래 마우스를 위치시키면 위 화면처럼 '컨테이너 아이콘'이 보입니다 삭제(x)를 클릭해서 삭제합니다.

15 다음은 앞에서 작업한 2칼럼(컨테이너)을 복제하겠습니다. 마우스를 위 화면 컨테이너 편집 아이콘 근처로 가져가면 편집 아이콘이 보입니다. 마우스 우 클릭합니다.

16 복제를 클릭해서 앞에서 작업한 컨테이너 복제를 2번 진행합니다.

17 복제가 완성되었습니다. 첫 번째 행에서 작업한 동일한 방법으로 2번째 행, 3번째 행 내용을 입력합니다.

	왼쪽 칼럼(컨테이너)		오른쪽 칼럼(컨테이너)
이미지	24-service3.jpg	이미지	25-service4.jpg
제목	워드프레스 강의	제목	워드프래스 책 집필
설명	홍마리오는 대학교수 출신으로 워드프레스 초급, 중급, 쇼핑몰, 마케팅 등 실습위주의 온오프라인 강의 실시	설명	홍마리오는 2012년 부터 현재까지 11권의 워드프레스 책을 집필했으며, 2023년 개정판 책이 새롭게 출간되었습니다.
이미지	26-service5.jpg	이미지	27-service6.jpg
제목	워드프레스 개인지도	제목	워드프레스 유튜브
설명	마리오는 1:1 개인지도를 통해서 홈페이지 제작, 수정시 애로사항들을 기초부터 탄탄하게 교육시켜 드립니다	설명	홍마리오는 워드프레스 종합편 책 실습을 비롯 워드프레스 관련 다양한 유튜브를 제작합니다.

18 상기 표 내용을 참고하거나 실습 예제 사이트 내용을 복사>붙여넣기 해서 컨텐츠를 완성합니다.

19 2칼럼(컨테이너)의 모든 내용 입력이 완성되었습니다. 이제 맨 아래 배너 영역 작업을 진행하겠습니다.

20 방금 작업한 섹션 아래 마우스를 대면 컨테이너 편집 아이콘이 보입니다. 편집 아이콘을 클릭해서 컨테이너 편집창을 띄웁니다. 스타일 메뉴를 클릭합니다.

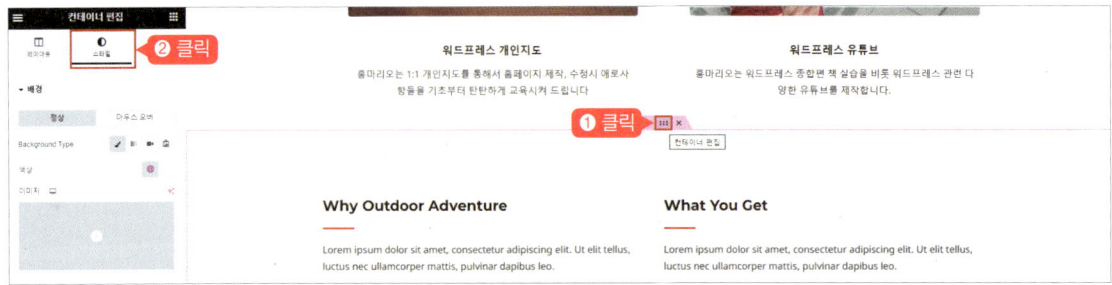

21 컨테이너 스타일 메뉴에서 이미지 선택을 클릭합니다.

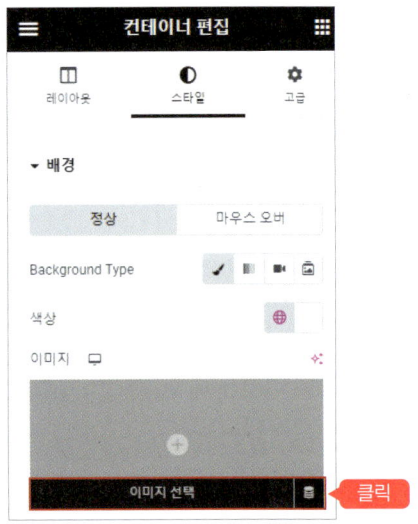

22 미디어 삽입 화면이 보이고 28-service_bg.jpg이미지를 선택하고 [선택] 박스를 클릭합니다.

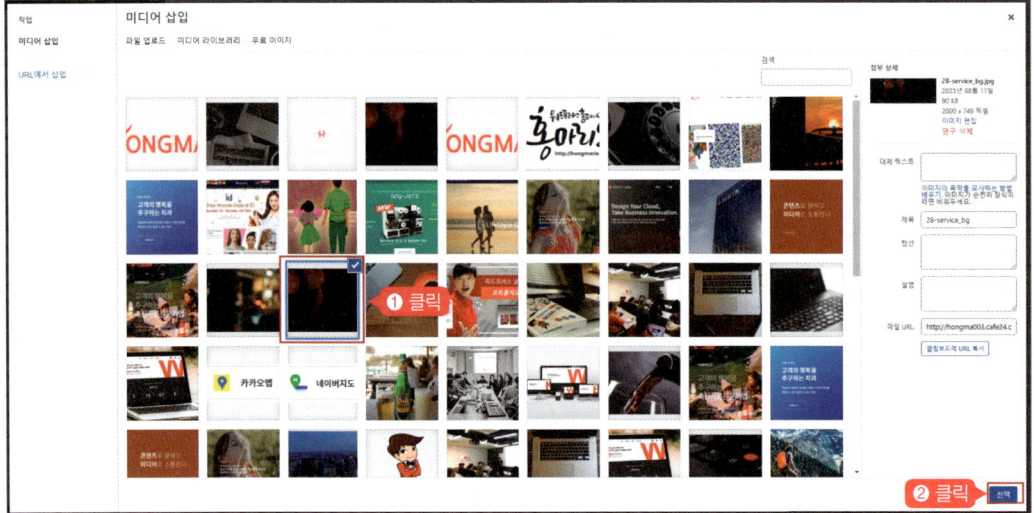

23 이미지가 헤드폰 이미지가 변경되었습니다. 이제 parallrax 효과를 주기 위해 아래 항목들을 변경하겠습니다. 위치(정중앙), 고정 여부(고정), 반복(반복 없음), Display Size(덮기)로 변경합니다.

24 섹션편집에서 고급 탭 메뉴를 클릭해서 패딩값을 변경합니다. 기존 상단(110→130), 하단(110→130)으로 변경합니다.

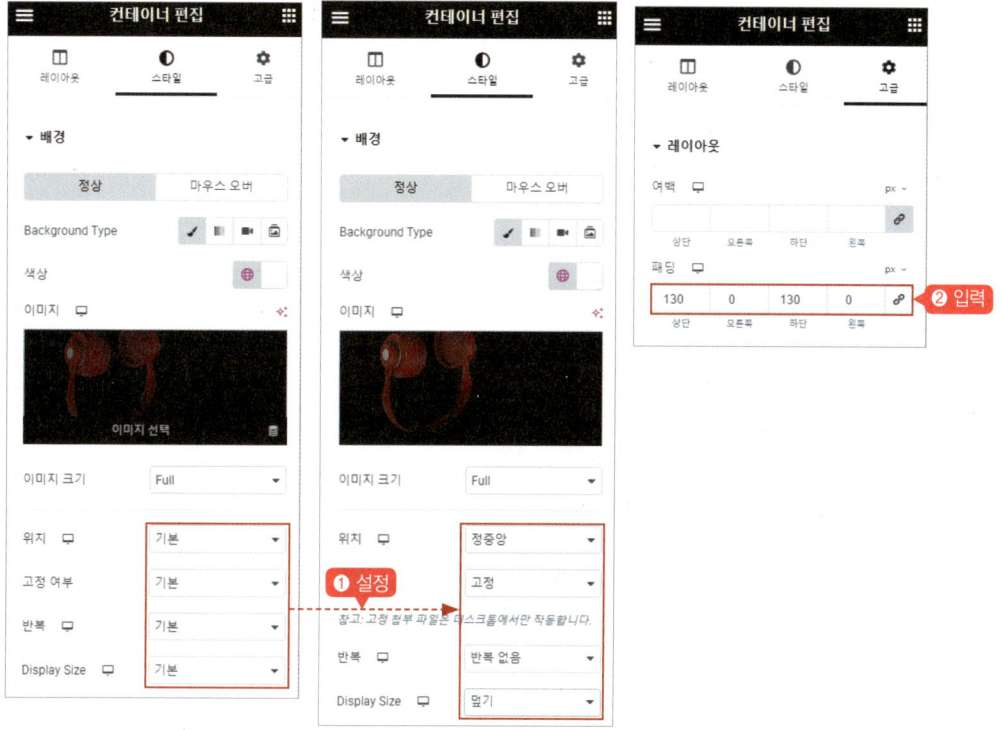

25 이제 우측 사이트 화면에서 아이콘 목록 편집을 삭제하겠습니다.

26 아이콘 목록 편집 아이콘에 마우스 우 클릭해서 [삭제]를 클릭합니다. 마찬가지로 우측 칼럼(컨테이너)에도 동일하게 아이콘 목록을 삭제합니다.

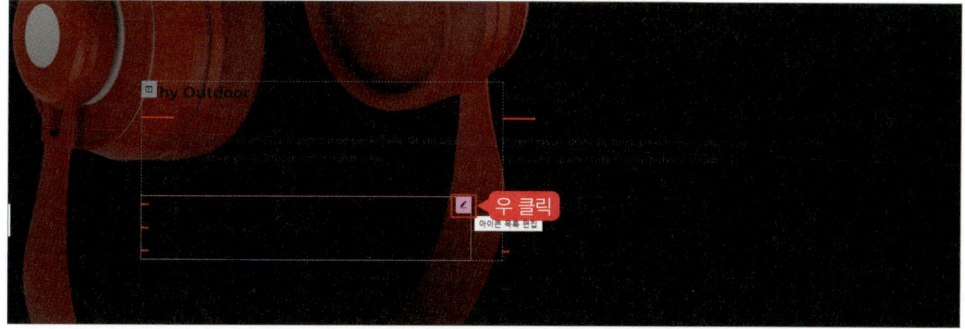

4장_회사 홈페이지 제작 실습

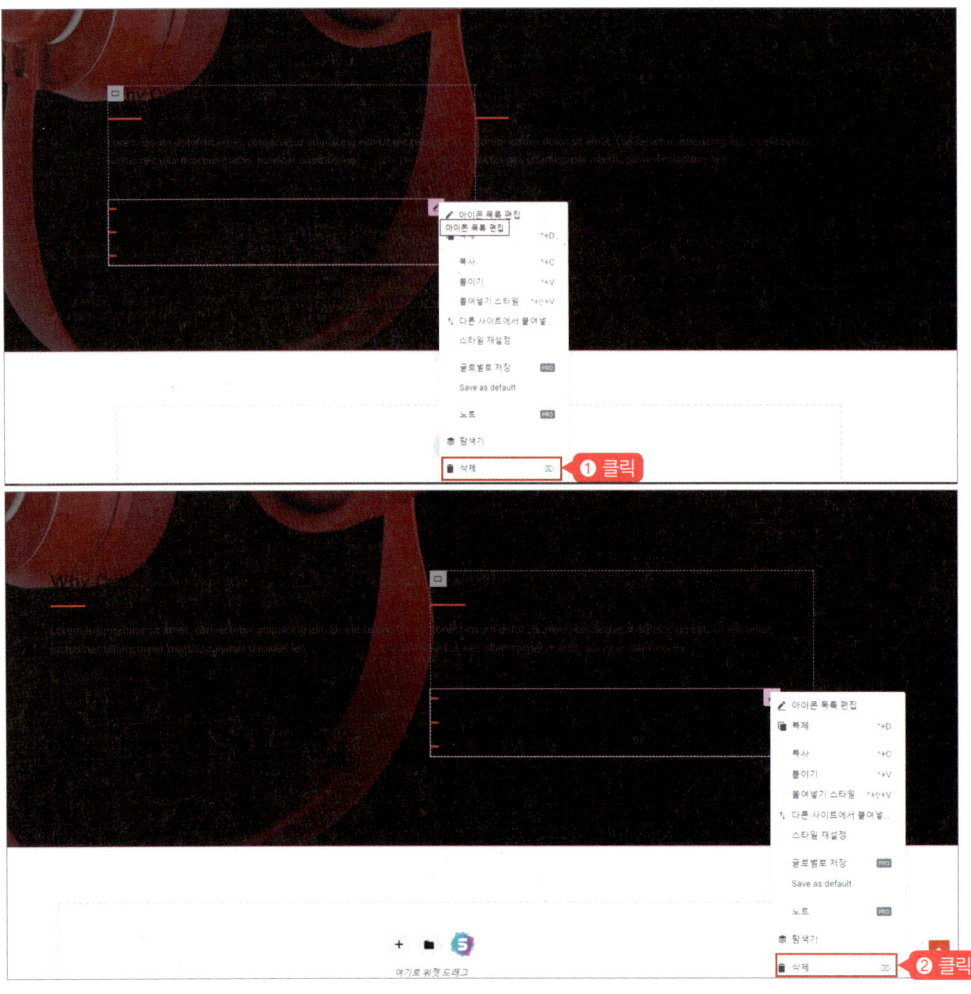

27 이제 배너 내부 왼쪽, 우측 칼럼(컨테이너)에 내용을 입력하겠습니다 표를 참고해서 제목, 설명, 단추(버튼)을 입력하겠습니다. 배너 영역 컨텐츠는 위 내용으로 입력하면 됩니다. 다만, 배경이 어두운 색이기 때문에 제목과 텍스트 에디터의 텍스트 색상은 흰색으로 설정해주고 글씨체는 'Noto Sans KR'로 지정하겠습니다.

	왼쪽 칼럼(컨테이너)		오른쪽 칼럼(컨테이너)
제목	워드프레스 홈페이지 제작 신청	제목	워드프레스 강의 신청
텍스트	홍마리오는 홈페이지 제작, 수정 의뢰시, 최고의 가성비로 제작해드리며, 제작 완료후에도 최고의 서비스로 고객만족을 드립니다.	텍스트	홍마리오는 네이버카페를 통해서 온라인/오프라인 강의를 제공하고 있으며, 최근 엘리먼트 유료테마로 수강시 쉽게 제작이 가능합니다.
단추 텍스트	26-service5.jpg	단추 텍스트	27-service6.jpg
단추 URL	http://hongmario.com/contact-menu/contact/	단추 URL	https://cafe.naver.com/wphome

28 제목 편집에서 제목 입력창을 입력하고 스타일 탭 메뉴를 선택합니다. 스타일 메뉴에서 텍스트 색상 아이콘을 클릭하고 색상코드값(#FFF)를 입력합니다. 그리고 서체 아이콘 클릭해서 폰트패밀리를 'Noto Sans KR' 검색 후 선택합니다.

29 제목, 텍스트 에디터 작업이 끝나면 왼쪽 편집창 상단에 엘리멘트 아이콘을 클릭합니다.

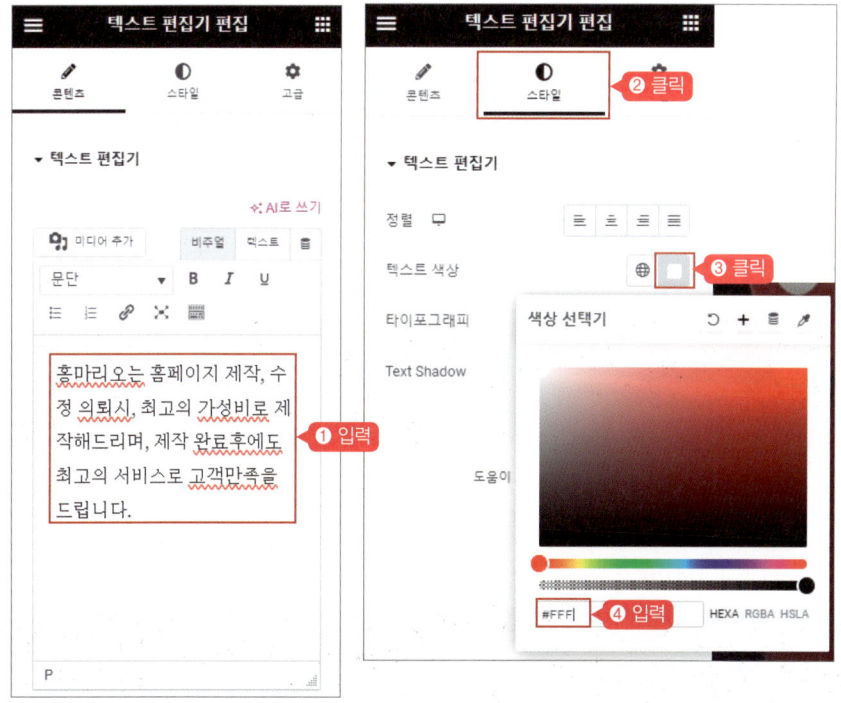

30 기초 엘리멘트 중 '단추'를 선택해서 우측 텍스트 에디터 아래로 마우스 드래그 앤 드롭으로 이동시킵니다.

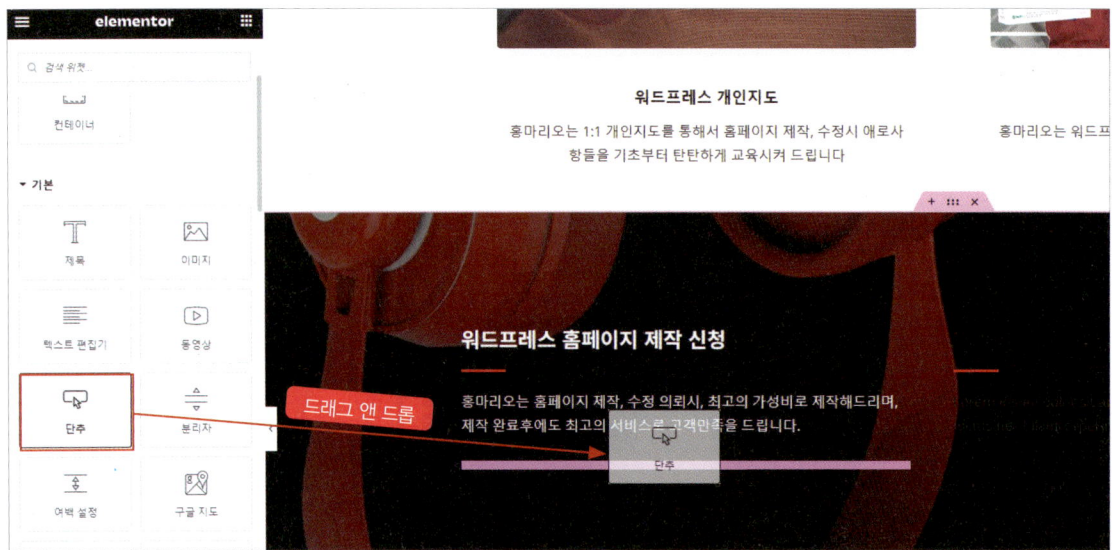

31 단추 편집창이 보입니다. 텍스트에는 '제작 신청 바로가기', 링크는 '#'또는 여러분들이 원하는 링크 주소, 그리고 입력창 우측의 설정 아이콘을 클릭해서 '새 창에서 열기'앞 체크박스에 체크를 합니다. 참고로 일반적으로 외부 사이트 링크는 반드시 새창에서 열기를 체크해야 합니다.

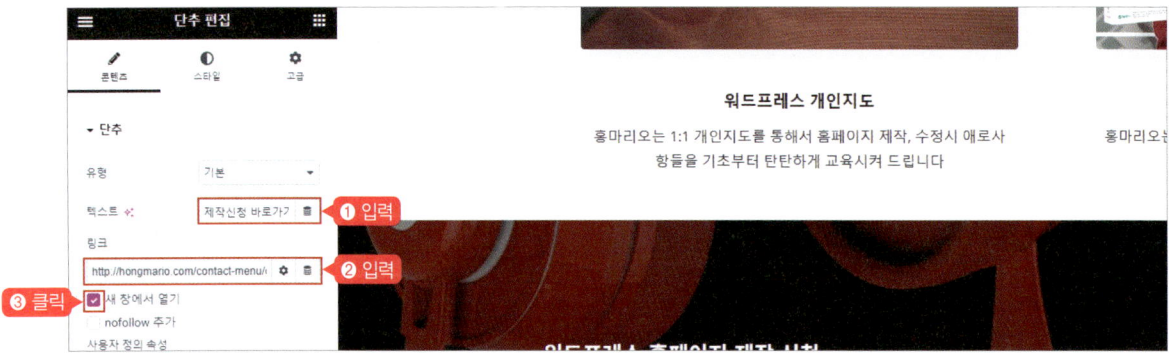

32 이제 왼쪽 칼럼(컨테이너) 영역이 완성되었습니다. 우측 위 화면 컨테이너 편집에 마우스를 가까이 다가가면 '컨테이너 편집' 아이콘이 보입니다. 마우스 우 클릭합니다.

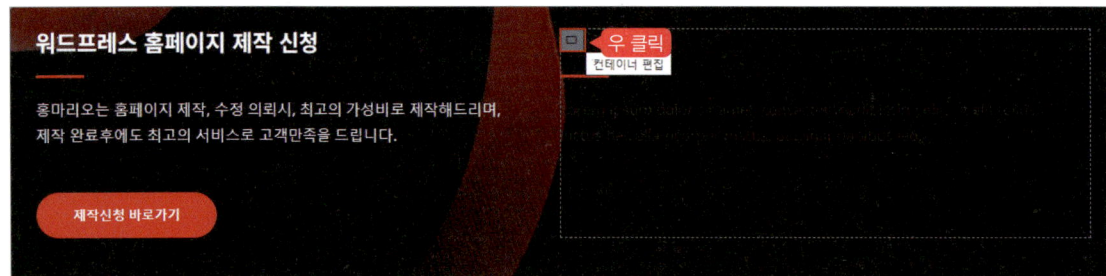

33 컨테이너 편집 아이콘에 마우스 우 클릭하면 삭제 메뉴가 보이고 삭제를 클릭합니다.

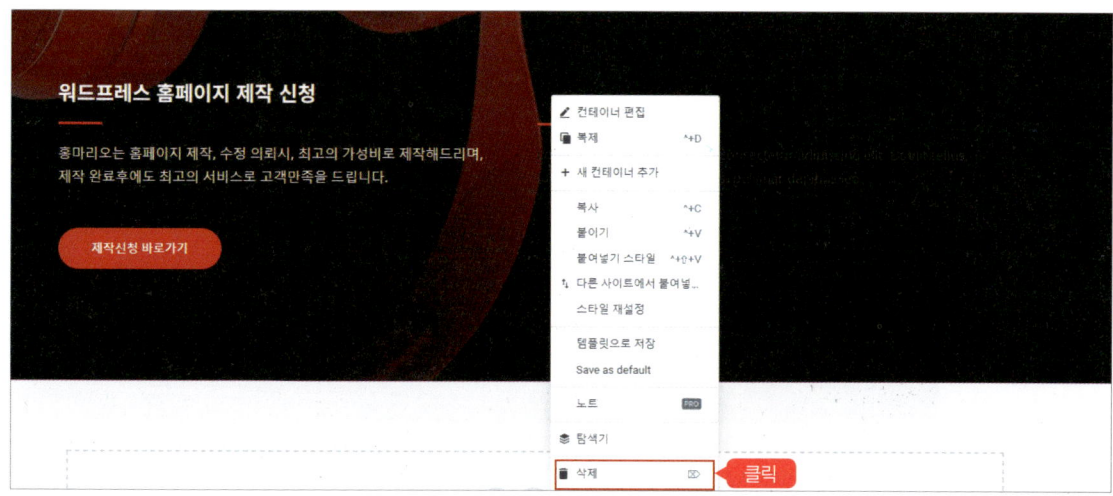

34 이제 왼쪽 영역 제목 왼쪽에 마우스를 가까이 가져가면 컨테이너 편집 아이콘이 보입니다. 우 클릭해서 복제합니다.

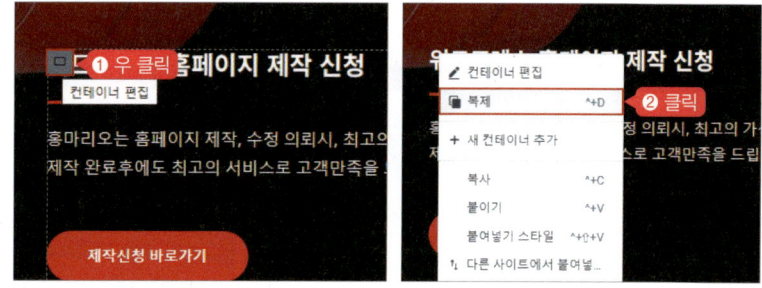

35 우측 영역에 왼쪽 컨테이너 내용이 복제되었습니다. 이제 우측 컨테이너의 제목, 텍스트, 단추 컨텐츠를 실습 예제 사이트 페이지 또는 텍스트 파일 등을 이용해서 왼쪽 컨테이너 방법과 동일하게 내용을 수정합니다.

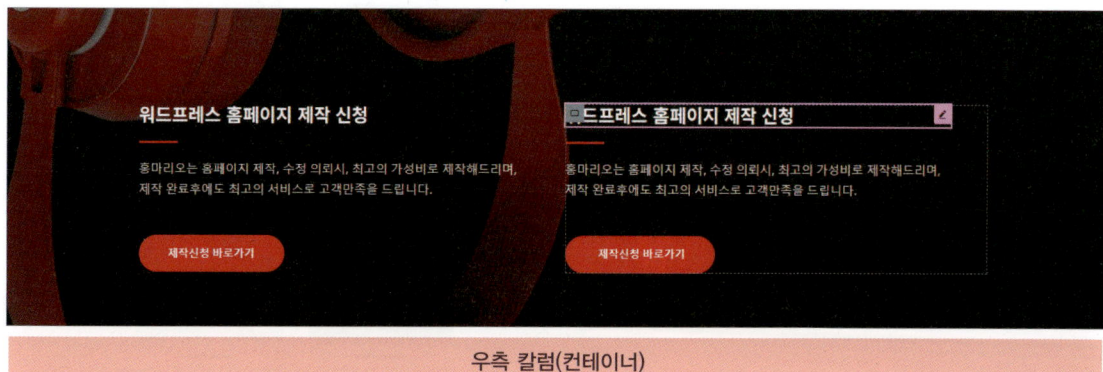

우측 칼럼(컨테이너)	
제목	워드프레스 강의 신청
텍스트	홍마리오는 네이버카페를 통해서 온라인/오프라인 강의를 제공하고 있으며, 최근 엘리멘트 유료테마로 수강시 쉽게 제작이 가능합니다.
단추 텍스트	카페 강의 공지 보기
단추 URL	https://cafe.naver.com/wphome

36 우측 칼럼(컨테이너) 컨텐츠가 모두 수정되었습니다. 이제 왼쪽 편집창 아래 [업데이트]를 클릭하고 상단의 햄버그 메뉴를 클릭합니다.

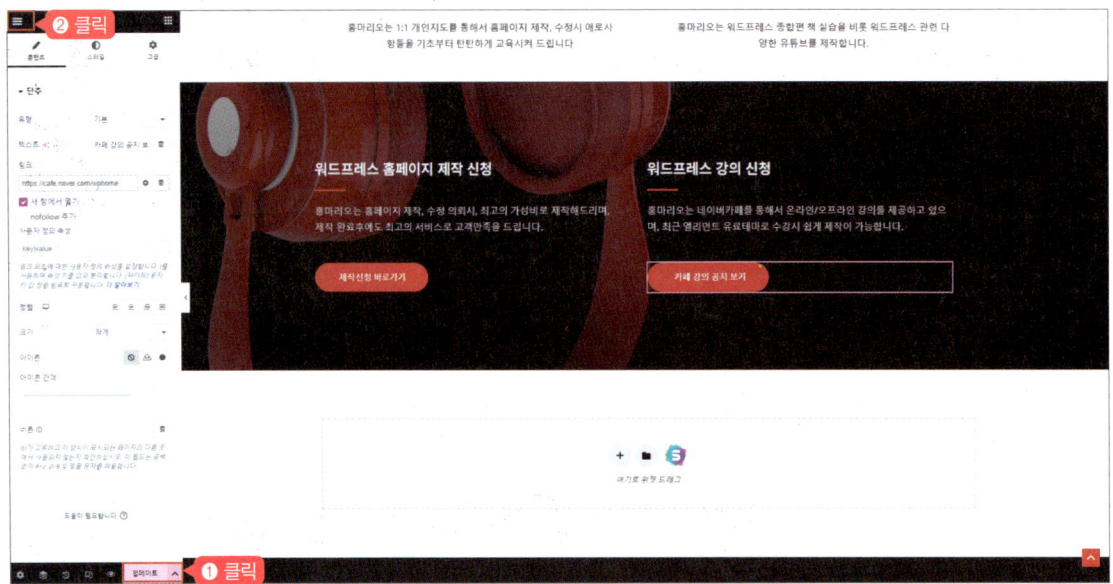

37 페이지 보기 박스를 클릭해서 지금까지 작업한 Services 페이지를 확인해 보겠습니다.

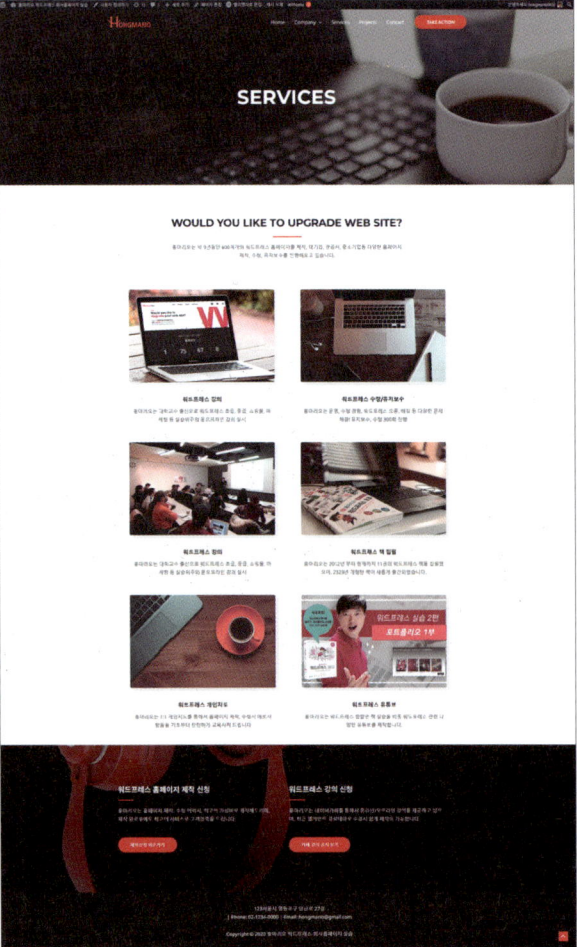

07-06 Projects 페이지 설정하기

다음은 Projects 페이지를 진행하겠습니다. 마찬가지로 실습 예제 사이트의 Projects 페이지(https://hongmario03.mycafe24.com/projects)를 확인해 보겠습니다.

Projects(프로젝트) 페이지를 확인해보면 헤더 배경과 바디영역 모두 동일한 레이아웃으로 구성되어 있습니다. 따라서 프로젝트 페이지에서는 텍스트 이미지만 변경해서 실습을 진행하겠습니다. 메인페이지에서 'Projects' 메뉴를 클릭합니다.

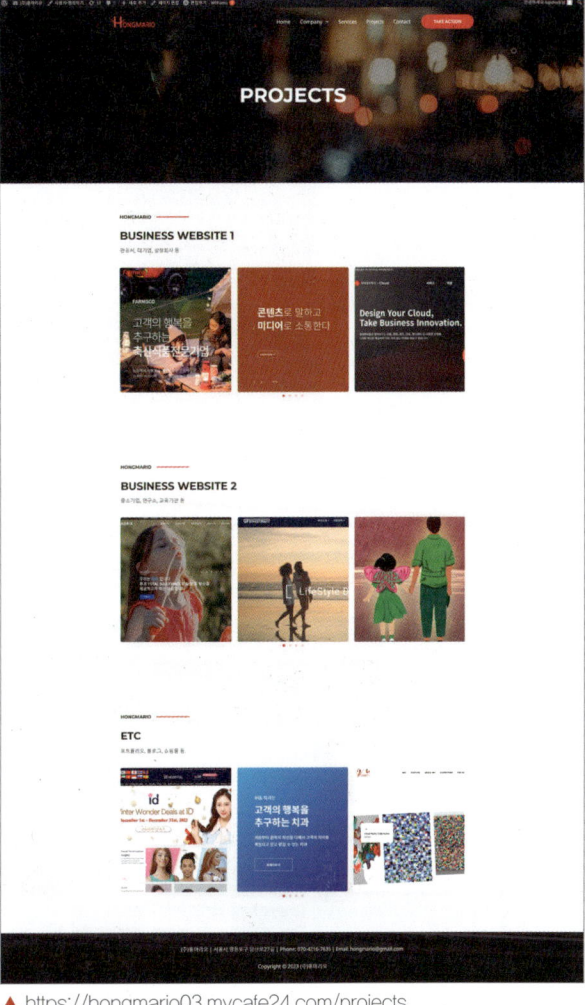

▲ https://hongmario03.mycafe24.com/projects

1 Projects 페이지를 클릭하면 데모 페이지가 보입니다. 상단 탭에서 [엘리멘트로 편집]을 클릭합니다.

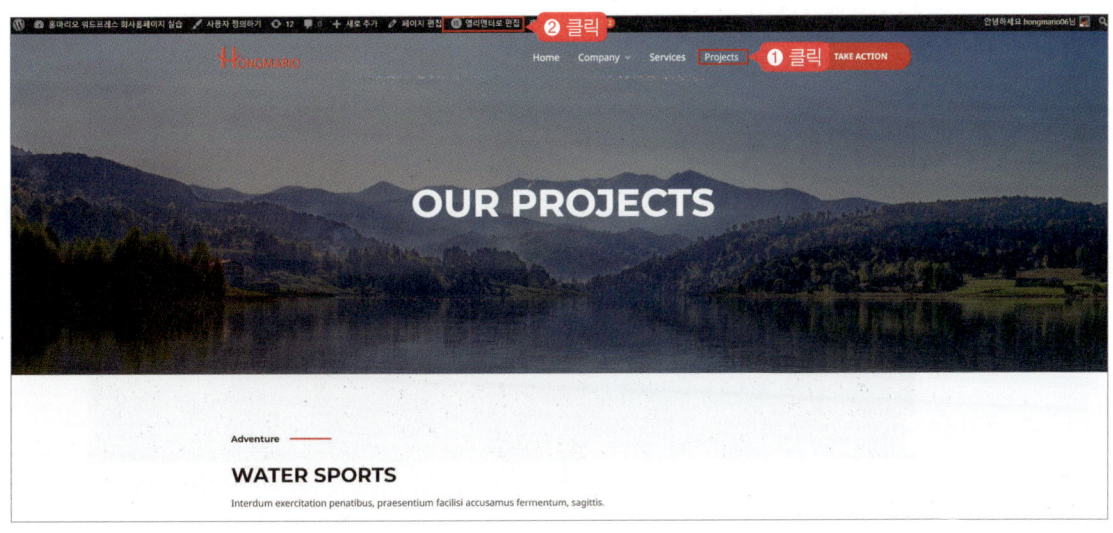

2 엘리먼트 편집기가 보입니다. 우측 사이트 화면 위쪽에 섹션 편집 아이콘을 클릭하면 왼쪽에 편집창이 생깁니다. 섹션 편집창에서 '스타일' 메뉴를 클릭해서 이미지 선택을 클릭합니다.

3 미디어 삽입에서 '29-project_head.jpg' 이미지를 선택하고 우측 하단에 [선택] 박스를 클릭합니다.

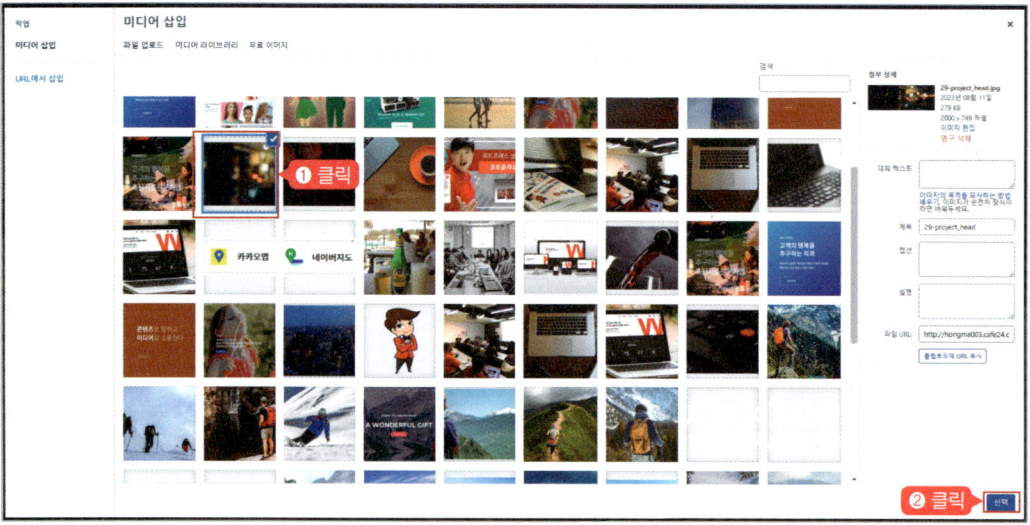

4 다음은 제목을 변경하겠습니다. 제목에 마우스를 클릭하고 왼쪽 제목 편집 입력창 또는 우측 사이트 화면에서 내용을 수정합니다 (OUR PROJECTS → PROJECTS)

5 헤더 배경과 제목이 변경되었습니다. 이제 섹션 편집에서 스타일 메뉴를 클릭합니다.

6 배경타입에서 기본 아이콘을 클릭하고, 그 아래 색상 아이콘을 클릭합니다. 색상 선택기에서 색상코드 값(#FFF)를 입력합니다.

7 헤더 배경 섹션 아래 영역 작업을 진행하겠습니다. 먼저 맨 위에 Adventure 우측에 마우스를 대면 '분리자 편집' 아이콘이 보입니다. 분리자 편집 아이콘을 클릭합니다.

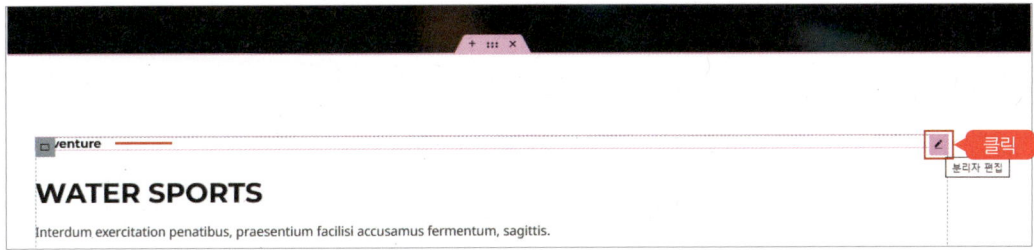

8 왼쪽에 분리자(디바이더) 편집창이 보이면 텍스트 입력창을 'Adventure → HONGMARIO'로 수정합니다.

9 제목 입력창(BUSINESS WEBSITE 1), 설명(관공서, 대기업, 상장회사 등)으로 입력합니다.

10 이제 상단 제목/설명이 완성되었고, 아래 이미지 캐러셀을 수정하기 위해 사이트 화면에서 이미지쪽에 마우스를 클릭하면 왼쪽에 이미지 캐러셀 아래 섬네일 이미지 4개가 보입니다. 클릭합니다.

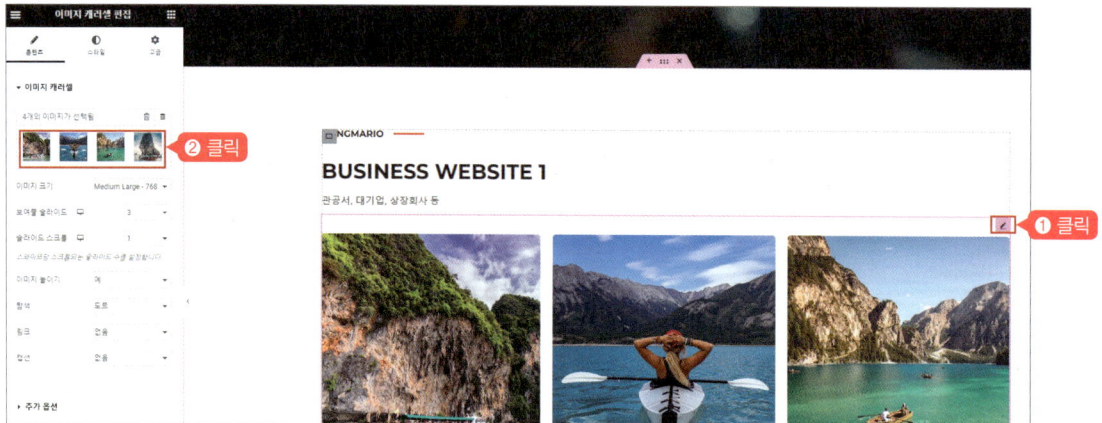

11 갤러리 편집에 이미지 4개가 보입니다 모두 닫기(x) 버튼을 클릭해서 전부 지워줍니다.

12 갤러리 4개가 모두 삭제되었습니다. 이제 위 화면 왼쪽 상단에 [갤러리에 추가하기]를 클릭합니다.

13 이제 이미지를 4개 동시에 선택할 예정입니다. 키보드에서 Ctrl 키를 누른 채로 4개의 이미지 (30-project1.jpg, 31-project2.jpg, 32-project3.jpg, 33-project4.jpg)를 선택합니다. 그러면 위 화면처럼 해당 이미지에 4개가 체크됩니다. 다음은 우측 하단에 [갤러리에 추가하기] 버튼을 클릭합니다.

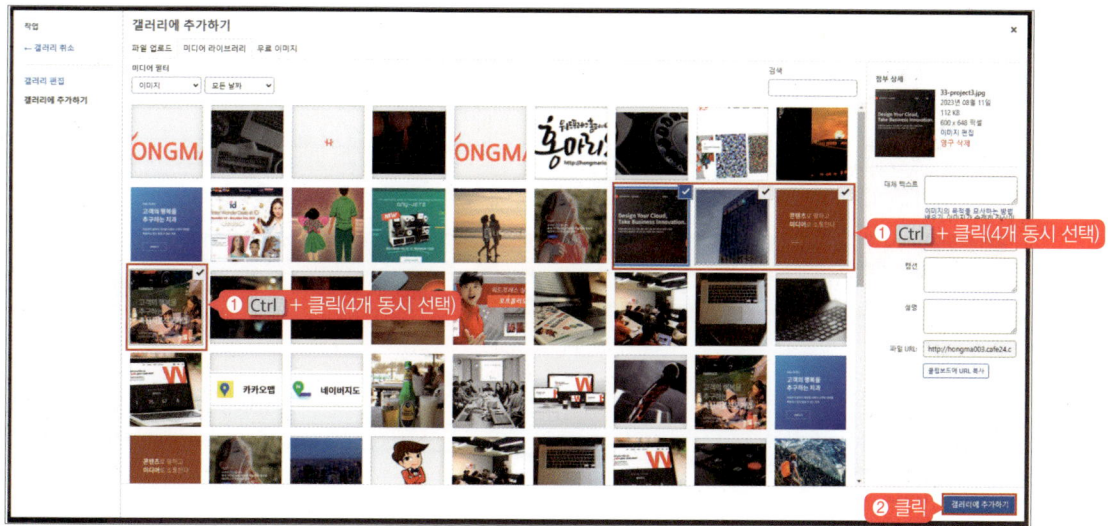

4장_회사 홈페이지 제작 실습

14 갤러리 편집에 이미지 4개가 삽입되었습니다. 참고로 이미지들은 순서를 마우스 드래그 앤 드롭으로 변경할 수 있습니다. 우측 하단의 [갤러리 삽입] 버튼을 클릭합니다.

15 헤더배경 아래 첫 번째 섹션에 갤러리가 삽입되고 BUSINESS WEBSITE 1영역이 완료되었습니다. 다음은 아래 섹션들을 삭제하고 방금 작업한 첫 번째 섹션을 복사해서 진행하도록 하겠습니다.

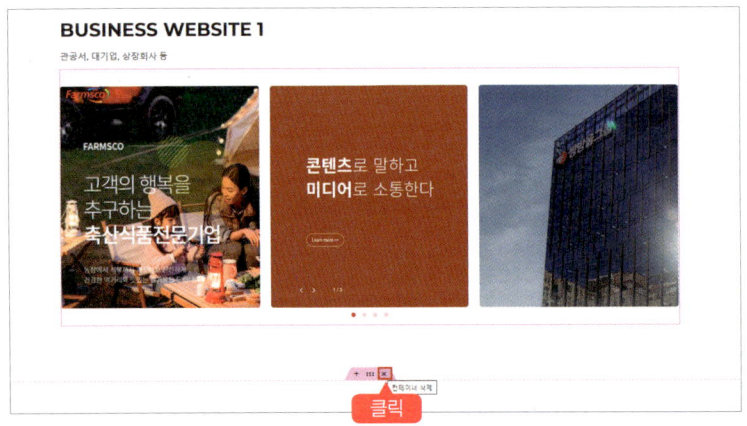

16 기존 아래 영어로 된 섹션은 삭제하겠습니다. 아래 컨테이너 편집 아이콘에 마우스를 대고 섹션 2개 (WINTER SPORTS, CAMPING)를 삭제 아이콘을 클릭해서 삭제를 진행합니다.

17 아래 섹션 2개를 삭제하고 다시 위로 가서 방금 작업한 첫 번째 섹션에 마우스를 대고 컨테이너 편집 아이콘에 마우스 우 클릭합니다.

18 마우스 우 클릭해서 복제를 클릭합니다. 동일한 방법으로 한번 더 마우스 우 클릭한 다음 복제해서 2번 복제를 진행합니다. 이제 첫 번째 BUSINESS WEBSITE 1과 동일한 방법으로 아래 섹션 2(BUSINESS WEBSITE 2), 섹션3(BUSINESS WEBSITE 3)를 완성하겠습니다.

19 앞에서 BUSINESS WEBSITE 1 실습한 방법과 동일하게 위 컨텐츠를 순서대로 수정합니다.

제목	BUSINESS WEBSITE 2
설명	중소기업, 연구소, 교육기관 등
갤러리	35-project5.jpg, 36-project6.jpg, 37-project7.jpg, 38-project8.jpg
제목	ETC
설명	포트폴리오, 블로그, 쇼핑몰 등
갤러리	39-project9.jpg, 40-project10.jpg, 41-project11.jpg, 42-project12.jpg

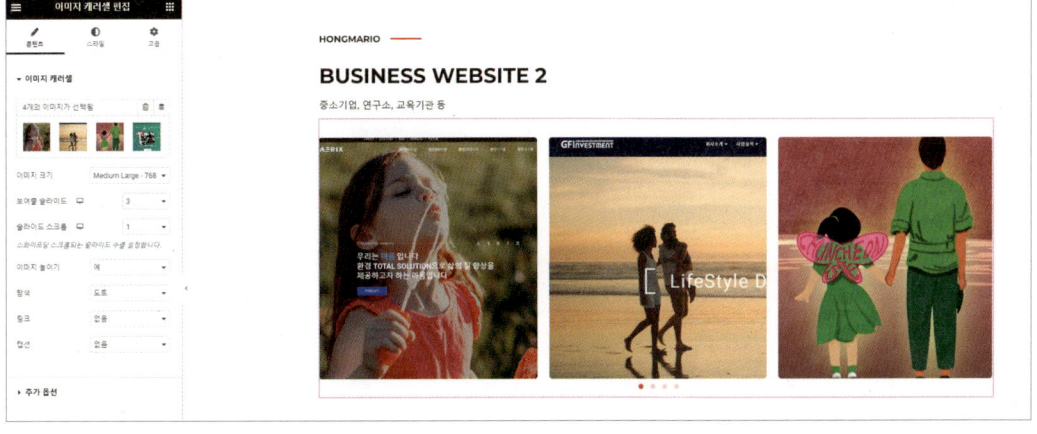

20 세 번째 섹션까지 완료했으면 왼쪽 편집창 하단에 [업데이트]를 클릭해서 저장하고 페이지를 확인하기 위해 상단의 햄버그 메뉴를 클릭합니다.

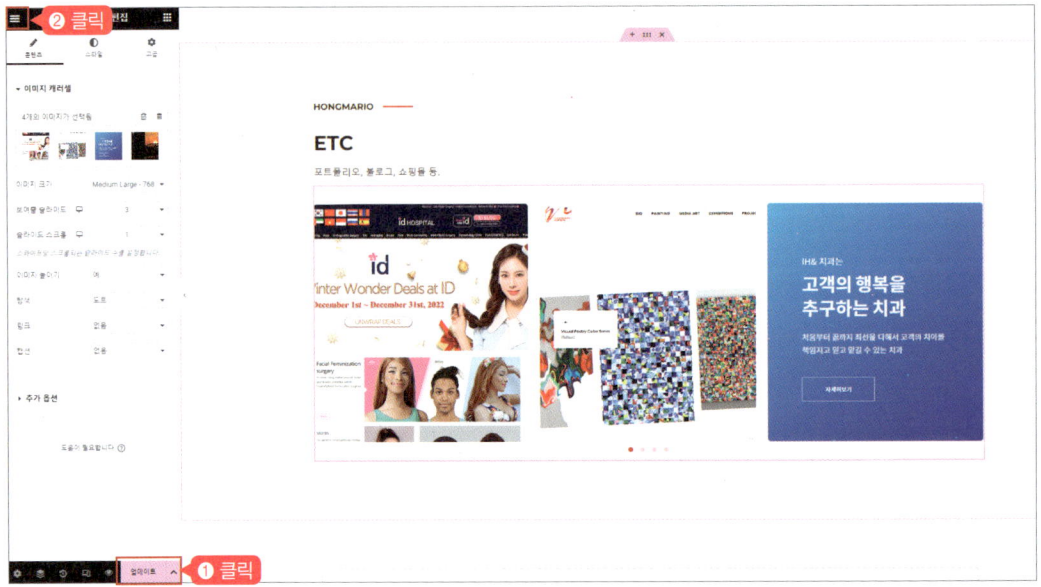

21 페이지 보기를 클릭해서 Projects 페이지를 확인합니다.

07-07 Contact 페이지 설정하기

이제 마지막 페이지인 Contact 페이지를 진행하겠습니다. 마찬가지로 실습 예제 사이트의 Contact 페이지(https://hongmario03.mycafe24.com/contact)를 확인해 보겠습니다.

Contact(컨텍트)페이지를 확인해보면 헤더 배경과 바디영역 모두 동일한 레이아웃으로 구성되어 있습니다. 바디 영역에서 왼쪽 영역은 신청폼 형태로 실습을 진행하구 우측에는 제목 대신 이미지로 변경하고 나머지는 내용만 변경하도록 하겠습니다.

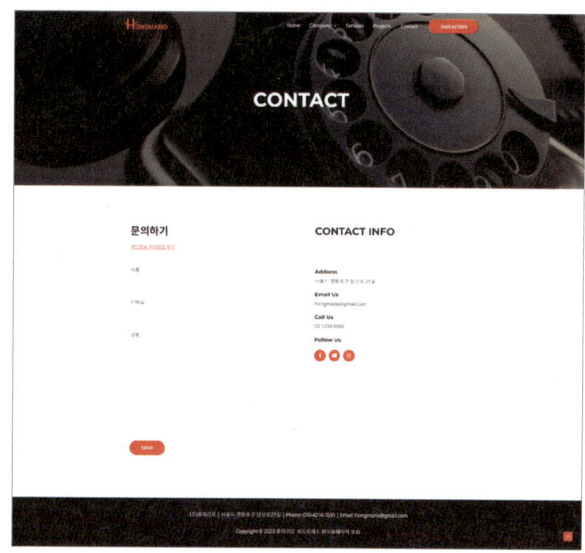

▲ https://hongmario03.mycafe24.com/contact

1 메인화면에서 Contact 메뉴를 클릭한 다음 상단 탭 메뉴에서 [엘리멘트 편집]을 클릭합니다.

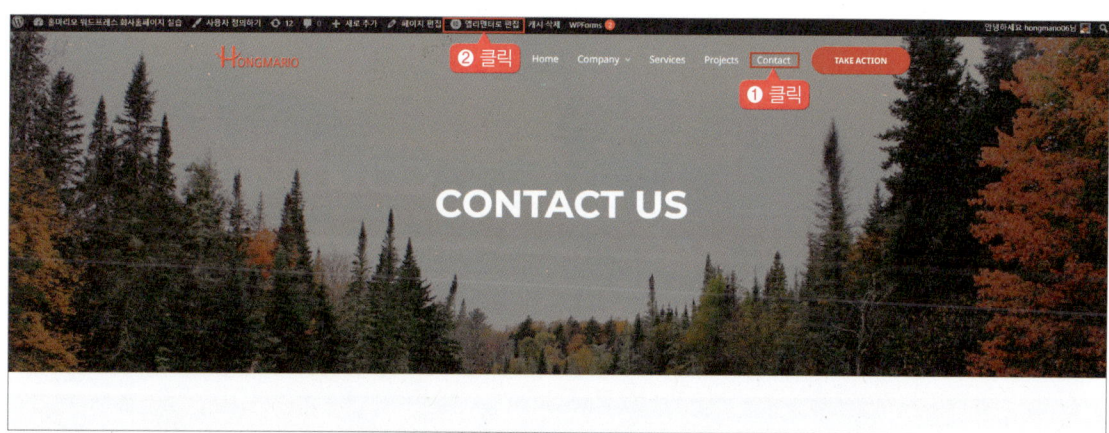

2 앞에서 진행한 페이지 헤더 배경 편집과 동일하게 진행합니다. 컨테이너 편집 아이콘을 클릭해서 편집창을 띄우고 '스타일' 메뉴를 클릭한 다음 이미지 선택을 클릭합니다.

4장_회사 홈페이지 제작 실습   437

3 전화기 이미지(43-contact_head.jpg)를 선택하고 우측 하단에 [선택] 박스를 클릭합니다.

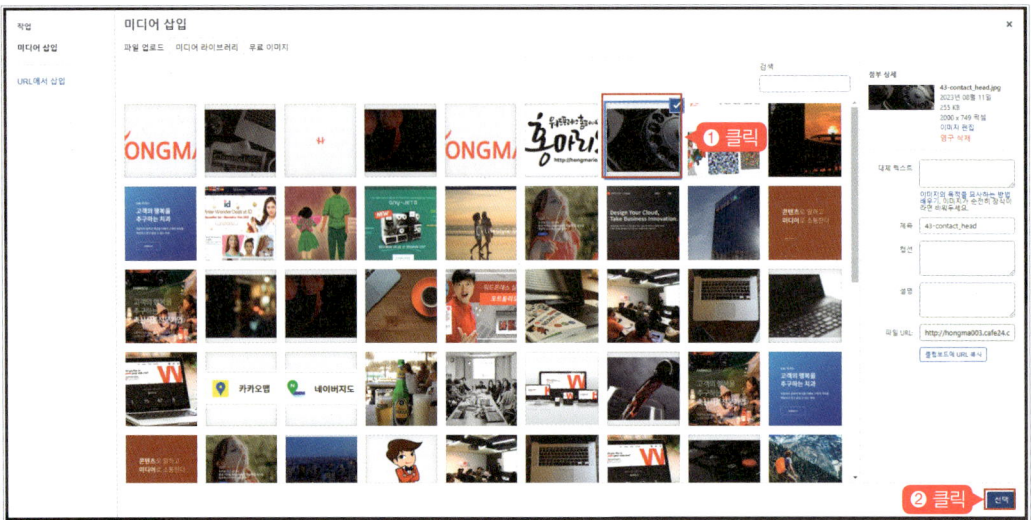

4 이제 제목을 클릭해서 'CONTACT US → CONTACT'로 변경합니다.

5 헤더 배경 아래 마우스를 갖다 대고 섹션 편집 아이콘을 클릭해서 섹션 편집 아이콘을 클릭해서 섹션 편집창을 띄웁니다. 스타일 메뉴에서 색상 아이콘을 클릭해서 색상코드값 '#FFF(흰색)'을 입력합니다.

6 다음은 헤더 배경 아래 제목을 클릭해서 'WE'RE READY, LET'S TALK' → 문의하기'로 변경합니다.

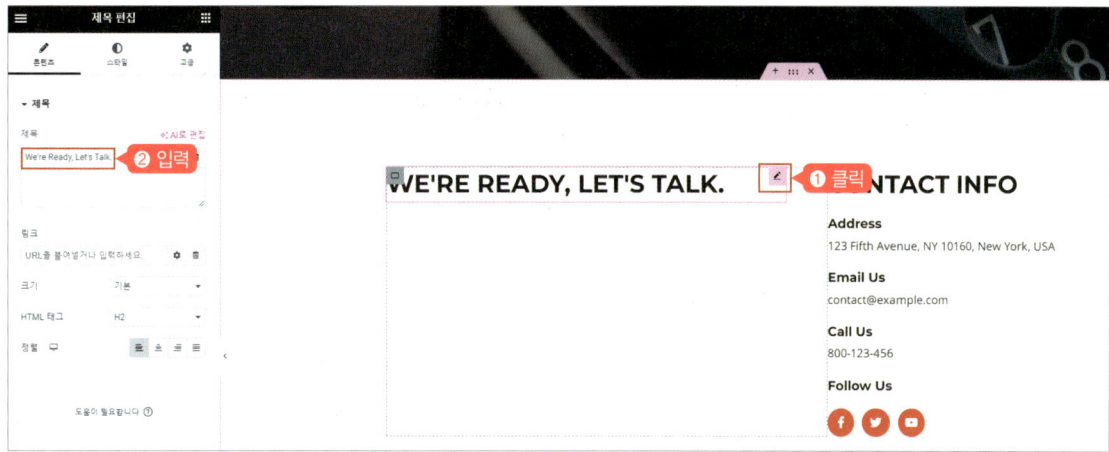

7 문의하기 글씨체를 변경하기 위해 '스타일' 메뉴를 클릭하고 폰트 패밀리를 'Noto Sans KR'검색해서 선택합니다.

8 문의하기 제목에 마우스 우 클릭해서 복제를 클릭합니다.

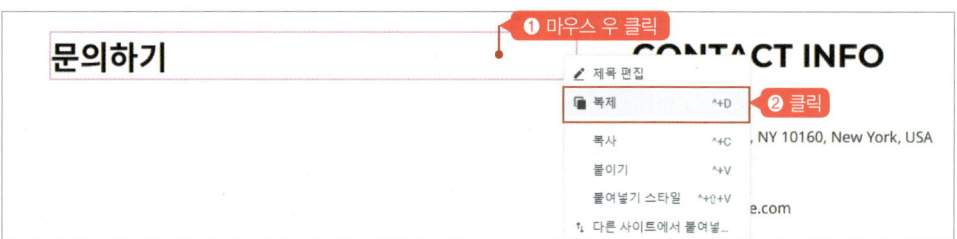

9 제목이 복사되면, 제목 입력창에 '개인정보처리방침 보기'라고 입력합니다. 여기까지 작업한 상태에서 왼쪽 편집창 아래 [업데이트]를 클릭해서 저장합니다. 이제 개인정보 처리방침 보기 클릭시 링크를

해야 하기 때문에 작업하고 있는 브라우저에서 새창을 열어서 여러분들 홈페이지 주소에서 알림판 주소 [https://(본인계정).mycafe24.com/wp-admin]를 입력합니다.

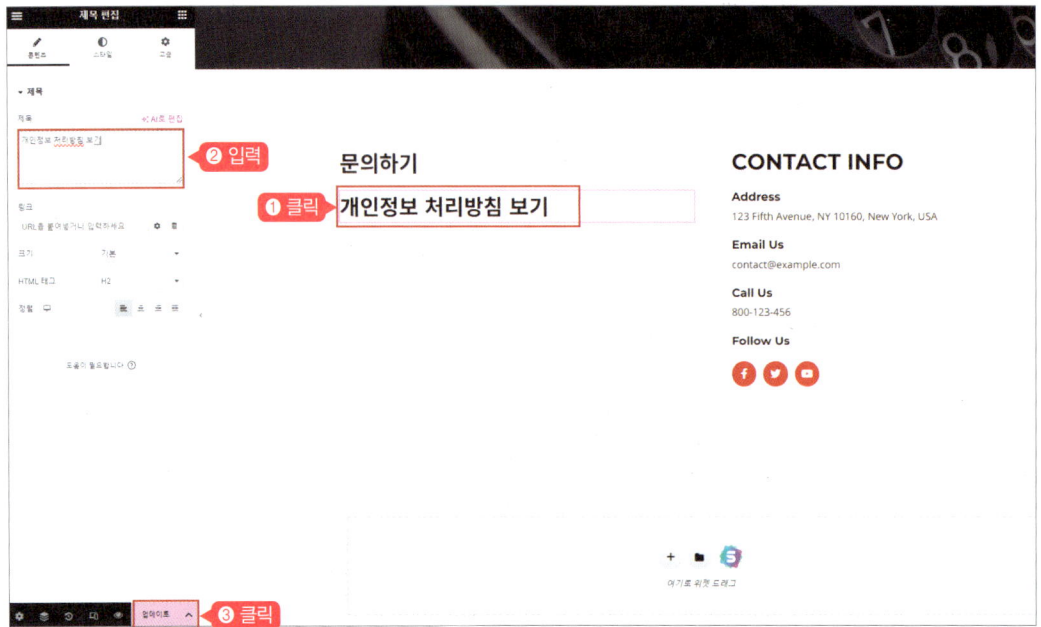

🔟 알림판으로 접속되면 페이지를 클릭합니다.

1️⃣1️⃣ 페이지 리스트 중에 '개인정보 처리방침' 제목을 클릭합니다.

12 우측 사이드 바의 URL에 파란색 URL 링크가 보이면 클릭합니다.

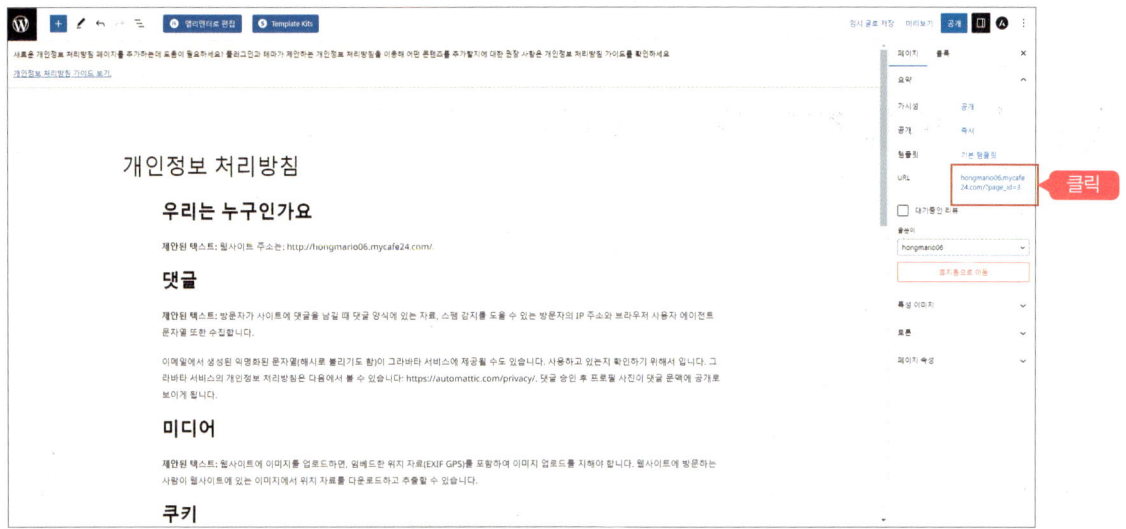

13 고유주소 URL을 클릭하면 팝업창이 뜨고 고유주소 아래 입력창이 보입니다. 입력창에 'privacy'라고 입력하고 상단에 [공개]를 클릭합니다. 다시 [공개] 버튼) 보이면 한번 더 클릭합니다. 이제 개인정보 처리방침의 URL이 영어로 설정되었습니다. 참고로 한글 제목은 특수문자로 구분되어 URL이 상당히 길게 나옵니다.

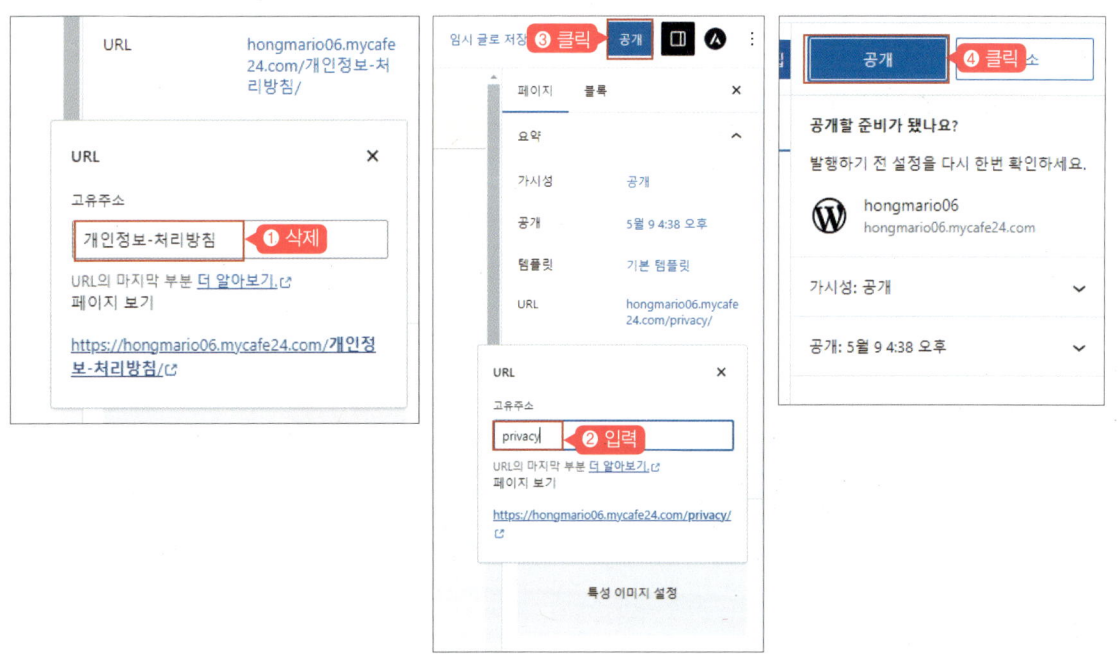

14 이제 다시 작업하던 Contact 페이지의 엘리멘트 편집창으로 이동합니다. 제목 입력창 아래 링크에서 앞에서 입력한 주소와 동일하게 '/privacy'라고 입력하고, 링크 설정 아이콘을 클릭해서 아래에 나타난 '새창에서 열기' 앞에 체크를 합니다.

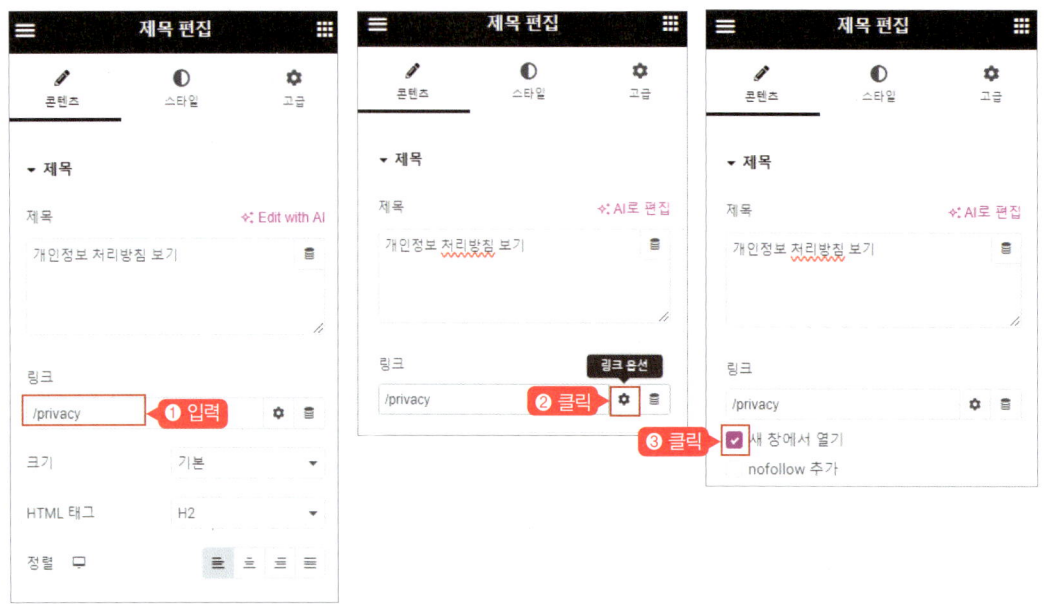

15 다음은 스타일 메뉴로 가서 색상 아이콘을 클릭해서 색상코드 값을 #C62434로 변경합니다. 다음은 서체 아이콘을 클릭해서 크기를 '15'로 입력, 굵기를 '400'으로 선택, 장식에서 '밑줄'을 선택합니다.

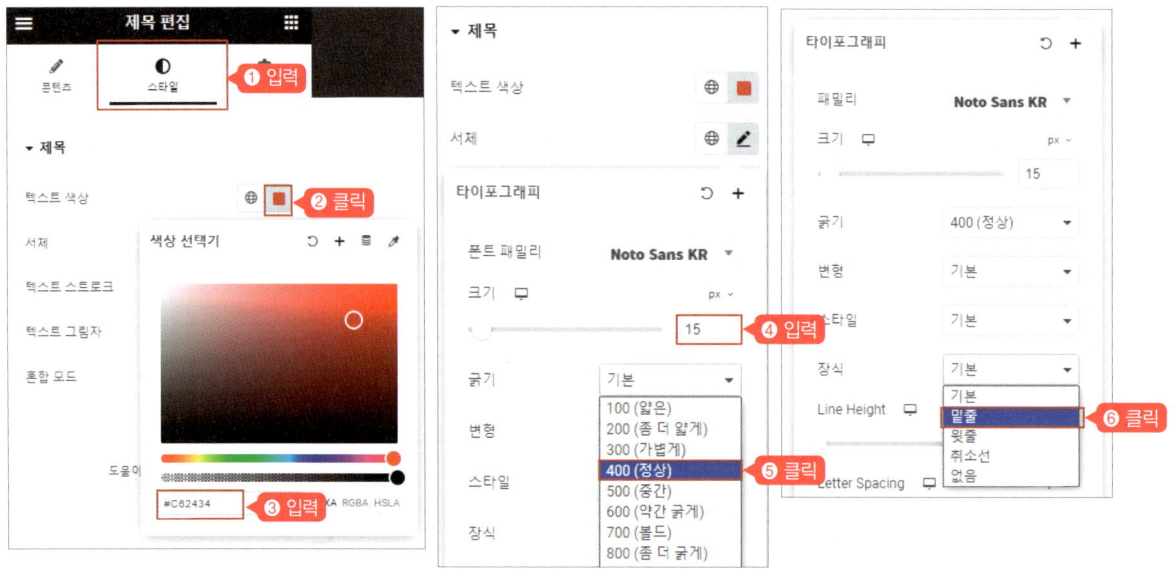

16 이제 방금 작업한 '개인정보 처리방침 보기' 아래 영역에 마우스를 클릭하면 위 화면처럼 왼쪽 편집창에 쇼트코드(Short Code) 편집창이 보입니다. 입력창을 보면 [wpforms id="315"] 이 보입니다. 신청폼을 데모에서 가져온 wpformss 플러그인으로 설정되어 있습니다. 입력창에 쇼트코드를 삭제하고 편집창 아래 업데이트를 클릭합니다.

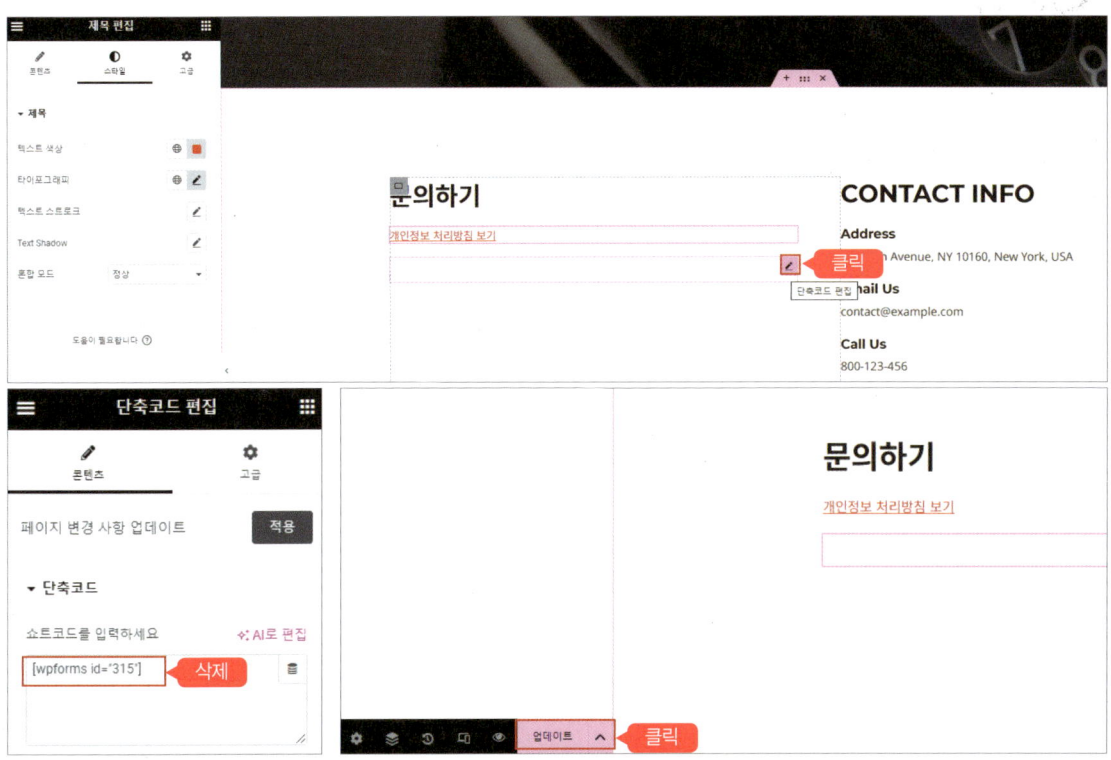

17 이제 알림판으로 이동하기 위해서 현재 작업중인 주소창에서 '본인계정/wp-admin'부분만 복사를 해서 새창을 열고 붙여넣기 해서 알림판으로 접속을 합니다.

18 알림판에서 '문의'를 클릭합니다. 문의양식1 제목을 클릭합니다.

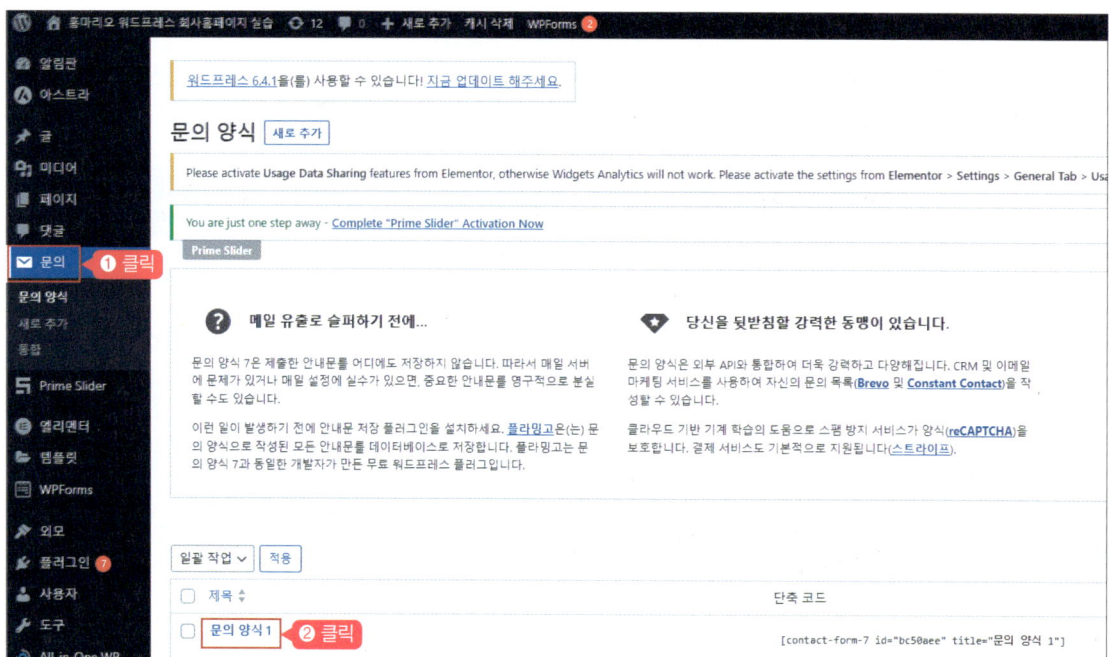

19 양식 입력창에 HTML 태그들이 보입니다. 모두 삭제합니다.

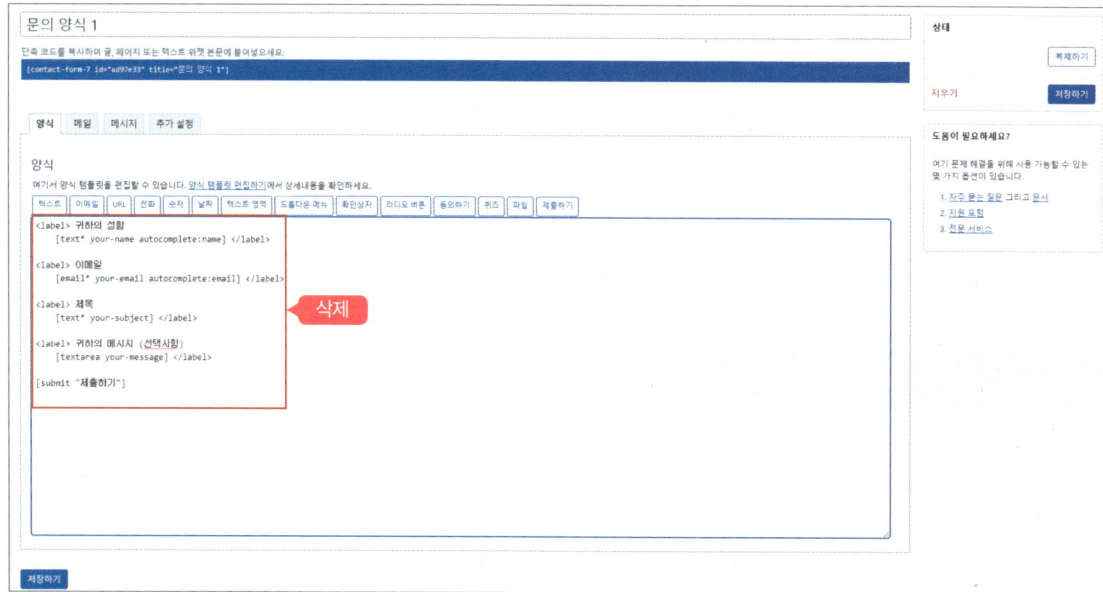

20 이제 다운받은 자료에서 텍스트 파일을 열어 줍니다. 텍스트 파일 맨 아래 7.CONTACT 아래 소스 값을 복사 합니다.

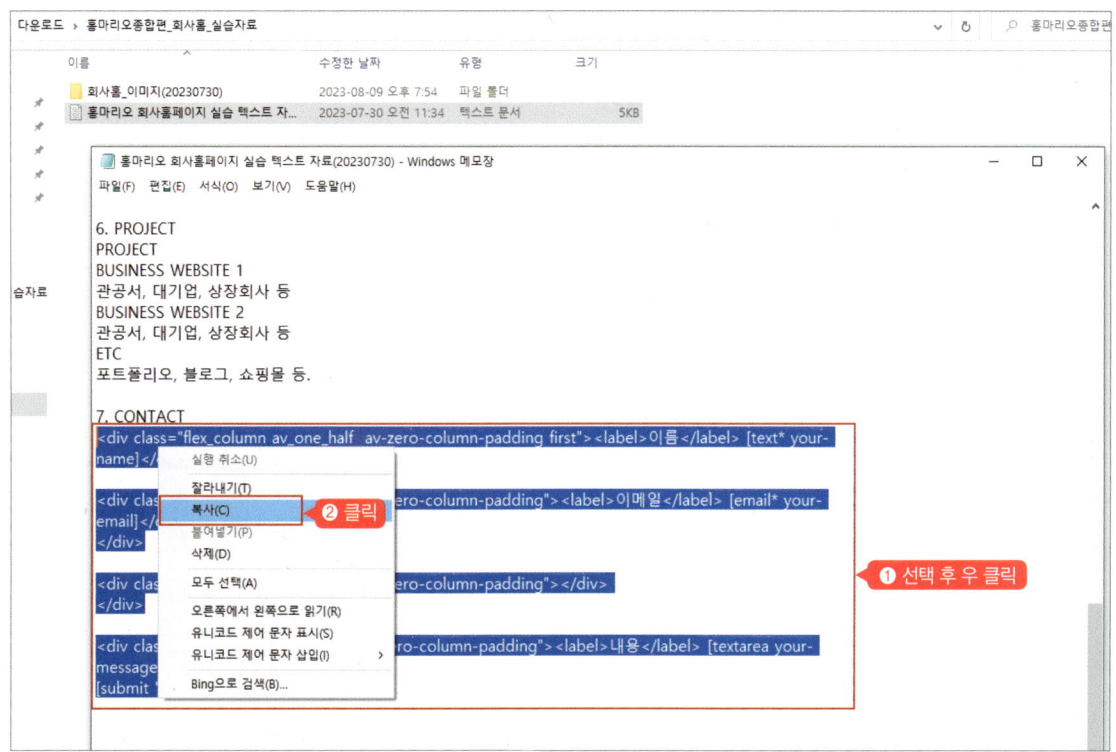

21 소스 값을 입력창에 붙여넣기 하고 [저장하기] 버튼을 클릭합니다. [저장하기]는 아래, 우측 어떤 버튼을 클릭해도 됩니다. 다음으로 제목 아래 파란색 배경으로 쇼트코드가 보입니다. 복사를 합니다. 참고로 메일 탭 메뉴에서 본인 이메일 주소가 아닌 경우는 수정해 주어야 합니다. 앞의 포트폴리오 문의양식 메일 설정을 참고하기 바랍니다.

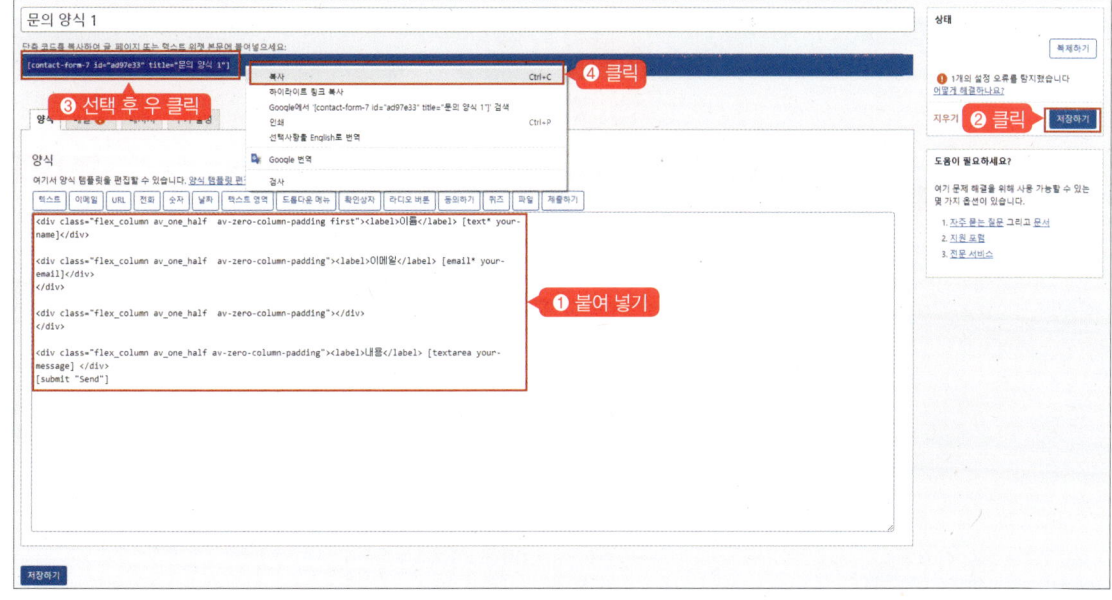

22 다시 작업 창으로 와서 쇼트코드 입력창에 복사한 소스값을 붙여넣기 합니다. 그러면 아래 화면처럼 문의하기 아래에 신청 폼이 보입니다. 이제 왼쪽 문의하기 영역이 완료되었고, 우측 CONTACT INFO 영역을 설정하도록 하겠습니다.

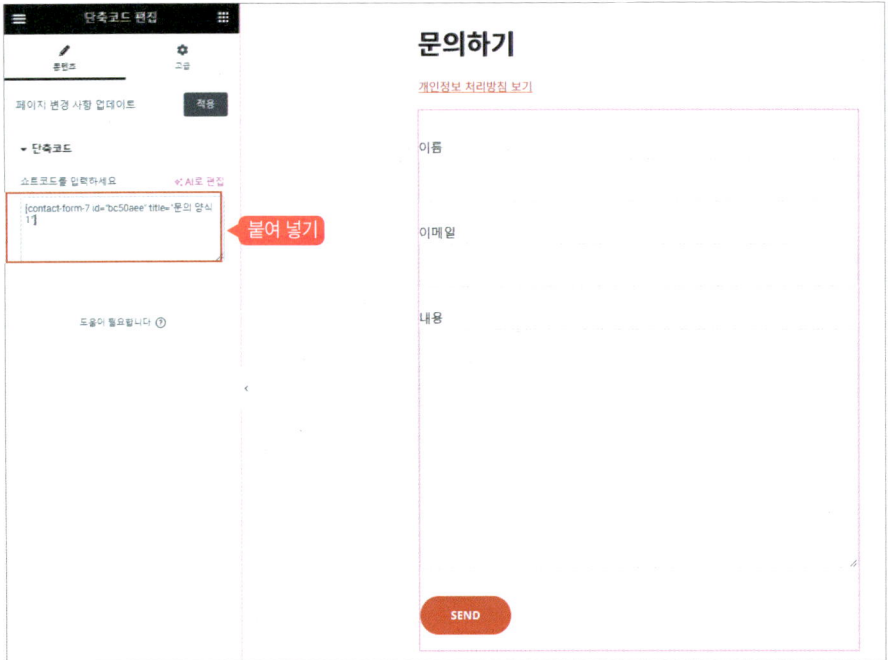

23 이제 바디 영역의 왼쪽 칼럼 섹션이 완료되었습니다. 우측 칼럼 내용으로 가보겠습니다. 먼저 CONTACT INFO 제목을 클릭합니다.

24 제목은 그대로 놔두고 왼쪽 제목 편집창에서 고급 탭 메뉴를 클릭합니다. 제목과 아래 주소, 이메일 등 영역과의 공간을 벌리기 위해 패딩 값을 하단 '80'으로 입력합니다.

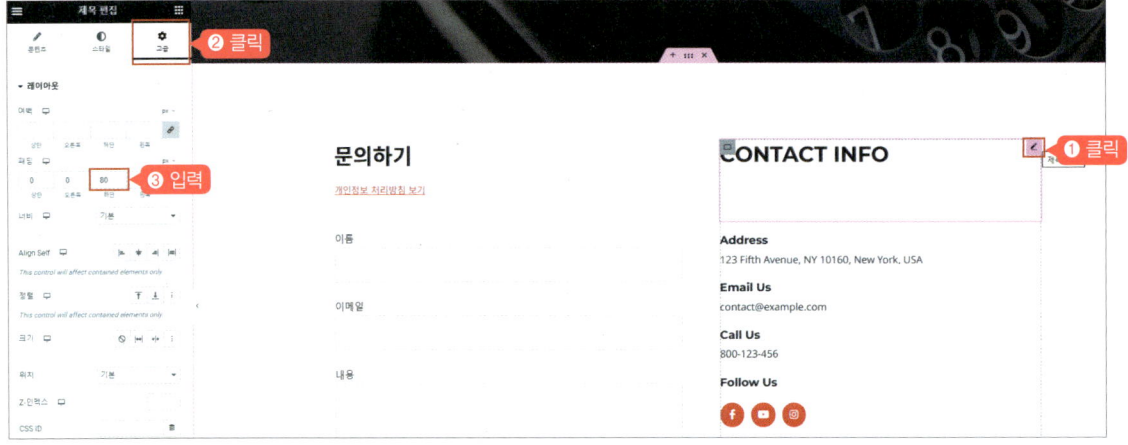

25 이제 Addresss(주소), Emil Us(이메일), Call Us(전화번호) 각각에 해당하는 영역을 클릭해서 각각의 입력창에 본인 회사 관련 정보를 입력합니다.

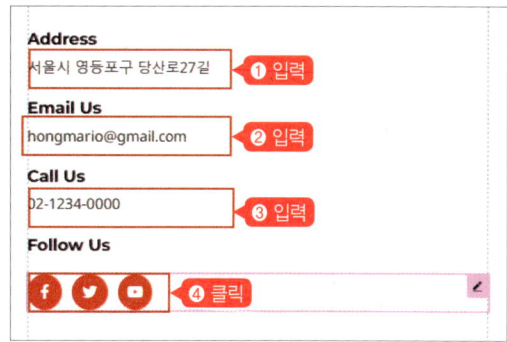

26 이제 맨 아래 소셜아이콘 영역을 클릭합니다. 소셜아이콘 영역 설정은 앞의 포트폴리오 실습에 진행했지만 복습하는 의미로 한 번 더 확인하겠습니다.

27 소셜 아이콘 편집창이 보이면 먼저 Facebook(페이스북)링크 입력창에 본인 페이스북 URL을 입력하고, 우측에 설정 아이콘을 클릭합니다. 아래 펼쳐진 '새 창에서 열기' 앞에 체크박스에 체크를 합니다. 그 아래 트위터는 삭제 버튼을 클릭해서 삭제를 클릭합니다. 다음은 그 아래 유튜브 링크 입력창에 본인 유튜브 URL을 입력하고 동일하게 설정 아이콘 클릭〉새 창에서 링크 체크를 합니다.

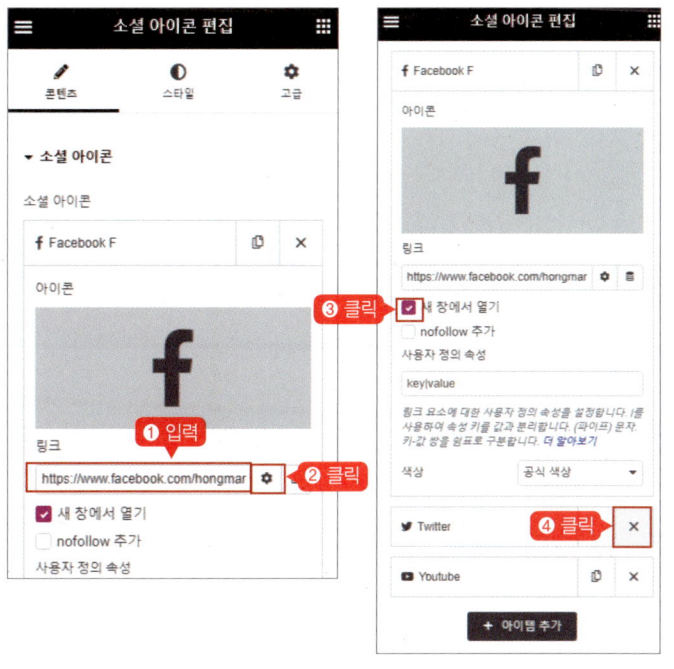
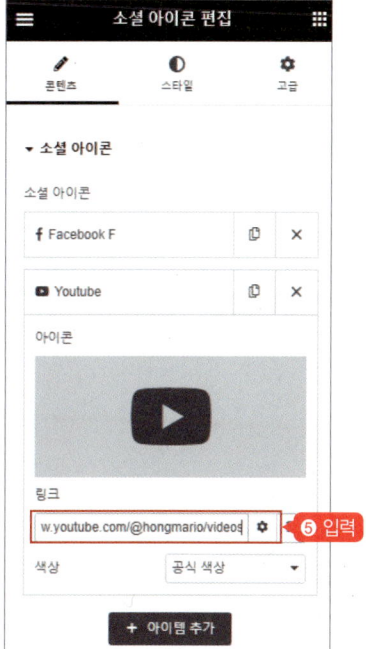

4장_회사 홈페이지 제작 실습 447

28 이제 마지막으로 인스타그램을 추가해 보겠습니다. [+ 아이템 추가] 버튼을 클릭합니다. 기본은 Wordpress로 지정되어 있습니다. 아이콘 아래 '아이콘 라이브러리'를 클릭합니다. 아이콘 라이브러리 팝업창이 뜨면 검색창에 'insta'라고 입력합니다. 검색 결과 화면에 인스타그램 아이콘이 보이면 클릭한 다음 우측 하단에 [삽입] 버튼을 클릭합니다.

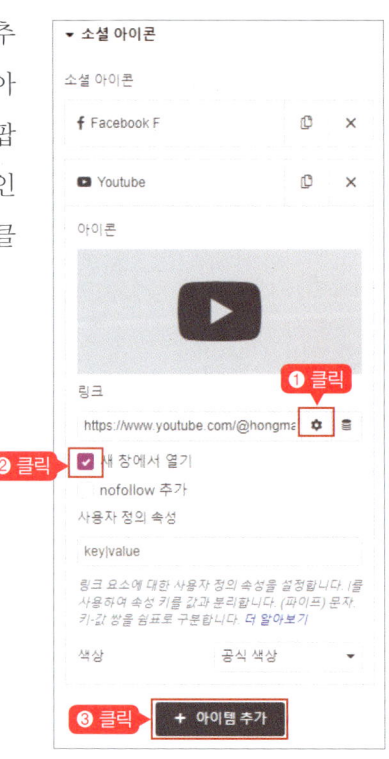

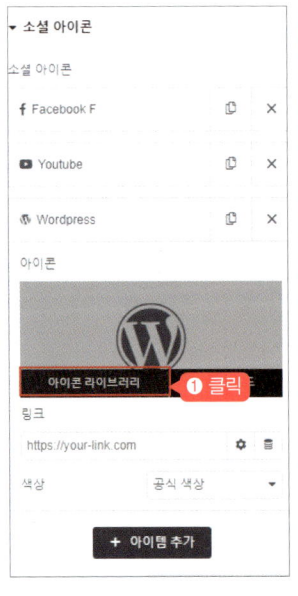
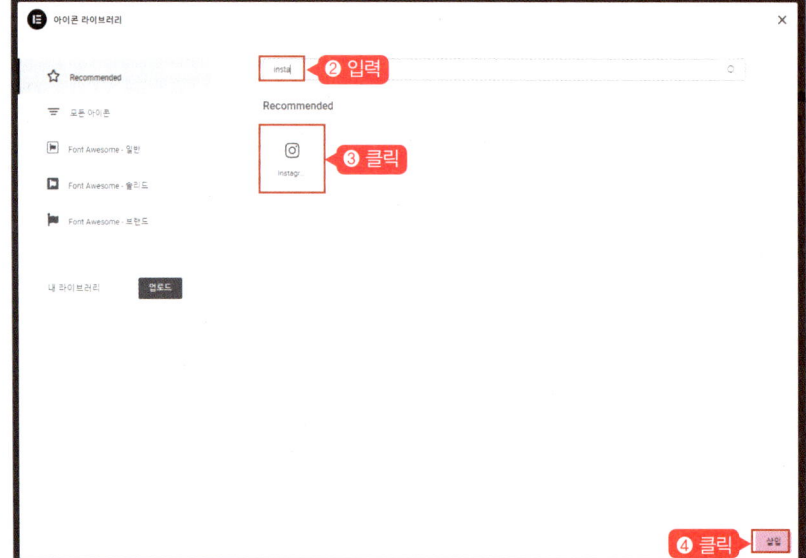

29 이제 소셜 아이콘 설정을 모두 마쳤고 Contact 페이지가 완성되었습니다. 왼쪽 편집창 하단에서 [업데이트]를 클릭해서 저장을 합니다. 마지막으로 Contact 페이지 작업을 확인하기 위해 상단 햄버그 메뉴를 클릭합니다.

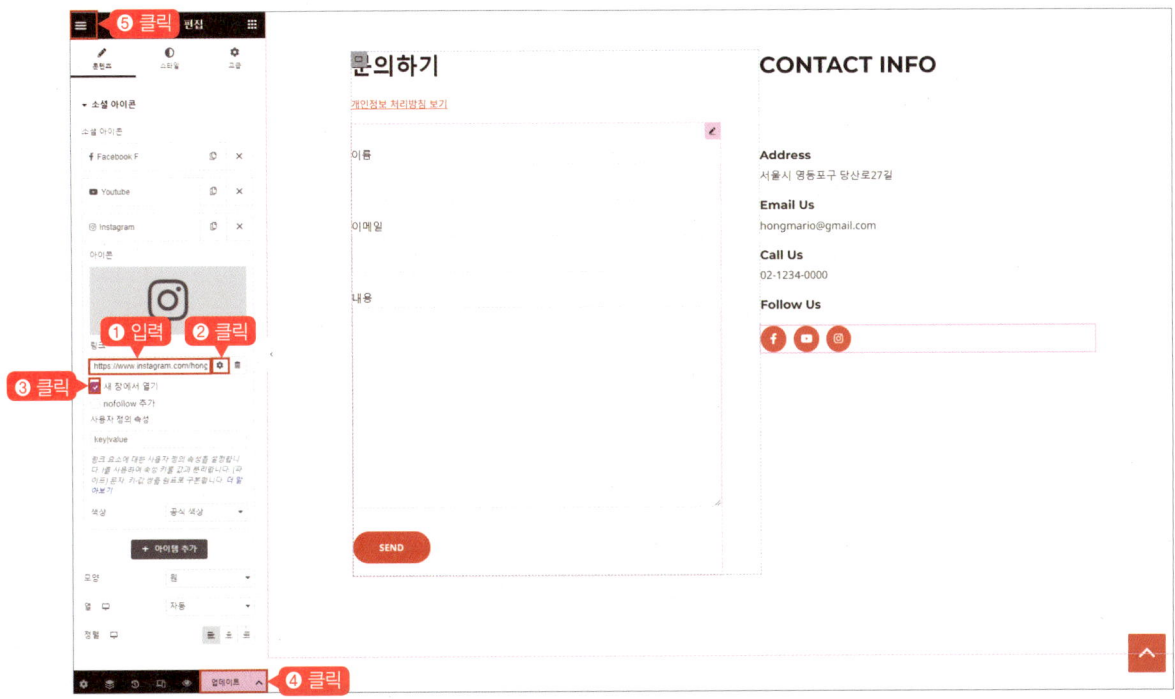

30 페이지 보기를 클릭해서 페이지를 확인합니다.

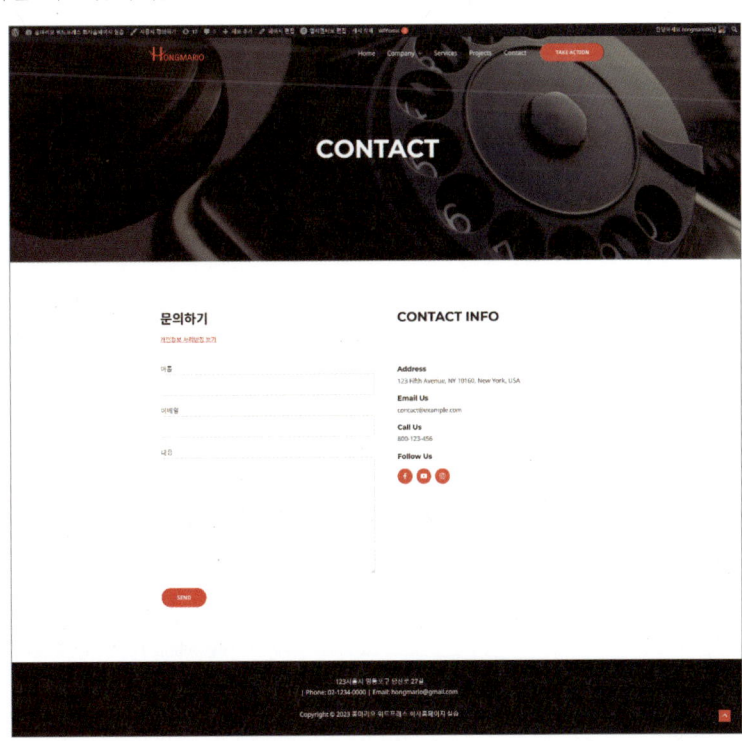

카페24 매니지드 워드프레스 쿠폰 사용 방법

카페24 매니지드 워드프레스 빌드업 3개월 무료 이용 서비스와 설치비 무료 서비스 이용 방법입니다.

1 카페24 호스팅(hosting.cafe24.com) 회원가입 후 로그인을 해주세요. [워드프레스] - [매니지드 워드프레스] 페이지에서 상품 중 '빌드업' [신청하기] 버튼을 클릭합니다.

2 [신규 아이디 등록] 메뉴를 누른 후 해당 서비스의 아이디와 관리자 정보 등을 설정하고 약관 동의 박스를 체크한 후 [다음] 버튼을 클릭합니다.

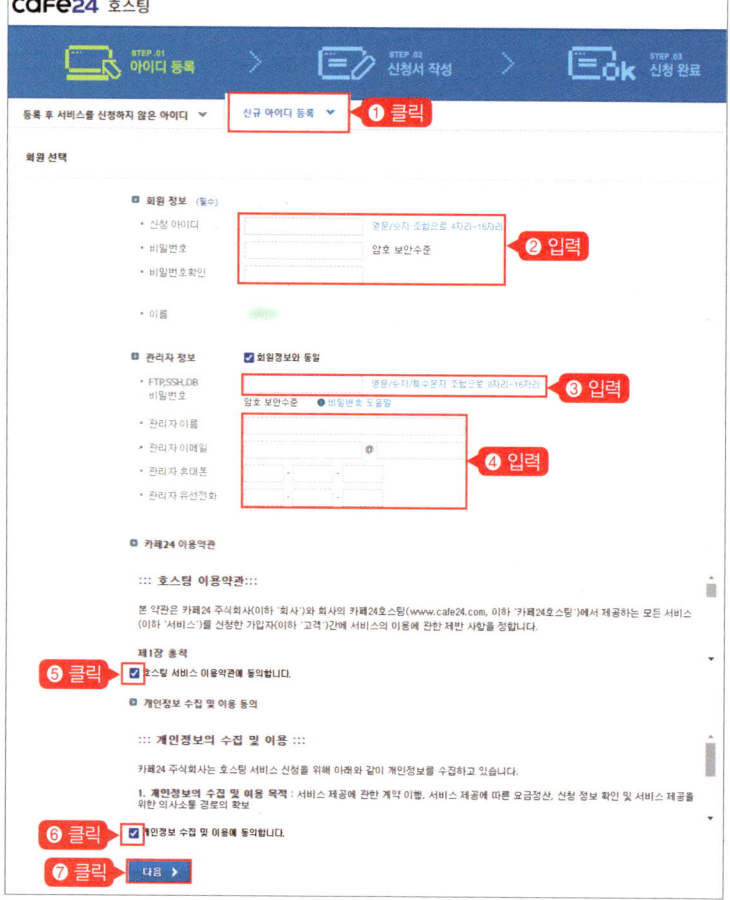

❸ 신청 내역에서 기간은 '3개월'을 선택하고 서버 환경과 도메인을 설정합니다. 결제 정보를 확인하고 결제 방식의 쿠폰을 선택합니다. 쿠폰 정보에서 '워드프레스 쿠폰' (도서 쿠폰 X, 워드프레스 쿠폰 O)을 선택하고 쿠폰 번호(16자리)를 입력한 후 [결제하기] 버튼을 클릭합니다.

4️⃣ 매니지드 워드프레스 빌드업 신청이 완료되었습니다. 3개월간 무료로 매니지드 워드프레스 서비스를 이용하실 수 있습니다.

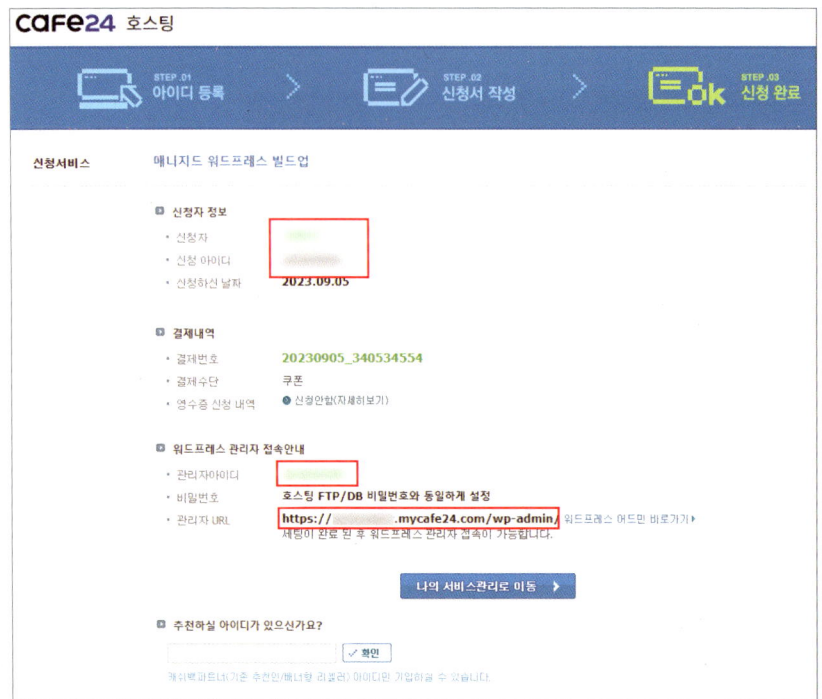

◇ 쿠폰 사용 방법은 다음과 같습니다.
본 쿠폰은 유효기간 내 신규 신청 시에만 사용 가능합니다.
본 쿠폰은 한 번만 사용 가능하며, 중복 사용은 불가능합니다.
쿠폰인증 유효기간은 2023년 09월 01일 ~ 2024년 08월 31일까지

【cafe24 웹호스팅 3개월 무료 이용과 설치비 무료 이용 쿠폰 번호】

C6DJ-PG37-6UCF-82W6

쿠폰 관련 문의는 앤써북 고객센터 이메일 주소로 보내주시면 최대한 빠른 시간에 답변 드리도록 합니다.
앤써북 고객센터 이메일 : answerbook@naver.com

※ 쿠폰은 업체의 상황에 따라 쿠폰 서비스가 중지 또는 변경될 수 있으며, 쿠폰 사용 중지 또는 변경이 책의 반품 및 환불 사유가 될 수 없음을 안내드립니다.